Florian Jäckel

„Wenn wir sagen, dass der Tropfen Mensch wird"

RECHT, ETHIK UND GESELLSCHAFT
IM VORDEREN ORIENT /

LAW, ETHICS AND SOCIETY
IN THE MIDDLE EAST

Herausgegeben

von

Serena Tolino und Thomas Eich

BAND 2

„Wenn wir sagen,
dass der Tropfen Mensch wird"

ERGON VERLAG

Florian Jäckel

„Wenn wir sagen, dass der Tropfen Mensch wird"

Vorstellungen ungeborenen Lebens bei Bar ʿEbrāyā (1226–1286 n. Chr.)

ERGON VERLAG

Zugl.: Hamburg, Univ., Diss., 2021

Forschung und Druck dieser Arbeit wurden gefördert
durch den European Research Council.

European Research Council

Established by the European Commission

Umschlagabbildung:
© Myriam Schiltz (floweffekt.com),
im Hintergrund: Handschrift Damaskus, SOP 239 (=6/2),
mit freundlicher Genehmigung des
Syrisch-Orthodoxen Patriarchats

Bibliografische Information der Deutschen Nationalbibliothek:
Die Deutsche Nationalbibliothek verzeichnet diese Publikation in der
Deutschen Nationalbibliografie; detaillierte bibliografische Daten sind
im Internet über http://dnb.d-nb.de abrufbar.

Publiziert von
Ergon – ein Verlag in der Nomos Verlagsgesellschaft, Baden-Baden 2022
Gesamtverantwortung für Druck und Herstellung
bei der Nomos Verlagsgesellschaft mbH & Co. KG.
Umschlaggestaltung: Jan von Hugo

www.ergon-verlag.de

ISBN 978-3-95650-926-1 (Print)
ISBN 978-3-95650-927-8 (ePDF)

Danksagung

> Weil das Leben kurz und das Studium lang und breit ist, las ich über jeden Wissenszweig das, was das Notwendigste war. In diesen Studien glich ich einem Mann, der in das Meer gefallen ist und seine Hand nach allen Richtungen ausstreckt, um gerettet zu werden. – Bar ʿEbrāyā, *Ktābā d-Yāwnā* („Buch der Taube")

Großer Dank dafür, einigermaßen heil aus dem Meer meiner Dissertation entkommen zu sein, gebührt vielen lieben Menschen. An erster Stelle möchte ich Thomas Eich, meinem Betreuer und Boss, von ganzem Herzen danken. Er hat meine Idee, zum Ungeborenen im orientalischen Christentum zu forschen, von Anfang an unterstützt und diese Arbeit über viele Jahre stets mit großem Wohlwollen begleitet. Es war wunderbar, in dieser Hinsicht stets den Rücken frei zu haben, um mich auf das Wesentliche konzentrieren zu können. Trotz – oder wegen – dieser Unbekümmertheit habe ich, fast wie von Zauberhand und nebenbei, extrem viel von ihm lernen können, weit über das Fachliche und die Dissertation hinaus.

Ein riesengroßes Dankeschön geht auch an Dorothea Weltecke, die nicht gezögert hat, die Betreuung meiner Arbeit mitzuübernehmen. Von ihr habe ich, neben so vielem anderen, gelernt, etwas bequemer zwischen den Stühlen der Fachrichtungen zu sitzen, und ich habe in hohem Maß davon profitiert, meine Forschung als (etwas exotische?) Mittelaltergeschichte begreifen zu lernen.

An den Universitäten Hamburg, Konstanz und Frankfurt/Main gab es darüber hinaus jeweils Kolleg*innen und Mitstreiter*innen, von denen viele zu Freund*innen geworden sind. Ich danke dem COBHUNI-Team (und den *imperial people*) sowie dem Qualifikationsarbeitskolloquium von dw für den inhaltlichen Austausch, aber ganz besonders für die beste zwischenmenschliche Atmosphäre, die man sich nur wünschen kann. Schon euretwegen würde es sich lohnen, nochmal ins Meer zu springen!

Besonderen Dank möchte ich auch gegenüber Philip Forness aussprechen. Zuerst am Main und später per Videotelefonie sowie in zahllosen E-Mails hat er mir bereitwillig mit Fragen zum Syrischen und speziell im Hinblick auf Handschriften weitergeholfen. Danke dir, lieber Phil, für so viel Hilfsbereitschaft!

Auch Jens Ole Schmitt hat meine unzähligen E-Mails mit Detailfragen zu Bar ʿEbrāyā und zur Philosophie stets geduldig beantwortet. Ohne seine freigiebigen Auskünfte wäre ich ganz sicher nicht soweit gekommen, sondern längst im Meer ertrunken. Dankeschön, Jens!

Für das sorgfältige und kritische Gegenlesen größerer oder kleinerer Teile dieser Arbeit, einschließlich eurem Rat und eurer Bestärkung, geht herzlicher Dank an: Doru Doroftei, Melanie Guénon, Ralph Barczok, Jörn Christophersen, Thomas Kaal, Mareike Heering, Meike Eiberger, Simon Freise, Christoph Horteux, Florian Volm, Thomas Maus-Holzer und Lisa Zimmer. Ohne euch hätte ich so manchen Baum vor lauter Wald übersehen oder den Wald über die Bäume vergessen.

Kaja Bauer hat mir auf den letzten Metern einige Arbeit mit der Bibliographie abgenommen – villmols Merci! Dank geht auch an Canan Bayram, die mir in Istanbul auf etwas abenteuerliche Weise wohl das letzte erhältliche Exemplar einer Ausgabe von Bar ʿEbrāyās *Buch der Strahlen* besorgt hat. Den für die Handschriftensammlung zuständigen Personen des Syrisch-Orthodoxen Patriarchats, Roger Akhrass und Joseph Bali, danke ich herzlich für die Unterstützung zur Beschaffung der Handschriftenscans und für entsprechende Informationen zu den Handschriften. Außerdem möchte ich Alba Fedeli, Andreas Lammer, Simone Pratelli und Lutz Richter-Bernburg für wiederholte Hilfe mit ganz unterschiedlichen Fragen danken.

Nach Einreichen der Arbeit sind weitere Personen hinzugekommen, denen es zu danken gilt. Matthias Perkams hat ein weiteres Gutachten vorgelegt und mich außerdem für die Publikation beraten, wofür ich ihm herzlich danke. Myriam Schiltz hat die großartige Cover-Illustration angefertigt – auch dir villmools Merci. Auch möchte ich Thomas Eich und Serena Tollino von Herzen danken, das Buch in ihre neue Reihe „Recht, Ethik und Gesellschaft im Vorderen Orient" als zweiten Band aufgenommen zu haben, sowie dem Ergon-Verlag für die Begleitung der Publikation.

Zum Schluss danke ich von Herzen allen bereits genannten und auch den ungenannten Freund*innen, meiner Familie und ganz besonders meiner Frau und Freundin Lisa Zimmer. Ihr habt mich bedingungslos unterstützt und bestärkt und nie (ernsthaft?) gezweifelt, ob es vielleicht doch keine gute Idee ist, jahrelang die alten Schriften weithin unbekannter Denker nach Embryonen zu durchsuchen. Das ist nicht selbstverständlich. Tausend Dank!

Inhaltsverzeichnis

Tabellenverzeichnis

Hinweise zur formalen Gestaltung

Transliteration

Die Transliteration des **Arabischen** folgt im Allgemeinen den Regeln der *Deutschen Morgenländischen Gesellschaft.*[1] Diphthonge werden mit *aw* (statt *au*) und *ay* (statt *ai*) wiedergegeben. *Hamzat waṣl* wird nicht durch Auslassungsstrich kenntlich gemacht. Das *tāʾ marbūṭah* wird mit *-ah* wiedergegeben, außer im Status constructus, wo es *-at* transliteriert wird. In der Aussprache (nicht aber in der Schrift) gelängte Vokale des Personalsuffixes *-hu/-hi* nach offener Silbe (wie in *bihī*) werden nicht gelängt. Ausgenommen von diesem Transliterationssystem sind wörtliche Zitate, in denen die Transliteration abweicht.

Im Gegensatz zum Arabischen (z. B. DMG oder IJMES) gibt es für das **Syrische** nach wie vor keine einheitliche Transliteration. Daher orientiere ich mich hier an derjenigen des Arabischen. Im Allgemeinen sollten die jeweiligen Entsprechungen syrischer und lateinischer Buchstaben daher selbsterklärend sein. Die Vokale werden ostsyrisch wiedergegeben: ā, a, ē, e, i, o, u. Lange und kurze Aussprache von i, o und u wird nicht unterschieden. Frikative (sogenannte *bḡaḏkp̄aṯ*-Laute) werden im Allgemeinen nicht kenntlich gemacht. In der Lautung ausfallende Buchstaben (im Syrischen bisweilen durch *linea occultans* kenntlich gemacht) werden hochgestellt. Ausgenommen von diesem Transliterationssystem sind wörtliche Zitate, in denen die Transliteration abweicht.

Eine Transliteration des **Griechischen** ist im Allgemeinen eher unüblich, wird in dieser Arbeit aber vorgenommen. Die Transliteration orientiert sich an den „Regeln für die alphabetische Katalogisierung in wissenschaftlichen Bibliotheken".[2]

---

1 Deutsche Morgenländische Gesellschaft, Hrsg. (1935). *Die Transliteration der arabischen Schrift in ihrer Anwendung auf die Hauptliteratursprachen der islamischen Welt. Denkschrift dem 19. internationalen Orientalistenkongreß in Rom, vorgelegt von der Transkriptionskommission der Deutschen Morgenländischen Gesellschaft.* Leipzig: Brockhaus. URL: https://menadoc.bibliothek.uni-halle.de/urn/urn:nbn:de:gbv:3: 5-85384 (besucht am 04. 03. 2022).

2 Arbeitsstelle für Standardisierung, Deutsche Nationalbibliothek, Hrsg. (2007). *Regeln für die alphabetische Katalogisierung in wissenschaftlichen Bibliotheken.* 2., überar-

Übersetzungen und Verweise auf Quellen und Literatur

Übersetzungen aus den Quellentexten ins Deutsche stammen von mir, wenn nicht anders angegeben.

Auf Quellen wird mit Autorname, Werktitel und Angabe zum Abschnitt verwiesen (Nummer des Abschnitts, Titel, Incipit o. Ä.). Einheitlichkeit bei der Angabe zum Abschnitt ist nicht immer möglich, da die Werke jeweils unterschiedlich aufgebaut sind. Gegebenenfalls werden zusätzlich Angaben zu weit verbreiteten Werkausgaben gemacht, wie beispielsweise zur Aristoteles-Ausgabe von Bekker. In Klammern folgen nach „t:" (für *textus*) Angaben zur Ausgabe oder Handschrift, samt Seiten-/Blattangabe, sowie nach „v:" (für *versio*) eine Stellenangabe in einer modernen Übersetzung, soweit vorhanden. Falls eine Publikation mehrere unterschiedliche Seitenzählungen aufweist, steht bei echt arabischen Ziffern oder syrischen Buchstaben als Seitenzahlen ein a beziehungsweise s vor der Seitenangabe.

Die Bibliographie ist in Handschriften einerseits und Editionen, Übersetzungen sowie referenzierte Sekundärliteratur andererseits unterteilt. Ist bei (meist arabischen) Werken keine Person als Herausgeber*in bekannt, findet sich die Ausgabe in der Bibliographie unter dem Titel des Werks und wird in den Anmerkungen mit „ed. Erscheinungsort Jahr" angegeben. Die zitierten Quellen finden sich separat im Index locorum.

Seitenangaben für mehrbändige Veröffentlichungen geht die Bandnummer in kleinen römischen Ziffern voraus (z. B. v.43 für S. 43 in Band 5). Bei Quellenausgaben schließt sich im Allgemeinen die Zeilennummer durch Punkt getrennt an die Angabe der Seitenanzahl an (z. B. ii.36.24 für Z. 24 auf S. 36 in Band 2). Blattangaben in Handschriften werden mit „fol." sowie „r" für *recto* und „v" für *verso* angegeben. Bei mehrspaltig beschriebenen Handschriften geben kleine römische Zahlen durch Punkt getrennt die Spalte an (z. B. fol. 34r.ii für Spalte 2 auf Blatt 34 recto).

Datierung, Eigen- und Ortsnamen, Buchtitel

Daten werden aus Gründen der Einheitlichkeit und Übersichtlichkeit ausschließlich gemäß des gregorianischen Systems angegeben. Jahreszahlen

---

beite und erweiterte Auflage. Stand: April 2006 (einschließlich der Aktualisierungen nach der 4. Ergänzungslieferung). Leipzig, Frankfurt am Main und Berlin: Deutsche Nationalbibliothek, S. 155.

verstehen sich also „nach Christus" und tragen keinen Zusatz; nötigenfalls steht zusätzlich „v. Chr.". Eine Ausnahme bilden bibliographische Angaben zu Veröffentlichungen, die lediglich ein *Hiǧrī*- oder iranisches *Šamsī*-Datum tragen, wobei die gregorianische Angabe in Klammern ergänzt wurde.

Zur Einordnung von Personen wird, sofern bekannt, nur deren Sterbejahr, sonst eine ungefähre Lebenszeit mit „fl." (für *floruit*) jeweils in Klammern angegeben. Gegebenenfalls werden diese Angaben in späteren Kapiteln wiederholt. In der Regel erfolgt bei der ersten Nennung eines Autors ein Verweis auf allgemeine Literatur in der Fußnote; oft handelt es sich dabei um frei zugängliche wissenschaftliche Nachschlagewerke im Internet. Darüber können leicht weitere Daten und Informationen zu diesen Autoren gefunden werden. Eigennamen von Personen und Ortsnamen werden nicht kursiviert. Im Deutschen geläufige Ortsnamen (z. B. Damaskus, Bagdad) werden nicht transliteriert; Maßgabe ist deren Vorkommen im Duden.

Nichtdeutsche Buch- und Werktitel werden kursiviert. Arabische und syrische Werke werden in der jeweiligen Sprache angegeben und entsprechend transliteriert. Antike Werke werden, wie dies allgemein üblich ist, mit lateinischen Titeln wiedergegeben. In Ausnahmen werden deutsche oder griechische Titel verwendet. Bei der ersten Nennung eines nichtdeutschen Titels wird eine deutsche Übersetzung in Klammern angegeben. Für häufiger verwendete Werke werden Kurztitel eingeführt; im Syrischen können diese in der Flexion vom Langtitel abweichen. Gegebenenfalls werden die Angaben zum Kurz- oder Langtitel oder die deutsche Übersetzung in späteren Kapiteln wiederholt. Die Werke werden im Deutschen von mir grundsätzlich als Neutra (vgl. *das* Werk) bezeichnet, um das Lesen unabhängig von Sprachkenntnissen zu erleichtern. Abkürzungen biblischer Bücher folgen den Loccumer Richtlinien.[3] „Q" steht für Koran, mit folgender Suren- und Versnummer, getrennt durch Doppelpunkt.

---

3 Die katholischen Bischöfe Deutschlands, Rat der Evangelischen Kirche in Deutschland und Deutsche Bibelgesellschaft – Evangelisches Bibelwerk, Hrsg. (1981). *Ökumenisches Verzeichnis der biblischen Eigennamen nach den Loccumer Richtlinien.* Stuttgart: Deutsche Bibelgesellschaft und Katholische Bibelanstalt.

1. Einleitung

> Jedenfalls müßtest du dich schwer abplagen, bevor du erklären könntest,
> wie du zusammengesetzt, gebildet und ans Licht der Welt gebracht wur-
> dest, wie die Seele an den Leib, der Verstand an die Seele, die Vernunft
> an den Verstand gebunden ist, ferner die Bewegung, das Wachstum, die
> Nahrungsaufnahme, die Sinneswahrnehmung, das Gedächtnis, die Wie-
> dererinnerung und anderes, woraus du bestehst, was davon auf beides,
> Seele und Leib, zurückgeht, was nur auf eines von beidem zurückgeht
> und was schließlich wechselseitig voneinander abhängt. Was nämlich erst
> später voll ausgebildet wird, hat seine Gründe in der Zeugung. Nenne mir
> doch diese Gründe![1]

Aus diesen Zeilen des Kirchenvaters Gregor von Nazianz (gest. 390) spricht
das Unbehagen, das in der Vormoderne mit dem Unwissen über die vorgeburtliche Entwicklung des Kindes, verborgen im Bauch seiner Mutter, verbunden war. Gleichzeitig zeigen die unterschiedlichen Aspekte, die Gregor
aufzählt, wie Bewegung, Wachstum oder Seele, dass Philosophie und Theologie nicht einfach staunend vor dem heute noch als Wunder empfundenen
Werden des Menschen verharrten, sondern umfangreiche Spekulationen dazu anstellten.[2] Bis sich in der Moderne durch Erfindungen wie Mikroskop
und bildgebende Ultraschallverfahren Vorstellungen vom vorgeburtlichen
Leben grundlegend änderten, blieb diese Spannung zwischen Spekulation
und Unwissen bestehen.

Fast tausend Jahre nach Gregor beschäftigt sich auch der Universalgelehr-
te Bar ʿEbrāyā (1226–1286, lat. Barhebraeus), einer der produktivsten und
vielseitigsten Autoren der syrisch-christlichen Tradition, mit dem Ungeborenen. Die vorliegende Arbeit hat seine dementsprechenden Vorstellungen
zum vorgeburtlichen Leben zum Gegenstand. Ich verfolge dabei zwei Zie-

---

1 Gregor von Nazianz, *Logoi Theologikoi*, 3.8, zitiert nach Sieben 1996, S. 185.
2 Genau genommen ist sich Gregor eben dieses spekulativen Charakters bewusst. Die zi-
   tierte Passage ist eingebettet in eine theologische Rede, in der Gregor dem Adressaten
   vehement davon abrät, die Zeugung Christi durch Gott (vgl. das Glaubensbekennt-
   nis von Nicäa) mit der menschlichen Zeugung vergleichen zu wollen. So rätselhaft
   wie schon die menschliche Fortpflanzung sei, wie solle die Gottessohnschaft Christi
   verstanden werden?

le: Das erste Ziel ist es, ausgehend von Bar ʿEbrāyās Schriften Theorien zu Empfängnis, embryonaler Entwicklung und Beseelung im syrischen Christentum zu erforschen, wie dies für das antike und spätantike Denken, das lateinische Mittelalter sowie Judentum und Islam bereits geschehen ist. Das umfangreiche Gesamtwerk Bar ʿEbrāyās eignet sich besonders gut für diesen Zweck, weil in seinen Schriften auch Zeugnisse vorgeburtlicher Vorstellungen aus der früheren syrischen Tradition zu finden sind. Darüber hinaus ist Bar ʿEbrāyā auch für seine Rezeption muslimischer Autoren bekannt. Seine Ideen vom ungeborenen Leben kontextualisiere ich daher auch im Vergleich zu seiner islamischen Umwelt. Damit werden Aneignungs- und Abgrenzungsprozesse zwischen religiösen und philosophischen Traditionen sichtbar gemacht.

Das Vorgehen Bar ʿEbrāyās, die christliche Tradition mit Neuem aus seiner islamischen Umwelt zu synthetisieren, ist der entscheidende Anknüpfungspunkt für das zweite Ziel meiner Arbeit: Im Allgemeinen trägt Bar ʿEbrāyā philosophische und theologische Auffassungen aus dem griechisch-philosophischen, aus dem christlichen wie auch aus dem islamischen Schrifttum zusammen. Ich untersuche Bar ʿEbrāyās Bearbeitung dieser Vorlagen, das heißt, wie er Texte exzerpiert, umstellt oder kompiliert. Damit knüpfe ich an bestehende Forschung zu Bar ʿEbrāyās Schrifttum an. Quellenkritisch identifiziere ich Vorlagen, an denen sich Bar ʿEbrāyā für Aufbau und Inhalt eines Texts orientiert hat. Es wird bewertet, welches Gesamtbild sich aus seiner Kompilation und Redaktion ergibt. Ich diskutiere, inwieweit gerade aus der spezifischen Zusammenstellung von Vorlagen sich ein bestimmtes inhaltliches Resultat ergibt. Gegenüber vorherigen Arbeiten zu Bar ʿEbrāyā ist neu, dass ich mich hierfür an einem übergreifenden Thema, dem ungeborenen Kind, orientiere und dieses in mehreren seiner Schriften untersuche. So sollen unter anderem Entwicklungen von den früheren zu den späteren seiner Werke sichtbar werden.

Die beiden Ziele der Arbeit sind komplementär angelegt. Vorgeburtliches Leben stellt eine nützliche thematische Heuristik dar. Die Eingrenzung auf das Ungeborene macht es möglich, Bar ʿEbrāyās literarisches Vorgehen anhand verschiedener seiner Texte zu analysieren. Textpassagen werden en détail mit ihren jeweiligen Vorlagen verglichen: Was stellt Bar ʿEbrāyā zusammen? Was lässt er weg oder verändert er? Gibt es Unterschiede in seinem Vorgehen zwischen seinen Werken und mit Blick auf seine Vorlagen?

Diese oft kleinteilige philologische Arbeit ist wiederum zentral, um Bar ʿEbrāyās Vorstellungen vom Ungeborenen und auch diejenigen seiner Vorlagen herauszuarbeiten. Aufgrund des Vergleichs mit den Vorlagen und sei-

20

nen eigenen Werken frage ich, wie Bar ʿEbrāyā sich in seinen Ideen vom menschlichem Werden an den jeweiligen antiken, christlichen oder islamischen Vorlagen orientiert oder sich von diesen unterscheidet. Gibt es möglicherweise eine Entwicklung in seinem Denken? Gibt es Abgrenzungen gegenüber bestimmten Vorstellungen, die explizit geäußert werden oder die durch Leerstellen im Vergleich zu den Vorlagen implizit deutlich werden? Sind solche Abgrenzungen eher auf naturphilosophische und medizinische Grundannahmen Bar ʿEbrāyās zurückzuführen oder spielt die Zugehörigkeit zu seiner religiösen Tradition eine Rolle?

Durch meine Untersuchungen werden außerdem zahlreiche Passagen aus dem syrisch-christlichen und arabisch-islamischen Schrifttum zusammengetragen, die das Werden des Menschen betreffen. Viele davon sind bisher unbekannt oder wenig erforscht.

1.1 Ungeborenes Leben

Im Verlauf der Arbeit werden verschiedene generische Begriffe wie „ungeboren" oder „vorgeburtlich" verwendet. Solche Begriffe oder damit gebildete Wendungen wie „ungeborenes Kind", „vorgeburtliches Leben" oder schlicht „das Ungeborene" dienen einer möglichst allgemeinen Redeweise von unterschiedlichen Aspekten der menschlichen Fortpflanzung, die in den Quellen diskutiert werden: Samen- und Empfängnistheorien, embryonale Stadien, Beseelung des ungeborenen Kindes, Vererbung von elterlichen Merkmalen oder die Herausbildung des Geschlechts im werdenden Kind.[3]

Was zunächst nach einem Spezialthema der Wissenschaftsgeschichte klingt, stellt sich bei näherer Betrachtung als ein Themenkomplex heraus,

---

3 In den Quellen werden auch Begriffe und Konzepte genutzt, die oft nicht dem heutigen Sprachgebrauch oder dem medizinisch-biologischen Wissensstand entsprechen. So wird im Syrischen *zarʿā* (Samen, Saat) nicht nur im landwirtschaftlichen oder botanischen Sinn verwendet, sondern auch für den jeweiligen Zeugungsbeitrag von Mann und Frau bzw. für das Gemisch dieser Zeugungsbeiträge zu Beginn der Schwangerschaft, aus dem sich das Kind entwickelt. Oft zeigen sich dabei weniger klar umrissene Begriffsverwendungen wie heute, bspw. hinsichtlich Sperma, Spermium und Seminalplasma. Ein anderes Beispiel sind Begriffe bzw. Konzepte wie „Schoß" oder „Mutterleib" (vgl. engl. „womb") gegenüber Gebärmutter oder Uterus. Selbst wenn es mit syr. *marbʿā* und ara. *raḥm* Begriffe gibt, die in den medizinischer Quellen in einem bestimmten anatomischen Sinne gemeint sind, können sie sowohl dort als auch besonders in nicht medizinischer Literatur weiter gefasst sein.

der sich in verschiedenste Gebiete verästelt: Die physiologischen Aspekte der Fortpflanzung wurden, manchmal nüchtern und trocken, oft aber auch vehement in der vormodernen Naturphilosophie und Medizin diskutiert. Die Frage nach der Beseelung des Menschen ist eher ein Gegenstand metaphysisch orientierter Debatten in Theologie oder Philosophie.[4] Philosophisch weiter zuspitzen lässt sich die Frage, wann der Mensch überhaupt Mensch sei. Fortpflanzungsbiologie, Beseelung und die Einbettung des Ungeborenen in übergeordnete philosophische Fragestellungen sind entsprechend die Themen, die ich in der vorliegenden Arbeit anhand einzelner, aber oft im Zusammenhang zu lesender Textstellen in Bar ʿEbrāyās Werken analysiere.

Vorstellungen von vorgeburtlichem Leben werden in historischer Perspektive innerhalb unterschiedlicher Fächer untersucht. Überschneidungen und Verflechtungen liegen dabei nahe, insofern sich die medizinische, philosophische oder theologische Gelehrsamkeit der Vergangenheit gegenseitig beeinflussten. Auffassungen vom Ungeborenen sind für die historische Forschung also wegen des großen thematischen Spektrums relevant sowie aufgrund der Querverbindungen zwischen den genannten Feldern. Ein wichtiger Aspekt ist, dass diese historisch nicht dieselben sein müssen wie heute. Dies zeigt sich insbesondere am heute selbstverständlichen Zusammenhang des Urteils über Schwangerschaftsabbrüche und der Annahme der Beseelung des Kindes, der sich so nicht in den hier untersuchten Quellen wiederfinden lässt.

Der Themenkomplex um das vorgeburtliche Leben ist auch dann relevant, wenn man erneut die erwähnte philosophische Frage aufgreift, was eigentlich der Mensch sei. Diese Frage hat die vormoderne Philosophie stark

---

4 Was normative und rechtliche Quellen angeht, erschöpfen sich die für historische Forschung interessanten Aspekte nicht in der Thematik von Schwangerschaftsabbrüchen. In vielen Veröffentlichungen zu vormodernen Vorstellungen ungeborenen Lebens, besonders innerhalb der Theologie, wird dieses Thema in den Vordergrund gestellt — und oft wenig reflektiert bearbeitet. Sozial- und rechtsgeschichtlich lassen sich aber genauso Fragen nach dem rechtlichen Status des ungeborenen Kindes in Erb- und Nachlasssachen oder religionsgeschichtlich nach der Zulässigkeit der Bestattung eines ungetauften, weil zu früh oder tot geborenen Kindes stellen. Ein Blick in das Bürgerliche Gesetzbuch (BGB) zeigt die andauernde Aktualität solcher Fragen: Obwohl die Rechtsfähigkeit nach § 1 BGB erst mit der Geburt beginnt, kann der im Recht sogenannte Nasciturus erben (vgl. § 1923 Absatz 2 BGB). Es gibt sogar eine besondere Pflegschaft für das hier als „Leibesfrucht" bezeichnete Kind (vgl. § 1912 BGB). In der vorliegenden Arbeit sind normative Vorstellungen zum Werden des Menschen in Bar ʿEbrāyās Werk ausgeklammert. Sie wurden von mir andernorts in Ansätzen untersucht; Jäckel 2020. Ich komme darauf in der Schlussbetrachtung zurück.

beschäftigt. Dabei wurde nicht grundsätzlich erwartet, dass die Antwort (die oft knapp lautete: ein vernunftbegabtes Lebewesen) auch bestimmt, wie einzelne Menschen rechtlich zu stellen sind, also etwa im modernen ethischen oder rechtlichen Sinne einer Person. Dennoch ist es auf irgendeine Weise der ungeborene *Mensch*, um den es bei all den genannten Fragen geht, nicht irgendein anderes, schwer greifbares Wesen. Die Frage nach Vorstellungen des werdenden Menschen gibt daher Aufschluss über verschiedene Aspekte des Menschseins in der Geistesgeschichte.[5]

Vorstellungen zum vorgeburtlichen Leben im syrischen Christentum sind bisher nicht eigens untersucht.[6] Dies steht im Kontrast zu den vorliegenden Überblicksdarstellungen und Einzeluntersuchungen für die griechischen und lateinischen nichtchristlichen und christlichen Autoren der Antike und die christlichen Autoren des europäischen Mittelalters – sowie für eine

---

5 Nach einer vielfach aufgegriffenen Aussage Aristoteles' bedeutet Fortpflanzung nicht nur abstrakt den Erhalt der Art, sondern im Fortleben der Kinder auch den Erhalt des konkreten Einzelnen und seiner Linie. Insofern betrifft das Werden des Menschen auch die Kultur- und Sozialgeschichte, also Ehe und Familie, Sexualität usw. Im Hinblick auf die von mir untersuchten theologischen und philosophischen Quellen kann der konkrete Forschungsertrag in dieser Hinsicht als gering gelten, nimmt man allgemeine und bereits zu vermutende Tendenzen wie das patriarchale Gesellschaftsbild Bar ʿEbrāyās und anderer Autoren aus. Für eine Untersuchung müssen vermutlich vor allem normative oder auch narrative Quellen herangezogen werden, vielleicht auch medizinische Literatur, insofern dort normativ verfahren wird, d. h. Ratschläge unterbreitet werden. Als Beispiel verweise ich auf Weitz 2014, S. 215–216, wo Fruchtbarkeit als Kriterium für eine gute Ehefrau in Bar ʿEbrāyās *Itiqon* („Ethicon") untersucht wird.

6 Einzelne Details sind bereits verstreut in der Sekundärliteratur oder in Kommentaren zu Ausgaben der Quellentexte zu finden. Meines Wissens hat aber keine Publikation spezifisch Vorstellungen zum ungeborenen Leben bei syrischen Autoren zum Gegenstand. Eine Ausnahme bilden zwei Veröffentlichungen von Ursula Weisser, die einen embryologischen Text des ostsyrischen Mediziners Yūḥannā b. Māsawaih (gest. ca. 857) zum Gegenstand haben; Weisser 1980 und Weisser 1993. Andernorts schreibt sie, sein *Maqālah fī l-ǧanīn wa-kawnihi fī r-raḥm* („Traktat über das Embryo und sein Werden in der Gebärmutter") habe er „vornehmlich auf der Basis hippokratischer und galenischer Lehren [verfasst], die indessen in so komprimierter Form vorgetragen werden, daß man als unmittelbare Vorlagen spätantike Kompendien vermuten darf"; Weisser 1983, S. 27. Entsprechend ist Yūḥannā hier, unabhängig von seiner religiösen Zugehörigkeit, vor allem als Mediziner anzusehen, insofern seine Werke „aufgrund seiner geistigen Herkunft aus der medizinischen Akademie von Gondēšāpūr unmittelbar an die Tradition des spätantiken Lehrbetriebs anknüpfen"; Weisser 1983, S. 26.

Autorin, Hildegard von Bingen.[7] Auch Vorstellungen des Ungeborenen in Judentum und Islam sind in dieser Hinsicht beforscht.

Die Breite und Komplexität des Themas „ungeborenes Leben" schlägt sich auch in dem großen Umfang und der Zerstreuung von Veröffentlichungen nieder, die in etwa den Fächern der Wissenschafts-, Religions-, Philosophie- und Kulturgeschichte zugeordnet werden können.[8] Im Folgenden fasse ich nicht einzelne Forschungsergebnisse zusammen, sondern gebe einen Überblick über diejenige Forschung zum Ungeborenen, die für eine Untersuchung Bar ʿEbrāyās relevant ist und an die ich im Allgemeinen anknüpfen kann. Konkret handelt es sich um Arbeiten, die philosophische, theologische und medizinische Schriften aus dem griechisch-philosophischen, dem griechisch-christlichen und schließlich dem arabisch-islamischen Bereich untersuchen. Zentrale philosophische, theologische oder medizinische Grundvorstellungen und Auffassungen vom Werden des Kindes erläutere und bearbeite ich im Verlauf der Arbeit.

Die geistesgeschichtliche Tradition, in der Bar ʿEbrāyā steht, reicht mehr als 1500 Jahre in die Vergangenheit. Sie wird von ihren Protagonisten nicht als geschichtlich fortschreitend aufgefasst, insofern frühere Vorstellungen überholt oder signifikant weiterentwickelt worden seien. Aristoteles (gest. 322 v. Chr.) wird von Bar ʿEbrāyā syr. *rabbān* genannt, „unser Lehrer".[9] Hippokrates von Kos (gest. ca. 380 v. Chr.) und Galen von Pergamon (gest. ca. 200) sind bis zum Beginn der modernen Medizin

---

7 Siehe hierzu knapp Toepfer 2020, S. 56–57. In der Tat ist mir im Verlauf der Arbeit keine Quelle aus der Feder einer Frau begegnet. Meine Verwendung des männlichen Plurals für vormoderne Personen bzw. Gruppen, wie bspw. „Autoren", ist daher nicht generisch zu verstehen. Zumindest für die Antike sind auch Philosophinnen bekannt (z. B. Hypatia von Alexandrien, gest. 415 oder 416), deren Werke aber nicht erhalten sind. Für den mittelalterlichen islamischen Herrschaftsbereich sind meines Wissens keine Frauen bekannt, die im Bereich der Philosophie oder Medizin schrieben. Eine Ausnahme bildet die islamisch-religiöse Gelehrsamkeit, in der Frauen als Überliefererinnen von Hadithen auftauchen. Ich habe mich daher für die Rede von den Quellen (nicht aber für die Rede von der heutigen Forschung) bewusst gegen eine inklusive Schreibweise entschieden, um die Unsichtbarkeit der Frauen sichtbar zu machen.

8 Ein Problem der Forschung zum Ungeborenen scheint mir, dass wichtige Veröffentlichungen in anderen, späteren Arbeiten oft unberücksichtigt bleiben. Eine umfassende Bibliographie zur historischen Forschung über das Ungeborene ist daher ein Desiderat, kann aber auch im vorliegenden Rahmen nur sehr bedingt geboten werden.

9 Zu Aristoteles siehe Shields 2020 sowie ausführlicher Höffe 2006.

mithin die wichtigsten Autoritäten dieser Disziplin.[10] Deshalb müssen Untersuchungen der Philosophie- oder Medizingeschichte des syrischen oder arabisch-islamischen Bereichs immer deren antiken Ursprung mitberücksichtigen. Die Vorstellungen zum Ungeborenen im jeweiligen Textkorpus der drei genannten Autoren sowie in der Antike allgemein wurden vielfach untersucht.[11]

Neben den philosophischen Texten sind für die Spätantike auch Werke christlicher Autoren zu nennen, die ungeborenes Leben behandeln. Für Bar ʿEbrāyā sind sowohl griechische als auch syrische Kirchenväter relevant, wobei die syrischen Väter in dieser Hinsicht wie gesagt nicht untersucht sind.[12] Für den griechischen Bereich stellt sich dies anders dar, wie unter anderem die umfangreiche Monographie von Marie-Hélène Congourdeau zeigt.[13] Hinzu kommen zahlreiche Einzeluntersuchungen.[14] In meiner Arbeit bleiben Überblicksdarstellungen und Einzeluntersuchungen zum Unge-

---

10 Zu Hippokrates und den ihm zugeschriebenen Schriften, dem sogenannten hippokratischen Korpus, siehe Boylan o. D. sowie ausführlicher Golder 2007. Zu Galen siehe Singer 2021 sowie ausführlicher Hankinson 2008. Umfangreiche Bibliographien zum Werk der beiden Mediziner finden sich auf der Seite der Berlin-Brandenburgische Akademie der Wissenschaften 2022.

11 Für einen Überblick derjenigen Texte von Aristoteles, Hippokrates und Galen, die im arabisch-islamischen medizinischen Schrifttum relevant sind, siehe Weisser 1983, S. 33–46. Selbstverständlich sind auch sämtliche Einleitungen und Kommentare der entsprechenden Ausgaben dieser Texte zu berücksichtigen. Eine einflussreiche Betrachtung des Ungeborenen bei Aristoteles ist Balme 1990. Ausführlicher wurden entsprechende Fragen für Aristoteles außerdem von Preus 1975 untersucht. Einen weitreichenderen medizingeschichtlichen Überblick geben Diepgen 1937 und Lesky 1951. Für den Neuplatonismus siehe Wilberding 2017 und weitere Arbeiten dieses Autors.

12 Womöglich ist gerade für die frühen syrischen Schriftsteller ein Vergleich mit dem Ungeborenen in der jüdischen Tradition wichtig. Siehe hierzu u. a. Schiff 2004, Kessler 2009 sowie Kottek 1981, Kottek und Baader 2000, Lepicard 2008 und Thiessen 2018.

13 Congourdeau 2007. Siehe auch Jones 2004. Den Fokus auf den ungeborenen Christus in der christlichen Tradition legt Saward 1993.

14 Donceel 1970, Congourdeau 1989, Canévet 1992, Pouderon 2008, Congourdeau 2018 und Doroftei 2018. Weitere Arbeiten widmen sich vor allem der Frage, welche Position die jeweiligen Kirchenväter gegenüber Schwangerschaftsabbrüchen einnehmen, bzw. sind im Kontext bio-ethischer Fragen zu verorten, so Jones 2005 sowie Dölger 1934, Petrà 2010, Gorman 1982, Mallau 2000, Lindemann 2001, Gray 2001, Chiodi 2001, Congourdeau 2002, Amata 2004, Pouderon 2007 und Elsakkers 2010. Lateinische Kirchenväter wurden aus unterschiedlichen Gründen in der syrischen Kirche wenig rezipiert. Die entsprechenden Forschungen zu Tertullian (gest. ca. 225)

borenen der mittelalterlichen byzantinischen und lateinischen Zeit, die für eine umfassendere komparatistische Perspektive interessant erscheinen, im Wesentlichen unberücksichtigt.[15]

Der dritte wichtige Forschungsbereich im Hinblick auf das Ungeborene bei Bar ʿEbrāyā sind Untersuchungen arabisch-islamischer Texte. Es handelt sich um ein breites Gebiet, da in der Forschung je nachdem medizinische, philosophische oder religiöse Quellen untersucht werden. Ein unabdingbarer Anknüpfungspunkt für meine Untersuchung ist die umfangreiche Monographie von Ursula Weisser, welche die Darstellung vorgeburtlichen Lebens bei mehreren arabischen Medizinern ausführlich untersucht.[16] Neben der Forschung von Weisser gibt es einige Überblicksdarstellungen.[17]

---

   oder Augustin (gest. 430) sind daher im vorliegenden Kontext weniger relevant; siehe hierzu z. B. Billy 1989, Hennings 1997 und Kitzler 2014.

15 Siehe exemplarisch Demaitre und Travill 1980, Heaney 1992, van der Lugt 2004, van der Lugt 2008, Mistry 2015 und Toepfer 2020.

16 Weisser 1983; für die von ihr verwendeten Quellen siehe Weisser 1983, S. 16–32. Die Untersuchung ist systematisch, nicht chronologisch oder vergleichend, und deckt alle aus medizinisch-anatomischer Sicht wesentlichen Aspekte ab. Umso bedauerlicher ist es, dass Weissers Arbeit in anderen Forschungsbeiträgen oft nicht berücksichtigt wurde. Dies gilt weitgehend auch für ihre weiteren Veröffentlichungen: Weisser 1981a, Weisser 1981b und Weisser 1985.

17 Musallam 1983, S. 39–59 hat in seiner Monographie zur Empfängnisverhütung im Islam die dahinterliegenden theoretischen Vorstellungen zur Empfängnis skizziert. In einem weiteren Aufsatz, Musallam 1990, greift er einiges davon wieder auf. Seine Analyse konzentriert sich auf Ibn Sīnā als Rezipienten und Fortschreiber der beiden antiken Autoritäten Aristoteles und Galen einerseits und die eher an Koran und Sunna orientierten Vorstellungen Ibn al-Qayyim al-Ǧawziyyahs (gest. 1351) andererseits. Dessen Werk ist der sogenannten Prophetenmedizin (ara. *ṭibb an-nabīy*) zuzuordnen, die sich von der vorislamischen antiken Medizintradition abgrenzt und sich an der islamisch-religiösen Tradition orientiert. Siehe hierzu auch Bummel 1999 und Bummel 2011. Neuerdings ist mit Fancy 2018 auch eine weitere Überblicksdarstellung der Embryologie im islamischen Bereich erschienen. Der Autor konzentriert sich auf die Rezeption der embryologischen Positionen Ibn Sīnās. Fancys Anliegen ist es einerseits, die frühere Auffassung der Forschung einer Stagnation medizinisches Wissens im islamischen Mittelalter zu widerlegen, indem er die Weiterentwicklung avicennischer embryologischer Vorstellungen durch den Mediziner Ibn an-Nafīs (gest. 1288) analysiert. Andererseits zeigt er, wie das medizinische Wissen im religiösen Diskurs seit dem 13. Jahrhundert aufgenommen und diskutiert wurde. Er bietet teils nur vereinzelte Belege, weshalb seine Schlüsse durch kommende Forschung bestätigt werden müssen. Weitere Arbeiten beschäftigen sich mit dem in der Vormoderne allgemein angenommenen Zusammenhang zwischen Zeugung, pränataler Entwicklung und Bewegungen der Himmelssphären, etwa Burnett 1990,

Für den naturphilosophisch-medizinischen Bereich konzentriert sich die Forschung auf den mithin einflussreichsten dahingehenden Autor, Abū ʿAlī Ibn Sīnā (gest. 1024, lat. Avicenna).[18] Auch für Bar ʿEbrāyā ist Ibn Sīnā ein äußerst wichtiger Bezugspunkt. Zu Ibn Sīnās Ideen ungeborenen Lebens gibt es weitere Detailuntersuchungen, die weniger auf die medizinischen als auf die naturphilosophischen und metaphysischen Aspekte im Hinblick auf das Ungeborene abzielen.[19] Daneben wird auch Faḫr ad-Dīn ar-Rāzī (gest. 1210) von Bar ʿEbrāyā rezipiert.[20] Seine Auffassungen sind Gegenstand in kürzeren Arbeiten zum Ungeborenen im Islam.[21]

Die muslimischen Autoren, die Bar ʿEbrāyā rezipiert, folgen in ihren medizinischen und naturphilosophischen Ansichten zu Fortpflanzung und vorgeburtlicher Entwicklung im Allgemeinen den antiken Vorläufern. Gleichzeitig sind bestimmte Begriffe und Vorstellungen islamisch überformt beziehungsweise findet eine Synthese griechisch-antiker und islamisch-religiöser Vorstellungen statt. Gerade um Bar ʿEbrāyās mögliche Abgrenzung oder Übernahme dezidiert islamischer Anschauungen und Konzepte zu untersuchen, berücksichtige ich auch die dahingehende Forschung zum islamischen Recht und der religiösen Überlieferung.[22] Schließlich gibt es auch mentalitäts- und kulturhistorische Forschung zu Rolle und

---

Baffioni 1997, Baffioni 1998 und Saif 2016. Zu Ibn Rušd (gest. 1198) siehe Cerami 2015 sowie Baffioni 2004. Zu den Iḫwān aṣ-Ṣafā (Brüder der Reinheit), einer philosophischen Autorengruppe der klassisch-islamischen Zeit, siehe Baffioni 1994.

18 Zu Ibn Sīnā siehe Gutas 2016 sowie ausführlicher McGinnis 2010 und Gutas 2014.

19 McGinnis 2004; siehe auch McGinnis 2010, S. 84–88 sowie Mousavian und Mostafavi 2017. Ich gehe auf diese Arbeiten an gegebener Stelle ein.

20 Zu Faḫr ad-Dīn ar-Rāzī siehe Street 1997 und Griffel 2007.

21 Ich greife zwei Aufsätze heraus, die den berühmten Korankommentar von Faḫr ad-Dīn ar-Rāzī untersuchen. Belguedj 1979 stellt einen allgemeinen Vergleich zwischen den medizinischen Vorstellungen ʿAlī Rabban aṭ-Ṭabarīs (gest. um 870) und denjenigen in Faḫr ad-Dīns Korankommentar *Mafātiḥ al-ġayb* („Eröffnungen des Verborgenen") an. Baffioni 2008, S. 223–231 widmet Faḫr ad-Dīn knapp die Hälfte ihres eigentlich als Überblicksdarstellung gedachten Aufsatzes. Problematisch an ihrer Untersuchung ist, dass sie dessen Vorstellungen direkt mit aristotelischen und galenischen vergleicht und Ibn Sīnā nicht berücksichtigt. Faḫr ad-Dīns systematisches Werk *al-Mabāḥiṯ al-mašriqiyyah* („Östliche Untersuchungen") wird damit nicht Ibn Sīnās beiden wichtigen Werken, dem *Kitāb aš-Šifāʾ* („Buch der Heilung") und dem *Qānūn fī ṭ-ṭibb* („Richtschnur in der Medizin") gegenübergestellt. Methodisch problematisch ist in beiden Aufsätzen, dass die Stellen in Faḫr ad-Dīns Korankommentar nicht in ihrem jeweiligen textlichen Kontext betrachtet werden.

22 Siehe Holmes Katz 2003, Peterson 2009, Eich 2009, Eich 2018b, Eich 2018a, Eich 2020, Eich und Doroftei o. D. Daneben gibt es auch Arbeiten zu heutigen bio-

Wahrnehmung von Zeugung, Schwangerschaft oder Geburt im islamischen Bereich und darüber hinaus.[23]

Wichtig und erhellend für meine Arbeit sind auch die Veröffentlichungen von Barbara Duden,[24] auch wenn hier Quellen aus einem anderen Bereich und einer anderen Zeit im Mittelpunkt stehen. Sie zeichnet nach, wie sich das Bild vom Ungeborenen durch den technologischen Wandel und den medizinischen Fortschritt der letzten drei Jahrhunderte grundlegend geändert hat.[25] Damit schärft sie das Bewusstsein, nicht mit heutigen Kategorien und Vorannahmen an die Quellen früherer Zeiten heranzugehen und biologische Fakten (gemessen am jetzigen Wissensstand) in die ältere Vorstellungswelt hineinzutragen. Gerade weil es sich bei Schwangerschaft und Fortpflanzung um „natürliche" Gegebenheiten handelt – oder sie als solche wahrgenommen werden –, scheint mir mit Blick auf einige der angeführten Veröffentlichungen die Gefahr für ein solches ahistorisches Vorgehen größer als im Falle kultureller oder religiöser Phänomene.

Es gibt also vielfältige Anknüpfungspunkte für die Forschung zum vorgeburtlichen Leben. Ohne behaupten zu wollen, die Forschung in den genannten Bereichen sei abgeschlossen, wird die Lücke im Hinblick auf das syrische Christentum deutlich, das neben der griechisch-byzantinischen und der lateinischen als dritte große christliche Tradition gelten kann. Bar ʿEbrāyā ist ein herausragender Vertreter dieser Tradition.

1.2 Bar ʿEbrāyā

Warum eignen sich Bar ʿEbrāyā und seine Werke als Untersuchungsgegenstand für das Ungeborene in der syrischen Tradition? Hierfür gibt es zwei Gründe: Erstens steht er ungefähr am Ende der allgemeinen Blütezeit syrischer Literatur – und da er für sein kompilatorisches Vorgehen bekannt ist, sind vielfache Zeugnisse aus der früheren syrischen Tradition in seinen Werken zu erwarten.[26] Zweitens sind die Schriften Bar ʿEbrāyās im Ver-

---

ethischen und rechtlichen Fragen unter Bezugnahme zur Tradition; siehe u. a. Ghaly 2012, Ghaly 2014a und Ghaly 2014b.

23 Adamek 1968, Kruk 1987–1988, Giladi 1992, Giladi 2010, Kueny 2013 und Giladi 2014.

24 Duden 1991 und Duden 2002.

25 Siehe jetzt auch Müller 2020.

26 Zur syrischen Literatur im Allgemeinen siehe Baumstark 1922 und Barṣaum 2012.

gleich zu denjenigen vieler anderer späterer syrischer Autoren relativ gut untersucht.[27]

Wie eingangs festgestellt, ist es neben der Untersuchung vorgeburtlichen Lebens im syrischen Christentum auch mein Ziel, die Art und Weise zu untersuchen, wie Bar ʿEbrāyā verschiedene Vorlagen zusammenstellt und bearbeitet. Seine Vorgehensweise, insbesondere islamische Werke für seine eigenen zu adaptieren, ist ein herausragendes Beispiel transkultureller Rezeptionsprozesse. Neben der inhaltlichen Frage nach Bar ʿEbrāyās Vorstellungen des Ungeborenen wird daher auch der literarische Redaktions- und Adaptionsprozess im Mittelpunkt meiner Untersuchung stehen.

Im Folgenden skizziere ich drei Aspekte im Hinblick auf Bar ʿEbrāyās Leben und Werk. Zunächst verorte ich Bar ʿEbrāyā in der philosophischen und medizinischen Gelehrsamkeit sowie in seiner Kirche anhand einer biographischen Skizze. Dem folgt ein Überblick über sein Werk. Diese beiden Punkte sollen unterstreichen, dass sich syrische Vorstellungen zum Ungeborenen bei Bar ʿEbrāyā womöglich nicht nur in verschiedenen Facetten der Gelehrsamkeit widerspiegeln, sondern sich sein Werk auch dazu eignet, Verbindungen von Medizin, Philosophie und Theologie herauszuarbeiten. Als dritten Aspekt gehe ich auf Bar ʿEbrāyās literarisches Vorgehen ein, antike, christliche und islamische Texte zu verschränken.

1.2.1 Gelehrter und Vertreter seiner Kirche

Informationen über Bar ʿEbrāyās Leben und Werk lassen sich sowohl aus seinen eigenen Schriften als auch aus dem Zeugnis späterer Autoren ziehen.[28] Kenntnis- und Forschungsstand zu Bar ʿEbrāyā sind für einen mittelalterlichen christlich-orientalischen Autoren gut, was sicherlich am breiten Spektrum wie auch an der starken Rezeption Bar ʿEbrāyās innerhalb seiner westsyrischen[29] Kirche liegt. Die wichtigste Referenz zum Werk und

---

27 In der *Comprehensive Bibliography on Syriac Christianity* 2021 teilt sich Bar ʿEbrāyā zusammen mit Jakob von Serugh (gest. 521) und Theodor von Mopsuestia (gest. 428) mit je ca. 450 von 14.000 verschlagworteten Einträgen den zweiten Platz – nach Ephraem dem Syrer (gest. 373) mit ca. 1.500 Einträgen.

28 Vgl. Takahashi 2013a, S. 1–2.

29 Ich verwende durchgehend den Begriff „westsyrisch" für die Kirche bzw. Gemeinschaft, die sich im Zuge der theologischen Auseinandersetzungen der Spätantike aufgrund ihres christologischen Bekenntnisses zu einer Natur in Jesus Christus und auf maßgebliche Initiative von Jakob Baradai (gest. 578) durch die Weihe eigener

zur Erforschung Bar ʿEbrāyās ist die Bio-Bibliographie Hidemi Takahashis, auf die ich mich durchgehend beziehe.[30] Den Schwerpunkt in der folgenden Darstellung lege ich auf diejenigen Aspekte, welche die Einordnung Bar ʿEbrāyās in die Gelehrsamkeit seiner Zeit verdeutlichen, besonders im Hinblick auf Medizin und Philosophie, und welche seine Rolle als kirchliche Autorität und Repräsentant seiner Tradition unterstreichen.

Bar ʿEbrāyā wurde 1226 in die Familie eines Arztes namens Ahron (Aaron) geboren.[31] Seine Kindheit und frühe Jugend verbrachte er in der Stadt Melitene (bzw. deren Umgebung), zu dieser Zeit ein wichtiges Zentrum der westsyrischen Kirche. Nachdem die über Melitene herrschende Dynastie der Rūm-Seldschuken 1243 von den Mongolen geschlagen wurde, siedelte Bar ʿEbrāyās Vater Ahron nach Antiochien über.

Zu Bar ʿEbrāyās Studienorten zählen Melitene und Antiochien, wo er vermutlich grundlegend in die theologische Tradition seiner eigenen Kirche eingeführt wurde, auch wenn nichts Näheres hierzu bekannt ist. In Bar ʿEbrāyās eigener Darstellung ist lediglich von zwei „Älteren" als seinen Lehrern die Rede.[32] Außerdem studierte er Logik (im damaligen Sinn ei-

---

Bischöfe von der römischen Reichskirche unabhängig machte. Vor diesem Hintergrund erklären sich alternative Bezeichnungen wie mono- bzw. miaphysitische Kirche (nach ihrem Bekenntnis) oder jakobitische Kirche (nach ihrem Organisator). Die Bezeichnung als *west*syrisch erklärt sich dadurch, dass sich auch weiter östlich, noch unter Herrschaft der Sassaniden und außerhalb des römischen Reichs, eine eigenständige, sich auch dogmatisch unterscheidende ostsyrische Kirche herausbildete. Die syrische Sprache, welche die westsyrische Kirche in Liturgie, Literatur und Gelehrsamkeit verwendet, führt sich auf die lokale aramäische Varietät der Stadt Edessa zurück. Für die vorliegende Arbeit ist eine ausführliche Betrachtung aller Aspekte der Entstehung und Entwicklung dieser Kirche nicht erforderlich. Wichtig ist, dass zur Zeit Bar ʿEbrāyās diese Kirche eine jahrhundertelange eigene Tradition aufwies. Diese Tradition konstituiert sich einerseits organisatorisch durch eine eigene kirchliche Hierarchie und andererseits diskursiv durch den Bezug auf bestimmte Autoren und Werke. Damit ist die westsyrische Kirche in vielerlei Hinsicht von anderen christlichen Gemeinschaften getrennt und unterscheidbar, was selbstverständlich bestehende Verbindungen und Gemeinsamkeiten zu anderen Kirchen nicht ausschließt. Sofern es für die vorliegende Untersuchung relevant ist, gehe ich näher auf diese Aspekte ein. Siehe zur westsyrischen Kirche Brock und Taylor 2001, Kiraz 2021, Hage 1966, Nabe von Schönberg 1977, Kawerau 1960 sowie Weltecke 2008. Für das syrische Christentum insgesamt siehe Murre-van den Berg 2007. Eine umfangreiche Bibliographie findet sich online: *Comprehensive Bibliography on Syriac Christianity* 2021.

30 Takahashi 2013a.

31 Siehe hier und im Folgenden Takahashi 2013a, S. 3–27.

32 Siehe hierzu Takahashi 2013a, S. 15–16.

ner wissenschaftlichen Propädeutik) und Medizin bei einem Ostsyrer namens Jakob im heute libanesischen Tripoli. Hidemi Takahashi und Naohide Yaguchi vermuten, dass er ursprünglich, wie sein Vater, Arzt werden sollte.[33]

Bar ʿEbrāyā erwähnt in seiner Chronik, mit dem Arzt Ǧamāl ad-Dīn Ibn ar-Raḥbī (gest. 1260) zusammengearbeitet zu haben. Damit ist Bar ʿEbrāyās medizinische Bildung dem al-Bīmāristān an-Nūrī in Damaskus zuzuordnen, an dem Ǧamāl ad-Dīn tätig war.[34] Es ist wenig Konkretes über Bar ʿEbrāyās Zeit dort bekannt, nicht einmal, wann genau er sich dort aufhielt.[35]

Hidemi Takahashi hat bereits Ähnlichkeiten zwischen Bar ʿEbrāyās medizinischen Werken und denjenigen der Familie Ibn al-Raḥbī im Umfeld des

---

33 Takahashi und Yaguchi 2017, S. 253: „…was originally destined to be physician"; siehe auch Takahashi 2013a, S. 53.

34 Für das al-Bīmāristān an-Nūrī siehe Ragab 2015, S. 51–59, für den Lehr- und Praxisbetrieb besonders Ragab 2015, S. 141–222. Informationen können außerdem der Biographiensammlung berühmter Ärzte, Ibn Abī ʿUṣaybiʿahs *Uyūn al-anbāʾ aṭ-ṭabaqāt al-aṭibbāʾ* („Auslese der Berichte über die Klassen der Ärzte", hiernach *ʿUyūn al-anbāʾ*) entnommen werden (t+v: Savage-Smith, Swain und van Gelder 2020). Auch Einträge zu den Mitgliedern der Ärztefamilie Ibn ar-Raḥbī finden sich dort (t+v: Savage-Smith, Swain und van Gelder 2020, Nr. 15.36–38). Keines der Werke Ǧamāl ad-Dīns oder auch nur Titel seiner Werke sind überliefert. Er ist einer der beiden Söhne von Raḍīy ad-Dīn Ibn ar-Raḥbī (gest. 1234), welcher am al-Bīmāristān an-Nūrī lehrte. Der bekanntere der beiden Söhne ist Šaraf ad-Dīn Ibn ar-Raḥbī (gest. 1269). Ibn Abī ʿUṣaybiʿah berichtet vom Vater Raḍīy ad-Dīn, er sei außerordentlich feindselig gegenüber nichtmuslimischen Ärzten eingestellt gewesen: „He had deemed it appropriate, he said, never to teach medical principles to non-Muslims (al-dhimmah) or to persons who were not worthy of them, for he considered that he was thereby enhancing the profession and upholding its prestige"; Ibn Abī ʿUṣaybiʿah, *ʿUyūn al-anbāʾ*, s. v. Raḍīy ad-Dīn Ibn ar-Raḥbī (t+v: Savage-Smith, Swain und van Gelder 2020, Nr. 15.36.1.1). Lewicka 2012, S. 9 vermutet daher, dass die zunehmende Islamisierung der Bimāristāns bzw. deren Personals auf den Einfluss von Raḍīy ad-Dīn zurückgehe. Dem widerspricht Ragab 2015, S. 163–170 (besonders S. 165 mit Anm. 107) auf der Grundlage, dass Raḍīy ad-Dīn vermutlich wenig erfolgreich war und sich bei Ibn Abī ʿUṣaybiʿah lediglich drei konkrete Personen finden, die ihm als seine Schüler zugeordnet werden können. Wie Bar ʿEbrāyās Arbeit unter Raḍīy ad-Dīns Sohn Ǧamāl ad-Dīn Ibn ar-Raḥbī in diese Auseinandersetzung um Nichtmuslime eingeordnet werden kann, muss aufgrund der wenigen Informationen zu Bar ʿEbrāyās Zeit in Damaskus offen bleiben.

35 Takahashi und Yaguchi 2017, S. 254: „…that may have been at around the same time as the period of his study in Tripoli", d. h. ca. 1243–1246; siehe auch Takahashi 2013a, S. 17–18.

al-Bīmāristān an-Nūrī festgestellt.[36] Dass Bar ʿEbrāyā in der Tradition des al-Bīmāristān an-Nūrī verortet ist, möchte ich im Folgenden weiter untermauern und zudem eine mögliche Spur zu Bar ʿEbrāyās frühem Interesse an der Philosophie Ibn Sīnās aufzeigen. Nach Ahmed Ragab gibt es mehrere Texte, die für die Gelehrsamkeit am al-Bīmāristān an-Nūrī um den Arzt ad-Daḫwār (gest. 1231) und dessen Schüler eine wichtige Rolle spielten, in anderen medizinischen Kontexten aber (zunächst) weniger rezipiert wurden: (1) das *Kitāb al-Ḥāwī fī ṭ-ṭibb* („Das umfassende Buch zur Medizin") von Abū Bakr ar-Rāzī (gest. 925), (2) das Werk *al-Masāʾil* („Fragen") von Ḥunayn b. Isḥāq (gest. 873) sowie (3) die hippokratischen Aphorismen.[37] Man findet unter Bar ʿEbrāyās medizinischen Schriften eine Zusammenfassung und einen Kommentar zu Text (2) sowie eine Zusammenfassung zu Text (3).[38] Takahashi und Yaguchi weisen mit Micheau darauf hin, dass ein weiteres Werk von Bar ʿEbrāyā vermutlich Text (1) rezipiert.[39] Im Kontext des al-Bīmāristān an-Nūrī wurde außerdem Ibn Sīnās *Qānūn fī ṭ-ṭibb* rezipiert, das Bar ʿEbrāyā noch kurz vor seinem Tod ins Syrische zu übertragen begann.[40]

Bar ʿEbrāyās Interesse an der Philosophie Ibn Sīnās kann ebenfalls mit ähnlichen Neigungen der Gelehrten um das al-Bīmāristān an-Nūrī verglichen werden.[41] So besteht eine Verbindung von ad-Daḫwār zur avicennischen Philosophietradition durch seinen Lehrer Sayf ad-Dīn al-Āmidī (gest. 1233), dessen Kommentar zu Ibn Sīnās *Kitāb al-Išārāt wa-t-tanbīhāt* („Buch der Hinweise und Belehrungen") ad-Daḫwār auswendig kannte.[42] Außerdem hat ad-Daḫwār selbst eine Zusammenfassung des *Kitāb al-Išārāt wa-t-tanbīhāt* verfasst.[43] Ein mittelbarer Einfluss dieses philosophischen In-

---

36 Takahashi 2013a, S. 53–54.
37 Ragab 2015, S. 142–156. Zu ad-Daḫwār siehe Ibn Abī ʿUṣaybiʿah, *ʿUyūn al-anbāʾ*, s. v. ad-Daḫwār (t+v: Savage-Smith, Swain und van Gelder 2020, Nr. 15.50). Zu Abū Bakr ar-Rāzī siehe Goodman 1995; zu seinem *Kitāb al-Ḥāwī fī ṭ-ṭibb* siehe Richter-Bernburg 2003. Zu Ḥunayn b. Isḥāq siehe Strohmaier 2017; zu Ḥunayns *Masāʾil* siehe Takahashi und Yaguchi 2017 und Weisser 1986.
38 Vgl. Takahashi und Yaguchi 2017, S. 255–256 sowie Takahashi 2013a, S. 85–88 und Micheau 2008.
39 Takahashi und Yaguchi 2017, S. 256 mit Anm. 21.
40 Takahashi und Yaguchi 2017, S. 256 (Nr. 6).
41 Den Einfluss seiner professionellen Ausbildung als Mediziner hat bereits Takahashi 2013a, S. 55 als möglichen Hintergrund für Bar ʿEbrāyās Neigung zum Werk Ibn Sīnās angeführt.
42 Ragab 2015, S. 144–145. Zu Sayf ad-Dīn al-Āmidī siehe Weiss 2012.
43 Ragab 2015, S. 153.

32

teresses ad-Daḫwārs auf Bar ʿEbrāyā, dessen Rezeption desselben Werks Ibn Sīnās ich in Kapitel 2 behandle, scheint plausibel.

Ein weiterer wichtiger Aspekt für Bar ʿEbrāyās Gelehrsamkeit ist seine Verbindung nach Marāġah, der alten Hauptstadt Aserbaidschans.[44] Die Stadt wurde vom ersten mongolischen Il-Khan Hülegü (reg. 1256–1265) zu seiner Residenz gemacht, nachdem er 1258 Bagdad erobert und damit die Herrschaft über das irakische und umliegende Gebiet gesichert hatte. Ein wichtiges Zentrum für Gelehrte war das dortige astronomische Observatorium, das Hülegü für seinen Hofastronom und Minister Naṣīr ad-Dīn aṭ-Ṭūsī (gest. 1274) bauen ließ.[45] Bar ʿEbrāyā hielt sich seit den 1260er Jahren wiederholt, teils auch länger, in Marāġah auf. In seiner detailreichen Studie zum syrischen Leben in der mongolischen Residenzstadt behandelt Pier Giorgio Borbone auch wiederholt Bar ʿEbrāyā und dessen dortige Gelehrtentätigkeit.[46] Obwohl es dort, wie Borbone plausibel macht, vermutlich keine nennenswerte syrische Gemeinde gab, war die Stadt für Bar ʿEbrāyā als Aufenthaltsort wichtig. Dies zeigt zum Beispiel die Errichtung eines Wohn- und Gebetsbereiches auf sein Geheiß.[47] In Marāġah ist Bar ʿEbrāyā schließlich auch gestorben.[48]

Bar ʿEbrāyā hat die Bibliothek des dortigen Observatoriums genutzt, unter anderem zur Abfassung seiner Werke.[49] Darüber hinaus hatte er in Marāġah syrische Schüler.[50] Besonders interessant ist eine arabische Handschrift aus Marāġah, die Ibn Sīnās Opus magnum, das *Kitāb aš-Šifāʾ*, überliefert und in der sich einige syrische Glossen finden. Borbone identifiziert den Kopisten der Handschrift als einen Syrer aus Bar ʿEbrāyās Umfeld und, durch Vergleich mit einem Autographen, die Glossen als diejenigen Bar

---

44 Zu Marāġah siehe Minorsky 1991.

45 Zu aṭ-Ṭūsī siehe Dabashi 1996. Zum Observatorium siehe Sayılı 1960, S. 187–223 und Saliba 2006.

46 Borbone 2017; siehe auch Takahashi 2013a, S. 22–27.

47 Borbone 2017, S. 118–120. Bar ʿEbrāyā war zu dieser Zeit bereits Maphrian, worauf ich im weiteren Verlauf eingehe. Die offizielle Residenz des Maphrian ist das Kloster Mār Mattay in der Nähe Mossuls; siehe hierzu Jacob 2012.

48 Siehe Aigle 2008, S. 29–30.

49 Borbone 2017, S. 123–124.

50 Borbone 2017, S. 120, Anm. 50 u. S. 125, Anm. 74. Dass Bar ʿEbrāyā in Marāġah in den allgemeinen Lehrbetrieb einbezogen war, näherhin durch Unterricht anhand Euklids *Elementen* und Ptolemäus' *Almagest*, wie von der früheren Forschung vermutet, deutet Borbone 2017, S. 124–126 im Anschluss an Takahashi 2013a, S. 84 mit Anm. 316 lediglich als Bar ʿEbrāyās eigenes Studium dieser Werke.

ʿEbrāyās.[51] Die Handschrift ist damit ein materiell fassbares Zeugnis der Rezeption von Ibn Sīnās *Kitāb aš-Šifāʾ* durch Bar ʿEbrāyā, der ich für den Bereich der Fortpflanzungsbiologie in Kapitel 3 nachgehe. Rückschlüsse auf Bar ʿEbrāyās gute Beziehungen zu den muslimischen Gelehrten im Umfeld des dortigen Observatoriums lassen sich auch aus Erwähnungen ziehen, die Bar ʿEbrāyās Bruder Barṣawmā Ṣafī (gest. 1307/8) in der Fortschreibung von Bar ʿEbrāyās Geschichtswerk macht. Beispielsweise sei er von einem Muslim aus Marāġah für sein philosophisches Wissen gelobt worden.[52] Außerdem habe er seine arabische Historiographie, das *Muḫtaṣar taʾrīḫ ad-duwal* („Kurzfassung der Geschichte der Länder"), auf Bitten von Arabern (syr. *ṭayyāyē*) in Marāġah verfasst.[53]

Die medizinische und philosophische Gelehrsamkeit Bar ʿEbrāyās kann als unabhängig von religiöser Zugehörigkeit oder Tradition angenommen werden.[54] Bar ʿEbrāyās Verortung in der westsyrischen Kirche und Tradition spiegelt sich dagegen in seinem theologischen Werk wider. Über seine theologische Ausbildung ist wenig bekannt; die beiden anonymen Älteren, die ihn in jungen Jahren unterrichtet haben, wurden bereits genannt. Daher verdeutlichen hinsichtlich der Biographie Bar ʿEbrāyās besonders seine Ämter die Zugehörigkeit zu seiner Gemeinschaft. Seine Tätigkeiten als Amtsträger und Repräsentant seiner Kirche stelle ich daher im Folgenden in den Mittelpunkt.

Bereits mit zwanzig Jahren, also 1246, wurde Bar ʿEbrāyā zunächst Bischof von Gubos und kurz darauf Laqabin, beides kleinere Städte in der Nähe seiner Geburtsstadt Melitene.[55] Daraufhin, um 1253, wurde er Bischof beziehungsweise Metropolit der weitaus wichtigeren Stadt Aleppo. Vermutlich war dieser Aufstieg auch seiner Nähe zum Patriarchen Dionysios ʿAngur (reg. 1252–1261) zu verdanken.[56] Die politische Instabilität der Großregion, hervorgerufen durch die Eroberungen der Mongolen, wurde von Rivalitäten in der Hierarchie der westsyrischen Kirche begleitet:

---

51 Borbone 2017, S. 127–132.

52 Vgl. Borbone 2017, S. 125.

53 Vgl. Takahashi 2013a, S. 26.

54 Vgl. Takahashi 2019 sowie meine Ausführungen in Kap. 2.2.1, S. 79.

55 Der Bischof war im städtischen Kontext Leiter der jeweiligen christlichen Gemeinschaft und nahm auch richterliche Aufgaben wahr. Bischöfe wurden oft aus dem Mönchtum in ihr Amt gewählt; siehe Kawerau 1960, S. 34–40. Allgemeiner zu den syrisch-orthodoxen Gemeinschaften siehe Weltecke 2008 und Weltecke 2013.

56 Takahashi 2013a, S. 20. Diese Nähe zeigt sich auch in der vermutlichen Widmung eines frühen Werks Bar ʿEbrāyās an Dionysios ʿAngur; siehe Kap. 4.1.2.1, S. 220.

Ṣaliba, ein früherer Mitstudent Bar ʿEbrāyās, der dem Lager des Gegenpatriarchen Johannes Maʿdanī (reg. 1252–1263) angehörte, ließ Bar ʿEbrāyā um 1255 mit Unterstützung der Ayyubiden absetzen.[57] Umgekehrt konnte Bar ʿEbrāyā durch Fürsprache Qīr Michael b. Gabras', eines christlichen Arztes aus Melitene und Gesandten der Mongolen am ayyubidischen Hof, 1258 seinen Bischofssitz zurückerlangen.[58]

Bar ʿEbrāyās Verantwortung gegenüber seiner Gemeinschaft wuchs weiter, als er 1264 zum Maphrian bestimmt wurde. Der Maphrian leitete die westsyrische Kirche im Gebiet des ehemaligen Sassaniden-Reiches und war damit selbstständiger Sachwalter des Patriarchen in diesem Bereich.[59] Wenn auch bereits davor viele der Aufgaben Bar ʿEbrāyās als Vertreter der kirchlichen Hierarchie im Zeichen der mongolischen Eroberungen standen, verlagerte sich nun sein Amtsbereich vollständig in mongolisch beherrschtes Gebiet. Den Zustand dieses Gebiets nach der Eroberung Bagdads durch die Mongolen 1258 beschreibt Bar ʿEbrāyā im kirchengeschichtlichen Teil seiner Chronik wie folgt:

> Zu der Zeit, zu der Maphrian Ignatius Ṣaliba starb, waren die Länder in Aufruhr. Bagdad wurde zerstört, danach wiederum wurde Aleppo zerstört und ganz Syrien und Mesopotamien. Danach wiederum erhoben sich die Araber Assurs und Ninives gegen die Christen dort und zermalmten sie. Kurz darauf kamen die Mongolen und töteten die Araber. Und so kam allen allgemeines Verderben zu und die gebrochene Kirche, diejenige des Ostens [d. h. die Jurisdiktion des Maphrianats], blieb verwitwet zurück, für die Dauer von sechs Jahren.[60]

Für Bar ʿEbrāyās Amtszeit bis zu seinem Tod 1286 erwähnt er in seiner Chronik ständige Reisen im Gebiet seiner Jurisdiktion.[61] Zu seinen Aufgaben als Maphrian gehörte es unter anderem, Bischöfe und andere Amtsträ-

---

57 Takahashi 2013a, S. 20–21.

58 Für ähnliche Beispiele der Verflechtungen von kirchlichen Führungspositionen mit der jeweiligen Herrschaft siehe Kawerau 1960, S. 86–102.

59 Zum Amt des Maphrian siehe Kiraz 2011 und speziell für die Zeit Bar ʿEbrāyās auch Kawerau 1960, S. 23–34. Zum Patriarchenamt siehe Kawerau 1960, S. 13–23. Der Sitz des westsyrischen Patriarchen war nominell Antiochien (zurückgehend auf die antike Tradition), er residierte allerdings in unterschiedlichen Städten und Klöstern.

60 Bar ʿEbrāyā, *Maktbānūt zabnē* [kirchengeschichtlicher Teil], *Bātar ʾĪgnāṭīyōs* … (t+v: Wilmshurst 2016, S. 454–455, t: Abbeloos und Lamy 1877, Sp. 431–432).

61 Bar ʿEbrāyā, *Maktbānūt zabnē* [kirchengeschichtlicher Teil], Jahre 1573/1262–1597/1286 (t+v: Wilmshurst 2016, S. 454–469, t: Abbeloos und Lamy 1877, Sp. 431–474).

ger zu weihen.[62] Weiterhin scheint Bar ʿEbrāyā der Bau von Kirchen und anderen kirchlichen Gebäuden wichtig gewesen zu sein.[63] Sowohl die Konsekration von Kirchenleuten als auch der Bau von Kirchen dienen dem Wiederaufbau beziehungsweise dem Erhalt der kirchlichen Infrastruktur. Ein interessanter Aspekt ist auch, dass Bar ʿEbrāyā zwei seiner Medizinstudenten verheiratete und anwies, in Tabrīz und Marāġah zu leben. Dass er damit die medizinische Versorgung seiner Gemeinschaft sicherstellte, wird von Takahashi und Yaguchi als pastorale Tätigkeit verstanden.[64] Auf den Zusammenhang dieser pastoralen Bestrebungen Bar ʿEbrāyās mit seinem literarischen Schaffen komme ich im Folgenden wieder zurück.

Die beiden skizzierten Aspekte, Bar ʿEbrāyās Gelehrsamkeit und seine Rolle als Leiter und Neuorganisator seiner Kirche, verdeutlichen die Vielschichtigkeit seiner Persönlichkeit, als gelehrter Autor sowie Repräsentant seiner Religionsgemeinschaft. Diese Vielschichtigkeit spiegelt sich auch in seinem Werk.

1.2.2 Sein Werk

Sebastian Brock teilt die syrische Literatur in drei Phasen ein: (1) ein goldenes Zeitalter, vom dritten bis zum siebten Jahrhundert; (2) eine Phase der „consolidation and compilation" bis ca. 1300; und (3) eine Phase bis heute, in der die literarische Produktion zwar deutlich abnimmt, aber nie ganz aufhört.[65] Vor dem Hintergrund des breiten Spektrums der Schriften Bar ʿEbrāyās kann er gemäß dieser Einteilung als herausragender Vertreter

---

62 Auch wenn die Namen in zwei Listen dieser von Bar ʿEbrāyā geweihten Bischöfe nicht übereinstimmen, wird ihre Zahl jeweils mit zwölf wiedergegeben; siehe Takahashi 2013a, S. 37 mit Anm. 163.

63 Siehe Takahashi 2013a, S. 37 mit Anm. 164.

64 Takahashi und Yaguchi 2017, S. 275: „As is suggested by the dispatch of his medical disciples Abū al-Ḫair and John to Tabrīz and Marāġa, providing for the medical care of the community in his charge was no doubt considered by him to be a part of his pastoral activities, and the training of such doctors, therefore, a part of his pastoral duties as an ecclesiastical leader."

65 Hier und im Folgenden Brock 2017, S. 13. Eine ähnliche Unterteilung findet sich auch bei Baumstark 1922 und Barṣaum 2012. Bei Barṣaum 2012 umfassen die beiden ersten Perioden jeweils ca. 110 Seiten, die dritte lediglich ca. 40. Bei Baumstark 1922, der nur in vorislamische und islamische Zeit einteilt, sind es ca. 130 Seiten für die erste Periode, für die Zeit bis einschließlich Bar ʿEbrāyā ca. 160 Seiten und nur ca. 20 Seiten für den Rest. Ähnlich wie im arabisch-islamischen Bereich warten viele

der zweiten Phase gelten. Brock nennt ihn „the greatest of all Syriac polymaths".[66] Die syrische Literatur in der zweiten Phase der Konsolidierung und des Kompilierens beschreibt Brock außerdem als „an encyclopaedic type of literature".

Bar ʿEbrāyās Werk umfasst ungefähr vierzig Schriften, von denen ein Großteil durch die Überlieferung in der westsyrischen Kirche, teils auch in den anderen syrischen Kirchen erhalten ist. Im Folgenden gebe ich zunächst einen Überblick über diese einzelnen Werke Bar ʿEbrāyās. Anschließend diskutiere ich den „enzyklopädischen" Charakter des Gesamtwerks Bar ʿEbrāyās sowie dessen Einordnung in die syrische Literatur seiner Zeit.

Wichtige Werke Bar ʿEbrāyās fallen in den Bereich des theologischen und religiösen Schrifttums.[67] Hierzu zählen sein umfangreicher Bibelkommentar *Awṣar rāzē* („Speicher der Geheimnisse") oder das *Ktābā d-Yawnā* („Buch der Taube") zum monastischen Leben. Zwei thematisch umfassende theologische Summen[68] aus Bar ʿEbrāyās Feder sind besonders erwähnenswert, das umfangreichere *Mnārat qudšē* („Leuchter der Heiligkeiten") sowie das kürzere *Ktābā d-Zalgē* („Buch der Strahlen"). Diese weisen Schnittmengen mit philosophischen Summen auf, insofern sie sich logischer Schlüsse bedienen und damit sogenannte Vernunftbeweise für die jeweiligen theologischen Positionen vorbringen. Gleichzeitig arbeitet Bar ʿEbrāyā in diesen beiden theologischen Summen auch mit sogenannten Traditionsbeweisen, das heißt Zitaten aus der Bibel oder von kirchlichen Autoritäten. Hier spielt also seine westsyrische sowie die allen Kirchen gemeinsame antike christliche Tradition eine Rolle. In meiner Arbeit wird dies besonders an Bar ʿEbrāyās Verweisen auf Kirchenväter deutlich sowie an seiner Rezeption des westsyrischen Theologen Mušē bar Kēpā (gest. 903).[69]

Bar ʿEbrāyā ist auch Verfasser verschiedener philosophischer Schriften, etwa im Bereich der Logik oder der Astronomie.[70] Drei unterschiedlich lange philosophische Summen verdienen besondere Beachtung: das *Swād*

---

der syrischen Texte dieser späteren Zeit noch darauf, genauer untersucht zu werden. Zur späteren syrischen Literatur siehe Macuch 1976.

66 In dieser Hinsicht wurde Bar ʿEbrāyā mit seinen lateinischen Zeitgenossen Thomas Aquin (gest. 1274) und Albertus Magnus (gest. 1280) verglichen.

67 Vgl. die Übersicht in Takahashi 2013a, S. 63–67. Zu den Bar ʿEbrāyās zugeschriebenen liturgischen Werken siehe Takahashi 2013a, S. 88–90.

68 Unter einer Summa (Pl. Summen) verstehe ich eine systematische Gesamtdarstellung des theologischen und/oder philosophischen Wissens.

69 Zu Mušē bar Kēpā siehe Coakley 2011 und ausführlich Reller 1994, S. 1–87.

70 Vgl. Takahashi 2013a, S. 67–73, 82–85.

sopiya („Unterhaltung der Weisheit"), das *Tēgrat tēgrātā* („Verhandlung der Verhandlungen") sowie das *Ḥēwat ḥekmtā* („Rahm der Weisheit"). Sie sind thematisch umfassend, verwenden eine Vielzahl an Quellen und orientieren sich in ihrer Anlage und ihren Inhalten an Werken mit muslimischer Autorschaft. Neben diesen Summen hat Bar ʿEbrāyā auch zwei syrische Übersetzungen von Werken islamischer Philosophen verfasst, nämlich des *Kitāb al-Išārāt wa-t-tanbīhāt* von Ibn Sīnā sowie des *Zubdat al-asrār* („Rahm der Geheimnisse") von Aṯīr ad-Dīn al-Abharī (gest. 1264).[71] Wie bereits angeklungen ist, kann Bar ʿEbrāyā klar als Rezipient Ibn Sīnās und damit in die allgemeine Tendenz der muslimischen Autoren seiner Zeit eingeordnet werden.

Einen normativen Anspruch haben Bar ʿEbrāyās *Itiqon* („Ethicon") sowie sein *Ktābā d-Huddāyē* („Buch der Weisungen"). Das *Itiqon* ist eine Art Ratgeber für christliches Leben, wobei die Behandlung körperlicher, sozialer und spiritueller Aspekte den ganzheitlichen normativen Horizont des Werks verdeutlicht.[72] Demgegenüber enthält das *Ktābā d-Huddāyē* konkrete rechtliche Regelungen sowohl für den kirchlichen als auch den weltlichen Bereich. Das Rechtswerk wird daher – wie ähnliche Werke aus dem byzantinischen Bereich – als *Nomocanon* bezeichnet (vgl. gr. *nomos*, Gesetz, und *kanōn*, Norm, Kirchengesetz). Für beide Texte hat Bar ʿEbrāyā sich stark an einflussreichen Werken Abū Ḥāmid al-Ġazālīs (gest. 1111) orientiert.[73]

Nicht zuletzt lassen sich weitere Werke Bar ʿEbrāyās nennen, wie der Grammatik und Sprachwissenschaft, der Literatur und Poesie und schließlich der Historiographie.[74] Seine medizinischen Werke, welche die zeitgenössischen Rezeptionsprozesse des al-Bimaristan an-Nūrī widerspiegeln, wurden bereits erwähnt.[75]

---

71 Zu al-Abharī siehe Thomas 2015.

72 So gesehen könnte das *Itiqon* auch dem religiösen Schrifttum Bar ʿEbrāyās zugeordnet werden. Siehe zum Werk die Einleitung in Teule 1993 sowie Teule 1995, Teule 2008 und Weitz 2014.

73 Zu Bar ʿEbrāyās *Ktābā d-Huddāyē* siehe Nallino 1921–1923, Weltecke 2013, Weitz 2013, S. 284–409, Weltecke 2015, Weitz 2018, S. 223–231, Jäckel 2020 und Jäckel 2021. Zu al-Ġazālī siehe Griffel 2020 und Ormsby 2007. Zu Bar ʿEbrāyās Rezeption von al-Ġazālī allgemein siehe Takahashi 2015.

74 Zu Bar ʿEbrāyās Werken über Grammatik und Sprache siehe Takahashi 2013a, S. 80–82 sowie Farina 2015, S. 107–110. Zu literarischen Werken im engeren Sinne und zur Poesie siehe Takahashi 2013a, S. 76–79 sowie Marzolph 1985 und Takahashi 2013b. Für eine Einordnung seiner Chroniken siehe Kawerau 1960, S. 7–12, Weltecke 2009, S. 123–131, Weltecke 2010, S. 104–108 und Mazzola 2020.

75 Siehe Kap. 1.2.1, S. 31.

Im Folgenden gehe ich auf den „enzyklopädischen Charakter" von Bar ʿEbrāyās Gesamtwerk ein. Schon der kurze Überblick über seine Schriften vermittelt den Eindruck, als sei es Bar ʿEbrāyā darum gegangen, das Wissen seiner Zeit zusammenzutragen und zu ordnen. Ein zentraler Aspekt ist die Übertragung dieses Wissens ins Syrische. Das geschieht sowohl durch Kompilation als auch durch direkte Übersetzung. So sind für Bar ʿEbrāyās historiographische Werke zahlreiche islamische Quellen identifiziert worden.[76] Seine Sammlung *Tunnāyē mpayygānē* („Erheiternde Geschichten") umfasst über 725 Erzählungen und Anekdoten, deren überwiegender Teil aus der arabischen Sammlung *Kitāb Natr ad-durr* („Buch der Prosaperlen") von Abū Saʿd Manṣūr b. al-Ḥusayn al-Ābī (gest. 1030) stammt.[77] Für das *Itiqon* hat sich Bar ʿEbrāyā an al-Ġazālīs *Iḥyāʾ ʿulūm ad-dīn* („Belebung der Wissenschaften der Religion") orientiert, das auch als „encyclopaedia of practical religious behaviour" verstanden werden könnte.[78] Der Frage nach Bar ʿEbrāyās Eigenständigkeit, die sich im Hinblick auf diese Adaptionen stellt, gehe ich im nächsten Unterabschnitt nach.

Oft ist von Bar ʿEbrāyā als Vertreter der „syrischen Renaissance" die Rede, die für die Zeit vom Anfang des 11. bis zum Ende des 13. Jahrhunderts angesetzt wird. In der Forschung wird die Idee einer syrischen Renaissance unterschiedlich bewertet.[79] Herman Teule schreibt:

> When using this term, one should not think, in the first place, of an increase in the literary production, but rather of a new development or a new orientation and the acceptance of new styles, themes and ideas, at least in the writings of the best representatives of this period.[80]

„Renaissance" sollte also als eine Art Wiedergeburt verstanden werden und nicht als bloßes Wiederaufleben derselben literarischen Tätigkeit. Darüber hinaus ist laut Teule die Kennzeichnung dieser Renaissance als „syrisch" nicht auf die Sprache allein zu beziehen, da von den entsprechenden syrischen Autoren auch arabische Werke verfasst wurden.[81] Diese Zweispra-

---

76 Siehe Aigle 2008.

77 Siehe Marzolph 1985 und Takahashi 2013a, S. 79.

78 van Ess 2006, S. 9. Zum *Itiqon* siehe die Literatur in Anm. 72, S. 38.

79 Vgl. Teule 2010a, S. 112–113, Teule 2010b, S. 1–3 sowie Weltecke und Younansardaroud 2019.

80 Teule 2010a, S. 112.

81 Teule 2010a, S. 110. Für problematisch halte ich seine Auffassung, „syrisch" auf die „original ethnic identity of these Christians" zu beziehen. (In einer ähnlichen Arbeit nimmt er auf Anton Baumstark 1922, S. 285 Bezug, der von einem „religiös-völkischen Selbstgefühl" spricht, was Teule 2010b, S. 1 als „popular (‚ethnic' would

chigkeit sei auch vorher gegeben gewesen. Nun habe sie sich aber nicht mehr bloß auf das Zentrum Bagdad beschränkt, sondern sich auf den Großteil des Gebiets der syrischen Kirchen erstreckt.[82]
Gleichzeitig findet die syrische Sprache bei den Autoren dieser Renaissance vermehrt Verwendung – obwohl der zunehmende Einfluss der arabisch-islamischen Literatur und Gelehrsamkeit sich nicht nur in der Zweisprachigkeit niederschlägt, sondern auch inhaltlich wahrzunehmen ist. „It appears that the acceptance of foreign, Muslim-Arab influences has led to the emergence of a new, highly original literature."[83] Dies zeigt sich in den Werken dieser Zeit, wie Teule anhand so verschiedener Bereiche wie der Philosophie, Historiographie, Literatur und Poesie sowie schließlich auch der Theologie deutlich macht.[84]

> Between the 11th and the 13th centuries, Syriac Christians did not live in isolation from the cultural developments within the Islamic world and were capable of *enculturation* in the sense of absorption and integration of new styles and themes grafted onto the older, original tradition.[85]

Bar ʿEbrāyās Werk lässt sich klar in diesen Trend einer „syrischen Renaissance" unter islamischen Vorzeichen einordnen. Er sagt sogar selbst aus, die Araber beziehungsweise Muslime (syr. *ṭayyāyē*) seien nunmehr die Lehrmeister der Syrer geworden, nachdem sie zuvor die Schüler der Syrer gewesen seien:

> Und es gibt unter ihnen [sc. den Muslimen/Arabern] Philosophen, Mathematiker und Ärzte, welche die Altvorderen in der Schärfe ihres Verstandes übertroffen haben. [...] So sind wir, diejenigen, von denen sie die Weisheit genommen haben mittels

---

be the modern term)" bezeichnet.) Die religiösen und literarischen Traditionen, die sich in den Werken syrischer Autoren widerspiegeln, decken nicht all das ab, was unter ethnisch zu verstehen wäre. Gerade weil „syrisch" *nicht* ethnisch verstanden wurde, konnten sich bspw. auch Araber oder zentralasiatische Gruppen den syrischen Kirchen zugehörig fühlen. Es kann dann insofern von syrischer Kultur gesprochen werden, wenn damit kein weiter, sondern ein engerer Kulturbegriff gemeint ist, d. h. ein religiöser, literarischer, theologischer und gelehrter Diskurs, der nicht zuletzt durch (formale) Bildung vermittelt wird.

82 Teule 2010a, S. 110–111.

83 Teule 2010a, S. 112.

84 Teule 2010a, S. 113–127.

85 Teule 2010a, 128, Hervorhebung im Original. Der Autor kontrastiert dies gleichzeitig mit „the developments of the subsequent centuries, which seem to be characterized by isolation rather than by interaction."

Übersetzungen, allesamt Syrer – [wir sind] nun diejenigen, die es nötig haben, von ihnen Weisheit zu erfragen (oder: zu erbitten).[86]

Bar ʿEbrāyā verschränkt Versatzstücke aus syrischen und allgemein christlichen sowie aus arabischen und persischen islamischen Schriften. Dies gilt für den Großteil seines umfangreichen Werks. Hidemi Takahashi charakterisiert sein Schaffen wie folgt:

> It seems that one of the principal goals of [Bar ʿEbrāyā's] literary activity was a revival of learning in Syriac; he aimed to accomplish this by synthesizing the older Syriac literary heritage and the fruits of more recent scholarly activities which were available to him mostly in Arabic.[87]

Zusammengefasst zeichnen Bar ʿEbrāyās Werk sowohl seine thematische Breite als auch dessen kompilatorischer Charakter aus. Sein Anliegen scheint es zu sein, den Wissensstand der Zeit in syrischer Sprache zu dokumentieren und so die religiöse und kulturelle Identität seiner Gemeinschaft zu stärken. Auf inhaltlicher Ebene reichert er die vorhergehende syrisch-christliche Tradition mit den zeitgenössischen intellektuellen Entwicklungen seines islamischen Umfelds an. Formal betrachtet übernimmt Bar ʿEbrāyā in vielen Fällen verbreitete islamische Texte und passt sie, wo ihm dies nötig erscheint, inhaltlich an seine christliche Tradition an. Im Folgenden betrachte ich dieses literarische Vorgehen Bar ʿEbrāyās genauer.

1.2.3 Eigenständigkeit und Kompilationstechnik

Ein Großteil der Werke Bar ʿEbrāyās orientiert sich im Aufbau an syrischen oder arabischen Vorlagen, aus denen meist auch weite Teile des Inhalts übernommen werden.[88] Gleichzeitig flicht Bar ʿEbrāyā auch zahlreiche weitere Texte ein. Teils übernimmt er aus ihnen einzelne Aussagen, teils nutzt er sie auch als Vorlagen für eine längere Passage.[89] Ein prominentes Beispiel ist Bar ʿEbrāyās *Ḥēwat ḥekmtā*, das im Aufbau dem aristotelischen Korpus gleicht, worin er inhaltlich aber oft dem *Kitāb aš Šifāʾ* von Ibn Sīnā folgt

---

86 Bar ʿEbrāyā, *Maktbānūt zabnē* [weltgeschichtlicher Teil], *Tašʿitā d-tāwdit ṭayyāyē* … (t: Bedjan 1890, S. 98, v: Budge 1932, S. 92).

87 Takahashi 2015, S. 304.

88 Takahashi 2002, S. 150: „Besonders typisch für Barhebraeus ist die Weise, in der er für sein Werk ein bestimmtes arabisches bzw. persisches Werk als Muster nimmt, es als Rahmen benutzt, und in diesen Rahmen auch Materien einfügt, die er aus syrischen Quellen schöpft."

89 Siehe Schmitt o. D., S. 70 („Introduction – I.5 Sources").

(ebenfalls diesem Korpus ähnlich). Der Ethikteil dagegen orientiert sich an Naṣīr ad-Dīn aṭ-Ṭūsīs *Aḫlāq-e Nāṣerī* („Nasirscher Ethik").[90] Ein weiteres Beispiel ist das *Ktābā d-Huddāyē* Bar ʿEbrāyās. Hier dienten ihm al-Ġazālīs Rechtswerke, das *al-Wasīṭ fī maḏhab aš-Šāfiʿī* („das Mittlere hinsichtlich der Rechtsschule aš-Šāfiʿīs") und das *al-Waǧīz fī l-fiqh* („das Bündige hinsichtlich der Rechtswissenschaft") als Modell und für einen Großteil des weltlichen Rechts auch als inhaltliche Vorlage. Für den Abschnitt zu den Tötungsdelikten und vermutlich für weitere einzelne Stellen (vielleicht auch für weitere längere Abschnitte) hat Bar ʿEbrāyā aber das *Muḫtaṣar* („Kurzfassung [der Schulmeinungen]") des Ḥanafiten al-Qudūrī (gest. 1037) oder das *Hidāyah* („Rechtleitung") von al-Marġīnānī (gest. 1197) benutzt, das eine Ausarbeitung von al-Qudūrīs *Muḫtaṣar* darstellt.[91]

Vor diesem Hintergrund wurde besonders in der älteren Forschung zwar die thematische Breite und der Umfang des Werks Bar ʿEbrāyās gewürdigt, ihm Eigenständigkeit oder Originalität aber weitestgehend abgesprochen.[92] So schreibt etwa Anton Baumstark in seiner einflussreichen syrischen Literaturgeschichte, „nur eine mehr in die Breite als in die Tiefe gehende, nicht selten den Charakter sklavischer Abhängigkeit oder bloßer Übersetzertätigkeit annehmende Arbeitsweise" habe Bar ʿEbrāyās umfangreiches Werk ermöglicht.[93] Eine andersartige Bewertung hat Arthur Vööbus in Bezug auf Bar ʿEbrāyās *Ktābā d-Huddāyē* aus dem Bereich des Rechts geäußert. Bei der Einführung von Bar ʿEbrāyās Person heißt es zwar, er sei in der Lage gewesen „das islamische geistige Schaffen mit dem einheimischen syrischen Erbe fruchtbar zu verschmelzen".[94] In der Bewertung des *Ktābā d-Huddāyē* bemängelt Vööbus dann aber, Bar ʿEbrāyā habe hier „das wesentliche kirchenrechtliche Material nicht in Betracht gezogen".[95]

Weiterhin meint Herman F. Janssens in der Einleitung zu seiner Edition von Bar ʿEbrāyās *Swād sopiya*, die syrische Literatur in Bar ʿEbrāyās Zeit sei zwar nicht unproduktiv gewesen, habe aber an einem Mangel an Origina-

---

90 Siehe die Einleitung in Takahashi 2004.

91 Siehe Jäckel 2020, S. 115–123 u. passim sowie Jäckel 2021.

92 Das Interesse an Bar ʿEbrāyā bzw. seinen Werken reicht weit in die frühe Neuzeit zurück. Grund für dieses Interesse waren seine syrische Grammatik, die von der beginnenden orientalistischen Philologie genutzt wurde, wie auch seine Chroniken; vgl. Takahashi 2013a, S. 114–116.

93 Baumstark 1922, S. 313.

94 Vööbus 1970, S. 505.

95 Vööbus 1970, S. 530.

lität gelitten.[96] Bar ʿEbrāyā zeige im Bereich der logischen Schriften mehr Unabhängigkeit oder wenigstens „éclectisme" als in anderen Bereichen der Philosophie. Im Allgemeinen begnüge er sich aber damit, die Philosophie Ibn Sīnās, fast wie sie ist, zu reproduzieren.[97]

Vielleicht kann die Bewertung der jüngeren Forschung zu Bar ʿEbrāyā mit dem Wandel von der modernen Idee des Genies und der Originalität zum postmodernen Interesse am Sampling und an Vielfalt erklärt werden. In jedem Fall beschäftigen sich verschiedene Arbeiten ungefähr der vergangenen dreißig Jahre gerade mit dem „éclectisme" Bar ʿEbrāyās. Im Mittelpunkt steht die Frage, wie die genaue Zusammenstellung und Anpassung der Vorlagen durch Bar ʿEbrāyā zu bewerten ist. So haben Untersuchungen von Bar ʿEbrāyās *Ktābā d-Huddāyē* gezeigt, wie Bar ʿEbrāyā in diesem Rechtswerk seine unterschiedlichen christlichen und islamischen Vorlagen anordnet, anpasst und ergänzt und damit einen durchaus in sich geschlossenen normativen Rahmen für eine christliche Gemeinschaft in islamischer Umwelt entwirft.[98] Dies ist durchaus auch als pastorales Projekt zu bewerten. Ähnliche Tendenzen einer Re-Christianisierung wurde für Bar ʿEbrāyās *Itiqon* festgestellt.[99] Jens Ole Schmitt hat Bar ʿEbrāyās Rezeption ostsyrischer Werke untersucht und mit Bar ʿEbrāyās großer Offenheit gegenüber dieser Kirche in Verbindung gebracht, die sonst von der westsyrischen Tradition vehement bekämpft wird.[100] Besonders für Bar ʿEbrāyās historiographische Werke wurde nach den Adressaten und der Art und Weise seiner Darstellung der Ereignisse gefragt.[101]

Für den Bereich der philosophiegeschichtlichen Forschung über Bar ʿEbrāyā ist zur Frage seiner Eigenständigkeit dagegen eher eine Leerstelle zu verzeichnen. In den letzten Jahren wurden besonders die einzelnen Teile von Bar ʿEbrāyās ausführlicher philosophischen Summa, des *Ḥēwat ḥekmtā*, in mehreren Veröffentlichungen ediert, übersetzt und kommentiert.[102] Zusätzlich sind Aufsätze oder weitere Einzeluntersuchungen erschienen. In diesen Arbeiten stehen zwar oft die vielfältigen Quellen zur Diskussion, die Bar ʿEbrāyā nutzte, und deren genaue Kompilation. Weitergehend wird aber selten die Frage aufgegriffen, welches Gesamtbild sich aus dieser Kompila-

---

96 H. F. Janssens 1937, S. 1.
97 H. F. Janssens 1937, S. 29.
98 Siehe die Literatur in Fn. 73 oben.
99 Siehe Weitz 2014.
100 Schmitt 2020.
101 Vgl. Teule 1996, Aigle 2008, Weltecke 2009 und Weltecke 2016.
102 Für einen detaillierteren Überblick siehe Kap. 3.1.1.1, S. 100.

tion Bar ʿEbrāyās ergibt, auch wenn sicherlich nicht für jedes übergreifende philosophische Thema zu vermuten ist, dass Bar ʿEbrāyā eine bestimmte Absicht zur Synthese unterschiedlicher Positionen verfolgt.

In meiner Untersuchung knüpfe ich nun an die Forschung an, die nach Bar ʿEbrāyās Eigenständigkeit und Kompilationstechniken fragt. Ich übertrage diese Fragestellungen auf seine Vorstellungen von ungeborenem Leben in theologischen und naturphilosophischen Texten. Wie mehrfach betont, synthetisiert Bar ʿEbrāyā Material aus unterschiedlichen Traditionen.[103] Gleichzeitig weisen diese Traditionen zwar nicht völlig voneinander getrennte, aber unterscheidbare Diskurse zum ungeborenen Leben auf. Dies gilt besonders für islamische Quellen, die aus koranischem Material und Hadithen eigene Begrifflichkeiten und Motive entwickelten. Die Frage, wie Bar ʿEbrāyā diese Aspekte für sein Werk adaptiert, liegt daher nahe.

1.3 Vorgehen und Aufbau der Arbeit

1.3.1 Auswahl der Quellen

Bar ʿEbrāyās Werk zeichnet sich durch eine große thematische Bandbreite aus und ist relativ umfangreich. Entsprechend wurden von mir zu Anfang der Recherche thematische Bereiche festgelegt, um eine Vorauswahl an Texten zu treffen. Dabei spielten auch Überlegungen der Zugänglichkeit eine Rolle, also ob die entsprechenden Texte ediert und/oder übersetzt vorliegen. Anhand dieser Themenfelder und der entsprechenden Werke Bar ʿEbrāyās habe ich zunächst eine Voruntersuchung durchgeführt:

Psychologische Texte behandeln die Seele, meist die menschliche Seele, als Lebens- und Wirkprinzip von Lebewesen. In diesem Kontext sind Diskussionen zum Zeitpunkt der Beseelung zu erwarten sowie Ausführungen zu den Seelenkräften wie Wachstum oder Formung. Sowohl die beiden theologischen wie auch die drei philosophischen Summen Bar ʿEbrāyās enthalten jeweils einen in sich geschlossen Teil zur Seele. Daneben gibt es zwei auf Arabisch verfasste Schriften, die Bar ʿEbrāyā zugeschrieben werden und sich ausschließlich mit der Seelenlehre befassen. In allen genannten Schriften findet sich relevantes Material, das daher von mir für die Untersuchung herangezogen wird, besonders in Kapitel 4.

---

103 Takahashi 2002, S. 168: „… eine neue Synthese aus [der gesamten derzeitigen Wissenschaft] und aus dem herkömmlichen syrischen Material zu schaffen.“

44

Die **Zoologie** ist schon bei Aristoteles und ihm folgend bei Ibn Sīnā der Kontext umfangreicher Betrachtungen zum werdenden Leben, besonders des Menschen. Die längere philosophische Summa Bar ʿEbrāyās, das *Ḥēwat ḥekmtā*, enthält in seinem naturphilosophischen Teil auch eine Schrift zur Zoologie. Diese liegt allerdings nicht ediert vor und ist kaum untersucht.[104] Auf Grundlage einer online frei einsehbaren Handschrift ist leicht ersichtlich, dass es darin ein eigenes *qepalēʾon* (Kapitel) zur Fortpflanzung gibt. Gemäß der zu vermutenden Vorlagen waren hier die detailliertesten Aussagen Bar ʿEbrāyās zur Embryologie in einem eng umgrenzten Feld zu vermuten.

Anthropologische Inhalte lassen sich besonders in Texten zur Schöpfungstheologie vermuten, wo neben der Schöpfung des ersten Menschen auch seine Natur und damit seine Fortpflanzung erläutert wird.[105] Die beiden theologischen Summen Bar ʿEbrāyās weisen beide einen schöpfungstheologischen Teil auf und wurden daher geprüft. Bar ʿEbrāyā listet hier vor allem kurze und oft anekdotenhafte Aussagen auf, die sich inhaltlich häufig mit der systematischeren Darstellung seiner Zoologie decken.[106] Es finden sich kaum dezidierte Aussagen zur Embryologie, weshalb ich von einer ausführlichen Behandlung absehe.

Christologische Auffassungen darüber, wie Jesus von Nazareth zugleich Gott und Mensch sein könne, und auch der Glaube an seine jungfräuliche Geburt lassen vermuten, dass im Kontext der Christologie auch Äußerungen zum vorgeburtlichen Leben zu finden sind. Christologische Fragestellungen werden von Bar ʿEbrāyā sowohl in den beiden theologischen Summen als auch in seinem Bibelkommentar behandelt.[107] Dieser Ansatz stellte sich allerdings als wenig ergiebig heraus.[108]

---

104 An einer Edition der gesamten Zoologie arbeitet Martina Galatello (Österreichische Akademie der Wissenschaften, Wien).

105 Im Zuge der Arbeit bin ich unter anderem auf ein entsprechendes Beispiel bei Jakob von Edessa (gest. 708) gestoßen; siehe Kap. 184, S. 274. Weitere Beispiele aus der syrischen Tradition finden sich in Kap. 5.

106 Siehe hierzu Kap. 3.1.2.3, S. 109.

107 Für Bar ʿEbrāyās Christologie siehe allgemein Panicker 2002. In Bar ʿEbrāyās Bibelkommentar finden sich oft nur äußerst knappe Notizen zu einem gegebenen Vers. An einigen Stellen weise ich auf Entsprechungen zwischen diesen Notizen und anderen Äußerungen Bar ʿEbrāyās hin.

108 Dieser vorläufige Befund lässt sich mit der Forschung zur spätantiken Christologie vergleichen. Es gibt dort eine auffällige Leerstelle im Hinblick auf die Frage der *genauen* Entstehung des Gottmenschen Jesus im Bauch seiner Mutter. Eine Zusam-

Von einer Untersuchung der medizinischen Schriften Bar ʿEbrāyās wurde ebenfalls abgesehen. Sie sind im Gegensatz zum philosophischen oder theologischen Werk insgesamt kaum erschlossen und eine genauere Eingrenzung des zu bearbeitenden Materials vor diesem Hintergrund im gegebenen Rahmen nicht zu bewerkstelligen.[109] Ergebnisse zu Bar ʿEbrāyās normativen Aussagen im Hinblick auf vorgeburtliches Leben wurden von mir andernorts veröffentlicht.[110] In der Schlussbetrachtung bringe ich sie knapp mit den Ergebnissen der vorliegenden Arbeit zusammen.

Zusammengefasst betrachtet sind die für meine Untersuchung genutzten Quellen dem theologischen und (natur-)philosophischen Bereich zuzuordnen. Dies gilt sowohl für Bar ʿEbrāyās Texte als auch seine Vorlagen. Diese Eingrenzung auf Theologie und Philosophie mit ähnlichen literarischen Traditionen, Fragestellungen und Argumentationsweisen ermöglicht eine gute Vergleichbarkeit der Quellen. Gleichzeitig finden sowohl religiöse als auch gelehrte philosophische Traditionslinien Berücksichtigung: Besonders im theologischen Bereich sind religionsspezifische Muster zu erwarten, insofern autoritative Texte wie Bibel oder Koran bestimmte Themen, Begriffe oder Konzepte vorgeben. Die philosophische Gelehrsamkeit dagegen ist grundsätzlich transreligiös angelegt. Daraus ergeben sich interessante Fragen nach Gemeinsamkeiten und Unterschieden, und ob diese jeweils eher auf philosophische Annahmen oder zuweilen auch auf die religiöse Prägung der Autoren zurückgehen.

Außerdem sind in dieser Untersuchung sowohl frühe als auch spätere Texte Bar ʿEbrāyās vertreten, was die Möglichkeit eröffnet, Entwicklungen in seinem Denken nachzuvollziehen. Ein bedeutender Teil der Quellen ist bisher kaum untersucht. Es wird also neues Material zu Tage gefördert, woran zukünftige Forschung anknüpfen kann. Werke sowohl der antiken philosophischen wie auch der christlichen und islamischen Tradition sind in den

---

menstellung entsprechender Zeugnisse findet sich in Saward 1993, S. 43–60, der sich oft eher erbaulich als wissenschaftlich liest. Im Ergebnis zeigt sich ein großes Interesse der Kirchenväter an Bildrede, aber nur wenige konkrete detaillierte Aussagen zur embryonalen Entwicklung oder der Entstehung des Kindes Jesus. Eine Ausnahme bildet Maximus Confessor (gest. 662), der von der vollständigen Natur Christi zum Zeitpunkt der Empfängnis auf die vollständige Natur des Menschen im Allgemeinen schloss; siehe Jones 2005, S. 274, Congourdeau 1989 und Congourdeau 2018, S. 115. Für Vorstellungen vom ungeborenen Christus im lateinischen Mittelalter siehe van der Lugt 2004.

109 Vgl. Micheau 2008 sowie Takahashi und Yaguchi 2017.

110 Siehe hierzu oben, Anm. 4, S. 22.

meisten Fällen bereits als allgemeine Vorlagen für die ausgewählten Quellen identifiziert, mit Autoren wie Aristoteles, Mušē bar Kēpā oder Ibn Sīnā. Ein Ausgangspunkt zum Vergleich von Bar ʿEbrāyās Vorstellungen zum Ungeborenen mit denjenigen in diesen Traditionen ist daher gegeben. Eine eingehendere Vorstellung der jeweiligen Quellen erfolgt in den entsprechenden Kapiteln. Hier lediglich eine Übersicht:

- Das *Mnārat qudšē* („Leuchter der Heiligkeiten") ist Bar ʿEbrāyās frühere und ausführlichere theologische Summa. Editionen mit Übersetzungen und Kommentar liegen für die einzelnen thematischen Teile ebenso vor wie unterschiedliche Einzeluntersuchungen. Von mir in die Untersuchung einbezogen wurden die Seelenlehre sowie Teile der Schöpfungstheologie.

- Das *Ktābā d-Zalgē* („Buch der Strahlen") ist Bar ʿEbrāyās spätere und kurze theologische Summa. Es gilt im Allgemeinen als Zusammenfassung des *Mnārat qudšē*, ist aber bisher weder kritisch ediert noch eingehend untersucht. Meine Untersuchung konzentriert sich auf die Seelenlehre des Werks.

- Das arabische *Maqālah muḫtaṣarah fī n-nafs al-bašariyyah* („Kurz gefasste Abhandlung über die menschliche Seele") wird Bar ʿEbrāyā zugeschrieben, ist aber bisher inhaltlich weitgehend nicht untersucht. Die Erstedition wurde von mir zusammen mit einer weiteren Handschrift für Kapitel 4 genutzt.

- Das *Swād sopiya* („Unterhaltung der Weisheit") ist Bar ʿEbrāyās kurze philosophische Summa. Eine Edition mit Übersetzung und ausführlichem Kommentar liegt vor. Ich nutze das Werk besonders zur Einführung in Kapitel 2, diskutiere aber auch mögliche Vorlagen für dessen Anlage.

- Das *Tēgrat tēgrātā* („Verhandlung der Verhandlungen") ist die mittellange philosophische Summa Bar ʿEbrāyās. Es ist bisher nicht kritisch ediert und kaum untersucht. Auch hier steht die Seelenlehre im Mittelpunkt meiner Analyse.

- Das *Ḥēwat ḥekmtā* („Rahm der Weisheit") ist Bar ʿEbrāyās lange philosophische Summa. Es handelt sich um sein Spätwerk, das in jüngerer Zeit vermehrt die Aufmerksamkeit der philosophiegeschichtlichen Forschung auf sich gezogen hat. Meine eingehende Untersuchung des *qepalēʾon* (Kapitel) zur Fortpflanzungsbiologie in dessen Zoologieteil macht es zu meiner mithin wichtigsten Quelle. Darüber hinaus beziehe ich die Seelenlehre in meine Untersuchung ein.

Ich nutze als Quellen also die Seelenlehren aller theologischen und philosophischen Summen Bar ʿEbrāyās sowie eine auf Arabisch vorliegende Schrift zum selben Thema. Hinzu kommt die zoologische Schrift seiner ausführlichsten Summa sowie – besonders zur Einordnung seiner naturphilosophischen Grundvorstellung – der entsprechende Teil seiner kürzeren Summa. In Kapitel 5 werden auch Aspekte der Logik und allgemeinen Naturphilosophie aus Bar ʿEbrāyās Werken behandelt. Insgesamt ist damit sowohl Bar ʿEbrāyās Früh- als auch Spätwerk abgedeckt.

1.3.2 Untersuchung der Quellen

Die Texte werden sprachlich, begrifflich und inhaltlich untersucht. Im Mittelpunkt steht erstens die inhaltliche Frage nach Bar ʿEbrāyās Auffassungen vorgeburtlichen Lebens, wobei ich besonders auf Begriffe und Konzepte und deren Einordnung in die vorhergehenden Traditionen achte. Ein zweiter Schwerpunkt ist der Vergleich mit den Vorlagen, was Fragen nach Bar ʿEbrāyās Übertragung des Arabischen ins Syrische, Auslassungen, Adaptionen und Umstellungen sowie Begriffsverschiebungen einschließt. Im Allgemeinen kann also von einem methodisch offenen philologischen Vorgehen gesprochen werden, das letztlich einem historischen Erkenntnisinteresse dient, nicht primär einem sprachwissenschaftlichen. Damit knüpfe ich an die bisherige Forschung zu Bar ʿEbrāyā an, die besonders im Bereich der Philosophiegeschichte nach seinen Quellen fragt, für seine historiographischen oder normativen Texte daneben auch nach seinem literarischen Vorgehen.[111]

Als Ausgangspunkt für meine Untersuchung eines Texts bei Bar ʿEbrāyā dient dort, wo immer möglich, der Vergleich mit einer strukturellen und hauptsächlichen inhaltlichen Vorlage, an der sich Bar ʿEbrāyā orientiert hat. Dies ist unabdingbar für mein Ziel, Bar ʿEbrāyās Vorgehen beim Zusammenstellen seiner Vorlagen zu analysieren. Hinsichtlich des weiteren Ziels, Vorstellungen vorgeburtlichen Lebens bei Bar ʿEbrāyā nachzugehen, erleichtert der Vergleich mit der Vorlage meist das Verständnis des syrischen Texts selbst: „[Bar ʿEbrāyā's] familiarity with Islamic scholarship offers a key to understanding his work.“[112] Gerade dort, wo Bar ʿEbrāyā seine Vorlagen – oft kürzend – paraphrasiert, ist das Verständnis ohne Rückgriff auf

---

111 Vgl. oben Kap. 1.2.3, S. 41.
112 Teule 2009, S. 19.

die Vorlage schwierig. Zudem werden die spezifischen Positionen, die Bar ʿEbrāyā vertritt, erst aus der Zusammenschau mit den Vorlagen ersichtlich. Schließlich werden dadurch auch bisher nicht bekannte Auffassungen des Ungeborenen in den Vorlagen selbst sichtbar.

Falls von der Forschung bereits eine allgemeine Vorlage für eines der Werke Bar ʿEbrāyās identifiziert wurde, werden die entsprechende Passage der Vorlage mit derjenigen bei Bar ʿEbrāyā verglichen und Gemeinsamkeiten und Unterschiede festgestellt. Ist noch keine allgemeine Vorlage identifiziert oder weicht die gegebene Vorlage merklich von Bar ʿEbrāyā ab, werden weitere Werke hinzugezogen, von denen bekannt ist, dass er sie andernorts nutzt. Größtenteils handelt es sich dabei um philosophische und theologische Summen, die im Anschluss an Ibn Sīnā verfasst wurden.[113] Nicht in allen Fällen führt ein solcher Vergleich zu einer genau zuzuordnenden Vorlage Bar ʿEbrāyās. Meine Ergebnisse bereiten hier den Boden für vertiefende Studien.

Beim strukturellen Vergleich der Werke orientiere ich mich großteils an der genauen Unterteilung der Werke und den jeweiligen Überschriften der Absätze.[114] Zu diesem Zweck wurden von mir verschiedene vergleichende Tabellen erstellt, die Gemeinsamkeiten und Unterschiede im thematischen Aufbau der Werke oft besser sichtbar machen als der verbalisierte Vergleich im Fließtext. Der strukturelle Vergleich kann sich gerade bei umfangreicheren Werken auf unterschiedlichen Ebenen bewegen. Bereits in den Quellen finden sich häufig ausgeprägte Unterteilungen in Bücher, Kapitel, Abschnitte, Betrachtungen und so weiter.[115] Bar ʿEbrāyās Vorlage für die Gesamtanlage kann eine andere sein als für eine Schrift oder ein Kapitel daraus. Entsprechend finden sich oft mehrere Strukturvergleiche für eine Quelle.

---

113 Einige allgemeine Bemerkungen zu dieser Art Quellen finden sich in Kapitel 2.1.4.1.

114 In den Handschriften handelt es sich dabei meist um Rubriken. In einigen Fällen ist die textliche Grundlage unsicher, zum Beispiel aufgrund mangelnder Editionen. Soweit möglich weise ich darauf hin, auch wenn ich diesen Problemen nicht im Einzelnen nachgehen werde. Vgl. für dieses Vorgehen eines Vergleichs auch Eichner 2009.

115 Auch meine eigene Arbeit weist eine sehr kleinteilige Gliederung auf. Um die Unterscheidung zwischen meiner eigenen Unterteilung und derjenigen der Quellen zu erleichtern, verwende ich für die jeweiligen Teile der Quellen soweit möglich die originalsprachlichen Begriffe, wie z. B. syr. *qepalēʾon* (Kapitel) oder ara. *faṣl* (Abschnitt).

Auch der inhaltliche Vergleich bewegt sich auf mehreren Ebenen. So untersuche ich in Kapitel 3 sehr genau, das heißt auf Satz- und Wortebene, wie Bar ʿEbrāyā einzelne Versatzstücke aus seinen Vorlagen zusammenstellt oder Begriffe überträgt. In Kapitel 4 (genauer: Kap. 4.2.3.2) zu den Traditionsbeweisen des Beseelungszeitpunkts, arbeite ich dagegen heraus, wie Bar ʿEbrāyā auf der Ebene einer längeren Textpassage größere Versatzstücke seiner Vorlage umarrangiert hat. Diese unterschiedliche Herangehensweise ist dem Charakter der jeweiligen Quelle angepasst und macht mit den hier gewählten Beispielen die Notwendigkeit von Methodenpluralität deutlich. Die Tiefe der Analyse des Textes folgt im Allgemeinen der Dichte, in der dort jeweils Hinweise und Details zur Fragestellung des Ungeborenen zu finden sind. Gefragt wird nach literarischen Techniken Bar ʿEbrāyās wie der Kompilation von Material aus unterschiedlichen Vorlagen, Hinzufügungen, Umdeutungen, Auslassungen,[116] Zusammenfassungen oder Schwerpunktverschiebungen.[117]

Eine Ausnahme von dieser Vorgehensweise bildet Kapitel 5, bei dem ein einzelner Begriff im Vordergrund steht, nämlich „Tropfen" für den menschlichen Samen. Hier untersuche ich, wie der Begriff in unterschiedlichen syrischen und arabischen Texten und schließlich bei Bar ʿEbrāyā verwendet wird, ohne jede einzelne Quelle als Ganzes eingehend zu untersuchen.

1.3.3 Aufbau der Arbeit

In vier Kapiteln betrachte ich Bar ʿEbrāyās Vorstellungen ungeborenen Lebens in seinen philosophischen und theologischen Werken. Die Kapitel bestehen, ausgenommen von Kapitel 5, jeweils aus einem quellenkritischen und einem analytischen Teil.

Im **quellenkritischen Teil** bespreche ich die zur Analyse verwendeten Werke Bar ʿEbrāyās. Neben Erläuterungen zum Forschungsstand, zur Datierung und zur allgemeinen Charakterisierung des Werks oder der Werke liegt ein Schwerpunkt auf der Identifikation einer möglichen Vorlage, an der sich Bar ʿEbrāyā für den Aufbau und große Teile des Inhalts hauptsächlich orientiert. Diese Quellenkritik ist für die allgemeine Forschung zu Bar ʿEbrāyās

---

116 Vgl. Hofer 2014, der den Aspekt der Auslassung für die jüdische Adaption eines Texts der islamischen Mystik durch Abraham Maimonides (gest. 1237) herausgearbeitet hat.

117 Vgl. Jäckel 2020, S. 124.

Werken von Interesse und die Ergebnisse stellen mögliche Ausgangspunkte für weitere Untersuchungen dar, unabhängig von der Frage nach dem vorgeburtlichen Leben.

Das Ungeborene ist dann hauptsächlicher Gegenstand des jeweiligen **analytischen Teils** eines Kapitels. Die relevanten Textpassagen aus Bar ʿEbrāyās Werken werden in Teilübersetzungen und Paraphrasen wiedergegeben und erläutert. Außerdem werden mögliche inhaltliche Vorlagen diskutiert und detailliert mit Bar ʿEbrāyās Text verglichen. Dadurch mache ich nicht nur Bar ʿEbrāyās Vorstellungen des Ungeborenen sichtbar, sondern auch diejenigen christlicher und muslimischer Autoren, an denen er sich orientiert und die bisher wenig oder gar nicht untersucht sind. Dabei erfahren Aneignungen und Auslassungen (bzw. implizite Abgrenzungen) besondere Aufmerksamkeit. Darüber hinaus werden konkrete Beispiele seines kompilatorischen Vorgehens herausgestellt.

In **Kapitel 2** führe ich zunächst die grundlegenden Vorstellungen zur Naturphilosophie ein, die Bar ʿEbrāyā mit einem Großteil der mittelalterlichen philosophischen Gelehrten teilt. Im Mittelpunkt steht die Idee von Materie und Form als komplementäre Aspekte der physischen Welt. Diese Einführung basiert nicht primär auf Sekundärliteratur, sondern auf der kürzesten der drei philosophischen Summen Bar ʿEbrāyās, dem *Swād sopiya* („Unterhaltung der Weisheit"). Im ersten Teil dieses Kapitels erfolgt entsprechend eine quellenkritische Einordnung des Werks. Im Ergebnis ordne ich es in die Tendenz nachklassischer muslimischer Autoren ein, sich an Ibn Sīnās *Kitāb al-Išārāt wa-t-tanbīhāt* („Buch der Hinweise und Belehrungen") zu orientieren und zeige auffällige Gemeinsamkeiten mit dem *Hidāyat al-ḥikmah* (etwa: „Rechtleitung der Weisheit") von Aṯīr ad-Dīn al-Abharī auf. Aufgrund der Kürze des *Swād sopiya* ist es im analytischen Teil von Kapitel 2 außerdem möglich, einen großen Teil der Naturphilosophie des Werks zu besprechen und damit Bar ʿEbrāyās Grundvorstellungen einzuführen. Dabei wird bereits sichtbar, welche Relevanz das Werden des Menschen für die Philosophie hat.

Das umfangreichste Kapitel und Herzstück der Arbeit ist meine Untersuchung der Fortpflanzungsbiologie Bar ʿEbrāyās in **Kapitel 3**. Grundlage ist seine Zoologieschrift, die Teil des *Ḥēwat ḥekmtā* („Rahm der Weisheit") ist, Bar ʿEbrāyās längster philosophischer Summa. Da die Zoologieschrift insgesamt noch kaum untersucht ist, stellt das Kapitel wichtige Grundlagenarbeit dar. Hierzu habe ich eine Edition und eine Übersetzung des entsprechenden fünften *qepalē'on* (Kapitel) erstellt; diese befinden sich im Anhang. Im quellenkritischen Teil von Kapitel 3 steht der strukturelle Vergleich mit Bar

ʿEbrāyās hauptsächlicher Vorlage, Ibn Sīnās *Kitāb aš-Šifāʾ* („Buch der Heilung"), im Vordergrund. Der analytische Teil des Kapitels bewegt sich entlang der Quelle und kommentiert Edition und Übersetzung ausführlich. Aus dem fünften *qepalēʾon* lassen sich die konkretesten Aussagen Bar ʿEbrāyās zur menschlichen Fortpflanzung, embryologischer Entwicklung oder Vererbung herausarbeiten. Detailliert wird Bar ʿEbrāyās Text übersetzt oder paraphrasiert und seine genaue Kompilation aus den Vorlagen untersucht. Medizinische und naturphilosophische Aussagen, die aus heutiger Sicht unverständlich sind, werden erläutert. Den Schwerpunkt lege ich darauf, wie die Unterschiede zu bewerten sind, die sich aus dem Vergleich von Bar ʿEbrāyā und seinen Vorlagen ergeben. Als Resultat stelle ich fest, dass Bar ʿEbrāyās Übernahme und Auslassung zentraler inhaltlicher Punkte aus seinen Vorlagen ein Muster aufweist: das Festhalten an Aussagen Aristoteles' teils auch gegen Ibn Sīnā sowie das Fehlen von Begriffen und Konzepten, die als islamisch anzusehen sind.

In **Kapitel 4** untersuche ich die Frage, für welchen Zeitpunkt Bar ʿEbrāyā die Beseelung des ungeborenen Kindes annimmt. Dazu verwende ich mehrere der Werke Bar ʿEbrāyās: zum einen seine beiden theologischen Summen, in denen sich Bar ʿEbrāyā für die Teile zur Seelenlehre an Mušē bar Kēpās *Mēmrā d-ʿal napšā* („Abhandlung über die Seele") orientiert, zum zweiten die drei philosophischen Summen. Außerdem beziehe ich eine auf Arabisch verfasste und Bar ʿEbrāyā zugeschriebene Seelenlehre ein, die bisher nicht untersucht ist. In der Quellenkritik liegt der Schwerpunkt auf den jeweiligen hauptsächlichen Vorlagen für die Werke beziehungsweise deren Teil zur Seelenlehre. Außerdem schlage ich eine mögliche relative Chronologie vor und, wie Bar ʿEbrāyā die Texte wiederverwendet und umgearbeitet hat. Dies wird im analytischen Teil weiter untermauert. Dazu verfolge ich einen wiederkehrenden philosophischen Argumentationsgang zur Gleichzeitigkeit von Körper und Seele, den Bar ʿEbrāyā in allen sechs Werken in leicht unterschiedlicher Form vorbringt. Die Spuren dieser Argumentation, die inhaltlich zu Ibn Sīnā führen, werden herausgearbeitet. Den genauen Beseelungszeitpunkt bespricht Bar ʿEbrāyā nur in den beiden theologischen Werken im Rahmen von Traditionsbeweisen. Die jeweiligen Ausführungen in den beiden Summen werden entsprechend von mir untersucht und detailliert mit denjenigen in Mušē bar Kēpās *Mēmrā d-ʿal napšā* verglichen. In diesem Kontext diskutiere ich bedeutende Unterschiede zwischen der früheren und der späteren Summa Bar ʿEbrāyās. Diese sind auf den Einfluss übergreifender philosophischer Vorstellungen zurückzuführen, die Bar ʿEbrāyā von Ibn Sīnā übernimmt. Außerdem frage ich nach der Einordnung der arabischen Seelenlehre Bar ʿEbrāyās in die Textgenese der Werke und betrachte dazu auch die embryologischen Aspekte bei Mušē bar Kēpā. Im Ergebnis schlage ich vor, diesen Text Bar ʿEbrāyās als Ausgangspunkt für die Seelenlehren der beiden späteren theologischen Werke anzusehen.

Ein wiederkehrendes Motiv in unterschiedlichen Passagen zum Ungeborenen in Bar ʿEbrāyās Werk ist das Motiv des Samens als „Tropfen". In **Kapitel 5** gehe ich diesem Motiv von der vorislamischen syrischen Literatur über den Koran und frühe arabische Texte zur Naturphilosophie zu Ibn Sīnā und schließlich zu Bar ʿEbrāyā nach. Da hier kein einzelnes Werk Bar ʿEbrāyās im Mittelpunkt steht, fehlt in diesem Kapitel die Untergliederung in quellenkritischen und analytischen Teil. Ich argumentiere dafür, dass Bar ʿEbrāyā die Idee des Samens als Tropfen von Ibn Sīnā übernommen hat, bei dem der Samen beziehungsweise Tropfen oft zur Illustration übergeordneter philosophischer Probleme dient. Neben der Übernahme des Tropfenmotivs durch Bar ʿEbrāyā ist auf die Auslassung anderer embryologischer Termini zu verweisen, mit denen Ibn Sīnā an koranisch-islamischen Sprachgebrauch anknüpft. Die vorgenommenen Textvergleiche zwischen Bar ʿEbrāyā und Ibn Sīnā bringe ich in Zusammenhang mit dem Befund der vorhergehenden Kapitel. Die verschiedenen Textstellen in diesem Kapitel unterstreichen, dass der werdende Mensch in verschiedenen philosophischen Kontexten auftaucht.

In der **Schlussbetrachtung** fasse ich systematisch zusammen, welche Vorstellungen vorgeburtlichen Lebens sich in den untersuchten Schriften Bar ʿEbrāyās finden. Es wird diskutiert, wie sich diese im Vergleich zur syrischen Tradition und zu Bar ʿEbrāyās islamischem Kontext einordnen lassen. Mit Blick auf literarische Techniken wie Übernahme, Veränderung und Auslassung und dem resultierenden Gesamtbild seiner Texte, bewerte ich abschließend die Frage seiner Eigenständigkeit gegenüber christlichen und islamischen Vorlagen. Im Ergebnis präsentiere ich Bar ʿEbrāyās Auffassungen vom Ungeborenen als eigenständige und spezifische Synthese aristotelischer, christlicher und avicennischer Inhalte, die er gerade mittels seiner besonderen literarischen Vorgehensweise kreativ aus seinen Vorlagen zusammenstellt.

2. Bar ʿEbrāyās naturphilosophische Grundvorstellungen gemäß dem *Swād sopiya*

Die Rezeption der Schriften Aristoteles' und der von ihm aufgestellten Lehren ist ein zentraler Aspekt der Philosophietradition, in der Bar ʿEbrāyā zu verorten ist.[1] Eine wichtige Grundvorstellung ist das Prinzip von Materie und Form, die als zwei komplementäre Aspekte der physischen Welt betrachtet werden.[2] Die Lehren Aristoteles' wurden im spätantiken Neuplatonismus mit platonischen Vorstellungen harmonisiert. Der Gedanke eines einfachen „Ersten Prinzips", aus dem die restliche Welt ausgeht, die sogenannte Emanation, nimmt darin einen wichtigen Platz ein.[3] Im Folgenden nenne ich diese Philosophie im Hinblick auf ihren gemeinsamen Nenner etwas vereinfachend „aristotelische Tradition".

Für die andauernde Rezeption und Fortschreibung von Aristoteles' Lehren ist auch die intellektuelle Konkurrenz zu berücksichtigen, die in der Spätantike zwischen dem sich entwickelnden und später dominanten Christentum und der philosophisch vorherrschenden neuplatonischen Schule herrschte. In diesem intellektuell produktiven Konkurrenzverhältnis entwickelten sich zentrale Muster, wie der biblische (und später koranische) Eingottglauben rationalisiert werden konnte.[4] Einen Höhepunkt erreicht

---

1 Siehe jetzt Watt 2019, besonders S. 249–259.

2 Siehe als Einleitung zu diesem Aspekt der aristotelischen Philosophie Ainsworth 2020.

3 Zum Neuplatonismus und dem Konzept der Emanation siehe Wildberg 2016. In allgemeinen Betrachtungen der arabischen Philosophie wird oft das griechische Erbe und die Wichtigkeit der Übersetzungsbewegung ins Arabische betont. Als Bezugspunkte der arabischen Philosophie werden dann vor allem Platon (gest. 348/347 v. Chr.) und Aristoteles genannt, selten dagegen die Vertreter der spätantiken Philosophie wie bspw. Plotin (gest. 270) oder Simplicius (gest. 560). Von diesen und anderen neuplatonischen Denkern wurden die klassischen Werke aber bereits interpretiert und diese Interpretation bildet die Folie, vor der die arabische Philosophie betrachtet werden muss. Für eine entsprechende Kontextualisierung der arabischen Philosophie und Besprechung der Forschung siehe Perkams 2013; siehe auch D'Ancona 2010, D'Ancona 2005 sowie ausführlich Gutas 1998. Für eine Darstellung mit konkretem Bezug auf Ibn Sīnā siehe Wisnovsky 2003, S. 1–141 sowie Gutas 2014, S. 227–248, 269–386.

4 Für einen kurzen Überblick siehe Goodman 2006, S. 60–61. Ausführlicher sind die entsprechenden Beiträge in Gerson 2010, S. i.233–297 („The First Encounter

diese Entwicklung mit dem Werk Ibn Sīnās. Dieser bringt die in sich nicht einheitliche aristotelische Tradition zusammen mit den neuplatonischen Lehren in einen schlüssigen Gesamtzusammenhang.[5] In der Folge prägte Ibn Sīnās Denken und Schrifttum die weitere Philosophie, so auch bei Bar ʿEbrāyā. Auch wenn Aristoteles weiterhin der „Erste Lehrer" bleibt, kann im Hinblick auf die Neuerungen durch Ibn Sīnā durchaus von einer „avicennischen Philosophie" gesprochen werden, nach Ibn Sīnās lateinischem Namen, Avicenna. Im Folgenden ist damit besonders die Verschränkung unterschiedlicher Themen und eine entsprechende Präsentation des Materials gemeint.[6]

Im vorliegenden Kapitel mache ich Bar ʿEbrāyās *Swād sopiya* („Unterhaltung der Weisheit", hiernach: *Swādā*) zum Ausgangspunkt, um seine philosophischen Grundannahmen einzuführen und innerhalb der skizzierten Philosophietradition zu verorten. Das Werk enthält die wichtigsten Aspekte zu Materie und Form, zur Emanation, aber auch grundlegende Aspekte der Biologie und Seelenlehre, die in den späteren Kapiteln meiner Arbeit wieder aufgegriffen werden. Dabei wird auch deutlich, dass der werdende Mensch an zentralen Stellen der Naturphilosophie auftaucht, neben Logik und Metaphysik eine der drei grundsätzlichen Teilbereiche der Philosophie.

Im Vorfeld bespreche ich das *Swādā* als Quelle. Im Ergebnis stelle ich das Werk in eine Reihe mit denjenigen arabischen philosophischen Werken, die sich in der nachklassischen Zeit an Ibn Sīnās *Kitāb al-Išārāt wa-t-tanbīhāt* („Buch der Hinweise und Belehrungen", hiernach: *Išārāt*) orientierten.

---

of Judaism and Christianity with Ancient Greek Philosophy"), S. i.457–581 („The Second Encounter of Christianity with Ancient Greek Philosophy") und S. ii.765–842 („The Third Encounter of Christianity with Ancient Greek Philosophy"). Für einen Überblick über spätantike syrische Theologie und Philosophie als Hintergrund der späteren arabischen Philosophie siehe Perkams 2013, S. 122–125.

5 Siehe Goodman 2006, S. 49–82, Perkams 2013, S. 119–122 sowie Gutas 2014, S. 269–270. Robert Wisnovsky beschreibt das Schaffen Ibn Sīnās als Synthese islamischer Theologie und spätantiker Philosophie. Damit führe Ibn Sīnā das Projekt Ammonius' (gest. ca. 520) zu Ende, dessen Schule spätantiker Aristoteleskommentatoren eine Synthese des aristotelischen Schrifttums mittels bestimmter platonischer Lehren entworfen hatte; Wisnovsky 2003, S. 15 u. passim. Zu Ammonius siehe Blank 2017.

6 Die inhaltlichen Ausdeutungen dieser avicennischen Philosophie sind durchaus unterschiedlich, teils sogar konträr. Aristotelische und neuplatonische Lehren werden weiterhin vertreten. Wenn ich also an einigen Stellen bestimmte Positionen Bar ʿEbrāyā *inhaltlich* als Teil der „aristotelischen Tradition" bezeichne, stellt dies keinen Widerspruch zu Bar ʿEbrāyās formaler *Präsentation* des Materials im Sinne einer „avicennischen Philosophie" dar.

2.1 Die Quelle: Bar ʿEbrāyās Swād sopiya

2.1.1 Aufbau und inhaltlicher Umfang

Das *Swādā* ist die kürzeste der drei philosophischen Summen Bar ʿEbrāyās. Es besteht aus vier *qepalēʾē* (Kapiteln, Sg. *qepalēʾon*). Wenige längere *pāsoqē* (Abschnitte, Sg. *pāsoqā*) bilden das erste *qepalēʾon* zur (1) Logik, während die drei folgenden *qepalēʾē* des *Swādā* über (2) Naturphilosophie, (3) Metaphysik und (4) Theologie[7] aus mehreren kürzeren *pāsoqē* bestehen. Das Werk deckt damit annähernd die gesamte Themenbreite der Philosophie ab. Im vorliegenden Kapitel wird vor allem die Naturphilosophie im Vordergrund stehen, daneben auch Aspekte der Metaphysik.

Die Unterteilung des *Swādā* in *pāsoqē* ist in den verschiedenen handschriftlichen Zeugen nicht einheitlich. Eine weitere Unterteilung ist nicht gegeben.[8] Auch sind die Abschnitte in den Handschriften nicht weiter nummeriert; der Klarheit wegen beziehe ich mich im Folgenden auf die Nummerierung der Textausgabe von H. F. Janssens.

2.1.2 Forschungsgeschichte und Zugänglichkeit

Das *Swādā* liegt seit 1937 ediert, ins Französische übersetzt und ausführlich kommentiert in einer Ausgabe von Herman F. Janssens vor.[9] Ein Teil der vormodernen arabischen Übersetzung (Logik und Naturphilosophie) wurde

---

7 Theologie ist hier in einem weiten Sinn zu verstehen und umfasst Themen wie Schicksal, Glückseligkeit, Prophetie und Auferstehung; Takahashi 2013a, S. 69–70.

8 Für eine ausführlichere Darstellung der Struktur des *Swādā* siehe H. F. Janssens 1937, S. 19–22. Missverständlich ist Furlani 1933, S. 285, der von zehn Abschnitten („Il numero delle sezioni è di dieci") spricht, aber vermutlich nur die *pāsoqē* 2.24–32 meint, die er untersucht hat. Möglicherweise geht seine Aussage auch auf eine abweichende Untergliederung in den von ihm genutzten Handschriften zurück.

9 H. F. Janssens 1937. Die Rezensionen zu dieser Ausgabe listet Platti 1988, S. 167, Anm. 2. Für eine ausführliche Beschreibung der für die Edition genutzten Handschriften samt Stemma siehe H. F. Janssens 1937, S. 36–42. Eine aktualisierte Liste der Handschriften des *Swādā* findet sich in Takahashi 2013a, S. 258–262. Der Beweggrund seiner Edition war, so Janssens, dass zu dieser Zeit von allen Schriften Bar ʿEbrāyās besonders die philosophischen (und medizinischen) noch nicht veröffentlicht waren; H. F. Janssens 1937, S. 4. Als mögliche Gründe für diese Lücke nennt er den Umfang der Werke, so des *Ḥēwat ḥekmtā* oder des *Mnārat qudšē*, vor allem aber die Terminologie des Autors; H. F. Janssens 1937, S. 6–7.

1988 mit Einleitung und französischer Übersetzung von Emilio Platti veröffentlicht.[10] Bereits 1940 hatte Mor Ignatios Aphrem I. Barṣaum eine Ausgabe auf der Grundlage zweier Handschriften publiziert.[11] Die arabische Übersetzung des *Swādā* ist vermutlich in die unmittelbar an Bar ʿEbrāyās Wirken anschließende Zeit zu datieren.[12] Sie erleichtert den Vergleich zwischen Bar ʿEbrāyās syrischem Text und den arabischen philosophischen Texten hinsichtlich der verwendeten Begriffe und den dahinter liegenden Konzepten; zu diesem Zweck werde ich sie an einigen Punkten heranziehen.

Einige Jahre vor H. F. Janssens' Edition hatte Giuseppe Furlani bereits einen Aufsatz über die Psychologie Bar ʿEbrāyās veröffentlicht und dazu auch das *Swādā* untersucht.[13] Allerdings zieht er lediglich die *pāsoqē* 2.24–32 (gemäß H. F. Janssens' Zählung) heran und lässt damit für die Psychologie interessante Passagen, besonders *pāsoqē* 2.20–22, aus.[14] Furlani stellt fest, dass sich Bar ʿEbrāyās Seelenlehre im *Swādā* allgemein nicht von derjenigen in anderen seiner Werke unterscheide.[15] Furlani spricht Bar ʿEbrāyā keine inhaltliche Eigenständigkeit zu, attestiert ihm aber, sich in der Thema-

---

10 Platti 1988.

11 Barṣaum 1940.

12 Platti 1988, S. 156 mit Anm. 12. Neuerdings wurde von Jean Fathi 2020, S. 257–259 überzeugend vorgeschlagen, dass es sich bei der arabischen Übersetzung eigentlich um ein Original von Bar ʿEbrāyā selbst handelt beziehungsweise das *Swādā* womöglich zuerst auf Arabisch verfasst und dann von Bar ʿEbrāyā ins Syrische übertragen wurde. Ich habe erst kurz vor Abschluss der vorliegenden Arbeit von der Analyse Fathis Kenntnis erlangt und kann diese nicht umfassend berücksichtigen. Ist Fathis Vorschlag korrekt, untermauert das einige im Folgenden geäußerten Schlüsse, wenn ich meine Argumentation und meine Deutung des teils schwierigen syrischen Textes des *Swādā* auf die arabische Übersetzung als zusätzliche Interpretationshilfe stütze.

13 Die Textgrundlage hierfür waren mehrere Handschriften der British Library. Für eine Auflistung mit Verweis auf die Katalogeinträge siehe Furlani 1933, S. 285.

14 Vgl. H. F. Janssens 1937, S. 239. Furlani 1933, S. 285 spricht von einem einzelnen *pāsoqā* (Abschnitt), in dem Bar ʿEbrāyā die Seele behandle: „Barhebreo tratta dell'anima in una sezione, [in syrischer Schrift:] *pāsoqā*, del secondo capitolo". Möglicherweise geht diese Aussage auf eine andere Gliederung des Textes in der Handschrift zurück, die der Autor benutzt hat.

15 Furlani 1933, S. 285, Anm. 9. Diese Bewertung schließt zum einen das *Tēgrāt tēgrātā* („Verhandlung der Verhandlungen") und das *Ktābā d-Zalgē* („Buch der Strahlen") ein, die Furlani hier zusammen mit dem *Swādā* untersucht. Zum anderen wurden von ihm vorher bereits das *Ḥēwat ḥekmtā* („Rahm der Weisheit") sowie das *Mnārat qudšē* („Leuchter der Heiligkeiten") untersucht; siehe Furlani 1931 und Furlani 1932. Außerdem bezieht er sich an einigen Stellen auf die beiden arabischen Seelenlehren Bar ʿEbrāyās.

58

tik der Seelenlehre so sicher zu bewegen, dass er die syrischen Begrifflichkeiten immer treffend aus seinen meist arabischen Vorlagen schöpfe.[16]

Außer der Berücksichtigung der Ausführungen zur Logik im *Swādā* bei Rescher[17] gibt es bisher keine weiteren Untersuchungen zu diesem Werk.

2.1.3 Datierung

Das *Swādā* ist aller Wahrscheinlichkeit nach allgemein in die 1270er Jahre zu datieren, die mittlere Amtszeit Bar ʿEbrāyās als Maphrian.[18] Eine relative Datierung kann außerdem im Hinblick auf die beiden anderen philosophischen Summen Bar ʿEbrāyās vorgenommen werden: Das kurze *Swādā* nimmt chronologisch die Zwischenposition zwischen dem mittellangen *Tēgrāt tēgrātā* und dem *Ḥēwat ḥekmtā*, dem Spätwerk und philosophischen Opus magnum Bar ʿEbrāyās ein. Ein *terminus post quem* für das *Swādā* kann bei circa 1270 angesetzt werden, da die in ihm erwähnten anderen Werke Bar ʿEbrāyās in die Zeit davor zu datieren sind.[19] H. F. Janssens gibt den *terminus ante quem* mit 1275 an, was aber nicht sicher bestätigt werden kann.[20]

---

16 Furlani 1933, S. 308. Zum Urteil über Bar ʿEbrāyās Eigenständigkeit siehe Kap. 1.2.3, S. 41. Für die Arbeiten Furlanis siehe auch Kap. 4.1.1, S. 217.

17 Vgl. Takahashi 2013a, S. 257–258.

18 Takahashi 2004, S. 4.

19 Vgl. die Chronologie der Werke in Takahashi 2013a, S. 90–94.

20 Siehe Takahashi 2013a, S. 93: „the grounds given there are not certain". H. F. Janssens' Herleitung von 1275 als *terminus ante quem* stützt sich auf eine Äußerung Bar ʿEbrāyās, er habe sich im Laufe seines Lebens zunehmend der Mystik zugewandt: Eine Handschrift des *Ktābā d-Irotēʾos* („Buches des Hierotheus") (Hs. London, *British Library*, Add. 7189) verfügt über einen Vermerk, dass dieses Buch nach langer Suche auf Initiative Bar ʿEbrāyās 1268/9 neu gebunden worden sei und vermutlich entsprechend auch zu diesem Zeitpunkt aufgefunden worden ist; vgl. Wensinck 1919, S. XIV–XV. Zu diesem Buch und dessen Rezeption durch Bar ʿEbrāyā siehe Pinggéra 2002. Nachdem Bar ʿEbrāyā bereits seit sieben Jahren die mystischen Werke studiert habe, wie er im *Ktābā d-Yawnā* („Buch der Taube") schreibt, habe er schließlich das Ziel der Einheit mit Gott erreicht; Bar ʿEbrāyā, *Ktābā d-Yawnā*, 4 (t: Bedjan 1898, S. 578–579, v: Wensinck 1919, S. 61–62). H. F. Janssens bezieht den Fund des *Ktābā d-Irotēʾos* im Jahr 1268 direkt auf den Beginn des siebenjährigen Mystikstudiums Bar ʿEbrāyās und kommt so auf das Jahr 1275. Das philosophische *Swādā* müsse in die Zeit vor 1275 datiert werden, so H. F. Janssens, da sich Bar ʿEbrāyā danach von der Philosophie abgewandt habe. Barṣaum 2012,

2.1.4 Das *Swādā* als Rezeption des *Išārāt* Ibn Sīnās

In der Forschung wurde bisher keine Vorlage für das *Swādā* vorgeschlagen beziehungsweise identifiziert, an der entlang Bar ʿEbrāyā wie sonst üblich das Werk gegliedert und sich inhaltlich orientiert hätte.[21] Die äußerst knappe Form des *Swādā* macht es schwierig, ihm ein vergleichbares Werk gegenüberzustellen. Im Folgenden diskutiere ich mögliche Vorlagen für das *Swādā*. Im Ergebnis schlage ich vor, es in den Rezeptionstrend von Ibn Sīnās *Išārāt* einzuordnen. Dazu werden zunächst das *Išārāt* und seine Rezeption eingeführt. Danach untersuche ich die Struktur, einige inhaltliche Positionen sowie den allgemeinen Charakters des *Swādā*.

2.1.4.1 Ibn Sīnās *Išārāt* und seine Rezeption

Das *Išārāt* ist das Spätwerk Ibn Sīnās.[22] Es enthält einen Teil zur Logik, zur Naturphilosophie, zur Metaphysik sowie zur Ethik. Kann das *Išārāt* damit hinsichtlich dieses Themenumfangs als philosophische Summa gelten, ist die Darstellung der philosophischen Lehren darin knapp und reduziert, der Stil „compressed and opaque".[23] Es werden selten Argumente für die vertretene Position gegeben. Das Werk „merely provides key premises and main philosophical conclusions, while frequently leaving the actual construction of the arguments to the reader."[24]

Trotz der Schwierigkeiten, welche das *Išārāt* auf Grund seines Charakters und Stils bereitet, hat sich eine reiche Kommentartradition entwickelt.[25] Robert Wisnovsky begründet die Beliebtheit für die bereits zur Zeit Faḫr ad-Dīn ar-Rāzīs (gest. 1209) bestehende Auslegungstradition des Werks so:

S. 374 (Nr. 2.2.103.6) schreibt außerdem in seiner Literaturgeschichte, Bar ʿEbrāyā habe das *Swādā* nach 1275 verfasst, gibt hierfür aber keine Gründe an.

21 So verweist Takahashi 2019, S. 381–383 noch in jüngster Zeit auf keine strukturelle oder inhaltliche Vorlage; vgl. auch Takahashi 2013a, S. 69–70. Dass H. F. Janssens 1937, S. 28–34 Bar ʿEbrāyā inhaltlich als Rezipienten Ibn Sīnās und natürlich Aristoteles' sieht, überrascht nicht.

22 Siehe allgemein zum *Išārāt* Gutas 2014, S. 155–159.

23 Wisnovsky 2013, S. 199.

24 McGinnis 2010, S. 24.

25 Wisnovsky 2013, S. 193–199 („The *Ishārāt*'s Mysterious Success"), mit Auflistung der Kommentare.

> Where the *Ishārāt* came in handy [...] was that its compressed and opaque style of composition allowed commentators to tease out philosophical implications in ways they wanted, in contrast to the more explicit articulations in the *Najāt* and *ʿUyūn al-ḥikma*, which resisted creative interpretation.[26]

Das *Išārāt* habe, so Wisnovsky weiter, gerade dadurch eine „avicennische Philosophie" ermöglicht.[27] Wisnovsky führt diesen Begriff ein, um die Rezeption und Fortschreibung der Philosophie Ibn Sīnās von dieser selbst zu unterscheiden. Er vergleicht diesen Prozess mit der vorangegangenen Unternehmung in der Antike, aber auch in der sich anschließenden arabischen Philosophie, Aristoteles' Werke zu adaptieren und unter anderem zusammen mit platonischen Konzepten weiterzuentwickeln.[28] Ein Beispiel dafür, wie unterschiedlich sich die inhaltliche Rezeption der avicennischen Philosophie gestaltet, ist die Frage nach dem Vorausgehen des Schöpfers vor der Welt. Ist das Vorausgehen kausal, nicht aber zeitlich oder doch zeitlich zu verstehen? Im Hinblick auf diesen Streitpunkt lässt sich beispielsweise die vielschichtige Rezeption Ibn Sīnās anhand der Positionen Sayf ad-Dīn al-Āmidīs (gest. 1233) und Aṯīr ad-Dīn al-Abharīs (gest. ca. 1265) vergleichen, die jeweils in unterschiedlichen ihrer Werke gegenteilige Positionen hierzu präsentieren.[29] Bar ʿEbrāyā verteidigt im *Swādā* die Vorstellung des lediglich seinsmäßigen, nicht aber zeitlichen Vorausgehens des Schöpfers, erkennt aber gleichzeitig an, dass es im theologischen und philosophischen Bereich je unterschiedliche Redeweisen über die Schöpfung gibt.[30]

Daneben hat auch Jon McGinnis die Unterschiede betrachtet, welche den Teil zur Naturphilosophie des *Išārāt* gegenüber der früheren philosophischen Tradition auszeichnen. Dort stelle sich die Struktur oder Anordnung der behandelten Themen anders dar:[31] „[T]he various natural sciences during the pre-*Ishārāt* period, while building upon each other, were nonetheless highly compartmentalized along relatively strict disciplinary lines." Diese Herangehensweise bezeichnet McGinnis als „aristotelisches Modell".[32] Demgegenüber stehe das „avicennische Modell" des *Išārāt*, „[where] elements from all the various physical sciences sit happily intermingled

---

26 Wisnovsky 2013, S. 199.

27 Siehe hier und für das Folgende Wisnovsky 2013.

28 Siehe auch Wisnovsky 2004.

29 Siehe Lammer 2017.

30 Bar ʿEbrāyā, *Swād sopiya*, 3.13–15 (t: H. F. Janssens 1937, S. 95.6–97.10, v: H. F. Janssens 1937, S. 268–274).

31 Vgl. die Gegenüberstellung in McGinnis 2013, S. 440–441.

32 McGinnis 2013, S. 437.

with one another along with components from theology, metaphysics, psychology, medicine and ethics".[33]

McGinnis vermutet daher für das avicennische Modell, dass es den veränderten Bedingungen des Lehrbetriebs besser gerecht wurde als die davor herrschende „segmentierte" aristotelische Tradition. Denn das neue Konzept des *Išārāt* verschränke die verschiedenen philosophischen Themen aus Logik, Naturphilosophie und Metaphysik miteinander. Zum einen greife es damit einen Trend der islamischen *kalām*-Tradition auf, thematisch umfassende Summen zu verfassen. Zum anderen ähnele deren Aufbau demjenigen des *Išārāt*.[34] Außerdem knüpfe dieses Vorgehen an die beiden philosophischen Summen Abū Naṣr al-Farābīs (gest. 950/951) an, nach Aristoteles der „Zweite Lehrer" für die arabische Philosophie.[35]

Weiterhin ordnet McGinnis nachklassische Werke dem *Išārāt* beziehungsweise dem avicennischen Modell anhand dreier inhaltlicher Punkte zu: (1) Widerlegung des Atomismus[36]; (2) eine bestimmte Argumentationsführung gegen die Annahme unendlicher räumlicher Ausdehnung; sowie (3) die Auffassung von sphärischer Bewegung als positional, nicht lokal.[37]

Die avicennische Philosophie (mit Wisnovsky) beziehungsweise das avicennische Modell (mit McGinnis) stützen sich also auf eine bestimmte Rezeption von Ibn Sīnās *Išārāt*. Gerade dadurch, dass dieses Werk lediglich „Hinweise" gibt, bietet es einen größeren Spielraum für kreative Adaption.

---

33 McGinnis 2013, S. 438–439.

34 McGinnis 2013, S. 437–439, besonders Anm. 16.

35 Zu al-Farābī siehe Druart 2020 sowie ausführlich Reisman 2005.

36 Die vormoderne Lehre des Atomismus geht davon aus, dass die Welt aus winzigen, unteilbaren (gr. *a-tomos*) Teilen besteht. Sie wurde in islamischer Zeit besonders in bestimmten Richtungen des *kalām* vertreten; siehe dazu McGinnis 2020, „2.2.1 Kalām Atomism" sowie van Ess 1997, S. 459–477.

37 McGinnis 2013, S. 435–437. Im Gegensatz zu McGinnis' Kriterium der Struktur scheint mir der inhaltliche Vergleich zwischen dem *Išārāt* und den nachklassischen Werken anhand dieser drei Punkte zwar grundsätzlich als Kriterium geeignet, aber insgesamt weniger aussagekräftig. Denn die genannten Positionen werden von Ibn Sīnā auch in seinen anderen Werken inhaltlich vertreten und im *Išārāt* lediglich anders präsentiert oder strukturiert, so beispielsweise der Atomismusstreit: „Avicenna incorporates his refutation of atomism within a detailed discussion of matter, which uniquely set the *Isharāt* apart from earlier works of natural philosophy", McGinnis 2013, S. 435. Dankenswerterweise hat der Autor diesen Kritikpunkt mit mir in einer E-Mailkorrespondenz diskutiert und als berechtigt bestätigt.

2.1.4.2 Bar ʿEbrāyās *Swādā* als syrisches Werk nach avicennischem Modell

Wie ich im Folgenden argumentiere, kann Bar ʿEbrāyās *Swādā* anhand der von McGinnis vorgeschlagenen Heuristik dem avicennischen Modell zugeordnet werden.[38] Ich zeige dies zunächst am Aufbau der Naturphilosophie, anschließend anhand des allgemeinen Aufbaus der beiden Werke *Swādā* und *Išārāt*. Danach werden auch die drei von McGinnis vorgeschlagenen inhaltlichen Punkte zum Abgleich herangezogen. Darüber hinaus verweise ich beispielhaft auf Übereinstimmungen des *Swādā* mit einem weiteren Werk des avicennischen Modells, dem *Hidāyat al-ḥikmah* (etwa: „Rechtleitung der Weisheit") von Aṯīr ad-Dīn al-Abharī.[39] Abschließend betrachte ich den Gesamtcharakter des *Swādā*, auch anhand von dessen Vorwort.

Zusammen mit den Vergleichen zum *Išārāt* führt dies zu meiner Einschätzung des *Swādā* als geraffte, aber nicht notwendigerweise leicht zugängliche syrische Einführung in die Philosophie. Dazu bespreche ich auch Bar ʿEbrāyās syrische Übersetzung von Ibn Sīnās *Išārāt*. Beide, die freiere Adaption im *Swādā* wie auch die Übersetzung, zeigen, wie Bar ʿEbrāyā an der nachklassischen Philosophie im islamischen Kontext Teil hat, die sich an Ibn Sīnā und dessen *Išārāt* orientiert.

Beim Vergleich der naturphilosophischen Teile des *Swādā* und des *Išārāt* zeigen sich starke strukturelle Entsprechungen (siehe die Gegenüberstellung in Tabelle 2.1, S. 65).[40] Markant ist zum Beispiel, dass in beiden Werken die Naturphilosophie mit einer Widerlegung des Atomismus beginnt.[41] Weiterhin gibt es in der Überschrift, die Bar ʿEbrāyā für das Naturphilosophie-Kapitel des *Swādā* wählt, Anklänge an die entsprechenden Teilüberschriften in Ibn Sīnās *Išārāt*: Die Naturphilosophie des *Swādā* behandele (1) „die Begrenztheit der Dimensionen" (syr. *suyyākā da-qyāmē*), (2) „die Washeit der himmlischen und elementaren Körper" (syr. *mānāyutā gušmē*

---

38 Laut McGinnis 2013, S. 433–434, 454 handelt es sich ausdrücklich um eine „working hypothesis". Anhand der aufgestellten Kriterien von Struktur und Inhalt sollen die nachklassischen Werke weiter geprüft und damit die Hypothese eines avicennischen Modells gegebenenfalls falsifiziert bzw. abgeändert werden.

39 Zu Aṯīr ad-Dīn al-Abharī siehe Thomas 2015.

40 Für die Gliederung des *Išārāt* vgl. auch die Überblicke in McGinnis 2013, S. 440–441 sowie Inati 2014, S. 4–23. Eine grundsätzliche Schwierigkeit beim Versuch einer solchen systematischen Darstellung des *Išārāt* liegt darin, dass das Werk wie beschrieben viele verschiedene Themen integriert.

41 Vgl. McGinnis 2013, S. 435–436.

šmayyānē w-esṭuksānāyē) und schließlich (3) „die Arten der Seele" (syr. *znayā d-napšātā*).[42] Zu (1) gibt es zwar keine Entsprechung im Hinblick auf Ibn Sīnās Überschrift zum ersten Teil der Naturphilosophie „Über das Zur-Substanz-Werden der Körper".[43] Dann entsprechen sich allerdings (2) und Ibn Sīnās „Über die Richtungen und ihre beiden Körper, die ersten und die zweiten", also himmlische und irdische Körper, sowie (3) und „Über die irdische und himmlische Seele", insofern Bar ʿEbrāyā die himmlischen Seelen in der Physik des *Swādā* nicht behandelt.

Der grundsätzliche Aufbau der beiden Werke scheint sich zunächst mit seiner je vierfachen Unterteilung zu entsprechen. Allerdings fehlt in Bar ʿEbrāyās *Swādā* ein *qepalēʾon* zur Ethik, die Ibn Sīnā im vierten und letzten Teil des *Išārāt* behandelt. Das vierte *qepalēʾon* des *Swādā* umfasst theologische Fragestellungen wie die Frage nach dem Bösen, Auferstehung oder Prophetie, die sich im *Išārāt* innerhalb der Metaphysik finden. Insgesamt ist das *Išārāt* auch deutlich ausführlicher.

Umstellungen im *Swādā* gegenüber den *Išārāt* ergeben sich auch unter anderem in der Mitte der Naturphilosophie oder hinsichtlich der Psychologie, die im Vergleich zum *Išārāt* vorgezogen und etwas ausführlicher behandelt wird. Es bestehen weitere detailliertere Unterschiede im Aufbau der beiden Werke. Beispielsweise bildet die Diskussion darüber, ob die Seele vor, nach oder zugleich mit dem Körper geschaffen sei, im *Swādā* die letzten beiden *pāsoqē* der Naturphilosophie, findet demgegenüber im *Išārāt* aber keine direkte Entsprechung.[44] Ebenso verhält es sich mit der Behandlung des Pneumas (syr. *ruḥā*, ara. *rūḥ*) als Vermittler der seelischen Fähigkeiten in *pāsoqā* 2.30 des *Swādā*, das kein Pendant im *Išārāt* hat.

---

42 Bar ʿEbrāyā, *Swād sopiya*, 2 (Kapitelüberschrift) (t: H. F. Janssens 1937, S. 69.4–8, v: H. F. Janssens 1937, S. 213.)

43 Die französische Übersetzung von H. F. Janssens mit „l'ensemble des êtres" legt eine Entsprechung zu Ibn Sīnās Überschrift im *Išārāt* nahe, ist aber vermutlich falsch: Der Begriff *suyyākā* würde nach H. F. Janssens' Deutung etwa „abschließen, in sich zusammenbringen" o. Ä. meinen, gemäß der syrischen *Paʿʿel*-Form *sayyek*. Statt *qyāmē* (Dimensionen) wäre *qayyāmē* (Seiende) zu lesen. Schon die vormoderne arabische Übersetzung liest allerdings „Begrenztheit der Dimensionen" (ara. *tanāhī l-abʿād*) (t: Platti 1988, S. 180.11–12, t: Barṣaum 1940, S. 18.2–3, beide ohne abweichende Lesarten). Die Verwendung von syr. *qyāmā* als „Dimension" stimmt auch mit Bar ʿEbrāyās Begrifflichkeiten an mehreren Stellen der Physik im *Ḥēwat ḥekmtā* überein; siehe Schmitt o. D., S. 206 („Commentary – (2.9.2)").

44 Für eine ausführliche Besprechung des entsprechenden Argumentationsgang Bar ʿEbrāyās siehe Kap. 4.2.1, S. 244.

Tabelle 2.1: Vergleich der Naturphilosophie des *Swādā* und des *Išārāt*

	Swādā	*Išārāt*
Widerlegung des Atomismus	(2.1)	(2.1.1-4)
Widerlegung unendlicher Ausdehnung	(2.2)	(2.1.11)
↪ Himmel als Sphäre, äußerste Grenze, ohne örtl. Bewegung;		
oben und unten in Bezug zu dessen Zentrum	(2.3–2.4)	(2.2.1–4), (2.12–4)
Widerlegung des Vakuums	(2.5)	(2.1.29–31)
Ort	(2.6)	(2.1.32–35)
*Bewegung: natürlich, forciert, willkürlich	(2.7)	
↪ Zeit	(2.8)	(2.5.5)
*Vor-Ewigkeit & Nach-Ewigkeit	(2.9)	
konzentrische gegenüber senkrechter Bewegungen; warm & kalt	(2.10)	(2.2.12–17)
↪ vier Elemente und ihre Eigenschaften	(2.11)	(2.2.18–20)
↪ Sphären sind unveränderlich	(2.12)	(2.2.17)
Elemente im sublunaren Bereich	(2.13)	(2.2.21–22)
*Einwirkung von Körper auf Körper	(2.14)	
Gründe für Wärme	(2.15)	(2.2.24–26)
↪Umwandlung der Elemente	(2.16)	(2.2.19)
*Meteorologie & Geologie	(2.17)	
↪substantielle Veränderung	(2.18)	(2.1.19–27), (2.7.11)
himmlische & irdische Materie	(2.19)	(2.2.21)
Mischungen	(2.20–22)	(2.2.23), (2.2.27)
↪Reproduktion, Ernährung, Wachstum	(2.23)	(2.3a.24)
↪geistige Abstraktion	(2.24)	(2.3.7)
„Flying Man"-Argument	(2.25)	(2.3.1–5)
↪externe & interne Sinne: animale Fähigkeiten	(2.26)	(2.3.9), (2.3a.25)
göttliche Weisheit bei Einrichtung der Sinne	(2.27–28)	(2.3.9)
willkürliche Bewegung	(2.29)	(2.3a.26)
*Pneuma als Vermittler der seelischen Fähigkeiten	(2.30)	
*Seele existiert nicht vor Körper	(2.31)	
*Seele/Form und Körper entstehen gleichzeitig	(2.32)	

Erläuterung: Die Nummerierung bezieht sich beim *Swādā* auf *qepalēʾon* (Kapitel) und *pāsoqā* (Abschnitt), beim *Išārāt* auf *qism* (Teil), *namaṭ* (Klasse) und *faṣl* (Abschnitt). Wiedergegeben sind die Themen der Abschnitte, nicht deren Überschriften. | ↪ Verschiebung gegenüber *Išārāt* | * Hinzufügung gegenüber *Išārāt*

Über diese strukturellen Entsprechungen hinaus finden sich im *Swādā* auch die drei von McGinnis angeführten inhaltlichen Punkte des avicennischen Modells wieder. Besonders sticht der avicennische Beweis über die Unmöglichkeit unendlicher räumlicher Ausdehnung hervor, den Bar ʿEbrāyā in *pāsoqā* 2.2 des *Swādā* führt. Daneben findet sich auch die Behandlung positionaler Bewegung in *pāsoqā* 2.3 sowie die Widerlegung des Atomismus in *pāsoqā* 2.1.

Solche Unterschiede in Reihenfolge und Behandlung oder Auslassung von Themen sind Hinweise auf weitere mögliche Vorlagen Bar ʿEbrāyās. Das *Hidāyat al-ḥikmah* von Aṯīr ad-Dīn al-Abharī, „what is perhaps the most successful and frequently read exposition of Avicennian philosophy",[45] ist ebenfalls klar der Rezeptionstradition zum *Išārāt* zuzuordnen. Auch McGinnis hat es als Beispiel für den Einfluss des *Išārāt* herausgestellt.[46] Ein Vergleich des *Hidāyat al-ḥikmah* und des *Swādā* zeigt folgende Entsprechungen:

- die dreifache Unterteilung von Bewegung in (i) natürlich, (ii) forciert und (iii) willkürlich;[47]
- die Behandlung des Themas „Zeit" innerhalb der Physik;[48]
- die Thematisierung meteorologischer Phänomene;[49]
- die Diskussion externer Sinneswahrnehmung bei der Behandlung der animalen Seelenkräfte;[50]
- die Widerlegung der Präexistenz der Seele vor dem Körper.[51]

---

45 Lammer 2017, S. 434. Ich danke Jens Ole Schmitt, der mich auf das *Hidāyat al-ḥikmah* aufmerksam gemacht hat.

46 McGinnis 2013, S. 441–445.

47 Vgl. Bar ʿEbrāyā, *Swād sopiya*, 2.7 (t: H. F. Janssens 1937, S. 73.10–74.2, v: H. F. Janssens 1937, S. 223) und al-Abharī, *Hidāyat al-ḥikmah*, 2.1.9 (t: Yormaz 2008, S. 167.10).

48 Vgl. Bar ʿEbrāyā, *Swād sopiya*, 2.8 (t: H. F. Janssens 1937, S. 74.3–9, v: H. F. Janssens 1937, S. 224) und al-Abharī, *Hidāyat al-ḥikmah*, 2.1.10 (t: Yormaz 2008, S. 168).

49 Vgl. Bar ʿEbrāyā, *Swād sopiya*, 2.17 (t: H. F. Janssens 1937, S. 78.5–79.3, v: H. F. Janssens 1937, S. 232) und al-Abharī, *Hidāyat al-ḥikmah*, 2.3.2 (t: Yormaz 2008, S. 177.9–179.4).

50 Vgl. Bar ʿEbrāyā, *Swād sopiya*, 2.26 (t: H. F. Janssens 1937, S. 84.12–86.8, v: H. F. Janssens 1937, S. 245–246) und al-Abharī, *Hidāyat al-ḥikmah*, 2.3.5 (t: Yormaz 2008, S. 180.10–181.7).

51 Vgl. Bar ʿEbrāyā, *Swād sopiya*, 2.31 (t: H. F. Janssens 1937, S. 88.10–89.7, v: H. F. Janssens 1937, S. 255–256) und al-Abharī, *Hidāyat al-ḥikmah*, 2.3.6 (t: Yormaz 2008, S. 183.1–6).

Auch aufgrund seiner Kürze kommt das *Hidāyat al-ḥikmah* als ein möglicher Orientierungspunkt für Bar ʿEbrāyās *Swādā* in Betracht. Eine weitergehende Untersuchung von Entsprechungen des *Swādā* und des *Hidāyat al-ḥikmah* oder weiterer Werke aus der Kommentartradition und Rezeption des *Išārāt* kann hier aus Raumgründen nicht erfolgen. So kämen die beiden *Išārāt*-Kommentare von Faḫr ad-Dīn ar-Rāzī sowie Naṣīr ad-Dīn aṭ-Ṭūsī in Frage; an einigen Stellen in der anschließenden Darstellungen verweise ich auf diese beiden Kommentare.[52]

Schließlich betrachte ich noch den allgemeinen Charakter des *Swādā*, um es mit dem *Išārāt* und dem *Hidāyat al-ḥikmah* zu vergleichen und so Anhaltspunkte für seine literarische Einordnung und mögliche Vorlagen zu finden. Bar ʿEbrāyā beschreibt sein Werk im Vorwort in einem komplexen syrischen Satz:

> Als bestimmte Brüder, die [noch] über das Anrecht einer [gewissen] Gegenleistung [von mir] verfügen, verlangten, durch Worte von beschaulicher Art und maßvoller Zahl einige Geheimnisse der Weisheit (syr. *meddem men ʾrāzay ḥekmtā*) zu verstehen, hinderte es meine Wenigkeit nicht, genau dies [zu tun, nämlich] nach Vermögen und zu diesem Zweck sich fließend zu äußern (*hālokā ʾit tmallel*) und in vier Kapiteln eine Abhandlung abzufassen (*l-tēgurtā …tsayyek*), die man sich gewissermaßen wie ein Kolloquium der Weisheit (*swād sopiya*) wegen der Deutlichkeit dessen Einsichten aneignet (syr. *men qeṣ qriḥut sukkālayhē etqanyat*).[53]

Aber auch die vormoderne arabische Übersetzung ist in dichter Sprache verfasst:

> Ja, einige mächtige Leute (ara. *anās ūlī ayādī*) wünschten etwas der Geheimnisse der Weisheit zu verstehen, durch Worte, klar in der Art und maßvoll in der Zahl, und ich habe ihnen dies gewährt, nach dem, wie es der Geist (*qarīḥa*) gewährte und das Vermögen es begünstigte, und meine Wenigkeit wurde nicht abgehalten, es ihnen zu gewähren (*is ʿāfahum*) und ihnen ohne Geiz zu schenken, was ich anzubieten habe.

---

52 Gegebenenfalls interessant, aber weder ediert noch untersucht ist auch der *Išārāt*-Kommentar von Sayf ad-Dīn al-Āmidī (gest. 1233), vgl. Arif 2009, S. 211. Ich habe ihn auf Grund der schwierigen Zugänglichkeit im Rahmen dieser Arbeit nicht berücksichtigt.

53 Bar ʿEbrāyā, *Swād sopiya*, Vorwort (t: H. F. Janssens 1937, S. 46.3–9, v: H. F. Janssens 1937, S. 139). Die Dichte des syrischen Texts drückt sich auch in der äußerst freien französischen Übersetzung H. F. Janssens' aus. So übersetzt er syr. *ḥekmtā* mit „philosophie". Auch nutzt H. F. Janssens kommentarlos die Lesart *etkannyat* (genannt wird) für seine Übersetzung „est intitulé". Diese Lesart geht allerdings nur auf einen einzelnen Zeugen zurück. Dieser wiederum hängt von einem der mehreren Zeugen ab, welche die Lesart *etqanyat* „sich angeeignet wird" zeigen.

So entstand diese glänzende Abhandlung und philosophische Verehrung (*ʿibādah*) in vier Kapiteln (*abwāb*).[54]

Bar ʿEbrāyā spricht im Vorwort mehrere Punkte an. Zum einen habe er das *Swādā* auf Verlangen bestimmter Personen[55] verfasst. Diese Art der Widmung – die für sich nicht ungewöhnlich sein mag – hat eine klare Parallele in al-Abharīs Vorwort zum *Hidāyat al-ḥikmah*:

> Wir haben [diese Schrift, ara. *risālah*] diktiert (ara. *amlītuhā*) für einige Brüder im Stil einer Improvisation (*ʿalā sabīl al-irtiǧāl*) – wobei wir Gott um Hilfe bitten, der [allein] Erfolg verleiht.[56]

Weiterhin schreibt Bar ʿEbrāyā, es handele sich bei den Inhalten des *Swādā* um einige der „Geheimnisse der Weisheit". Die von Bar ʿEbrāyā gewählten und „abgezählten" Worte brächten deutliche Einsichten mit sich. Er vergleicht das Werk daher mit einem Kolloquium oder einer Unterhaltung der Weisheit (d. h. über sie?).[57] Ähnliche Aspekte bringt Ibn Sīnā in den beiden Vorworten des *Išārāt* (eines zur Logik, eines zu den übrigen drei Teilen) zum Ausdruck:[58]

> Du, der du begierig bist, dich der Wahrheit zu vergewissern (ara. *taḥaqquq al-ḥaqq*) – ich habe für dich in diesen Hinweisen und Mahnungen (*išārāt wa-t-tanbīhāt*) die Wurzeln und das Ganze der Weisheit (*ḥikmah*) leicht zugänglich gemacht. Wenn

---

54 Bar ʿEbrāyā, *Swād sopiya* [versio arabica], Vorwort (t: Platti 1988, S. 170.10–14, t: Barṣaum 1940, S. 3.11–16). Statt *is ʿāfahum* liest die Ausgabe Barṣaum 1940 *tiǧāratahum* („um mit ihnen zu handeln"); die Ausgabe Platti 1988 verzeichnet ebenfalls einen Zeugen mit dieser Lesart. Statt *ʿibādah* liest Barṣaum 1940 *ʿumdah* (Stütze); Platti 1988 verzeichnet hier keine abweichende Lesart.

55 Der syrische Text ist hier schwierig: Für die Übersetzung von syr. *māray ḥublē* mit „noch das Anrecht haben" siehe H. F. Janssens 1937, S. 140–141. Die Brüder kommen in der arabischen Übersetzung nicht vor; gegebenenfalls handelt es sich bei syr. *aḥē* um einen Vokativ, der im Arabischen schlicht ausgelassen wurde. Der arabische Text spricht außerdem von mächtigen Leuten (ara. *ūlī ayādī*, Sg. *ḏu yad*), bietet mit dieser Wendung also keinen Hinweis auf die Schuld, die Bar ʿEbrāyā den Adressaten noch zu erbringen hat. Andererseits lässt zumindest die abweichende Lesart *tiǧārah* (s. Anm. 54, S. 68) eine Art „Tauschgeschäft" anklingen.

56 al-Abharī, *Hidāyat al-ḥikmah*, Vorwort (t: Yormaz 2008, S. 148.3–4).

57 Daneben ließe sich überlegen, ob Bar ʿEbrāyā eine vertrauensvolle Unterhaltung *mit* der Weisheit meinen könnte. Das Motiv der personifizierten Weisheit ist u. a. aus der alttestamentlichen Weisheitsliteratur bekannt, siehe Maier 2007. Auch im Vorwort Bar ʿEbrāyās längerer Summa, des *Ḥēwat ḥekmtā*, finden sich biblische Anklänge; siehe Takahashi 2004, S. 4–8.

58 Vgl. zu den beiden Vorworten die Erläuterungen in Inati 2014, S. 1.

die Klugheit (*faṭāna*) dir beisteht, wird es dir leicht fallen, sie zu verzweigen und zu vereinzeln.[59]

Dies sind Hinweise auf die Wurzeln, und Mahnungen im Hinblick auf das Ganze. Wem es leicht fällt, wird Einsicht darin erlangen, und wem es schwer fällt, wird nicht [einmal] Nutzen aus dem ziehen, was klarer als sie ist. Das Vertrauen besteht in den durch Gott verliehenen Erfolg. Und ich wiederhole mein Vermächtnis (*waṣiyyah*) und meine Bitte (*iltimās*), was diese Stücke in sich einschließen, mit aller Zurückhaltung demjenigen vorzuenthalten, der nicht das in sich hat, was ich am Ende dieser Hinweise zur Bedingung mache.[60]

Laut Ibn Sīnā sind also die von ihm im *Išārāt* vertretenen Lehren klar und deutlich, sofern man über Klugheit oder Scharfsinn (ara. *faṭānah*) verfüge. Gleichzeitig seien sie nur für Eingeweihte bestimmt.[61] Liest man Bar ʿEbrāyās Vorwort vor dem Hintergrund des *Išārāt*, entspricht das Kolloquium beziehungsweise die vertrauensvolle Unterhaltung (*Swādā*) der Idee, die „Geheimnisse" nur in einem bestimmten Kreis von Eingeweihten zu erörtern.

Als Schlüsselbegriff in Bar ʿEbrāyās Vorwort ist auch das Adverb *hālokā'it* anzusehen. In Verbindung mit dem Verb *mallel* bedeutet es „flüssig sprechen". Im Hinblick auf das ihm zugrunde liegende Verb *hallek* hat es aber auch Anklänge an die Bedeutung „umhergehen", was wiederum an die sogenannte peripatetische Schule Aristoteles' erinnert.[62] Andererseits gibt es eine Entsprechung zwischen syr. *hālokā'it* und ara. *amlītu* in al-Abharīs Vorwort: Der Grundstamm von ara. *malā* hat die Bedeutung „rasch vorwärts schreiten". Die „Improvisation" bei al-Abharī entspricht außerdem der „fließenden Äußerung" bei Bar ʿEbrāyā. Insgesamt spiegeln sich also sowohl Motive des Vorworts von al-Abharīs *Hidāyat al-ḥikmah* als auch des *Išārāt* im *Swādā* wider.

Die Rezeption des *Išārāt*, nicht nur inhaltlich, sondern auch im Hinblick auf Anlage und Aufbau, wurde bereits thematisiert. Nicht alle Werke, die im Sinne von McGinnis' „avicennischem Modell" als Fortschreibungen des

---

59 Ibn Sīnā, *Kitāb al-Išārāt wa-t-tanbīhāt*, Vorwort zur Logik (t: Dunyā 1950, S. i.114.1–4, v: Inati 1984, S. 46).
60 Ibn Sīnā, *Kitāb al-Išārāt wa-t-tanbīhāt*, Vorwort zu Physik, Metaphysik und Ethik (t: Dunyā 1950, S. ii.147.1–6, v: Inati 2014, S. 59).
61 Vgl. Inati 1984, S. 3–4.
62 Die aristotelische Schule wird „peripatetisch" genannt, nach der Praxis, beim gemeinsamen Philosophieren umherzugehen (gr. *peripatein*).

Išārāt betrachtet werden können, sind fortlaufende Kommentare.[63] In diese Reihe der eher freien Adaptionen des *Išārāt* ist auch das *Hidāyat al-ḥikmah* al-Abharīs zu stellen.

H. F. Janssens charakterisiert das *Swādā* wegen seiner Kürze als knappe, aber inhaltlich umfassende Einführung in die Philosophie. Er vergleicht es daher mit dem *Kitāb al-Ḥudūd* („Buch der Definitionen") Ibn Sīnās, das allerdings einen gänzlich anderen Aufbau hat.[64] H. F. Janssens bezieht sich auf das Syrisch-Wörterbuch von R. Payne Smith, um zu erklären, warum *Swādā* nicht mit „Unterhaltung" oder „Rede" im Sinne einer längeren Auseinandersetzung oder Unterweisung zu übersetzen sei.[65] Problematisch ist meines Erachtens, dass er aufgrund der Übersetzung mit „Unterhaltung" dem *Swādā* zuschreibt, es sei kein Werk für Gelehrte, sondern für Anfänger oder gar Laien („profane").[66] Dies passt auch nicht zu seiner später folgenden Einschätzung, dass Bar ʿEbrāyās häufige Verwendung von Begriffen, die vorher nicht eingeführt wurden, eher Schwierigkeiten für den Anfänger berge.[67] Zu fragen ist außerdem, ob sich die „Geheimnisse der Weisheit", die Bar ʿEbrāyā im Vorwort des *Swādā* erwähnt, einem Neuling oder einem Laien eröffnen sollen.[68]

---

63 Siehe Wisnovsky 2013, S. 198: „problem-commentaries rather than system-commentaries". Vgl. auch die jetzt vorliegende Edition und Untersuchung des ersten ausführlichen Kommentars zum *Išārāt* von Šaraf ad-Dīn al-Masʿūdī (gest. vor 1208), dem *Mabāḥiṯ wa-š-šukūk ʿalā Kitāb al-Išārāt wa-t-tanbīhāt* („Untersuchungen und Zweifel zum Buch der Hinweise und Ermahnungen"), Shihadeh 2016, S. 1–6.

64 H. F. Janssens 1937, S. 7–8. Für den Aufbau des *Kitāb al-Ḥudūd* siehe Goichon 1963, S. a48–49 *(fihrist)*.

65 H. F. Janssens 1937, S. 18–19. Dort stellt er auch die verschiedenen vorherigen Übersetzungen bzw. Interpretationen des Titels zusammen.

66 H. F. Janssens 1937, S. 19. Takahashi 2013a, S. 69, Anm. 278 teilt H. F. Janssens' Übersetzung mit „Unterhaltung", aber nicht ausdrücklich die Charakterisierung des Werks. Er behalte die ältere lateinische Bezeichnung *Liber sermonis sapientiae* bei „to avoid confusion".

67 H. F. Janssens 1937, S. 23–24.

68 Interessant ist in dieser Hinsicht noch eine Auflistung derjenigen „philosophischen" (wörtl. „externen", syr. *barrāyē*, d. h. nichtchristlichen) Bücher, die Bar ʿEbrāyā im *Ktābā d-Huddāyē* („Buch der Weisungen") für den Schulbetrieb vorsieht. Neben einem Text über Rhetorik von Antonius von Tagrit (fl. 9. Jhd.?) und den logischen Schriften Aristoteles' genüge es, so Bar ʿEbrāyā, für die Ausbildung lediglich Schriften der Mathematik, Physik und Metaphysik hinzuzuziehen, insofern sie den Ausdruck verfeinerten oder den Geist trainierten und dazu dienten, die Verfasser der Schriften zu widerlegen. Diese Inhalte seien in seinen beiden theologischen Summen, dem *Mnārat qudšē* sowie dem *Ktābā d-Zalgē* zugänglich. Das Studium der Philosophie

Vor dem Hintergrund meiner Vergleiche und Überlegungen schlage ich vor, das *Swādā* nicht als didaktische „Einführung" zu verstehen, sondern als kondensierte Darlegung derjenigen philosophischen Themen und Probleme, die von Bar ʿEbrāyā als am wichtigsten erachtet wurden. Das Werk lässt sich damit in den Trend der *Išārāt*-Rezeption und -Adaption einordnen. Die Darlegung findet nach Bar ʿEbrāyās Vorwort wie in einem vertrauensvollen Gespräch statt. Diese Unterhaltung muss nicht für Anfänger oder Laien gedacht sein: Wie Ibn Sīnā im *Išārāt* kann Bar ʿEbrāyā im Vorwort des *Swādā* gerade deshalb behaupten, sein Inhalt sei leicht verständlich, da er wie in einem geschützten Kreis von Eingeweihten erörtert wird.

Noch ein letzter Punkt ist mit Blick auf die *Išārāt*-Rezeption im *Swādā* zu bedenken: Bar ʿEbrāyā hat selbst eine syrische Übersetzung des *Išārāt* angefertigt. Der *terminus ante quem* dieser Übersetzung ist 1278; auf dieses Jahr ist die älteste Handschrift datiert, die vorliegt.[69] Die Abfassung des *Swādā* datiert Takahashi – mit Hinweis auf die etwas unsichere Herleitung der Datierung durch H. F. Janssens – vor 1275.[70] Zeitnah zur Abfassung des *Swādā* hat sich Bar ʿEbrāyā also intensiver mit Ibn Sīnās *Išārāt* beschäftigt.

Die Forschung zu dieser syrischen Übersetzung ist bislang überschaubar. Giuseppe Furlani sowie Herman Teule haben jeweils einige grundlegende und wichtige Beobachtungen veröffentlicht.[71] Teule bemerkt zum Forschungsstand: „As was to be expected, the study of [Bar ʿEbrāyā's] translations does not seem to be very popular. Quite understandably, scholars seem much more interested in his original writings, though a number of recent studies have demonstrated that these so-called original works are, as a matter

---

wird hier also eher abgewertet. Wie Dorothea Weltecke 2015 plausibel gemacht hat, zielen diese Anordnungen Bar ʿEbrāyās auf die Ausbildung des Klerus; siehe auch Weltecke 2013, S. 602–603. Das Problem, das sich daraus ergibt, dass sowohl die Datierung des *Ktābā d-Huddāyē* als auch des *Swādā* unsicher sind, d. h. Bar ʿEbrāyā das *Swādā* möglicherweise erst nach der Anordnung dieses Lehrplans verfasst hat, ist auf Grund der skizzierten philosophieskeptischen Ausrichtung des Schulbetriebs zunächst unerheblich. Wie Weltecke vorgeschlagen hat, wäre eine Untersuchung der Rezeption des *Ktābā d-Huddāyē* interessant, die sich in den Randbemerkungen der Handschriften niederschlägt. Vielleicht finden sich dort spätere Bemerkungen, ob es bei der Verwendung der beiden theologischen Summen Bar ʿEbrāyās blieb oder weitere Werke hinzugezogen wurden bzw. nach Ansicht der Glossatoren werden sollten. Über einen möglichen *philosophischen* Schulbetrieb für einen engeren Kreis ist nichts genaueres bekannt; siehe die Ausführungen in Kap. 1.2.1, S. 33.

69 Takahashi 2013a, S. 93.

70 Siehe oben Kap. 2.1.3, S. 59.

71 Furlani 1946 und Teule 2005.

of fact, translations rather than compositions of his own."[72] Gerade da der Charakter von Bar ʿEbrāyās Werken als Übersetzungen (besser: Übertragungen) hervorgehoben wird, ist ein Vergleich von Bar ʿEbrāyās Übersetzung des *Išārāt* mit dem *Swādā* zukünftig interessant, um mögliche Parallelen in der syrischen Terminologie festzustellen. So verwendet Bar ʿEbrāyā in beiden Werken innerhalb der Logik feststehende technische Begriffe der griechisch-syrischen Tradition.[73]

Was Bar ʿEbrāyā zur syrischen Übersetzung „of such a difficult work as the *Išārāt*" motiviert habe, ist laut Teule die Popularität des *Išārāt*, gerade auch in den Kreisen um das Observatorium in Marāġah.[74] Noch konkreter berichten einige der Handschriften der *Išārāt*-Übersetzung davon, Bar ʿEbrāyā habe sie auf Anfrage eines einflussreichen Arztes am Hof des Ilkhan Hülegü verfasst, genau wie sein astronomisches Werk *Sullāqā d-hāwnā* („Aufstieg des Geistes"). Teule vermutet, Bar ʿEbrāyā könnte die *Išārāt*-Übersetzung für den Unterricht benutzt haben, da seine Chronik zumindest Bar ʿEbrāyās Astronomie-Unterricht in Marāġah erwähnt.[75] Neuerdings hat Pier Giorgio Borbone die Vermutung, Bar ʿEbrāyā habe in Marāġah unterrichtet, aber zurückgewiesen.[76]

Unabhängig davon, ob die *Išārāt*-Übersetzung für den Unterrichtsgebrauch bestimmt war, war das syrische Interesse an dieser Übersetzung in der Zeit danach anscheinend nicht besonders ausgeprägt. Teule listet neun Handschriften.[77] Drei davon stammen aus dem 20. Jahrhundert. Zwei weitere Handschriften wurden von dem Maroniten Abraham Ecchellensis (gest. 1664) vermutlich speziell für das frühneuzeitliche europäische Interesse kopiert (heute: Paris und Borgia/Rom) und enthalten lediglich die Logik des *Išārāt*. Auch eine weitere Handschrift aus dem maronitischen Milieu enthält lediglich die Logik. Zwischen dem ältesten Zeugen von 1278 und dem zweitältesten liegen ca. 220 Jahre. Interessant ist außerdem, dass der arabische Originaltext des *Išārāt* in allen Handschriften (außer derjenigen Ecchellensis') mitüberliefert wurde, allerdings nur beim ältesten Zeugen in

---

72 Teule 2005, S. 169.

73 Siehe für diesen Aspekt im Hinblick auf die *Išārāt*-Übersetzung Teule 2005, S. 181–182.

74 Teule 2005, S. 176–177. Zu Bar ʿEbrāyās Verbindung zu Marāġah siehe Kap. 1.2, S. 28.

75 Teule 2005, S. 177.

76 Borbone 2017, S. 126. Siehe auch Kap. 1.2.1, S. 33.

77 Teule 2005, S. 173–175; siehe auch Takahashi 2013a, S. 266–267.

arabischer Schrift.[78] Als mögliche Erklärung für die wenigen Handschriften schlage ich vor, dass das *Swādā* als syrische *Išārāt*-Adaption beziehungsweise kurze Summa nach „avicennischem Modell" der *Išārāt*-Übersetzung aus einem sehr besonderen, vermutlich stark zweisprachigen Kontext wie in Marāġah gewissermaßen den Rang ablief.[79]

Dies bezieht sich auf diejenigen syrischen Kreise, die sich überhaupt mit Philosophie beschäftigten. Eine interessante Bemerkung gibt es in dieser Hinsicht noch in der Notiz, die sich in einer der arabischen Übersetzungen des *Swādā* findet:

> Ja, das Buch „Unterhaltung der Weisheit" flicht alle Weisheiten in seine Kette ein – dennoch finden wir keinen Meister (ara. *šayḫ*), der uns bereitwillig (wörtl. „mit aufrichtigem Wunsch", ara. *bi-wuddin ṣādiqin*) darin unterweist.[80]

Leider ist aus der Edition nicht ersichtlich, aus welcher der beiden genutzten Handschriften (aus dem Jahr 1608 oder 1872) die Notiz stammt.[81] Zu fragen bleibt, ob es auf die Schwierigkeit des Textes für die späteren syrischen Gelehrten deutet oder diese die Neigung des Werks zur Philosophie gegenüber der Theologie fürchteten, zum Beispiel im Hinblick auf die Position, die Welt sei vorewig.[82]

In jedem Fall können beide, die syrische Übersetzung des *Išārāt* wie auch das *Swādā*, als syrische Adaption der avicennischen Philosophie betrachtet werden. Diese avicennische Philosophie löst durch Kommentierung und Adaption des *Išārāt* in der nachklassischen islamischen Geistesgeschichte die reine Aristotelesrezeption im Wesentlichen ab. Die Vielzahl der Handschriften des *Swādā*[83] zeugt davon, dass diese Aneignung des avicennischen Modells in der syrischen Tradition angenommen wurde und sie an der nachklassischen Philosophie in ihrer islamischen Umwelt damit auf ihre eigene Art teilhat.

---

78 Sonst sind die Handschriften in Karšūnī, d. h. in arabischer Sprache in syrischer Schrift verfasst. Laut Teule 2005, S. 176 stimmt das Incipit des Textes in Karšūnī nicht in allen Handschriften überein.

79 Zu diesem Milieu in Marāġah siehe Borbone 2017, S. 127–132, der eine Handschrift von Ibn Sīnās *Šifāʾ* untersucht, die vermutlich Notizen von Bar ʿEbrāyās Hand enthält.

80 Bar ʿEbrāyā, *Swād sopiya* [versio arabica], Kolophon (t: Barṣaum 1940, S. 63.10–12).

81 Für die genutzten Handschriften siehe Takahashi 2013a, S. 257.

82 Siehe hierzu Kap. 2.2.1, S. 79.

83 Siehe H. F. Janssens 1937, S. 23 und Platti 1988, S. 153–154.

2.2 Darstellung: Materie und Form bei Bar ʿEbrāyā

Die im zweiten Teil des vorliegenden Kapitels von mir referierten Passagen des *Swādā* beziehen sich teilweise auf das Werden des Menschen, betreffen aber im Allgemeinen übergreifende Grundvorstellungen der Naturphilosophie. Dieser Überblick dient zum besseren Verständnis der folgenden Kapitel.

Vorab eine kurze Zusammenfassung: Von Bar ʿEbrāyā wird unter anderem die grundlegende Frage diskutiert, wie irdische Wesen entstünden (und vergingen). Besonders mit Blick auf Kapitel 5 ist dieses philosophische Problem relevant, wo ich es zusammen mit dem oft damit verknüpften Motiv des Samentropfens, der zum Menschen werde, wieder aufgreife.

Weitere der im *Swādā* behandelten Grundvorstellungen sind relevant für meine Ausführungen in Kapitel 3 zur Fortpflanzungsbiologie. Dies betrifft die sogenannte hylemorphistische (vgl. gr. *hylē*, Materie, und *morphē*, Form) Vorstellung, dass sowohl unbelebten Dingen wie auch Lebewesen das Zusammenspiel eines materiellen und eines formgebenden, gestaltenden Prinzips zugrunde liege. Die Analyse natürlicher Phänomene anhand Materie und Form spielt bereits seit Aristoteles eine wichtige Rolle bei den Diskussionen um den jeweiligen Beitrag von Mann und Frau zum Entstehen eines Kindes.

Daneben werden Vorgänge in der Natur durch das Zusammenwirken der Vier Elemente (Wasser, Erde, Luft und Feuer) erklärt. Aus der Mischung oder Komplexion der Elemente mit jeweils bestimmten Eigenschaften (kalt, warm; feucht, trocken) erklärten sich die Vorgänge in der Natur. Die Lehre von den Vier Elementen und ihren Mischungen, die Bar ʿEbrāyā im *Swādā* skizziert, ist auch grundlegend für die vormoderne Medizin und Physiologie und damit für das Verständnis der Ausführungen Bar ʿEbrāyās zur embryonalen Entwicklung.

Schließlich behandelt Bar ʿEbrāyā im *Swādā* auch die Seele. Die Seele ist diesem Verständnis nach das immaterielle Wirkprinzip von Lebewesen. Mittels bestimmter Fähigkeiten oder Kräfte sei sie unter anderem für Wachstum, Ernährung und Fortpflanzung zuständig. In diesem Zusammenhang reißt Bar ʿEbrāyā im *Swādā* auch an, wie die Wirkung der immateriellen Seelenkräfte durch ein feinstoffliches Pneuma und durch die Hauptorgane Herz, Hirn und Leber vermittelt werde. Der Bezug all dieser Punkte zur Fortpflanzung liegt auf der Hand und wird im Rahmen der Vorstellungen Bar ʿEbrāyās zum Entstehen und zur Entwicklung des Kindes, die ich in Kapitel 3 untersuche, weiter herausgearbeitet werden. In Kapitel 4 steht die

Frage nach dem Beseelungszeitpunkt im Mittelpunkt. Auch dieses Thema wird von Bar ʿEbrāyā im *Swādā* aufgegriffen.

Die beschriebenen naturphilosophischen und metaphysischen Positionen Bar ʿEbrāyās entnehme ich im Wesentlichen den *pāsoqē* (Abschnitten) 18–23, 30 und 32 des zweiten, naturphilosophischen *qepalēʾon* (Kapitel) des *Swādā* und skizziere ihren Zusammenhang mit den weiteren Themen meiner Arbeit. Neben dem *Swādā* beziehe ich mich auch auf Überblicksdarstellungen und Sekundärliteratur.

An einigen Stellen ergänze ich vergleichbare Passagen aus dem *Išārāt* Ibn Sīnās und anderen Werken in dessen Rezeptionstradition. Damit werden im Anschluss an den ersten Teil des Kapitels weitere Anhaltspunkte für die Einordnung des *Swādā* in die avicennische Philosophietradition festgehalten. Ziel ist nicht, für das gesamte *Swādā* mögliche direkte Vorlagen zu identifizieren. Da meine entsprechenden Ausführungen für die beabsichtigte inhaltliche Einführung nicht unmittelbar relevant sind, sind sie in kleinerer Schrift gesetzt und können, wenn gewünscht, übersprungen werden.

2.2.1 Werden und Vergehen

Wie entsteht nach Bar ʿEbrāyās Auffassung überhaupt ein Ding oder Lebewesen? Wie wird der Übergang einer Substanz zu einer anderen gedacht, zum Beispiel vom Samen zum Menschen? Als Substanz wird hier etwas verstanden, das in und für sich bestehe (vgl. lat. *substare*, bestehen). Diese Frage nach „Werden und Vergehen", so auch der Titel der entsprechenden aristotelischen Schrift (lat. *De generatione et corruptione*), ist ein zentraler Gegenstand in der Naturphilosophie der aristotelischen Tradition.[84] Die zugrunde liegende Materie bleibe dieselbe, aber die charakteristische Form ändere sich. Das eine, der Samen, vergehe, während das andere, der Mensch, entstehe.

Das Beispiel vom Samen, der Mensch werde, ist es auch, womit Bar ʿEbrāyā in *pāsoqā* 2.18 des *Swādā* seine Erläuterungen zu Werden und Vergehen einleitet und illustriert: „Wenn wir sagen, dass der (Samen-)Tropfen (syr. *nuṭptā*) Mensch (*barnāšā*) wird", verhalte es sich nicht so, dass der Tropfen bleibe, was er sei (*aʸk d- ʾītēh pāšaṭ*), er vergehe (*beṭlat*) aber auch nicht gänzlich (*b-kollāyutēh*). Vielmehr vergehe die Natur beziehungsweise

---

84 Für eine allgemeine Darstellung siehe Höffe 2006, S. 108–116 und Ainsworth 2020.

das Wesen (*kyānā*) in ihm und er kleide sich (*lebšat*) in ein menschliches Wesen (*kyānā d-nāšutā*).[85]

Gemeint ist, dass die zugrundeliegende Materie bei dem beschriebenen Vorgang dieselbe bleibe. Der Samentropfen vergehe also nicht insgesamt, seine Materie bleibe erhalten. Aber er bleibe eben auch nicht, was er sei. Die Form, das Wesen, die Natur, die ihn grundsätzlich ausmachten, würden abgelegt.[86] Er nehme die menschliche Natur an, wie ein neues Kleid. Die Bekleidungsmetapher, die Bar ʿEbrāyā hier verwendet, erinnert an theologische und christologische Diskussionen der Spätantike, die insbesondere im syrischen Bereich mittels sprachlicher Bilder geführt wurde.[87]

Im Anschluss vergleicht Bar ʿEbrāyā den Vorgang vom Werden des Menschen aus dem Samen mit demjenigen, bei dem Luft zu Wasser werde (syr. *āʾar mayyā nehwē*). Bar ʿEbrāyā meint damit die Kondensation von Wasser. Dampf ist nach dieser Vorstellung Luft. Umgekehrt werde entsprechend auch erhitztes Wasser an einem bestimmten Punkt zu Luft. Das Beispiel von Wasser und Luft/Dampf nutzt auch al-Abharī im *Hidāyat al-ḥikmah* im Zusammenhang von Werden und Vergehen zur Illustration.[88] Die entsprechenden Ausführungen in Ibn Sīnās *Išārāt* weisen kein illustrierendes Beispiel auf. Im Mittelpunkt steht dort die metaphysische Frage, inwiefern sich Materie und Form kausal bedingten.[89] Ibn Sīnās Erklärungen zum Werden und Vergehen selbst sind rudimentär. An mehreren Stellen spricht er in diesem Zusammenhang von einem „Geheimnis" (ara. *sirr*), das in der substantiellen Veränderung liege. Bar ʿEbrāyās Illustrationen des philosophischen Problems können womöglich als Erläuterungen dieses Geheimnisses verstanden werden. Dies geschieht zum einen anhand des Motivs „Wasser/Luft", wie bei al-Abharī, zum anderen anhand des (Samen-)Tropfens, der Mensch werde. Dieses Mo-

---

85 Bar ʿEbrāyā, *Swād sopiya*, 2.18 (t: H. F. Janssens 1937, S. 79.4–10, v: H. F. Janssens 1937, S. 233).

86 Die Begriffe Form, Wesen und Natur sind streng genommen nicht gleichbedeutend. In vielen Fällen ist aus philosophischer bzw. philosophiegeschichtlicher Sicht eine genauere Differenzierung wichtig, selbst wenn in den Quellen, auch bei einem einzelnen Autor, Inkonsistenzen oder begriffliche Ungenauigkeiten vorliegen. Solche Inkonsistenzen oder Ungenauigkeiten sind auch im *Swādā* ein Problem. Im Rahmen der vorliegenden Arbeit liegt die genaue Analyse dieser und ähnlicher Begriffe und Konzepte bei Bar ʿEbrāyā, wie z. B. auch Ding, Substanz und Wesen (engl. „being"), außerhalb des Betrachtungsrahmens.

87 Siehe Brock 1982.

88 al-Abharī, *Hidāyat al-ḥikmah*, 2.1.4 (t: Yormaz 2008, S. 164.7–8).

89 Ibn Sīnā, *Kitāb al-Išārāt wa-t-tanbīhāt*, 2.1.18–27 (t: Dunyā 1950, S. ii.212–240, v: Inati 2014, S. 69–73). Die Argumentation Ibn Sīnās wird analysiert von Lizzini 2004, allerdings mit dessen *Šifāʾ* als textlicher Grundlage.

tiv übernimmt Bar ʿEbrāyā aller Wahrscheinlichkeit nach aus anderen Werken Ibn Sīnās, worauf ich in Kapitel 5 ausführlicher zurückkomme.

Im Hintergrund von Bar ʿEbrāyās Ausführungen steht das hylemorphistische Modell, die Grundvorstellung von Materie und Form: Das, so Bar ʿEbrāyā im selben *pāsoqā* weiter, was die jeweilige Natur aufnehme (syr. *mqabblānā*), sei als Materie (*hulā*, von gr. *hylē*) aufzufassen, während das Vergehende (*bāṭel*) beziehungsweise das neu Erscheinende (*methaddat*) Form (*ṣurtā*) genannt werde.[90] Daher vergeht in dieser Vorstellung nicht der Samen als Ganzes: Die Materie, die schon die ursprüngliche Form aufgenommen habe, bleibe erhalten. Sie diene dann wiederum als „Behälter" (syr. *mqabblānā*) zur Aufnahme der neuen Form:[91] Der Samentropfen vergehe, ein Mensch entstehe.

Die Erklärung für das Werden und Vergehen ist gemäß Bar ʿEbrāyā aber nicht in der Natur selbst zu suchen, sondern sie haben ihren Ursprung letztlich im metaphysischen Bereich, also den Sphären, die jenseits der hiesigen, physischen Welt lägen.[92] Als verantwortlich für diese Prozesse des Werdens und Vergehens gilt der überirdische Formengeber (syr. *yāheb ṣurātā*, ara.

---

90 Wörtlich schreibt Bar ʿEbrāyā „Spezies oder Form" (syr. *ādšā āw ṣurtā*). Die vormoderne arabische Übersetzung schreibt „Spezies *und* Form" (*nawʿ wa-ṣūrah*); Bar ʿEbrāyā, *Swād sopiya* [versio arabica], 2.18 (t: Platti 1988, S. 184.19–20, Barṣaum 1940, S. 24.16), Hervorhebung FJ. Gemeint ist letztlich dasselbe: Einerseits findet eine Einteilung von Substanzen in Gattungen und Arten/Spezies bzw. Ober- und Unterbegriffe statt. Dies geschieht mittels Unterscheidungen. So unterscheide sich das Lebewesen Mensch von anderen Lebewesen durch seine Vernunft. Andererseits kann zwischen Materie und Form unterschieden werden. Vereinfachend können Form und Spezies gleichgestellt werden, denn die menschliche Spezies oder Art zeichne sich durch ihre menschliche Form aus. Daneben besteht aber auch ein terminologisches Problem: Gr. *eidos*, von dem sich wiederum syr. *ādšā* ableitet, bedeutet „Bild, Form, Gestalt", wird aber auch für „Art, Spezies" verwendet; vgl. H. F. Janssens 1937, S. 233–234. Dass Bar ʿEbrāyā hier beide Begriffe einführt, könnte an dieser Zweideutigkeit liegen. Eine andere Erklärung ist, dass Bar ʿEbrāyā sich hier zusätzlich an einem anderen, noch zu identifizierenden Text orientiert, der in einem ähnlichen Zusammenhang Art und Form thematisiert.

91 Das dafür passende französische Wort „réceptacle" (H. F. Janssens 1937, S. 233) hat im Deutschen so keine Entsprechung.

92 Ibn Sīnā impliziert dies im *Išārāt* mit der Bemerkung: „Vielmehr ist der Grund [sc. dafür, dass eine Substanz aus Materie und Form entsteht,] etwas anderes, außerhalb der beiden, die jedes der beiden miteinander oder durch das je andere subsistent macht"; Ibn Sīnā, *Kitāb al-Išārāt wa-t-tanbīhāt*, 2.1.19 (t: Dunyā 1950, S. ii.218.1–2, v: Inati 2014, S. 69).

wāhib aṣ-ṣuwar, lat. *dator formatorum*). Den späteren metaphysischen und theologischen Ausführungen Bar ʿEbrāyās im *Swādā* ist die Rolle des Formengebers nur implizit zu entnehmen. An anderen Stellen, beispielsweise wo Bar ʿEbrāyā substantielle Veränderung innerhalb der Kategorienlehre des *Ḥēwat ḥekmtā*, seiner großen Summa, behandelt, findet sich sowohl die Illustration anhand Samen und Mensch als auch explizit der *yāheb ṣurātā*.[93]

Die Vorstellung Bar ʿEbrāyās geht in dieser Form im Wesentlichen auf Ibn Sīnā zurück. Dieser synthetisiert, wie bereits eingangs erwähnt, die entsprechenden neuplatonischen Vorstellungen, wobei theologische Fragestellungen wie beispielsweise nach dem Verständnis der biblisch/koranisch verstandenen Schöpfung Berücksichtigung finden.[94] Der Formengeber wird als letztes Glied einer Kette verstanden, die ihren Ursprung bei einem Ersten Prinzip oder einer „Ersten Realität" (syr. *šrārā qadmāyā*) habe. Dieses Notwendig Seiende (syr. *ālṣāy ʾitutā*, ara. *wāǧib al-wuǧūd*) sei die Erstursache aller anderen Dinge. Von ihr gehe ein Überfluss des Seins aus. Diese Emanation (vgl. lat. *emanare*, überfließen) wird gleichzeitig als Denkprozess und die einzelnen Glieder der resultierenden Kette werden entsprechend als Intellekte verstanden. Von der Ersten Ursache gehe zunächst nur ein weiteres Seiendes aus, das „Erstverursachtes" (syr. *ʿelltānā qadmāyā*) oder „Erster Intellekt" (*hāwnā qadmāyā*) genannt wird. Allen zehn Intel-

---

93 Siehe Kap. 5.4, S. 310.

94 Diese Vorstellungen werden von Bar ʿEbrāyā auch im *Swādā* behandelt; Bar ʿEbrāyā, *Swād sopiya*, 3.6–12 (t: H. F. Janssens 1937, S. 91.14–95.5, v: H. F. Janssens 1937, S. 262–268). Bar ʿEbrāyās Darstellung weist im Vergleich zu der voll entfalteten Emanationslehre Ibn Sīnās drei „Lücken" auf; siehe H. F. Janssens 1937, S. 281: (1) das Denken als Antrieb und Prinzip des Emanationsprozesses; (2) die Existenz und Funktion der Seelen der Himmelssphären sowie (3) die genaue Rolle des Aktiven Intellekts. Ich stütze mich bei der folgenden Darstellung auf den Kommentar H. F. Janssens, der weitere Werke Ibn Sīnās und Bar ʿEbrāyās hinzuzieht, sowie auf die Sekundärliteratur. Für eine knappe Zusammenfassung der Argumentation Ibn Sīnās siehe Lizzini 2020. Für eine systematische Darstellung der dahinterliegenden Probleme siehe Goodman 2006, S. 61–82. Ein Grund dafür, dass sich die Emanationslehre Ibn Sīnās bei den ihm folgenden Philosophen durchsetzte, so auch bei Bar ʿEbrāyā, ist ihr „existential turn": Während Aristoteles noch das „Erste Prinzip" als Letztursache aller *Bewegung* betrachtete, ist es bei Ibn Sīnā das Sein oder die *Existenz*, die von diesem ausgehen; siehe Lizzini 2020, „2.3 The Theological Vocation of Metaphysics: The First Principle as Absolute Cause".

lekten, außer dem Ersten Intellekt, können entsprechende Himmelssphären zugeordnet werden.[95]

Dem zehnten, sogenannten Aktiven Intellekt ist als Himmelssphäre diejenige des Mondes zugeordnet. Der Bereich unterhalb dieser Sphäre, die daher sublunar (vgl. lat. *luna*, Mond) genannt wird, sei die hiesige, irdische Welt. Der Aktive Intellekt sei der Ursprung sowohl für die irdische Materie als auch für die Formen, die sich der Materie einprägten. Daher rührt dessen Bezeichnung als Formgeber.

Indem diese Prozesse in den göttlichen Bereich außer- oder oberhalb der physischen Welt projiziert werden, können unterschiedliche Grundkonzepte der philosophischen und theologischen Traditionen zum Ausdruck gebracht werden, wie die Schöpfungstätigkeit Gottes, seine Vernunft oder seine vorewige und von allem unabhängige Existenz. Aufschlussreich ist in dieser Hinsicht die Diskussion, die Bar ʿEbrāyā im *Swādā* der zeitlichen Ewigkeit der Welt widmet. In zwei *pāsoqē* der Metaphysik stellt er die Begrifflichkeiten und Konzepte der „prophetischen Reden" (syr. *qālē nbiyāyē*) den Lehren der Peripatetiker (*pērpaṭiqu*), das heißt der aristotelischen Schule, gegenüber.[96] Das Erste Prinzip wird hier von Bar ʿEbrāyā mit dem Vater,

---

95 Dass die Emanation nicht immer weiter fortdauert, begründet Ibn Sīnā damit, dass die Stärke durch den Prozess abnehme und auch dadurch, dass die physische Welt begrenzt sei; siehe J. Janssens 1997, S. 455 sowie H. F. Janssens 1937, S. 282. Die Begründung, warum es sich gerade um zehn Intellekte handele, bleibt Ibn Sīnā allerdings schuldig – vielleicht weil zur damaligen Zeit einer Zahl meist grundsätzlich eine besondere „kosmische" Bedeutung zugemessen wurde; siehe J. Janssens 1997, S. 455. Vgl. auch den Hinweis auf ein Zitat in Bar ʿEbrāyās *Mnārat qudšē* bei H. F. Janssens 1937, S. 282. Die augenscheinlichste Motivation ist wohl, die Zahl der Intellekte mit der durch die Astronomie festgelegten Zahl der neun Himmelssphären (Mond, Sonne, die fünf damals bekannten Planeten Merkur, Venus, Mars, Jupiter und Saturn, schließlich Fixsterne und die äußere diurnale Sphäre) in Verbindung bringen zu können; siehe J. Janssens 1997, S. 455. Laut Davidson 1992, S. 74, Anm. 2 schließt Ibn Sīnā weitere, sekundäre Sphären durchaus nicht aus und schreibt auch Aristoteles zu, von „ungefähr fünfzig" Sphären auszugehen.

96 Bar ʿEbrāyā, *Swād sopiya*, 3.13–14 (t: H. F. Janssens 1937, S. 95.6–97.2, v: H. F. Janssens 1937, S. 268–269). Siehe dazu jetzt Takahashi 2019. Dabei beharrt Bar ʿEbrāyā auf den logischen Schlüssen der Philosophie, der Schöpfer beziehungsweise das Erste Prinzip könne der Schöpfung nicht zeitlich vorausgehen. Allerdings werden die Ansichten insofern versöhnt, als eben das seinsmäßige Vorausgehen des Schöpfers bejaht wird. Bar ʿEbrāyā unterscheidet auch generell zwischen den philosophischen Begrifflichkeiten und dem jeweiligen „prophetischen Ausdruck" (*mellṯā nbiyāyṯā*), in der die Bibel (vermutlich schließt dies für Bar ʿEbrāyā hier die spätere Auslegungstradition mit ein) denselben Sachverhalt fasse.

die Erste Intelligenz mit dem Sohn und der Aktive Intellekt mit dem Heiligen Geist identifiziert[97] – der Formengeber sei also gleichzeitig Person der christlichen Trinität. Er wird damit von Bar ʿEbrāyā theologisch in das Konzept der Schöpfung eingebettet. Diese konzeptionelle Einbettung der philosophischen Vorstellung des Formengebers in die Schöpfungstheologie ist für Bar ʿEbrāyās Aussagen zur Beseelung wichtig, was ich entsprechend in Kapitel 4 aufgreife.

Als Zusammenfassung kann eine kondensierte Darstellung der Emanation in al-Abharīs *Hidāyat al-ḥikmah* dienen:

> Der zehnte Intellekt ist der Ursprung (oder: das Prinzip, ara. *mabdaʾ*) der Elemente und das organisierende Moment (*mudabbir*) der sublunaren Sphäre – er ist der Aktive Intellekt. So geht von ihm die elementare Materie aus und die [je] unterschiedliche Form, unter der Bedingung, dass die elementare Materie sich [dazu] eignet.[98]

Wie genau sich die Materie verändere, welche Rolle dabei die Elemente spielten, und was es bedeutet, dass sich die elementare Materie dazu eigne, vom Formgeber eine neue Form aufzunehmen, wird im folgenden Abschnitt behandelt.

2.2.2 Materie als Mischung aus den Vier Elementen

Für die sublunare Welt wird die angenommene Zusammensetzung einer Substanz aus Materie und Form als grundsätzlich instabil betrachtet, da die Materie als eine Mischung aus sich widerstrebenden Elementen gedacht wird. Die jeweiligen Eigenschaften einer Substanz werden mit dem spezifischen Zusammenspiel dieser Elemente erklärt. Wie komme es zu den unterschiedlichen Eigenschaften?

Nach den Ausführungen zu Werden und Vergehen in *pāsoqā* 2.18 des *Swādā*, unterscheidet Bar ʿEbrāyā im folgenden *pāsoqā* 2.19 zwei Arten von körperlichen Substanzen: die Körper der himmlischen Sphären (Mond, Sonne usw.) einerseits und diejenigen der sublunaren Welt andererseits.[99] Alle sublunaren Körper, ob unbelebt oder belebt, werden in dieser Vorstel-

---

97 Einer genaueren Analyse dieser interessanten Konzeptionalisierung der trinitarischen Personen kann ich im vorliegenden Rahmen nicht nachkommen.

98 al-Abharī, *Hidāyat al-ḥikmah*, 3.3.4 (t: Yormaz 2008, S. 198.10–12).

99 Bar ʿEbrāyā, *Swād sopiya*, 2.19 (t: H. F. Janssens 1937, S. 79.11–80.3, v: H. F. Janssens 1937, S. 234).

lung als Mischungen betrachtet, zusammengesetzt aus den vier Grundelementen Wasser, Erde, Luft und Feuer. Diesen Elementen wird jeweils eine zweifache Kombination verschiedener Grundeigenschaften oder Qualitäten zugesprochen (vgl. Tabelle 2.2, S. 81).

Tabelle 2.2: Eigenschaften der Vier Elemente

	Wasser	Erde	Luft	Feuer
kalt	x	x		
warm			x	x
feucht	x		x	
trocken		x		x

Wie Bar ʿEbrāyā zu Beginn der Naturphilosophie des *Swādā* darlegt, entstünden die Eigenschaften der Elemente dadurch, dass sich die sublunaren Körper grundsätzlich nicht wie die himmlischen Körper um die Erde als Zentrum bewegten, sondern senkrecht: Entweder stiegen sie von der Erde als Zentrum auf, seien also warm, oder sie bewegten sich zur Erde hin und seien kalt. Daneben könne dies stärker oder schwächer vonstatten gehen, entsprechend seien sie trocken oder feucht.[100] Von der Bewegung der Körper wird also auf ihre Art geschlossen: Die ewigen Himmelskörper bewegten sich harmonisch und in einer wiederkehrenden Kreisbewegung. Dem stellt Bar ʿEbrāyā die Körper der irdischen Welt gegenüber, die je nach Mischung der Grundelemente eine bestimmte Bewegungsdynamik aufwiesen. Ihre unterschiedlichen Zusammensetzungen beziehungsweise Mischungen sorgten für jeweils bestimmte Eigenschaften. Ändere sich die Zusammensetzung, änderten sich folglich auch die Eigenschaften. Dies wiederum erkläre die natürlichen Prozesse in der irdischen Welt. Diese Vorstellung von Mischungen, ihren Eigenschaften sowie ihre gegenseitige Beeinflussung und Veränderung ist zentral für Bar ʿEbrāyās Auffassung der physiologischen Vorgänge bei der Schwangerschaft und der Entwicklung des Kindes. Daran

---

100 Bar ʿEbrāyā, *Swād sopiya*, 2.10 (t: H. F. Janssens 1937, S. 75.1–7, v: H. F. Janssens 1937, S. 226). Vgl. auch Ibn Sīnā, *Kitāb al-Išārāt wa-t-tanbīhāt*, 2.2.22 (t: Dunyā 1950, S. ii.322–325, v: Inati 2014, S. 89). Für eine Zusammenfassung dieser Sicht bei Ibn Sīnā siehe McGinnis 2020, „2.5.1 The Motions and Qualitative Powers of the Elements".

knüpfe ich in Kapitel 3 bei der Untersuchung seines entsprechenden Textes im Bereich der Zoologie an.

Ein weiterer wichtiger Aspekt der Auffassung, die sublunare Welt bestehe aus instabilen elementaren Mischungen, ist deren Vergänglichkeit. Die stets wechselnden Bewegungen der Elemente führten zum Verfall, aber auch zum Entstehen neuer Zusammensetzungen. Wie in dem kurzen Zitat zur Emanation aus al-Abharīs *Hidāyat al-ḥikmah* deutlich wurde, müsse sich eine Mischung für die jeweilige Form eignen. Erst die passende Zusammensetzung ermögliche das Aufnehmen der Formen. Ich verfolge diese Auffassung besonders in Kapitel 5 weiter. Im Folgenden ist der Gedanke der je passenden Mischung aber auch grundlegend für Bar ʿEbrāyās Präsentation der unterschiedlichen Lebewesen und ihren jeweils spezifischen Fähigkeiten oder Tätigkeiten. Diese unterschiedlichen Arten von Zusammensetzungen und ihre Tätigkeiten werden von Bar ʿEbrāyā in den *pāsoqē* 2.20–22 des *Swādā* eingeführt.

In *pāsoqā* 2.20 behandelt Bar ʿEbrāyā die grundlegenden Gattungen irdischer Wesen.[101] Je nach den Mischungen (syr. *ḥulṭānē*, Sg. *ḥulṭānā*) der Grundelemente (*esṭuksē*, Sg. *esṭuksā*) entstünden vier verschiedene Erzeugnisse (*yaldē*, Sg. *yaldā*, wörtl. „Kind/er"): (1) unbelebte Materie beziehungsweise Mineral (*meṭaliqu*, vgl. gr. *metallikos*), (2) Pflanze (*neṣbtā*), (3) Tier (*ḥayyutā*) oder (4) Mensch. Die irdischen Substanzen werden damit in ein hierarchisches System eingeordnet, an dessen Spitze der Mensch stehe, denn dieser sei die erhabene Spezies (*ādšā d-mʿallay*) beziehungsweise die perfekte Form (*ṣurtā da-gmirā*).

Diese vierfache Untergliederung findet sich in dieser Weise nicht in Ibn Sīnās *Išārāt*, der den Menschen zunächst nicht erwähnt, einige Abschnitte später aber noch eine Art Nachtrag macht.[102] Sie entspricht aber weitestgehend der Dreigliederung, die sowohl Faḫr ad-Dīn ar-Rāzī als auch aṭ-Ṭūsī in ihren Kommentaren zum *Išārāt* verwenden: (1) mineralisch (*maʿdanī*), (2) Pflanze (*nabāt*) und (3) Tier (*ḥayawān*), denen die menschliche Form noch als höhere Perfektion hinzugefügt wird.[103]

---

101 Bar ʿEbrāyā, *Swād sopiya*, 2.20 (t: H. F. Janssens 1937, S. 80.4–10, v: H. F. Janssens 1937, S. 235).

102 Ibn Sīnā, *Kitāb al-Išārāt wa-t-tanbīhāt*, 2.2.23, 2.2.27 (t: Dunyā 1950, S. ii.326–327, ii.341–342, v: Inati 2014, S. 90, 93).

103 Faḫr ad-Dīn ar-Rāzī, *Šarḥ al-Išārāt wa-t-tanbīhāt*, ad 2.2, *qism* 2, *masʾalah* 5 (t: Najafzādeh 1384 H. S. ii.185) und aṭ-Ṭūsī, *Šarḥ al-Išārāt wa-t-tanbīhāt*, ad 2.2.23 (t: Dunyā 1950, S. ii.326). Faḫr ad-Dīn ar-Rāzī behandelt wie Ibn Sīnā den Menschen

Die Hierarchie dieser vier Grundtypen von Körpern geht auf ihr jeweiliges Maß an „Ausgeglichenheit" zurück. Daraus, dass die himmlischen Körper einfach und nicht zusammengesetzt seien, ließe sich darauf schließen, dass sie harmonisch konstituiert seien. In der sublunaren Welt sei eine solche ausgeglichene Konstitution nicht möglich, weil die den Elementen zugrundeliegenden „Radialkräfte" (weg von der Erde und hin zu ihr) dies verhinderten. In *pāsoqā* 2.21 des *Swādā* stellt Bar ʿEbrāyā entsprechend fest, dass eine „prinzipielle" oder „erstrangige" Ausgeglichenheit (syr. *mmašhutā mārānāyātā*) in der sublunaren Welt nicht möglich sei.[104]

Wie verhalten sich gemäß dieser Auffassung nun die vier Grundtypen der Körper zu der „erstrangigen" Konstitution beziehungsweise wie weit entsprechen ihr deren jeweilige Mischung? Bar ʿEbrāyā nimmt eine entsprechende Zuordnung nur implizit vor. Gleichzeitig führt er dabei das Konzept der Seele ein, was im folgenden Abschnitt zu besprechen sein wird.

---

allerdings erst später, Faḫr ad-Dīn ar-Rāzī, *Šarḥ al-Išārāt wa-t-tanbīhāt*, ad 2.2, *qism* 2, *mas ʾalah* 8 (t: Najafzādeh 1384 H. S. ii.198).

104 Bar ʿEbrāyā, *Swād sopiya*, 2.21 (t: H. F. Janssens 1937, S. 80.11–16, v: H. F. Janssens 1937, S. 235–236). H. F. Janssens übersetzt syr. *mārānāyā* mit „proprement dit" (eigentlich). Eher geht es Bar ʿEbrāyā aber um einen Vergleich mit den Körpern der himmlischen Sphären, die über denjenigen der sublunaren Welt stünden und eine „erstrangige" Ausgeglichenheit aufwiesen. Bisher konnte ich keine Entsprechung zu dem Konzept dieser vollkommenen Ausgeglichenheit in den Vergleichstexten, wie den Kommentaren Faḫr ad-Dīn ar-Rāzīs oder Naṣīr ad-Dīn aṭ-Ṭūsīs zum *Išārāt* finden. Ein solcher Referenzpunkt könnte einen Hinweis auf die richtige Deutung des syrischen Begriffs bei Bar ʿEbrāyā sein. In der arabischen Übersetzung des *Swādā* steht einmal *muṭalaq* (absolut) und einmal *ḥaqīqī* (echt, eigentlich); Bar ʿEbrāyā, *Swād sopiya* [versio arabica], 2.20 und 2.22, respektive (t: Platti 1988, S. 185, t: Barṣaum 1940, S. 25–26). Die Ausgeglichenheit selbst findet sich z. B. auch bei Galen; siehe Weisser 1983, S. 73. Sie bestehe, so Bar ʿEbrāyā, in der absoluten Äquidistanz (syr. *šāwyuat raḥiqutā*) der Extreme (syr. *sākē*), das heißt der sich widerstrebenden Qualitäten der Grundelemente. In dieser Vorstellung wäre die sublunare Materie – im Unterschied zu derjenigen der himmlischen Sphären – gerade dann am harmonischsten, wenn sie möglichst komplex zusammengesetzt wäre. Durch eine ausgewogene Komplexion der Grundelemente, die sich ja in ihren Bewegungen ständig widerstrebten, nähere sich eine Mischung so weit wie möglich der ewigen, harmonischen Art der Bewegung von Himmelskörpern an. Daher ist es auch nicht ausschließlich der Aktive Intellekt, der als Vermittler der Form an die passende materielle Mischung gedacht wird, sondern auch die wiederkehrenden Bewegungen der Himmelskörper haben ihren Anteil daran; siehe Lizzini 2020, „5.5 Celestial Movement" und Davidson 1992, S. 77.

2.2.3 Seele als Form und Wirkprinzip lebender Wesen

Die Seele sei die erste Verwirklichung (gr. *entelecheia*) eines natürlichen organischen Körpers im Hinblick auf die Tätigkeiten, die ihn wesensmäßig ausmachten. Diese klassische Definition findet sich im Anschluss an Aristoteles in zahlreichen Werken, auch in anderen, philosophischen wie theologischen Werken Bar ʿEbrāyās. Im *Swādā* findet sich dagegen keine in sich geschlossene Beschreibung oder ausführliche Definition der Seele. Bar ʿEbrāyā führt die Seele vielmehr implizit durch das Konzept der Verwirklichung des Körpers mittels wesensmäßiger Tätigkeiten ein.

In *pāsoqā* 2.22 des *Swādā* ordnet Bar ʿEbrāyā einer Mischung beziehungsweise Elementarkomposition (syr. *rukkābā esṭuksnāyā*) jeweils eine der zuvor genannten Gattungen zu, nämlich Mineral, Pflanze, Tier und Mensch.[105] Dies macht er allerdings indirekt, insofern nur deren jeweilige „Verwirklichungen" oder „Perfektionen" (*šumlāyē*, Sg. *šumlāyā*) genannt werden. In den darauffolgenden *pāsoqē* greift er diese Verwirklichungen beziehungsweise die entsprechenden Tätigkeiten dann jeweils auf und erläutert sie. Von diesen Erläuterungen ausgenommen sind die Minerale. Die Mischung (*muzzāgā*), die dem Mineral entspreche, sei weit entfernt von der Ausgeglichenheit und nah an der Einfachheit (*pšiṭutā*). Aus ihr entstünden unbeseelte Wesen (syr. *kyānē lā mnappšē*). Indem Bar ʿEbrāyā die Gattung der Minerale „unbeseelt" nennt, stellt er ihnen implizit die dann folgenden Gattungen als beseelt gegenüber. Dabei handelt es sich um drei Arten von Lebewesen: Pflanzen, Tiere und Mensch.

Wie die unbelebten Körper der sublunaren Sphäre werden Lebewesen als zusammengesetzt aus Materie und Form gedacht. Als komplexere Mischung wiesen sie allerdings eine besondere Form auf, die der jeweiligen Materie zugeordnet sei: die Seele. Als Form des belebten Körpers wird sie nicht als etwas von diesem Getrenntes oder dem Körper Hinzugefügtes verstanden. Die Seele bestimme vielmehr, was der Körper sei und verleihe die ihm wesensmäßigen Eigenschaften.[106] Diese Eigenschaften bestimmten auch, was

---

105 Bar ʿEbrāyā, *Swād sopiya*, 2.22 (t: H. F. Janssens 1937, S. 81.1–13, v: H. F. Janssens 1937, S. 237).

106 Ein Körper wird hier also nicht nur als Materie verstanden, sondern als Materie *und* Form. Materie ohne Form (die es nach dieser Auffassung so nicht geben kann) wäre absolut formlos – was aber wäre sie dann? Ein Körper sei dagegen gerade durch eine konkrete Form bestimmt. Diese Beschreibung ist eine Vereinfachung. Auch hier können die Begriffe genau genommen weiter differenziert und aus verschiedenen Perspektiven betrachtet werden; vgl. McGinnis 2010, S. 42–43.

er tue beziehungsweise was er grundsätzlich zu tun vermöge. Die Seele ist also gewissermaßen als „dynamische" Form aufzufassen: Sie wird sowohl als das animierende (vgl. lat. *anima*, Seele) Wirkprinzip der Lebewesen gedacht als auch als Plan, demgemäß die Wirkung sich entfalte. So wie ein unbelebter Stein wesensmäßig durch seine Form beziehungsweise durch seine konkrete „formale" Beschaffenheit bestimmt sei, sei ein Lebewesen durch seine Seele „formal" festgelegt: Ihr Wirken bestimme, was das konkrete Lebewesen wesensmäßig ausmache.

Hierbei spielt auch eine weitere Vorstellung der aristotelischen Philosophie eine Rolle: die Idee von Möglichkeit oder Potenz einerseits und Verwirklichung oder Akt andererseits. Das Wirken der Seele kann aus beiden Perspektiven betrachtet werden: möglich/potentiell sowie tatsächlich/aktuell. In einem ungeborenen Kind zum Beispiel seien durch seine Seele grundsätzlich alle Fähigkeiten angelegt, über die ein Mensch verfügen könne. Zu Anfang der Entwicklung entfalteten sich zunächst nur Wachstum und Ernährung. Später, aber noch vor der Geburt, beginne das Kind sich zu bewegen. Und schließlich, wie Bar ʿEbrāyā in der Zoologie des *Ḥēwat ḥekmtā* darlegt, beginne vierzig Tage nach der Geburt auch diejenige Tätigkeit und Wirkung der Seele, die dem Menschen wesensmäßig zukomme und ihn von anderen Lebewesen unterscheide, nämlich das Denken.[107] Die Fähigkeit zur Fortpflanzung werde dagegen erst mit der Pubertät wirksam.

Vor dem Hintergrund von Verwirklichung und Möglichkeit ist auch die Bezeichnung des Wirkens der Seele einerseits als Perfektion (syr. *šumlāyā*, ara. *kamāl*, gr. *entelecheia*), andererseits als Fähigkeit oder Kraft (syr. *ḥaylā*, ara. *quwwah*, gr. *dynamis*) zu verstehen. Die Bezeichnungen wechseln, je nachdem ob der Aspekt der Möglichkeit oder der tatsächlichen Aktualisierung beziehungsweise Vollendung des Wirkens betont wird.[108] In *pāsoqā* 2.22 nutzt Bar ʿEbrāyā womöglich deshalb syr. *šumlāyā* dafür, um auf die klassische aristotelische Definition mit dem zentralen Begriff der Entelechie anzuspielen. Durch den Begriff der Verwirklichung hebt er aber auch hervor, dass sich ein Lebewesen gerade durch seine ihm spezifisch zukommende

---

107 Vgl. Kapitel 3.2.3.8, S. 196.

108 Vgl. die Übersicht in der Einleitung von Wisnovsky 2003, S. 3–8. Der erste Teil dieses Buchs behandelt die Interpretation von gr. *entelecheia* durch die spätantike Philosophie bis hin zu Ibn Sīnā. Für eine Darstellung der Seelenkräfte in der arabischen Philosophie mit Berücksichtigung des Aspekts von Potenzialität und Aktualität siehe Kukkonen 2015. Für einen Überblick über das Thema in der mittelalterlichen Philosophie insgesamt siehe Hasse 2010.

Tätigkeit verwirkliche. Eben durch seine jeweiligen Eigenschaften und Tätigkeiten sei ein Wesen, was es sei – es verwirkliche sich durch seine Seele. In den darauffolgenden *pāsoqē* des *Swādā* verwendet Bar ʿEbrāyā dagegen den Begriff der Fähigkeiten, da er die *möglichen* Tätigkeiten der jeweiligen Lebewesen bespricht.

Am Beispiel der sich entfaltenden Fähigkeiten des ungeborenen Kindes wird deutlich, dass das Wirken der Seele in dieser Denkweise analytisch weiter unterschieden und klassifiziert wird. Eine solche Klassifizierung der Tätigkeiten unternimmt Bar ʿEbrāyā in *pāsoqā* 2.22. Nachdem die Lebewesen in *pāsoqā* 2.20 hinsichtlich ihrer elementaren Mischung hierarchisiert wurden, ordnet er ihnen jetzt jeweils bestimmte Arten der Verwirklichung zu. Die Komplexität entspricht dabei dem jeweiligen Rang des Lebewesens. Denn, so Bar ʿEbrāyā, nähere die Mischung sich soweit wie möglich an die prinzipielle Ausgeglichenheit an, entstünden vernunftbegabte (syr. *mlil*) Wesen, die würdig oder geeignet (*eštwi*) seien, die Vernunft (*mhāwnutā*) beziehungsweise die höchste Vollendung (*rēštā šumlāyē*) zu erlangen.[109] Damit ist der Mensch gemeint. Die anderen beiden Arten von Mischungen werden von Bar ʿEbrāyā zwischen Mineral und Mensch eingeordnet. Die einen sind geeignet, die Verwirklichungen der Fortpflanzung, der Nahrung und des Wachstums zu erlangen; die anderen darüber hinaus auch noch die Verwirklichungen der Wahrnehmung und willentlichen Bewegung.

Die Fähigkeiten zur Fortpflanzung, zur Ernährung und zum Wachstum erläutert Bar ʿEbrāyā im anschließenden *pāsoqā* 2.23 des *Swādā*. Erst am Ende dieses *pāsoqā* nennt er sie explizit Fähigkeiten der Pflanze; sie werden auch „vegetative" Fähigkeiten genannt. In *pāsoqā* 2.26 wiederum listet er die fünf äußeren und fünf inneren Sinne auf, über die ein Tier verfüge, in *pāsoqā* 2.29 die Fähigkeit zur willentlichen Bewegung; diese werden zusammen auch „animale" Fähigkeiten genannt. Die höchste Stufe bilden nach dieser Vorstellung die rationalen Fähigkeiten des Menschen.

Wichtig ist zu beachten, dass die jeweils ranghöhere Seele auch über die Fähigkeiten der niedrigeren verfüge. So wachse auch ein Tier oder Mensch, werde genährt und pflanze sich fort. Das Modell ist nicht so zu verstehen, als habe beispielsweise ein Tier zwei Seelen, nämlich eine Pflanzen- sowie eine Tierseele, oder der Mensch habe drei, nämlich zusätzlich noch die vernunftbegabte Menschenseele (vgl. Tabelle 2.3, S. 87).

---

109 Die Idee des „Würdigseins" (syr. *šāwē* oder *eštwi*) korrespondiert mit ara. *istaḥaqq* bei Ibn Sīnā; vgl. Afnan 1958, S. 165.

Tabelle 2.3: Seelenkräfte

Tätigkeiten/Vermögen	Pflanze	Tier	Mensch
Wachstum, Ernährung, Fortpflanzung	x	x	x
Wahrnehmung, willentliche Bewegung		x	x
Vernunft			x

Für den vorliegenden Zusammenhang sind besonders die vegetativen Seelenkräfte interessant. In *pāsoqā* 2.23 geht Bar ʿEbrāyā näher auf diese Fähigkeiten ein, nämlich der Fortpflanzung (syr. *māwldānā*), der Ernährung (*mtarsyānā*) und des Wachsenmachens (*mrabbyānā*).[110] Fortpflanzung wird von Bar ʿEbrāyā als Fähigkeit definiert, dass ein Körper (*gušmā*[111]) einen gewissen Teil (*mnātā meddem*) von sich abtrenne (*praš*), der den Beginn (*šurāyā*) für das Werden eines anderen Individuums (*qnomā ḥrēnā*) darstelle. Es folgt eine Erläuterung, die Fortpflanzung diene dazu, diejenigen in ihrer Spezifität (*ādšānāyutā*) zu erhalten, die nicht individuell (*qnomāʾit*) bestehen können. Gemeint ist: Da nicht jedes Individuum, beispielsweise der einzelne Mensch, ewig leben könne, sorge die Fortpflanzung dafür, dass die Art in dem neu gezeugten Individuum weiterbestehe. Dieser Gedankengang findet sich bereits bei Aristoteles.[112]

Die ernährende Fähigkeit wiederum wandele die Nahrung in etwas um, was demjenigen ähnele, das sie ernähre, und zwar um das zu ersetzen, was sich verbrauche.[113] Wachstum schließlich sei die Fähigkeit, einem Körper etwas hinsichtlich seiner Ausmaße auf natürliche Weise hinzuzufügen.[114]

Die Ausführungen Bar ʿEbrāyās im *Swādā* können mit denjenigen Ibn Sīnās im *Išārāt* verglichen werden. Dabei wird deutlich, dass bei der Unterteilung der Seelenkräfte unter-

---

110 Bar ʿEbrāyā, *Swād sopiya*, 2.23 (t: H. F. Janssens 1937, S. 81.14–82.8, v: H. F. Janssens 1937, S. 238–239).

111 Ein Körper im abstrakteren, physikalischen Sinn wird im Syrischen als *gušmā* bezeichnet. Das syrische *pagrā* steht im Allgemeinen für den belebten Körper und besonders den menschlichen Leib.

112 Siehe dazu H. F. Janssens 1937, S. 239, mit Belegstellen.

113 Analytisch wird diese Fähigkeit noch weiter in vier ihr dienende Kräfte unterteilt: Aufnahme, Bewahrung, Verdauung und Ausscheidung.

114 „Natürlich" meint hier den Gegensatz zur technischen Tätigkeit des Hinzufügens, bspw. einer Handwerkerin, die ein Gebäude erweitert.

schiedliche analytische Modelle Verwendung finden. Bar ʿEbrāyās Ausführungen gleichen stärker denjenigen al-Abharīs im *Hidāyat al-ḥikmah*.[115] Ibn Sīnā setzt dagegen die drei vegetativen Tätigkeiten (ara. *ḥarakāt*) zur Erhaltung und Fortpflanzung des Körpers (ara. *ḥifẓ al-badan wa-tawlīdihi*) stärker in gegenseitige Beziehung.[116] Er unterscheidet also die Bewegungen selbst von den Kräften, die diese ausüben. Die Nahrung werde dem Körper angeglichen, wodurch (1) diejenigen Teile ersetzt werden, die vergehen, (2) neue hinzukommen, wodurch der Körper wächst, und schließlich (3) ein Überschuss zu Materie und Prinzip (*māddah wa-mabdaʾ*) für ein anderes Individuum werde. Diesen Tätigkeiten können wiederum drei Kräfte zugeordnet werden: (1.a–c) Aufnahme, Verdauung und Abgabe der verdauten Nahrung, (2) Wachstum und (3) Fortpflanzung. Die Fortpflanzung nutze die anderen beiden Kräfte und komme daher auch nach diesen.[117] Das Wachstum höre als erstes auf, worauf die Fortpflanzung stark sei. Die ernährende Kraft dauere am längsten an.

Im Gegensatz zu den Ausführungen zur Pflanzenseele nimmt die animale Fähigkeit zur Wahrnehmung sowohl in den Quellen als auch in der Forschung großen Raum ein. Sie ist im Hinblick auf das vorgeburtliche Leben aber von geringer Bedeutung. Auch willentliche Bewegung kommt nur an Stellen zum Tragen, wo von den ersten Bewegungen des Kindes die Rede ist, welche die Mutter spüre. Wie genau die Tätigkeit der Bewegung vom Kind entfaltet werde, wird dabei nicht erläutert. Diese Leerstelle kann womöglich damit begründet werden, dass über die Entfaltung dieser Seelenkräfte im ungeborenen Kind empirisch wenig gesagt werden konnte. Der Umstand, *dass* sich das Kind bewegt, steht im Vordergrund und kann als Hinweis auf seine Beseelung dienen, in dem Sinne, dass willentliche Bewegung ein Charakteristikum eines beseelten Lebewesens ist.[118] Im Gegensatz dazu ist es nur schlüssig, die vegetativen Fähigkeiten des Wachstums und

---

115 Vgl. al-Abharī, *Hidāyat al-ḥikmah*, 2.3.4 (t: Yormaz 2008, S. 179.10–180.7).

116 Ibn Sīnā, *Kitāb al-Išārāt wa-t-tanbīhāt*, 2.2.24 (t: Dunyā 1950, S. ii.431.8–433.2, v: Inati 2014, S. 111–112).

117 Interessanterweise besprechen Ibn Sīnā und anschließend daran Bar ʿEbrāyā die Entwicklung dieser Fortpflanzungsfähigkeit aber zu Anfang der Fortpflanzungsbiologie, behandeln also gewissermaßen die Henne vor dem Ei; siehe Kap. 3.2.1.1, S. 126.

118 Entsprechend war der Punkt, an dem die Mutter die Kindsbewegungen zum ersten Mal spürt, vor der Etablierung moderner Diagnoseverfahren wie Schwangerschaftstests oder bildgebende Ultraschallverfahren eine wichtige Zäsur in der tatsächlichen Feststellung der Schwangerschaft, wie Barbara Duden 2002, S. 45–46 u. passim mindestens für Quellen des europäischen 17. und 18. Jahrhunderts herausgearbeitet hat.

der Ernährung für den Organismus des Embryos vorauszusetzen. Ich gehe vor diesem Hintergrund auf die animalen Seelenkräfte, die Bar ʿEbrāyā in den *pāsoqē* 26–29 des *Swādā* erläutert,[119] nicht näher ein.

In den letzten *pāsoqē* der Naturphilosophie des *Swādā* behandelt Bar ʿEbrāyā zwei weitere Fragestellungen, nämlich wie die Seelenkräfte überhaupt im Organismus tätig seien und wann die Seele entstehe. Beides sind zentrale Punkte für die weiteren Kapitel. In *pāsoqā* 2.30 erklärt Bar ʿEbrāyā einen Hauch, Geist oder ein Pneuma (syr. *ruḥā*) zu einer Art „Motor" für alle Fähigkeiten, die einem zusammengesetzten beziehungsweise komplexen Lebewesen (*ḥayyutā mrakkbtā*) eigen seien.[120] Dieses Pneuma sei als feinstofflich (*gušmā qaṭṭinā*, wörtl. „feiner Körper") aufzufassen, da es einerseits durch Hindernisse aufgehalten werde, andererseits enge Durchgänge passiere. Es handelt sich bei diesem Geist also nicht um ein als unkörperlich gedachtes Prinzip.[121] Dieses Pneuma, mit dem Bar ʿEbrāyā das Zusammenspiel von Materie und Seele erklärt, gehe vom Herzen als hauptsächlichem Organ aus und entfalte über das Hirn die animalen sowie über die Leber die vegetativen Fähigkeiten der Seele in und mit dem Körper.[122] Auch wenn die vorgeburtliche Entwicklung dieser Lebensfunktionen oder Lebenskräfte von Bar ʿEbrāyā hier nicht thematisiert wird, stimmt die Darstellung des Herzens als hauptsächlichem Organ mit den von Bar ʿEbrāyā andernorts geäußerten embryonalen Vorstellungen überein. Die Vorstellung des Pneumas wird in Kapitel 3 nochmals von mir aufgegriffen. Besonders im Rahmen der sogenannten Dreibläschentheorie Ibn Sīnās spielt sie eine wichtige Rolle bei der Erklärung, wie die ersten Organe ausgebildet würden.[123]

Ohne erkennbaren Übergang thematisiert Bar ʿEbrāyā schließlich die Frage nach der Entstehung der Seele. In *pāsoqā* 2.31 führt er zunächst einen Beweis darüber, dass die Seele nicht vor dem Leib (syr. *pagrā*) existieren

---

119 Bar ʿEbrāyā, *Swād sopiya*, 2.26–29 (t: H. F. Janssens 1937, S. 84.12–87.17, v: H. F. Janssens 1937, S. 245–246, 252–254).

120 Bar ʿEbrāyā, *Swād sopiya*, 2.30 (t: H. F. Janssens 1937, S. 88.1–9, v: H. F. Janssens 1937, S. 254–255).

121 Im weiteren Verlauf der Arbeit benutze ich daher meist „Pneuma" statt „Geist", da die feinstoffliche Auffassung dieses Prinzips von einem unkörperlichen, „mentalen" (vgl. lat. *mens*, Geist, Verstand) oder gar überirdischen Prinzip eines Geistes (vgl. gr. *nous*, *noos*) unterschieden werden muss.

122 Es finden sich keine entsprechenden Ausführungen im *Išārāt*, hier wird lediglich an drei Stellen von einem Geist (ara. *rūḥ*) gesprochen, der den Wahrnehmungskräften dient.

123 Siehe Kap. 3.2.2.2, S. 166.

(*meškaḥ*) könne.[124] Ich werde diesen Beweis, der in allen theologischen und philosophischen Summen Bar ʿEbrāyās auftaucht, ausführlich in Kapitel 4 zur Psychologie besprechen.[125]

Im letzten *pāsoqā* der Naturphilosophie des *Swādā*, *pāsoqā* 2.32, skizziert Bar ʿEbrāyā schließlich das Verhältnis von menschlichem Körper und Seele. Dabei behandelt er auch deren gleichzeitiges Entstehen:

> Gleichzeitig nämlich mit den menschlichen Mischungen entstehen ihre Formen, das heißt ihre Vernunftseelen (syr. *ʿamhon gēr d-muzzāgē ʾnāšāyē ap ṣurāthon kemat napšātā mlilātā meštakḥān*) – und zwar sind sie miteinander durch eine Verbindung der Liebe und Steuerung (*w-b-ʾesārā d-šengtā w-mallāḥutā*), nicht durch Zusammensetzung und Mischung verbunden.[126]

Bar ʿEbrāyā geht zwar wie gesagt zuvor auf die mögliche Präexistenz der Seele ein, aber nicht ausdrücklich auf die Möglichkeit, dass die Seele erst nach dem Körper existieren könne. Diese Möglichkeit thematisiert er vor allem in seinen theologischen Werken, was ich in Kapitel 4 ausführlich betrachte.

Eine ähnliche Diskussion zur Gleichzeitigkeit von Körper und Seele findet sich zwar nicht in Ibn Sīnās *Išārāt*, aber in al-Abharīs *Hidāyat al-ḥikmah*. Er führt einen Beweis dafür an, dass die Seele nicht präexistent sein könne, allerdings in leicht anderer Form als Bar ʿEbrāyā. Außerdem stellt auch er fest, Körper und Seele entstünden gleichzeitig.[127]

Weiterhin betont Bar ʿEbrāyā, die Verbindung der Seele mit dem Körper sei eine der Liebe und Führung, nicht eine simple „Vermischung" von Materie

---

124 Bar ʿEbrāyā, *Swād sopiya*, 2.31 (t: H. F. Janssens 1937, S. 88.10–89.7, v: H. F. Janssens 1937, S. 255–256).

125 Siehe Kap. 4.2.1, S. 244.

126 Bar ʿEbrāyā, *Swād sopiya*, 2.32 (t: H. F. Janssens 1937, S. 89.8–12, v: H. F. Janssens 1937, S. 257). Den Aspekt der Gleichzeitigkeit berücksichtigt H. F. Janssens in seiner Übersetzung nicht, sondern übersetzt das gesamte *pāsoqā* eher frei, besonders syr. *ʿam* (zusammen mit) mit „associées aux". In der vormodernen arabischen Übersetzung des *Swādā* spiegelt sich der Aspekt der Gleichzeitigkeit wieder: „mit der Existenz der menschlichen Mischungen entstehen ihre Formen" (ara. *maʿa wuǧūd al-mizāǧāt al-insāniyyah tūǧadu ṣuwaruhā*); Bar ʿEbrāyā, *Swād sopiya* [versio arabica], 2.32 (t: Platti 1988, S. 189.11–13, t: Barṣaum 1940, S. 31.12–15). Bei der syrischen Wendung *ḥbikutā wa-mmazzgutā* (Zusammensetzung und Mischung) bezeichnet *ḥbikutā* eher eine feststoffliche, *mmazzgutā* eher eine flüssige Mischung. Möglicherweise nutzt Bar ʿEbrāyā diese Begriffe auch, um auf Diskussionen zum angenommenen Verhältnis von Gottheit und Menschheit in Christus anzuspielen; vgl. die Formel „ungemischt und ungetrennt" des Konzils von Chalcedon (451).

127 al-Abharī, *Hidāyat al-ḥikmah*, 2.3.6 (t: Yormaz 2008, S. 183.1–6).

90

und Form. Diese Aussage muss im Zusammenhang der immer wiederkehrenden Diskussion gesehen werden, wie die Seele einerseits zusammen mit dem Körper und als dessen Form entstehe, wie ja Bar ʿEbrāyās Gleichsetzung von menschlicher Form und Seele im gerade zitierten *pāsoqā* zeigt; wie die Seele aber andererseits, so ein zentrales Dogma von Christentum und Islam, nach dem Tod und Vergehen des Körpers als eigenständige Substanz weiter fortbestehen könne.[128]

In Kapitel 4 betrachte ich die Fragestellung der Beseelung in Bar ʿEbrāyās Werken genauer. Festzuhalten ist, dass die menschliche Seele nach dieser Vorstellung in gewisser Hinsicht nicht anders zu verstehen ist, als die Seele der anderen Lebewesen. Denn das Zusammenspiel von jeweils geeigneter materieller Mischung und dazu passender Form ist in beiden Fällen dasselbe. Das eigentliche menschliche Seelenvermögen, die Vernunftbegabung, wird aber gleichzeitig grundlegend anders gedacht als die anderen Seelenvermögen, die an körperliche Organe gebunden sind. Dennoch verfüge der Mensch nur über *eine* Seele, insofern er sich sowohl vegetativ und animal als auch rational „verwirkliche“. Hier entsteht ein philosophisches Problem, nämlich die gleichzeitige Körperlichkeit und Unkörperlichkeit der menschlichen Seele. Aus diesem Grund betont Bar ʿEbrāyā auch, die menschliche Seele dürfe nicht als der Materie eingeprägte Form angesehen werden.[129] Das von Bar ʿEbrāyā angeführte Pneuma, das die Seelenkräfte durch und in den Organen vermittle, ist ein weiterer Aspekt der Lösung dieses Problems.

Schließlich lässt sich festhalten, dass die Diskussion über den Zeitpunkt der Beseelung nicht im Kontext normativer Diskussionen geführt wird, zum Beispiel wann Abtreibung die Tötung eines *beseelten* Wesens sei. Im Gegenteil bringt die Frage der Beseelung vor allem logische wie metaphysische Probleme mit sich, an denen die Philosophie interessiert war.

---

128 Siehe hierzu Kap. 4.2.1.2, S. 252. Der Gedanke, dass die Seele nach dem Tod fortbestehe, findet sich zwar auf unterschiedliche Weise auch in der antiken und spätantiken Philosophie, ist hier aber umstritten.

129 Genau genommen löst diese Aussage selbst das Problem nicht: Wenn die menschliche Seele nicht die Form des Körpers ist, was ist dann dessen Form? Siehe hierzu, mit Blick auf Ibn Sīnā und seine Kommentatoren, Dadikhuda 2018. Siehe auch Anm. 156, S. 267.

2.3 Zusammenfassung – Der (werdende) Mensch in der Naturphilosophie

Der Mensch und sein Werden sind in der Naturphilosophie ein eigenes Thema, dienen aber auch als illustratives Beispiel. Dies sollte die Darstellung Bar ʿEbrāyās grundsätzlicher naturphilosophischer Vorstellung von Materie und Form anhand seiner kurzen philosophischen Summa, dem *Swād sopiya*, zeigen. In Kapitel 5 führe ich weitere entsprechende Beispiele dafür auf, wie das Ungeborene als Illustration in grundlegenderen philosophischen Fragestellungen dient.

Im ersten Teil des vorliegenden Kapitels habe ich vorgeschlagen, das *Swādā* in die avicennische Philosophie einzuordnen. Diese orientiert sich bei der Auswahl der Themen und der Anordnung des Materials an Ibn Sīnās *Kitāb al-Išārāt wa-t-tanbīhāt*. Es zeigen sich in dieser Hinsicht augenfällige Parallelen zwischen dem *Swādā* und dem *Išārāt*. Es gibt aber auch zahlreiche Entsprechungen des *Swādā* mit al-Abharīs *Hidāyat al-ḥikmah*, einem ebenfalls wichtigen und viel rezipierten nachklassischen Werk. Im Gegensatz zu Bar ʿEbrāyās syrischer Übersetzung des *Išārāt* wurde das *Swādā* in der syrischen Tradition vielfach überliefert und kann damit als wichtiges Zeugnis für das Nachleben der avicennischen Philosophie außerhalb des islamischen Schrifttums gesehen werden.

Entlang Bar ʿEbrāyās Darstellung im *Swādā* habe ich im zweiten Teil des Kapitels einen zentralen Aspekt der Naturphilosophie erläutert: die Auffassung der physischen Welt als zusammengesetzt aus Materie und Form. Dabei standen drei Themenkomplexe im Mittelpunkt: (1) Werden und Vergehen, (2) die Rolle der Vier Elemente bei natürlichen Vorgängen und (3) die Seele als Wirkprinzip von Lebewesen, die jeweils deren wesentliche Tätigkeiten entfalte. Im Folgenden fasse ich die von Bar ʿEbrāyā vertretenen Positionen zu diesen Themenkomplexen noch einmal systematisch anhand dreier Leitfragen zusammen und beziehe sie auf die folgenden Kapitel.

zu (1): Wie ist das Entstehen von Dingen oder Lebewesen zu verstehen? – Eine irdische Substanz, zusammengesetzt aus Materie und Form, vergehe nicht vollständig. Vielmehr bleibe die zugrundeliegende Materie erhalten und diese nehme die Form einer neuen Substanz auf. Verantwortlich für diese Prozesse sei der überirdische Formgeber. Bar ʿEbrāyā illustriert diesen Vorgang der substantiellen Veränderung anhand des Samens, der zum Menschen wird. Diese Illustration und die Idee substantieller Veränderung greife ich in Kapitel 5 wieder auf und behandle sie ausführlicher. Außerdem wendet Bar ʿEbrāyā diese philosophische Vorstellung des Formgebers auch

92

christlich, indem er den Formgeber mit der schöpferischen Tätigkeit Gottes in der trinitarischen Person des Heiligen Geistes assoziiert. Den möglichen Einfluss der Vorstellung des Formgebers auf die Beseelungslehre in theologischen Werken Bar ʿEbrāyās arbeite ich in Kapitel 4 heraus.

zu (2): Wie lassen sich Prozesse in der Natur erklären? – Materie bestehe aus den Vier Elementen Wasser, Erde, Luft und Feuer, die je unterschiedliche, entgegengesetzte Eigenschaften aufwiesen (kalt, warm; feucht, trocken). Verschiedene Mischungen dieser Elemente wiesen entsprechend unterschiedliche Eigenschaften auf. Durch die Veränderung der Mischungen veränderten sich die Eigenschaften. Diese Eigenschaften und die damit verbunden Prozesse der Veränderung dienen Bar ʿEbrāyā auch als Erklärung für Zusammenhänge der Fortpflanzungsbiologie, wie in Kapitel 3 deutlich wird. Den einfachsten Mischungen entsprechen unbelebte Körper. Pflanzen, Tiere und der Mensch entstünden aus je komplexeren Mischungen. Die jeweilige Form dieser belebten Körper verleihe ihm nicht bloß statische Eigenschaften, sondern befähige sie auch zu bestimmten Tätigkeiten. Diese als dynamisch zu verstehende Form sei die Seele.

zu (3): Auf welche Weise ist die Seele in den Lebewesen tätig? – Lebewesen verwirklichten sich als das, was sie seien, durch ihre Seele. Mit anderen Worten: Die Seele befähige ein Lebewesen dazu, diejenigen Tätigkeiten auszuführen, die ihm wesensmäßig zukämen. Unterschieden werden hierbei die vegetativen Kräfte, die Wachstum, Ernährung und Fortpflanzung ermöglichten, sowie die animalen Seelenkräfte der Wahrnehmung und willentlichen Bewegung. Der Mensch verfüge darüber hinaus noch über die Fähigkeit zu rationalem Denken, die ihn von anderen Lebewesen unterscheide. Die vegetativen Seelenkräfte werden in Kapitel 3 zur Fortpflanzungsbiologie eine wichtige Rolle spielen. Das Grundverständnis der Seele als Wirkprinzip und „dynamische Form" eines Lebewesens ist zentral für Kapitel 4 zur Seelenlehre.

3. Bar ʿEbrāyās Fortpflanzungsbiologie: „Dann beginnt die Materie mit dem Wachstum"

Ein Großteil dessen, was sich aus heutiger Sicht als Fortpflanzungsbiologie verstehen lässt, wird bei vormodernen Autoren im Rahmen der Zoologie behandelt. Die zoologische Literatur der Antike und des Mittelalters geht im Wesentlichen auf die entsprechenden Schriften Aristoteles' zurück.[1] Das *Historia animalium* („Untersuchung über die Tiere") enthält „reiches Beobachtungsmaterial" über circa 500 verschiedene Tierarten, für das sich Aristoteles wohl teils „bei Fischern, Hirten, Jägern, Bienenzüchtern und anderen Fachleuten" erkundigt hat.[2] Insgesamt sind die zoologischen Schriften „so factual and so comprehensive that it is easy to mistake them for descriptive information, an animal encyclopaedia, as the ancients regarded them."[3] Die vielen Details wurden auch in der unterhaltenden Literatur bereitwillig rezipiert.[4] Allerdings steht für Aristoteles die philosophische Erkenntnis im Vordergrund, nicht die Tiere um ihrer selbst Willen. Aristoteles habe, so

---

1 Die Bezeichnung der im Folgenden behandelten Literatur als „zoologisch" meint lediglich, dass die entsprechende Literatur Tiere zu ihrem Gegenstand hat, einschließlich des Menschen als vernunftbegabtes Tier. Die Bezeichnung „zoologisch" ist problematisch, wenn damit eine wissenschaftliche Auseinandersetzung mit Tieren um ihrer selbst Willen und weitestgehend unter Ausschluss des Menschen gemeint ist; vgl. Bodson 2014, S. 556. Für eine Problematisierung ahistorischer Kategorisierung im Hinblick auf die zoologischen Schriften Aristoteles' siehe auch Balme 1987, S. 9–11.

2 Siehe Höffe 2006, S. 127–137, Zitat: 129–130; für die Zahl 500 siehe Kruk 1979, S. 10. Zur Biologie bei Aristoteles siehe ferner Lennox 2021 und Gotthelf und Lennox 1987, darin besonders Balme 1987 sowie Furth 1987. Zu den klassischen und viel rezipierten antiken Quellen ist noch das lateinische *Naturalis historia* („Untersuchung der Natur") von Plinius dem Älteren (gest. 79) zu zählen. Für eine breitere Bestandsaufnahme antiken Wissens über Tiere siehe Bodson 2014.

3 Balme 1987, S. 9.

4 Diese anekdotisch-unterhaltende Zoologie wird von mir nicht weiter behandelt. Für das arabische Schrifttum verweise ich auf das herausragendste Beispiel in dieser Hinsicht, das *Kitāb al-Ḥayawān* („Buch der Tiere") des Literaten ʿAmr b. Baḥr al-Ǧāḥiz (gest. 869); siehe hierzu McDonald 1988. Daneben ließen sich noch Schriften anführen, die eher technisch-praktischer Natur sind, wie Handbücher oder Ratgeber für Falknerei, Pferdezucht usw.; vgl. McDonald 1988, S. 3 und Ullmann 1972, S. 8, 43–50. Vgl. auch die auf das europäische Mittelalter bezogene Einteilung in zoologische, un-

David M. Balme, mit den Anekdoten über die Tiere letztlich logische, metaphysische und teleologische Probleme bearbeitet.[5] Fragen nach dem Zusammenspiel von Materie und Form oder nach der Kausalität in der Natur stehen im Vordergrund. Oft ist in dieser Art Literatur, wie in der Philosophie allgemein, das Erkenntnisinteresse letztlich auf den Menschen gerichtet.[6]

Ein vorwiegend philosophisches Interesse und der Mensch als zentraler Betrachtungsgegenstand spiegeln sich auch in der ausführlichsten Beschreibung Bar ʿEbrāyās von Fortpflanzung und embryonaler Entwicklung wieder. Bei diesem Text, den ich im vorliegenden Kapitel ausführlich untersuche, handelt es sich um das fünfte *qepalē ʾon* (Kapitel) im Tierbuch (*Ktābā d-Ḥayywātā*) des *Ḥēwat ḥekmtā* („Rahm der Weisheit", hiernach: *Ḥēwtā*), der großen philosophischen Summa Bar ʿEbrāyās. Bar ʿEbrāyā kompiliert hier – oft wörtlich – Aussagen Aristoteles' sowie Ibn Sīnās. Ausgangspunkt für die Überlegungen zum Werden des ungeborenen Kindes, das sich ohne moderne Hilfsmittel empirischem Zugang weitestgehend entzieht, sind für Bar ʿEbrāyā und seine Vorlage die in Kapitel 2 behandelten Grundvorstellungen von Materie und Form, von den Seelenkräften des Wachstums, der Ernährung und der Fortpflanzung oder von den Pneumata, die diese Seelenkräfte im Organismus vermittelten.

Neben den allgemeinen philosophischen oder konkreten physiologischen Vorstellungen ist aber auch nach den kulturellen und religiösen Bezugspunkten in den Texten zur Fortpflanzung zu fragen. Schon bei Aristoteles finden sich Verweise auf die Mythologie. Wie deutlich werden wird, ist auch Ibn Sīnās Darstellung nicht frei von terminologischen und konzeptionellen Anklängen an das islamische religiöse Schrifttum. Interessant ist daher, wie Bar ʿEbrāyā bei der Kompilation seiner Vorlagen mit diesem Material umgeht.

Im ersten Teil des Kapitels betrachte ich das *Ḥēwtā*. Zunächst nehme ich eine knappe Gesamtbetrachtung des Werks vor, das gerade in der jüngeren Forschung zu Bar ʿEbrāyās Philosophie im Mittelpunkt steht. Dem schließt sich ein knapper Überblick über zoologische Literatur von der Antike bis in die Zeit Bar ʿEbrāyās an, in deren Kontext das Tierbuch des *Ḥēwtā* eingeordnet werden kann. Danach vergleiche ich die Struktur des Tierbuchs bei Bar ʿEbrāyā mit dem Tierbuch Ibn Sīnās in dessen *Kitāb aš-Šifāʾ* („Buch der Heilung", hiernach: *Šifāʾ*). Das *Šifāʾ*, Ibn Sīnās große Summa, erweist sich,

---

terhaltende und pädagogische Darstellungen sowie solche innerhalb enzyklopädischer Abhandlungen bei van Oppenraay 2015, besonders S. 413–415.

5 Balme 1987, S. 11.

6 Für Aristoteles siehe in dieser Hinsicht Lennox 1999.

wie im Hinblick auf das *Ḥēwtā* insgesamt, als Bar ʿEbrāyās strukturelle und hauptsächliche inhaltliche Vorlage. Abschließend stelle ich einen genaueren strukturellen Vergleich des Kapitels zur Fortpflanzung mit dessen Pendant im Tierbuch Ibn Sīnās an und bespreche die weiteren Quellen Bar ʿEbrāyās, die identifiziert werden konnten.

Das Tierbuch des *Ḥēwtā* ist bisher nicht ediert. Das Kapitel zur Fortpflanzungsbiologie habe ich daher ausgehend von den beiden ältesten überlieferten Handschriften ediert und übersetzt. Edition und Übersetzung befinden sich im Anhang.[7] Eine genauere Untersuchung des Textes unternehme ich im zweiten Teil des vorliegenden Kapitels. Zum besseren Verständnis skizziere ich dazu im Vorfeld einige zentrale Grundvorstellungen der vormodernen Biologie und Medizin. Die anschließende Analyse folgt in ihrem Aufbau dem Text bei Bar ʿEbrāyā. Bar ʿEbrāyās Aussagen gebe ich in Teilübersetzungen oder Paraphrasen wieder und untersuche, wie er die Aussagen aus seinen Vorlagen jeweils zusammenstellt. Aus heutiger Sicht unverständliche Zusammenhänge aus dem Bereich der Medizin und Naturphilosophie werden erläutert. Besonderes Augenmerk liegt auf der Bewertung von Bar ʿEbrāyās redaktioneller Bearbeitung seiner Vorlagen. Im Ergebnis argumentiere ich dafür, dass Bar ʿEbrāyā im *Ḥēwtā* eine spezifische Synthese embryologischen Materials präsentiert.

3.1 Die Quelle: Bar ʿEbrāyās Zoologieschrift im *Ḥēwat ḥekmtā*

3.1.1 Das Gesamtwerk

Der Titel des *Ḥēwtā*, „Rahm der Weisheit", meint, das „Reichhaltigste" des Wissens werde wie Rahm von der Milch abgeschöpft.[8] Allerdings schreibt Bar ʿEbrāyā zu Anfang seines Vorworts die Speisung des wissbegierigen

---

7 Siehe im Anhang, S. **??**.

8 Vgl. Takahashi 2004, S. 7–8. Auch im Weiteren stütze ich mich auf die Ausführungen von Hidemi Takahashi sowie diejenigen in Schmitt o. D. und Joosse 1999. Die Idee einer „Creme" wird im Übrigen auch von anderen Autoren verwendet, z. B. von al-Abharī, dessen *Zubdat al-asrār* („Creme der Geheimnisse") Bar ʿEbrāyā ins Syrische übersetzt hat; siehe Takahashi 2013a, S. 70–71 mit Anmerkungen.

Menschen mit dieser Creme Gott zu und nicht etwa sich selbst.[9] Zur Charakterisierung des Werks schreibt Bar ʿEbrāyā im Vorwort:

> Dies, ihr vertrauten Männer, sind peripatetische Probleme und prädikative Phrasen, womit (oder: worin) ich die logischen Künste sowie die theoretischen und praktischen philosophischen Lehren vollständig und klar zusammenbringe. Und ich leite klar und deutlich an, wie wache Geister dadurch wahre (oder: exakte) Lehren erlangen sollen.[10]

Zwei Aspekte, die Bar ʿEbrāyā erwähnt, lassen sich herausstreichen: Erstens stellt er das *Ḥēwtā* in die aristotelische Tradition, indem er dessen Inhalt als peripatetische Probleme, Themen beziehungsweise Worte (syr. *petgāmē*) benennt und die Aussagen darin als prädikativ beziehungsweise apophatisch (syr. *apopnaṭiqāyē*) beschreibt.[11] Bar ʿEbrāyā verwendet hier mit den „peripatischen Problemen und prädikativen Phrasen" nicht bloß eine Alliteration (die ich mit meiner Übersetzung versucht habe zu übertragen[12]), sondern er greift zugleich bestimmte Begriffe auf, die Anlage und Vorgehen des Werks näher charakterisieren.[13] Als zweiten erwähnenswerten Aspekt des Vorworts ist auf Bar ʿEbrāyās Aufzählung der großen Teilbereiche der Philosophie zu verweisen, in die sein Werk unterteilt ist: Logik, theoretische sowie praktische Philosophie; eine genauere Betrachtung des Aufbaus folgt weiter unten.

Im Unterschied zu seiner hauptsächlichen Vorlage, Ibn Sīnās *Šifāʾ*, allerdings in Übereinstimmung mit dem aristotelischen Korpus, behandelt Bar ʿEbrāyā die Mathematik nicht.[14] Außerdem teilt Bar ʿEbrāyā die Abhand-

---

9 Entsprechend heißt es auch in der Eulogie, die das Vorwort einleitet und an Gott adressiert ist, „Rahm deiner Weisheit" (syr. *Ḥēwat ḥekmtāk*). Für die Einordnung der biblischen Bezüge siehe Takahashi 2004, S. 6.

10 Bar ʿEbrāyā, *Ḥēwat ḥekmtā*, Vorwort (t+v: Takahashi 2004, S. 4–5).

11 Die Apophansis ist nach Aristoteles eine logische Aussage, die einem Ding eine bestimmte Eigenschaft zuschreibt (oder abspricht). Damit stellt sie einen Grundbaustein der aristotelischen Philosophie dar, insofern erst ausgehend von den apophatischen Aussagen weitere Schlüsse gezogen werden; siehe Thiel und Janich 2005.

12 Vgl. zu Bar ʿEbrāyās Verwendung von Alliterationen auch Takahashi 2004, S. 5, Anm. 5.

13 In diesem Sinne ist auch syr. *pāsoqā* zweideutig: Einerseits ist es die hier von Bar ʿEbrāyā verwendete Bezeichnung für eine Lehraussage (im Sinne von Phrase, Sentenz, Aphorismus), andererseits werden so die Abschnitte bezeichnet, welche das *Ḥēwtā* u. a. unterteilen.

14 Gemäß des sogenannten Quadriviums umfasste Mathematik die Bereiche Arithmetik, Geometrie, Musik und Astronomie. Zu den Werken Bar ʿEbrāyās in diesem Be-

lungen zur praktischen Philosophie (Ethik, Ökonomie, Politik) sowie die Theologie im Unterschied zu Ibn Sīnā auf je eigenständige Abschnitte auf.[15]

Bisher wurden besonders die einzelnen Teile des *Ḥēwtā* untersucht und mit ihren Quellen verglichen; auf diese Forschung gehe ich im gleich folgenden Abschnitt ein. Eine Einordnung des *Ḥēwtā* in die Philosophie seiner Zeit ist auch möglich, indem Fragestellungen Bar ʿEbrāyās untersucht werden, die notwendigerweise verschiedene Bereiche der Philosophie betreffen, und wie diese Fragestellungen von Bar ʿEbrāyā in die verschiedenen Teilbereiche der Philosophie eingeordnet werden. Als Beispiele können Themen gelten, die bereits in Kapitel 2 besprochen wurden: Die Frage nach Veränderung in der Kategorie der Substanz betrifft Kategorienlehre, Physik sowie Metaphysik. Das Problem der menschlichen Seele ist Teil der Naturphilosophie, insofern die Seele körperlich ist, und Teil der Metaphysik, insofern sie unkörperlich beziehungsweise Intellekt ist. Untersuchungen zu Ibn Sīnās Behandlung dieser Themen zeigen, dass hierbei nicht nur die eingenommenen Positionen selbst eine Rolle spielen, sondern auch deren Einordnung in den jeweiligen Teilbereich der Philosophie. Mit anderen Worten bedingen sich die inhaltliche Auffassung eines philosophischen Problems und die Einordnung in das Wissenssystem gegenseitig.[16]

Im Hinblick auf die Frage nach substantieller Veränderung im *Ḥēwtā* lässt sich so beispielsweise feststellen, dass Bar ʿEbrāyā von Ibn Sīnā dessen Position übernimmt, substantielle Veränderung geschehe plötzlich. Trotzdem ordnet Bar ʿEbrāyā das Problem in die Kategorienlehre ein, während Ibn Sīnā die Kategorien nur „aus Tradition" innerhalb der Logik behandelt und das Problem der substantiellen Veränderung im Rahmen der Physik aufgreift.[17] Vor diesem Hintergrund lassen sich die Fragen zur Einordnung eines Gesamtwerks, die sich auf die Struktur und die Definition von Teilbereichen als Wissenschaft oder Philosophie beziehen, mit Fragestellungen zu Inhalten verknüpfen. Daraus dürften zusätzliche Erkenntnisse erwachsen beziehungsweise lassen sich bestimmte Feststellungen zu einem Werk weiter untermauern oder hinterfragen. Die Ergebnisse der vorliegenden Arbeit stellen in dieser Hinsicht nur einen kleinen Beitrag dar.

---

reich siehe Takahashi 2013a, S. 82–85. Zur Mathematik bei Ibn Sīnā siehe Saliba 2011.

15 Vgl. Schmitt o. D., S. 2 („Introduction"). Zur Vorlage des Theologieteils siehe Joosse 1999, S. 435–440; zur Vorlage des Ethikteils siehe Joosse 2010.

16 Vgl. zur Einteilung der Wissenschaften bei Ibn Sīnā McGinnis 2010, S. 35–52.

17 Siehe hierzu die untersuchten Stellen in Kap. 5.4, S. 310.

3.1.1.1 Zugänglichkeit und Forschungsstand

Das *Ḥēwtā* liegt als Ganzes nur in einer älteren Handschrift (datiert 1340) vor;[18] weitere Handschriften, die das ganze Werk umfassen, stammen aus dem 19. Jahrhundert.[19] Daneben gibt es einige weitere Handschriften, die entweder nur den ersten Teil zur Logik oder denjenigen zur Naturphilosophie, Metaphysik und praktischen Philosophie (in Teilen oder als Ganzes) oder sogar noch kürzere Exzerpte enthalten.[20] Hervorzuheben ist außerdem eine sehr frühe Handschrift (datiert 1286), die den naturphilosophischen Teil des *Ḥēwtā* enthält.[21]

Das *Ḥēwtā* wurde bisher nur in Teilen ediert und übersetzt.[22] Diese Quellenarbeit hat überhaupt erst eine Grundlage geschaffen, einzelne Aspekte der philosophischen Positionen Bar ʿEbrāyās im *Ḥēwtā* zu untersuchen. Weiterhin wurden dadurch die vielen verschiedenen Quellen identifiziert, die Bar ʿEbrāyā nutzte. Dazu zählen neben Ibn Sīnās Werken auch weitere Werke aus islamischer Zeit sowie griechische Vorlagen (in syrischer Übersetzung) und syrische Texte. Die Identifizierung dieser Quellen trägt wiederum zur Erforschung deren Rezeptionsgeschichte bei. So ist im Hinblick auf die Zoologie besonders auf die Rezeption des aristotelischen Kompendiums hinzuweisen, das einem Autor namens Nikolaus zugeschrieben wird und ich noch näher behandeln werde.

Ein wichtiger Beitrag der Editionen samt Übersetzungen ist zudem die Analyse der Sprache Bar ʿEbrāyās, darunter Besonderheiten seines Satzbaus, die Erfassung wiederkehrender Wendungen bei Übertragungen aus dem Arabischen sowie die Wiedergabe arabischer philosophischer Termi-

---

18 Genau genommen handelt es sich um „zwei Bände", d. h. zwei zueinander gehörende Handschriften, Florenz, *Biblioteca Medicea Laurenziana*, Or. 69 sowie Florenz, *Biblioteca Medicea Laurenziana*, Or. 83. Eine genauere Beschreibung findet sich im Anhang, Kap. A.1, S. 325.

19 Vgl. die Auflistung bei Takahashi 2013a, S. 247–248.

20 Vgl. Takahashi 2013a, S. 248–254. Interessanterweise werden um 1800 zwei kurze Auszüge über die Eigenschaften der Völker kopiert.

21 Damaskus, *Syrisch Orthodoxes Patriarchat*, 239 (=6/2). Eine genauere Beschreibung findet sich im Anhang, Kap. A.1, S. 325.

22 Eine aktuelle Übersicht findet sich in Takahashi 2012, S. 114–115, die noch um Kouriyhe 2010 ergänzt werden kann. Weitere Veröffentlichungen sind durch verschiedene Forscherinnen und Forscher in Vorbereitung.

100

ni.[23] Darüber hinaus gibt es nur wenige detaillierte Einzeluntersuchungen.[24] Einzelne Positionen Bar ʿEbrāyās wurden durch die Sachkommentare der Editionen erschlossen.

3.1.1.2 Datierung

Die Datierung des *Ḥēwtā* lässt sich anhand von Handschriften vornehmen, in denen Daten für die Fertigstellung einzelner Teile des Werks angegeben werden. Die letzten Arbeiten am Werk fallen in die Zeit zwischen August 1285 und Februar 1286, unmittelbar vor Bar ʿEbrāyās Tod.[25] Das *Ḥēwtā* lässt sich damit als Bar ʿEbrāyās Spätwerk charakterisieren.

3.1.1.3 Aufbau des Gesamtwerks

Im Vorwort des *Ḥēwtā* nimmt Bar ʿEbrāyā die grundsätzliche Unterteilung des Werks bereits vorweg: (1) Logik, (2.a) theoretische und (2.b) praktische Philosophie. Eine weitere Unterteilung ist nicht eindeutig oder einheitlich:[26] Zunächst bildet die Logik als Grundlagenwissenschaft beziehungsweise Methodenlehre ein eigenes *pālgutā* (Teil), auf welches das *pālgutā* zur Philosophie folgt. Die Philosophie wiederum zerfällt in ein theoretisches und praktisches *mnātā* (Part, Teil).

Parallel dazu findet sich eine Unterteilung des *Ḥēwtā* in drei (bzw. vier) *yullpānē* (Lehren, Sg. *yullpānā*). Das erste *yullpānā* ist der Logik, das zweite der Naturphilosophie und das dritte der Metaphysik gewidmet. Das vierte, die praktische Philosophie, wird nicht explizit als *yullpānā* bezeichnet. Dieser zweifache Aufbau ist in Tabelle 3.1 (S. 102) dargestellt.[27]

Parallel ist das *Ḥēwtā* auch in einzelne *ktābē* (Schriften, Bücher; Sg. *ktābā*) unterteilt. Die einzelnen *ktābē* sind wiederum in jeweils nummerierte *qepalēʾē* (Kapitel, Sg. *qepalēʾon*), dann *pāsoqē* (Abschnitte, Sg. *pāsoqā*) und schließlich *teʾōriyas* (Betrachtungen, Sg. *teʾōriya*, vgl. gr. *theōria*,

---

23 Siehe hierzu Takahashi 2004, S. 60–65 sowie Schmitt o. D., S. 4–7 („Introduction – I.2 Notes on Barhebraeus's Language and Style").

24 Für eine ältere Untersuchung der Seelenlehre des *Ḥēwtā* siehe Furlani 1931. Für weitere Literatur vgl. die aktuelle Liste in Arzhanov 2019, S. 438–440.

25 Siehe Takahashi 2004, S. 9 sowie Takahashi 2013a, S. 94.

26 Vgl. Takahashi 2004, S. 10–11.

27 Die Darstellung der Tabelle folgt Takahashi 2004, S. 10.

Tabelle 3.1: Aufbau des *Ḥēwtā* gemäß der *pālgwātā* und *yullpānē*

pālgutā 1 – Logik	= *yullpānā* 1
pālgutā 2 – Philosophie	
mnātā 1 – Theoretische Philosophie	
Naturphilosophie	= *yullpānā* 2
Metaphysik	= *yullpānā* 3
mnātā 2 – Praktische Philosophie	(= *yullpānā* 4)

Betrachtung, Theorie) unterteilt. Zum Verweis auf Passagen innerhalb eines *ktābā* lässt sich daher eine Angabe wie 5.3.2 (fünftes Kapitel, dritter Abschnitt, zweite Betrachtung) verwenden.

Die Unterteilung wie auch die Titel der einzelnen *ktābē* entsprechen im Allgemeinen der aristotelischen Tradition.[28] In der Übersicht in Tabelle 3.2 (S. 103) verwende ich für die Schriften bewusst Umschreibungen der Inhalte (statt der einschlägigen lateinischen Titel), um einen Eindruck vom inhaltlichen Spektrum des Werks als einer ausführlichen philosophischen Summa der damaligen Zeit zu geben.[29]

3.1.1.4 Vorlagen des Gesamtwerks

Die wichtigste Vorlage für das *Ḥēwtā* ist Ibn Sīnās *Šifāʾ*. Das *Šifāʾ* ist als Summa gemäß der aristotelischen Tradition zu betrachten:

> The [*Šifāʾ*] was envisioned as an encyclopedia of science and philosophy consisting of all the theoretical sciences: nine books on logic, eight on natural philosophy, four on mathematical sciences, and one on metaphysics, whose final section also provides Avicenna's treatment of issues ethical and political. In the [*Šifāʾ*] Avicenna wove together the Greek course curriculum and indigenous Islamic influences […]

---

28 Für eine knappe Übersicht des aristotelischen Werks siehe Shields 2020, „2. The Aristotelian Corpus: Character and Primary Divisions". Die Überlieferung des einheitlichen Korpus der aristotelischen Schriften, auf den sich die spätere Kommentartradition bezog, wird traditionell Andronikus von Rhodos zugeschrieben; siehe Falcon 2021b, „2. The Pre-History of the Commentary Tradition"; zu Andronikus siehe Falcon 2021a.

29 Für eine Darstellung der einzelnen Schriften des *Ḥēwtā* mit den üblichen lateinischen Buchtiteln der aristotelischen Tradition siehe Takahashi 2004, S. 11.

so as to form an intellectual tapestry that was Avicenna's own unique philosophical system.[30]

Im islamisch-arabischen Bereich wurde das *Šifāʾ* – im Gegensatz zum *Išārāt* – kaum in Form der verschiedenen Kommentararten bearbeitet.[31] Bar ʿEbrāyās *Ḥēwtā* stellt insofern einen besonderen Fall der Rezeption Ibn Sīnās dar, nicht nur weil es in syrischer Sprache verfasst ist.

Tabelle 3.2: Aufbau des *Ḥēwtā* gemäß der *ktābē*

LOGIK	PHILOSOPHIE
(1) Einführung	*Naturphilosophie*
nach Porphyrius' *Isagoge*	(10) Grundlagen der Physik:
(2) Kategorien	Ort, Zeit, Bewegung usw.
(3) Logische Aussagen	(11) Astronomie
(4) Logische Schlüsse	(12) Werden und Vergehen
(5) Beweise	(13) Mineralien
(6) Diskussionspraxis	(14) Meteorologie
(7) Trugschlüsse	(15) Pflanzen
(2)–(7) entsprechen Aristoteles' *Organon*	(16) Tiere
(8) Rhetorik	(17) Seele
(9) Poetik	*Metaphysik*
(8)–(9) teils auch als poetische Wissenschaften angesehen	(18) Metaphysik
	(oder „Erste Philosophie")
	(19) Theologie
	praktische Philosophie
	(20) Ethik
	(21) Ökonomie
	(22) Politik

---

30 McGinnis 2010, S. 22. Die Bezeichnung des *Šifāʾ* als Enzyklopädie kritisiert dagegen Dimitri Gutas 2014, S. 105, da im heutigen Sprachgebrauch eine Enzyklopädie als „collection of unrelated and disparate articles on some or all branches of knowledge" verstanden werde. Zur Kritik an der Idee der Enzyklopädie für das vormoderne islamische Schrifttum siehe auch van Ess 2006. Für weitere Details zum *Šifāʾ* siehe McGinnis 2010, S. 22–24 und Gutas 2014, S. 103–115.

31 Siehe Kap. 2.1.4.1, S. 60. Die Kommentartradition beginnt, meistens in Bezug entweder auf die Physik oder auf die Metaphysik, im 16. Jahrhundert; siehe die Liste in Wisnovsky 2004, S. 173. Eine Ausnahme stellt noch der Kommentar von ʿAllāma al-Ḥillī (gest. 1325) dar; siehe Wisnovsky 2013, S. 194. Zu den unterschiedlichen Kommentararten siehe Gutas 1993, S. 31–43.

Dennoch kann das *Ḥēwtā* nicht als Zusammenfassung oder einfache Bearbeitung des *Šifā*ʾ gelten. Das in der Einleitung dieser Arbeit dargelegte exzerpierende und kompilatorische Vorgehen Bar ʿEbrāyās[32] zeigt sich nämlich auch hier. Auch im Aufbau der beiden Werke gibt es Unterschiede.[33] Zahlreiche weitere Quellen für das *Ḥēwtā* wurden mittlerweile identifiziert, wie Ibn Sīnās *Išārāt*, verschiedene Schriften Faḫr ad-Dīn ar-Rāzīs, das *Kitāb al-Muʿtabar* (etwa: „Schrift über das durch Reflexion Etablierte") von Abū l-Barakāt al-Baġdādī (gest. 1165), aber auch Werke früherer syrischer Autoren wie Mušē bar Kēpā.[34] Für den Inhalt der praktischen Philosophie, die Ibn Sīnā im *Šifā*ʾ eher knapp hält, orientiert sich Bar ʿEbrāyā im *Ḥēwtā* beispielsweise an Naṣīr ad-Dīn aṭ-Ṭūsīs Ethikwerk *Aḫlāq-e Nāṣerī* („Nasirsche Ethik").[35]

3.1.2   Die Zoologie bei Bar ʿEbrāyā

3.1.2.1   Zoologische Literatur vor Bar ʿEbrāyā

Die zoologischen Schriften im aristotelischen Korpus wurden schon eingangs als Ausgangspunkt für die antike zoologische Literatur genannt. Neben dem *Historia animalium* („Untersuchung über die Tiere") sind das *De partibus animalium* („Über die Körperteile der Tiere") sowie das *De generatione animalium* („Über das Entstehen der Tiere") anzuführen.[36]

Bereits in der Antike wurden Zusammenfassungen der aristotelischen Zoologie angefertigt.[37] Eine wichtige Zusammenfassung aristotelischer

---

32 Siehe Kap. 1.2.3, S. 41.

33 Vgl. Takahashi 2004, S. 11–14.

34 Vgl. Takahashi 2004, S. 48–59 sowie Schmitt o. D., S. 70–85 („Introduction – I.5 Sources"). Einen Eindruck der Rezeptionsprozesse am Beispiel meteorologischer Lehren von Aristoteles bis in die Zeit Bar ʿEbrāyās gewinnt man durch das Schaubild in Takahashi 2004, S. 59.

35 Zu Bar ʿEbrāyās Ethik im *Ḥēwtā* siehe Joosse 2004, mit weiterer Literatur in Anm. 2. Zum *Aḫlāq-e Nāṣerī* siehe Wickens 1964.

36 Dazu kommen kürzere Schriften, „really monographs or even papers"; Gotthelf und Lennox 1987, S. 5: das *De motu animalium* („Über die Bewegung der Tiere") sowie das *De animalium incessu* („Über die Fortbewegung der Tiere"). Diese beiden kurzen Schriften sind nicht auf Syrisch oder Arabisch überliefert; siehe Filius 2019, S. 4, Anm. 8, mit weiteren Verweisen.

37 Zu diesen Zusammenfassungen und Kompilationen gehört zum Beispiel das *De animalibus* von Timotheus von Gaza (gest. 516), von dem nur Fragmente überliefert

Schriften, einschließlich der zoologischen, ist das Kompendium eines sonst unbekannten Autors namens Nikolaus, das vermutlich im 4. Jahrhundert entstanden ist.[38] Dieses Kompendium unter dem Titel *Peri tēs Aristotelous philosophias* („Über die Philosophie des Aristoteles") liegt nur fragmentarisch in vormodernen Übersetzungen aus dem Griechischen vor. Dies betrifft besonders auch die syrische Rezension: Die zoologischen Teile fehlen in der einzig erhaltenen Überlieferung.[39] Da Nikolaus' Kompendium Bar ʿEbrāyā als Vorlage diente, werde ich noch einmal darauf zurückkommen.

Die drei aristotelischen Werke (*Historia animalium*, *De partibus animalium*, *De generatione animalium*) zirkulierten im Arabischen zusammengefasst unter dem Titel *Kitāb al-Ḥayawān* („Buch der Tiere").[40] Es ist im berühmten Buchkatalog, dem *Fihrist* von Ibn an-Nadīm (gest. 995 oder 998), auch

---

sind; siehe Kruk 2001 und Bodenheimer und Rabinowitz 1949. Daneben sind zoologische Auszüge, aus dem aristotelischen Korpus und aus weiteren Schriften, von Aristophanes von Byzanz (gest. ca. 180 v. Chr.) bekannt; Hugonnard-Roche 2017, S. 173 mit Anm. 4. Der Ansatz dieser Zusammenfassungen ist meist, die Informationen zu den jeweiligen Tieren zusammenzustellen. Damit unterscheiden sie sich wie zu Beginn des Kapitels skizziert von Aristoteles' Schriften, der die Tiere jeweils als Anschauungsobjekte für grundsätzliche biologisch-philosophische Überlegungen hinzugezogen hatte; Hugonnard-Roche 2017, S. 174–175, mit weiterer Literatur in Anm. 7. Gemäß Henri Hugonnard-Roche 2017, S. 171 u. 173 spielen diese Zusammenfassungen, neben der theologischen Literatur zur Schöpfung, in der syrischen Literatur eine wichtigere Rolle als die aristotelischen Werke selbst.

38 Seit dem 19. Jahrhundert wurde der Autor dieses Kompendiums als identisch mit dem Historiker Nikolaus von Damaskus (fl. ca. 30 v. Chr.) angesehen. Erst in zwei Aufsätzen aus 2008 wurde dies überzeugend in Zweifel gezogen; siehe Fazzo und Zonta 2008 und Fazzo 2008. In der Forschung zu den Vorlagen von Bar ʿEbrāyā findet sich weiter die alte Identifikation, so bspw. bei Takahashi 2011.

39 Siehe hierzu Drossaart Lulofs 1965, S. 1–44 („Introduction"); siehe weiterhin – mit Bezug auf die Zoologie von Bar ʿEbrāyās *Mnārat qudšē* („Leuchter der Heiligkeiten") – Drossaart Lulofs 1985 sowie – mit Bezug auf die Pflanzenlehre – Drossaart Lulofs und Poortman 1989, S. 1–16 („Introduction").

40 Editionen, unterteilt nach den ursprünglichen Teilen, liegen vor: Brugman und Drossaart Lulofs 1971, Kruk 1979 sowie Filius 2019. Einige Teile des griechischen Originals fehlen in der arabischen Übersetzung. Es wird vermutet, dass sie nicht übersetzt wurden; Filius 2019, S. 5. Eine als Textzeuge wichtige lateinische Übersetzung der arabischen Version von Michael Scotus wurde mittlerweile großteils von Aafke M. I. van Oppenraay ediert. Der Titel *Kitāb al-Ḥayawān* ist generisch und bezeichnet auch mehrere andere Werke. Für eine Übersicht siehe Kruk 1979, S. 16–17. Der Text von ʿAmr b. Baḥr al-Ǧāḥiz wurde bereits erwähnt. Auch der Zoologieteil des *Šifāʾ* Ibn Sīnās trägt diesen Titel.

von einer syrischen Übersetzung die Rede, die möglicherweise als Vorlage für die arabische diente, aber nicht erhalten ist.[41]

Die zoologischen Schriften Aristoteles' dienten dann auch Ibn Sīnā als Grundlage für seine Tierschrift innerhalb des *Šifāʾ*, auf die ich als hauptsächliche Vorlage Bar ʿEbrāyās gleich näher eingehe. Daneben befassten sich auch weitere arabisch-islamische Autoren mit der Zoologie Aristoteles', zum Beispiel Ibn Bāǧǧah (gest. 1138) oder Ibn Rušd (gest. 1198).[42]

Weiterhin ist auf die Rezeption der Schriften Galens zu verweisen. Seine anatomischen Überlegungen und die teleologische Vorstellung, alle Körperteile seien zweckmäßig geschaffen, die sich besonders in seiner Schrift *De usu partium* („Vom Nutzen der Körperteile") wiederfinden, waren ein wichtiger Ausgangspunkt für philosophische Diskussionen, die man heute am ehesten der Biologie zurechnen würde.[43] Der Einfluss Galens ist in islamischer Zeit besonders mit Blick auf die Fortpflanzungsbiologie offensichtlich, wo eine kritische Auseinandersetzung mit seinen Ansichten vor dem Hintergrund entgegengesetzter aristotelischer Vorstellung stattfand.[44] Die teleologische Physiologie Galens wurde beispielsweise von Ibn Sīnā in den zweiten Teil seines Tierbuchs integriert, womit er eine Umarbeitung des sonst aristotelischen Materials vornimmt.

Nicht unerwähnt sollte schließlich das hippokratische Korpus bleiben, das – vermittelt durch Galen – ebenfalls rezipiert wurde, teils auch außerhalb der eigentlichen Medizin und Naturphilosophie.[45]

---

41 Siehe hierzu Hugonnard-Roche 2017, S. 171–175, Brugman und Drossaart Lulofs 1971, S. 11–17 sowie Kruk 1979, S. 22–23. Die Passage aus dem *Fihrist* ist im Original und übersetzt wiedergegeben in Filius 2019, S. 6. Eine textkritische Beobachtung zur möglichen syrischen Vorlage gibt auch Huby 1977.

42 Siehe Kruk 2003. Zu Ibn Bāǧǧahs Zoologie siehe Kruk 1997. Allgemeiner zur „Tierkunde" in der arabischen Literatur siehe noch Ullmann 1972, S. 5–61.

43 Siehe Weisser 1983, S. 53–55 sowie die Beiträge im Teil „Galen in the Medieval Islamic World" in Bouras-Vallianatos und Zipser 2019. Diese Art Teleologie ist aber schon bei Aristoteles zu finden; siehe Lennox 2021, „5.2 From Inquiry to Understanding; from *hoti* to *dioti*".

44 Dieser Aspekt wird in nahezu allen Arbeiten zur Frage arabisch-islamischer Vorstellungen zur menschlichen Fortpflanzung hervorgehoben; siehe zu diesen Arbeiten den Forschungsüberblick in der Einleitung, Kap. 1.1, S. 21.

45 Zum hippokratischen Korpus siehe Weisser 1983, S. 33–40. Zur Rezeption hippokratischer Lehren außerhalb der Medizin siehe Fancy 2018, S. 137–140 u. passim.

3.1.2.2 Die Zoologie des *Ḥēwtā*: Aufbau und strukturelle Vorlage

Die Schrift über die Tiere (*Ktābā d-Ḥayywātā*) des *Ḥēwtā* umfasst sechs *qepalēʾē* (Kapitel) mit jeweils mehreren *pāsoqē* (Abschnitten).[46] Ein Vergleich der Überschriften mit den *fuṣūl* (Abschnitten, Sg. *faṣl*) in Ibn Sīnās *Šifāʾ* zeigt, dass Bar ʿEbrāyā in den ersten vier *qepalēʾē* zwar anders nummeriert, die *pāsoqē* sich aber im Hinblick auf die Abfolge der Themen mit Ibn Sīnās Darstellung fast völlig decken (siehe Tabelle 3.3, S. 108). Dies gilt auch für *qepalēʾon* 5 zur Fortpflanzungsbiologie, das weitgehend den jeweiligen *fuṣūl* aus *maqālah* (Abhandlung) 9 und 10 des *Šifāʾ* entspricht. Besonders im sechsten und letzten *qepalēʾon* der Zoologie des *Ḥēwtā* ergeben sich dann zunehmende Unterschiede zu Ibn Sīnās *Šifāʾ*, auch wenn sich die Abfolge der Themen ähnelt. *qepalēʾon* 6 trägt außerdem anders als die anderen *qepalēʾē* eine eigene Überschrift.

Damit ergibt sich hinsichtlich des abweichenden *qepalēʾon* 6 eine interessante Parallele zum Verhältnis der Zoologieschrift Ibn Sīnās mit den zoologischen Schriften des aristotelischen Korpus: Wie Remke Kruk in einer der wenigen detaillierten Studien zum Zoologieteil des *Šifāʾ* gezeigt hat, entspricht diese im ersten Teil stark der aristotelischen Vorlage.[47] Besonders aber die Teile zur Fortpflanzung und zur Anatomie (mit Fokus auf den menschlichen Körper) hat Ibn Sīnā – unter Beibehaltung der Gliederung beziehungsweise äußeren Form – stark umgestaltet. Dabei finden die von Galen erarbeiteten physiologischen Überlegungen Eingang in Ibn Sīnās Darstellung. Sie stimmen dahingehend mit Ibn Sīnās medizinischem Hauptwerk, dem *Qānūn fī ṭ-ṭibb* („Richtschnur der Medizin", hiernach *Qānūn*) überein.[48]

Bar ʿEbrāyā dürfte dies nicht entgangen sein. Womöglich weicht er aus diesem Grund in den *qepalēʾē* 5 und 6 seiner Zoologie von der überkommenen Gliederung der aristotelischen Zoologieschriften ab. Dies erklärt allerdings noch nicht die Umstrukturierung der *qepalēʾē* 1–4. Zum Beispiel leitet *pāsoqā* 2.1 zu Milch, Blut und Samen ein neues Kapitel ein, statt das

---

46 Zu diesem hierarchischen Aufbau des *Ḥēwtā* siehe Kap. 3.1.1.3, S. 101.

47 Kruk 2002.

48 Kruk 2002, S. 329–330, mit Verweis auf Musallam 1987. An einigen Stellen des zweiten Teils des vorliegenden Kapitels verweise ich auf Parallelen zwischen *Šifāʾ* und *Qānūn*. Auch Ibn Sīnā verweist im *Qānūn* an einigen Stellen explizit auf seine Darstellung im *Šifāʾ*.

Tabelle 3.3: Vergleich der Zoologie des *Ḥēwtā* und des *Šifā'*

Ḥēwtā	*Šifā'*
1.1 Unterschiede der Tiere bzgl. Körperteilen, Behausung, Nahrung und Verhalten	1.1 Unterschied der Tiere bzgl. Behausung, Nahrung, Verhalten, Tätigkeiten und Körperteilen
1.2 Charakteristika der äußeren Körperteile und ihr Aufbau	1.2 Über die universalen Körperteile
1.3 Charakteristika der inneren Körperteile	1.3 Aufzählung der organischen Körperteile und ihre Position
1.4 Unterschiede der Tiere bzgl. äußerer Körperteile	2.1 Unterschied der Tiere bzgl. äußerer Körperteile
1.5 Unterschiede der Tiere bzgl. innerer Körperteile	2.2 Unterschied der Tiere bzgl. innerer Körperteile
1.6 Dissens der Philosophen und Ärzte über Gefäße und Fasern	3.1 Anatomie der inneren Körperteile und der Dissens darüber zwischen Philosophen und Ärzten
1.7 Knochen, Hörner, Haar, Federn und was ihnen gleicht	3.2 Knochen, Hörner, Haar, Federn und was ihnen gleicht
2.1 Milch, Blut und Samen	3.3 Blut, Milch und etwas über das Ejakulat
2.2 Anatomie einiger Wasserlebewesen und Körperteile der Insekten	4.1 Anatomie einiger Wasserlebewesen und Körperteile einiger Insekten
2.3 Wahrnehmung, Bewegung, Stimme, Schlaf und Wachen, Männlich- und Weiblichsein der Tiere	4.2 Wahrnehmung, Bewegung, Lautäußerung, Schlafen und Wachen, Männlich- und Weiblichsein der Tiere
3.1 Paarung der Tiere und ihre Fortpflanzung	5.1 Paarungsakt und dessen Position (+ 5.2 Samen und Ejakulat?)
3.2 Eier und Vögel	6.1 Eier der Vögel, und Anatomie des Eis und des Kükens
3.3 Paarung der Fische und laufenden Tiere und ihre Fortpflanzung	6.2 Paarung der Fische, ihre Eier und ihre Fortpflanzung
4.1 Unterschiede der Tiere bzgl. Behausung, Nahrung und Verhalten der Seele	7.1 Unterschied der Tiere bzgl. Behausung, Nahrung und Unterschied dessen bzgl. Lebensdauer und Verhalten
4.2 Der Sinn des Vorigen und Krankheiten der Tiere	7.2 Die Bedeutung des vorherigen Abschnitts und Hinweise auf die Krankheiten der Tiere
4.3 Verhalten der Tiere und ihre sozialen Beziehungen	8.1 Ebenfalls über den Unterschied der Tiere, vor allem bzgl. des Verhaltens
4.4 Verhalten der Tiere	8.2 Über Ähnliches wie im Kapitel davor
4.5 Unterschied der Tiere und das Verhalten der Bienen	8.3 Über dem Ähnliches und Erwähnung bzgl. der Zustände der Bienen, Wespen und unterschiedliche Verhaltensweisen [dieser] Tiere
4.6 Wildtiere, Wasserlebewesen und Vögel	8.4 [...] Raubtiere, Wasserlebewesen und Vögel
5.1–4 [siehe Tabelle 3.5, S. 114]	9–10
6 Ursachen der Zusammensetzung der Tiere	11 Erinnerung hinsichtlich der festgesetzten Grundlagen
6.1 Arten der Zusammensetzung und der Bestandteile, aus denen der Leib zusammengesetzt ist	12.1 Arten der Zusammensetzung und der Bestandteile, aus denen der Leib ist
6.2 Säfte und Mark	12.7 Zusammenhang unserer Lehre und der Rede des Ersten Lehrers bzgl. Säften, Mark und Markgewebe
6.3 Knochen, Organe der Wahrnehmung, Körperteile aus Knorpel	12.11 Knochen
	12.13 Anatomie der Organe des Sehens [...]
	12.14 Organe des Hörens, des Riechens und Schmeckens
	12.15 Bewegung der Körperteile des Kopfes [...]
6.4 Atmungsorgane	13.2 [...] Anatomie der Körperteile der Atmung [...]
6.5 Nahrungsorgane	13.4 Anatomie des Verdauungsgangs [...]
6.6 Äußere Organe	14.2–9 [über unterschiedliche Gliedmaßen]

Erläuterung: Die Nummerierung bezieht sich beim *Ḥēwtā* auf *qepalēʾon* (Kapitel) und *pāsoqā* (Abschnitt), beim *Šifā'* auf *maqālah* (Abhandlung) und *faṣl* (Abschnitt). Wiedergegeben sind die übersetzten Überschriften der *pāsoqē* und *fuṣūl*. Die *qepalēʾē* bzw. *maqālāt* haben keine eigenen Überschriften; eine Ausnahme ist *qepalēʾon* 6 des *Ḥēwtā*. Einige Abschnitte im *Šifā'*, in den *maqālāt* 12–14, wurden ohne Kenntlichmachung ausgelassen, da sie keine Entsprechung bei Bar ʿEbrāyā haben.

vorherige zu anatomischen Geweben abzuschließen. Diese Punkte bedürfen weiterer Forschung.

Durch die Umarbeitung der Fortpflanzungsbiologie, die ich in Abschnitt 3.1.3.1 näher untersuche, erzielt Bar ʿEbrāyā jedenfalls gegenüber der Darstellung Ibn Sīnās ein größeres Maß an Struktur. Ob Ähnliches auch über *qepalēʾon* 6 im Vergleich zu den *maqālāt* 11–14 des *Šifāʾ* zu sagen wäre, müssen weitere Untersuchungen zeigen. Die *maqālāt* 15–19 in Ibn Sīnās Schrift, die dem *De generatione animalium* Aristoteles' entsprechen, lässt Bar ʿEbrāyā vermutlich ausfallen, weil sie inhaltlich durch die Ausführungen zur Fortpflanzung in *qepalēʾon* 5 weitestgehend abgedeckt sind.

3.1.2.3 Die Zoologie in Bar ʿEbrāyās *Mnārat qudšē* im Vergleich zum *Ḥēwtā*

Bar ʿEbrāyās längere theologische Summa, das *Mnārat qudšē* („Leuchter der Heiligkeiten", hiernach: *Mnārtā*), weist in seinem schöpfungstheologischen Teil auch zoologische Inhalte auf. Die Datierung der Schöpfungstheologie des *Mnārtā* lässt sich auf 1266–67 festlegen, also circa zwanzig Jahre vor der Abfassung des *Ḥēwtā*.[49] Im Folgenden bespreche ich die Quellen, die Bar ʿEbrāyā für die Fortpflanzungsbiologie in den beiden Werken jeweils genutzt hat, und welche Aussagen er im *Ḥēwtā* wiederverwendet. Dies ist ein erster Schritt zu einem insgesamt noch ausstehenden weitergehenden Vergleich der beiden Werke, der womöglich Rückschlüsse darauf zulässt, wie sich Bar ʿEbrāyās Positionen im Laufe seines Schaffens verändern.[50]

Die einzelnen thematischen Teile des *Mnārtā* bezeichnet Bar ʿEbrāyā als Fundamente (syr. *šettesē*, Sg. *šettestā*). Das Fundament zur Schöpfungstheologie (2) gliedert sich in drei *qepalēʾē* (vgl. Tabelle 3.4, S. 110). Das dritte *qepalēʾon* wiederum ist entsprechend eines Hexaemeronwerks in sechs *pāsoqē* eingeteilt.[51] Als Hexaemeronliteratur werden Texte bezeichnet, die

---

49 Für eine ausführlichere Besprechung des *Mnārtā* siehe Kap. 4.1.2.1, S. 218, wo es als eine der Quellen zur Untersuchung der Beseelungslehre Bar ʿEbrāyās dient.

50 Solche Rückschlüsse müssen notwendigerweise vorsichtig sein, da beide Werke, eines theologisch, eines philosophisch, unterschiedlich angelegt sind und jeweils ein bestimmtes Anliegen verfolgen; vgl. Takahashi 2019.

51 Die ersten beiden *qepalēʾē* der Schöpfungstheologie behandeln demgegenüber die Frage der Erschaffenheit und Vergänglichkeit der Welt im Allgemeinen. Dort zeigt sich die für das *Mnārtā* typische Vorgehensweise Bar ʿEbrāyās, zunächst mit Vernunftbeweisen die jeweiligen theologischen Standpunkte zu erläutern oder ab-

sich mit dem Sechstagewerk (gr. *hex*, sechs; *hēmera*, Tag), einer der beiden biblischen Schöpfungsgeschichten (Gen 1,1–2,4) auseinandersetzen. Demgemäß seien Fische und Wasserlebewesen sowie Vögel am fünften Tag geschaffen worden (Gen 1,20–23), alle weiteren Tiere sowie der Mensch am sechsten Tag (Gen 1,24–31). Entsprechend finden sich zoologische Ausführungen im zweiten Fundament des *Mnārtā* sowohl im fünften als auch im sechsten *pāsoqā* des dritten *qepalē'on* (2.3.5–6).

Tabelle 3.4: Aufbau der Schöpfungstheologie des *Mnārtā*

2.1 Erstes *qepalē'on*: Erschaffenheit der Welt

2.2 Zweites *qepalē'on*: Vergänglichkeit der Welt

2.3 Drittes *qepalē'on*: Hexaemeron

    [...]

    2.3.5 Fünfter Schöpfungstag – Wasserlebewesen und Vögel

    2.3.6 Sechster Schöpfungstag – weitere Tiere und Mensch

        2.3.6.i Einleitung

        2.3.6.1 Reptilien

        2.3.6.2 Wildtiere, Nutztiere und Mensch

        2.3.6.3 Aufbau des Menschen [...] und Nutzen seiner Körperteile

---

Erläuterung: Die Nummerierung/Gliederung bezieht sich auf das *Mnārtā* als Gesamtwerk, d. h. *šettestā* (hier: 2), *qepalē'on* (Kapitel), *pāsoqā* (Abschnitt) und *nišā* (Absatz).

Aussagen zum Menschen trifft Bar ʿEbrāyā im zweiten *nišā* (Absatz, Punkt; Pl. *nišē*) zum sechsten Schöpfungstag.[52] Ein großer Teil dieser Aussagen geht auf die aristotelische Zoologie zurück, wobei die auftretenden Unterschiede hypothetisch damit zu erklären sind, dass Bar ʿEbrāyā das

---

weichende theologische Positionen zu widerlegen. Anschließend werden von Bar ʿEbrāyā Traditionsbeweise, das heißt Bibelstellen oder Kirchenväterzitate, angeführt, welche die eingenommene Position stützen. Diese Elemente gliedern auch die Darstellung. Im Gegensatz dazu besteht das dritte *qepalē'on* aus einer langen Reihe naturkundlicher Informationen. Auch hier finden sich eingestreut abweichende Meinungen, die knapp widerlegt werden. Einen guten Eindruck über diese je unterschiedliche Vorgehensweise gibt das Inhaltsverzeichnis in Bakoš 1933, S. 429–433 (275–279).

52 Bar ʿEbrāyā, *Mnārat qudšē*, 2.3.6.2 (t+v: Bakoš 1933, S. 405–415/251–261).

Kompendium *Peri tēs Aristotelous philosophias* von Nikolaus benutzt hat.[53] Eine weitere Vorlage ist das Hexaemeron von Mušē bar Kēpā.[54] Möglicherweise nutzte Bar ʿEbrāyā auch das *Šifāʾ* Ibn Sīnās, wie eine Stichprobe von Remke Kruk zeigt.[55]

Das letzte *nišā* des sechsten *pāsoqā* betitelt Bar ʿEbrāyā mit „Aufbau des Menschen im Besonderen und dem Nutzen seiner Körperteile" (syr. *tuqqānā d-barnāšā dilānāʾit w-ḥaššātā d-haddāmāw^hy*).[56] Ján Bakoš merkt die Nähe zu Galens *De usu partium* an. Der Text selbst folge oft wörtlich Zakariyāʾ al-Qazwīnīs (gest. 1283) *Aǧāʾib al-maḥlūqāt wa-ġarāʾib al-mawǧūdāt* („Wunder der Geschöpfe und Merkwürdigkeiten der Wesen").[57] Die Geschlechtsorgane und der Vorgang der Fortpflanzung werden von Bar ʿEbrāyā hier nicht thematisiert. Dies deckt sich zum Beispiel mit dem Befund in Gregors von Nyssa *De opificio hominis* („Über die Einrichtung des Menschen").[58] Dass Bar ʿEbrāyā dieses Werk kannte, wird schon aus der Einleitung des sechsten *pāsoqā* deutlich. Hier erörtert Bar ʿEbrāyā, inwiefern die göttliche Ebenbildlichkeit des Menschen sich auf dessen Körper beziehe. Er erwähnt zahlreiche Kirchenväter und deren Werke, darunter Jakobs von Serugh Hexaemeron sowie Gregors von Nyssa *De opificio hominis*.[59]

Aussagen zur Fortpflanzung im weitesten Sinn finden sich vereinzelt zu Beginn des zweiten *nišā* zum sechsten Schöpfungstag, so beispielsweise, dass die Frau zwei Brüste habe, der Penis des Mannes knorpelig sei, zu den Geschlechtsunterschieden zwischen Mann und Frau, zur Farbe des Spermas sowie schließlich zur Zeugungsfähigkeit im Alter.[60] Eine etwas längere zusammenhängende Passage zur Fortpflanzung findet sich schließlich gegen Ende desselben *nišā*.[61] Dort, wo sich Parallelen zwischen *Mnārtā* und

---

53 Siehe Drossaart Lulofs 1985, wieder aufgegriffen in Hugonnard-Roche 2017, S. 184–187.

54 Vgl. die jeweiligen Anmerkungen von Bakoš 1933, S. 405–415/251–261.

55 Kruk 2003, S. 329–330.

56 Bar ʿEbrāyā, *Mnārat qudšē*, 2.3.6.3 (t+v: Bakoš 1933, S. 416–428/262–274).

57 Bakoš 1933, S. 416/262, Anm. 1. Möglicherweise nutzen aber auch Zakariyāʾ al-Qazwīnī und Bar ʿEbrāyā dieselbe Vorlage, die es noch zu identifizieren gälte.

58 Siehe Bedke 2012, S. 101–102.

59 Bar ʿEbrāyā, *Mnārat qudšē*, 2.3.6.i (t+v: Bakoš 1933, S. 397–400/243–246). Zu bemerken ist auch die Nähe des Titels von Gregors Werk „Über die Einrichtung des Menschen" mit der Überschrift von *nišā* 2.3.6.3 bei Bar ʿEbrāyā.

60 Bar ʿEbrāyā, *Mnārat qudšē*, 2.3.6.2 (t+v: Bakoš 1933, S. 405/251, 406/252, 406–407/252–253 u. 410–411/256–257, 407/253, respektive).

61 Bar ʿEbrāyā, *Mnārat qudšē*, 2.3.6.2 (t+v: Bakoš 1933, S. 412–414/258–260).

Ḥēwtā finden, beschränken sich Unterschiede eher auf den genauen Wortlaut.

Einige Aussagen zeigen, wie von Remke Kruk vermutet,[62] dass Bar ʿEbrāyā sich bereits im *Mnārtā* an Ibn Sīnās *Šifāʾ* orientiert. Ein Beispiel ist die folgende Aussage: „Bei der Vollendung von vierzig Tagen merkt die Schwangere ihre Schwangerschaft",[63] die sich in dieser Form bei Aristoteles nicht findet, dessen Aussagen inhaltlich aber nicht widerspricht.[64] Bei Ibn Sīnā findet sich demgegenüber: „Die Schwangere bemerkt was in ihrem Bauch ist".[65] Interessant ist hier die genaue Abweichung zwischen Bar ʿEbrāyās beiden Werken: Das spätere *Ḥēwtā* ist mit „... bemerkt was in ihrem Schoß ist" *inhaltlich* näher an Ibn Sīnā. Im *Mnārtā* dagegen steht die Aussage „... bemerkt ihre Schwangerschaft (syr. *baṭnāh*)" kurioserweise rein *lautlich* oder *äußerlich*, gemäß der Buchstabenfolge des syrischen Wortes, dem arabischen Wort für Bauch (ara. *baṭn*) bei Ibn Sīnā näher. Ob dies Zufall, ein Fehler oder die Absicht Bar ʿEbrāyās ist, muss offen bleiben.

Der Vergleich der Positionen des *Mnārtā* mit dem *Ḥēwtā* ist wegen deren Kürze schwierig. Dennoch lässt sich feststellen, dass keine der von Bar ʿEbrāyā im *Mnārtā* zur menschlichen Fortpflanzung getroffenen Aussagen über die aristotelischen Positionen hinausgehen. Das heißt, Bar ʿEbrāyā integriert kein im Vergleich zu Aristoteles zusätzliches Material aus Ibn Sīnās *Šifāʾ* noch gibt es Beispiele für inhaltliche Abweichungen Bar ʿEbrāyās von Aristoteles, die auf Ibn Sīnā zurückgehen. Im Vergleich hält Bar ʿEbrāyā auch im späteren *Ḥēwtā* mit Aristoteles und gegen Ibn Sīnā an der dreimonatigen Entwicklungsdauer des weiblichen Embryos fest, wie sie Bar ʿEbrāyā bereits im *Mnārtā* vertritt. Auch im *Ḥēwtā* gibt es also eine Tendenz Bar ʿEbrāyās, inhaltlich nicht von der aristotelischen Vorlage abzuweichen beziehungsweise dieser nicht zu widersprechen.[66] Möglicherweise könnten die verschiedenen Unterschiede auch dadurch erklärt werden, dass sich Bar ʿEbrāyā nicht (ausschließlich) am aristotelischen Text selbst, sondern (zusätzlich) an Nikolaus' Kompendium *Peri tēs Aristotelous philosophias* ori-

---

62 Kruk 2003, S. 329–330.

63 Bar ʿEbrāyā, *Mnārat qudšē*, 2.3.6.2 (t+v: Bakoš 1933, S. 412–413/258–259).

64 Vgl. Aristoteles, *Historia animalium*, VII.3 (583a14–583b28) (t: Balme 2002, S. 478–480). Entsprechend verweist Ján Bakoš 1933, S. 413/259, Anm. 1 nur auf diesen Abschnitt bei Aristoteles, ohne konkretes paralleles Zitat.

65 Ibn Sīnā, *Kitāb aš-Šifāʾ*, *aṭ-Ṭabīʿiyyāt* 8 – *al-Ḥayawān*, 9.1 (144.13).

66 Ein weiteres mögliches Motiv für das Festhalten an der dreimonatigen Entwicklungsdauer des weiblichen Embryos bespreche ich weiter unten, Kap. 3.2.1.2, S. 135.

entieren. Da die zoologischen Teile des Kompendiums nicht überliefert sind, lässt sich dies nicht weiter überprüfen.

Insgesamt zeigt diese erste Untersuchung anhand der Fortpflanzungsbiologie im *Mnārtā* eine deutlichere Orientierung Bar ʿEbrāyās an Aristoteles als dies für das *Ḥēwtā* der Fall ist, auch wenn Ibn Sīnā möglicherweise von Bar ʿEbrāyā als ebenso hilfreiche Zusammenfassung herangezogen wurde wie das *Peri tēs Aristotelous philosophias* von Nikolaus.

3.1.3 Die Fortpflanzungsbiologie in Bar ʿEbrāyās *Ḥēwtā*

3.1.3.1 Aufbau, Themen und strukturelle Vorlage

Das *qepalēʾon* 5 der „Schrift über die Tiere" (*Ktābā d-Ḥayywātā*) in Bar ʿEbrāyās *Ḥēwtā* gliedert sich in insgesamt vier *pāsoqē* (Abschnitte), die jeweils wiederum in *teʾōriyas* (Betrachtungen) unterteilt sind.[67] Nur die *pāsoqē*, nicht aber die *teʾōriyas* tragen Überschriften. Die Themenabfolge orientiert sich im Allgemeinen an derjenigen Ibn Sīnās im *Šifāʾ*, wobei Bar ʿEbrāyā eine eigene Einteilung und Nummerierung einführt sowie kleinere Umstellungen vornimmt (vgl. Tabelle 3.5, S. 114). Damit ist Ibn Sīnās Darstellung im *Šifāʾ* auch für Bar ʿEbrāyās Fortpflanzungsbiologie als hauptsächliche strukturelle Vorlage auszumachen. Die feinere Untergliederung bei Bar ʿEbrāyā fasse ich im Folgenden anhand des Inhalts zusammen, da die *teʾōriyas* als unterste Gliederungsebene keine Überschriften aufweisen. Außerdem vergleiche ich sie mit der Struktur bei Ibn Sīnā und den weiteren Vorlagen.

Bar ʿEbrāyā beschreibt in *pāsoqā* 5.1 zunächst die Anzeichen der Pubertät und Geschlechtsreife sowie einige grundsätzliche Aspekte des Samens und der Menstruation (5.1.1). Damit wird gewissermaßen „das Ei von der Henne aus" erklärt. Diese Themenfolge geht zurück auf Aristoteles und wird auch von Ibn Sīnā im *Šifāʾ* zu Beginn der Fortpflanzungsbiologie aufgegriffen.

Zwei Themen, die sich aus der Geschlechtsreife ableiten lassen, Schwangerschaft (5.1.2) und Samen (5.1.3–5), werden von Bar ʿEbrāyā in den dann folgenden *teʾōriyas* behandelt. Die Überschrift von *pāsoqā* 5.1, „Über den Samen, die Menstruation und die Empfängnis", ist daher insgesamt passend. Ibn Sīnā führt demgegenüber im *Šifāʾ* zunächst in *faṣl* 9.1 nur Pubertät sowie Allgemeines zum Samen und zur Menstruation an und betitelt das Ka-

---

67 Siehe zu diesem hierarchischen Aufbau Kap. 3.1.1.3, S. 101.

Tabelle 3.5: Vergleich der Fortpflanzungsbiologie des *Ḥēwtā* und des *Šifāʾ*

Bar ʿEbrāyās *Ḥēwtā*	Ibn Sīnās *Šifāʾ*
5.1 Über den Samen, die Menstruation und die Empfängnis	
5.1.1	9.1 Über den Zustand der Pubertät, des Samens und der Menstruation [...]
5.1.2	
5.1.3	9.2 Über die Argumentation des Galen gegen den Philosophen [...]
5.1.4	9.3 Wir gehen darin auf die Quelle der Ersten Unterweisung zurück [...]
5.1.5	
5.2 Darüber, wie die hauptsächlichen Organe aus den beiden Samen entstehen	
5.2.1	9.4 Über die Art, wie die hauptsächlichen Organe aus den beiden Samen entstehen
5.2.2	9.5 Über die Unterteilung der Veränderungen der Materie des Embryos bis es vollendet ist
5.2.3	
5.3 Über die Angelegenheiten des Kindes und der Mutter	9.6 Über die Zustände des Kindes und der Mutter
[5.3.1–6]	
5.4 Über die Ursachen der Verhinderung der Empfängnis	10.1 Über die Zustände der Frauen hinsichtlich der Empfängnis und des Abortes [...]
[5.4.1–3]	

Erläuterung: Die Nummerierung bezieht sich beim *Ḥēwtā* auf *qepalēʾon* (Kapitel), *pāsoqā* (Abschnitt) und *teʾōriya* (Betrachtung), beim *Šifāʾ* auf *maqālah* (Abhandlung) und *faṣl* (Abschnitt). Wiedergegeben sind die übersetzten Überschriften der *pāsoqē* und *fuṣūl*. Die einzelnen *teʾōriyas* (5.1.1, 5.1.2, ..., 5.2.1 usw.) im *Ḥēwtā* haben keine eigenen Überschriften. Nicht alle *teʾōriyas* sind aufgeführt, sondern lediglich die Entsprechungen zu Ibn Sīnās *Šifāʾ* deutlich gemacht.

pitel auch entsprechend. Ibn Sīnās weitere Ausführungen zur Samentheorie, in denen er die Ansichten Galens und Aristoteles' gegenüberstellt, bilden jeweils zwei eigene *fuṣūl* mit entsprechenden Überschriften (9.2–3). Bar ʿEbrāyā integriert thematisch diese beiden *fuṣūl* als drei *teʾōriyas* in sein *pāsoqā* 5.1. Zur Darstellung orientiert sich Bar ʿEbrāyā dagegen an einem Abschnitt aus Faḫr ad-Dīn ar-Rāzīs (gest. 1210) *al-Mabāḥiṯ al-mašriqiyyah* („Östliche Untersuchungen", hiernach: *Mabāḥiṯ*), worauf ich noch zurück-komme; eine solche dreifache Untergliederung findet sich bei Faḫr ad-Dīn allerdings nicht. Bar ʿEbrāyās Gliederung der Samendiskussion folgt einer thematisch nachvollziehbaren Ordnung: (5.1.3) richtiges Verständnis von „Samen" im Hinblick auf den weiblichen Zeugungsbeitrag; (5.1.4) Argu-mente Galens samt Widerlegung; (5.1.5) Kurzreferat der Ansichten Aristo-teles', Galens und Ibn Sīnās zum Vermögen der Ausformung im männlichen Samen. Im Allgemeinen lehnt sich Bar ʿEbrāyā damit in *pāsoqā* 5.1 an Ibn Sīnās Themenabfolge an, strukturiert diese aber stärker durch und systema-tisiert sie.

In *pāsoqā* 5.2 zieht Bar ʿEbrāyā wieder die Diskussion zweier *fuṣūl* aus Ibn Sīnās *Šifāʾ* (9.4–5) zusammen. Dabei verwendet er die Überschrift von 9.4, „Über die Art, wie die hauptsächlichen Organe aus den beiden Samen entstehen". In *teʾōriya* 5.2.1 beschäftigt er sich einerseits mit weiteren äu-ßeren, an der Mutter sichtbaren Anzeichen der Schwangerschaft, anderer-seits auch schon mit den ersten Veränderungen an der Frucht. Hier folgt Bar ʿEbrāyā im Allgemeinen Ibn Sīnās Ausführungen in dessen *faṣl* 9.4.

Aus Ibn Sīnās *faṣl* 9.5 „Über die Unterteilung der Veränderungen der Ma-terie des Embryos bis es vollendet ist" übernimmt Bar ʿEbrāyā allerdings vor allem den Schluss. Da hier der Geburtsvorgang behandelt wird, steht er in keinem engeren Zusammenhang mit der von Ibn Sīnā in der Über-schrift angegebenen Entwicklung des Embryos und wird entsprechend von Bar ʿEbrāyā erst in das folgende *pāsoqā* 5.3 an inhaltlich passender Stel-le integriert. Über weite Teile des *faṣl* 9.5 beschäftigt sich Ibn Sīnā mit der genauen Dauer und Entwicklung des Embryos unter Verwendung der islami-schen Terminologie dieser Stadien (*nuṭfah, ʿalaqah, muḍġah*). Bar ʿEbrāyā übernimmt hier nur wenig.

In den beiden *teʾōriyas* 5.2.2–3 behandelt Bar ʿEbrāyā das Pneuma als hauptsächlichen Antrieb der embryonalen Entwicklung sowie die von Ibn Sīnā aus den Ansichten Aristoteles' und Galens synthetisierte Dreibläschen-theorie. Vermutlich dient Faḫr ad-Dīn ar-Rāzīs *Mabāḥiṯ* für Bar ʿEbrāyā als zusätzliche Orientierung. Da beide Aspekte, das Pneuma und die Dreibläs-chentheorie, inhaltlich stark ineinander greifen, ist Bar ʿEbrāyās Zäsur zwi-schen den beiden *teʾōriyas* 5.2.2 und 5.2.3 nicht gänzlich nachvollziehbar. In *pāsoqā* 5.2 zeigen sich damit ebenfalls einige Systematisierungen Bar ʿEbrāyās gegenüber seiner strukturellen Vorlage. Auffällig ist hier besonders, dass er große Teile der frühen embryonalen Entwicklung übergeht, die bei Ibn Sīnā unter Rückgriff auf islamische Begriffe behandelt wird.

Die *pāsoqē* 5.3 und 5.4 bei Bar ʿEbrāyā entsprechen wiederum thematisch weitgehend *faṣl* 9.6 beziehungsweise dem kurzen *maqālah* 10 bei Ibn Sīnā. Bar ʿEbrāyās Unterteilung von *pāsoqē* 5.3 in sechs *te'ōriyas* lässt sich thematisch im Allgemeinen, aber nicht durchgängig nachvollziehen: (5.3.1) Geschlechtsunterschiede und deren Auswirkungen auf die Entwicklung des Kindes; (5.3.2) Schwangerschaftsfristen; Mehrlingsschwangerschaften; (5.3.3) Überschwängerung; Zeugungsfähigkeit; Vererbung; (5.3.4) Ernährung; Lage des Embryos; (5.3.5) Geburt (mit Material aus Ibn Sīnās *faṣl* 9.5, siehe oben); (5.3.6) Geburtsnachsorge und frühkindliche Entwicklung.

Mit der Gliederung von *pāsoqā* 5.4 in drei *te'ōriyas* folgt Bar ʿEbrāyā thematisch dagegen nicht Ibn Sīnā, sondern großteils Aristoteles. Hier findet sich eine Behandlung von (5.4.1) verschiedenen allgemeinen Ursachen für die Unfruchtbarkeit der Frau sowie (5.4.2–3) embryonalen Fehlbildungen.

Zusammenfassend lässt sich feststellen, dass Bar ʿEbrāyā zur Strukturierung der Fortpflanzungsbiologie seine hauptsächliche Vorlage, Ibn Sīnās *Šifāʾ*, im Allgemeinen aufgreift, dessen Ausführungen aber weiter unterteilt oder sie zu größeren Einheiten zusammenfasst. An einigen Stellen weicht Bar ʿEbrāyā von Ibn Sīnā auch ab, um die Darstellung seiner weiteren inhaltlichen Vorlagen, Aristoteles' Zoologie sowie Faḫr ad-Dīn ar-Rāzīs *Mabāḥiṯ*, zu berücksichtigen. Bar ʿEbrāyās Feingliederung der *pāsoqē* in *te'ōriyas* folgt überwiegend einer klaren thematischen Ordnung. Bei der Umstrukturierung seines Materials erzielt Bar ʿEbrāyā also meist eine größere Stringenz in der Präsentation. Diese feinere Untergliederung und die genauen Entsprechungen zu den Vorlagen werden aus den Tabellen 3.6–3.9 (S. 118, 119, 120 und 121) ersichtlich.

3.1.3.2 Inhaltliche Vorlagen

Die „Schrift über die Tiere" in Ibn Sīnās *Šifāʾ* stellt neben dem strukturellen auch den hauptsächlichen inhaltlichen Bezugspunkt für Bar ʿEbrāyās Zoologie im *Ḥēwtā* dar. An vielen Stellen erweisen sich aber auch die zoologischen Schriften Aristoteles' als zweite Vorlage Bar ʿEbrāyās, auf die er immer wieder zurückgreift, um Ibn Sīnā teils zu ergänzen, teils abweichende Positionen zu vertreten. Als herausstechendes Beispiel lässt sich auf die Entwicklungsdauer des weiblichen Embryos verweisen, die Bar ʿEbrāyā übereinstimmend mit Aristoteles mit drei Monaten angibt, während Ibn Sīnā dem weiblichen Kind lediglich eine etwas langsamere Entwicklung zuschreibt als die im Schnitt vierzigtägige Entwicklung eines männlichen Kindes. Weitere solche Übereinstimmungen Bar ʿEbrāyās mit Aristoteles und gegen Ibn Sīnā greife ich im Verlauf des zweiten Teils des Kapitels auf.

Unabhängig von den Inhalten gibt es an einigen Stellen aber auch direkte Übereinstimmungen Bar ʿEbrāyās mit Aristoteles im Wortlaut – sofern sich diese feststellen lassen. Denn hier liegen zwei Schwierigkeiten beim Vergleich zwischen Bar ʿEbrāyās *Ḥēwtā* und Aristoteles' zoologischen Schriften vor: Erstens ist eine syrische Übersetzung dieser Schriften nicht erhalten. Vergleichen lassen sich Bar ʿEbrāyās Aussagen also entweder mit dem griechischen Original oder der arabischen Übersetzung. Hierbei ist im Allgemeinen eine Übereinstimmung Bar ʿEbrāyās mit dem griechischen Text festzustellen.[68] Geht man von der Vermutung aus, dass Bar ʿEbrāyā ein syrischer Aristoteles-Text vorlag, würde sich entsprechend bestätigen, was Ibn an-Nadīm im *Fihrist* über die bessere Qualität der syrischen gegenüber der arabischen Übersetzung bemerkt hat.[69] Dies bleibt aber eine Hypothese.

Zweitens besteht eine Schwierigkeit beim Vergleich Bar ʿEbrāyās mit Aristoteles darin, dass Bar ʿEbrāyā vermutlich nicht (oder nicht ausschließlich?) den aristotelischen Text selbst, sondern eine syrische Fassung von Nikolaus' *Peri tēs Aristotelous philosophias* benutzt hat. Dies lässt sich zumindest für die Pflanzenkunde und in weiteren naturphilosophischen Zusammenhängen zeigen, für welche das Kompendium auf Syrisch wenigstens in Teilen erhalten ist.[70] Dies gilt allerdings nicht zwangsläufig für den zoologischen Teil: Eine nur teilweise Übereinstimmung einer Aussage bei Bar ʿEbrāyā mit derjenigen bei Aristoteles kann grundsätzlich heißen, dass Bar ʿEbrāyā diese Aussage selbstständig angepasst hat. Oder es bedeutet, dass er an einer solchen Stelle als indirekter Zeuge der verlorenen syrischen Fassung von Nikolaus' Kompendium gelten kann. Beide Möglichkeiten stehen stets unter Vorbehalt. Ich weise daher vor allem dort auf Nikolaus' *Peri tēs Aristotelous philosophias* als mögliche Vorlage hin, wo die Unterschie-

---

68 Ich beziehe auch im Folgenden oft beide, den griechischen und arabischen Text, mit in die Textanalyse ein, auch da der arabische Text Ibn Sīnā als Ausgangspunkt diente. Findet sich lediglich ein Verweis auf den arabischen Text, sind die Unterschiede zum griechischen Original vernachlässigbar. Durch die übliche Stellenangabe gemäß der Aristoteles-Ausgabe von Bekker ist ein Abgleich auch mit dem Griechischen leicht möglich.

69 Siehe Kruk 1979, S. 22–23.

70 Vgl. Drossaart Lulofs und Poortman 1989 und Takahashi 2004, S. 37–39.

Tabelle 3.6: Quellen der Zoologieschrift des *Ḥēwtā*, *qepalēʾon* 5.1

5.1.1 [a]	Ḥ 9.1 (141.6–7)
5.1.1 [b]	Ḥ 9.1 (141.11–13)
5.1.1 [c]	Ḥ 9.1 (141.14–15)
5.1.1 [d]	Ḥ 9.1 (141.15)
5.1.1 [e]	Ḥ 9.1 (142.13–14)
5.1.1 [f]	Ḥ 9.1 (142.5)
5.1.1 [g.i]	Ḥ 9.1 (142.16)
*5.1.1 [g.ii]	HA IX.1 (582a26–27) + Ḥ 9.1 (142.16–17)
5.1.1 [h]	Ḥ 9.1 (143.1–4) + HA IX.1 (582a34–b3)
5.1.1 [i]	Ḥ 9.1 (143.6–7)
5.1.1 [j.i]	Ḥ 9.1 (144.10–11)
↪ 5.1.1 [j.ii]	Ḥ 9.1 (143.5–8)
*5.1.2 [a]	HA IX.3 (583a26–28) + Ḥ 9.1 (144.10–13)
5.1.2 [b.i–ii]	Ḥ 9.1 (144.13–15)
*5.1.2 [c.i–ii]	HA IX.3 (583b15–19)
*5.1.2 [c.iii]	HA IX.3 (583b20–23)
5.1.3 [a]	MM 2.2.17 (ii.269.19–20)
*5.1.3 [b.i]	MM 2.2.2.2.17 (ii.269.20–270.2)
*5.1.3 [b.ii]	MM 2.2.2.2.17 (ii.270.3–6)
*5.1.3 [b.iii]	MM 2.2.2.2.17 (ii.270.6–14)
*5.1.3 [b.iv]	MM 2.2.2.2.17 (ii.270.14–18)
*5.1.3 [b.v]	MM 2.2.2.2.17 (ii.270.19–271.8) + Ḥ 9.1 (161.10–11)
5.1.3 [c]	MM 2.2.2.2.17 (ii.271.13–16)
*5.1.4 [a.i]	Ḥ 9.2 (149.15–16)
5.1.4 [a.ii]	MM 2.2.2.2.17 (ii.270.17–21)
5.1.4 [a.iii]	MM 2.2.2.2.17 (ii.272.16–18)
*5.1.4 [b.i]–[b.ii]	MM 2.2.2.2.17 (ii.272.18–273.6)
*5.1.5 [a.i]	MM 2.2.2.2.18 (ii.273.18–19)
↪*5.1.5 [a.ii–iv]	MM 2.2.18 (ii.274.18–20)
*5.1.5 [b]	MM 2.2.2.2.18 (ii.273.21–274.6)
5.1.5 [c]	MM 2.2.2.2.18 (ii.274.8)
5.1.5 [d.i–d.ii]	MM 2.2.2.2.18 (ii.274.21–275.3)
5.1.5 [e]	?

Erläuterung: Die Buchstaben in eckigen Klammern beziehen sich auf meine eigene, zusätzliche Unterteilung des Texts; siehe die Edition im Anhang. | ↪ Umstellung oder Abweichung ggü. der strukturellen Vorlage | * Abweichung, z. B. Verkürzung, Zusätze, Umformulierung | Ḥ : Ibn Sīnā, *Kitāb al-Ḥayawān* (Seitenangaben nach Muntaṣir u. a. 1970), MM : Faḫr ad-Dīn ar-Rāzī, *al-Mabāḥiṯ al-mašriqiyyah* (Seitenangaben nach ed. Haydarabad (1343 H.)), HA : Aristoteles, *Historia animalium* (Angaben nach Bekker-Zählung; [gr, ara]: nur im gr. bzw. ara. Text), dS : Galen, *De semine* (Angaben nach Kühn-Ausgabe).

de zum griechischen Aristoteles-Text nicht nur *ex negativo* deutlich werden, sondern sich in markanten Zusätzen oder Abweichungen ausdrücken.

Tabelle 3.7: Quellen der Zoologieschrift des *Ḥēwtā*, *qepalēʾon* 5.2

5.2.1 [a.i–ii]	Ḥ 9.4 (165.4–5)
*5.2.1 [a.iii]	dS I.4.6 (IV 521) (?) + Ḥ 9.4 (165.5–11)
5.2.1 [b]	Ḥ 9.4 (165.10–11)
5.2.1 [c]	Ḥ 9.4 (165.11–12)
*5.2.1 [d.i]	Ḥ 9.4 (165.12) + HA IX.4 (584a3)
*5.2.1 [d.ii]	Ḥ 9.4 (165.14)
5.2.1 [d.iii]	Ḥ 9.4 (165.14–15)
5.2.1 [d.iv]	Ḥ 9.4 (165.16)
*5.2.1 [e]	Ḥ 9.4 (165.16–166.2) + HA IX.7 (586a18–22)
5.2.1 [f]	Ḥ 9.4 (166.2)
5.2.2 [a]	Ḥ 9.4 (166.2–3)
*5.2.2 [b]	Ḥ 9.4 (166.2) (+ Ḥ 9.5 (172.4)?, MM 2.2.2.2.19 (ii.275.21–276.1)?)
*5.2.2 [c.i]	Ḥ 9.4 (167.12–13) (+ 166.18–167.1?)
*5.2.2 [c.ii]	Ḥ 9.4 (166.11–12)
*5.2.2 [c.iii]	MM 2.2.19 (ii.276.13)
*5.2.2 [d]	Ḥ 9.4 (169.11–12) + MM 2.2.2.2.19 (ii.276.7–10)
*5.2.2 [e.i]	Ḥ 9.5 (174.14–175.17)
5.2.2 [e.ii]	?
*5.2.3 [a.i]	Ḥ 9.4 (168.4) + 9.5 (172.5–6)
*5.2.3 [a.ii]	dS I.8 (IV 539–542)?
*5.2.3 [b–c]	Ḥ 9.4 (168.11–14 + 16–18)
↪*5.2.3 [d]	Ḥ 9.5 (172.5–6)
*5.2.3 [e]	Ḥ 9.4 (170.5) + dS I.9.2 (IV 542)?
*5.2.3 [f]–[g]	Ḥ 9.4 (170.5–9)
*5.2.3 [h.i–ii]	Ḥ 9.4 (170.12–171.13)

Erläuterung: Siehe Tabelle 3.6, S. 118.

Als dritte Vorlage Bar ʿEbrāyās für sein *qepalēʾon* zur Fortpflanzung konnte ich Faḫr ad-Dīn ar-Rāzīs *Mabāḥiṯ* identifizieren. Hidemi Takahashi bemerkt zu Bar ʿEbrāyās Nutzung des *Mabāḥiṯ*:

> This most often happens where the discussions in the *Šifāʾ* are long-winded or inconclusive and where Fakhr al-Dīn al-Rāzī instead gives a more succint or more definitive account of the subject.[71]

Auch Ibn Sīnās Passagen im *Šifāʾ* zur Samenlehre und zur Genese der ersten Organe können als weitschweifig bewertet werden. Statt an Ibn Sīnā orientiert sich Bar ʿEbrāyā in den *teʾōriyas* 5.1.3–5 sowie in Teilen von *pāsoqā* 5.2 an Faḫr ad-Dīn.

Faḫr ad-Dīn ar-Rāzī gehört zu den wichtigsten Vertretern der nachklassischen Philosophie beziehungsweise Theologie.[72] Das *Mabāḥiṯ* gehört zu

---

71 Takahashi 2004, S. 55.
72 Zu Faḫr ad-Dīn ar-Rāzī siehe Street 1997 und Griffel 2007.

Tabelle 3.8: Quellen der Zoologieschrift des *Ḥēwtā, qepalēʾon* 5.3

5.3.1 [a.i–iii]	Ḥ 9.6 (179.4–6) + HA IX.3 (583b24–26)
5.3.1 [b]–[c]	Ḥ 9.6 (179.6–13) + HA^{gr} IX.4 (584a13–16)
*5.3.1 [d.i–ii]	Ḥ 9.6 (179.14–180.1)
5.3.1 [e]	HA IX.4 (584a31–33)
5.3.2 [a]	Ḥ 9.6 (180.8)
5.3.2 [b]–[c]	Ḥ 9.6 (180.8–10)
*5.3.2 [d]–[f]	Ḥ 9.6 (180.12–14) + HA IX.4 (584a37–b1, 584b18–25)
5.3.2 [g]	Ḥ 9.6 (180.15–16)
*5.3.2 [h]	HA IX.4 (584b26–36)
5.3.2 [i.i–ii]	Ḥ 9.6 (180.18–20)
5.3.2 [j]	?
5.3.2 [k]	Ḥ 9.6 (181.2–3)
*5.3.3 [a]	Ḥ 9.6 (181.3–4) + HA IX.4 (585a3–6)
*5.3.3 [b]–[c]	HA IX.4 (VII.4) (585a10–17) + Ḥ 9.6 (181.3–6)
5.3.3 [d.i–ii]	Ḥ 9.6 (181.13–15)
*5.3.3 [e.i–iii]	Ḥ 9.6 (181.16–182.6) + HA IX.5 (585b8–28)
*5.3.3 [f.i]	HA IX.6 (585b10, 585b23–24)
5.3.3 [f.ii]	?
5.3.4 [a.i–ii]	HA IX.6 (585b29–30)
5.3.4 [b.i]	Ḥ 9.6 (182.6–7) (+ HA IX.6 (585b30–37)?)
5.3.4 [b.ii]	Ḥ 9.6 (182.7–8)
*5.3.4 [b.iii]	HA IX.6 (586a3–4)
5.3.4 [c.i–iii]	Ḥ 9.6 (182.9–11)
5.3.4 [d]	HA^{ara} IX.8 (586a31–32) (+ Ḥ 9.6 (182.12)?)
↪ 5.3.4 [e.i–iii]	Ḥ 9.5 (178.1–3)
*5.3.5 [a.i–iv]	Ḥ 9.5 (177.15–16, 178.3–4)
5.3.5 [b.i]	? (HA X.8, (586b12–28)?)
*5.3.5 [b.ii–iv]	Ḥ 9.5 (178.4–9)
5.3.5 [c.i–ii]	Ḥ 9.6 (182.16–17)
5.3.5 [d.i–ii]	Ḥ 9.6 (182.17–18)
5.3.5 [e]	Ḥ 9.6 (182.18–183.1) + HA IX.9 (586b35–587a5)
5.3.6 [a]	Ḥ 9.6 (183.1–2)
5.3.6 [b.i–ii]	Ḥ 9.6 (183.4–5)
5.3.6 [c]	Ḥ 9.6 (183.5–6) (+HA X.5 (587a27–35)?)
5.3.6 [d]	Ḥ 9.6 (183.9–10)
5.3.6 [e]	Ḥ 9.6 (183.10–11)
5.3.6 [f]	Ḥ 9.6 (183.12–13) (+HA X.5 (587b11–13)?)
5.3.6 [g.i–ii]	Ḥ 9.6 (183.13–16)
5.3.6 [h.i]	Ḥ 9.6 (183.17–184.2)
5.3.6 [h.ii]	Ḥ 9.6 (183.17–184.2) + HA^{gr} X.7 (587b19–22)
5.3.6 [i.i] + [i.iii]	Ḥ 9.6 (184.5–6)
5.3.6 [i.ii]	HA^{gr} X.7 (588a8–10)

Erläuterung: Siehe Tabelle 3.6, S. 118.

Tabelle 3.9: Quellen der Zoologieschrift des *Ḥēwtā*, *qepalē ʾon* 5.4

5.4.1 [a]	HA X.1 (633b13–14)
5.4.1 [b]	Ḥ 10 (165.1–166.2)
*5.4.1 [c]–[d]	HA^gr X.2 (634b42–635a5)
5.4.1 [e]	Ḥ 10 (186.13)
5.4.2 [a]–[b]	Ḥ 10 (186.14–16)
5.4.2 [c]	Ḥ 10 (186.16–17)
5.4.2 [d.i]	?
*5.4.2 [d.ii–iv]	Ḥ 10 (186.18–187.11)
*5.4.2 [e.i–ii]	HA X.7 (638a15–19)
*5.4.3 [a.i–vii]	HA X.7 (638a11–638b38)
5.4.3 [b.i–ii]	Ḥ 10 (187.16–17)

Erläuterung: Siehe Tabelle 3.6, S. 118.

seinen frühen Werken. Faḫr ad-Dīns Ansichten zur Embryologie wurden bisher vor allem seinem berühmten Korankommentar *Mafātiḥ al-ġayb* („Eröffnungen des Verborgenen") entnommen.[73] Die dort von ihm vertretenen embryologischen Positionen basieren vermutlich auf dem *Mabāḥiṯ*, für das Faḫr ad-Dīn wiederum auf Ibn Sīnās *Šifāʾ* zurückgreift.[74] Im *Mabāḥiṯ* behandelt Faḫr ad-Dīn die entsprechenden Fragen innerhalb der Seelenlehre im *bāb* (Kapitel) über die Kräfte der Pflanzenseele.[75] Diese systematisierende und zusammenfassende Darstellung Faḫr ad-Dīns wurde von Bar ʿEbrāyā in die größeren Zusammenhänge der *pāsoqē* 5.1 und 5.2 integriert.

An einigen Stellen bleiben im Hinblick auf die Vorlagen für Bar ʿEbrāyās Fortpflanzungskapitel noch Fragen offen. Erwähnungen aus der Mythologie, die von Bar ʿEbrāyā beispielsweise zur Illustration von Zwillingen mit unterschiedlichen Vätern (sogenannte heteropaternale Überschwängerung) angeführt werden, finden sich weder bei Aristoteles noch bei Ibn Sīnā in dieser Form. Möglicherweise gehen sie auf das Aristoteleskompendium von Nikolaus zurück, was sich aber wegen dessen lückenhafter Überlieferung wie gesagt nicht prüfen lässt. Außerdem gibt es einige Stellen mit einer gewissen Nähe Bar ʿEbrāyās zu Galens embryonaler Schrift *De semine*. Diese Übereinstimmung sind eher allgemein und lassen vermuten, dass Galens Anschauungen Bar ʿEbrāyā vielleicht vermittelt durch weitere medizinisch-

---

73 Vgl. Belguedj 1979 und Baffioni 2008, S. 223–231.

74 Weitere mögliche Vorlagen für Faḫr ad-Dīn können im vorliegenden Rahmen nicht identifiziert werden.

75 Zum Aufbau des *Mabāḥiṯ* siehe auch Eichner 2009, S. 46–60.

anatomische Schriften vorlagen. Eine ausführliche Übersicht über alle Vorlagen bieten die Tabellen 3.6–3.9 (S. 118, 119, 120 und 121).[76]

3.2 Darstellung: qepalē ʾon 5 der Zoologieschrift

3.2.0 Grundvorstellungen der vormodernen Biologie und Medizin

Die physiologischen Vorstellungen, welche Bar ʿEbrāyās Zoologie und Fortpflanzungsbiologie zugrunde liegen, folgen der antiken griechischen Medizin. Als deren wichtigste Autoritäten galten die beiden in der Einleitung erwähnten Ärzte und Gelehrte Hippokrates von Kos (gest. ca. 375 v. Chr.) und Galen von Pergamon (gest. 200).[77] Wie viele andere Wissensbereiche der Antike wurde diese Art der Medizin bis in die Neuzeit rezipiert, sowohl im arabisch-islamischen Kontext als auch im lateinischen Westen.[78] Im Folgenden skizziere ich die wichtigsten Aspekte dieser Vorstellungen, so zum Beispiel die Vier-Säfte-Lehre. Dabei stütze ich mich auf die Darstellung Ursula Weissers, was nicht nur wegen ihres Bezugs zur menschlichen Fortpflanzung nahe liegt, sondern auch weil sie sich hierzu auf die arabischen Handbücher zur Medizin stützt, welche die antike Tradition bereits synthetisieren.[79] Einige Aspekte sind bereits in Kapitel 2 aufgetaucht, wo ich die allgemeinen naturphilosophischen Grundlagen anhand von Bar ʿEbrāyās *Swādā* erläutert habe; an den gegebenen Stellen erwähne ich nur das Wichtigste und Verweise zurück auf dieses Kapitel.

Als Teil der physischen Welt werden auch Lebewesen als zusammengesetzt aus den Vier Elementen (Wasser, Erde, Luft, Feuer) betrachtet, die jeweils bestimmte Qualitäten aufwiesen.[80] Diese Qualitäten der Elemente (warm, kalt; trocken, feucht) spielen auch für die vormoderne Physiologie eine wichtige Rolle. Die komplexen Körper von Lebewesen sind in dieser Vorstellung als bestimmte Mischungen der Vier Elemente zu verstehen.

---

76 Die feinere Unterteilung, angezeigt durch Kleinbuchstaben a, b, …, wurde von mir im Zuge der Edition und Übersetzung von außen in den Text eingetragen und ist damit bereits Interpretation. Siehe hierzu Kap. A.3, S. 333.

77 Siehe Kap. 1.1, S. 24.

78 Einen Gesamtüberblick über das Schrifttum der arabischen Medizin bietet Ullmann 1970. Zu den arabischen Übersetzungen aus dem Griechischen und anderen Sprachen siehe Ullmann 1970, S. 25–107.

79 Weisser 1983, S. 71–81 („Zu den physiologischen Grundvorstellungen").

80 Siehe Kap. 2.2.2, S. 80.

Normale körperliche Prozesse, aber auch Krankheiten werden entsprechend durch das richtige oder falsche Zusammenspiel der Elemente beziehungsweise ihrer Qualitäten gedeutet. Zudem hätten individuelle Abweichungen oder Faktoren wie Geschlecht, Lebensalter oder Lebensweise, aber auch äußere Umstände wie das Klima bestimmte Auswirkungen.[81]

Beim Tier (und damit auch beim Menschen) stellt man sich die Qualitäten als vermittelt durch bestimmte Körpersäfte vor, die sogenannten *humores*: Blut, Schleim, Gelbgalle und Schwarzgalle. „Die Viersäftelehre ist demnach gewissermaßen als die spezielle medizinische Spielart der naturphilosophischen Vierelementenlehre aufzufassen."[82] Jedem der Vier Elemente ist in Bezug auf die Qualitäten ein bestimmter Saft zuzuordnen (siehe Tabelle 3.10, S. 123). Außerdem werden die Elemente beziehungsweise die Säfte mit weiteren sich jeweils gegenüberstehenden Aspekten in Verbindung gebracht, zum Beispiel männlich (warm, trocken) — weiblich (kalt, feucht) oder rechts (warm) — links (kalt). Ein Beispiel für eine solche Assoziation ist die Frage, auf welcher Körperseite der Mutter sich ein männliches oder weibliches Kind entwickelt.[83]

Tabelle 3.10: Eigenschaften der Vier Elemente und der Vier Säfte

	Wasser Schleim	Erde Schwarzgalle	Luft Blut	Feuer Gelbgalle
kalt	x	x		
warm			x	x
feucht	x		x	
trocken		x		x

---

81 Weisser 1983, S. 73–74.

82 Weisser 1983, S. 73. Die Nachwirkung der Vier-Säfte-Lehre bis in die heutige Zeit zeigt sich besonders in der Alltagssprache: Das „Temperament" einer Person ist ursprünglich ihre Mischung, ein „Spleen" als Marotte geht auf die Milz (vgl. engl. *spleen*, gr. *splēn*, Milz) zurück, die zu viel Schwarze Galle (gr. *melaina cholē*, vgl. Melancholie) produziert, und wer guten Humors ist, hat einen guten Körpersaft. Weisser 1983, S. 74 mit Anm. 16 verweist mit weiterer Literatur aber darauf, dass die Einordnung bestimmter Charaktertypen anhand der Säfte sich erst im Mittelalter, nicht schon in der Antike entwickelte.

83 Siehe unten Kap. 3.2.1.2, S. 132.

Weiterhin wichtig ist die Idee körperlicher Vermögen. So wie Galen die Vier-Säfte-Lehre, die maßgeblich auf Hippokrates zurückgeht, systematisierte, wurde von ihm auch das aristotelische Prinzip der Kräfte oder Vermögen in Bezug zu den Funktionen der einzelnen Körperteile gesetzt.[84] „Die Vermögen gäben den Körperteilen ihr besonderes Bewegungsmuster vor, d. h. sie verleihen ihnen die Fähigkeit, ihre spezielle Funktion auszuüben."[85] Das Prinzip der Seele als wirkmächtiges Prinzip im Gesamtorganismus[86] wird hier also auf die einzelnen Organe übertragen. „Dem Magen beispielsweise wohnt ein verdauendes Vermögen inne, den Venen ein blutbereitendes etc."[87] Die hauptsächlichen Vermögen seien dreigeteilt in (1) lebenserhaltende, (2) natürlich-vegetative und (3) seelische/sensorisch-motorische Kraft und werden den drei hauptsächlichen Organen Herz, Leber und Hirn zugeordnet.[88] Die Wirkweise wird durch ein Pneuma oder einen „Geist" erklärt, „einen außerordentlich subtilen, hauchartigen Stoff […], der aufgrund eben dieser Feinheit zwischen dem grobstofflichen Leib und den immateriellen Seelenkräften zu vermitteln vermag."[89]

Darüber hinaus gibt es die durch Alltagserfahrung geprägte Idee von Wärme als unabdingbarem unterstützendem Faktor bei grundlegenden Lebensfunktionen. „Die Wirkungsweise der Wärme bei Ernährungs- und Wachstumsprozessen in Pflanzen- und Tierreich wird in Analogie zu Beobachtungen bei der Zubereitung von Speisen generell als eine Art Kochung verstanden."[90]

Schließlich lässt sich das bereits erwähnte teleologische Prinzip anführen, mit dem Galen aufbauend auf aristotelischen Vorstellungen eine „innige Verbindung von strukturellem und funktionellem Aspekt" bei der Betrachtung des Körpers, der Organe und ihrer Tätigkeiten zieht.[91] Ursula Weisser warnt davor, Aristoteles so zu verstehen, als sehe er in der Natur ein absichtsvolles Wirken. Vielmehr handele es sich um ein „heuristisches Prinzip", mit dessen Hilfe „die Bedeutung der Einzelglieder für den Gesamtorganismus von ihrer Funktion" her erfasst werden könne.[92] Im Zusammenhang damit

---

84 Weisser 1983, S. 74.
85 Weisser 1983, S. 74.
86 Siehe zur Seele als tätigem Prinzip des Organismus Kap. 2.2.3, S. 85.
87 Weisser 1983, S. 76.
88 Weisser 1983, S. 74–75.
89 Zum Pneuma siehe auch Kap. 2.2.3, S. 89.
90 Weisser 1983, S. 78.
91 Weisser 1983, S. 79.
92 Weisser 1983, S. 79–80.

stehen wiederum die aristotelisch verstandenen Ursachen, wobei Form- und besonders Zweckursache dem teleologisch orientierten Denken folgen.[93]

In den mittelalterlichen Quellen findet schließlich unter monotheistischen und schöpfungstheologischen Vorzeichen neben der sinnvollen Ordnung der Natur auch das absichtsvolle Handeln Gottes als Schöpfer Eingang in den Diskurs.[94]

Unter Berücksichtigung dieser allgemeinen medizinisch-biologischen Vorstellungen untersuche ich nun im Folgenden den Inhalt des fünften *qepalē'on* im Tierbuch von Bar 'Ebrāyās *Ḥēwtā*.

Im Hinblick auf Edition und Übersetzung des *qepalē'on* der Zoologieschrift des *Ḥēwtā* im Anhang ist diese eingehende Untersuchung aus zwei Gründen nicht redundant: Erstens versucht die Übersetzung im Anhang möglichst nah am Original zu bleiben. Daher und wegen des oft nicht leicht verständlichen Inhalts bietet sich oft zusätzlich eine Paraphrase an. Zweitens bildet die Wiedergabe des Inhalts den Rahmen, in welchem ich abschnittsweise die allgemeinen naturphilosophischen und medizinischen Vorstellungen über Fortpflanzung und Schwangerschaft erläutere, die sich explizit oder implizit in Bar 'Ebrāyās Darstellung finden. Hierzu lege ich meist die entsprechenden Vorlagen zugrunde, die oft ausführlicher ausfallen als Bar 'Ebrāyās Darstellung selbst. Diese Art der Darstellung ermöglicht eine Einführung in die Thematik entlang des zu untersuchenden Textes und seiner Parallelen. In den Zusammenfassungen, die sich jeweils an längere Abschnitte anschließen, stehen vor allem die Beobachtungen zu Bar 'Ebrāyās redaktionellem Vorgehen im Vordergrund.

3.2.1 *pāsoqā* 5.1: „Über den Samen, die Menstruation und die Empfängnis"

In *pāsoqā* 5.1 behandelt Bar 'Ebrāyā verschiedene Aspekte, die einer detaillierten Beschreibung der Fortpflanzung und Schwangerschaft eher vorgela-

---

93 Zur aristotelischen Ursachenlehre siehe Falcon 2019.

94 Dazu bemerkt Weisser 1983, S. 81: „Ob diese Hinweise nur als Übernahme der Angaben über den Demiurgen bei Galen aufzufassen sind oder ob damit eine weitergehende Anpassung der heidnischen Medizintradition an die monotheistische Ideologie des Islam und den Schöpfergedanken beabsichtigt ist, könnten nur sorgfältige Textanalysen klären." Eine direkte Verbindung zwischen der aristotelischen Kausalitätstheorie und dem göttlichen Handeln mache dabei nur Ibn Sīnā.

gert sind, nämlich Pubertät (5.1.1) und Samentheorie (5.1.3–5). Lediglich in *te'ōriya* 5.1.2 geht er bereits allgemein auf die Schwangerschaft ein.

3.2.1.1   *te'ōriya* 5.1.1 – Sexuelle Reife

Ausgangspunkt für Bar ʿEbrāyā ist in *te'ōriya* 5.1.1 die Thematisierung sexueller Reife. Diese steht auch schon bei Aristoteles und Ibn Sīnā vor der Erläuterung der Empfängnis und Schwangerschaft selbst, gewissermaßen als notwendige Bedingung der Fortpflanzung.[95] Thematisiert werden das Wachstum von Schamhaar und Brüsten, der Stimmbruch sowie einige allgemeine Aspekte zum männlichen Samen und zur Menstruation, die später, in den *te'ōriyas* 5.1.3–5, von Bar ʿEbrāyā weiter vertieft werden.

Der einsetzende Wuchs des Schamhaars (syr. *azbā*) wird von Bar ʿEbrāyā zu Beginn mit der Blüte und der Samenerguss (*methlamlamnutā*[96]) mit dem Fruchtbringen von Bäumen verglichen (5.1.1 [a]). Bar ʿEbrāyā lehnt sich hier eng an den Wortlaut Ibn Sīnās an.[97] Analogien zum Baum finden sich in der Fortpflanzungsbiologie des Öfteren.[98] Konkret findet sich der von Ibn

---

95 Dieser Darstellung folgt z. B. auch der populärwissenschaftliche Bestseller „Ein Kind entsteht" von Lennart Nilsson. Der Band erschien erstmals 1965 und machte die biologischen Vorgänge menschlicher Fortpflanzung anhand teilweise stark vergrößerter Farbfotografien für ein breites Publikum zugänglich.

96 Wegen der zugrunde liegenden Wurzel *ḥ-l-m* dieses Begriffs, mit Bedeutungen im Umfeld Schlaf/Traum (syr. *ḥlemā*, ara. *ḥulm*), findet sich in den einschlägigen Wörterbüchern für syr. *methalmalmnutā* bzw. für die zugrunde liegende Verbform *ethlamlam* die Bedeutung „nächtlicher Samenerguss" (J. Payne Smith 1903, S. 144 (s. v. *ḥlam*)) bis hin zu wertenderen Bedeutungen wie „sich beflecken", die vermutlich aus einem asketischen Zusammenhang kommen, dann aber auch im tatsächlichen Sinn der „Verschmutzung" in zeitlich späten Belegstellen auftauchen; vgl. die aufgeführten Belege in Sokoloff 2009, S. 457 (s. v. *ḥlmlm*). Im Kontext des hier untersuchten *qepalē'on* zur Fortpflanzung zeigt sich, dass Bar ʿEbrāyā den Begriff im allgemeinen Sinne des Hervortretens von Samenflüssigkeit meint. Er deckt sich mit ara. *iḥtilām*, das dieselbe Wurzel aufweist und im modernen Arabisch seine Bedeutung ganz zur Fruchtbarkeit, d. h. zum Hervorbringen von Samenflüssigkeit, gewandelt zu haben scheint; Wehr 1985, s. v. *ḥalama*.

97 Ibn Sīnā, *Kitāb aš-Šifā', aṭ-Ṭabīʿiyyāt* 8 – *al-Ḥayawān*, 9.1 (141.6–7).

98 Vgl. Weisser 1983, S. 219 (über das Nervensystem), 231 (über Blutgefäße), 203–206, 240–241, 262–263, 375 (über das Embryo), jeweils mit weiteren Belegen.

Sīnā und Bar ʿEbrāyā gezogene Vergleich bereits bei Aristoteles, der ihn auf Alkmäon (fl. 5. Jhd. v. Chr.) zurückführt.[99]

Im Anschluss erwähnt Bar ʿEbrāyā den Stimmbruch, wobei derjenige von Jungen beziehungsweise Männern (syr. *dekrē*, wörtl. „Männliche, Männchen") als besonders stark charakterisiert wird (5.1.1 [b]). Die Ausführungen von Ibn Sīnā und Aristoteles sind hier jeweils ausführlicher.[100]

Dem folgend stellt Bar ʿEbrāyā fest, dass bei Mädchen (*neqbātā*, wörtl. „Weibliche, Weibchen") die Menstruation fließe (*rādē kepsā*) (5.1.1 [c]).[101] Neben der Menstruation träten nun auch die Brüste hervor, so Bar ʿEbrāyā (5.1.1 [c]). Außerdem teile sich der Knorpel der Nasenspitze, was von ihm auf Trockenheit zurückgeführt wird (5.1.1 [d]). Die Vorstellung, dass der Körper bei der Geburt noch eher feucht ist und zunehmend trocken wird, ist üblich.[102] Für beide Pubertätsanzeichen findet sich eine direkte Entsprechung bei Ibn Sīnā,[103] auch für den etwas merkwürdigen letzten Punkt zur Nasenspitze, der sich allerdings vorerst nicht erklären lässt.

Als nächstes thematisiert Bar ʿEbrāyā den Samen (syr. *zarʿā*), der nach dem zweiten Siebener (*šaboʿā trayānā*) entstehe und mit dem dritten Siebener fähig oder potent werde (*methayyal*) (5.1.1 [e]). Mit „Siebener"[104] sind hier sieben Lebensjahre gemeint und mit „fähig" die (männliche) Fähigkeit

---

99 Aristoteles, *Historia animalium* [versio arabica], IX.1 (581a14–16) (t: Filius 2019, S. 360). Die Seitenangaben zu Filius 2019 beziehen sich auf die Paginierung auf dem oberen Seitenrand, nicht auf die Seitenzahlen in arabischen Ziffern am unteren Seitenrand.

100 Dies gilt sowohl für die Beschreibung des Stimmbruchs (z. B. als weniger stark bei denjenigen, die [oft] singen) als auch für seine Ursachen (Trockenheit); vgl. Ibn Sīnā, *Kitāb aš-Šifāʾ*, *aṭ-Ṭabīʿiyyāt* 8 – *al-Ḥayawān*, 9.1 (141.11–13) und Aristoteles, *Historia animalium* [versio arabica], IX.1 (581a17–26) (t: Filius 2019, S. 360).

101 Dies lässt für sich noch nicht erkennen, ob die Menstruation hier ausdrücklich als Pendant des zuvor erwähnten männlichen Samenergusses aufgefasst wird. Denn sowohl Schamhaar als auch Stimmbruch werden auf beide Geschlechter bezogen und der Samenerguss mit diesen beiden in Zusammenhang gebracht. Samenerguss könnte sich also auf beide Geschlechter beziehen. Gemäß dieser Lesart träte die Menstruation der Mädchen zusätzlich, nicht stattdessen als Pubertätsmerkmal hinzu.

102 Diese Vorstellung findet sich auch in der Passage zur nachgeburtlichen Pflege des Kindes, wo die generell feuchte Konstitution des Neugeborenen als gefährlich beschrieben wird, und zwar wegen des großen Einflusses des Mondes auf die Säfte; siehe *teʾōriya* 5.3.6 [i].

103 Ibn Sīnā, *Kitāb aš-Šifāʾ*, *aṭ-Ṭabīʿiyyāt* 8 – *al-Ḥayawān*, 9.1 (141.14–15).

104 Das Wort *šaboʿā* bedeutet auch Woche, wie ara. *usbūʿ*. Geläufiger ist aber syr. *šabbtā*, von Sabbat.

zur Zeugung.[105] Diese Zusammenhänge werden aus dem Vergleich mit Ibn Sīnā beziehungsweise Aristoteles deutlich: Bei Ibn Sīnā ist von „zwei Siebenern an Alter" (ara. *usbūʿayn min as-sinn*) die Rede,[106] bei Aristoteles von der „Vollendung dreier Siebener, das heißt einundzwanzig Jahren", wonach „aus ihm [sc. dem Samen] [potentiell] ein Kind entstehe".[107]

Nicht eindeutig ist bei Bar ʿEbrāyā die Auffassung des Samens als ausschließlich männlich. Ibn Sīnā behandelt das Fließen der Menstruation und das Wachstum der weiblichen Brüste erst im Anschluss an die Reife des Samens.[108] Die Thematisierung der männlichen Pubertät schließt er also mit deren Teilaspekt, der Ausbildung des männlichen Samens, ab. Bar ʿEbrāyā nimmt im Gegensatz zu seiner Vorlage kleinere Umstellungen vor, zieht nämlich die Menstruation und das Brustwachstum vor.[109] Daher könnte sich bei ihm Samen (syr. *zarʿā*) auf männlichen *und* weiblichen Zeugungsbeitrag beziehen. Entsprechend schließt auch die aristotelische Darstellung unmittelbar mit dem „kleinwüchsigen und unvollkommenen" (ara. *ṣaġīr laysa bi-t-tamm*) Nachwuchs jüngerer Männer *und* Frauen an, was im Zusammenhang mit deren unreifem Zeugungsbeitrag zu verstehen ist.[110] Es ist also möglich, dass Bar ʿEbrāyā sich bei der Umstellung von Ibn Sīnās Material zusätzlich an Aristoteles orientiert.[111]

---

105 Mit den Zahlen 14 und 21 als Eckpunkte sexueller Reife und Fruchtbarkeit wird nicht nur ein allgemeiner Orientierungspunkt für die verschiedenen Lebensalter gegeben, sondern solche Zahlen spielen auch eine allgemeine Rolle bei der jeweiligen Modellbildung, ähnlich wie Ursula Weisser 1983, S. 319 es im Hinblick auf die embryonalen Fristen feststellt: „Diese zahlenmystische Orientierung zeigt, daß es den alten Gelehrten bei der Aufstellung ihrer Zahlengesetze [...] nicht in erster Linie bzw. nicht ausschließlich um eine quantitative Beschreibung der Realität ging." Für die Einteilung der Lebensalter in der medizinischen Literatur siehe Weisser 1983, S. 167–171.

106 Ibn Sīnā, *Kitāb aš-Šifāʾ*, *aṭ-Ṭabīʿiyyāt* 8 – *al-Ḥayawān*, 9.1 (142.13–14).

107 Aristoteles, *Historia animalium* [versio arabica], IX.1 (582a16–17) (t: Filius 2019, S. 362).

108 Ibn Sīnā, *Kitāb aš-Šifāʾ*, *aṭ-Ṭabīʿiyyāt* 8 – *al-Ḥayawān*, 9.1 (141.15–142.1).

109 Ibn Sīnā beschreibt vorher schon allgemein (ggf. aber auch nur mit Bezug auf die Jungen?) das Wachstum der Brust; Ibn Sīnā, *Kitāb aš-Šifāʾ*, *aṭ-Ṭabīʿiyyāt* 8 – *al-Ḥayawān*, 9.1 (141.13–14). Bar ʿEbrāyā kann diese Erwähnung also nutzen, um die Menstruation in seine Vorlage einzuschieben.

110 Aristoteles, *Historia animalium* [versio arabica], IX.1 (582a17–19) (t: Filius 2019, S. 362).

111 Der unvollkommene Nachwuchs könnte bei Aristoteles aber auch nur auf den unvollkommenen bzw. noch nicht zeugungsfähigen männlichen Samen zurückzuführen sein, da nach dessen Vorstellung nur dieser über die Fähigkeit zur Formung bzw.

Mit dem Menstruationsfluss beim Mädchen (syr. *'laymtā*), so Bar ʿEbrāyā weiter, werde auch die Lust zum Sex (syr. *reggtā d-zuwwāgā*; wörtl. „zur Paarung") erregt (5.1.1 [f]). Wörtlich findet sich dies auch bei Ibn Sīnā.[112] Aristoteles gibt darüber hinaus den Ratschlag, die Mädchen gegen ihre Lust zu schützen,[113] was bei Ibn Sīnā und Bar ʿEbrāyā fehlt.

Anschließend warnt Bar ʿEbrāyā, „diejenigen, die oft Sex haben" (syr. *saggi mezdawwgin*, wörtl. „sich paaren") alterten schneller, und zwar sowohl Männer als auch Frauen (5.1.1 [g.i]). Diese Aussage ist von Ibn Sīnā übernommen.[114] Dort fehlt aber die ausdrückliche Benennung beider Geschlechter.[115]

Neben den Folgen eines allzu aktiven Sexuallebens wird von Bar ʿEbrāyā auch die Auswirkung vieler Schwangerschaften und Geburten auf die Libido der Frau thematisiert. Frauen, die oft gebären (syr. *saggi 'āt yaldā*), seien züchtiger oder moderater, selbst in Fällen, wo es sich im Allgemeinen um eine eher lustvolle Frau handele (syr. *metnakkpān āpen šriḥān*) (5.1.1 [g.ii]). Der Zusatz, dies sei auch bei sonst lustvollen Frauen zu beobachten, geht vermutlich auf die aristotelische Darstellung zurück, welche die Frau

---

Zeugung verfügt, während der weibliche Zeugungsbeitrag lediglich den materiellen Aspekt bzw. die Fähigkeit zum Geformtwerden mit sich bringe. Genau diese Diskussion führt Bar ʿEbrāyā in einer späteren *te'ōriya* der Fortpflanzungsbiologie, unter anderem im Hinblick darauf, ob der weibliche Zeugungsbeitrag überhaupt als Samen bezeichnet werden könne; siehe unten Kap. 3.2.1.3, S. 138. An einigen Stellen nutzt Bar ʿEbrāyā den Begriff „Samen" auch eindeutig im Hinblick auf Männer *und* Frauen.

112 Ibn Sīnā, *Kitāb aš-Šifāʾ, aṭ-Ṭabīʿiyyāt* 8 – *al-Ḥayawān*, 9.1 (142.5).

113 Aristoteles, *Historia animalium* [versio arabica], IX.1 (581b16–21) (t: Filius 2019, S. 361). Diese Vorsicht wird im Folgenden auch grundsätzlich auf Jungen ausgedehnt und zusätzlich medizinisch bzw. biologisch begründet.

114 Ibn Sīnā, *Kitāb aš-Šifāʾ, aṭ-Ṭabīʿiyyāt* 8 – *al-Ḥayawān*, 9.1 (142.16). In Hs. Florenz, *Biblioteca Medicea Laurenziana*, Or. 83 findet sich der exakte arabische Wortlaut Ibn Sīnās, „Wer im Hinblick auf Sex unmäßig ist, altert vor einem anderen [der dies nicht ist]" (*wa l mufriṭ fī l-ǧamāʿ yašīḥ qublu ġayrihi*) am Rand des Textes. Hier könnte vielleicht das stärker wertende Urteil („unmäßig") das Interesse des Kommentators geweckt haben.

115 Ibn Sīnās Position lässt sich mit der abweichenden arabischen Aristotelesübersetzung erklären: Während im Griechischen nur von der Libido des Mannes die Rede ist, die seinen Körper keine Vollkommenheit erreichen lasse, spricht die arabische Übersetzung von Männern, die „ausschweifend im Hinblick auf Sex sind" (ara. *yusrif fī n-nikāḥ*) und daher schneller als andere ergrauen und altern (*yašībūna wa-yašīḫūna asraʿ min ġayrihim*); Aristoteles, *Historia animalium* [versio arabica], IX.1 (582a23) (t: Filius 2019, S. 362).

thematisiert, „die stark nach Sex verlangt", dann aber, nach drei Geburten, ausgeglichener werde (gr. *kathistantai,* ara. *taskun*).[116] In Ibn Sīnās *Šifāʾ* heißt es dagegen lediglich, die Lust nehme bei denjenigen Frauen ab, die viel gebären.[117]

Außerdem wird von Bar ʿEbrāyā ein Zusammenhang zwischen den Mondphasen und dem Menstruationsfluss hergestellt: Die Menstruation fließe in Abhängigkeit sowohl des abnehmenden als auch des vollen Mondes, und zwar dadurch, dass sich die Veränderung (syr. *šuḥlāpā*) des Mondes auf alle Säfte (*raṭṭibwātā kollhēn*) auswirke (5.1.1 [h]). Die Annahme eines Zusammenhangs von Mond und Menstruationsfluss, geht weit in die Antike zurück.[118] Sie findet sich bei Ibn Sīnā mit Bezug zu astronomischer Konjunktion (ara. *iǧtimāʿ*) und Opposition (ara. *istiqbāl*).[119] Vermutlich orientiert sich Bar ʿEbrāyā hier eher an der aristotelischen Darstellung.[120]

Weiterhin thematisiert Bar ʿEbrāyā Blutungen während der Schwangerschaft: Wenn die Frau schwanger werde (syr. *w-kad bāṭnā*) und dennoch ihre Menstruation fließe, werde ihr Embryo (*ʿullāh*) geschwächt (5.1.1 [i]). Hintergrund ist die Vorstellung, die Menstruation diene der Ernährung des Embryos, wie Ibn Sīnā an der parallelen Stelle explizit bemerkt.[121] Ibn Sīnā fügt hinzu, der Menstruationsfluss könne ein Ausmaß erreichen, das zum Abortus führe.

Die erste *teʾōriya* schließt mit dem Thema der Empfängnis, womit eine Art Überleitung zur folgenden *teʾōriya* entsteht. Bleibe der Samen (syr. *zarʿā*) sieben Tage in der Frau, so Bar ʿEbrāyā, finde die eigentliche Empfängnis statt beziehungsweise werde die Frau schwanger (*beṭnat lāh*) (5.1.1 [j.i]). Bei Ibn Sīnā findet sich die parallele Aussage zur „guten Anheftung" (ara. *ʿulūq*), einer Art Terminus technicus in diesem Zusammenhang. Sie fin-

---

116 Aristoteles, *Historia animalium* [versio arabica], IX.1 (582a26–27) (t: Filius 2019, S. 362).

117 Ibn Sīnā, *Kitāb aš-Šifāʾ, aṭ-Ṭabīʿiyyāt* 8 – *al-Ḥayawān,* 9.1 (142.16–17): *wa-yaʿraḍ lahā suqūṭ šahwat al-ǧamāʿ.*

118 Weisser 1983, S. 360–361.

119 Ibn Sīnā, *Kitāb aš-Šifāʾ, aṭ-Ṭabīʿiyyāt* 8 – *al-Ḥayawān,* 9.1 (143.1–4).

120 Aristoteles, *Historia animalium* [versio arabica], IX.2 (582a34–b3) (t: Filius 2019, S. 362).

121 Ibn Sīnā, *Kitāb aš-Šifāʾ, aṭ-Ṭabīʿiyyāt* 8 – *al-Ḥayawān,* 9.1 (143.6–7): *li-anna aṯ-ṯamt yanṣarifu ilā ġaḏāʾ al-ǧanīn.* Siehe auch Weisser 1983, S. 250–255 („Zur Ernährung in den ersten Lebensstadien").

de statt, wenn der Samen sieben Tage nicht herausfließe.[122] Ibn Sīnā führt allerdings im Vorfeld auch zahlreiche Ursachen dafür an, wieso eine Befruchtung gar nicht erst stattfinde. Zu diesen Ursachen zählten die Konstitution der Gebärmutter sowie die Qualität der beiden Zeugungsbeiträge.[123] Einen Teil dieser Aussagen greift Bar ʿEbrāyā auf, ordnet ihn allerdings in einen anderen, später folgenden Zusammenhang ein. Ich behandle dies im Rahmen der entsprechenden *te ʾōriya* 5.4.1.[124]

Abschließend äußert Bar ʿEbrāyā sich zum optimalen Zeitpunkt für eine Befruchtung. „Nach der Reinigung" (*men bātar tadkitā*), womit der Abschluss der vorherigen Menstruationsperiode gemeint ist, geschehe nämlich die Empfängnis (5.1.1 [j.ii]). Diese Bemerkung steht bei Ibn Sīnā schon vor den Ausführungen zum Zusammenhang von Menstruation und Schwangerschaft.[125] Bar ʿEbrāyā nimmt hier also eine kleinere Umstellung vor. Inhaltlich deckt sich die Aussage in jedem Fall mit den allgemein üblichen Vorstellungen vom optimalen Zeitpunkt für eine Befruchtung.[126]

Zusammengefasst finden sich Bar ʿEbrāyās Ausführungen in *te ʾōriya* 5.1.1 großteils in Ibn Sīnās *Šifā ʾ* wieder. Bar ʿEbrāyā exzerpiert hier ungefähr die ersten beiden Drittel von *faṣl* 9.1 in Ibn Sīnās Tierbuch.[127] Bar ʿEbrāyā folgt der dortigen Darstellung oft wörtlich, mit wenigen kleineren Umstellungen. Er fügt aber auch Details ein, die er der aristotelischen Zoologie entnimmt, so beispielsweise, dass selbst bei Frauen, die im Allgemeinen eher lustvoll seien, nach mehreren Geburten die Libido abnehme.

Überdies wird von Anfang an deutlich, dass sich das gesamte Kapitel zur Fortpflanzungsbiologie auf die biologischen Grundlagen der Fortpflanzung beim Menschen konzentriert. Der Mensch wird im Allgemeinen biologisch beziehungsweise physiologisch nicht als grundsätzlich verschieden von anderen Tieren betrachtet.[128] Gleichzeitig wird aber anhand der Aus-

---

122 Ibn Sīnā, *Kitāb aš-Šifā ʾ*, aṭ-Ṭabī ʿiyyāt 8 – al-Ḥayawān, 9.1 (144.10–11): *wa-iḏā lam yanzaliq al-manīy sab ʿt ayām fa-qad ʿalaqa ʾulūqan ǧayyidan.*
123 Vgl. Ibn Sīnā, *Kitāb aš Šifā ʾ*, aṭ Ṭabī ʿiyyāt 8 – al-Ḥayawān, 9.1 (143.18–144.10).
124 Siehe Kap. 3.2.4, S. 200.
125 Ibn Sīnā, *Kitāb aš-Šifā ʾ*, aṭ-Ṭabī ʿiyyāt 8 – al-Ḥayawān, 9.1 (143.5–8).
126 Siehe Weisser 1983, S. 156–158.
127 Dieser Abschnitt ist bei Ibn Sīnā mit „Über den Zustand der Pubertät (*idrāk*), des Ejakulats (*manīy*), der Menstruation (*ṭamṯ*) sowie die Erwähnung der Unterscheidung hinsichtlich dessen (*ḏikr al-iḫtilāf fī ḏālikā*)" überschrieben.
128 Allerdings gilt der aufrechte Gang des Menschen in der vormodernen (Natur-)Philosophie durchaus als physiologische Auszeichnung; vgl. die ersten beiden Teile von Bayertz 2014.

führungen beispielsweise zur Promiskuität erkennbar, dass Fragestellungen zur Fortpflanzungsbiologie nicht frei von sozialen beziehungsweise kulturellen Faktoren sind. Zu Aristoteles' Schriften bemerkt Hendrik J. Drossaart Lulofs:

> Man indeed is not only of all animals the best known to us, he also is the most versatile in most respects. Accordingly, in the zoological works he is more often referred to than any other animal.[129]

Dass vor allem der Mensch im Blick ist, zeigt sich auch bei Bar ʿEbrāyā an den abwechselnd neutralen Begriffen „männliches Wesen" (*dekrā*) und „weibliches Wesen" (*neqbtā*) einerseits, und Bezeichnungen für Personen (z. B. *gabrē*, Männer, *neššē*, Frauen, oder *ʿlaymtā*, Mädchen) andererseits.

3.2.1.2 *teʾōriya* 5.1.2 – Geschlechtsspezifische Schwangerschaftsanzeichen und Fristen der Embryonalgliederung

In *teʾōriya* 5.1.2 werden von Bar ʿEbrāyā zwei unterschiedliche Fristen angegeben, nämlich wann die Mutter ihr Schwangersein bemerke und wann sich die Gestalt des männlichen und weiblichen Embryos jeweils ausdifferenziere. Diese beiden Fristen müssen bei der Betrachtung des Folgenden unterschieden werden, auch wenn Bar ʿEbrāyā Versatzstücke zu beiden Fristen aus dem *Šifāʾ* und der aristotelischen Zoologie zusammenbringt. Außerdem findet sich in diesem Kontext die Vorstellung Bar ʿEbrāyās einer geschlechtsspezifischen Lage des Embryos im Mutterleib.

Für die erwähnten Fristen ist für die vormoderne Zeit zu berücksichtigen, dass „die empirische Basis der Hypothesen außerordentlich schmal" war, „da die intrauterinen Entwicklungsvorgänge beim Menschen kontinuierlicher Beobachtung zur Bestimmung der Dauer einzelner Phasen nicht zugänglich waren. [...] Deshalb sind die Angaben der vorneuzeitlichen Autoren über die Länge der Entwicklungsabschnitte, insbesondere in Bezug auf die Frühentwicklung, überwiegend theoretisch-spekulativ begründet"[130] und zahlenmystischer Art.

Nach vierzig Tagen, so Bar ʿEbrāyā zu Beginn von *teʾōriya* 5.1.2, bemerke (*margšā*) die Schwangere (*baṭntā*), was in ihrem Schoß ist (*hāw mā da-b-ʿubbāh*), besonders, wenn sie sich schwach (*bṣirā*) fühle (5.1.2 [a]).

---

129 Drossaart Lulofs 1985, S. 345.
130 Weisser 1983, S. 319.

Der zweite Teil dieser Aussage, zum Gefühl der Schwangeren und ihrer Schwäche, ist nahezu identisch mit Ibn Sīnās dahingehender Äußerung.[131] Die Frist von vierzig Tagen, die Bar ʿEbrāyā im ersten Teil der Aussage nennt, findet sich dagegen nur indirekt: Ibn Sīnā gibt unmittelbar davor den nachgeburtlichen Wochenfluss mit vierzig Tagen an.[132] Dahinter liegt die Vorstellung, das überschüssige Blut, welches das Embryo bei seiner ersten Ausbildung in der Frühzeit der Schwangerschaft noch nicht benötige, werde nach der Schwangerschaft mit dem Wochenfluss ausgeschieden. Ähnlich findet sich dies bereits bei den Hippokratikern.[133] Ein direkter Zusammenhang zum Gefühl der Frau findet sich bei Ibn Sīnā jedoch nicht.

Aristoteles wiederum geht von einem Ausfluss während der Frühschwangerschaft aus, der sich hinsichtlich des Geschlechts des Embryos unterscheide.[134] Bei Jungen betrage er vierzig Tage, bei Mädchen dreißig.[135] Diesem Fluss in der Frühschwangerschaft wird von Aristoteles wiederum der postnatale Wochenfluss sowie letztlich auch die Frist für das Empfinden der Schwangeren zugeordnet. Wochenfluss und genaue Zuordnung dieser verschiedenen Phänomene werden bei Bar ʿEbrāyā nicht erwähnt.[136] Insgesamt übernimmt Bar ʿEbrāyā anscheinend von Ibn Sīnā eine Frist von vierzig Tagen, die im Fall beider Geschlechter gelte. Die Vorstellung, dass dies sich

---

131 Ibn Sīnā, *Kitāb aš-Šifāʾ, aṭ-Ṭabīʿiyyāt* 8 – *al-Ḥayawān*, 9.1 (144.13): *wa-l-ḥublā taḥassu bi-mā fī baṭnihā* [...] *wa-ḏālika fī l-mahāzīl awḍaḥ*. Dazwischen erwähnt Ibn Sīnā, das Gefühl mache sich an den Lenden bemerkbar; ähnlich auch Aristoteles, *Historia animalium* [versio arabica], IX.3 (583a35–b2) (t: Filius 2019, S. 364). Vgl. die Bemerkungen zur selben Stelle in Bar ʿEbrāyās *Mnārtā*; Kap. 3.1.2.3, S. 112.

132 Ibn Sīnā, *Kitāb aš-Šifāʾ, aṭ-Ṭabīʿiyyāt* 8 – *al-Ḥayawān*, 9.1 (144.12). Mit Wochen- oder Lochialfluss, auch Lochien (vgl. gr. *lochos*, Geburt), bezeichnet man den Austritt von Wundflüssigkeit aus der Gebärmutter nach der Ablösung von Kind und Plazenta bei der Geburt.

133 Siehe Weisser 1983, S. 327–328.

134 Aristoteles, *Historia animalium* [versio arabica], IX.3 (583a26–28) (t: Filius 2019, S. 364). Ibn Sīnā hat die aristotelische Darstellung hier vermutlich falsch verstanden: Der Ausfluss der Schwangeren bei einem männlichen Kind wird von ihm als Ausfluss des Vaters gelesen; Ibn Sīnā, *Kitāb aš-Šifāʾ, aṭ-Ṭabīʿiyyāt* 8 – *al-Ḥayawān*, 9.1 (144.11).

135 Ibn Sīnā übernimmt die in der arabischen Aristotelesübersetzung vertauschten geschlechtsspezifischen Fristen, siehe hierzu auch Weisser 1983, S. 328–329. Im Ergebnis gibt es also bei Ibn Sīnā lediglich einen vierzig Tage dauernden Fluss der Frau, unabhängig vom Geschlecht des Kindes.

136 Dies lässt nach der möglichen Fassung von Nikolaus' *Peri tēs Aristotelous philosophias* fragen.

auf das Empfinden der Frau bezieht, entstammt bei Bar ʿEbrāyā aber der aristotelischen Darstellung.

Es ist zu beachten, dass die hier von Bar ʿEbrāyā und seinen Vorlagen behandelte vierzigtägige Frist nicht explizit mit der Bewegung des Kindes oder dessen körperlicher Ausdifferenzierung in Verbindung steht, sondern lediglich mit dem Empfinden der Frau. Dieses Empfinden wiederum kann bei Ibn Sīnā implizit, bei Aristoteles etwas deutlicher, aber immer noch indirekt, auf die sich durch die Schwangerschaft verändernden Vorgänge im Körper der Frau zurückgeführt werden, beispielsweise die in den Quellen genannte Schwäche. Dies ist zu unterscheiden von den Fristen für Kindsbewegung und Ausdifferenzierung, auf die ich gleich eingehe.

Im Folgenden steht bei Bar ʿEbrāyā zunächst der Geschlechtsunterschied als Ursache für die Zuordnung zu einer der beiden Seiten des Mutterleibes im Mittelpunkt. Bar ʿEbrāyā stellt mit Ibn Sīnā diesen Zusammenhang unabhängig von der ersten Bewegung des Kindes im Mutterleib her. Im Vorfeld macht Bar ʿEbrāyā eine allgemeine Angabe über die Lage des Embryos im Mutterleib: Ein männliches Kind befinde sich meistens auf der rechten, ein weibliches eher auf der linken Seite (5.1.2 [b.i]). Es komme aber auch vor, dass ein männliches Kind auf der linken Seite zu verorten sei. Denn, so die Begründung, der starke (syr. *ḥayyeltān*) und heiße (*ḥammim*) Samen ändere sich nicht (*lā meštagnē*) mit der Kälte des Ortes (5.1.2 [b.ii]). Diese Aussage ist fast identisch mit derjenigen Ibn Sīnās, der noch hinzufügt, die Lage des weiblichen Kindes gehe darauf zurück, dass es kälter sei (ara. *li-annahā abradu*).[137]

Man begegnet hier grundlegenden Vorstellungen der Vier-Säfte-Lehre: Es wird von weiblichen Lebewesen angenommen, dass sie feuchter und kälter als die männlichen seien, wie aus der gerade angeführten Aussage Ibn Sīnās explizit hervorgeht. Daneben werden den beiden Richtungen rechts und links grundsätzlich positive beziehungsweise negative Eigenschaften zugeschrieben, was wiederum konkret auf die beiden Körperhälften übertragen wird.[138] Der linken, „schlechten" und kälteren Körperhälfte wird das weibliche Embryo zugeschrieben und umgekehrt das männliche der „besseren" und wärmeren rechten. Ursula Weisser unterscheidet weiterhin zwei Vorstellungen im Hinblick auf die geschlechtsspezifische embryonale Entwicklung: (1) Die Seite des Mutterleibs wirke auf das bis dahin noch nicht festgelegte Geschlecht des Kindes; (2) die rechte beziehungsweise linke Sei

---

137 Ibn Sīnā, *Kitāb aš-Šifāʾ*, *aṭ-Ṭabīʿiyyāt* 8 – *al-Ḥayawān*, 9.1 (144.13–15).

138 Ausführlich dazu Weisser 1983, S. 273–279 („Rechts-Links-Theorie").

te des Mutterleibes habe jeweils von Natur eine Disposition, den bereits männlich respektive weiblich veranlagten Samen aufzunehmen.[139]

Hier ist ein Unterschied zwischen der aristotelischen Darstellung einerseits sowie Ibn Sīnā und Bar ʿEbrāyā andererseits festzustellen. Für Ibn Sīnā und vermutlich auch für Bar ʿEbrāyā lässt sich von Auffassung (2) ausgehen. Insofern es auch Fälle gebe, in denen diese Zuordnung des Geschlechts zur jeweiligen Seite nicht zutreffe, begründen Ibn Sīnā und ihm folgend Bar ʿEbrāyā die Abweichung mit der Hitze des männlich veranlagten Samens (ara. *manīy*, syr. *zarʿā*), die sich unbeeinflusst von der Kälte der linken Körperhälfte zeige.

Bei Aristoteles finden wir hingegen gemäß (1) nicht die Lage des Embryos beschrieben, sondern die Zuschreibung von Körperseite und dem Auftreten der ersten Bewegung. Dabei wird zusätzlich die jeweilige Frist für diese Bewegung von Aristoteles angegeben: vierzig Tage bei einem männlichen, neunzig Tage bei einem weiblichen Kind.[140]

Im zweiten Teil von *te ʾōriya* 5.1.2 greift Bar ʿEbrāyā schließlich dieselben Fristen, vierzig Tage beziehungsweise drei Monate, für die Gliederung – nicht die Bewegung – des männlichen respektive weiblichen Embryos auf. Im Gegensatz zu Bar ʿEbrāyā diskutiert Ibn Sīnā im *Šifāʾ* die einzelnen Entwicklungsstadien in weit detaillierterer Form und außerdem an späterer Stelle beziehungsweise in einem anderen Zusammenhang (*faṣl* 9.5).[141] Bar ʿEbrāyā übergeht diese detaillierte Diskussion und bleibt bei seiner ei-

---

139 Weisser 1983, S. 277–278. Komme es abweichend z. B. dazu, dass ein männlich veranlagter Samen sich in der linken Seite des Mutterleibes entwickele, führe dies zu einem „falschen" bzw. uneindeutigen sekundären Sexualcharakter. Die Veranlagung des Samens als männlich oder weiblich gehe wiederum auf den Ursprung des Samens in der rechten bzw. linken Körperhälfte bzw. den entsprechenden Hoden des Mannes zurück.

140 Aristoteles, *Historia animalium* [versio arabica], IX.3 (583b3–5) (t: Filius 2019, S. 364). Aristoteles relativiert diese tendenziellen Zuordnungen allerdings stark; Aristoteles, *Historia animalium* [versio arabica], IX.3 (583b5–9) (t: Filius 2019, S. 364). Außerdem gibt es eine Abweichung der arabischen Übersetzung, die nur beim Weiblichen von Bewegung spricht, während das griechische Original allgemein von der ersten Bewegung spricht, deren Frist nach männlich und weiblich unterschieden wird.

141 Ibn Sīnā, *Kitāb aš-Šifāʾ*, aṭ-Ṭabīʿiyyāt 8 – al-Ḥayawān, 9.5 (172.1–173.6). Zu den Fristen stellt Ibn Sīnā fest, dass sich die Meinungen der Empiriker (ara. *ahl at-taǧribah wa-l-imtiḥān*) in Wirklichkeit nicht widersprächen, da es in der tatsächlichen Entwicklung eben immer wieder Unterschiede gebe. Entsprechend gibt Ibn Sīnā auch Zeitspannen statt Zeitpunkte für die jeweiligen Stadien an. Vgl. auch sei-

genen Darstellung der Gliederungsfristen nah an Aristoteles und der auch bei diesem zu findenden Beschreibung einer Art Experiment.

Dieses Experiment soll die embryonale Gliederung erläutern,[142] und wird von Bar ʿEbrāyā wie folgt wiedergegeben: Lege man das Blut einer männlichen Fehlgeburt von vierzig Tagen (syr. *yaḥṭā dekrā bar arbʿin yāwmin*) in kaltes Wasser, zeige sich das Embryo etwas größer als eine Ameise (*d-rabb qallil men šāwšmānā*), wobei die Geschlechtsteile (*maḥsnē*) und die Augen sichtbar (*nṭirin*) seien (5.1.2 [c.i]).[143] Bei „etwas anderem" beziehungsweise „nicht kaltem Wasser" zerfließe dagegen die Fehlgeburt und löse sich auf (*metešed w-meštrē*) (5.1.2 [c.ii]). Dieser Gliederungsdauer des männlichen Embryos wird von Bar ʿEbrāyā diejenige des weiblichen gegenübergestellt: Der Leib (*pagrā*) eines Mädchens (wörtl.: „eines Weiblichen") sei im Innern (d. h. im Mutterleib) selbst in drei Monaten nicht gegliedert (*mparršā*) (5.1.2 [c.iii]).

Im Allgemeinen folgt Bar ʿEbrāyā damit der aristotelischen Darstellung des Experiments, wenn auch mit kleineren Umstellungen und Auslassungen: Der aristotelische Text behandelt zum Beispiel zuerst die Möglichkeit, dass das Embryo zerfließt, wenn man es in „(irgend-)etwas tue" (ara. *waḍaʿa ʿalā šayʾin*). Der Zusatz Bar ʿEbrāyās „und nicht in kaltes Wasser" ist eine verdeutlichende Hinzufügung. Darüber hinaus taucht die das Embryo umgebenden Haut nicht auf, die Aristoteles erwähnt. Im Allgemeinen ist zu überlegen, ob Bar ʿEbrāyā nicht den aristotelischen Text selbst, sondern das Kompendium von Nikolaus benutzt hat.[144] Schließlich fehlt bei Bar ʿEbrāyā der Zusatz, dass sich bei einer weiblichen Fehlgeburt im vierten Monat die Ausgestaltung abzeichnet. Diese Information ist allerdings nur eine logische Folgerung im Hinblick auf die vorhergehende Aussage, dass der Embryo sich innerhalb von drei Monaten noch nicht vollständig gliedere.

Ibn Sīnā wiederum übernimmt zwar ebenfalls die Beschreibung des Experiments von Aristoteles, paraphrasiert diese aber stärker und ordnet sie in einen anderen, späteren Zusammenhang ein, gibt dieses nämlich erst im Anschluss an die übrigen von ihm ausführlich besprochenen Fristen wie-

---

ne Darstellung in Ibn Sīnā, *al-Qānūn fī ṭ-ṭibb*, 3.21.1.2 (t: ed. Beirut 1999, S. ii.756–761).

142 Vgl. Weisser 1983, S. 331–332. Für ein ähnliches Experiment, das in islamischen Rechtstexten beschrieben wird, allerdings mit heißem Wasser, siehe Eich 2009, S. 325–326.

143 Das Wort *nṭirin* könnte auch mit „erhalten bleiben" übersetzt werden, was zum Folgenden passte, im anderen Falle zerfließe das Embryo.

144 Vgl. hierzu Weisser 1983, 331–332 mit Anm. 45.

der.[145] Er erwähnt dabei weder den Vergleich der embryonalen Gestalt mit einer Ameise noch eine abweichende Frist für die Ausdifferenzierung des weiblichen Körpers. Darüber hinaus nutzt Ibn Sīnā in seinem Referat zur embryonalen Gliederung Begriffe, die dem islamisch-religiösen Bereich zuzuordnen sind: ara. *ʿalaqah* (Anhaftendes) und *muḍġah* (Fleischstück). Die Ausdifferenzierung dauere zwischen dreißig und fünfundvierzig Tagen.[146] Ein weibliches Embryo entwickle sich im Allgemeinen langsamer, so Ibn Sīnā, wobei die Unterschiede zwischen männlicher und weiblicher Entwicklung nur der augenscheinlichste Fall von natürlichen Abweichungen innerhalb der genannten Zeitspanne seien.[147]

Zusammengefasst orientiert sich Bar ʿEbrāyā bei der Darstellung der Gliederungsdauer stark an Aristoteles und weicht hier auffällig von Ibn Sīnā ab. Die Abweichungen von Ibn Sīnā bestehen: in der Anordnung des Themas tendenziell zu Beginn der Fortpflanzungsbiologie; hinsichtlich der Präsentation, die größtenteils eine Wiedergabe Aristoteles' darstellt; und schließlich in einer zentralen inhaltlichen Position, nämlich der Frist von drei Monaten für die Gliederung des weiblichen Embryos, die je nach angenommener Monatslänge zwischen vierundachtzig und neunzig Tage betragen kann.

Es ist bemerkenswert, dass Bar ʿEbrāyās Angabe der weiblichen körperlichen Ausdifferenzierung mit drei Monaten nicht nur Aristoteles folgt und Ibn Sīnā widerspricht, sondern auch mit einer bestimmten theologischen Auslegung der Bibel in diesem Sinn weitgehend übereinstimmt, wie im Vorgriff auf Kapitel 4 zur Seelenlehre festzustellen ist. Dort setzt Bar ʿEbrāyā in einer Auslegung von Levitikus 12,2–5 die Gliederungsdauer von Jungen auf vierzig, die von Mädchen auf achtzig Tage fest.[148]

Außerdem nimmt Bar ʿEbrāyā die detaillierte Embryogenese bei Ibn Sīnā nicht weiter auf. Der von Ibn Sīnā verwendete koranische Begriff *muḍġah* (Fleischstück) für ein fortgeschrittenes embryonales Stadium findet sich bei Bar ʿEbrāyā überhaupt nicht. Den Begriff *ʿalaqah* (Anhaftendes) für ein weiteres Stadium, den Ibn Sīnā so weitgehend religiöser Literatur wie Koran und Hadith entnimmt, nutzt Bar ʿEbrāyā nur eingeschränkt, wie noch zu sehen sein wird.

---

145 Ibn Sīnā, *Kitāb aš-Šifāʾ*, *aṭ-Ṭabīʿiyyāt* 8 – *al-Ḥayawān*, 9.5 (173.7–9).
146 Ibn Sīnā, *Kitāb aš-Šifāʾ*, *aṭ-Ṭabīʿiyyāt* 8 – *al-Ḥayawān*, 9.5 (173.5–6).
147 Ibn Sīnā, *Kitāb aš-Šifāʾ*, *aṭ-Ṭabīʿiyyāt* 8 – *al-Ḥayawān*, 9.5 (172.8–9).
148 Siehe hierzu Kap. 4.2.3.2, S. 273.

Durch die knappe Darstellung und die wenigen Erläuterungen Bar ʿEbrāyās bleibt in *teʾōriya* 5.1.2 offen, inwiefern Kindsbewegung und Ausgliederung des Embryos zusammenfallen. Dem Textlaut nach handelt es sich bei der zu Beginn angeführten vierzigtägigen Frist lediglich um das Gefühl der Schwangeren, das als unabhängig vom Geschlecht des Kindes aufgefasst wird. Die geschlechtsspezifische Ausdifferenzierung des Embryos wird dagegen anhand eines Experiments beschrieben und mit vierzig Tagen beziehungsweise drei Monaten angegeben. Bei Aristoteles stimmen diese Fristen mit denjenigen der Kindsbewegung überein; letztere werden bei Bar ʿEbrāyā aber nicht genannt.

In *teʾōriya* 5.1.2 zeigen sich also insgesamt vergleichsweise große Abweichungen Bar ʿEbrāyās von Ibn Sīnā. Stattdessen folgt Bar ʿEbrāyā meist den Positionen Aristoteles'. Vor diesem Hintergrund schlage ich vor, Bar ʿEbrāyās Darstellung hier nicht bloß als eine Art Re-Aristotelisierung zu lesen, sondern auch als implizite Vermeidung einer bei Ibn Sīnā zwar grundsätzlich naturphilosophischen, aber islamisch konnotierten Embryogenese.

3.2.1.3 *teʾōriyas* 5.1.3–5 – Samenlehre

In den *teʾōriyas* 5.1.3–5 diskutiert Bar ʿEbrāyā vor allem die Samentheorien Aristoteles' und Galens. Zur Samentheorie schreibt Ursula Weisser, sie gehöre „zu den fundamentalen Themen der Reproduktionslehre, weil durch die Entscheidung für eine bestimmte Vorstellung über das Sperma bereits die Interpretation der meisten anderen Fortpflanzungsphänomene grundsätzlich mit festgelegt wird."[149] Weiterhin stellt sie zwei Teilfragen heraus, an denen entlang die Diskussion der Gelehrten geführt wird: (1) Entstehung und Natur des Samens; (2) Unterscheidung von männlichem und weiblichem Samen und ihrem jeweiligen Beitrag zur Zeugung. Die *teʾōriyas* 5.1.3–4 des *Ḥēwtā* gehen auf Teilfrage (2) ein, die Unterscheidung von männlichem und weiblichem Zeugungsbeitrag. In *teʾōriya* 5.1.5 stellt Bar ʿEbrāyā knapp die Ansichten Aristoteles', Galens und Ibn Sīnās darüber zusammen, inwiefern der männliche Samen einen materiellen Aspekt zum Embryo beitrage. In den *teʾōriyas* 5.1.3–5 fehlt dagegen Teilfrage (1) über die Entstehung und Natur des Samens.

---

149 Weisser 1983, S. 100.

Exkurs: Entstehung und Natur des Samens gemäß *pāsoqā* 2.1

Bar ʿEbrāyā äußert sich dazu in *pāsoqā* 2.1 der Zoologieschrift des *Ḥēwtā*, weshalb ich die entsprechenden Passagen an dieser Stelle betrachte.[150] Generell folgt Bar ʿEbrāyā der aristotelischen Theorie, dass der Samen das am meisten verfeinerte Produkt der Nahrungsaufbereitung sei. Wie ich in Kapitel 2.2.3 bei der Darstellung der vegetativen Seelenkräfte skizziert habe, gehört nach dieser Vorstellung das „Angleichen" der aufgenommenen Nahrung an den Körper zu den unterschiedlichen Aspekten der nährenden Seelenkraft. Dadurch würden Teile ersetzt, die durch den natürlichen Verfall des Körpers vergangen seien. Die Kochung der Nahrung, die hierzu notwendig sei, stelle neben den zu ersetzenden Teilen des Körpers auch Blut, Milch und den Samen her.

Entsprechend ist *pāsoqā* 2.1 der Zoologieschrift in Bar ʿEbrāyās *Ḥēwtā* „Über Blut, Milch und Samen" (syr. *meṭṭol dmā w-ḥalbā w-zarʿā*) betitelt. Der Abschnitt gliedert sich in vier *teʾōriyas*: *teʾōriya* 2.1.1 überliefert vor allem Anekdoten zum Charakter des Bluts; *teʾōriya* 2.1.2 erklärt die Entstehung von Blut, Milch und Samen aus der Nahrung; die *teʾōriyas* 2.1.3–4 thematisieren Milch respektive Samen. Damit entspricht die Darstellung Bar ʿEbrāyās weitestgehend *faṣl* 3.3 der Zoologie im *Šifāʾ* Ibn Sīnās, das sich wiederum explizit auf die aristotelische Darstellung stützt und diese ausdeutet.[151] Bar ʿEbrāyā bezieht vermutlich den aristotelischen Text zusätzlich ein, wie dies auch in der bisherigen Analyse des *qepalēʾon* 5 der Zoologie deutlich wurde. Für diesen Exkurs zu *pāsoqā* 2.1 verzichte ich auf eine detaillierte Analyse aller Aussagen und der Gesamtkomposition; einige Aussagen sind ohnehin knapp und anekdotisch, wie z. B. dass Stierblut schnell gerinne. Folgende von Bar ʿEbrāyā wiedergegebenen Positionen sind für den vorliegenden Zusammenhang wichtig:

---

150 Als Textgrundlage verwende ich hier ausschließlich Hs. Damaskus, *Syrisch Orthodoxes Patriarchat*, 239 (=6/2), fol. 106v–107r. Zur Beschreibung dieser und weiterer Handschriften siehe Kap. A.1, S. 325.

151 Ibn Sīnā, *Kitāb aš-Šifāʾ*, *aṭ-Ṭabīʿiyyāt* 8 – *al-Ḥayawān*, 3.3 (51–53). Das *faṣl* trägt die Überschrift „Über Blut und Milch und etwas über die Angelegenheit des Samens". Der direkte Bezug zu Aristoteles wird von Ibn Sīnā mit ara. *qāla* (er sagte) eingeleitet und Kommentare dazu werden durch *aqūlu* (ich sage) angeführt.

Das erste Organ, in dem Blut entstehe, sei das Herz, „wie die Anatomie bezeugt" (syr. *akmā d-sāhed ṣrāyē*).[152] Die Erwähnung von Dissektionen begegnet bei Bar ʿEbrāyā auch – dort ohne Parallele zu Ibn Sīnā – in einem ganz ähnlichen Zusammenhang, nämlich bei der Diskussion zur Entstehung der hauptsächlichen Organe, von denen das Herz das erste sei.[153]

Einige Körpersäfte, so Bar ʿEbrāyā weiter in *teʾōriyas* 2.1, entstünden mit dem Beginn der Schöpfung in den Körpern der Lebewesen, wie die Vier Säfte, andere dagegen erst später, wie Milch und Samen.[154]

Die Verdauung wird als vierstufig angesehen: (1) im Magen, (2) in der Leber, (3) in den Arterien und schließlich (4) in jedem einzelnen Körperteil.[155] Die Milch verdanke sich (*qabbel-ʰwā*[156]) dem Blut aus der Verdauung der Blutgefäße, also Stufe (2) der Verdauung. Der Zusammenhang von Milch und Blut beziehungsweise Verdauung wird auch durch die unterbleibende Menstruation während der Stillzeit erklärt, wenn nämlich das überschüssige Blut der Milchbildung diene.

Der Samen dagegen entstamme Stufe (4), also der Verdauung der einzelnen Körperteile selbst, wodurch er dem Wesen der Körperteile (syr. *usiya d-haddāmē*) angeglichen werden könne. Dadurch erkläre sich auch, wieso der vermehrte und vehemente Ausstoß von Samen zu Müdigkeitserscheinungen führe, nämlich da dem Körper gewissermaßen die Versorgung seiner Teile entzogen werde, fünfzig Mal mehr als beim Verlust von Blut.[157]

Jedes Lebewesen, das über Blut verfüge, verfüge auch über Samen, so Bar ʿEbrāyā weiter.[158] Durch das Verdampfen des luftähnlichen Pneumas in seinem Schütteln (*nudnādā*), sei der Samen weiß und heftig, wie Schaum.[159] Hitze mache ihn fest und hart, so auch in der Gebärmutter.

---

152 Vgl. Ibn Sīnā, *Kitāb aš-Šifāʾ*, aṭ-Ṭabīʿiyyāt 8 – al-Ḥayawān, 3.3 (52.10): *ʿalā ḥukm at-tašrīḥ* „gemäß dem Urteil der Anatomie/Dissektion". Das syrische *ṣrāyē* (Anatomie, Dissektion/en) ist hier vermutlich trotz Pluralform mit einem Prädikat im Singular konstruiert.

153 Siehe unten, Kap. 3.2.2.2, S. 172.

154 Vgl. Ibn Sīnā, *Kitāb aš-Šifāʾ*, aṭ-Ṭabīʿiyyāt 8 – al-Ḥayawān, 3.3 (51.16–17). Die Vier Säfte erwähnt Ibn Sīnā hier nicht.

155 Vgl. Ibn Sīnā, *Kitāb aš-Šifāʾ*, aṭ-Ṭabīʿiyyāt 8 – al-Ḥayawān, 3.3 (52.4–6).

156 Möglicherweise liest Bar ʿEbrāyā hier ara. *faḍl* (Überrest) bei Ibn Sīnā im Sinne von „Verdienst"; vgl. Ibn Sīnā, *Kitāb aš-Šifāʾ*, aṭ-Ṭabīʿiyyāt 8 – al-Ḥayawān, 3.3 (52.14).

157 Vgl. Ibn Sīnā, *Kitāb aš-Šifāʾ*, aṭ-Ṭabīʿiyyāt 8 – al-Ḥayawān, 3.3 (52.6–9).

158 Vgl. Ibn Sīnā, *Kitāb aš-Šifāʾ*, aṭ-Ṭabīʿiyyāt 8 – al-Ḥayawān, 3.3 (53.15).

159 Vgl. die Erläuterungen zum Schaum in Weisser 1983, S. 113–114, mit Belegstellen bei Ibn Sīnā und in der älteren Tradition.

Insgesamt können nach Erna Lesky für das antike und mittelalterliche Denken grundsätzlich drei verschiedene Modelle der Samenbildung unterschieden werden: (1) Der Samen entstamme dem Hirn und Rückenmark (enkephalo-myelogene Samenlehre); (2) er entstamme dem ganzen Körper, das heißt es befänden sich darin Teilstücke aus allen Bereichen des Körpers (Pangenesislehre); oder (3) der Samen entstamme dem Blut (hämatogene Samenlehre).[160] Diese Modelle wurden meist verschiedentlich miteinander kombiniert, wobei anatomische Spekulationen zum Beitrag bestimmter Körperteile (bspw. Gefäße, die als Samenkanäle interpretiert wurden) genau so eine Rolle spielten wie archaische Vorstellungen von Farbzusammenhängen (z. B. Blut bilde rotes Fleisch, Samen bilde weiße Knochen und Sehnen).

Die in *pāsoqā* 2.1 von Bar 'Ebrāyā im Hinblick auf den (männlichen) Samen aufgeführten Aspekte entsprechen der Position, die Ibn Sīnā vertritt.[161] Demnach sei der (männliche) Samen das vollkommenste Produkt der Verdauung. In der vierten und letzten Stufe dieses Stoffwechselprozesses, der als Garung oder Kochung verstanden wird, sei die Nahrung am weitesten verarbeitet. In dieser Form diene sie in den Körperteilen zu deren Aufrechterhaltung, indem diese sich gewissermaßen selbst nachbildeten. Eben diese Fähigkeit der vierten Verdauung, prinzipiell alle Körperteile zu bilden, ermögliche es dem Samen, die Körperteile im entstehenden Kind auszuformen.

Während letztere Vorstellung am ehesten der Pangenesislehre entspricht, ist die Vorstellung, der Samen entstehe in Analogie zum Blut durch die verdauende Kochung der hämatogenen Samenlehre entlehnt. Wie in anderen Fällen harmonisiert Ibn Sīnā hier also verschiedene überkommene Theorien zu einem Ganzen. Bar 'Ebrāyā folgt ihm. Für meine folgenden Ausführungen ist erstens die angenommene Fähigkeit des (männlichen) Samens zur Ausformung und (Nach-)Bildung des werdenden menschlichen Körpers wichtig. Zweitens bleibt zu beachten, dass im Allgemeinen das Menstruationsblut als Zeugungsbeitrag der Frau und Pendant zum männlichen Samen aufgefasst wird. Als Blut habe dieser „weibliche Samen" aber nicht die genannte Fähigkeit zur Ausformung, zumindest nicht im ausreichenden Maß.

Nach diesem Exkurs kann die Analyse der *te'ōriyas* 5.1.3–5 des *Ḥēwtā* fortgesetzt werden. Die deutlich gewordene Auffassung von gestaltendem

---

160 Vgl. die ausführliche Darstellung in Weisser 1983, S. 100–117, mit Verweis auf Lesky 1951.
161 Siehe hierzu ausführlich Weisser 1983, S. 109–117.

männlichen Samen und die Frage nach dem genauen Charakter des weiblichen Zeugungsbeitrags wirft unterschiedliche und durchaus grundsätzliche philosophische Probleme auf, die hier von Bar ʿEbrāyā bearbeitet werden. Da es sich im Gegensatz zu den Aussagen Bar ʿEbrāyās in den *teʾōriyas* 5.1.1–2 um jeweils längere Sinnzusammenhänge handelt, folge ich zunächst Bar ʿEbrāyās Ausführungen und erläutere die dabei zum Tragen kommenden biologischen und philosophischen Vorstellungen. Erst nach Abschluss dieser inhaltlichen Erläuterung für eine längere Passage komme ich jeweils auf die Frage nach Bar ʿEbrāyās Vorlagen zurück.

In *teʾōriya* 5.1.3 diskutiert Bar ʿEbrāyā die Frage, inwiefern von einem weiblichen Samen die Rede sein könne. Zu Beginn macht er die zu seiner Zeit bereits weit verbreitete Gegenüberstellung der hierzu bestehenden aristotelischen und galenischen Ansichten explizit: Aristoteles, „unser Lehrer" (syr. *rabbān*), so Bar ʿEbrāyā, meine (*metra ʿʿē*), die Frau habe lediglich einen Saft (*raṭṭibutā*), der dem (männlichen) Samen ähnele (*dāmyā l-zarʿā*), während Galen ihr zugestehe (*māwdē*), einen Samen zu haben (5.1.3 [a]).

Im Folgenden dient der Zeugungsbeitrag des Mannes – wie der Mann überhaupt – als Ausgangspunkt der Betrachtung beziehungsweise als Norm. Dem männlichen Samen werden zunächst von Bar ʿEbrāyā fünf Eigenschaften zugeschrieben, die ihn von anderen Körpersäften unterschieden (syr. *b-ḥamšā znayā priš zarʿā men šarkā d-raṭṭibwātā*): (1) Weißsein (*ḥewārutā*), (2) Klebrigkeit (*ṭālošutā*), (3) die Annehmlichkeit (*hanniʾutā*), die bei seiner Entleerung (*nuppāṣ*) auftrete, (4) die Vehemenz (*ḥʿēpānāyutā*) seiner Entleerung sowie (5) die Fähigkeit zur Formung (*ḥaylā gābolā*), die in ihm sei (5.1.3 [b.i]).

Anschließend überprüft Bar ʿEbrāyā, inwiefern der Körpersaft der Frau diese Eigenschaften jeweils aufweise. (1) Weiß und (2) klebrig sei der Saft, so Bar ʿEbrāyā, da man manchmal bei Frauen ein Gefäß vorfinde, das voll mit weiß-klebriger Flüssigkeit sei. Dahingehend hätten sie also einen Hoden (5.1.3 [b.ii]).

Dieser Punkt ist letztlich auf Galen zurückzuführen, dem im Gegensatz zu Aristoteles (und den Hippokratikern) die Gonaden oder Keimdrüsen im weiblichen Körper, also die Eierstöcke, bekannt waren.[162] Bei Tiersektionen wurden wohl in dem Gefäß, das die Eierstöcke mit der Gebärmutter verbindet, ein weißer, klebriger Schleim entdeckt. Hinter dieses „anatomische Fak-

---

162 Siehe hier und im Folgenden Weisser 1983, S. 93–94. Galen führt die anatomische Entdeckung der weiblichen Gonaden auf den Mediziner Herophilus von Chalcedon zurück. Zu weiteren Details siehe Weisser 1983, S. 93, mit Anmerkungen.

tum" konnte, so Ursula Weisser, die arabische Medizin nicht mehr zurück, auch wenn über die tatsächliche Zeugungsfähigkeit des weiblichen Samens weiterhin Uneinigkeit herrschte.[163] Die Keimdrüsen in Analogie zum männlichen Organ als Hoden zu bezeichnen, wie dies auch bei Bar ʿEbrāyā der Fall ist, entspricht der verbreiteten Idee, den Mann als Ausgangspunkt der Betrachtung festzusetzen und die spezifisch weiblichen Organe dazu in Beziehung zu setzen, also beispielsweise die Vagina als „eingestülpten Penis" zu sehen.[164]

Auch hinsichtlich der Eigenschaft der (3) Annehmlichkeit, wenn der Samen sich entleere, sieht Bar ʿEbrāyā eine Übereinstimmung von Frau und Mann. Bar ʿEbrāyā führt hier zwei Anzeichen für das Lustempfinden der Frau auf, und zwar sowohl beim tatsächlichen, gespürten wie auch beim nur erträumten Sex: Erstens ziehe sich die Gebärmutter beziehungsweise der Unterleib (syr. *marb ʿā*) zusammen, womit letztlich vermutlich die Vaginalmuskulatur gemeint ist.[165] Dabei ergieße sich zweitens auch viel Samen, so Bar ʿEbrāyā (5.1.3 [b.iii]).

Da es sich bei dieser Abgabe des weiblichen Körpersafts um einen Fluss (syr. *dāwbā*), nicht um eine Ejakulation „mit Vehemenz" (*b-ḥēpā*) handele, meint Bar ʿEbrāyā weiter, dass die Eigenschaft des Samens, (4) sich vehement zu entleeren, dem weiblichen Körpersaft nicht zugesprochen werden könne (5.1.3 [b.iv]). Damit ist ein erstes Kriterium gefunden, den weiblichen Zeugungsbeitrag vom männlichen zu unterscheiden.[166]

---

163 Selbst Ibn Rušd, der sich ansonsten streng an Aristoteles hält, muss mit Galen das Vorhandensein weiblicher „Hoden" zwar anerkennen, aber vergleicht diese mit den unnützen Brustwarzen des Mannes, Weisser 1983, S. 141.

164 Vgl. Weisser 1983, S. 86–89. Speziell zu den weiblichen Hoden siehe Weisser 1981a, S. 763.

165 Zur damals angenommenen Wichtigkeit dieser Kontraktion für eine geglückte Befruchtung siehe unten Kap. 3.2.2.1, S. 157.

166 Zu den Widersprüchen dieser Unterscheidung, hier mit Bezug zu Ibn Sīnā, siehe Weisser 1983, S. 125–126. Aufgrund der hier bzw. in der Sekundärliteratur behandelten Quellen ist davon auszugehen, dass die tatsächliche Ejakulation der Frau unbekannt war. Die entsprechenden Erwähnungen bei Galen, die auch Ibn Sīnā aufgreift, sind letztlich nicht eindeutig; vgl. Weisser 1983, S. 148, mit Belegen. Hier besteht für den vormodernen islamischen Bereich sicherlich – wie beim Thema der weiblichen Ejakulation insgesamt – noch eine interessante historische Forschungslücke. Siehe jetzt zur weiblichen Ejakulation allgemein Haerdle 2020, das zwar weitgehend für ein breites Publikum geschrieben ist, aber vielfach auf weitere Literatur verweist.

Ähnlich wie im Fall der Eierstöcke kann das Faktum des weiblichen Körpersafts also nicht geleugnet werden. Wie aber spätestens jetzt deutlich wird, ist mit dem der Frau zugeschriebenen Saft hier nicht das Menstruationsblut gemeint, sondern das Vaginalsekret zur Lubrikation beim Sex. Da wie erwähnt eigentlich das Menstruationsblut der Frau als Pendant zum männlichen Samen und als weiblicher Zeugungsbeitrag gesehen wird, entstehen bereits in den früheren Diskussionen zahlreiche Widersprüchlichkeiten, die sich teils auch bei Bar ʿEbrāyā wiederfinden.[167]

Ibn Sīnā begegnet den Widersprüchlichkeiten, indem er zwischen dem Menstruationsblut und dem „Samen" der Frau noch einmal unterscheidet. Das Menstruationsblut diene wie bereits erwähnt zwar der Embryonalbildung, nämlich indem es den Embryo nähre. Dem eigentlichen Zeugungsbeitrag der Frau schreibt Ibn Sīnā einen eigenen Status zwischen dem Menstruationsblut und dem männlichen Samen zu: Der weibliche Samen sei durchgekochter als das Menstruationsblut, erreiche aber nicht denselben Grad der Garung wie der männliche Samen.

Diese Garung sei aber entscheidend, da der männliche Samen wie oben beschrieben dem vierten Stadium der Verdauung entspreche und ihm damit die Eigenschaft zukomme, potentiell alle Körperteile auszuformen. Hier besteht schließlich der letzte Unterschied, den Bar ʿEbrāyā zwischen den beiden Zeugungsbeiträgen ausmacht und der sicherlich am schwersten wiegt, nämlich die fehlende (5) Fähigkeit zur Formung des weiblichen Zeugungsbeitrags. Bar ʿEbrāyā argumentiert, dass für den Fall einer tatsächlich vorhandenen Formfähigkeit des weiblichen Samens davon auszugehen sei, Frauen könnten sich wie Pflanzen gewissermaßen selbstständig und unabhängig fortpflanzen – das sei aber unmöglich (5.1.3 [b.v]).

Auf Grundlage der Unterscheidung des Samens von anderen Körperflüssigkeiten gemäß der fünf Kriterien kommt Bar ʿEbrāyā zum Schluss, dass nur im Hinblick auf die drei ersten Eigenschaften der weibliche Saft als Samen (syr. *zarʿā*) bezeichnet werden könne. Im vollumfänglichen Sinne sei es aber nicht möglich, diesen so zu bezeichnen (5.1.3 [c]). Tatsächlich nutzt

---

167 Da in den medizinischen und naturphilosophischen Schriften wie erwähnt die Vorstellung einer planvoll eingerichteten Natur vorherrschte, stellte sich im Allgemeinen z. B. die Frage, warum das hier als Zeugungsbeitrag verstandene Vaginalsekret sich außerhalb der Gebärmutter ergießt, obwohl das Kind als Produkt der Zeugungsbeiträge in der Gebärmutter heranwächst; siehe Weisser 1983, S. 148–150. So erklärt Ibn Rušd die Funktion des weiblichen Genitalsekrets vor allem mechanistisch als Unterstützung des Zeugungsaktes; Weisser 1983, S. 143. Bei Bar ʿEbrāyā wird in der Kürze der Darstellung diese Frage überhaupt nicht erörtert.

144

Bar ʿEbrāyā an anderen Stellen *zarʿā* für den Zeugungsbeitrag der Frau, beispielsweise wenn er in *te'ōriya* 5.4.2 schreibt, dass beide Samen zusammenfließen. Der Hintergrund für solche Inkonsistenzen ist sicherlich, dass es Bar ʿEbrāyā nicht primär um eine schlüssige und konsistent angewandte Terminologie geht, sondern darum, den jeweiligen Charakter der beiden unterschiedlichen Zeugungsbeiträge von Mann und Frau herauszustellen: der Samen der Frau als materielles, empfangendes und zu gestaltendes Prinzip und der Samen des Mannes als formales, zeugendes und gestaltendes Prinzip.

Damit ist der eigentliche Kernpunkt der Diskussion um den männlichen und weiblichen Beitrag zur Fortpflanzung erreicht, nämlich deren jeweilige Rolle im Zusammenspiel von Materie und Form bei der Entstehung eines neuen Lebewesens. Da ein Großteil der Forschung hier medizinhistorisch motiviert ist, treten die zugrundeliegenden (natur-)philosophischen Fragen, welche die ausufernden Diskussionen wohl hauptsächlich angetrieben haben, manchmal in den Hintergrund.

Im Folgenden betrachte ich im Vergleich zunächst knapp Ibn Sīnās Darstellung. Seine Auseinandersetzung mit den beiden Ansichten Aristoteles' und Galens ist verglichen mit derjenigen Bar ʿEbrāyās deutlich ausführlicher. Er widmet dem Thema zwei volle und relativ lange *fuṣūl* (Abschnitte) seines Tierbuchs (9.2–3). In *faṣl* 9.2 „Über die Argumentation Galens gegen den Philosophen [sc. Aristoteles] sowie die Widerlegung und Entkräftung dieser Argumentation" führt Ibn Sīnā zunächst in mehreren Abschnitten die Positionen Galens ein,[168] um sie anschließend, in *faṣl* 9.3, ausführlich zu widerlegen.[169] In *faṣl* 9.3 bezieht Ibn Sīnā sich bereits in der Überschrift auf Aristoteles als ersten Lehrer (bzw. auf die „erste Unterweisung", ara. *at-taʿlīm al-awwal*) und nimmt seinen Standpunkt zum weiblichen Samen vorweg, dieser sei das materielle und formbare beziehungsweise empfangende, nicht zeugende Prinzip.

Dafür nutzt Ibn Sīnā eine begriffliche Unterscheidung, insofern es eben darauf ankäme, was man mit „Samen" meine: Nennt man das Menstruationsblut der Frau Samen, so sei dies im weitgefassten Sinn zu verstehen.[170] Der „Samen" der Frau sei ein weißlicher, viskoser Stoff, der beim Ausfließen in den Uterus Lustgefühle erzeuge. Von einer Ejakulation könne dabei

---

168 Ibn Sīnā, *Kitāb aš-Šifāʾ, aṭ-Ṭabīʿiyyāt 8 – al-Ḥayawān*, 9.2 (147.5–149.14).

169 Ibn Sīnā, *Kitāb aš-Šifāʾ, aṭ-Ṭabīʿiyyāt 8 – al-Ḥayawān*, 9.3 (149.15–157.17).

170 Ibn Sīnā, *Kitāb aš-Šifāʾ, aṭ-Ṭabīʿiyyāt 8 – al-Ḥayawān*, 9.3 (161.5): *wa-iḏā sammā maniyyan fa-huwa ḍarb min at-tawassuʿ*.

nicht die Rede sein. Samen im engeren Sinne sei dadurch gekennzeichnet, so Ibn Sīnā, dass er (a) aus der Harnröhre des Mannes austrete und (b) zeugungsfähig sei. Demnach sei der Zeugungsbeitrag der Frau also kein Same, sondern als Blut zu sehen, wenn auch stärker fortentwickeltes Blut.[171] In dieser Unterscheidung Ibn Sīnās von männlichem und weiblichem Samen anhand der genannten Eigenschaften erscheinen also grundsätzlich alle von Bar ʿEbrāyā aufgezählten Kriterien zur Bestimmung, ob es sich beim weiblichen Saft um Samen handele.

Bar ʿEbrāyā greift allerdings als Vorlage hier nur indirekt auf Ibn Sīnās *Šifāʾ* zurück. Vielmehr orientiert er sich, teils wörtlich, an den Ausführungen Faḫr ad-Dīn ar-Rāzīs in dessen *Mabāḥiṯ*.[172] Im entsprechenden *faṣl* (Abschnitt) des *Mabāḥiṯ* diskutiert Faḫr ad-Dīn „wie das Embryo aus den beiden Samen entsteht".[173] Inhaltlich decken sich Faḫr ad-Dīns Aussagen weitgehend mit denjenigen Ibn Sīnās, sind aber auf das Wesentliche kondensiert und systematisiert. Faḫr ad-Dīn beginnt seine Ausführungen damit, dass sich in der Rede (ara. *kalām*) Aristoteles' die Aussage finde, der Frau komme kein Samen zu, während Galen viel Schmähung oder Verleumdung (*tašnīʿ*) gegenüber ersterem vorbringe.[174] Bar ʿEbrāyās oben angeführte Einleitung in die Problematik ähnelt derjenigen Faḫr ad-Dīns, ohne aber eine solche Spitze gegenüber Galen zu enthalten.

Er wolle nun, so Faḫr ad-Dīn weiter, den wahren Umstand in dieser Frage aufzeigen.[175] Daraufhin stellt er fest, dass der Samen sich von anderen Körpersäften durch vier Eigenschaften unterscheide:[176] Er sei (1) weiß-klebrig (*abyaḍ laziǧ*), (2) sein Fluss (*sayalān*) durch ein spezielles (*maḫṣūṣ*) Organ sei der Grund für die spezielle Lust (*laḏḏa*), (3) er habe ein sich ergießendes

---

171 Ibn Sīnā, *Kitāb aš-Šifāʾ*, *aṭ-Ṭabīʿiyyāt* 8 – *al-Ḥayawān*, 9.3 (159.14–162.10); für eine Zusammenfassung siehe Weisser 1983, S. 126.

172 Siehe hierzu oben Kap. 3.1.3.2, S. 118.

173 Faḫr ad-Dīn ar-Rāzī, *al-Mabāḥiṯ al-mašriqiyyah*, 2.2.2.2.17 (t: ed. Haydarabad (1343 H.), S. ii.269–273).

174 Faḫr ad-Dīn ar-Rāzī, *al-Mabāḥiṯ al-mašriqiyyah*, 2.2.2.2.17 (t: ed. Haydarabad (1343 H.), S. ii.269.19–20).

175 Faḫr ad-Dīn ar-Rāzī, *al-Mabāḥiṯ al-mašriqiyyah*, 2.2.2.2.17 (t: ed. Haydarabad (1343 H.), S. ii.269.20): *fa-la-nubayyin ḥaqīqat al-ḥāl*.

176 Faḫr ad-Dīn ar-Rāzī, *al-Mabāḥiṯ al-mašriqiyyah*, 2.2.2.2.17 (t: ed. Haydarabad (1343 H.), S. ii.269.20–21).

Auftreten (*kawnuhu mundafiqan*) und schließlich sei (4) in ihm eine Fähigkeit zur Koagulation (*quwwah 'āqidah*).[177]

Dass Bar 'Ebrāyā im Unterschied zu Faḫr ad-Dīn die erste Eigenschaft in zwei unterteilt, ist eine eher äußerliche Formalie, da beide Eigenschaften, Weißsein und Viskosität, dann von Bar 'Ebrāyā doch zusammen besprochen werden. Diese erste Eigenschaft, so Faḫr ad-Dīn, komme der Frau auf zweierlei Hinsicht zu: Zum einen spreche Galen davon, dass er ein Samengefäß (ara. *wi'ā' al-manīy*) bei Frauen gefunden habe, das voll mit weiß-klebriger Flüssigkeit gewesen sei. Zum anderen wären den Frauen andernfalls umsonst zwei Hoden (*bayḍatayn*) und Samengefäße geschaffen.[178] Wie ersichtlich wird, hat Bar 'Ebrāyā die Argumentation im Allgemeinen übernommen. Auch der Wortlaut stimmt großteils überein.[179]

Auch die zweite Eigenschaft, dass das Fließen des Samens Lust bereite, so Faḫr ad-Dīn weiter, komme dem Samen der Frau hinsichtlich zweierlei Aspekte zu: Zum einen führt Faḫr ad-Dīn den Bericht über eine Frau an, der sich ähnlich bereits bei Galen und in derselben Form auch bei Ibn Sīnā findet.[180] Diese habe nach langer sexueller Enthaltsamkeit (bei Galen handelt es sich um eine Witwe) an einer (krampfartigen?) Verengung des Unterleibs (ara. *iḥtināq ar-raḥm*) gelitten. Durch Stimulation habe sich schließlich viel Samen (*manīy kaṯīr*) entleert, wobei Lust wie beim Sex aufgetreten sei.[181] Zum anderen gebe es, so Faḫr ad-Dīn weiter, das Phänomen der Lust und

---

177 Faḫr ad-Dīn ar-Rāzī, *al-Mabāḥiṯ al-mašriqiyyah*, 2.2.2.2.17 (t: ed. Haydarabad (1343 H.), S. ii.269.21–270.2).

178 Faḫr ad-Dīn ar-Rāzī, *al-Mabāḥiṯ al-mašriqiyyah*, 2.2.2.2.17 (t: ed. Haydarabad (1343 H.), S. ii.270.3–6).

179 Im Unterschied dazu ist bei Ibn Sīnā Galens vermeintliche Entdeckung der weiblichen Samenleiter nicht in einen Begründungszusammenhang gestellt, sondern wird lediglich erwähnt. Außerdem ist die teleologische Begründung, dass die weiblichen „Hoden" und Samengefäße einen natürlichen Zweck haben müssten, bei Ibn Sīnā als (rhetorische) Frage gewendet und Galens „Entdeckung" vorangestellt; Ibn Sīnā, *Kitāb aš-Šifā', aṭ-Ṭabī'iyyāt 8 al-Ḥayawān*, 9.2 (148.5–8).

180 Die Anekdote findet sich bei Galen an zwei unterschiedlichen Stellen, siehe Flemming 2002, S. 335 mit Anm. 115. Ich habe im vorliegenden Fall Galen, *De semine*, II.1.25–26 (IV 599–600 Kühn) (t+v: de Lacy 1992, S. 150–151) verglichen. Ibn Sīnās Bericht als direkte Vorlage Faḫr ad-Dīns findet sich Ibn Sīnā, *Kitāb aš-Šifā', aṭ-Ṭabī'iyyāt 8 – al-Ḥayawān*, 9.2 (148.8–10).

181 Faḫr ad-Dīn ar-Rāzī, *al-Mabāḥiṯ al-mašriqiyyah*, 2.2.2.2.17 (t: ed. Haydarabad (1343 H.), S. ii.270.6–9). Der Bericht Galens wurde seither vielfach aufgegriffen und diese Rezeption oft mit dem eigentlichen Bericht bei Galen vermischt; vgl. King 2011.

des Hervorbringens von Samens im Traum auch bei der Frau, was er deutlich weiter ausführt als Ibn Sīnā.[182] Bar ʿEbrāyās Darstellung ist, verglichen mit beiden, eine knappe Zusammenfassung.

Die dritte Eigenschaft, das (heftige) Ausstoßen (ara. *indifāq*) des Samens, spricht Faḫr ad-Dīn den Frauen ab. Denn das Ziel (*ġaraḍ*) sei nicht die Lust, sondern das Hineingleiten (*inzilāq*) des Samens zur Höhlung des Unterleibs (*qaʿr ar-raḥm*), damit dort ein Lebewesen entstünde. Daher müsse der Erguss (*dafq*) der Frau zu diesem Ort hin erfolgen. Es sei folglich passender (*awlā*), den Zeugungsbeitrag der Frau „Aufsteigendes" (*isʿād*) und nicht Herabfließendes (wie beim Mann) zu nennen.[183] Faḫr ad-Dīn lehnt sich hier an Ibn Sīnā an, der wiederum argumentiert, dass die Frau anatomisch ein umgekehrter Mann sei.[184] Bei Bar ʿEbrāyā findet sich lediglich die knappe Zusammenfassung, dass der Samen der Frau nicht mit Vehemenz ergehe.

Das eigentliche Hauptargument, nämlich dass dem weiblichen Zeugungsbeitrag die Fähigkeit zur Koagulation oder Formung abgehe, und er daher nicht im eigentlichen Sinne Samen sein könne, bringt Faḫr ad-Dīn wie Bar ʿEbrāyā erst am Ende vor. Bar ʿEbrāyā argumentiert wie erwähnt, eine Frau könnte andernfalls wie Pflanzen ohne Sexualpartner zeugen, was unmöglich sei. Faḫr ad-Dīn dagegen diskutiert die Bedeutung von aktiver und rezeptiver Fähigkeit: Für die Zeugung müsse sowohl ein aktives wie auch ein rezeptives Vermögen vorliegen – da wiederum der Mann das aktive beisteuere, komme dem Zeugungsbeitrag der Frau notwendigerweise das rezeptive zu.[185] Mit seinem Pflanzenvergleich greift Bar ʿEbrāyā punktuell doch wieder auf einen Vergleich Ibn Sīnās zurück. Von diesem übernimmt Faḫr ad-Dīn nämlich grundsätzlich den Argumentationsgang zum aktiven und rezeptiven Vermögen der Zeugungsbeiträge, aber nur Ibn Sīnā erwähnt Pflanzensamen (ara. *buḏūr*) als einen Zeugungsbeitrag, in dem sowohl ausgestaltende Kraft als auch die zu gestaltende Materie enthalten seien.[186]

---

182 Faḫr ad-Dīn ar-Rāzī, *al-Mabāḥiṯ al-mašriqiyyah*, 2.2.2.2.17 (t: ed. Haydarabad (1343 H.), S. ii.270.9–14).

183 Faḫr ad-Dīn ar-Rāzī, *al-Mabāḥiṯ al-mašriqiyyah*, 2.2.2.2.17 (t: ed. Haydarabad (1343 H.), S. ii.270.14–18).

184 Ibn Sīnā, *Kitāb aš-Šifāʾ*, *aṭ-Ṭabīʿiyyāt* 8 – *al-Ḥayawān*, 9.1 (145.17–19). Weisser 1983, S. 125–126 macht die Widersprüchlichkeit dieser Argumentation konkret für den vorliegenden Fall des weiblichen Samens deutlich.

185 Faḫr ad-Dīn ar-Rāzī, *al-Mabāḥiṯ al-mašriqiyyah*, 2.2.2.2.17 (t: ed. Haydarabad (1343 H.), S. ii.270.19–271.8).

186 Ibn Sīnā, *Kitāb aš-Šifāʾ*, *aṭ-Ṭabīʿiyyāt* 8 – *al-Ḥayawān*, 9.3 (161.10–11).

Das abschließende Fazit schließlich stimmt bei Faḫr ad-Dīn und Bar ʿEbrāyā überein: Wenn man mit dem Ausdruck „Samen" auf die den Zeugungsbeiträgen gemeinsamen Eigenschaften hinweise, so habe die Frau einen Samen, meine man aber alle Eigenschaften beziehungsweise besonders die Fähigkeit zur Koagulation (Faḫr ad-Dīn erwähnt nur diese explizit), so habe sie keinen Samen.[187]

Schließlich verweise ich noch darauf, dass auch der christliche Arzt Ibn al-Quff (gest. 1286) eine Systematisierung einführt, die derjenigen Faḫr ad-Dīns ähnelt.[188] Bei Ibn al-Quff fehlt allerdings die Klebrigkeit beziehungsweise Viskosität, während er den „pollenähnlichen Geruch" als Eigenschaft des Samens hinzufügt.[189] Der Frage, ob Ibn al-Quff die Systematisierung Faḫr ad-Dīns abgewandelt hat oder beiden möglicherweise eine gemeinsame Vorlage zugrunde liegt, kann hier nicht weiter nachgegangen werden.

In der dann folgenden *te᾽ōriya* 5.1.4 führt Bar ʿEbrāyā die Argumente Galens für die Annahme eines weiblichen Samens auf und entkräftet diese. Leicht spöttisch schreibt Bar ʿEbrāyā Galen zu, sich über die Argumente, die ja im Begriff sind, von Bar ʿEbrāyā widerlegt zu werden, zu freuen wie über einen wertvollen Schatz (syr. *simtā yaqqirtā*) (5.1.4 [a.i]). Eine ähnliche Bemerkung findet sich bei Ibn Sīnā, der Galen attestiert, sich übermäßig

---

187 Faḫr ad-Dīn ar-Rāzī, *al-Mabāḥiṯ al-mašriqiyyah*, 2.2.2.2.17 (t: ed. Haydarabad (1343 H.), S. ii.271.13–16).

188 Ich stütze mich bei der folgenden Skizze zu Ibn al-Quff auf die Ausführungen von Weisser 1983, S. 138–140. Die von der Autorin untersuchte Schrift Ibn al-Quffs, das *Ǧāmiʿ al-ġaraḍ fī ḥifẓ aṣ-ṣiḥḥa wa-dafʿ al-maraḍ* („Sammlung der Zwecke hinsichtlich der Erhaltung der Gesundheit und Abwehr der Krankheit") ist seitdem ediert: Ḥamārna 1989, wird hier aber nicht eigens herangezogen oder eingehender untersucht. Für eine Analyse siehe auch Fancy 2018, S. 135–137. Zu Ibn al-Quff siehe Weisser 1983, S. 29–30.

189 Die Idee, dass der Samen einen pollenartigen Geruch habe, taucht interessanterweise nicht nur bei dem Christ Ibn al-Quff, sondern auch in der islamischen Rechtsliteratur auf; für die Schafiʿiten siehe z. B. an-Nawawī, *Kitāb al-Maǧmūʿ šarḥ al-Muhaḏḏab li-š-Šīrāzī, Kitāb aṭ-Ṭahāra, Bāb mā yūǧib al-ġasl, Farʿ fī luġāt al-manīy* (t: al-Muṭīʿī [1980?], S. ii.160–161). In der Beschreibung des weiblichen Samens wird von an-Nawawī die Meinung von Abū l-Maḥāsin ar-Rūyānī (gest. 1024/5) aufgeführt, der weibliche Samen rieche wie der männliche (t: al-Muṭīʿī [1980?], S. ii.161.8–14).

zu freuen und zu meinen, er habe einen gewaltigen Beweis (ara. *burhānan ʿaẓīman*) erbracht.[190]

Tatsächlich behandelt Bar ʿEbrāyā nur ein Argument Galens, nicht mehrere. Es basiert auf der Ähnlichkeit der Eltern zum Kind: Galen meint laut Bar ʿEbrāyās Referat, da ein Kind sowohl Vater als auch Mutter ähnele, müsse es eine allgemeine Ursache (*ʿelltā gawwānāytā*) für die Ähnlichkeit in *beiden* Eltern geben (5.1.4 [a.ii]). Da Menstruationsblut nur der Frau zukomme, könne es dies nicht sein. Damit bleibe nur ein Samen als Ursache übrig, über den folglich beide verfügten. Bar ʿEbrāyā widerspricht Galen, indem er die Grundannahme entkräftet: Wenn es einfachhin der Samen wäre, der für die Ähnlichkeit verantwortlich wäre, müsste ein Kind konsistent seinen Eltern ähnlich sein. Das sei aber nicht der Fall (5.1.4 [a.iii]).[191]

Ibn Sīnā widmet den Argumenten Galens dagegen ein weitaus ausführlicheres und eigenständiges *faṣl* (9.2). Anzunehmen ist, dass Bar ʿEbrāyā sich auch hier an Faḫr ad-Dīns Darstellung im *Mabāḥiṯ* orientiert, der wiederum im Allgemeinen Ibn Sīnā exzerpiert. Der Wortlaut Bar ʿEbrāyās entspricht an einer Stelle weitestgehend demjenigen Faḫr ad-Dīns: „Das stärkste [Argument Galens dafür, dass die Frau ein Ejakulat habe,] ist, dass die Kinder beiden Eltern glichen [...], aber diese Ähnlichkeit sei nicht durch das Menstruationsblut gegeben, da es dem Vater nicht zukomme. Aber es gebe hier nichts anderes als das Ejakulat, so komme das Ejakulat auch der Frau zu.“[192]

Ohne den Vorgang detailliert zu beschreiben, präsentiert Bar ʿEbrāyā anschließend eine Gegendarstellung dazu, wie das Kind seinen Eltern ähnlich werde, die sich konsequent am naturphilosophisch grundlegenden hylemorphistischen Modell orientiert:[193] Verfüge die Materie über die vollkommene Eignung, die Wirkungen der Formfähigkeit aufzunehmen, ähnele das Kind den Eltern (5.1.4 [b.i]). Verfüge die Materie aber nicht über die entsprechende Disposition, finde zwar eine Formung statt, aber diese weiche mitunter ab (5.1.4 [b.ii]). Auch dieser Einwand Bar ʿEbrāyās gegen Galen kann mit Faḫr

---

190 Ibn Sīnā, *Kitāb aš-Šifāʾ*, *aṭ-Ṭabīʿiyyāt* 8 – *al-Ḥayawān*, 9.2 (149.15–16). Zu Ibn Sīnāʾ kritisch-spöttischem Ton siehe auch Weisser 1983, S. 131.

191 Weitere Ausführungen Bar ʿEbrāyās zu Vererbung und Ähnlichkeit finden sich erst in der späteren *teʾōriya* 5.3.4, so beispielsweise, dass die Ähnlichkeit eine Generation überspringen kann.

192 Faḫr ad-Dīn ar-Rāzī, *al-Mabāḥiṯ al-mašriqiyyah*, 2.2.2.2.2.17 (t: ed. Haydarabad (1343 H.), S. ii.270.17–21). Das zweite Argument, das Faḫr ad-Dīn Galen zuschreibt, ist die Bildung von Nerven, Gefäßen und Knochen aus dem Samen; siehe Weisser 1983, S. 133. Bar ʿEbrāyā behandelt dieses Argument nicht.

193 Siehe zu diesem Modell Kap. 2.2, S. 74.

ad-Dīns entsprechender Ausführung verglichen werden. Das aktive Prinzip der Formung sei der männliche Samen, so Faḫr ad-Dīn, während das rezeptive Prinzip der weibliche Saft sei. Je nachdem, wie diese beiden Prinzipien zusammenspielten, überwiege die Ähnlichkeit zum Vater oder zur Mutter. Es könne sich sogar ergeben, dass überhaupt keine Ähnlichkeit entstehe.[194] Diese Argumentationslinie geht ursprünglich auf Aristoteles zurück, wurde aber von Faḫr ad-Dīn so aller Wahrscheinlichkeit nach von Ibn Sīnā übernommen.[195] Die Übereinstimmung zwischen Bar ʿEbrāyā und Faḫr ad-Dīn ist hier im Wortlaut weniger ausgeprägt.

Abschließend finden sich in *te'ōriya* 5.1.5 von Bar ʿEbrāyā die Ansichten Aristoteles', Galens und Ibn Sīnās darüber beschrieben, ob der Samen ein (materieller) Teil des entstehenden Kindes sei. Diese Diskussion ist vor dem Hintergrund der Frage von Materie und Form einzuordnen. Auch diese *te'ōriya* lässt sich mit Faḫr ad-Dīns Ausführungen vergleichen. In einem eigenen *faṣl* des *Mabāḥiṯ* behandelt dieser die Frage, ob das männliche Ejakulat die Fähigkeit habe, geformt zu werden, so dass es zu einem Teil des Embryos werde.[196] Im Folgenden führe ich die einzelnen Punkte Bar ʿEbrāyās jeweils auf und vergleiche sie mit denjenigen Faḫr ad-Dīns.

Zu Beginn führt Bar ʿEbrāyā die Position Aristoteles' an: Dieser meine, dass es im Samen des Mannes keine Fähigkeit zum Geformtwerden gebe und er auch keinen Teil des Embryos darstelle (5.1.5 [a.i]). Hintergrund ist die hylemorphistische Vorstellung, dass die Fähigkeit zum Geformtwerden (nicht zur Formung) als Eigenschaft der Materie angesehen wird, nämlich lediglich ein „Gefäß" für die Form zu sein beziehungsweise die formlose Masse darzustellen, der die Form eingeprägt werde.[197] Bei der Zeugung werde aber nur der weibliche Samen geformt; insofern der männliche Samen nicht geformt werde, könne er also nicht Teil des Embryos sein.

Als Aristoteles zugeschriebenes Argument führt Bar ʿEbrāyā die Zeugung bei Hühnern an: Ein Ei entstehe auch ohne Paarung von Henne und Hahn (5.1.5 [a.ii]). Diese Idee findet sich so tatsächlich bei Aristoteles.[198]

---

194 Faḫr ad-Dīn ar-Rāzī, *al-Mabāḥiṯ al-mašriqiyyah*, 2.2.2.2.17 (t: ed. Haydarabad (1343 H.), S. ii.272.18–273.6).

195 Vgl. hierzu die Ausführungen in Weisser 1983, S. 308–311, mit Nachweisen.

196 Faḫr ad-Dīn ar-Rāzī, *al-Mabāḥiṯ al-mašriqiyyah*, 2.2.2.2.18 (t: ed. Haydarabad (1343 H.), S. ii.273–275).

197 Vgl. die Ausführungen in Kap. 2.2, S. 74.

198 Aristoteles, *De generatione animalium* [versio arabica], I.21 (730a30–32) (t: Brugman und Drossaart Lulofs 1971, a46.10–12).

Ähnliche Äußerungen zu den (später befruchteten) Windeiern (Eiern ohne männlichen, formenden Zeugungsbeitrag) finden sich auch bei Ibn Sīnā.[199] Schließlich führt auch Faḫr ad-Dīn eine entsprechende Aussage als „Argumentation der Weisen" an.[200] Allerdings ist hier nirgends, wie bei Bar ʿEbrāyā, davon die Rede, dass der Samen des Hahnes das Ei später befruchte (5.1.5 [a.iii]), dabei aber nicht zu sehen sei, dass Samen in das Ei eindringe (5.1.5 [a.iv]). Bei Aristoteles wird die Zeugung ohne Samen lediglich für Insekten angenommen.[201] Ebenfalls unter Verweis auf Insekten ist auch an einer anderen Stelle, im Zusammenhang des immateriellen Zeugungsbeitrags des Männchens, davon die Rede, dass kein Körperteil des männlichen Sexualpartners in das Weibchen eingehe.[202] Hier scheinen also verschiedene Versatzstücke von Bar ʿEbrāyā miteinander in einen Zusammenhang gebracht worden zu sein, die in den bisher identifizierten Vorlagen nicht zusammenstehen. Eine mögliche Erklärung könnte sein, dass dieser Zusammenhang bereits im verlorenen Aristoteleskompendium von Nikolaus vorlag.

Galen wiederum, so Bar ʿEbrāyā weiter, argumentiere dafür, dass der Samen ein materieller Teil des Embryos sein müsse, da andernfalls die Gebärmutter ihn nicht fest greife (5.1.5 [b]). Aufgrund Galens teleologischer Grundannahme, dass das Greifen einen Zweck haben müsse, schließt dieses Argument also vom Verbleib des männlichen Samens in der Gebärmutter auf seinen materiellen Beitrag. Bar ʿEbrāyā erklärt weiter, dass diese zwei Argumente aufgrund ihrer Partikularität (*mnātāyutā*), also der fehlenden Allgemeingültigkeit, als schwach gelten müssten (5.1.5 [c]). Was aber meint er mit zwei Argumenten? Genannt war ja lediglich das Greifen der Gebärmutter. Nimmt man als Vorlage wieder Faḫr ad-Dīns *Mabāḥiṯ* an, finden sich dort zwei Argumente, die Galen zugeschrieben werden. Das erste Argument Galens sei, dass die Gebärmutter nach dem Samen verlange.[203] Das zweite Argument sei die raue Oberfläche, mit dem das Herausfließen des

---

199 Ibn Sīnā, *Kitāb aš-Šifāʾ, aṭ-Ṭabīʿiyyāt* 8 – *al-Ḥayawān*, 9.2 (157.15–17), 15.3 (397.11–13).

200 Faḫr ad-Dīn ar-Rāzī, *al-Mabāḥiṯ al-mašriqiyyah*, 2.2.2.2.18 (t: ed. Haydarabad (1343 H.), S. ii.274.18–20).

201 Aristoteles, *De generatione animalium* [versio arabica], I.23 (731a15–23) (t: Brugman und Drossaart Lulofs 1971, S. 48.11–17). Für eine ausführliche Erläuterung siehe Reynolds 2019.

202 Aristoteles, *De generatione animalium* [versio arabica], I.21 (729b20–25) (t: Brugman und Drossaart Lulofs 1971, S. 44.18–20).

203 Faḫr ad-Dīn ar-Rāzī, *al-Mabāḥiṯ al-mašriqiyyah*, 2.2.2.2.18 (t: ed. Haydarabad (1343 H.), S. ii.273.21–274.6). Siehe hierzu Weisser 1983, S. 146–147.

männlichen Samens aus der Gebärmutter verhindert werde.[204] Beide Argumente, die Galen zugeschrieben werden, stehen also im Zusammenhang des Zurückhaltens des männlichen Samens in der Gebärmutter. Bar ʿEbrāyās Urteil, Galens Argument sei partikulär, findet sich ebenfalls so bei Faḫr ad-Dīn (ara. *min al-ǧāʾiz*).[205] Möglicherweise ist Bar ʿEbrāyā hier eine Art Flüchtigkeitsfehler bei der Übernahme von Faḫr ad-Dīns Text unterlaufen, das heißt er hat die beiden Argumente, die Faḫr ad-Dīn Galen zuschreibt inhaltlich in eins gefasst, aber die Zweizahl aus dem folgenden Satz über deren Partikularität nicht getilgt. Oder Bar ʿEbrāyā meint mit der Zweizahl der Argumente, dass sowohl Aristoteles' als auch Galens Argument schwach seien. Die zweite Möglichkeit passt zu Bar ʿEbrāyās gleich zu behandelndem Schlusssatz, dass es letztlich keine Sicherheit in dieser Frage gebe.

Ibn Sīnā, „unser alter Meister", so Bar ʿEbrāyā schließlich, sei nicht eindeutig in seinen Aussagen: Einmal sage er, dass es Pneumata im Samen des Mannes gebe, welche die Fähigkeiten (zur Formung usw.) trügen beziehungsweise hervorbrächten (5.1.5 [d.i]). Ein andermal aber sage er, der Samen des Mannes sei ein Teil des Embryos, ähnlich wie das Ferment ein Teil des Käses sei (5.1.5 [d.ii]). Auch Faḫr ad-Dīn verweist am Ende seines entsprechenden Abschnitts darauf, dass Ibn Sīnā – ohne ein definitives Argument (ara. *ḥiǧǧah qaṭʿiyyah*) – dazu neige, dass das männliche Ejakulat ein Teil des Embryos sei. Außerdem sage er zuweilen, das männliche Ejakulat werde zum Ursprung für das Pneuma, welches die Vermögen trage, zuweilen aber, es werde ein Teil des Körpers, wie das Lab (*infaḥah*) beim Käse.[206]

Der Schlusssatz Bar ʿEbrāyās bringt eine gewisse Unsicherheit zum Ausdruck: „Bestimmt aber kommt sicheres Wissen zu solchen Fragen wie diesen ganz allein dem Schöpfer zu" (5.1.5 [e]). Da sich eine Entsprechung weder bei Faḫr ad-Dīn noch bei Ibn Sīnā findet, muss vorerst offen bleiben, ob er diesen Satz selbst hinzugefügt hat, um die Spannung zwischen den

---

204 Faḫr ad-Dīn ar-Rāzī, *al-Mabāḥiṯ al-mašriqiyyah*, 2.2.2.2.18 (t: ed. Haydarabad (1343 H.), S. ii.274.7). Siehe hierzu Weisser 1983, S. 156.

205 Faḫr ad-Dīn ar-Rāzī, *al-Mabāḥiṯ al-mašriqiyyah*, 2.2.2.2.18 (t: ed. Haydarabad (1343 H.), S. ii.274.8).

206 Faḫr ad-Dīn ar-Rāzī, *al-Mabāḥiṯ al-mašriqiyyah*, 2.2.2.2.18 (t: ed. Haydarabad (1343 H.), S. ii.274.21–275.3). Die von mir verwendete Ausgabe schreibt *ka-kawn al-infaḥah ǧuzʾan min al-ǧanīn* (wie Lab ein Teil des Embryos wird). Aller Wahrscheinlichkeit nach wurde hier das im Schriftbild ähnliche *ǧubnah* zu *ǧanīn* geändert. Faḫr ad-Dīn fügt außerdem hinzu, dass letztere Position Ibn Sīnās in dessen *Qānūn* zu finden sei.

Aussagen der aufgeführten Autoritäten zu kommentieren, oder es vielleicht eine weitere Vorlage gibt.

Zusammenfassend lässt sich für Bar ʿEbrāyās Auffassung von den verschiedenen Zeugungsbeiträgen feststellen, dass er inhaltlich Ibn Sīnās Samenlehre folgt: Der männliche Zeugungsbeitrag sei das aktive, formende Prinzip, während der weibliche Zeugungsbeitrag das passive, materielle Prinzip bei der Bildung eines neuen Individuums darstelle. Entsprechend der fehlenden Formfähigkeit sei der weibliche Zeugungsbeitrag nicht vollumfänglich als „Samen" zu bezeichnen, auch wenn er gewisse Eigenschaft mit dem männlichen Zeugungsbeitrag teile. Diese Samenlehre ist insgesamt als aristotelisch zu betrachten. Verschiedene Aspekte, die Galen gegen Aristoteles vorgebracht hatte, wurden von Ibn Sīnā mit der aristotelischen Lehre harmonisiert und so von Bar ʿEbrāyā übernommen. Dies gilt auch für die Aussagen zum Samen in dem exkursorisch behandelten *pāsoqā* 2.1 der Zoologieschrift Bar ʿEbrāyās.

Über die inhaltliche Übereinstimmung zu Ibn Sīnā hinaus ist allerdings für die Darstellung Bar ʿEbrāyās auf deren strukturelle und oft auch wörtliche Nähe zu den entsprechenden Ausführungen Faḫr ad-Dīn ar-Rāzīs in dessen *Mabāḥiṯ* hinzuweisen. Dieser wiederum stützt sich im Wesentlichen auf Ibn Sīnās *Šifāʾ*, strukturiert dessen Darstellung aber und fasst sie zusammen. Abweichungen zwischen Bar ʿEbrāyā und Faḫr ad-Dīn lassen sich entweder aus Bar ʿEbrāyās Redaktion erklären oder dadurch, dass er eine andere Vorlage verwendet, die intertextuell mit dem *Šifāʾ* und dem *Mabāḥiṯ* in Verbindung steht, aber noch identifiziert werden muss. Weitere Übereinstimmungen zwischen dem *Mabāḥiṯ* und einem Text des christlichen Mediziners Ibn al-Quffs weisen in den Bereich der medizinischen Traktate.

An einer Stelle vergleicht Bar ʿEbrāyā die mögliche Zeugung durch die Frau ohne männlichen Partner mit der Zeugung von Pflanzen. Dies ist ein gutes Beispiel für Bar ʿEbrāyās Vorgehen, in eine übergreifende Passage mit allgemeiner Vorlage, hier Faḫr ad-Dīn ar-Rāzīs *Mabāḥiṯ*, eine einzelne Aussage aus einer weiteren Vorlage, hier Ibn Sīnās *Šifāʾ*, einzuflechten. Dieses Vorgehen wurde bereits für andere Teile seines Werks angemerkt.[207]

---

207 Vgl. Schmitt o. D., S. 70 („Introduction – I.5 Sources").

3.2.2 *pāsoqā* 5.2 „Darüber, wie die prinzipiellen Organe aus den beiden Samen entstehen"

In diesem *pāsoqā* wird von Bar ʿEbrāyā die eigentliche Embryogenese beschrieben. Zunächst erläutert er das vorembryonale Stadium, mit dessen Abschluss die eigentliche Leibesfrucht gebildet sei und deren Wachstum beginne (*te'ōriya* 5.2.1). Hier führt Bar ʿEbrāyā auch Anzeichen der Empfängnis auf, was eher einer medizinischen Diagnostik ähnelt, insofern es sich um Schwangerschaftsbeschwerden handelt. Dazu passt, dass Bar ʿEbrāyā sich ausschließlich auf den Menschen bezieht; lediglich an einer Stelle wird die Plazenta mit einer Eierschale verglichen und so der Bezug zu anderen Lebewesen hergestellt.

Als „Motor" der gesamten Entwicklung wird von Bar ʿEbrāyā das Pneuma oder der „Lebensgeist" ausgemacht (*te'ōriya* 5.2.2), der maßgeblich für die Herausbildung der hauptsächlichen Organe Herz, Leber und Hirn verantwortlich sei (*te'ōriya* 5.2.3). Bei dieser Auffassung der embryonalen Entwicklung handelt es sich um die sogenannte Dreibläschentheorie Ibn Sīnās, die es in diesem Zusammenhang zu skizzieren gilt.

3.2.2.1 *te'ōriya* 5.2.1 – Zur Empfängnis und ihren Anzeichen

Zu Beginn von *pāsoqā* 5.2 erläutert Bar ʿEbrāyā die Empfängnis, die von ihm zuvor bereits in den *te'ōriyas* 5.1.1–5.1.2 thematisch angerissen wurde. Nach Ursula Weisser lässt sich in den Quellen hinsichtlich der Empfängnis „1. die Imprägnation, d. h. die Aufnahme der Samenflüssigkeiten von Mann und Frau in den Uterus und ihre anschließende Vereinigung" sowie „2. die Implantation, d. h. die Festsetzung des Samengemischs im Fruchthalter" unterscheiden.[208] Bar ʿEbrāyā behandelt als Erstes die Imprägnation, anschließend Schwangerschaftssymptome wie beispielsweise Übelkeit und schließlich Aspekte im Zusammenhang der Implantation.

Zunächst, so Bar ʿEbrāyā, verbänden sich (syr. *metkannaš*) der Samen (*zarʿā*) des Mannes und der Frau in der Gebärmutter (5.2.1 [a.i]). Dies ist eine wörtliche Übertragung des Beginns von *faṣl* 9.4 von Ibn Sīnā.[209] Dieser behandelt gemäß des *faṣl*-Titels „die Art und Weise der Entstehung (ara.

---

208 Weisser 1983, S. 145.
209 Ibn Sīnā, *Kitāb aš-Šifāʾ, aṭ-Ṭabīʿiyyāt* 8 – *al-Ḥayawān*, 9.4 (165.4).

takawwun) der hauptsächlichen Organe aus den beiden Samen", was Bar ʿEbrāyā als Titel für das gesamte *pāsoqā* übernimmt.

Dann, so Bar ʿEbrāyā, fließe der Samen in der Gebärmutter herum (syr. *ḥdar-ʰu ʿlāwʰy*), und zwar durch die Fähigkeiten, die in ihm tätig seien (*b-maʿbrānut ḥaylē d-ʾit bēh*) (5.2.1 [a.i]). Diese Aussage Bar ʿEbrāyās entspricht ebenfalls, allerdings freier,[210] Ibn Sīnās Darstellung. Dieser meint, der Samen drehe sich um sich selbst (ara. *istidār ʿalā nafsihi*) und ziehe sich zusammen (*munḥaṣir ilā ḏātihi*), was er gleichfalls auf die Tätigkeit der dem Samen gegebenen Fähigkeiten zurückführt.[211]

Nun „greife" (syr. *āḥad*) die Gebärmutter den Samen von allen ihren Seiten, so Bar ʿEbrāyā weiter (5.2.1 [a.ii]). Dann beziehungsweise dadurch werde die Menstruation zurückgehalten (*metklē*), um das Embryo zu nähren (*netarsē*) (5.2.1 [b]). Das Zurückhalten der Menstruation zur Ernährung des Embryos ist, wie bereits in Bezug auf *teʾōriya* 5.1.1 erwähnt, eine verbreitete Vorstellung. Bar ʿEbrāyās Wortlaut gleicht demjenigen Ibn Sīnās, der dieselbe Auffassung äußert.[212] Davor stellt Ibn Sīnā allerdings in einer kurzen Passage, die Bar ʿEbrāyā auslässt, zur Diskussion, inwiefern der weibliche Zeugungsbeitrag zur Implantation beitrage.[213] Das Greifen beziehungsweise Umfassen des Samens durch die Gebärmutter findet sich ebenfalls bei Ibn Sīnā.[214] Für den Zusatz „von allen ihren Seiten", den Bar ʿEbrāyā macht, findet sich allerdings keine Entsprechung. Demgegenüber verwendet zum Beispiel Galen im *De semine* den Ausdruck gr. *pantachothen* (von allen Sei-

---

210 Das von Bar ʿEbrāyā verwendete Verb *ḥdar* bedeutet sowohl „sich drehen, umherfließen" als auch „umschließen"; Sokoloff 2009, S. 416–417 (s. v. *ḥdar*). Da im Syrischen sowohl Gebärmutter (*marbʿā*) als auch Samen (*zarʿā*) grammatikalisch männlich sind, ließe sich *ḥdar-ʰu ʿalāwʰy* theoretisch sowohl als „er fließt in ihr herum" als auch im Sinne von „sie umschließt ihn" lesen. Da aber das Subjekt des ersten Satzes der Samen ist und sich im anschließenden Satz ein klarer Subjektwechsel zu *marbʿā* findet, ist die Lesung mit „herumfließen" naheliegender. Läse man „sie umschließt ihn", würden sich zudem die Fähigkeiten auf die Gebärmutter beziehen und damit deren natürliche Disposition zum Greifen des Embryos herausstellen. Diese Disposition findet sich in Ibn Sīnās Darstellung aber nicht explizit, was ich als weiteren Hinweis auf meine Lesung von Bar ʿEbrāyās Ausführungen sehe.

211 Ibn Sīnā, *Kitāb aš-Šifāʾ, aṭ-Ṭabīʿiyyāt* 8 – *al-Ḥayawān*, 9.4 (165.4–5).

212 Ibn Sīnā, *Kitāb aš-Šifāʾ, aṭ-Ṭabīʿiyyāt* 8 – *al-Ḥayawān*, 9.4 (165.10–11).

213 Ibn Sīnā, *Kitāb aš-Šifāʾ, aṭ-Ṭabīʿiyyāt* 8 – *al-Ḥayawān*, 9.4 (165.5–10); vgl. hierzu Weisser 1983, S. 187–188.

214 Mehrmals in Ibn Sīnā, *Kitāb aš-Šifāʾ, aṭ-Ṭabīʿiyyāt* 8 – *al-Ḥayawān*, 9.4 (165.5–10): *ištimāl ʿalayhi*.

156

ten).[215] Möglicherweise übernimmt Bar ʿEbrāyā es von hier, gegebenenfalls vermittelt durch weitere Autoren.[216]

Danach, so Bar ʿEbrāyā, verschließe sich (*metʿammaṣ*) die Gebärmutter auf Grund des Greifens. Dabei werde der Muttermund trocken (*yābeš pum marbʿā*) (5.2.1 [c]).[217] Auch diese beiden Aspekte finden sich bei Ibn Sīnā, der Verschluss wörtlich, die Trockenheit mit etwas anderem Wortlaut.[218] „Hinter dieser Vorstellung vom Verschluß des Muttermundes steht ein recht primitiv-mechanistisches Verständnis der Konzeption, nach dem das Ausschlaggebende das einfache Zurückhalten des Zeugungsstoffs zu sein scheint", so Weisser.[219] Zentral für Bar ʿEbrāyās Darstellung ist entsprechend die Kontraktion der Gebärmutter, die sich verschließt und den Samen festhält. Daher müsse, wie in *te ʾōriya* 5.1.1 von Bar ʿEbrāyā erwähnt, der Samen sieben Tage in der Gebärmutter verbleiben, damit sicher auf eine Empfängnis zu schließen sei.

---

215 Galen, *De semine*, I.4.6 (IV 521 Kühn) (t+v: de Lacy 1992, S. 72–73).

216 Vgl. zum Greifen der Gebärmutter auch die Darstellung bei Weisser 1983, S. 154, mit weiteren Belegstellen.

217 Tatsächlich sind laut Stauber und Weyerstahl 2005, S. 500 „Veränderungen der Vagina" als ein „wahrscheinliches Schwangerschaftszeichen" anzusehen, wobei die Oberfläche der Vaginalhaut „samtartig" erscheine. Die vormodernen Autoren sehen die Trockenheit allerdings als Anzeichen dafür an, dass die Gebärmutter den Samen vollständig aufgenommen habe; Weisser 1983, S. 153–154.

218 Ibn Sīnā, *Kitāb aš-Šifāʾ*, *aṭ-Ṭabīʿiyyāt* 8 – *al-Ḥayawān*, 9.4 (165.11–12). Ibn Sīnā spricht von „Trocknung der Öffnung (*ǧufūf al-farǧ*) wegen der Vehemenz der Trockenheit", wobei mit *farǧ* generisch das weibliche Geschlechtsteil gemeint ist. Im Wörterbuch für modernes Arabisch von Wehr 1985, S. 950 (s. v. *farǧ*) findet sich bspw. „weiblicher Schamteil, Vulva". Laut Lane 1863, S. 2359–2360, dessen Wörterbuch die vormodernen arabischen Wörterbücher berücksichtigt, kann der Begriff auch allgemein für die männliche oder weibliche Scham verwendet werden, spezieller dann die äußeren Geschlechtsteile der Frau (Vulva) als auch die inneren (Vagina). Im *Qānūn* spricht Ibn Sīnā zum Beispiel vom weiblichen Pendant der Hoden, die im Gegensatz zu denjenigen des Mannes „innen, in der Vagina" (*bāṭinutān fī l-farǧ*) seien, Ibn Sīnā, *al-Qānūn fī ṭ-ṭibb*, 3.21.1.1 (t: ed. Beirut 1999, S. ii.754.12). Oder er erwähnt den *fam al-farǧ*; Ibn Sīnā, *al-Qānūn fī ṭ-ṭibb*, 3.21.1.1 (t: ed. Beirut 1999, S. ii.755.26), womit die eigentliche Scheidenöffnung (also die Vulva?) gemeint sein dürfte; der Hrsg. der von mir benutzten Ausgabe des *Qānūn* fügt überall schlicht das englische *vulva* in Klammern hinzu. Es ist insgesamt davon auszugehen, dass Ibn Sīnā im Allgemeinen nicht immer zwischen den äußeren weiblichen Genitalien und den inneren unterscheidet.

219 Weisser 1983, S. 155.

Die Idee, die Gebärmutter sauge den Samen aktiv ein, und zwar aufgrund ihrer natürlichen Disposition beziehungsweise aus Verlangen nach dem männlichen Samen,[220] wird von Ibn Sīnā diskutiert, aber von Bar ʿEbrāyā nicht aufgegriffen. Bei der Position, dass die Vermischung der Samen beziehungsweise Zeugungsbeiträge in der Gebärmutter stattfinde, verwendet Bar ʿEbrāyā zwar den Wortlaut Ibn Sīnās. Er diskutiert aber nicht erst wie Ibn Sīnā, ob eine Vermischung nicht womöglich außerhalb der Gebärmutter, das heißt in der Vagina, stattfinde, woraufhin die Gebärmutter die Mischung einsauge. Dadurch gerät er nicht „in Widerspruch zu der echten aristotelischen Auffassung".[221] Mithin bestätigt sich hier das wiederkehrende Muster Bar ʿEbrāyās, gegebenenfalls inhaltlich eher mit Aristoteles als Ibn Sīnā übereinzustimmen und damit letzterem implizit zu widersprechen.

Daraufhin beschreibt Bar ʿEbrāyā weitere Anzeichen für die Empfängnis beziehungsweise Beschwerden in deren Folge, die bei „der Mehrzahl Frauen" (syr. *saggiʾātā men neššē*) auf die Verhinderung (*kelyānā*) der Menstruation zurückzuführen seien (5.2.1 [d.i]). Dazu zählten Kopfschmerz (*nqāš rēša*), Schwindel (*ṣāwrānē*), Erbrechen (*gmāʿā*[222]), Übelkeit (*tyābtā*) und abstoßendes Verlangen (*reggtā škirtā*). Bei Ibn Sīnā findet sich lediglich Brechreiz beziehungsweise Übelkeit (ara. *ġaṭayān*) sowie abstoßende Gelüste (*šahawāt radīʾah*).[223] Mit diesem Verlangen dürften zunächst ein ungewöhnlicher Appetit gemeint sein, aber auch Stimmungsschwankungen, wie ein Vergleich mit der aristotelischen Darstellung zeigt.[224] Beide Anzei-

---

220 Für eine ausführlichere Darstellung dieser Auffassungen siehe Weisser 1983, S. 145–155.

221 Vgl. hierzu Weisser 1983, S. 146–150, besonders S. 149–150.

222 Das syrische Wort *gmāʿā* wurde wohl als erklärungsbedürftig angesehen, da in beiden Kopien des Autographs die arabische Glosse *at-tahawwuʿ* zu finden ist. Im syrisch-arabischen Wörterbuch von Bar Bahlul (gest. 963) findet sich die Entsprechung von syr. *gmāʿā* und *al-tahawwuʿ* ebenfalls; Bar Bahlul, *Leksiqon*, s. v. *gmāʿā* (t: Duval 1901, Sp. i.502); vgl. auch Sokoloff 2009, S. 242 (s. v. *g-m-ʿ*). Zu den Glossen, die in beiden Kopien des Autographs übereinstimmen, siehe im Anhang, Kap. A.2, S. 330.

223 Ibn Sīnā, *Kitāb aš-Šifāʾ, aṭ-Ṭabīʿiyyāt* 8 – *al-Ḥayawān*, 9.4 (165.12). Auch in Ibn Sīnās *Qānūn* findet sich eine ausführliche Liste mit Schwangerschaftsbeschwerden bzw. -anzeichen, die aber weniger stark übereinstimmt. Hier ist z. B. die Veränderung der Farbe der Zunge nicht erwähnt; Ibn Sīnā, *al-Qānūn fī ṭ-ṭibb*, 3.21.1.8 (t: ed. Beirut 1999, S. ii.766–767).

224 Aristoteles, *Historia animalium* [versio arabica], IX.4 (584a18–20) (t: Filius 2019, S. 366). Hier findet sich auch die misogyne Annahme, dass die Gelüste und Stim-

chen, Erbrechen und „abnorme Gelüste", finden sich tatsächlich bei über 50 % der Frauen in der Frühschwangerschaft.[225] Solche Symptome wurden bereits von Hippokrates besprochen und auf das Zurückhalten der Menstruation zurückgeführt.[226] In der aristotelischen Darstellung ist zusätzlich von „Schwarzwerden vor den Augen" (ara. *ẓulmah qubālat al-ʿaynayn*) und von Kopfschmerz (*ṣudāʿ ar-raʾs*) die Rede.[227] Sowohl die Kopfschmerzen als auch die Einschränkung der Symptome auf „die meisten Frauen" geht damit bei Bar ʿEbrāyā auf die aristotelische Darstellung zurück. Bar ʿEbrāyā verschränkt und synthetisiert hier also wieder seine beiden hauptsächlichen Vorlagen.

Weiter, so Bar ʿEbrāyā, verändere sich die Farbe der Augen und die Arterien unter der Zunge würden grün (5.2.1 [d.ii]). Auch hier findet sich eine fast wörtliche Entsprechung bei Ibn Sīnā.[228] Dass Bar ʿEbrāyā explizit von „Arterien *unter* der Zunge", und nicht wie Ibn Sīnā von „Arterien der Zunge" spricht, könnte eine erklärende Hinzufügung Bar ʿEbrāyās selbst sein, auf eine abweichende Lesart in dem ihm vorliegenden *Šifāʾ*-Text oder auch auf eine weitere Vorlage hindeuten.

Zu den Schwangerschaftsleiden zählt nach Bar ʿEbrāyā außerdem ein verborgener Schmerz (syr. *kēbā kasyā*) in der Nähe der Geschlechtsteile (*ṣēd maḥsnē*), der darauf zurückzuführen sei, dass sich die Gebärmutter in sich zusammenziehe (*ba-ntiputā marbʿā l-ʿappay l-gāw*) (5.2.1 [d.iii]). Dies ist eine leicht veränderte Übernahme der Darstellung Ibn Sīnās, der einen Schmerz in der Schamgegend (ara. *ʿānah*) mit der Vehemenz des Zusammenziehens des Muttermundes erklärt. Es sei aber, fügt Ibn Sīnā hinzu, ein verborgener Schmerz (*alam ḫafīy*).[229] Mit „verborgen" ist vermutlich ein innerer Schmerz gemeint, dessen Ursache nicht direkt zu sehen ist.

Dass sich das Erbrechen beziehungsweise die Übelkeit vermehre, wenn das Haar der Embryonen (im Plural) zu wachsen beginne, wie Bar ʿEbrāyā

---

mungsschwankungen bei Frauen, die mit einem Mädchen schwanger seien, besonders heftig ausfielen.

225 Vgl. Tabelle E-3.1 in Stauber und Weyerstahl 2005, S. 501.

226 Siehe Flemming 2002, S. 106.

227 Aristoteles, *Historia animalium* [versio arabica], IX.4 (584a3) (t: Filius 2019, S. 365).

228 Ibn Sīnā, *Kitāb aš-Šifāʾ, aṭ-Ṭabīʿiyyāt* 8 – *al-Ḥayawān*, 9.4 (165.14).

229 Ibn Sīnā, *Kitāb aš-Šifāʾ, aṭ-Ṭabīʿiyyāt* 8 – *al-Ḥayawān*, 9.4 (165.14–15).

meint (5.2.1 [d.iv]), findet sich fast identisch bei Ibn Sīnā, der hier ebenfalls den Plural ara. *aġinnah* (Sg. *ġanīn*) benutzt.[230]

Die verschiedenen aufgeführten Schwangerschaftsleiden werden zwar von Bar ʿEbrāyā im Rahmen der Anzeichen einer Empfängnis behandelt, beziehen sich aber letztlich wohl insgesamt auf den Verlauf der (frühen) Schwangerschaft. Das im Anschluss von Bar ʿEbrāyā Diskutierte wird nämlich mit der relativen Angabe „zuvor" (syr. *luqdām man*) eingeleitet. Ibn Sīnā macht explizit eine entsprechende Äußerung: „Manchmal stellen sie [sc. die Beschwerden] sich am Anfang, manchmal später, am zehnten Tag oder danach ein".[231]

Der letzte Teil von *teʾōriya* 5.2.1 kann im weitesten Sinne als das aufgefasst werden, was Ursula Weisser wie eingangs erwähnt als Implantation bezeichnet. Allerdings steht bei Bar ʿEbrāyā nicht die Festsetzung des Samengemischs im Vordergrund, sondern dessen Schutz durch Ausbildung einer Membran.

Bar ʿEbrāyā kennzeichnet die von ihm beschriebenen Vorgänge wie gesagt mit *luqdām man* als zeitlich vor den verschiedenen Schwangerschaftsbeschwerden liegend. Zunächst nämlich bilde sich (syr. *metlḥem*) eine Arterien- und Venen-Membran (*ḥelbā warridnāyā w-ṣeryānāyā*) über dem Samen. Diese Membran werde *šliṭā* bezeichnet, so Bar ʿEbrāyā. So wie eine Eierschale (*aʸk šrāqtā*) die Feuchtigkeit der Eier schütze, werde der Samen damit vor Auflösung (*buddārā*) und die gekeimte Hitze (*ḥammimutā nṣibtā*) vor Dispersion (*pullhādā*) bewahrt (*netnṭar*) (5.2.1 [e]). Bar ʿEbrāyā orientiert sich hier weiterhin an Ibn Sīnās Darstellung: Das Erste, was sich bilde (ara. *yatakawwin*), so Ibn Sīnā im *Šifāʾ*, sei ein Häutchen oder eine Membran (*ṣifāq*). Diese umgebe das Samengemisch, so wie ein Ei umschlossen sei, damit es Schutzhülle und Umfassung (*waqāyyah wa-māsikah*) für die Teile des Samens sei, indem es ihn vor Zerstreuung (*tašattut*) bewahre und die angeborene Hitze (*ḥārr ġarīzī*) in ihm schütze.[232] Diese Ausführungen gehen teilweise auf die aristotelische Darstellung zurück, die an dieser Stel-

---

230 Ibn Sīnā, *Kitāb aš-Šifāʾ*, *aṭ-Ṭabīʿiyyāt* 8 – *al-Ḥayawān*, 9.4 (165.16). Die Vorstellung findet sich zuvor schon bei Aristoteles; Aristoteles, *Historia animalium* [versio arabica], IX.4 (584a21–23) (t: Filius 2019, S. 366).

231 Ibn Sīnā, *Kitāb aš-Šifāʾ*, *aṭ-Ṭabīʿiyyāt* 8 – *al-Ḥayawān*, 9.4 (165.15): *rubbamā ʿaraḍat fī awwal ištimāl rubbamā taʾaḫḫarat ʿašrat ayyām wa-fawqa ḏālika*. Dies ist wiederum eine systematische Zusammenfassung der Zeitangaben Aristoteles'; vgl. Aristoteles, *Historia animalium* [versio arabica], IX.4 (584a4–5, 584a9–12) (t: Filius 2019, S. 365–6).

232 Ibn Sīnā, *Kitāb aš-Šifāʾ*, *aṭ-Ṭabīʿiyyāt* 8 – *al-Ḥayawān*, 9.4 (165.16–166.2).

le aber den Schutz der Hitze und vor Dispersion nicht explizit aufweist.[233] Dagegen findet sich dort die Aussage, dass die genannte Membran von Blutgefäßen durchzogen sei (ara. *ṣifāq mamlūʾ ʿurūqan*), was auch Bar ʿEbrāyā angibt, Ibn Sīnā aber nicht erwähnt.

Bar ʿEbrāyās Aussagen zur Membran sind im Hinblick auf die verwendeten Begriffe und die vermutlich gemeinten anatomischen Gebilde erklärungsbedürftig. Schwierig ist zum einen, dass seine Ausführung sehr knapp ist und er nicht näher erläutert, welche weiteren Funktionen der Membran zukämen oder wie die Anheftung des Embryos zu verstehen sei. Zum anderen ist auch die Terminologie und anatomische Vorstellung der arabischen medizinischen Autoren, die hier als Vergleich dienen können, nicht immer einheitlich oder schlüssig.[234] Manche der Vorstellungen waren auch deshalb falsch, da sie anatomisch nicht an Menschen, sondern an anderen Säugetieren gewonnen wurden.[235] Nach heutigem Wissensstand gibt es verschiedene Membranen oder Hüllen, die bei der Entwicklung des Embryos bestimmte Funktionen übernehmen. Das Chorion umgibt das gesamte embryonale Gebilde. Die Plazenta, die stark von Adern durchzogen ist, ernährt den Embryo. Bar ʿEbrāyā meint mit *šliṭā* aller Wahrscheinlichkeit nach Chorion und Plazenta zusammen, ähnlich wie die arabischen Mediziner den Begriff *mašīmah* verwenden,[236] denn er schreibt diesem so bezeichneten Organ sowohl das Zusammenhalten (Chorion) als auch Blutgefäße (Plazenta) zu. Die anderen Eihäute finden keine Erwähnung.[237]

Bar ʿEbrāyā schließt die *teʾōriya* mit der Aussage ab, dass anschließend (syr. *ʾiṯā*) an die Ausbildung der Schutzhaut die Materie mit dem Wachstum beginne (*mšarryā hulā tarbiṯā*) (5.2.1 [f]). Die parallele Stelle bei Ibn Sīnā ist annähernd wortgleich.[238] Implizit greift diese Aussage auch die Unterscheidung qualitativer Veränderung, nämlich Hitze beziehungsweise Erwär-

---

233 Aristoteles, *Historia animalium* [versio arabica], IX.7 (586a18–22) (t: Filius 2019, S. 370).

234 Vgl. Weisser 1983, S. 182–194, zu den Begriffen besonders S. 182–183, 189.

235 Vgl. Weisser 1983, S. 189–191.

236 Vgl. Weisser 1983, S. 182 u. S. 189.

237 Vgl. dagegen z. B. die aristotelische Darstellung, wo zwei Häute unterschieden werden; Aristoteles, *Historia animalium* [versio arabica], IX.7 (586a18–20) (t: Filius 2019, S. 370). Die genaue Unterscheidung von verschiedenen Häuten findet sich auch an anderer Stelle bei Ibn Sīnā, siehe Ibn Sīnā, *Kitāb aš-Šifāʾ*, aṭ-Ṭabīʿiyyāt 8 – *al-Ḥayawān*, 9.5 (174.2–5). Vgl. auch die Darstellung von drei Häuten bei Ibn Māsawayh; Weisser 1993, S. 121.

238 Ibn Sīnā, *Kitāb aš-Šifāʾ*, aṭ-Ṭabīʿiyyāt 8 – *al-Ḥayawān*, 9.4 (166.2).

mung, und quantitativer Veränderung, also Wachstum, auf, die, nach Auffassung von Ibn Sīnā und ihm folgend Bar ʿEbrāyā, aber beide bei der embryonalen Entwicklung zusammenspielten und die Materie so disponierten, dass eine substantielle Veränderung möglich werde.[239]

Zusammengefasst beschreibt Bar ʿEbrāyā als wichtigste Aspekte der Empfängnis das Zusammenkommen und Verbleiben des männlichen und weiblichen Zeugungsbeitrags in der Gebärmutter sowie die Ausbildung einer Membran, die den Keimling vor Dispersion schützt und die Hitze des „Keimvorgangs" bewahrt. Daneben werden als Anzeichen der Schwangerschaft hauptsächlich verschiedene Schwangerschaftsbeschwerden aufgeführt. Im Allgemeinen orientiert sich Bar ʿEbrāyā bei seiner Darstellung an Ibn Sīnās *faṣl* 9.4 in dessen *Šifāʾ*, oft auch sehr wörtlich. Gleichzeitig übernimmt Bar ʿEbrāyā aber einzelne Punkte aus der aristotelischen sowie womöglich (indirekt?) aus der galenischen Darstellung.

3.2.2.2 *teʾōriyas* 5.2.2–5.2.3 – Das Pneuma als „Motor" und das Herz als hauptsächliches Organ der embryonalen Entwicklung sowie die Dreibläschentheorie

Bereits in Kapitel 2 wurde die vormoderne Vorstellung des Geistes oder Pneumas besprochen, das als Vermittler zwischen dem Körper und der Seele als immateriellem Lebensprinzip dient.[240] Bar ʿEbrāyā greift das Konzept in den folgenden *teʾōriyas* 5.2.2 und 5.2.3 zusammen mit der sogenannten Dreibläschentheorie Ibn Sīnās auf, welche die Herausbildung der ersten Organe beschreibt. Bar ʿEbrāyās Unterteilung in zwei *teʾōriyas* lässt sich am ehesten so erklären, als dass er die allgemeine Frage nach dem ersten Organ von den detaillierten Ausführungen zur Organbildung aus den drei Bläschen trennen möchte. Da beides eng miteinander verbunden ist, behandle ich die beiden *teʾōriyas* im Folgenden zusammen.

Alle Organe (syr. *haddāmē*, Sg. *haddāmā*), so Bar ʿEbrāyā, verfügten über einen Geist beziehungsweise ein Pneuma (*ruḥā*), der ein Vehikel (*markabtā*) der belebenden Fähigkeiten darstelle und diesem Organ seinsmäßig vorausgehe (*qadimā ba-hwāyā*). Dieses Pneuma entstehe gleichzeitig (*d-ʿam zarʿā* […] *metiled*) mit dem Samen, von Beginn an (*men rēšitā*)

---

239 Vgl. hierzu McGinnis 2004, S. 57, Anm. 23 und Kap. 5.3, S. 306.
240 Siehe Kap. 2.2.3, S. 89.

(5.2.2 [a]). Gemäß dieser Vorstellung müsse also der Ausbildung der einzelnen Organe zunächst ein antreibendes Prinzip vorausgehen. Dieses Prinzip, das Pneuma, sei schon im (männlichen[241]) Samen angelegt. Wichtig ist festzustellen, dass es sich bei diesem Pneuma nicht um die Seele handelt. Im Allgemeinen orientiert sich Bar 'Ebrāyā mit diesen Aussagen an der Darstellung Ibn Sīnās, die ich im Folgenden ausführlicher beschreibe.

Nach Ibn Sīnā sei das Erste, was an Substanz im Zeugungsstoff (ara. *māddah*) entstehe, das Pneuma (*rūḥ*),[242] welches das Vehikel (*murakkib*) der Seelenkräfte sei.[243] Ibn Sīnās Erklärung ist teleologisch, nämlich dass zwei Dinge bestimmten, was zuerst in einem Ding entstünde: Leichtigkeit (im Sinne von Mühelosigkeit, *suhūlah*) und ein Bedarf (*ḥāǧah*).[244] Dass ein Pneuma entstehe, sei aber leichter als das Entstehen eines Organs (*'aḍw*) und der Bedarf nach Wachstum (*numūw*) des Pneumas zur Verströmung (*inbi'āṯ*) der Kraft[245] und ihrer Verstärkung früher (*amsi*) als der Bedarf nach der vollständigen (*tāmmah*) Entstehung der Organe.[246] Im Hintergrund steht die Auffassung der Natur als zweckmäßig: „Die Natur verwirklicht unter den möglichen Lösungen stets die beste und löst jedes Problem auf die

---

241 Die Hippokratiker gehen noch davon aus, dass das Pneuma als eine Art Gas durch die Wärme in der Gebärmutter in *beiden* Samen bzw. im Samengemisch entstehe. Aristoteles hat später das Pneuma ausschließlich dem männlichen Samen zugesprochen und die Idee des Pneumas als eine Art Gas verworfen. Dies wurde von den arabischen Medizinern übernommen, auch wenn Galen, dessen Samenlehre wie gesehen durchaus von der arabischen Medizin rezipiert wurde, in einigen Punkten gegen Aristoteles „polemisierte"; siehe Weisser 1983, S. 177–181.

242 Dabei wird der materielle oder stoffliche, wenn auch feinstoffliche Charakter des Pneumas deutlich. „So wie die Vernunft die edelste unkörperliche Wesenheit darstellt, so ist das Pneuma die edelste körperliche Substanz"; Weisser 1983, S. 180, mit Diskussion der zugrundeliegenden aristotelischen Vorstellung.

243 Ibn Sīnā, *Kitāb aš-Šifā'*, *aṭ-Ṭabī'iyyāt* 8 – *al-Ḥayawān*, 9.4 (166.2–3).

244 Ibn Sīnā, *Kitāb aš-Šifā'*, *aṭ-Ṭabī'iyyāt* 8 – *al-Ḥayawān*, 9.4 (166.3–4), vgl. Weisser 1983, S. 237–238. Diese Argumentation übernimmt Faḫr ad-Dīn ar-Rāzī, *al-Mabāḥiṯ al-mašriqiyyah*, 2.2.2.2.19 (t: ed. Haydarabad (1343 H.), S. ii.275.19–276.3).

245 Dass *quwwah* (Kraft) hier im Singular steht, ist vermutlich so zu verstehen, dass *ein* Vermögen nur analytisch in mehrere Seelenkräfte zu unterteilen sei. Entsprechend führt Ibn Sīnā alle drei Eigenschaften des Pneumas bzw. drei Pneumata auf, psychisches, natürliches und animales (ara. *nafsānī, ṭabī'ī, ḥayawānī*), wenn er vom Ejakulat (*manīy*) spricht, Ibn Sīnā, *Kitāb aš-Šifā'*, *aṭ-Ṭabī'iyyāt* 8 – *al-Ḥayawān*, 9.4 (168.18) sowie Ibn Sīnā, *al-Qānūn fī ṭ-ṭibb*, 3.21.1.2 (t: ed. Beirut 1999, S. ii.756.8).

246 Ibn Sīnā, *Kitāb aš-Šifā'*, *aṭ-Ṭabī'iyyāt* 8 – *al-Ḥayawān*, 9.4 (166.4–6).

denkbar einfachste Weise", wie Ursula Weisser es zusammenfasst.[247] Der Ursprung (*aṣl*) dieses Pneumas rühre laut Ibn Sīnā von dem her, was im Ejakulat (*manīy*) in die Gebärmutter „geschleudert" und darin verteilt werde.[248]

Diese Ausführungen Ibn Sīnās sind die Grundlage für seine Dreibläschentheorie der frühen Embryogenese. Grundsätzlich ist davon auszugehen, dass Bar ʿEbrāyā seine eigene Darstellung auch aus einem Text übernommen haben könnte, in dem die von mir wiedergegebenen Ausführungen Ibn Sīnās zusammengefasst sind. Da aber alle Aspekte, die sich bei Bar ʿEbrāyā finden, auch bei Ibn Sīnā gegeben sind, ist es nicht unwahrscheinlich, dass Bar ʿEbrāyā die Darstellung Ibn Sīnās lediglich kürzt und systematisiert.

Weiterhin wird von Bar ʿEbrāyā ein schaumiges Schwellen beziehungsweise Aufblähen des Samens (syr. *npiḥutēh ruʿtānāyātā*) beschrieben, das durch das Pneuma stark sei oder verstärkt werde (*mšarrrā*) (5.2.2 [b]). Das Bild vom Samen als Schaum findet sich bei Ibn Sīnā an verschiedenen Stellen, zum Beispiel am Anfang des folgenden *faṣl* 9.5. Ibn Sīnā bringt hier die „schaumigen Zustände" (ara. *aḥwāl zabadiyyah*) des Ejakulats explizit mit der Tätigkeit der bildenden Fähigkeit (*al-quwwah al-muṣawwirah*) in Verbindung, die dem männlichen Samen zukomme.[249] Die Idee des Samens als „Schaum" findet sich grundsätzlich bereits bei Aristoteles.[250] Dahinter steht die Annahme, dass eine Mischung aus Luft beziehungsweise Pneuma und aus Flüssigkeit sich verdicke und weiß werde.[251]

Im Gegensatz zu diesen Stellen in Ibn Sīnā erwähnt Bar ʿEbrāyā allerdings auch noch das Schwellen oder Aufblähen (*npiḥutā*) des Samens,

---

247 Weisser 1983, S. 79.

248 Ibn Sīnā, *Kitāb aš-Šifāʾ, aṭ-Ṭabīʿiyyāt* 8 – *al-Ḥayawān*, 9.4 (166.6–7).

249 Ibn Sīnā, *Kitāb aš-Šifāʾ, aṭ-Ṭabīʿiyyāt* 8 – *al-Ḥayawān*, 9.5 (172.4). Fast wortgleich in Ibn Sīnā, *al-Qānūn fī ṭ-ṭibb*, 3.21.1.2 (t: ed. Beirut 1999, S. ii.756.6–7).

250 Für weitere Details zu dieser Vorstellung siehe Weisser 1983, S. 113–114. Das *zabadiyyah* (Schaum/-artige) lässt auch an ara. *zubdah* (Butter) denken, die durch schäumen fetthaltiger Milch entsteht (vgl. engl. *to churn*, zum Schäumen bringen, und *churn*, Butterfass). Eine entsprechende Assoziation machen die Iḫwān aṣ-Ṣafā, die aber nicht mit dem Motiv vom Samen als Lab oder Ferment, das den weiblichen Zeugungsbeitrag wie Milch gerinnen lässt, in Verbindung steht; diesen Zusammenhang zwischen Butter- und Käsemotiv der Iḫwān aṣ-Safāʾ und Aristoteles' will fälschlicherweise Saif 2016, S. 190 herstellen; für Referenzen zu den Iḫwān aṣ-Safāʾ siehe ebd. Zur Vorstellung von der „Gerinnung" des Embryos, die auch im biblischen Buch Hiob auftaucht, siehe Weisser 1983, S. 135–137.

251 Vgl. Aristoteles, *De generatione animalium*, II.2 (735a30–736a23) (t+v: Peck 1943, S. 156–165).

das stark sei (5.2.2 [b]). Möglicherweise übernimmt er diese Idee von der aristotelischen Darstellung im *De generatione animalium*, wo im griechischen Text von einer „schaumigen Blase" (gr. *aphrōdēs pompholyx*) die Rede ist.[252] Möglich ist aber auch, dass Bar ʿEbrāyā die Aussage Ibn Sīnās aufgreift, das Erste, was sich im Samengemisch (ara. *nuṭfah*) zeige, sei ein „bestimmtes schaumiges Bläschen" (*intifāḫ mā zabadī*).[253] Die gedankliche Verbindung liegt nahe, da sowohl das Pneuma als auch das Schäumen zeitlich früh auftreten.[254] Faḫr ad-Dīn ar-Rāzī erwähnt im *Mabāḥiṯ* „das Sich-Überschlagen der luftigen Teile" (ara. *inqilāb al-aǧzāʾ al-hawāʾiyyah*), die im Samen seien.[255] Bar ʿEbrāyās Beschreibung des Blähens als vehement oder stark, erinnert an diese Aussage Faḫr ad-Dīns. Das Motiv war insgesamt weit verbreitet, wie die Fortschreibung der aristotelischen Idee des Schaums und der Blasen in arabischen Werken der Philosophie (und Alchemie) in der Diskussion zur spontanen oder elternlosen Bildung neuer Lebewesen, auch des Menschen, zeigen.[256]

Die grundlegende Schwierigkeit bei der Identifikation einer möglichen direkten Vorlage für Bar ʿEbrāyās Darstellung vom starken schaumigen Aufblähen besteht darin, dass sich hier zwei Diskussionen überschneiden: der Charakter des männlichen Samens als schaumig einerseits sowie andererseits die Dreibläschentheorie Ibn Sīnās, welche die Herausbildung der ersten Organe beschreibt. Interessanterweise nutzt Ibn Sīnā, wo er vom schaumigen Bläschen spricht, zum ersten Mal *nuṭfah* (Samen-/Tropfen), während davor von *manīy* (Erguss) die Rede ist. An dieser Stelle scheint es mit *nuṭfah* um das Samengemisch aus männlichem und weiblichem Zeugungsbeitrag zu gehen. Etwas später im *Šifāʾ*, wo Ibn Sīnā nochmals die einzelnen embryonalen Stadien aufgreift (und in der Parallelstelle im *Qānūn*), ist dagegen

---

252 Aristoteles, *De generatione animalium*, III.11 (762a23–24) (t+v: Peck 1943, S. 356–357). Einen Hinweis auf Bar ʿEbrāyās von der arabischen Aristoteles-Übersetzung abweichenden Vorlage gäbe dann das Fehlen von „Blase", da dort lediglich von „einer Art Schaum" (ara. *šabīhah bi-z-zabad*) die Rede ist; Aristoteles, *De generatione animalium* [versio arabica], III.11 (762a23–24) (t: Brugman und Drossaart Lulofs 1971, S. 129.12); siehe auch Kruk 1990, S. 269.

253 Ibn Sīnā, *Kitāb aš-Šifāʾ, aṭ-Ṭabīʿiyyāt* 8 – *al-Ḥayawān*, 9.4 (166.2).

254 Das schaumige Aufblähen des Pneumas (ggf. auch des Samens) sind bei Bar ʿEbrāyā grammatikalisch den Aussagen davor mit einem proleptischen Personalpronomen nachgestellt und kein eigenständiger Satz.

255 Faḫr ad-Dīn ar-Rāzī, *al-Mabāḥiṯ al-mašriqiyyah*, 2.2.2.2.19 (t: ed. Haydarabad (1343 H.), S. ii.275.21–276.1).

256 Vgl. Kruk 1990. Zur Adaption der Blasen beim Mediziner al-Maǧūsī (gest. 994?) siehe noch Weisser 1983, S. 246.

vom Schaum im Hinblick auf den Erguss (*manīy*) die Rede.[257] Auch Faḫr
ad-Dīn schreibt die „luftigen Teile" explizit dem „Erguss, der in die Gebärmutter geschleudert wird" (*al-manīy al-munqaḏif ilā r-raḥm*) zu.[258]

Demgegenüber benutzt Bar ʿEbrāyā in der Fortpflanzungsbiologie des
Ḥēwtā den Begriff *nuṭptā* (Samen-/Tropfen) nicht.[259] Durchgehend findet
das generische *zarʿā* (Samen) Verwendung, was eine inhaltliche Interpretation der Aussagen teils schwierig macht.[260] Im weiteren Verlauf der *teʾōriya*
5.2.2 bezieht sich Bar ʿEbrāyā aber eindeutig auf das Samengemisch, wenn
es um die beginnende Embryogenese geht.

Damit geht die Diskussion zur Dreibläschentheorie Ibn Sīnās über, die
ich im Folgenden zunächst kontextualisiere; zu den einzelnen inhaltlichen
Aspekten kehre ich gleich mit der Besprechung der Ausführungen von Bar
ʿEbrāyā und Ibn Sīnā als seiner Vorlage zurück.

Unabhängig davon, ob die Dreibläschentheorie „als eigene Leistung der
mittelalterlichen Embryologie" zu bewerten ist,[261] wurde sie, besonders in
Europa, stark rezipiert.[262] Das wesentliche an dieser Auffassung Ibn Sīnās
über die Herausbildung der ersten Organe ist, dass er die Überlegungen
Galens, die zu Ibn Sīnās „Zeit den neuesten Stand embryologischer De-
tailforschung repräsentierten, [...] durch logisch-theoretische Schlüsse mit
seiner aristotelischen Grundposition in Einklang bringt."[263] Diese aristotelische Grundposition ist das Primat des Herzens, das (wie die Idee des Pneumas) grundsätzlich schon in den Ausführungen zu den Seelenkräften in Bar
ʿEbrāyās *Swādā* begegnet ist.[264]

---

257 Ibn Sīnā, *Kitāb aš-Šifāʾ, aṭ-Ṭabīʿiyyāt* 8 – *al-Ḥayawān*, 9.5 (172.4–5) und Ibn Sīnā,
   al-Qānūn fī ṭ-ṭibb, 3.21.1.2 (t: ed. Beirut 1999, S. ii.756.6).

258 Faḫr ad-Dīn ar-Rāzī, *al-Mabāḥiṯ al-mašriqiyyah*, 2.2.2.2.19 (t: ed. Haydarabad
   (1343 H.), S. 275.21–276.1).

259 Vgl. dagegen Bar ʿEbrāyās Verwendung von *nuṭptā* in logischen bzw. metaphysischen Kontexten, wie dargelegt in Kap. 5, S. 289.

260 Die Mehrdeutigkeit des Begriffs wird auch von den Autoren selbst anerkannt, wie
   die Diskussion zum weiblichen Zeugungsbeitrag im Rahmen der Samentheorie
   zeigt. Im Hinblick auf eine Differenzierung der jeweiligen einzelnen Samen bzw.
   Zeugungsbeiträge und des Samengemischs in der Frühphase der Schwangerschaft
   fehlt diese Differenzierung; vgl. Weisser 1983, S. 167–168.

261 So Paul Diepgen, zitiert nach Weisser 1983, S. 244; für Kritik an dieser Einschätzung siehe Weisser 1983, S. 244–245 sowie Weisser 1981a, S. 763–765.

262 Weisser 1983, S. 244.

263 Weisser 1981a, S. 765.

264 Siehe hierzu Kap. 2.2.3, S. 85.

166

Die Frage, welches Organ das erste und hauptsächliche sei, wurde nicht nur in der Medizin, sondern auch in der (Natur-)Philosophie diskutiert. „Gerade [diese Frage] ist aufs engste verknüpft mit dem jeweiligen naturphilosophischen Standpunkt der Autoren und ihren biologischen Grundanschauungen."[265] Faḫr ad-Dīn ar-Rāzī beispielsweise widmet im *Mabāḥiṯ* ein eigenes *faṣl* der Lehre, „dass das erste Organ, das entsteht, das Herz ist".[266] In der Hinführung hierzu werden von Faḫr ad-Dīn einige Probleme angerissen und verschiedene übliche Vorstellungen aufgezeigt.

Faḫr ad-Dīn schließt sich der späteren arabischen Tendenz an, das Herz mit Aristoteles wieder in den Mittelpunkt zu rücken, eine Position „die gerade auf die philosophisch orientierten Mediziner eine starke Anziehungskraft" ausgeübt habe, so Ursula Weisser.[267] Die Argumentation, die Faḫr ad-Dīn seinem Namensvetter, dem Mediziner Abū Bakr Muḥammad b. Zakariyā ar-Rāzī (gest. 925) zuschreibt, entspricht derjenigen Galens. Auch wenn Galen Leber, Herz und Hirn zunächst allesamt als Ausgangspunkt der Entwicklung sieht, komme laut ihm schließlich der Leber doch die hauptsächliche Funktion zu.[268] Galen äußert sich im *De semine* dahingehend,

> dass die ersten Entwicklungsstadien wegen der Kleinheit des Objektes nicht direkt zu beobachten sind. Sobald man im Keimling – mit blossem Auge – einzelne Strukturen unterscheiden könne, seien deutlich drei dicht beieinander liegende Gebilde zu erkennen, die später auseinander rückten. Es handele sich dabei um die Anlagen jener drei Hauptorgane, die in der galenischen Physiologie als Sitze der verschiedenen Seelenvermögen des Menschen gelten.[269]

Ibn Sīnā harmonisiert diese galenische Vorstellung von den drei Hauptorganen mit der aristotelischen Auffassung vom Herzen als erstem Organ. Die hauptsächlichen Organe, allen voran das Herz, entstünden aus drei Bläschen, daher der Name Dreibläschentheorie. Diese Anschauung zeigt sich im Folgenden in der Übernahme Bar ʿEbrāyās: Er betrachtet es als unpassend (syr. *lā paʿyā*), dass das belebende Pneuma (*ruḥā maḥyānā*) im ganzen Samen

---

265 Weisser 1983, S. 217; ausführlich dazu Weisser 1983, S. 217–249 („Abfolge der Organentwicklung").

266 Faḫr ad-Dīn ar-Rāzī, *al-Mabāḥiṯ al-mašriqiyyah*, 2.2.2.2.19 (t: ed. Haydarabad (1343 H.), S. ii.275.4–276.13).

267 Weisser 1983, S. 234; zum Trend der „Rückkehr zum Kardiozentrismus" in der arabischen Medizin siehe Weisser 1983, S. 233–244.

268 Vgl. Weisser 1983, S. 229–233.

269 Weisser 1981a, S. 764, mit Verweis auf Galen, *De semine*, I.8.6 (IV 539–541 Kühn) (t+v: de Lacy 1992, S. 90–91), sowie ausführlicher Weisser 1983, S. 225–233 („Galenische Hypothesen").

verteilt und verstreut (*zariq wa-mpalhad*) sein könnte; hier ist mit Samen (*zarʿā*) sicherlich das Samengemisch gemeint. Daher entstehe zunächst ein Instrument (*māʾnā*), durch welches das Pneuma bedeckt und geschützt (*nṭir wa-ḥmil*) werde und das die Natur für es bereite (*ʿābed lēh kyānā*) (5.2.2 [c.i]).

Diese Ausführungen sind die Zusammenfassung einer längeren Passage in *faṣl* 9.4 von Ibn Sīnās *Šifāʾ*,[270] wobei sich Bar ʿEbrāyā möglicherweise auch an Faḫr ad-Dīns *Mabāḥiṯ* orientiert hat.[271] Ibn Sīnā erläutert zunächst seine Auffassung vom Pneuma, nämlich dass es kein überschüssiger Windhauch (ara. *rīḥ faḍlī*) sei, sondern eine von der Natur angestrebte Angelegenheit (*amr maqsūd min aṭ-ṭabīʿah*).[272] Es sei nötig, dass das Pneuma eingegrenzt werde und nicht diffundiere (*maṭlūb ḥaṣrihi lā taṣʿīd*).[273] Ibn Sīnās Ausführungen sind vor dem Hintergrund zu verstehen, dass sich das embryonale Gebilde öffnen müsse, damit eine Verbindung zur Mutter mittels der Nabelschnur hergestellt werden könne. Handelte es sich bei dem Pneuma lediglich um Gase, die wie üblich nach oben strebten, würde eine solche Öffnung zur Diffusion des Pneumas führen.[274] Dagegen bringt Ibn Sīnā eine teleologische Auffassung vom Pneuma als „angetrieben auf eine Weise, die nach einer Seele verlangt, nicht auf eine Weise, die von einer luftartigen Natur bedingt wird", in Stellung.[275] Mit Seele meint Ibn Sīnā hier ein planvolles Vorgehen im Gegensatz zum „natürlichen" Verhalten von schlichtem, „unbeseeltem" Gas.[276] Daher sei auch das „formende Vermögen" daran be-

---

270 Ibn Sīnā, *Kitāb aš-Šifāʾ*, *aṭ-Ṭabīʿiyyāt* 8 – *al-Ḥayawān*, 9.4 (167.12–168.3).

271 Vgl. Faḫr ad-Dīn ar-Rāzī, *al-Mabāḥiṯ al-mašriqiyyah*, 2.2.2.2.18 (t: ed. Haydarabad (1343 H.), S. ii.275.4–276.13): „Das erste Organ, das sich bildet, ist das Herz" (*fī anna awwala ʿadwi yatakawwin huwa l-qalb*).

272 Ibn Sīnā, *Kitāb aš-Šifāʾ*, *aṭ-Ṭabīʿiyyāt* 8 – *al-Ḥayawān*, 9.4 (167.12–13).

273 Ibn Sīnā, *Kitāb aš-Šifāʾ*, *aṭ-Ṭabīʿiyyāt* 8 – *al-Ḥayawān*, 9.4 (167.13–14); vgl. auch Ibn Sīnā, *Kitāb aš-Šifāʾ*, *aṭ-Ṭabīʿiyyāt* 8 – *al-Ḥayawān*, 9.4 (166.18–167.1). An anderer Stelle, in Ibn Sīnās Skizze der embryonalen Stadien, folgt dem Schaumstadium das Auftreten eines blutigen Punktes (*nuqṭah damawiyyah*) in einer Membran (*ṣifāq*), der eine gewisse Ausdehnung (*imtidād*) erfahre; Ibn Sīnā, *Kitāb aš-Šifāʾ*, *aṭ-Ṭabīʿiyyāt* 8 – *al-Ḥayawān*, 9.5 (172.4–5); so auch wieder parallel in Ibn Sīnā, *al-Qānūn fī ṭ-ṭibb*, 3.21.1.2 (t: ed. Beirut 1999, S. ii.756.33–757.1). Dieser blutige „Punkt" geht wahrscheinlich auf die Beschreibung eines Punktes im Hühnerei zurück; vgl. Weisser 1981a, S. 764, Anm. 21.

274 Vgl. Weisser 1983, S. 180.

275 Ibn Sīnā, *Kitāb aš-Šifāʾ*, *aṭ-Ṭabīʿiyyāt* 8 – *al-Ḥayawān*, 9.4 (167.9–10).

276 Es ist bei Ibn Sīnā allerdings unklar, wer genau der Träger dieser Seele ist bzw. um welche Seele es sich handelt. In einem ähnlichen Zusammenhang diskutiert Ibn

teiligt.[277] Grundsätzlich knüpft Bar ʿEbrāyā an diese Idee an, wenn er die Natur erwähnt, die den Samen schützt und bedeckt. Allerdings behandelt er die Öffnung zur Ausbildung der Nabelschnur, die Ibn Sīnā zu seiner Diskussion veranlasst, erst etwas später, worauf ich gleich zurückkomme.

Das Argument der planmäßigen Disposition, das Ibn Sīnā im Hinblick auf die Ausbildung der Nabelschnur nutzt, nimmt Bar ʿEbrāyā vielmehr auf, um den gesamten Ausbildungsprozess des genannten Instruments zu kennzeichnen. Es handele sich bei diesem Instrument um die Herz*anlage*, nicht das fertige Herz: Erst wenn dessen Einrichtung seinen Abschluss finde (syr. *kad meštamlē tuqqānēh*), werde es Herz genannt (*lebbā metkannē*), so Bar ʿEbrāyā (5.2.2 [c.ii]). Das Herz sei das früheste Organ und gehe allen anderen Organen im Sein voraus (5.2.2 [c.iii]). Es sitze dann in der Mitte (*b-mṣaʿtā meṭṭakkas*), von wo das von ihm ausgehende Pneuma in alle Richtungen übertragen (*netyabbal*) und so wirksam werden könne (*sāʿorutēh tetmaṭṭē*) (5.2.2 [d]). Mit diesen knappen Aussagen führt Bar ʿEbrāyā verschiedene Aspekte einer bei Ibn Sīnā längeren Diskussion zusammen. Auch Ibn Sīnā erwähnt den Umstand, dass das Pneuma zu den verschiedensten Richtungen ausströmen müsse (ara. *yataḥarrik ilā ǧihāt šattā*). Das Prinzip beziehungsweise der Ursprung (*mabdaʾ*) dessen sei derjenige Teil des Ejakulats (*manīy*), der zum Herz werde, wenn die Ausbildung oder Aufrichtung des Embryos seinen Abschluss finde, wobei das Embryo hier von Ibn Sīnā als *muḍġah* bezeichnet wird.[278] Bar ʿEbrāyā greift das Embryo im Gegensatz dazu nicht explizit auf. Erst an einer etwas späteren Stelle argumentiert Ibn Sīnā dann, die Position dieses Keimvorgangs sei in der Mitte zu lokalisieren.[279]

Auch hier lässt sich die Darstellung Faḫr ad-Dīns vergleichen: Nach ihm müsse das erste, was sich ausdifferenziere (ara. *mutamayyiz*) die pneumatische Substanz sein, die sich an einem Ort sammle und dort vom zähesten (*akṯaf*) Anteil des Samens (*manīy*) umgeben werde (*yuḥīṭ bihi*), um zu ver-

---

Sīnā, dass womöglich ein dem Konzeptus externes nährendes Vermögen, übertragen durch die Pneumata des väterlichen Samens, im Anfangsstadium für die Nahrung sorge und später durch die nährende Fähigkeit des eigenen Organismus abgelöst werde; vgl. Mousavian und Mostafavi 2017, S. 59–60.

277 Ibn Sīnā, *Kitāb aš-Šifāʾ*, *aṭ-Ṭabīʿiyyāt* 8 – *al-Ḥayawān*, 9.5 (172.4); vgl. auch Ibn Sīnā, *al-Qānūn fī ṭ-ṭibb*, 3.21.1.2 (t: ed. Beirut 1999, S. ii.756.7).

278 Ibn Sīnā, *Kitāb aš-Šifāʾ*, *aṭ-Ṭabīʿiyyāt* 8 – *al-Ḥayawān*, 9.4 (166.11–12).

279 Ibn Sīnā, *Kitāb aš-Šifāʾ*, *aṭ-Ṭabīʿiyyāt* 8 – *al-Ḥayawān*, 9.4 (166.11–12).

hindern, dass sich die Pneumata (*arwāḥ*) auflösten (*taḥallul*).[280] Damit dann keine der Seiten bei der Ausbildung des Keims überwiege (*laysa baʿḍu l-ǧawānib* [...] *ūlā min al-ǧānib al-āḫar*), sei es folgerichtig anzunehmen, dass sich das Pneuma in der Mitte sammele (*wa-ḏālika l-maǧmaʿ allaḏī fī l-wasaṭ*).[281] Vor diesem Hintergrund kann angenommen werden, dass Bar ʿEbrāyā hier beide Darstellungen synthetisiert.

Als nächstes behandelt Bar ʿEbrāyā die Ausbildung der Nabelschnur: Das Pneuma mache ein Loch (syr. *neqbā*) in die Plazenta, und zwar hin zu denjenigen Arterien in der Gebärmutter, die sich auch durch das Fließen der Menstruation öffneten (5.2.2 [e.i]). Durch dieses Loch erreiche der Lebensatem (*npēštā*) die Frucht, vermittelt durch das Atmen der Mutter (*b-yad sāwqā d-emmā*) (5.2.2 [e.ii]).

Die grundsätzliche Annahme, die Verbindung von Embryo und Mutter gehe vom Embryo aus, übernimmt Bar ʿEbrāyā von Ibn Sīnā.[282] Ebenso erwähnt letzterer an anderer Stelle, dass das erwähnte Loch in der Plazenta gegenüber der Öffnung der Arterien entstehe.[283] Schwieriger ist es dagegen, eine genaue Parallele bei Ibn Sīnā oder Aristoteles zur Vorstellung zu finden, dass durch das Loch der Lebensatem beziehungsweise das Pneuma zum Kind dringe. Bei Aristoteles heißt es durchgängig, die *Ernährung* geschehe durch die Nabelschnur. Die grundlegende Vorstellung, der Atem gehe darüber von der Mutter auf das Kind über, ist allerdings bereits auf die Hippokratiker zurückzuführen und kann daher als Allgemeingut gelten.[284] Ibn Sīnā vertritt demgegenüber eine leicht abweichende Sicht.[285]

An dieser Stelle beginnt *teʾōriya* 5.2.3, in der Bar ʿEbrāyā vom Primat des Herzens zur weiteren Ausbildung der drei hauptsächlichen Organe übergeht: Das Blut vermehre sich (syr. *sāgē*) weiter und der Körper des Embryos werde einem Egel gleich (*l-ʿellaqtā metdammē gšum ʿullā*) (5.2.3 [a.i]). Bar ʿEbrāyā greift damit das embryonale Stadium auf, das im Arabischen *ʿalaqah* genannt wird. Es taucht im Koran auf und wurde weiterhin

---

280 Faḫr ad-Dīn ar-Rāzī, *al-Mabāḥiṯ al-mašriqiyyah*, 2.2.2.2.19 (t: ed. Haydarabad (1343 H.), S. ii.276.7–9).

281 Faḫr ad-Dīn ar-Rāzī, *al-Mabāḥiṯ al-mašriqiyyah*, 2.2.2.2.19 (t: ed. Haydarabad (1343 H.), S. ii.276.9–10).

282 Ibn Sīnā, *Kitāb aš-Šifāʾ*, *aṭ-Ṭabīʿiyyāt* 8 – *al-Ḥayawān*, 9.5 (174.14–175.17). Vgl. die ausführliche Darstellung in Weisser 1983, S. 240–244.

283 Ibn Sīnā, *Kitāb aš-Šifāʾ*, *aṭ-Ṭabīʿiyyāt* 8 – *al-Ḥayawān*, 9.4 (166.14–15).

284 Weisser 1983, S. 178–179.

285 Weisser 1983, S. 179.

in der Embryologie rezipiert.[286] Bar ʿEbrāyā schreibt allerdings nicht, das Embryo *sei* ein ʿellaqtā noch bezeichnet er es direkt als ʿellaqtā. Ibn Sīnā dagegen schreibt: „Dann vermehrt sich das Blutartige im Samentropfen und breitet sich darin aus, bis es zum ʿalaqah wird".[287] Gleich davor benutzt Ibn Sīnā auch ara. *nutfah* sowie anschließend *muḍġah*. Insgesamt sind damit die drei „koranischen" embryonalen Stadien aufgezählt. Da sich bei Aristoteles keine entsprechende Äußerung findet und der Begriff ara. ʿalaqah (sowie auch *nutfah* und *muḍġah*) als islamisch konnotiert gewertet werden muss,[288] schlage ich vor, die genaue Ausdrucksweise Bar ʿEbrāyās als absichtsvolle Anpassung seiner Vorlage zu werten. Die Re-Aristotelisierung durch Bar ʿEbrāyā erzielt gleichzeitig, dass „islamische" embryonale Stadien vermieden werden und der Text für eine christliche Leserschaft „neutraler" wird.

Zu dieser Zeit, so Bar ʿEbrāyā weiter, werde das Herz sowohl von der feinstofflichen Substanz (syr. *usiya qaṭṭinta*) genährt, die vom Pneuma verdampfe (*metlahhaga*) (5.2.3 [a.ii]) als auch von grobem (ʿabita) Stoff ernährt. Zur Erklärung muss mit Ursula Weisser im Allgemeinen „ein Stadium vor der Ausbildung von Gefäßverbindungen zwischen Mutter und Kind, in dem der Embryo ganz auf sich gestellt ist, von einem zweiten, in dem er von der Mutter mit Nahrung versorgt wird" unterschieden werden.[289] Allerdings wird auch für das erste dieser beiden Stadien von den meisten Autoren davon ausgegangen, dass im Wesentlichen der Zeugungsbeitrag der Mutter die Nahrung des Konzeptus darstellt.[290] In Ibn Sīnās *Qānūn* findet sich die Äußerung, dass der stofflichen Ernährung die „pneumatische" Ernährung durch den Samen des Vaters vorausgehen müsse, eine Bemerkung die

---

286 Vgl. die Ausführungen in Kap. 5.2, S. 296. Dass die Deutung eines Embryonalstadiums als „Anhaftendes" oder „Egel" dem syrisch-christlichen Publikum nicht unbedingt klar sein durfte, geht auch aus der Vokalisierung in Hs. Florenz, *Biblioteca Medicea Laurenziana*, Or. 83 hervor. Dort wurde das Wort ʿellaqtā (nachträglich?) mit westsyrischen Vokalzeichen versehen, was im Allgemeinen nur bei schwierigen Wörtern der Fall zu sein scheint; die übrigen vokalisierten Wörter sind mit ostsyrischen Vokalpunkten ausgezeichnet.

287 Ibn Sīnā, *Kitāb aš-Šifāʾ*, aṭ-Ṭabīʿiyyāt 8 – al-Ḥayawān, 9.4 (168.4): *ṯumma inna d-damawiyyah tazdād ḥatta taṣīr ʿalaqah*. Auch an anderer Stelle schreibt Ibn Sīnā, das Ejakulat wandle sich zum ʿalaqah (*istiḥālat al-manīy ilā l-ʿalaqah*); Ibn Sīnā, *Kitāb aš-Šifāʾ*, aṭ-Ṭabīʿiyyāt 8 – al-Ḥayawān, 9.5 (172.5–6), wortgleich in Ibn Sīnā, *al-Qānūn fī ṭ-ṭibb*, 3.21.1.2 (t: ed. Beirut 1999, S. ii.757.3).

288 Das grundlegende Konzept eines Stadium koagulierenden Blutes ist dagegen schon vor-islamisch verbreitet; vgl. Weisser 1983, S. 345.

289 Weisser 1983, S. 250.

290 Weisser 1983, S. 250–252, mit Belegen u. a. bei Ibn Sīnā und Galen.

noch im Zusammenhang der Diskussion um das Primat des Herzens gesehen werden muss.[291] Auch im *Šifāʾ* finden sich ähnliche Ausführungen, zum Beispiel eine Unterscheidung von Dickem (ara. *ġalīẓ*) und Dünnem/Feinem (*laṭīf*) wo allerdings nicht vom Verdampfen die Rede ist.[292] Bar ʿEbrāyās Äußerung, es handele sich um eine feinstoffliche Substanz, stimmt am ehesten mit dahingehenden Äußerungen Galens überein, die sich an denjenigen Stellen seiner Schrift *De semine* finden, die Ibn Sīnā auch zum Ausgangspunkt seiner Dreibläschentheorie gemacht hatte.[293] Dort spielt die Rolle des Pneumas (sowohl im Blut der Mutter als auch im Samen selbst) eine wichtige Rolle bei der Ausbildung und Ernährung in einem frühen embryonalen Stadium. Insgesamt werden die andernorts detailliert beschriebenen Vorgänge bei Bar ʿEbrāyā nur sehr knapp aufgegriffen. Zudem scheinen sich Bar ʿEbrāyās Ausführungen auf den Zeitpunkt vor der Ausformung der drei Hauptorgane zu beziehen. Bei Galen dagegen wird das feinstoffliche, pneumahaltige Blut für die Zeit der Ausformung selbst angegeben. Auch bei Ibn Sīnā scheint es sich um den Ausformungsprozess selbst zu handeln.[294] Wie im Fall des Greifens der Gebärmutter von allen Seiten (siehe oben), lässt sich dies möglicherweise durch eine weitere noch zu identifizierende Vorlage Bar ʿEbrāyās erklären, welche die Darstellung Galens mitberücksichtigt.

Bar ʿEbrāyā fährt fort, es bildeten sich anschließend zwei Überschüsse (syr. *yattirutā*): Ein blutiger (*dmānāyātā*), aus dem sich die Leber bilde (*metgeblā*) (5.2.3 [b.i]), sowie ein feucht-phlegmatischer (*raṭṭibtā plegmānāytā*), aus dem das Hirn geschaffen werde (*metbarrē*) (5.2.3 [b.ii]). Die Bewegung des Pneumas (*mettziʿānut ruḥā*) sorge dafür, dass sie passend angeordnet würden (*wālē meṭṭakkas*) (5.2.3 [c]). Dies stimmt wiederum mit der Darstellung Ibn Sīnā überein, kürzt diese aber.[295]

Erst im Anschluss, so Bar ʿEbrāyā weiter, würden die restlichen Organe gebildet (syr. *šārkā da-haddāme meṭṭappsin*) (5.2.3 [d]). Dies findet sich so nicht in der von Ibn Sīnā an dieser Stelle wiedergegebenen Reihung, aber in ähnlicher Form etwas später in dessen nächstem *faṣl*.[296]

---

291 Ibn Sīnā, *al-Qānūn fī ṭ-ṭibb*, 3.21.1.2 (t: ed. Beirut 1999, S. ii.756.7–33).

292 Ibn Sīnā, *Kitāb aš-Šifāʾ*, aṭ-Ṭabīʿiyyāt 8 – *al-Ḥayawān*, 9.4 (168.4–11).

293 Galen, *De semine*, I.8 (IV 539–542 Kühn) (t+v: de Lacy 1992, S. 90–93).

294 Ibn Sīnā, *Kitāb aš-Šifāʾ*, aṭ-Ṭabīʿiyyāt 8 – *al-Ḥayawān*, 9.4 (168.4–11).

295 Vgl. Ibn Sīnā, *Kitāb aš-Šifāʾ*, aṭ-Ṭabīʿiyyāt 8 – *al-Ḥayawān*, 9.4 (168.11–14, 168.16–18), respektive. Siehe hier und im Folgenden auch die ausführliche Darstellung in Weisser 1983, S. 247–249.

296 Ibn Sīnā, *Kitāb aš-Šifāʾ*, aṭ-Ṭabīʿiyyāt 8 – *al-Ḥayawān*, 9.5 (172.5–6).

Am Anfang der Formung (*b-šurāy gbiltā*) fänden die Anatomen (*eškaḥ^w ṣāroyē*) das Herz, die Leber und das Hirn noch aneinander gebunden (*ṣmiday ba-ḥdādē*) (5.2.3 [e]), schließt Bar ʿEbrāyā an. Dass die drei Organe zu Anfang noch zusammenlägen, ist auch bei Ibn Sīnā zu finden.[297] Bar ʿEbrāyās Zuschreibung zu den Anatomen hat hier allerdings keine Parallele.[298] Mit Erwähnung der Anatomen beziehungsweise der Anatomie besteht aber eine gewisse Nähe zu Galen, der meint, am Anfang der embryonalen Entwicklung würde bei Aborten und Dissektionen noch die ungegliederte Gestalt des Samens auftreten.[299] Auch hier ist nach einer die Schriften Galens vermittelnden unidentifizierten Vorlage Bar ʿEbrāyās zu fragen.

Die Leber entstehe (syr. *eštakḥat*) als nächstes und sei größer als Herz und Hirn, meint Bar ʿEbrāyā weiter (5.2.3 [f.i]).[300] Sie sei ein Instrument beziehungsweise Organ (*mānā*) für das Blut und daher sei ihr Bedarf beim Werden des Fleisches groß (5.2.3 [f.ii]). Kleiner (*z'or*) entstehe das Hirn mit dem Beginn von Wahrnehmung und willkürlicher Bewegung (*rēsitā da-rḡeštā w-zaw'ā ṣebyānā*), die aber noch nicht sichtbar seien (*lā galin*) (5.2.3 [g.i]). Mit dem Hirn vergrößere sich auch der Kopf deutlich (5.2.3 [g.ii]). Mit diesen Bemerkungen zu Leber und Herz knüpft Bar ʿEbrāyā wieder an die Darstellung Ibn Sīnās an,[301] bei dem allerdings das Fleisch in Bezug auf die Leber nicht auftaucht. Insgesamt paraphrasiert Bar ʿEbrāyā hier stärker.

Abschließend werden die Fähigkeiten der Organe, die ja eingangs von Bar ʿEbrāyā alle auf je ein Pneuma zurückgeführt wurden, hinsichtlich Leber und Hirn erklärt: Die natürlichen Fähigkeiten (syr. *ḥaylē kyānāyē*), worunter die vegetativen Fähigkeiten zu verstehen sind, würden durch Vermittlung eines Teils vom Lebensgeist (*mnātā men ruḥā ḥayyutānāyā*) der Leber zuteil (5.2.3 [h.i]), während der andere Teil des Lebensgeistes zum Hirn aufsteige und die seelischen Fähigkeit dorthin trage (*ṭ'inā ḥaylē napšānāyē*) (5.2.3 [h.ii]). Derselbe Sachverhalt wird von Bar ʿEbrāyā auch im *Swādā* angesprochen.[302] Es handelt sich hierbei um eine Zusammenfassung der

---

297 Ibn Sīnā, *Kitāb aš-Šifā'*, *aṭ-Ṭabī'iyyāt* 8 – *al-Ḥayawān*, 9.4 (170.5).

298 Ibn Sīnā schreibt ara. *waǧad* (es findet sich), was syr. *eškaḥ^w* bei Bar ʿEbrāyā entspricht. Die syr. *ṣāroyē* haben aber keine Entsprechung.

299 Galen, *De semine*, I.9.2.21–22 (IV 542 Kühn) (t+v: de Lacy 1992, S. 92–93).

300 Siehe zur Größe der Leber die Erläuterungen in Weisser 1983, S. 229–233.

301 Vgl. Ibn Sīnā, *Kitāb aš-Šifā'*, *aṭ-Ṭabī'iyyāt* 8 – *al-Ḥayawān*, 9.4 (170.5–9).

302 Siehe Kap. 2.2.3, S. 85.

deutlich detaillierteren Ausführungen Ibn Sīnās,[303] deren Systematisierung sicherlich auch in anderen Quellen zu finden ist.[304]

Für die aufgezeigte Darstellung der embryologischen Frühentwicklung kann Bar ʿEbrāyā kaum auf die alten aristotelischen Ausführungen zurückgreifen. Die Auffassungen zur Ausdifferenzierung der Organe in Bar ʿEbrāyās Zeit ist stark von Ibn Sīnās Synthese geprägt, wobei einerseits das Primat des Herzens von Aristoteles, andererseits die Entwicklung der drei hauptsächlichen Organe Herz, Leber und Hirn aus Bläschen von Galen übernommen wird. Ähnlich wie bei der Diskussion der Samentheorien finden sich entsprechend in Faḫr ad-Dīn ar-Rāzīs *Mabāḥiṯ* Zusammenfassungen der Positionen Ibn Sīnās, an denen Bar ʿEbrāyā sich möglicherweise zusätzlich orientiert hat. Weitere Abweichungen von Bar ʿEbrāyā zu seinen hauptsächlichen Vorlagen lassen sich teils mit dem *De semine* Galens erklären, womöglich vermittelt durch weitere, noch zu identifizierende Quellen. In einigen wenigen Punkten nutzt Bar ʿEbrāyā wohl auch die aristotelische Darstellung. Inhaltlich fällt besonders Bar ʿEbrāyās Umarbeitung auf, der Konzeptus werde einem *ʿellaqtā* ähnlich, während Ibn Sīnā an der entsprechenden Stelle schreibt, er werde *zu* einem *ʿalaqah*. Hier arbeitet Bar ʿEbrāyā, vermutlich absichtsvoll, eine Wendung um, die sich so vor allem im Bereich der islamischen Embryologie findet.

3.2.3 *pāsoqā* 5.3 „Über die Angelegenheiten des Kindes und der Mutter"

In *pāsoqā* 5.3 behandelt Bar ʿEbrāyā verschiedene Aspekte der Schwangerschaft und Fortpflanzung: die unterschiedliche embryonale Entwicklung männlicher und weiblicher Kinder und die jeweilige Auswirkung auf die Schwangere, Schwangerschaftsfristen, Vererbung, Mehrlingsschwangerschaften, Zeugungsfähigkeit, die Ernährung des Embryos und seine Lage im Mutterleib, den Geburtsvorgang sowie schließlich die nachgeburtliche Versorgung des Kindes. Im Allgemeinen sind die Ausführungen Bar ʿEbrāyās hier äußerst knapp und werden selten begründet. Er exzerpiert großteils das entsprechende *faṣl* 9.6 in Ibn Sīnā *Šifāʾ* „über die Zustände des Kindes

---

303 Ibn Sīnā, *Kitāb aš-Šifāʾ, aṭ-Ṭabīʿiyyāt* 8 – *al-Ḥayawān*, 9.4 (170.12–171.13).

304 Vor diesem Hintergrund wäre zu fragen, inwiefern dieses Versatzstück in ähnlicher Form von Bar ʿEbrāyā in mehreren unterschiedlichen Werken verwendet wurde, ähnlich wie ich es in Kapitel 4 für den Argumentationsgang herausarbeite, die Seele könne nicht vor dem Körper existieren.

und der Mutter[305]" und fügt einzelne Passagen aus Aristoteles' *Historia animalium* ein. An einigen Stellen deuten Abweichungen zur aristotelischen Darstellung auch auf Nikolaus' *Peri tēs Aristotelous philosophias* als mögliche Vorlage. Mit der Unterteilung in *te'ōriyas* scheint Bar 'Ebrāyā im mittleren Teil des *pāsoqā* keinem eindeutigen Muster zu folgen. Das könnte auch damit zusammenhängen, dass die behandelten Themen sich teils überschneiden. Meine eigene Unterteilung der Darstellung orientiert sich im Folgenden daher eher an den jeweiligen Themenkomplexen und weniger an derjenigen Bar 'Ebrāyās, auch wenn die Reihenfolge gewahrt bleibt.

3.2.3.1 *te'ōriya* 5.3.1 – Geschlechtsunterschiede und deren Auswirkungen auf die Schwangerschaft

Die in *te'ōriya* 5.3.1 von Bar 'Ebrāyā referierten Unterschiede zwischen männlichen und weiblichen Embryonen und die entsprechenden Auswirkungen auf die Schwangerschaft weisen im Allgemeinen eine grundsätzliche Bewertung des weiblichen Geschlechts als physiologisch minderwertig, beispielsweise weniger fest oder heiß, auf. Sie gehen ursprünglich auf die aristotelische Darstellung zurück,[306] die auch Ibn Sīnā im *Šifā'* entsprechend rezipiert.

Bar 'Ebrāyā beginnt seine Ausführungen mit der Vorstellung, wonach Mädchen im Mutterleib (wörtl. „innen", syr. *l-gāw*) zwar langsam wüchsen (5.3.1 [a.i]), nach der Geburt (außen, *l-bar*) aber schneller eine starke Statur erlangten, zeugungsfähig würden und alterten (5.3.1 [a.ii]). Dies geschehe wegen des großen Maßes ihrer Feuchtigkeit (*b-yad saggi'ut raṭṭibutāh*) und sei vergleichbar mit feuchten Bäumen, wie Weiden und ähnlichen (5.3.1 [a.iii]). Die Parallele findet sich zu Beginn des entsprechenden *faṣl* von Ibn Sīnās *Šifā'*,[307] der hier wiederum Aristoteles rezipiert.[308] Allerdings spricht Ibn Sīnā vom ersten Wachstum (ara. *an-naš'ah al-ūlā*), nicht vom Inne-

---

305 Sowohl Ibn Sīnā als auch Bar 'Ebrāyā benutzen in ihren Überschriften genau genommen den Begriff „Gebärerin" (ara. *wālidah* bzw. syr. *yāledtā*).

306 Für einen Überblick siehe Bonnard 2013. Für eine kritische Untersuchung einer zu verallgemeinernden Sicht von Aristoteles' Auffassung des weiblichen Geschlechts siehe Connell 2016.

307 Ibn Sīnā, *Kitāb aš-Šifā', aṭ-Ṭabī'iyyāt 8 – al-Ḥayawān*, 9.6 (179.4–6).

308 Aristoteles, *Historia animalium* [versio arabica], IX.3 (583b24–26) (t: Filius 2019, S. 365).

ren oder vom Mutterleib. Für letzteren, von Ibn Sīnā abweichenden Punkt orientiert sich Bar ʿEbrāyā wieder an Aristoteles. Ibn Sīnā hebt außerdem ausdrücklich auf das formende Vermögen (*al-quwwah al-muṣawwirah*) ab, das im weiblichen Embryo schwach sei. Im Hintergrund stehen die von den Autoren angedeuteten allgemeinen Vorstellungen über die unterschiedliche Konstitution der Geschlechter: Während der feuchte weibliche Körper im Mutterleib länger brauche, um fest zu werden, sorge später die Feuchtigkeit zwar für die Möglichkeit eines schnelleren Wachstums, aber auch für schnellere Auszehrung und Verfall.[309] Die folgende Diskussion Ibn Sīnās zum Zusammenhang dessen mit der „Zweckmäßigkeit" der unterschiedlichen Geschlechter lässt Bar ʿEbrāyā aus.[310]

Bar ʿEbrāyā knüpft wieder an Ibn Sīnās Darstellung bei den Unterschieden zwischen Frauen an, die mit einem Jungen, und denjenigen, die mit einem Mädchen schwanger seien. Erstere, so Bar ʿEbrāyā, hätten eine schönere (syr. *yattir šappirā*) Farbe (5.3.1 [b.i]), womit die Gesichtsfarbe gemeint sein dürfte. Auch würden sie einfacher von den Wehen befreit (*dlilāʾit maghyā men ḥeblē*), da sich ein Junge mehr in der Gebärmutter bewege (*mettziʿ*) (5.3.1 [b.ii]). Sei eine Frau dagegen mit einem Mädchen schwanger, sei ihre Farbe schlecht (*biš*) (5.3.1 [c.i]), sie sei schwach und ihre Beine (oder: Füße, *reglāh*) seien geschwollen (5.3.1 [c.ii]). Nach Ibn Sīnās Darstellung gehe es der mit einem Jungen Schwangeren „hinsichtlich aller Aspekte" (ara. *fī ǧamīʿ al-wuǧūh*) besser, „bis hin zur Leichtigkeit der Geburt" (*ḥattā fī suhūlat al-wilādah*), da ein Mädchen wegen seiner Schwäche den Mutterleib nicht dafür „herrichten" könne.[311] Solche Auffassungen von der Auswirkung des Geschlechts auf den Zustand der Schwangeren waren bereits seit Hippokrates verbreitet.[312] Bar ʿEbrāyā orientiert sich vermutlich hier zusätzlich an der aristotelischen Darstellung. In dieser ist ausdrück-

---

309 Siehe Weisser 1983, S. 322–325.

310 Vgl. Ibn Sīnā, *Kitāb aš-Šifāʾ*, *aṭ-Ṭabīʿiyyāt* 8 – *al-Ḥayawān*, 9.6 (179.6–13). Eine Zusammenfassung findet sich in Weisser 1983, S. 325: „Bei Geschöpfen, die von vornherein nicht auf Vollkommenheit angelegt sind und wo es auf die Qualität des Resultats weniger ankommt, kann die Entwicklung verhältnismäßig rasch vonstatten gehen. Im männlichen Individuum wirkt aber ein auf vollkommene Gestaltung bedachtes Agens, das sich bei der Verwirklichung des vollkommenen Lebewesens mehr Zeit läßt und gewissermaßen sorgfältiger arbeitet."

311 Ibn Sīnā, *Kitāb aš-Šifāʾ*, *aṭ-Ṭabīʿiyyāt* 8 – *al-Ḥayawān*, 9.6 (179.13–14).

312 Vgl. Flemming 2002, S. 109 u. passim. Eine Ausnahme stellt lediglich Soranus von Ephesos (gest. ca. 138) dar, der lieber seiner Empirie als Vorurteilen folgte; siehe Bonnard 2013, S. 7. Zu Soranus siehe Althoff 2014.

lich die schöne Gesichtsfarbe (gr. *met' euchroias*, ara. *lawnuhā agwad*) und die „leichtere Entbindung" (nur in der griechischen Version: *rhaion apallattousin*) der Mutter eines Jungen erwähnt. Außerdem wird der Mutter eines Mädchens eine schlechte Farbe (gr. *achrousterai*, ara. *radī'at al-lawn*), Schwäche beziehungsweise Schwerfälligkeit (gr. *baryteron diagousi*, ara. *sī'at al-ḥāl baṭī'at al-ḥarakah*) und geschwollene Beine (nur in der griechischen Version: *skelē oidēmata*) erwähnt.[313] Die Abweichungen der arabischen und griechischen Aristoteles-Versionen geben hier wieder einen Hinweis auf die syrische Überlieferung, die Bar ʿEbrāyā vorlag.

Es sei möglich (syr. *it dēn d-*), so Bar ʿEbrāyā weiter, dass eine Frau in der Schwangerschaft beleibter werde (*šāmnā*) (5.3.1 [d.i]). Dies geschehe, weil weniger Überschüsse in ihrem Körper entstünden (*da-bṣir metyaldān yattirwātā b-pagrāh*) und ihre Menstruation mehr als angemessen fließe (*yattir men zedqā*), wobei durch das Zurückhalten der Menstruation zur Zeit der Schwangerschaft ihre Organe genügend Nahrung empfingen (5.3.1 [d.ii]). Damit fasst Bar ʿEbrāyā eine auch von Ibn Sīnā diskutierte Schwangerschaftsfolge kurz zusammen: Manchmal (ara. *rubbamā*), so Ibn Sīnā, sei die Schwangerschaft (*ḥaml*) einiger Frauen der Grund für Beleibtheit und, dass es ihr gut ginge (*simnā wa-ṣalāḥ ḥālah*). Als Erklärung vermutet Ibn Sīnā, dass die Stockung (*iḥtibās*, sc. des Menstruationsbluts) ein Grund dafür werde, dass ihre Organe die Nahrung vollständig aufnähmen. Dies sei insbesondere der Fall, wenn bei ihr gewöhnlich die Menstruation übermäßig fließe, oder hinsichtlich der natürlichen Disposition (*ǧiblah*) sie kein Erbrechen erleide, was bei einer Schwangeren der Fall sei, deren Überschüsse ein geringes Ausmaß aufwiesen und von guter Qualität seien.[314]

Die Spekulationen Ibn Sīnās, deren Wortlaut in Bar ʿEbrāyās Kürzung schwierig zu verstehen ist, müssen vor dem Hintergrund der Auffassung vom weiblichen Menstruationsblut als ständig anfallendem Überschuss verstanden werden.[315] Während Ibn Sīnā zwei mögliche Typen von Frauen

---

313 Aristoteles, *Historia animalium*, IX.4 (584a13–16) (t: Dalme 2002, S. 481) und Aristoteles, *Historia animalium* [versio arabica], IX.4 (584a13–16) (t: Filius 2019, S. 366).

314 Ibn Sīnā, *Kitāb aš-Šifāʾ, aṭ-Ṭabīʿiyyāt* 8 – *al-Ḥayawān*, 9.6 (179.14–180.1).

315 Siehe hierzu bspw. Diepgen 1937, S. 127. Für das europäische Mittelalter siehe noch Diepgen 1963, S. 138–143. Die Vorstellung, der Samen entstehe durch fortschreitende Kochung der Nahrung, wurde bereits angeführt; siehe Kap. 3.2.1.3, S. 139. Durch diesen Prozess entstünde Blut – so auch das Menstruationsblut –, wobei Frauen, deren Körper grundsätzlich kälter sei als der männliche, regelmäßig Überschüsse bildeten, da die Kochungen nicht zu Ende geführt würden. Dann

unterscheidet, bei denen eine Zunahme des Körperumfangs in Frage komme, nämlich diejenigen, die gewöhnlich viel Menstruationsblut ausscheiden, und diejenigen, deren Menstruationsblut eher wenig, aber dafür „besser" (vermutlich weil stärker gekocht) sei, bringt Bar ʿEbrāyā beide Typen zusammen.

Schließlich erklärt Bar ʿEbrāyā den Umstand, dass eine Frau oft meine, es stellten sich Wehen ein, obwohl dies (noch) nicht der Fall sei. Das Kind drehe sich nämlich vor den Wehen auf seinen Kopf (5.3.1 [e]). Dieselbe Aussage findet sich bei Aristoteles,[316] nicht aber bei Ibn Sīnā. Es handelt sich bei dem beschriebenen Phänomen wahrscheinlich um Senkwehen, die in den letzten Wochen vor der Geburt auftreten, wobei das Kind sich dreht und tiefer positioniert.[317] Im Englischen werden diese Art der Wehen auch *false labor* genannt.

Die Schwangerschaftsanzeichen werden also teilweise je nach Geschlecht des Kindes unterschieden. Auch in dieser *teʾōriya* findet sich Bar ʿEbrāyās übergreifendes Muster, sich grundsätzlich an Ibn Sīnā *Šifāʾ* zu orientieren, aber dessen Ausführungen an einigen Punkten mit der aristotelischen Darstellung zu verschränken.

---

wiederum ernähre das Menstruationsblut während der Schwangerschaft das Kind, allerdings – zumindest in der Anfangszeit der Schwangerschaft – werde hierfür nicht das gesamte Blut benötigt. Paul Diepgen erläutert diese Vorstellung wie folgt: „Nach dem Eintritt der Schwangerschaft wird der *bessere* Teil des Blutes zum Aufbau des Fetus verwendet. Es tritt also eine relative Blutarmut ein. Dadurch erklärt sich die Schwäche der werdenden Mutter. Gleichzeitig wird viel Blut dem Unterleib zugeführt. Dadurch erklärt sich das blasse Aussehen. In der […] von Galen angenommenen Gefäßverbindung zwischen Uterus und Mamma [d. h. zwischen Gebärmutter und Brust] findet eine Säfteansammlung statt, die nicht nur dem Aufbau des Fetus dient, sondern Überschüsse hat. Diese suchen einen Ausweg und werden, man möchte sagen, nach dem Orte des geringeren Widerstandes, den Brüsten, abgeschoben. Damit bleiben dieser Gefäßweg und die Blutwege des Unterleibs überfüllt. Daher das Unbehagen"; Diepgen 1937, S. 158, Hervorhebung im Original. Ibn Sīnā behandelt allerdings den Fall, dass es der Frau *gut* gehe, da die Überschüsse nicht für Unwohlsein, sondern vollständig von ihren Organen aufgenommen würden und sie entsprechend beleibter werde. In der Forschungsliteratur und einigen ausgewählten Quellen ließen sich für mich keine Entsprechungen finden. Es handelt sich also möglicherweise um einen eigenständigen Beitrag Ibn Sīnās.

316 Aristoteles, *Historia animalium* [versio arabica], IX.4 (584a31–33) (t: Filius 2019, S. 366).

317 Vgl. Stauber und Weyerstahl 2005, S. 588.

3.2.3.2   *te'ōriya* 5.3.2 (Beginn) – Schwangerschaftsfristen

Die Beschäftigung mit Schwangerschaftsfristen zieht sich als zentrales Thema durch das vormoderne Schrifttum zum vorgeburtlichen Leben. Was den „Wissensstand" angeht, bemerkt Ursula Weisser: „Von den Angaben über Entwicklungszeiten in der alten Medizin sind die über die Gesamtdauer der Schwangerschaft begreiflicherweise am besten fundiert."[318] Warum die Frage nach der Schwangerschaftsdauer wichtig ist, muss aber vor allem sozial und kulturell erklärt werden: „Duration of pregnancy was an important topic for ancient society, since it determined the legitimacy of offspring. ‚How soon after a marriage can a legitimate heir be born alive?' and ‚How long after a father's death can a wife still bear his child?'"[319] Neben der neunmonatigen, „regelhaften" Schwangerschaft, wurden auch Schwangerschaften von sieben, acht und zehn Monaten diskutiert, darüber hinaus auch „seltene" beziehungsweise „wundersame" länger dauernde Tragzeiten.[320] Dies spiegelt sich auch in Bar ʿEbrāyās Diskussion der Schwangerschaftsfristen wieder.

Bei allen Lebewesen sei die Dauer der Schwangerschaft (syr. *zabnā d-baṭnā*) festgesetzt (*mtaḥḥmā*), außer beim Menschen (5.3.2 [a]). Diese Feststellung findet sich auch in Ibn Sīnās *Šifāʾ*, der sie durch ara. *qāla* „er sagte" explizit als aristotelisch ausweist.[321] Der Wortlaut bei Bar ʿEbrāyā lehnt sich an denjenigen Ibn Sīnās an.

Die Aussage wird anschließend ausgeführt: Eine Frau, so Bar ʿEbrāyā, könne neben einem siebenmonatigen Kind (5.3.2 [b]) zwar auch ein achtmonatiges gebären (5.3.2 [c.i]). Das Achtmonatskind sei aber selten lebend (bzw. lebensfähig, syr. *ḥayyē*). Eine Ausnahme bildeten besondere Orte wie Ägypten (5.3.2 [c.ii]). Der Wortlaut entspricht wieder demjenigen Ibn Sīnās im *Šifāʾ*.[322] Sowohl dort als auch bei Bar ʿEbrāyā wird dies nicht näher erläutert. Aristoteles, der zunächst die möglichen Schwangerschaftsfristen lediglich aufzählt, erläutert sie nach und nach im Anschluss, darunter auch das Achtmonatskind:

---

318 Weisser 1983, S. 322.
319 Hanson 1987, S. 589.
320 Siehe dazu auch Weisser 1983, S. 357–371 („Bestimmung der Tragzeit").
321 Ibn Sīnā, *Kitāb aš-Šifāʾ, aṭ-Ṭabīʿiyyāt* 8 – *al-Ḥayawān*, 9.6 (180.8); vgl. Aristoteles, *Historia animalium* [versio arabica], IX.4 (584a33–35) (t: Filius 2019, S. 366).
322 Ibn Sīnā, *Kitāb aš-Šifāʾ, aṭ-Ṭabīʿiyyāt* 8 – *al-Ḥayawān*, 9.6 (180.8–10).

> Die Achtmonatigen: In Ägypten und an einigen Orten, wo die Frauen fruchtbar sind
> und leicht viele Kinder empfangen und gebären, und [wo] sie lebensfähig geboren
> werden, selbst wenn sie wundersam sind (gr. *teratōdē*) – dort leben die Achtmona-
> tigen und wachsen heran.[323]

Außerdem erklärt Aristoteles im Anschluss, dass einige Frauen vermutlich
sogar fälschlicherweise von einer längeren Schwangerschaftsdauer ausgin-
gen.[324] Aristoteles zieht also die verbreitete Vorstellung der absoluten Unmöglichkeit einer glücklichen Geburt nach acht Monaten in Zweifel.[325] Ibn
Sīnā kehrt diese Bemerkung in ihr Gegenteil um, wenn er wiederum meint,
dass es sich in Wahrheit vielleicht gar nicht um ein Achtmonatskind handele.[326]

Die Vorstellung der Lebensunfähigkeit des Achtmonatskindes (und der
Lebensfähigkeit des siebenmonatigen Kindes) war durchweg verbreitet und
mit Vorstellungen der embryonalen Entwicklung verbunden, die vor allem
zahlenspekulativ begründet waren.[327] Daneben spielten astrologische Vorstellungen der Auswirkungen bestimmter Himmelskörper während der einzelnen Phasen der Schwangerschaft eine wichtige Rolle.[328] Geburten im
achten Monat galten daher als „wundersam" und konnten eine ohnehin her-
ausragende Person zusätzlich auszeichnen, wie dies zum Beispiel für Jesus
in Teilen der islamischen Tradition der Fall war.[329] Ann Ellis Hanson hat außerdem vorgeschlagen, die langlebige Vorstellung des Achtmonatskindes
als sozial und kulturell motiviert anzusehen, da so die Eltern vom Verlust

---

323 Aristoteles, *Historia animalium*, IX.4 (584b6–10) (t: Balme 2002, S. 482).
Thompson 1910, 584b9 übersetzt den Begriff mit „subject to deformity". Die arabische Übersetzung schreibt *al-awlād al-ʿaǧībah* (wundersame Kinder).

324 Vgl. Aristoteles, *Historia animalium* [versio arabica], IX.4 (584b12–14) (t: Filius
2019, S. 367).

325 Vgl. Hanson 1987, S. 590–591, mit weiteren Beispielen von Zweifeln, auch bei
anderen Autoren.

326 Ibn Sīnā, *Kitāb aš-Šifāʾ, aṭ-Ṭabīʿiyyāt* 8 – *al-Ḥayawān*, 9.6 (180.10–11).

327 Für eine ausführliche Darstellung siehe Hanson 1987, Diepgen 1937, S. 161–162,
Weisser 1979 (mit weiterer Literatur), Kueny 2013, S. 75–77 sowie die über den
Index von Weisser 1983, S. 546 zu findenden Erwähnungen des Achtmonatskindes.

328 Siehe hierzu Saif 2016 sowie Weisser 1983, S. 399.

329 Siehe Kueny 2013, S. 77. Vor diesem Hintergrund stellt die engl. Übersetzung
der aristotelischen Kennzeichnung der Achtmonatskinder als „wundersam" (siehe
Anm. 323, S. 180) mit „subject to deformity" bereits eine Vereindeutigung dar, auch
wenn von der Norm abweichende bzw. behinderte Körper in der Vergangenheit
schlicht als „wundersam" gelten konnten.

eines Kindes entlastet seien.[330] Bei Bar ʿEbrāyā findet sich außer der knappen Bemerkung im Anschluss an Ibn Sīnā nichts Weiteres zum Achtmonatskind.[331]

Meistens, so Bar ʿEbrāyā weiter, würden Kinder im neunten (5.3.2 [d]), aber auch lebend im zehnten Monat geboren (5.3.2 [e]). Ganz vereinzelt (*ḥad ḥdānē*) kämen sie auch im elften Monat zur Welt (5.3.2 [f.i]), was vielleicht auch einen Fehler bei der Berechnung darstelle (*ṭuʿyay ... b-ḥušbān*) (5.3.2 [f.ii]). Diese Darstellung Bar ʿEbrāyās stellt eine weitere Verschränkung der entsprechenden avicennischen und aristotelischen Passagen dar: Aristoteles zählt wie gesagt zunächst die verschiedenen möglichen Schwangerschaftsdauern auf, wobei er auch die elfmonatige Schwangerschaft erwähnt.[332] Etwas später, wo er auf ungewöhnlich lange Schwangerschaften näher eingeht, erwähnt er dann „Kinder, die nach längerer Zeit als nach elf Monaten geboren zu sein scheinen", was aber lediglich auf eine manchmal vorkommende Aufblähung des Leibes zurückzuführen sei, die vor der eigentlichen Schwangerschaft fälschlicherweise als deren Beginn angesehen werde.[333] Ibn Sīnā dagegen erwähnt lediglich die Geburt im zehnten Monat, die aber möglicherweise eigentlich weniger lang dauerte oder auf einen Rechenfehler zurückgehe, da eine ausbleibende Menstruation (die ja auch unabhängig von der Schwangerschaft vorkommen kann) fälschlich als Beginn der Schwangerschaft interpretiert worden sei.[334] Tatsächlich war eher die Elfmonatsgeburt als die zehnmonatige umstritten.[335] Bar ʿEbrāyā übernimmt also im allgemeinen die Darstellung Ibn Sīnās, besonders den ausdrücklichen „Rechenfehler", bezieht ihn aber auf das nur von Aristoteles erwähnte Elfmonatskind.

Schließlich wird von Bar ʿEbrāyā noch ein Beispiel einer weitaus ungewöhnlicheren Schwangerschaftsdauer genannt und hier ausnahmsweise

---

330 Hanson 1987.

331 Eine Untersuchung von Vorstellungen des Achtmonatskind im christlich-orientalischen Schrifttum, auch außerhalb der philosophischen Schriften, kann sicherlich weitere interessante geistes- und sozialgeschichtliche Erkenntnisse hervorbringen, ist aber im Rahmen dieser Arbeit nicht möglich.

332 Aristoteles, *Historia animalium* [versio arabica], IX.4 (584a37–b1) (t: Filius 2019, S. 366).

333 Aristoteles, *Historia animalium* [versio arabica], IX.4 (584b18–25) (t: Filius 2019, S. 367). Die arabische Aristoteles-Übersetzung spricht von „Winden und Aufblähung" (ara. *riyāḥ wa-nafḫ*).

334 Ibn Sīnā, *Kitāb aš-Šifāʾ, aṭ-Ṭabīʿiyyāt* 8 – *al-Ḥayawān*, 9.6 (180.12–14).

335 Siehe Weisser 1983, S. 400-402 („Elfmonatsschwangerschaften").

explizit auf die Autorität Ibn Sīnās, „unseres alten Scheichs" (syr. *sābā rēšānā*), zurückgeführt. Dieser habe, so Bar ʿEbrāyā, aus vertrauenswürdiger Quelle (*šāwē l-methaymnū*) gehört, dass ein lebensfähiges Kind im vierten Jahr nach der Empfängnis geboren worden sei, wobei ihm bereits Zähne gewachsen seien (5.3.2 [g]). Tatsächlich leitet Ibn Sīnā an entsprechender Stelle sein Statement explizit mit ara. *aqūlu* (ich sage) ein. Ein Bericht (*ḥadīṯ*) über die vierjährige Schwangerschaft habe ihn erreicht, dem er voll vertraue (*waṯaqtu bihi kulla ṯ-ṯiqah*).[336] Dass er Ibn Sīnā hier explizit erwähnt, liegt vermutlich daran, dass Bar ʿEbrāyā den Bericht über die außergewöhnlich lange Schwangerschaft mit der Autorität des bekannten Philosophen und Arztes absichern will.

Einen weiteren Bericht Ibn Sīnās über eine glückliche Geburt nach sechs Monaten lässt Bar ʿEbrāyā aus. Diese von Ibn Sīnā erwähnte Schwangerschaftsdauer ist identisch mit der minimalen Dauer einer Schwangerschaft, die durch Verbindung zweier Koranverse berechnet werden kann: Während Q 46:15 Schwangerschaft und Stillzeit zusammen auf 30 Monate festlegt, bestimmt Q 31:14 die Stillzeit mit 24 Monaten. Entsprechend werden auch im islamischen Recht sechs Monate zu Grunde gelegt, um Fragen der Legitimität von Ehe und Nachkommenschaft zu regeln.[337] Bar ʿEbrāyā selbst gibt in seinem Rechtswerk, dem *Ktābā d-Huddāyē* bemerkenswerterweise die Schwangerschaftsdauer mit sieben Monaten an.[338] Damit weicht er dort ebenfalls von seiner islamischen Vorlage, al-Ġazālīs *Kitāb al-Wasīṭ*, ab.[339] Bar ʿEbrāyās Bestimmung der Mindestdauer einer Schwangerschaft folgt den aristotelischen Angaben, nicht den bei Ibn Sīnā vermutlich letztlich anhand des Korans berechneten. Damit kann Bar ʿEbrāyās Auslassung der von Ibn Sīnā im *Šifāʾ* angeführten sechsmonatigen Schwangerschaft als absichtsvoll gelten.

---

336 Ibn Sīnā, *Kitāb aš-Šifāʾ*, *aṭ-Ṭabīʿiyyāt* 8 – *al-Ḥayawān*, 9.6 (180.15–16). Vor dieser Aussage ist das Urteil von Weisser 1983, S. 402 unverständlich, es lasse „sich aus der Art der Mitteilung nicht erkennen", ob Ibn Sīnā „von der Wahrheit dieser Berichte überzeugt ist".

337 Vgl. Eich 2009, S. 310–311 und das Beispiel in al-Ġazālīs *Kitāb al-Wasīṭ*, angeführt in Weitz 2013, S. 365.

338 Weitz 2013, S. 365.

339 Für al-Ġazālīs Rechtswerk als Bar ʿEbrāyās Vorlage siehe Weitz 2013, S. 289–292, Weitz 2018, S. 235–241 und Jäckel 2020, jeweils mit weiteren Verweisen.

3.2.3.3 *teʾōriya* 5.3.2 (Ende) – Mehrlingsschwangerschaften

Im Anschluss an die Schwangerschaftsfristen werden von Bar ʿEbrāyā im Rest von *teʾōriya* 5.3.2 verschiedene Arten von Mehrlingsschwangerschaften betrachtet. Es stehen allgemeine Aspekte im Vordergrund. Eine ausführliche Diskussion, wie es überhaupt zu Mehrlingsschwangerschaften kommt, zum Beispiel durch den Überschuss des weiblichen oder männlichen Zeugungsbeitrags, findet sich nicht.[340]

Wie die Schwangerschaftsdauer, so Bar ʿEbrāyā, sei auch die Überzahl von Kindern (syr. *saggyut yeldē*) beim Menschen nicht festgelegt (5.3.2 [h]). Eine ähnliche einleitende Feststellung, allerdings ausführlicher, findet sich bei Aristoteles,[341] wird von Ibn Sīnā aber nicht aufgegriffen.

Als Beispiele führt Bar ʿEbrāyā eine Frau an, die bei vier Geburten insgesamt zwanzig Kinder geboren habe (5.3.2 [i.i]). Eine andere Frau habe (in einer Geburt) fünfzehn (fehlgebildete?) „Gestalten" (syr. *demwān*, Sg. *dmutā*) fehlgeboren (*yeḥtat*) (5.3.2 [i.ii]). Diese beiden Anekdoten gehen auf Ibn Sīnā zurück. Dieser wiederum führt sie ausdrücklich auf den „ersten Lehrer" (ara. *al-muʿallim al-awwal*), also Aristoteles, zurück.[342] Die Frau, die nach Aristoteles insgesamt vier Mal Fünflinge geboren habe, taucht bei arabischen Medizinern häufiger auf und „gilt als Indiz dafür, daß Fünflinge beim Menschen die Höchstzahl von Nachkommen aus einer einzigen Gravidität [sc. Schwangerschaft] darstellen."[343] Die fünfzehn „Gestalten" (bei Ibn Sīnā: ara. *ṣūrah*) finden sich allerdings nicht bei Aristoteles.[344] Einen letzten Bericht Ibn Sīnās, von der er im Gebiet Ǧurǧāns gehört habe, über die Fehlgeburt eines Beutels (ara. *kīs*) mit siebzig winzig kleinen Gestalten lässt Bar ʿEbrāyā aus.[345]

---

340 Zu Mehrlingsschwangerschaften siehe ausführlich Weisser 1983, S. 161–166. Siehe außerdem Thijssen 1987.

341 Aristoteles, *Historia animalium* [versio arabica], IX.4 (584b26–36) (t: Filius 2019, S. 367).

342 Ibn Sīnā, *Kitāb aš-Šifāʾ, aṭ-Ṭabīʿiyyāt* 8 – *al-Ḥayawān*, 9.6 (180.18–20), vgl. Aristoteles, *Historia animalium* [versio arabica], IX.4 (584b34–36) (t: Filius 2019, S. 367).

343 Weisser 1983, S. 165.

344 Dass Ibn Sīnā die Anekdote tatsächlich Aristoteles zuschreibt, ist anhand des wiederholten *anna* (dass) erkennbar, welches das vorhergehende ara. *ḥakā* (er berichtet, erzählt) mit dem „ersten Meister" als Subjekt wieder aufgreift.

345 Ibn Sīnā, *Kitāb aš-Šifāʾ, aṭ-Ṭabīʿiyyāt* 8 – *al-Ḥayawān*, 9.6 (181.1–2). Weisser 1983, S. 166 hält die Geschichte für erfunden. Allerdings interpretiert sie ara. *ṣūrah*

Oft handele es sich aber, spezifiziert Bar ʿEbrāyā, beim Menschen um Mehrlinge von zweien und dreien (*tāmē trēn wa-tlātā*) (5.3.2 [j]). Diese Aussage findet sich so nicht direkt bei Aristoteles (noch bei Ibn Sīnā), steht aber nicht im Widerspruch zur aristotelischen Darstellung. Möglicherweise geht die Aussage in dieser Form auf Nikolaus' *Peri tēs Aristotelous philosophias* zurück.

Problematisch sei aber, so Bar ʿEbrāyā abschließend, die Schwangerschaft mit Zwillingen unterschiedlichen Geschlechts, denn selten überlebten Mutter und Kinder (5.3.2 [k]). Diese Aussage Bar ʿEbrāyās ist fast identisch mit derjenigen Ibn Sīnās, der allerdings noch explizit den umgekehrten Fall, also Zwillinge des gleichen Geschlechts, anführt.[346] Ibn Sīnā übernimmt die Vorstellung wiederum von Aristoteles.[347]

3.2.3.4   *teʾōriya* 5.3.3 – Überschwängerung und Reproduktionsfähigkeit

Hier lässt Bar ʿEbrāyā eine neue *teʾōriya* beginnen. Das Thema der Mehrlingsschwangerschaften setzt sich zwar so gesehen fort. Zu Beginn von *teʾōriya* 5.3.3 wird allerdings das Thema einer gleichzeitigen Schwangerschaft aus mehreren Geschlechtsakten behandelt, zudem noch mit unterschiedlichen Partnern. Im Rest der *teʾōriya* geht es erneut um verschiedene Aspekte der Reproduktionsfähigkeit. Möglicherweise versteht Bar ʿEbrāyā die „Überschwängerung"[348] als eine Form der erhöhten Fruchtbar-

---

(Gestalt) im Fall der Geburt von fünfzehn Mehrlingen als „wohlausgebildete Feten". Dagegen ist bei Ibn Sīnā mit ara. *ṣūrah* m. E. eher von der Vorstellung einer bestimmten Gestaltung und Ausdifferenzierung (im Gegensatz beispielsweise zu reinem Blut) auszugehen, aber nicht notwendigerweise von *menschlicher* Form. Damit könnte der Bericht auch auf eine abgehende Blasenmole hinweisen; zu dieser siehe Kap. 3.2.4.2, S. 204.

346 Ibn Sīnā, *Kitāb aš-Šifāʾ, aṭ-Ṭabīʿiyyāt* 8 – *al-Ḥayawān*, 9.6 (181.2–3).

347 Aristoteles, *Historia animalium* [versio arabica], IX.4 (584b36–585a3) (t: Filius 2019, S. 367). Eine Begründung findet sich allerdings weder im *Šifāʾ* noch im *Historia animalium*; vgl. Weisser 1983, S. 162. Lediglich im *De generatione animalium* begründet Aristoteles die Aussage mit dem angeblich unterschiedlich schnellen Wachstum der beiden Geschlechter; Aristoteles, *De generatione animalium* [versio arabica], IV.6 (775a21–24) (t: Brugman und Drossaart Lulofs 1971, a164.22–165.2).

348 Es ist auch gemäß der heutigen medizinischen Forschung unklar, wie genau dieses Phänomen zu fassen ist; vgl. Roellig u. a. 2011. Selbst die Begriffe sind nicht eindeutig. Ich verwende im Folgenden „Überschwängerung" für die Vorstellung, wonach

keit. Entsprechend kann vielleicht der Aspekt der Reproduktionsfähigkeit als thematische Klammer der (unbetitelten) *te'ōriya* gelesen werden.

Frauen, wie Stuten und Hasen, so Bar ʿEbrāyā, empfingen direkt nacheinander (wörtl. „einen Konzeptus über einen [anderen] Konzeptus" oder „Empfängnis auf Empfängnis", syr. *baṭnā ʿal baṭnā mqabblān*) (5.3.3 [a]). Diese und die folgenden Aussagen Bar ʿEbrāyās sind teils erklärungsbedürftige Zusammenstellungen aus Ibn Sīnās und Aristoteles' Werken. Ibn Sīnā schreibt, die Frau und das Pferd erduldeten Geschlechtsverkehr während der Schwangerschaft, aber nur die Frau empfange auch während der Schwangerschaft.[349] Wie Ibn Sīnā schließt Aristoteles das Pferd von der Möglichkeit aus, überschwängert zu werden, erwähnt aber auch ausdrücklich den Hasen, bei dem dies möglich sei.[350] Bar ʿEbrāyā schließt also bei seiner Zusammenstellung aus Ibn Sīnā und Aristoteles das Pferd gegen seine Vorlagen ein statt aus. Problematisch ist hier wie im Folgenden bei der Deutung auch die fehlende Differenzierung zwischen zwei Verständnissen von „Empfängnis": einerseits im Sinne, dass die Frau den Samen „empfängt" beziehungsweise – wie die Stute – überhaupt zur Paarung während der Schwangerschaft bereit ist; andererseits im Sinne der „geglückten" Empfängnis, durch die es tatsächlich zu einer Schwangerschaft kommt.

Sei ihr erstes Kind schon gewachsen (syr. *kad men kadēh etrabbi ʿullāh qadmāyā*), so Bar ʿEbrāyā weiter, vollende sich die zweite Schwangerschaft nicht (*lā meštamlā baṭnā trēnā*) (5.3.3 [b.i]). Wenn die zweite Empfängnis aber in der Nähe (*b-qarributā*) der ersten liege, dann lebten beide Kinder (*ḥayyin*) (5.3.3 [b.ii]). Anschließend referiert Bar ʿEbrāyā ausdrücklich nach Aristoteles, eine Frau habe Zwillinge geboren, dessen eines ihrem Mann, das andere ihrem Geliebten geglichen habe. Beide hätten überlebt, nämlich Herakles und Iphikles (5.3.3 [c]).

---

eine Frau, während sie noch schwanger sei, mit einem weiteren Kind schwanger werde. „Heteropaternale Überschwängerung" ist demgemäß die Vorstellung, dass die Frau durch Sex mit zwei verschiedenen Vätern „überschwängert" werde.

349 Ibn Sīnā, *Kitāb aš-Šifāʾ, aṭ-Ṭabīʿiyyāt 8 – al-Ḥayawān*, 9.6 (181.3–4).

350 Aristoteles, *Historia animalium*, IX.4 (585a3–6) (t: Balme 2002, S. 484). Der Grund, warum Ibn Sīnā den Hasen auslässt, ist vermutlich die arabische Aristoteles-Übersetzung, die ihn schwer verständlich als „das Tier, das im Griechischen *dāsūfūs* [vgl. gr. *dasupous*] genannt wird" bezeichnet. Auch das griechische *hosa mē pephyken epikyiskesthai* (diejenigen, die von Natur aus überschwängert werden (können)), wird in der arabischen Übersetzung mit *in lam yakun mimmā yaḥtamilu ḥablan* nur unzureichend wiedergegeben.

Ich betrachte hier zum Vergleich als erstes die aristotelische Darstellung.[351] Dort wird zunächst der Fall behandelt, dass erst einige Zeit nach (gr. *pollō chronō*, ara. *baʿda zamān maḍā*) der ersten Empfängnis sich eine zweite Empfängnis einstelle. In diesem Fall entwickele sich das zweite Kind nicht,[352] sondern verursache Schmerzen und den Verlust des ersten Kindes. Hierfür führt Aristoteles das Beispiel einer Frau an, die durch Überschwängerung zwölf Embryonen (auf einmal?) verloren habe. Wenn aber, so Aristoteles weiter, die zweite Empfängnis nach kurzer Zeit (gr. *eggys*, ara. *zamān yasīr*) stattfinde, trage die Mutter auch das spätere Kind und sie würden wie Zwillinge geboren, wie im Fall von Iphikles und Herakles. Es habe beispielsweise auch eine Ehebrecherin gegeben, deren beide Kinder je eins ihrem Mann und eins ihrem Geliebten geglichen habe. In diesem zweiten Fall handelt es sich also ausdrücklich um eine heteropaternale Überschwängerung, bei der eine Frau von zwei verschiedenen Männern schwanger wird. Mit genauerer Kenntnis über den Mythos von Herakles und Iphikles ist aber auch dieses Beispiel der heteropaternalen Überschwängerung zuzuordnen, denn derer beider Mutter Alkmene habe Herakles von Zeus und Iphikles von ihrem Mann Amphitryon empfangen.[353]

Wie rezipiert Ibn Sīnā diese Ausführung?[354] Bei der Überschwängerung der Frau, so dieser, ginge meistens das erste Kind zugrunde; was mit dem zweiten geschieht, erwähnt er nicht explizit.[355] Er wiederholt auch die Anekdote über die Frau, die zwölf Embryonen (ara. *ǧanīn*) nacheinander (*ḥamlan ʿalā ḥamlin*) geboren habe. Wenn aber der zweite Konzeptus nur einer sei und sich kurz nach dem ersten einstelle (*iḏā kāna l-ḥaml aṯ-ṯānī wāḥidan wa-qarība l-ʿahdi min al-awwal*), so lebten beide – wie die Frau, die Zwillinge geboren habe, deren einer ihrem Mann, der andere aber ihrem Liebhaber geglichen habe.[356]

---

351 Hier und im Folgenden: Aristoteles, *Historia animalium*, IX.4 (585a10–17) (t: Balme 2002, S. 484). Die arabische Übersetzung weicht terminologisch teils ab.

352 Die arabische Übersetzung ist hier wieder problematisch, da ihrgemäß der erste Konzeptus zur Zeit seiner Geburt ausgeformt sei bzw. die Schwangerschaft abgeschlossen werde: ara. *allaḏī ʿalaqat awwalan yatimmu waqta (oder: waqtu?) zamān wilāduhu.*

353 Vgl. von Geisau 1964, Sp. 1448 („Zwillings(halb)bruder des Herakles“).

354 Hier und im Folgenden: Ibn Sīnā, *Kitāb aš-Šifāʾ*, *aṭ-Ṭabīʿiyyāt* 8 – *al-Ḥayawān*, 9.6 (181.3–6).

355 Diese Lücke ist vermutlich auf die arabische Aristotelesübersetzung zurückzuführen, die hier wie erwähnt problematisch ist.

356 Ibn Sīnā ergänzt ein weiteres Beispiel, das sich bei Aristoteles findet, aber von Bar ʿEbrāyā nicht übernommen wird: Eine andere Frau sei mit Zwillingen schwanger

Im vorliegenden Fall übernimmt Bar ʿEbrāyā größtenteils die aristotelische Darstellung. Einen einzelnen klärenden Begriff übernimmt Bar ʿEbrāyā allerdings von Ibn Sīnā, nämlich, dass die Kinder und die Mutter lebten beziehungsweise überlebten oder lebensfähig gewesen seien (syr. *ḥayyin*, ara. *yaʿīšān*).[357] Auffällig ist weiterhin, wie Bar ʿEbrāyā die Beispiele von der Ehebrecherin und von Herakles und Iphikles, die Aristoteles unterscheidet, zusammenzieht. Ibn Sīnā greift in aller Kürze lediglich einen Ehemann und einen Liebhaber (ara. *ʿašīq*) auf. Wie dieser erwähnt Bar ʿEbrāyā nicht ausdrücklich einen Ehebruch. Es ist auch hier plausibel, dass Nikolaus' *Peri tēs Aristotelous philosophias* als mögliche Vorlage für Bar ʿEbrāyā eine entsprechende Redaktion bietet. An einer gleich zu besprechenden Stelle taucht ein weiteres Beispiel aus der griechischen Mythologie auf, das sich so bei Aristoteles nicht findet.

Im Rahmen der Zeugungsfähigkeit behandelt Bar ʿEbrāyā als Nächstes das Höchstalter, bis zu dem Menschen Kinder bekommen. Bei Frauen läge dieses bei fünfzig (5.3.3 [d.i]), bei Männern bei achtundsiebzig oder etwas mehr Jahren (5.3.3 [d.ii]). Dies ist ein Exzerpt aus Ibn Sīnā, der hier zusätzlich die Menopause der Frau thematisiert.[358]

Im Rahmen der Zeugungsfähigkeit thematisiert Bar ʿEbrāyā weiterhin, dass einer Person fälschlich zugeschrieben werde, unfruchtbar zu sein (5.3.3 [e.i]). Dies werde feststellbar, wenn ein für unfruchtbar gehaltenes Paar die Sexualpartner wechsle (5.3.3 [e.ii]). Auch könne sich die Zeugungsfähigkeit von der Jugend zum Alter oder umgekehrt ändern, dadurch dass sich die vermehrte Hitze temperiere, also das richtige Gleichgewicht der Körpersäfte hergestellt werde (5.3.3 [e.iii]).

---

gewesen und habe ein drittes Kind empfangen, wobei nur die Zwillinge überlebt hätten, Ibn Sīnā, *Kitāb aš-Šifāʾ*, *aṭ-Ṭabīʿiyyāt* 8 – *al-Ḥayawān*, 9.6 (181.7), vgl. Aristoteles, *Historia animalium* [versio arabica], IX.4 (585a16–19) (t: Filius 2019, S. 368).

357 Auch bei Aristoteles findet sich der Begriff des (Über-)Lebens (gr. *bioō*), taucht aber nur im Bericht über die Überschwängerung mit Zwillingen und einem weiteren Kind auf, die Bar ʿEbrāyā nicht übernimmt.

358 Ibn Sīnā, *Kitāb aš-Šifāʾ*, *aṭ-Ṭabīʿiyyāt* 8 – *al-Ḥayawān*, 9.6 (181.13–15). Ibn Sīnā wiederum übernimmt im Hinblick auf die Frau die aristotelische Darstellung; Aristoteles, *Historia animalium* [versio arabica], IX.5 (585b2–5) (t: Filius 2019, S. 368–369). Das Höchstalter für die Zeugungsfähigkeit des Mannes gibt Aristoteles allerdings mit 60 und höchstens 70 an; Aristoteles, *Historia animalium* [versio arabica], IX.6 (585b5–8) (t: Filius 2019, S. 369). Möglicherweise geht die Acht (ara. *ṯamān*) in achtundsiebzig bei Ibn Sīnā auf das sehr ähnlich geschriebene *tamām* (volle) (sechzig, siebzig) in der arabischen Aristoteles-Übersetzung zurück.

Schließlich behandelt Bar ʿEbrāyā das Phänomen, dass Männer ausschließlich Söhne oder ausschließlich Mädchen zeugen. Als Beispiele werden von ihm Aegyptos und Danaos aus der Mythologie herangezogen: Nach Bar ʿEbrāyā habe Aegyptos unter zweiundsiebzig Kindern nur eine Tochter gezeugt (5.3.3 [f.i]), Danaos dagegen nur Mädchen (5.3.3 [f.ii]).

Hinsichtlich dieser beiden Ausführungen zur Zeugungsfähigkeit allgemein sowie zum Phänomen, nur Kinder eines Geschlechts zu zeugen, hat Bar ʿEbrāyā wiederum eine redaktionelle Bearbeitung seiner Vorlagen vorgenommen. Das hauptsächliche Thema bei Aristoteles und ihm folgend bei Ibn Sīnā ist die Frage, inwiefern von einem Paar vermehrt Jungen oder Mädchen geboren werden, was anhand verschiedener Faktoren, besonders dem Alter, ausgebreitet wird.[359] Die Gründe dafür führt Aristoteles nicht aus. Ibn Sīnā bearbeitet hier bereits die aristotelische Darstellung, indem er an das Ende der unterschiedlichen Faktoren eine Begründung stellt, nämlich die sich im Alter verändernde humorale Harmonie der Trockenheit und Hitze. Erst hier behandelt Ibn Sīnā dann den Fall, der sich auf die mit dem Altern wechselnde Fruchtbarkeit im Allgemeinen bezieht, nicht auf das Zeugen von Söhnen und Töchtern. Außerdem erwähnt er nicht explizit den umgekehrten Fall: Zeugungsfähigkeit in der Jugend, aber nicht mehr im Alter. Bar ʿEbrāyā übernimmt die Begründung (allerdings nur die Hitze) von Ibn Sīnā, behält aber insgesamt die Reihenfolge von Aristoteles bei und erwähnt auch den umgekehrten Fall der abnehmenden Zeugungsfähigkeit im Alter. Bar ʿEbrāyās knappe Art erklärt sich möglicherweise auch mit Nikolaus' Kompendium, das hier systematischer und weniger umständlich als Aristoteles sein könnte.

Ein weiterer Unterschied besteht in Hinblick auf die der Mythologie entlehnten Beispiele. Bei Aristoteles ist es Herkules, der unter 72 Kindern nur eine Tochter hatte.[360] Zwar erwähnt Ibn Sīnā denselben Fall wie Bar ʿEbrāyā, hier ist Aegyptos allerdings anonym: „es wird erzählt, dass ein gewisser jemand..." (ara. *ḥakā anna fulānan*).[361] Der umgekehrte Fall, für den Bar ʿEbrāyā Danaos als Beispiel anführt, findet sich in beiden Vorlagen nicht. In der griechischen Mythologie haben die Zwillingsbrüder

---

359 Aristoteles, *Historia animalium* [versio arabica], IX.6 (585b8–28) (t: Filius 2019, S. 369) und Ibn Sīnā, *Kitāb aš-Šifāʾ*, *aṭ-Ṭabīʿiyyāt 8 – al-Ḥayawān*, 9.6 (181.16–182.6).

360 Aristoteles, *Historia animalium* [versio arabica], IX.6 (585b10, 585b23–24) (t: Filius 2019, S. 369).

361 Ibn Sīnā, *Kitāb aš-Šifāʾ*, *aṭ-Ṭabīʿiyyāt 8 – al-Ḥayawān*, 9.6 (182.3–4).

Aegyptos und Danaos tatsächlich jeweils ausschließlich Söhne beziehungs-weise Töchter, allerdings je fünfzig.[362] Es ist möglich, dass Bar ʿEbrāyā die beiden Zwillingsbrüder als Beispiele in Nikolaus' *Peri tēs Aristotelous philosophias* vorgefunden hat. Ob diesen dort aber zweiundsiebzig oder fünfzig Kinder zugeschrieben werden, muss offen bleiben.

Mit der Thematisierung der Zeugungsfähigkeit leitet Bar ʿEbrāyā bereits zur folgenden *te ʾōriya* 5.3.4 über. Die Darstellung in 5.3.3 ist wie in vielen der vorherigen Textteile eine Melange von Ibn Sīnā und Aristoteles, wobei sich einige Unterschiede im Einzelnen hypothetisch auf Nikolaus' *Peri tēs Aristotelous philosophias* zurückführen lassen.

3.2.3.5   *te ʾōriya* 5.3.4 (Beginn) – Vererbung

Das Thema Vererbung wird von Bar ʿEbrāyā relativ knapp zu Beginn von *te ʾōriya* 5.3.4 thematisiert. Zunächst spricht er die Vererbung von körperli-chen Einschränkungen an: Blinde würden oft von Blinden (5.3.4 [a.i]) und Menschen mit Behinderungen von Behinderten gezeugt (5.3.4 [a.ii]). Eine ähnliche Aussage findet sich zwar auch bei Ibn Sīnā,[363] die nähere Entspre-chung aber bei Aristoteles, der ebenfalls Lahme (gr. *xōloi*, ara. *a ʿraǧ*) und Blinde (gr. *typhloi*, ara. *a ʿmā*) erwähnt.[364]

Daneben bespricht Bar ʿEbrāyā das Phänomen, dass bestimmte Anlagen eine Generation übersprängen: „Oft gleicht das Kind nicht dem Vater, son-dern dem Großvater" (5.3.4 [b.i]). Dies wird darauf zurückgeführt, dass die gestaltende Fähigkeit vorübergehend daran gehindert werde, sich zu entfal-ten (5.3.4 [b.ii]). Als Beispiel gibt Bar ʿEbrāyā die Kuschiten „nach der vier-ten Generation" an (5.3.4 [b.iii]). Auch hier ist auf eine grundsätzliche Par-allele bei Ibn Sīnā hinzuweisen.[365] Allerdings erwähnt dieser nicht Vater und Großvater, sondern lediglich, dass die Ähnlichkeit nach ein oder zwei Generationen wieder abnehme – er bezieht sich hier wie Aristoteles auf das Vorangegangene, nämlich dass körperliche Einschränkungen nicht grund-sätzlich weiter vererbt würden.[366] Die ausdrückliche Begründung Ibn Sīnās

---

362 Bernhard 1886.

363 Ibn Sīnā, *Kitāb aš-Šifā ʾ*, *aṭ-Ṭabī ʿiyyāt* 8 – *al-Ḥayawān*, 9.6 (182.6–7).

364 Aristoteles, *Historia animalium* [versio arabica], IX.6 (585b29–30) (t: Filius 2019, S. 369).

365 Ibn Sīnā, *Kitāb aš-Šifā ʾ*, *aṭ-Ṭabī ʿiyyāt* 8 – *al-Ḥayawān*, 9.6 (182.6–9).

366 Vgl. Aristoteles, *Historia animalium* [versio arabica], IX.6 (585b30–37) (t: Filius 2019, S. 369–370).

für das Phänomen, nämlich dass die Formfähigkeit vorübergehend unterbunden werde, findet sich allerdings nicht bereits bei Aristoteles. Bar ʿEbrāyās Erwähnung von Vater und Großvater geht möglicherweise auf das Kompendium Nikolaus' zurück.[367] Bar ʿEbrāyās kurzer Hinweis auf den Fall der Kuschiten, also Afrikaner beziehungsweise Äthiopier, geht ebenfalls auf Aristoteles zurück, der den Fall einer Frau erwähnt, deren Enkelkind erst (nicht das Kind) die schwarze Hautfarbe ihres Partners aufgewiesen habe.[368] Von wo Bar ʿEbrāyā allerdings die vierte Generation übernimmt, ist nicht klar – möglicherweise aus dem Kompendium von Nikolaus?

Der letzte Punkt Bar ʿEbrāyās zur Vererbung von Merkmalen ist, dass männliche Kinder ihren Vätern ähnelten, weibliche ihren Müttern (5.3.4 [c.i]) – es gebe aber auch Gegenbeispiele 5.3.4 [c.ii]. Manchmal bestünde gar keine Ähnlichkeit (5.3.4 [c.iii]). Hier findet sich die Aussage fast wortgleich bei Ibn Sīnā,[369] der wiederum Aristoteles paraphrasiert.[370]

Es ergibt sich dasselbe Bild wie in den vorangegangen Passagen: Bar ʿEbrāyā übernimmt im Allgemeinen Ibn Sīnā und lässt ihm scheinbar wichtig erscheinende Details aus der aristotelischen Darstellung einfließen, möglicherweise vermittelt durch das *Peri tēs Aristotelous philosophias* von Nikolaus.

3.2.3.6 *te'ōriya* 5.3.4 (Ende) – Ernährung und Lage des Embryos

Die Versorgung und Position des menschlichen Embryos beschreibt Bar ʿEbrāyā am Ende von *te'ōriya* 5.3.4. In allen Tieren sei der Nabel mit der Gebärmutter verbunden und durch ihn würden die Embryonen ernährt, so Bar ʿEbrāyā (5.3.4 [d]). Eine Entsprechung findet sich am ehesten in der arabischen Aristotelesübersetzung. Diese spricht sowohl vom Wachstum als auch

---

367 Im aristotelischen Text sind Vorfahren aber zumindest in unterschiedlicher Form erwähnt: gr. *tois gennēsasin ē tois anōthen goneusin*, ara. *al-ǧadd aw al-ab al-abʿad*.

368 Aristoteles, *Historia animalium* [versio arabica], IX.6 (586a3–4) (t: Filius 2019, S. 370).

369 Ibn Sīnā, *Kitāb aš-Šifāʾ, aṭ-Ṭabīʿiyyāt 8 – al-Ḥayawān*, 9.6 (182.9–11).

370 Aristoteles, *Historia animalium* [versio arabica], IX.6 (586a3–4) (t: Filius 2019, S. 370).

190

der Ernährung durch den Nabel,[371] während der griechische Text lediglich
von Wachstum spricht.[372]

Demgegenüber erwähnt Ibn Sīnā die Funktion des Nabels (Ernährung
bzw. Wachsenlassen) nicht.[373] Ausgehend von seiner Darstellung könnte
Bar ʿEbrāyā aber missverstanden haben, dass *jedes* Tier einen Nabel hat,
denn Ibn Sīnā unterscheidet lediglich zwischen verschiedenen Arten, wie
der Nabel mit der Mutter verbunden ist – im Umkehrschluss könnte dies so
verstanden werden, als verfügten alle Tiere über einen Nabel.

Zur Haltung des Kindes bemerkt Bar ʿEbrāyā es sei „zusammengezogen",
sitzend und habe die Schultern gebeugt (5.3.4 [e.i]). Dabei lägen die Handflächen auf den Knien, die Nase dazwischen, die Augen auf den Händen
und die Ohren außen (5.3.4 [e.ii]). Das Gesicht schließlich befinde sich gegenüber den Lenden der Mutter, wodurch sein Herz wie durch ein Schild
geschützt sei (5.3.4 [e.iii]). Bar ʿEbrāyā übernimmt diese kurze Passage von
Ibn Sīnā,[374] der sich dafür zwar an der aristotelischen Darstellung orientiert,
aber diese erweitert.[375]

Allerdings fügt Ibn Sīnā die Lage des Embryos inmitten der Beschreibung
des Geburtsvorgangs ein, vielleicht in Assoziation zu normaler und Steißgeburt. Der Geburtsvorgang wiederum wird von ihm an das Ende des *faṣl* zur
Embryonalentwicklung gestellt. Bar ʿEbrāyā nimmt hier also zwei Umstellungen vor: Zum einen zieht er die Beschreibung der Haltung des Embryos
vor die Beschreibung der Geburt und erzielt so eine chronologisch geordne-
te Darstellung. Auch die aristotelische Darstellung behandelt die Lage des
Embryos vor der Beschreibung der Geburt. Zum anderen folgt Bar ʿEbrāyā
in *pāsoqā* 5.3 im Allgemeinen *faṣl* 9.6 von Ibn Sīnās Zoologie. Hier allerdings entnimmt er Ibn Sīnās gesamte Passage der Geburtsbeschreibung aus
faṣl 9.5 und fügt sie an den passenden Stellen seiner *te'ōriyas* 5.3.4 und 5.3.5

---

371 Aristoteles, *Historia animalium* [versio arabica], IX.8 (586a31–32) (t: Filius 2019,
S. 371).

372 Aristoteles, *Historia animalium*, IX.8 (586a31–32) (t: Balme 2002, S. 489). Auch
hier könnte Nikolaus' *Peri tēs Aristotelous philosophias* die Abweichung Bar
ʿEbrāyās vom griechischen Aristoteles-Text erklären, zeigte dann aber auch, wie
nur in einigen wenigen anderen Fällen, eine Nähe zum arabischen Text.

373 Ibn Sīnā, *Kitāb aš-Šifāʾ*, aṭ-Ṭabīʿiyyāt 8 – al-Ḥayawān, 9.6 (182.12).

374 Ibn Sīnā, *Kitāb aš-Šifāʾ*, aṭ-Ṭabīʿiyyāt 8 – al-Ḥayawān, 9.5 (178.1–3).

375 Aristoteles, *Historia animalium* [versio arabica], IX.8 (586b2–3) (t: Balme 2002,
S. 489). Die arabische Aristotelesübersetzung weicht hier wieder vom griechischen
Original ab, da sie den Mensch nicht eigens heraushebt, sondern in eine Reihe mit
den zweibeinigen Tieren stellt.

ein. Diese Anordnung ist ein gutes Beispiel für Bar ʿEbrāyās Vorgehen, seine Vorlagen auch weiter ausgreifend umzustellen.

Zu bemerken ist außerdem, dass es ein gewisses Interesse der Schreiber oder Nutzer der Handschriften an der Lage des Kindes im Mutterleib zu geben scheint – insgesamt ein verbreitetes Interesse.[376] In der Handschrift Damaskus, *Syrisch Orthodoxes Patriarchat*, 239 (=6/2) findet sich am Rand die arabische Notiz *kayfiyyat hayʾat al-ğanīn fī raḥm ummihi* (Art der Lage des Embryos im Schoß seiner Mutter);[377] ganz ähnlich auch in der Handschrift Florenz, *Biblioteca Medicea Laurenziana*, Or. 83. Da beide Handschriften auf das Autograph zurückgehen, könnte diese Marginalie bereits dort zu finden sein.[378]

3.2.3.7 *teʾōriya* 5.3.5 – Geburt

In *teʾōriya* 5.3.5 beschreibt Bar ʿEbrāyā den Geburtsvorgang. Die natürliche Geburt (*yalidutā kyānāytā*) beginne, wenn die Plazenta reiße und das Fruchtwasser austrete (5.3.5 [a.i]), das von Bar ʿEbrāyā allerdings generisch als „Säfte" bezeichnet wird. Außerdem drehe das Embryo sich auf seinen Kopf, (5.3.5 [a.ii]) wobei ihm die Schwere des Kopfes und allgemein der schwerere Oberkörper helfe (5.3.5 [a.iv]). Schließlich trete es zusammen mit den Säften aus (5.3.5 [a.iii]).

Die entsprechende Vorlage Bar ʿEbrāyās, Ibn Sīnās Beschreibung des Geburtsvorgangs, findet sich wie eben bemerkt an anderer Stelle, nämlich am Ende von dessen *faṣl* 9.5 über die embryonalen Stadien.[379] Der Wortlaut Bar ʿEbrāyās entspricht im Allgemeinen demjenigen Ibn Sīnās. Allerdings zieht Bar ʿEbrāyā die Wendung „natürliche Geburt" an den Beginn, während Ibn Sīnā sie nutzt, um die Drehung des Kindes vor der Geburt, also den Normalfall, der sogenannten Steißgeburt gegenüberzustellen.[380] Die Steißgeburt hingegen wird von Bar ʿEbrāyā nicht behandelt. Auch findet sich bei Ibn Sīnā die Erwähnung des Kopfes und Oberkörpers, welche die Dre-

---

376 Vgl. hierzu Duden 2002, S. 20 u. passim, einschließlich der Literatur in den Anm. 23–25, darunter besonders Ferckel 1914, S. 316, Anm. 2. Berühmt ist auch die Darstellung des hockenden Embryos von Leonardo da Vinci (gest. 1519), die auch Teil der Illustration des Covers des vorliegenden Buchs ist.

377 Die Hs. ist ebenfalls Teil der Coverillustration.

378 Vgl. die Ausführungen im Anhang, Kap. A.2, S. 330.

379 Ibn Sīnā, *Kitāb aš-Šifāʾ*, *aṭ-Ṭabīʿiyyāt* 8 – *al-Ḥayawān*, 9.5 (177.15–16).

380 Ibn Sīnā, *Kitāb aš-Šifāʾ*, *aṭ-Ṭabīʿiyyāt* 8 – *al-Ḥayawān*, 9.5 (177.16–17).

hung des Kindes unterstützten, etwas später.[381] Die Beschreibung der Lage des Embryos im Mutterleib, die Ibn Sīnā hier zwischenschaltet, hatte Bar ῾Ebrāyā wie erwähnt vorgezogen. Bar ῾Ebrāyā stellt hier also das Material um und bringt es in einen geordneteren Zusammenhang.

Die nächste Bemerkung Bar ῾Ebrāyās ist, dass das Kind sich von den Kotyledonen (syr. *qoṭulēdones*) löse (5.3.5 [b.i]). Eine Parallele bei Ibn Sīnā findet sich nicht. Aristoteles bemerkt hingegen im Kontext der Geburtsbeschreibung, dass bei denjenigen Tieren, die Kotyledonen aufwiesen, diese sich mit dem Wachstum des Embryos verkleinern und sich schließlich ganz auflösten.[382] Möglicherweise weist Nikolaus' Kompendium *Peri tēs Aristotelous philosophias* hier bereits eine Zusammenfassung auf, die Bar ῾Ebrāyā übernimmt. Bar ῾Ebrāyās genauer Wortlaut allerdings ist, das Kind löse sich *von* den Kotyledonen und nicht, die Kotyledonen lösten sich auf. Ob diese Änderung, die inhaltlich nicht inkonsequent wäre, auf Bar ῾Ebrāyā zurückgeht, auf Nikolaus' Kompendium oder vielleicht eine weitere noch zu identifizierende Quelle, bleibt noch festzustellen.

Worum handelt es sich aber bei den Kotyledonen?[383] Auch den syrischen Handschriften mit Bar ῾Ebrāyās Text erscheint der Begriff erklärungsbedürftig, denn wie im Fall der Lage des Embryos weisen diese übereinstimmend eine arabische Glosse auf: *naqr ar-raḥm* (Vertiefung der Gebärmutter).[384] Hier mündeten nach damaliger Vorstellung die Blutgefäße in die Gebärmutter. Entsprechend heißt es in Ibn Sīnās *Qānūn* im Abschnitt zur Anatomie der Gebärmutter:

> Und die Mündungen dieser Arterien sind diejenigen, die vertieft in der Gebärmutter liegen – sie werden *naqr ar-raḥm* genannt –, damit sich die Membranen des Embryos verbinden, von ihnen die Menstruation fließt und das Embryo genährt wird.[385]

Bei der Lösung von den Kotyledonen, so Bar ῾Ebrāyā weiter, öffne sich die Gebärmutter so stark, wie es ohne Geburt nicht möglich wäre (5.3.5 [b.ii]), und zwar aufgrund der sich einstellenden Biegsamkeit der Gelenke (5.3.5

---

381 Ibn Sīnā, *Kitāb aš Šifā᾽*, aṭ Ṭabī῾iyyāt 8 al Ḥayawān, 9.5 (178.3 4).

382 Aristoteles, *Historia animalium*, IX.8 (586b10–15) (t: Balme 2002, S. 489). Die arabische Übersetzung paraphrasiert stark: Die gr. *kotylēdonas* werden zu ara. *afwāh al-wurūq* (Mündungen der Gefäße), die an der Gebärmutter hafteten; Aristoteles, *Historia animalium* [versio arabica], IX.8 (586b10–14) (t: Filius 2019, S. 371).

383 Ich danke Ursula Weisser, die mir in einem E-Mailverkehr äußerst hilfreiche Hinweise zu dieser Frage gegeben hat.

384 Allerdings geht diese Deutung auf eine problematische Galen-Übersetzung zurück; siehe Simon 1906, S. ii.304, Anm. 361.

385 Ibn Sīnā, *al-Qānūn fī ṭ-ṭibb*, 3.21.1.2 (t: ed. Beirut 1999, S. ii.755.18–19).

[b.iii]). Dies wird als wundersames Zeichen des Schöpfers gewertet (5.3.5 [b.iv]).

Auch in Ibn Sīnās *Šifāʾ* finden wir ähnliche, aber leicht ausführlichere Äußerungen.[386] In Ibn Sīnās *Qānūn* heißt es ebenfalls, der Mutterleib (ara. *raḥm*, gemeint ist wohl der Muttermund bzw. der gesamte Geburtskanal, einschließlich der Vagina) weite sich „durch Erlaubnis Gottes, er ist erhaben" (*ṯumma tattasiʿu bi-iḏni Llāhi taʿālā*).[387] Dies wiederum lässt sich mit Galen vergleichen, der in einer nur auf Arabisch vollständig überlieferten anatomischen Abhandlung bemerkt:

> Das ist nun wiederum etwas, was den Menschen zur Bewunderung der Schöpfung aufruft, wie nämlich der Mund des Uterus so eng wird, daß die Spitze der Sonde nur mit Mühe in ihn eindringt. Und wenn wir nicht sicher wüßten, daß der Foetus durch ihn herauskommt, so würden wir es gewiß nicht für wahr halten, daß der Mund des Uterus, welcher zusammengezogen und verschlossen gewesen ist, eine solche Ausweitung erreicht, daß ein vollständiges [Lebewesen] durch ihn austritt.[388]

Diese Ausführungen Galens, einschließlich ihres Kontexts, deutet darauf hin, dass es sich hier um eine weitere Vorlage Ibn Sīnās handeln könnte, neben der aristotelischen Darstellung.

Die folgenden Ausführungen Bar ʿEbrāyās erinnern wieder eher an medizinische Symptomatik als an eine naturphilosophische Untersuchung: Begönnen die Wehenschmerzen im Bauch- und Schambereich, folge meistens eine leichte Geburt (5.3.5 [c.i]). Wenn die Wehen eher in der Hüftregion zu lokalisieren seien, gebäre die Frau schwerer 5.3.5 [c.ii]. Eine medizinische Symptomatik zeigt sich auch für die dann folgenden Äußerungen zum Zusammenhang der Art des Fruchtwassers mit dem Geschlecht des Kindes: gelbgalliges Wasser im Fall eines Jungen 5.3.5 [d.i], blutiges im Fall eines Mädchens 5.3.5 [d.ii]. Mit diesen Bemerkungen kehrt Bar ʿEbrāyā zu seinem Exzerpt aus Ibn Sīnās *faṣl* 9.6 zurück, wo sich eine fast wortgleiche Passage findet.[389]

Am Ende von *teʾōriya* 5.3.5 steht Bar ʿEbrāyās Aussage, dass unter allen Lebewesen beziehungsweise Tieren, die Frau am schwersten gebäre. Er will dies auf ihre Bequemlichkeit zurückführen und darauf, dass sie ihren Atem

---

386 Ibn Sīnā, *Kitāb aš-Šifāʾ*, *aṭ-Ṭabīʿiyyāt* 8 – *al-Ḥayawān*, 9.5 (178.4–9).

387 Ibn Sīnā, *al-Qānūn fī ṭ-ṭibb*, 3.21.1.1 (t: ed. Beirut 1999, S. ii.755.33).

388 Galen, *Anatomikōn egcheirēseōn – Biblion 9–15*, 12 (v: Simon 1906, S. ii.106), Übersetzung nach ebd.

389 Ibn Sīnā, *Kitāb aš-Šifāʾ*, *aṭ-Ṭabīʿiyyāt* 8 – *al-Ḥayawān*, 9.6 (182.16–19). Für dessen Vorlage siehe Aristoteles, *Historia animalium* [versio arabica], IX.9 (586b27–33) (t: Filius 2019, S. 372).

194

nicht halten könne (5.3.5 [e]). Diese Feststellung ist erneut eine Verschränkung von Ibn Sīnās und Aristoteles' Darstellung: Ibn Sīnā führt ebenfalls nahezu wortgleich an, die Frau habe die meisten Schwierigkeiten bei der Geburt.[390] Im Gegensatz zu Bar ʿEbrāyā und Aristoteles erwähnt er aber die Bequemlichkeit der Frau nicht und meint lediglich, das Halten des Atems erleichtere die Geburt, während der Atem selbst sie erschwere. Bei Aristoteles wiederum werden zwar auch die schwere Geburt anderer Lebewesen erwähnt, und dass die Frauen noch schwieriger gebären.[391] Die Gegenüberstellung von Frau und anderen Tieren ist aber weniger ausdrücklich. Außerdem ist bei Aristoteles von „Bequemlichkeit" die Rede, sie wird aber nicht grundsätzlich allen Frauen zugeschrieben. Dasselbe gilt für das Unvermögen, den Atem zu halten. Auch hier ist zu fragen, inwiefern die Abweichungen im Einzelnen wiederum auf Nikolaus' verlorenes Aristoteles-Kompendium oder auf Bar ʿEbrāyās Bearbeitung zurückgehen.

Auch für die Darstellung der Geburt bezieht Bar ʿEbrāyā also beide Vorlagen, Ibn Sīnās sowie Aristoteles' Zoologie ein und verschränkt diese teils. Im Hinblick auf Ibn Sīnā nimmt Bar ʿEbrāyā auch eine weitergehende Umstellung des Materials vor, um eine chronologisch geschlossene Darstellung der Schwangerschaft in *pāsoqā* 5.3 zu erreichen. Dies zeigt sich auch mit der Zäsur, die Bar ʿEbrāyā durch Abteilung der letzten *te'ōriya* 5.3.6 über die Geburtsnachsorge einführt.

3.2.3.8 *te'ōriya* 5.3.6 – Geburtsnachsorge und frühkindliche Entwicklung

Neben der Zeugung und embryonalen Entwicklung erläutert Bar ʿEbrāyā schließlich auch die Geburtsnachsorge und Aspekte der ersten kindlichen Entwicklung. In einem Großteil dieser Aussagen in *te'ōriya* 5.3.6 folgt Bar ʿEbrāyā dem *Šifā'* Ibn Sīnās, flicht aber weiterhin Details der aristotelischen Darstellung ein.

Die Nabelschnur (syr. *šerrā*) solle, so Bar ʿEbrāyā, sofort abgebunden werden (*meḥdā net'esar*), sodass Blut und Pneuma[392] nicht ausflössen

---

390 Ibn Sīnā, *Kitāb aš-Šifā'*, *aṭ-Ṭabī'iyyāt* 8 – *al-Ḥayawān*, 9.6 (182.19).

391 Aristoteles, *Historia animalium* [versio arabica], IX.9 (586b35–587a5) (t: Filius 2019, S. 372).

392 Hinsichtlich des Pneumas gibt es hier eine merkwürdige Abweichung in Hs. Damaskus, *Syrisch Orthodoxes Patriarchat*, 239 (=6/2), fol. 122v, in der statt *ruḥā* das unverständliche *ruḥlā* steht und so auch von Hs. Damaskus, *Syrisch Orthodoxes Patriarchat*, 240 (=6/3), fol. 139v übernommen wird.

(*neteš ed*) und das Kind sterbe (*nebad*) (5.3.6 [a]). Die Aussage findet sich fast wortgleich bei Ibn Sīnā,[393] der hier die aristotelische Darstellung kürzt.[394]

Die nächste Anmerkung Bar ʿEbrāyās bezieht sich auf die Position der Arme des Kindes bei der Geburt: Manche Kinder würden mit den Händen voraus (5.3.6 [b.ii]), andere mit den Händen an den Seiten des Körpers angelegt geboren (5.3.6 [b.i]). Auch hier übernimmt Bar ʿEbrāyā die entsprechende Aussage Ibn Sīnās.[395]

Außerdem wird von Bar ʿEbrāyā das erste Tun des Neugeborenen beschrieben, nämlich dass es sofort schreie (syr. *meḥdā qā ʿē*), die Hände zum Mund führe (5.3.6 [c.i]) und auch Stuhl ausscheide (5.3.6 [c.ii]). Bar ʿEbrāyā übernimmt abermals, leicht gekürzt, Ibn Sīnā.[396] Dieser wiederum exzerpiert und systematisiert den aristotelischen Bericht.[397] Zu bemerken ist, dass Ibn Sīnā ara. *istahalla* für das Schreien des Neugeborenen verwendet. Dieser Begriff findet sich häufig im Hadith und anschließend daran in der Rechtsliteratur, wo es um die Lebenszeichen des Neugeborenen geht.[398] Eine wörtliche Übersetzung ist „die Stimme erheben, zu Schreien beginnen".[399] Die arabische Aristoteles-Übersetzung nutzt dagegen *na ʿara* (brüllen, schreien). Es steht zu vermuten, dass Bar ʿEbrāyā sich für diese Teilaussage eher an der aristotelischen Darstellung orientiert. Dies lässt sich zum einen aus dem islamisch-religiös konnotierten Begriff *istahalla* bei Ibn Sīnā schließen, wobei es ohnehin schwierig wäre, ein syrisches Pendant zu verwenden. Zum anderen, und eindeutiger, weist Bar ʿEbrāyās Zusatz „sofort" darauf hin. Dieser fehlt bei Ibn Sīnā und ist im griechischen aristotelischen Text mit *euthys* (bzw. im Arabischen mit *min sā ʿatihi*, von [dieser] seiner Stunde an) wiedergegeben.

---

393 Ibn Sīnā, *Kitāb aš-Šifāʾ*, *aṭ-Ṭabīʿiyyāt* 8 – *al-Ḥayawān*, 9.6 (183.1–2): *an yubādira ilā rabṭ as-surrah, li ʾallā yasīla d-dam wa-r-rūḥ wa-yahlik aṣ-ṣabīy*.

394 Aristoteles, *Historia animalium* [versio arabica], IX.10 (587a9–23) (t: Filius 2019, S. 372).

395 Ibn Sīnā, *Kitāb aš-Šifāʾ*, *aṭ-Ṭabīʿiyyāt* 8 – *al-Ḥayawān*, 9.6 (183.4–5). Eine ähnliche Aussage, aber ohne Erwähnung der Möglichkeit, dass die Hände zusammen mit dem Kopf herauskommen, findet sich bei Aristoteles; Aristoteles, *Historia animalium* [versio arabica], IX.10 (587a26) (t: Filius 2019, S. 372).

396 Ibn Sīnā, *Kitāb aš-Šifāʾ*, *aṭ-Ṭabīʿiyyāt* 8 – *al-Ḥayawān*, 9.6 (183.5–6).

397 Aristoteles, *Historia animalium* [versio arabica], IX.10 (587a27–35) (t: Filius 2019, S. 372–373).

398 Vgl. Eich 2020, S. 352–354.

399 Vgl. auch die Grundbedeutungen der Wortwurzel in Wehr 1985, S. 1353 (s. v. *halla*).

196

Im Anschluss betrachtet Bar ʿEbrāyā die frühkindliche Entwicklung. Vierzig Tage nach der Geburt, so Bar ʿEbrāyā, lache das Kind zum ersten Mal, da die Vernunftseele nun beginne ihm Freude und Vergnügen zu bereiten (5.3.6 [d]). Dies ist wiederum eine fast wortgleiche Übertragung Ibn Sīnās.[400] Hier ist bereits eine klare Interpretation der aristotelischen Darstellung durch Ibn Sīnā festzustellen, da sich in jener zwar die vierzigtägige Frist findet, in der das Kind, wenn es wach sei, weder lache noch weine, dies aber nicht explizit mit der Tätigkeit der Vernunftseele in Verbindung gebracht wird.[401]

Ähnlich verhält es sich bei der nächsten Äußerung Bar ʿEbrāyās, nach zwei Monaten sähen Kinder Träume, was auf die Unterscheidung zwischen Sinneseindrücken und deren Neuzusammensetzung im Vorstellungsvermögen zurückzuführen sei (5.3.6 [e]). Diese Aussage übernimmt Bar ʿEbrāyā leicht gekürzt von Ibn Sīnā.[402] Dieser zitiert sinngemäß die auch bei Aristoteles erwähnte Vorstellung, dass das Kind zu träumen beginne.[403] Wie Ibn Sīnā allerdings die genaue Bestimmung von zwei Monaten dafür festlegt, ist zumindest mit dem aristotelischen Text nicht zu erklären.[404] Er fügt explizit mittels ara. *aqūlu* (ich sage) an, dass es sich im Folgenden um seine Interpretation handelt. Hier findet sich dann die auch von Bar ʿEbrāyā wiedergegebene psychologische Vorstellung, die Sinneswahrnehmungen würden unterscheidbar und im Geist ausgestaltet beziehungsweise zu neuen Bildern zusammengesetzt (ara. *tartasim fī ḫiyālihu*).[405]

Dann, so Bar ʿEbrāyā weiter, wachse der Kopf weniger stark und „das Ende (syr. *ḥarrtā*) wird hart" (5.3.6 [f]). Verständlich wird die Aussage, wenn sie mit der Parallele bei Ibn Sīnā verglichen wird: „Und der Scheitel des Neugeborenen von Menschen ist weicher, vielmehr ist er noch feucht."[406]

---

400 Ibn Sīnā, *Kitāb aš-Šifāʾ*, *aṭ-Ṭabīʿiyyāt* 8 – *al-Ḥayawān*, 9.6 (183.9–10).

401 Aristoteles, *Historia animalium* [versio arabica], IX.9 (587b6–8) (t: Filius 2019, S. 373).

402 Ibn Sīnā, *Kitāb aš-Šifāʾ*, *aṭ-Ṭabīʿiyyāt* 8 – *al-Ḥayawān*, 9.6 (183.10–11).

403 Aristoteles, *Historia animalium* [versio arabica], IX.10 (587b9–11) (t: Filius 2019, S. 373).

404 Aristoteles spricht lediglich davon, das Kind werde mit seinem Wachstum auch wacher bzw. aufmerksamer: *auxanomenon d'aiei eis to egrēgorenai metaballei mallon* resp. ara. *kullamā naša' wa-šabb sahar*.

405 Für eine übersichtliche Darstellung der internen Sinne gemäß Ibn Sīnās Psychologie siehe Black 2005, S. 311–315.

406 Ibn Sīnā, *Kitāb aš-Šifāʾ*, *aṭ-Ṭabīʿiyyāt* 8 – *al-Ḥayawān*, 9.6 (183.12–13).

Es geht den Autoren also um die sogenannte Fontanelle.[407] Auch bei Aristoteles findet sich eine entsprechende Aussage,[408] wird allerdings nicht wie bei Ibn Sīnā explizit auf die Feuchtigkeit bezogen. Darüber hinaus weicht Bar ʿEbrāyās Aussage, das Wachstum des Kopfes des Kindes sei zarter oder sachter (syr. *rakkikā dēn saggi māwʿit rēšā d-ṭalyē*) im direkten Vergleich leicht ab: Zwar findet sich bei Ibn Sīnā wie zitiert der Begriff ara. *layyin* (weich, zart), aber das Wachstum wird nicht erwähnt. Außerdem benutzt Bar ʿEbrāyā hier syr. *ṭalyā* (Kind), vermutlich in Abgrenzung zu *ʿullā*, dem ungeborenen Kind, ähnlich wie Ibn Sīnā ara. *mawlūd* (Neu-/Geborenes) benutzt.

Während andere Tiere mit Zähnen geboren würden (5.3.6 [g.i]), so Bar ʿEbrāyā im Anschluss, wüchsen sie beim Menschen erst im siebten Monat; erst die oberen und dann die unteren (5.3.6 [g.ii]). Bei Ibn Sīnā findet sich dieselbe Aussage, allerdings ausführlicher.[409] Auch hier ist die ursprüngliche, aber im Detail abweichende Vorlage Aristoteles.[410]

Die nächste Aussage Bar ʿEbrāyās betrifft die Milchbildung bei der Mutter. Sie werde nach dem Wochenfluss mehr, wörtlich: nach der Reinigung vom Blut der Geburt (5.3.6 [h.i]). Diese Aussage zur gesteigerten Milchbildung findet sich fast wörtlich bei Ibn Sīnā, wobei dieser die Wendung „nach der Entbindung und der Stockung des Blutflusses" (ara. *baʿda nifās wa-ḥtibās an-nazf*) gebraucht.[411] Aristoteles stellt wieder die allgemeine Vorlage für beide dar.[412]

Außerdem, so eine anekdotenhafte Anmerkung Bar ʿEbrāyās dazu, gebe es Frauen, „die nicht nur von den Brüsten, sondern auch von Poren (syr. *poro*) bei den Achselhöhlen Milch fließen lassen, wobei dort Erhebungen (*ndāyē*) sind" (5.3.6 [h.ii]). Davon dass auch Milch von „Poren in der Nähe ihrer [sc. der Mutter] Achsel" (ara. *masāmm taqārub ibṭihā*) fließe, sagt

---

407 „Die Schädelknochen des Kindes sind durch bindegewebige Nähte miteinander verbunden und dadurch verschieblich. Durch das Zusammentreffen mehrerer Nähte entstehen Knochenlücken, die sog[enannten] Fontanellen"; Stauber und Weyerstahl 2005, S. 586.

408 Aristoteles, *Historia animalium* [versio arabica], IX.10 (587b12–13) (t: Filius 2019, S. 373).

409 Ibn Sīnā, *Kitāb aš-Šifāʾ*, aṭ-Ṭabīʿiyyāt 8 – *al-Ḥayawān*, 9.6 (183.13–16).

410 Aristoteles, *Historia animalium* [versio arabica], IX.10 (587b13–17) (t: Filius 2019, S. 373).

411 Ibn Sīnā, *Kitāb aš-Šifāʾ*, aṭ-Ṭabīʿiyyāt 8 – *al-Ḥayawān*, 9.6 (183.17–184.1).

412 Aristoteles, *Historia animalium* [versio arabica], IX.11 (587b19–22) (t: Filius 2019, S. 373).

Ibn Sīnā explizit, dass Aristoteles dies so erwähne (*ḏakara*).[413] Möglicherweise möchte Ibn Sīnā sich damit von dem Bericht distanzieren. Tatsächlich aber ist im Hinblick auf die Anekdote das angeborene Phänomen der Polymastie (Mehrbrüstigkeit)) zu vermuten, bei dem es nicht zur Ausbildung einer zusätzlichen Brustwarze (Polythelie), sondern zur Ausbildung zusätzlichen Drüsengewebes kommt.[414] Da eine zusätzliche Brustwarze in diesem Fall eher selten ist,[415] erklärt sich auch, warum die Autoren von Poren sprechen. Auf die „Erhebungen" schließt Bar ʿEbrāyā vermutlich von den Knoten (gr. *straggalides*), die Aristoteles im Anschluss erwähnt, sich im griechischen Text aber nicht ausschließlich auf die zusätzlichen Brüste zu beziehen scheinen.[416] Ibn Sīnā erwähnt die Knoten überhaupt nicht. Weitere Ausführungen zum Stillen lässt Bar ʿEbrāyā im Gegensatz zu Ibn Sīnā und Aristoteles aus.[417]

Den Abschluss bilden einige Anmerkungen Bar ʿEbrāyās zur grundsätzlichen Lebensgefahr (syr. *qendunos*), in der sich das Kind nach der Geburt befinde. Diese bestehe für das Kind bis zum siebten Tag nach der Geburt (5.3.6 [i.i]). Daher werde ihm erst danach ein Name gegeben (5.3.6 [i.ii]). Und auch dann noch seien besonders die Vollmondphasen gefährlich für das Kleinkind (5.3.6 [i.iii]). Entsprechende allgemeine Aussagen finden sich sowohl bei Aristoteles als auch bei Ibn Sīnā.[418] Allerdings erwähnt Ibn Sīnā nicht die verzögerte Namensgebung, während Aristoteles nicht den Einfluss des Mondes aufführt.

---

413 Ibn Sīnā, *Kitāb aš-Šifāʾ*, *aṭ-Ṭabīʿiyyāt* 8 – *al-Ḥayawān*, 9.6 (184.1–2).

414 Stauber und Weyerstahl 2005, S. 25–26.

415 Stauber und Weyerstahl 2005, S. 25.

416 Die arabische Aristoteles-Übersetzung scheint dagegen die Knoten auf die Achselhöhlen beziehungsweise die dort befindlichen Brüste zu beziehen: ara. *in ... taʿaqadat al-ibṭān*. Setzt man voraus, dass Bar ʿEbrāyā sich hier an Nikolaus' *Peri tēs Aristotelous philosophias* orientiert und dieses bereits diese Verbindung der Knoten mit den zusätzlichen Brüsten herstellt, wäre dies ein weiterer Hinweis darauf, dass es eine gewisse Beziehung zwischen Nikolaus' *Peri tēs Aristotelous philosophias* und der arabischen Aristoteles-Übersetzung gibt, z. B. dass das Kompendium dem Übersetzer zusätzlich als Orientierung diente.

417 Vgl. Ibn Sīnā, *Kitāb aš-Šifāʾ*, *aṭ-Ṭabīʿiyyāt* 8 – *al-Ḥayawān*, 9.6 (184.3–4) und, ausführlicher, Aristoteles, *Historia animalium* [versio arabica], IX.11 (587b23–35) (t: Filius 2019, S. 373–374).

418 Ibn Sīnā, *Kitāb aš-Šifāʾ*, *aṭ-Ṭabīʿiyyāt* 8 – *al-Ḥayawān*, 9.6 (184.5–6) und Aristoteles, *Historia animalium* [versio arabica], IX.12 (588a3–11) (t: Filius 2019, S. 374).

Auch in *te'ōriya* 5.3.6 wie in *pāsoqā* 5.3 insgesamt findet sich ein durchgängiges Muster Bar ʿEbrāyās, sich im Allgemeinen an Ibn Sīnā zu orientieren, aber immer wieder auf Details der aristotelischen Darstellung zurückzugreifen. Den knappen Ausführungen zum Trotz flicht Bar ʿEbrāyā kurze Versatzstücke ein, deren Übereinstimmung auf die Nähe der Vorlage Bar ʿEbrāyās zum griechischen Aristoteles-Original hinweisen, im Vergleich zu Abweichungen der arabischen Fassung. Weitere Differenzen auch zur überlieferten griechischen Aristoteles-Fassung, besonders mit Verweisen auf die Mythologie, deuten möglicherweise auf Nikolaus' *Peri tēs Aristotelous philosophias* als Vorlage hin.

Inhaltlich bietet Abschnitt 5.3.6 wenig Bemerkenswertes. Der Großteil der Aspekte, die hier von Bar ʿEbrāyā behandelt werden, stimmen bei Ibn Sīnā und Aristoteles ohnehin überein. Das heißt es gibt weniger Anlass zur Kontroverse als in den Abschnitten zur Samenlehre und weniger Innovation als im Hinblick auf die Theorien zur frühen Embryogenese hinsichtlich der Dreibläschentheorie Ibn Sīnās. Ein Punkt sticht jedoch heraus: Bar ʿEbrāyās Auslassung der sechsmonatigen Mindestdauer der Schwangerschaft, die Ibn Sīnā anführt. Letzterer folgt damit aller Wahrscheinlichkeit nach der im islamischen Recht verbreiteten Setzung von sechs Monaten, die sich anhand zweier Koranverse berechnet. Dass Bar ʿEbrāyā hier nicht einfach einen Zusatz weglässt, sondern die Aussage absichtsvoll ausfallen lässt, kann in Abgleich mit seinem Rechtswerk *Ktābā d-Huddāyē* argumentiert werden. Dort arbeitet er al-Ġazālīs Text, also eine ebenfalls islamische Vorlage, um und ändert die sechsmonatige Mindestdauer zur aristotelischen Angabe von sieben Monaten.

3.2.4 *pāsoqā* 5.4 „Über die Ursachen der Schwangerschaftshindernisse"

Im letzten *pāsoqā* der Fortpflanzungsbiologie beschäftigt sich Bar ʿEbrāyā mit Problemen der Zeugung sowie fehlgehenden Schwangerschaften. In seiner Vorlage, Ibn Sīnās Fortpflanzungsbiologie in dessen *Šifā'*, bilden die entsprechenden Ausführungen ein eigenes *maqālah*, das lediglich aus einem *faṣl* besteht. Bar ʿEbrāyā integriert dieses eigenständige *maqālah* als *pāsoqā* in sein *qepalē'on* und erreicht damit eine geschlossene Darstellung.

Zu Beginn postuliert Bar ʿEbrāyā einen grundsätzlichen Unterschied zwischen „Ursachen des Nichtzeugens" (syr. *lā-māwldānutā*), die nur auf ein Elternteil zurückzuführen seien, und solchen, die durch beide (oder: in beiden, *b-*) bestünden (5.4.1 [a]). Letztlich konzentriert sich Bar ʿEbrāyā aber auf die pathologischen Aspekte im Hinblick auf die Frau. Dass die Schwangerschaft tatsächlich an der Unfruchtbarkeit des Mannes scheitert – das heißt nicht bloß an einem einzelnen missglückten Zeugungsakt, zum Beispiel da die beiden Zeugungsbeiträge nicht passend zusammenkommen –, wird zwar beiläufig erwähnt, aber nicht näher erläutert.

Dass beide Partner genannt, schließlich aber nur die Unfruchtbarkeit der Frau erörtert wird, lässt sich nicht bloß durch die allgemein Frauen abwertende Grundhaltung der Medizin und Naturphilosophie erklären, sondern auch durch Bar ʿEbrāyās Kompilation: Ibn Sīnās *maqālah* 10 thematisiert explizit Frauen: „Über die Zustände der Frauen hinsichtlich Empfängnis (ara. *ʿulūq*) und Fehlgeburt (*isqāṭ*) ...“ Der Satz zur Unterscheidung der Ursachen hinsichtlich eines Elternteils oder beider findet sich dagegen bei Aristoteles.[419]

Am Ende des *pāsoqā* führt Bar ʿEbrāyā nochmals Vögel an und bespricht in Analogie zur fehlgehenden Schwangerschaft das Phänomen der Windeier. Insgesamt hat das *pāsoqā* bei Bar ʿEbrāyā einen stark medizinischen Einschlag und konzentriert sich dementsprechend fast ausschließlich auf den Menschen. Dennoch ist, besonders in den *te'ōriyas* 5.4.2–3, das Interesse nicht primär ein medizinisches, sondern ein naturphilosophisches, da es letztlich um das Formvermögen des männlichen Samens geht.

3.2.4.1 *te'ōriya* 5.4.1 – Konstitution der Frau, besonders der Gebärmutter

In der ersten *te'ōriya* führt Bar ʿEbrāyā die Gründe an, warum eine Frau nicht schwanger werde (syr. *lā bāṭnā*). Diese Gründe beziehen sich entweder auf die Gesamtkonstitution der Frau, das heißt auf ihren Bau (*qāwmtā*) oder die schlechte Mischung (*muzzāgā*) ihres gesamten Körpers (*pagrā*). Mit Mischung ist hier wieder die humorale Konstitution oder Komplexion gemeint, das heißt das im besten Fall ausgewogene Verhältnis der Vier Säfte, das in diesem Fall aber schlecht (*biš*) sei.

Daneben könne die Unfruchtbarkeit auch an der schlechten Mischung eines der hauptsächlichen Organe (*haddāmē mārānāyē*) der Frau, also Herz, Leber oder Hirn, oder auch der Mischung der Gebärmutter beziehungsweise des Unterleibs (*marbʿā*) liegen (5.4.1 [b.i]). Besonders auf dieses letzte Organ, das ja zentral für die Fortpflanzung ist, konzentrieren sich die folgenden Ausführungen. Die Konstitution der Gebärmutter müsse genau

---

419 Aristoteles, *Historia animalium* [versio arabica], X.1 (633b13–14) (t: Filius 2019, S. 376).

temperiert sein: Sei sie zu heiß, verbrenne sie den Samen. Daneben könne sie zu kalt sein, was den Samen erfriere, zu trocken, was den Samen zu
hart werden lasse, oder zu feucht sein, was den Samen womöglich wieder
herausfließen lasse.[420] Neben diesen humoralen werden von Bar ʿEbrāyā
auch physiologisch-anatomische Probleme im Hinblick auf die Gebärmutter angeführt, so beispielsweise dass sie zu tief oder verdreht sei. Da das
Menstruationsblut als Ernährung des Embryos gilt, dürften auch die Arteri-
en der Gebärmutter nicht verstopft sein und die Menstruation müsse passend
(*wālyāʾit*) fließen (5.4.1 [b.ii]).

Im Allgemeinen folgt Bar ʿEbrāyā hier den entsprechenden Ausführungen Ibn Sīnās im *Šifāʾ*. Letzterer zählt jedoch einige weitere Details auf, wie
zum Beispiel die Konstitution des Menstruationsbluts selbst.[421] Ibn Sīnā exzerpiert und systematisiert hier Buch X.1–4 des *Historia animalium*.[422]

Wie aber muss gemäß dieser Vorstellungen die Gebärmutter beschaffen
sein? Zunächst müsse sie, so Bar ʿEbrāyā, von „guter Empfindsamkeit" sein,
wenn sie berührt werde. Außerdem müsse sich der Muttermund zu den richtigen Zeiten öffnen und schließen, das heißt sich nach der Menstruation (syr.
tadkitā, Reinigung) schließen und sich beim Sex öffnen. Ähnlich wie der
Speichelfluss, wenn man einer anderen Person beim Essen zusehe, müsse
auch der Fluss des weiblichen Zeugungsbeitrags – hier spricht Bar ʿEbrāyā
ausdrücklich vom Saft, nicht vom Samen der Frau – im rechten Maß fließen (5.4.1 [c]). Daneben wird auch die richtige Position der Gebärmutter
beschrieben, nämlich im besten Fall ungekrümmt (5.4.1 [d.i]), so dass sie
den Samen des Mannes bestmöglich „einziehen" kann (5.4.1 [d.ii]).

Diese Ausführungen lassen sich mit einer entsprechenden Passage im
aristotelischen Korpus vergleichen:

> Und es ist wichtig, den besten Zustand der Gebärmutter zu kennen und dass sie an
> ihrem Ort ist, dort bleibt und nicht an einen anderen Ort gerät. So entfernt sie sich

---

420 Im Text findet hier ein Genuswechsel statt, weshalb sich die Adjektive kalt-frierend,
trocken-härtend sowie feucht-glitschig auf die Frau zu beziehen scheinen, während
sich sich „heiß" auf die im syrischen grammatikalisch männliche Gebärmutter bezieht. Eine mögliche andere Erklärung wäre die eher ungewöhnliche Verwendung
des Status emphaticus für die entsprechenden Prädikate. Eine inhaltliche Änderung
der Aussage ergibt sich dadurch nicht.

421 Ibn Sīnā, *Kitāb aš-Šifāʾ, aṭ-Ṭabīʿiyyāt* 8 – *al-Ḥayawān*, 10 (185.1–186.2).

422 Vgl. Aristoteles, *Historia animalium* [versio arabica], X.1–4 (633b12–636b10) (t:
Filius 2019, S. 375–379).

vielleicht zu weit von ihrem Platz, ohne unerwünschten Schaden [sc. ohne, dass eine Krankheit vorliegt?], oder sie ist vielleicht von schlechter Empfindsamkeit.[423]

Im Folgenden erklärt Aristoteles, dass die optimale Nähe (zur Vagina) dafür sorge, dass die Gebärmutter einerseits den Samen gut einsaugen könne, sie aber andererseits weit genug entfernt sein müsse, um nicht „überstimuliert" zu werden und dementsprechend nicht mehr schnell reagiere und sich nicht öffne, um den Samen aufzunehmen.[424]

Ähnlich führt auch Ibn Sīnā aus, die Gebärmutter müsse sich im richtigen Maß verschließen am Beginn der Reinigung, also nach der Menstruation, ihre Öffnung aber auch nicht zu „locker" sein.[425] Der Wortlaut des griechischen Aristoteles-Texts zur Krümmung der Gebärmutter (genauer: des Gebärmutterhalses?) deckt sich außerdem mit demjenigen Bar ʿEbrāyās.[426]

Im Hintergrund all dieser Ausführungen steht vor allem die Idee, dass die Gebärmutter optimal für ihren Zweck eingestellt sein müsse. Die hauptsächlichen Aspekte sind das mechanische „Greifen", das richtig temperierte „Aufbewahren" des Samens und schließlich das Produzieren der richtigen Säfte, das heißt Menstruationsblut zur Ernährung des Embryos hervorzubringen wie auch einen bestimmten materiellen Zeugungsbeitrag während des Geschlechtsakts.[427]

Abschließend beschreibt Bar ʿEbrāyā das „Übel", dass ein Geschwür oder eine Schwellung entstehen könne (5.4.1 [e]). Dieser Satz geht vermutlich auf Ibn Sīnās Äußerung zurück, es könne sich eine „Ansammlung von Wasser" (ara. *ġam ʿuhā l-māʾ*) bilden, „wie bei Wassersucht" (*ka-innahā tastasqī*),[428] wobei Wassersucht in der Regel eine auf Flüssigkeiten zurückzuführende Schwellung bezeichnet.

---

423 Aristoteles, *Historia animalium* [versio arabica], X.1 (634a1–4) (t: Filius 2019, S. 375).

424 Aristoteles, *Historia animalium* [versio arabica], X.1 (634a4–11) (t: Filius 2019, S. 375).

425 Ibn Sīnā, *Kitāb aš-Šifāʾ*, *aṭ-Ṭabīʿiyyāt* 8 – *al-Ḥayawān*, 10 (186.13).

426 Vgl. Aristoteles, *Historia animalium*, X.2 (634b42–635a5) (t: Balme 2002, S. 499). Dies ist ein weiterer Hinweis auf den möglichen Charakter der syrischen Vorlage Bar ʿEbrāyās. Die Überlieferung der arabischen Übersetzung des *Historia animalium* hat an dieser Stelle eine Lücke.

427 Vgl. die ausführliche Darstellung bei Weisser 1983, S. 145–155 („Zeugungsakt und Befruchtung").

428 Ibn Sīnā, *Kitāb aš-Šifāʾ*, *aṭ-Ṭabīʿiyyāt* 8 – *al-Ḥayawān*, 10 (186.13).

3.2.4.2 *teʾōriyas* 5.4.2–3 – Schwangerschaftshindernisse, Molenschwangerschaft und Windeier

In den beiden letzten *teʾōriyas* von *pāsoqā* 5.4 stellt Bar ʿEbrāyā der geglückten Empfängnis eine sogenannte Molenschwangerschaft gegenüber und behandelt schließlich, gewissermaßen als impliziten Vergleich, das Windei bei Vögeln. Bar ʿEbrāyās konkrete Unterteilung in zwei *teʾōriyas* ist schwierig nachzuvollziehen, da sie grundlegend dasselbe Thema behandeln. Ich behandle die beiden daher zusammen.

In der vorhergehenden *teʾōriya* 5.4.1 hatte Bar ʿEbrāyā die für eine glückende Schwangerschaft vorauszusetzenden physiologischen Gegebenheiten bei der Frau beschrieben. Nun leitet er *teʾōriya* 5.4.2 mit der geglückten Schwangerschaft ein: Eine Schwangerschaft komme dann zustande, so Bar ʿEbrāyā, wenn der männliche und weibliche Zeugungsbeitrag zur gleichen Zeit in der Frau zusammenträfen und sich entsprächen (5.4.2 [a]). Dies lasse sich aus der Beobachtung schließen, dass es Männer gebe, die manche Frauen schwängerten, andere aber nicht (5.4.2 [b.i]), und so auch umgekehrt Frauen, die von manchen Männern schwanger würden, von anderen aber nicht (5.4.2 [b.ii]). Die Aussage Bar ʿEbrāyās ist einer ähnlichen Bemerkung bei Ibn Sīnā entlehnt.[429]

Daher, stellt Bar ʿEbrāyā fest, schwängere ein Mann eher dann eine Frau, wenn er verzögert ejakuliert (syr. *mšāwḥrāʾit āšed*) (5.4.2 [c]). Eine direkte Entsprechung hierzu findet sich ebenfalls bei Ibn Sīnā: „Der Mann, der langsam (oder: verzögert) ejakuliert, verstärkt [die Chance] einer Befruchtung."[430] Gemeint ist, dass auch die Frau zum Orgasmus kommen solle, womit zum einen ihr (materieller) Zeugungsbeitrag austrete, zum anderen ihre

---

429 Ibn Sīnā, *Kitāb aš-Šifāʾ*, aṭ-Ṭabīʿiyyāt 8 – *al-Ḥayawān*, 10 (186.14–16). In der aristotelischen Darstellung wird ein entsprechender Abschnitt mit der Bemerkung eingeleitet, dass man je nachdem daraus erkenne, dass der Mann der Grund für das Ausbleiben einer Schwangerschaft sei oder nicht; Aristoteles, *Historia animalium* [versio arabica], X.5 (636b11) (t: Filius 2019, S. 380). Nachdem Aristoteles einleitend die Ursache, dass sich keine Schwangerschaft einstelle, grundsätzlich auch beim Mann beziehungsweise einem der beiden Partner sucht, und nicht lediglich bei der Frau, ist dies eine der wenigen Bemerkungen, die tatsächlich konkret darauf eingehen.

430 Ibn Sīnā, *Kitāb aš-Šifāʾ*, aṭ-Ṭabīʿiyyāt 8 – *al-Ḥayawān*, 10 (186.16–17). Eine entsprechende Aussage findet sich auch in Aristoteles, *Historia animalium* [versio arabica], X.5 (636b13–19) (t: Filius 2019, S. 380).

Gebärmutter zum Ansaugen des Samens angeregt werde.[431] Die Ausführungen Bar ʿEbrāyās schließen damit insgesamt nahtlos an diejenigen in der vorangehenden *te'ōriya* an und stellen ein Exzerpt entsprechender Aussagen Ibn Sīnās dar.[432]

Ein Grund, warum Bar ʿEbrāyā sie in eine eigene *te'ōriya* zieht, könnte die Gegenüberstellung dieser glückenden Empfängnis mit der dann folgenden Molenschwangerschaft, einer bestimmten Form der missglückten Schwangerschaft, sein. Im Folgenden paraphrasiere ich zunächst Bar ʿEbrāyās Ausführungen zu diesem Phänomen und vergleiche sie mit seinen Vorlagen. Anschließend untersuche ich kurz die möglichen medizinischen Erklärungen für die in den verschiedenen Texten beschriebene Molenschwangerschaft.[433] Letztlich sind die Ausführungen bei Aristoteles, in Ibn Sīnās *Šifāʾ* (anders als im *Qānūn*) und bei Bar ʿEbrāyā, primär in einem naturphilosophischen und nicht in einem medizinischen Zusammenhang zu sehen.

Zunächst stellt Bar ʿEbrāyā fest, dass auch bei Frauen „auf gewisse Art" (syr. *bēh ba-znā*) ein nächtlicher Erguss wie bei Männern vorkomme (5.4.2 [d.i]). Bar ʿEbrāyās Einschränkung der Parallele von Frau und Mann, ihr käme nur „auf gewisse Art" Samen beziehungsweise nächtlicher Erguss zu, überrascht nach der Diskussion der Samenlehre zu Beginn seiner Fortpflanzungsbiologie nicht. Eine direkte Entsprechung dieser Einschränkung findet sich bei Ibn Sīnā und Aristoteles nicht wieder; möglicherweise geht sie auf Nikolaus' *Peri tēs Aristotelous philosophias* zurück.

Wenn nun die Gebärmutter diesen weiblichen Ausfluss zurückhalte, so Bar ʿEbrāyā weiter, ohne dass dieser sich mit dem männlichen Samen mische (5.4.2 [d.ii]), könne ein „Mühlstein" (syr. *raḥyā*) entstehen (5.4.2 [d.iii]), der keine Gestalt habe (*lā qanyā eskēmā*). Grund hierfür ist zum Beispiel (nächtlicher?) Erguss (*metḥlamlamnutā*[434]), Geschlechtsverkehr ohne männlichen Erguss im Inneren oder durch übermäßige Begierde der Frau (5.4.2 [d.iv]). Bar ʿEbrāyā leitet zu Ende von *te'ōriya* 5.4.2 schon zur folgenden *te'ōriya* über, wenn er hinzufügt, dieser Mühlstein verhärte nach

---

431 Vgl. hierzu die Erläuterungen in Weisser 1983, S. 148–155.

432 Vgl. Ibn Sīnā, *Kitāb aš-Šifāʾ, aṭ-Ṭabīʿiyyāt* 8 – *al-Ḥayawān*, 10 (186.14–18).

433 Eine weitergehende Untersuchung, die hier aus Raumgründen nicht möglich ist, muss dem in den Quellen nur schwierig zu fassenden Phänomen der Molenschwangerschaft noch detaillierter nachgehen.

434 Möglicherweise ist der Begriff *metḥlamlamnutā* hier tatsächlich wertend bzw. meint den Erguss im Schlaf; vgl. oben Kap. 3.2.1.1, S. 126.

längerer Zeit und könne drei Jahre oder mehr (5.4.2 [e.i]), manchmal bis zum Tod der Frau fortbestehen (5.4.2 [e.ii]).

Diese Aussagen Bar ʿEbrāyās zur Molenschwangerschaft stellen eine exzerpierende Kompilation aus Ibn Sīnās *Šifāʾ* und der aristotelischen Darstellung dar.[435] Im Allgemeinen orientiert sich Bar ʿEbrāyā an Ibn Sīnā, der die aristotelische Darstellung zusammenfasst und systematisiert. Ibn Sīnā führt zunächst den vorgeblichen Grund des Phänomens an, nämlich das Fehlen des männlichen Zeugungsbeitrags. Anschließend charakterisiert er knapp die Folge beziehungsweise das Krankheitsbild: ein „Mühlstein ohne Gestalt" (ara. *raḥāʾ lā ṣurah lahu*).[436] Schließlich gibt er auch die Gründe für das Auftreten des weiblichen Zeugungsbeitrags an, die auch Bar ʿEbrāyā aufgreift.

Im Unterschied zu Ibn Sīnā und in Übereinstimmung mit Aristoteles führt Bar ʿEbrāyā das Phänomen der Molenschwangerschaft aber etwas ausführlicher aus: Die Aussage Bar ʿEbrāyās, die Mole werde hart und die Molenschwangerschaft könne drei oder mehr Jahre oder bis zum Tod dauern, ist ein Exzerpt der aristotelischen Darstellung. Demnach habe es den konkreten Fall einer Frau gegeben, die drei oder vier Jahre mit einer Mole schwanger gewesen sei und erst durch eine Durchfallerkrankung sei ihre Geburt ausgelöst worden. Manche Frauen wiederum lebten bis zum hohen Alter und Tod mit einer Molenschwangerschaft.[437]

Bei Ibn Sīnā fehlen diese Details. Er setzt dagegen den „gestaltlosen Mühlstein" prinzipiell mit der Fleischscheibe gleich (ara. *innamā huwa qaṭʿat laḥm*).[438] Aristoteles und Bar ʿEbrāyā hingegen bezeichnen zwar

---

435 Vgl. Ibn Sīnā, *Kitāb aš-Šifāʾ*, *aṭ-Ṭabīʿiyyāt* 8 – *al-Ḥayawān*, 10 (186.18–187.11) und Aristoteles, *Historia animalium* [versio arabica], X.6 (637b21–32) (t: Filius 2019, S. 382).

436 Die Ausgabe Muntaṣir u. a. 1970 schreibt durchgängig *raǧāʾ* (Hoffnung?). In der von mir genutzten Ausgabe des *Qānūn* findet sich dagegen *raḥāʾ*; Ibn Sīnā, *al-Qānūn fī ṭ-ṭibb*, 3.21.2.3 (t: ed. Beirut 1999, S. ii.781.4). Der Unterschied besteht in der arabischen Schrift lediglich in einem einzelnen Punkt.

437 Aristoteles, *Historia animalium* [versio arabica], X.7 (638a15–19) (t: Filius 2019, S. 383). Die arabische Übersetzung spricht von „vier oder fünf" statt „drei oder vier" Jahren.

438 Ibn Sīnā, *Kitāb aš-Šifāʾ*, *aṭ-Ṭabīʿiyyāt* 8 – *al-Ḥayawān*, 10 (187.4). Dies könnte auf die arabische Übersetzung der aristotelischen Zoologie zurückgehen, die erläutert, die Frau befalle „eine Krankheit, die im Griechischen *mūlay* (vgl. gr. *mylē*) heißt und etwas Fleischähnliches ist" (*as-suqm allaḏī yusammā bi-l-yunāniyya mūlay wa-huwa šayʾ šabīh bi-laḥm*); Aristoteles, *Historia animalium* [versio arabica], X.7 (638a10–11) (t: Filius 2019, S. 383).

beide Phänomene als Mole, scheinen aber die harte Fleischscheibe als eine Fortentwicklung der Molenschwangerschaft zu deuten, wie gleich deutlich wird.

In der anschließenden *te'ōriya* 5.4.3 fährt Bar ʿEbrāyā fort, dass die Frau erkranke, wenn die Mole nicht spätestens im zehnten Schwangerschaftsmonat geboren werde (5.4.3 [a.i]). Es träten keine Wehen auf, da die Leibesfrucht nicht lebe und sich daher auch nicht bewege. Die Mole sei dann (oder allgemein?) wie eine Fleischscheibe, die weder Form noch Gestalt habe (5.4.3 [a.ii]). Diese sei hart und könne nicht einmal mit einer Axt geteilt werden. (5.4.3 [a.iii]) Außerdem, so Bar ʿEbrāyā weiter, bildeten sich wie im Fall einer regulären Schwangerschaft Arterien von der Gebärmutter zur Mole aus (5.4.3 [a.iv]). Dadurch wiederum werde die Menstruation zurückgehalten (5.4.3 [a.v]). Mit dieser Bemerkung begründet Bar ʿEbrāyā implizit das Folgende, dass nämlich die Molenschwangerschaft sich nur schwer von einer normalen Schwangerschaft unterschieden ließe. „Und [so] meinen ungelernte Ärzte, dass es eine Mole sei, wenn es nicht so ist", so Bar ʿEbrāyā (5.4.3 [a.vi]). Bei einer Mole sei aber das Gewicht (der Schwangeren?) höher (5.4.3 [a.vii]).

Diese Ausführungen lassen sich im Allgemeinen wieder auf Aristoteles zurückführen.[439] Die dort ausführliche Darstellung erscheint bei Bar ʿEbrāyā gekürzt und systematisiert, beispielsweise wenn bei Aristoteles von der „Zeit für die Geburt" die Rede ist und bei Bar ʿEbrāyā dies mit „nach zehn Monaten", der maximalen Schwangerschaftsdauer, angegeben wird. Dass nach Bar ʿEbrāyā bei einer Mole das Gewicht höher sei (syr. *b-raḥyā yuqrā 'it yattirā*), was sich so bei Aristoteles nicht findet, lässt sich möglicherweise mit einem Übersetzungsfehler erklären: Die Wurzel *y-q-r* hat auch die Bedeutung „selten sein",[440] wobei es bei Aristoteles heißt, Molen seien selten.[441]

Die Deutung dieser verschiedenen Aussagen vor dem Hintergrund des heutigen medizinischen Wissens ist nicht ohne Schwierigkeiten. Der heutigen Bezeichnung nach ist zunächst an eine Blasenmole zu denken. Dabei handelt es sich um eine relativ häufig vorkommende Fehlbildung während

---

439 Aristoteles, *Historia animalium* [versio arabica], X.7 (638a11–638b38) (t: Filius 2019, S. 380–385).

440 Sokoloff 2009, S. 582 (s. v. *iqar*).

441 Aristoteles, *Historia animalium* [versio arabica], X.7 (638b18–19) (t: Filius 2019, S. 384).

der Schwangerschaft.[442] Auch die in den untersuchten Texten angeführte Gestaltlosigkeit passt zu diesem Krankheitsbild.[443] Zunächst widerspricht die Beschreibung der Fehlbildung als „Fleisch" oder „Fleischscheibe" der Vorstellung multipler kleiner Bläschen. Allerdings zeigen Abbildungen eine durchaus fleischartige Gestalt der abgegangenen Molenschwangerschaft.[444]

Bei Aristoteles findet sich eine Erklärung für die Bildung der Fleischmasse: Durch die verminderte Hitze bei der „Garung" der Leibesfrucht über eine lange Zeit werde sie zäh und hart, sodass sie, wie auch Bar ʿEbrāyā es übernimmt, nicht einmal mit einer Axt durchtrennt werden könne.[445]

Zum Vergleich lässt sich auch Ibn Sīnās ausführliche Beschreibung einer Mole im *Qānūn* hinzuziehen.[446] Obwohl der Bericht dort deutlich ausführlicher ist, scheint es sich im Allgemeinen nicht um ein medizinisches Phänomen zu handeln, das Ibn Sīnā aus eigener Erfahrung kennt. Er zählt zahlreiche alternative – und unsichere („vielleicht…", ara. *rubbamā*) – Symptome auf, die sich teils widersprechen. Die beiden Gründe für eine Molenschwan-

---

442 Siehe für das Folgende Stauber und Weyerstahl 2005, S. 480–481 („2.1.1 Blasenmole"). Sie entsteht bei einem doppelten männlichen Chromosomensatz ohne Erbgut der Mutter, also bei fehlendem weiblichen „Zeugungsbeitrag" – ironischerweise also gerade nicht dann, wenn der männliche Samen fehlt, wie Aristoteles, Ibn Sīnā oder Bar ʿEbrāyā meinen.

443 „Die meisten Blasenmolen sind makroskopisch erkennbar: Im Uterus findet sich eine große Masse traubenartigen Gewebes mit deformierten Zotten, zentralen Ödemarealen und multiplen kleinen Bläschen"; Stauber und Weyerstahl 2005, S. 481.

444 Vgl. die Abbildung in Hassan u. a. 2018. Ich weise darauf hin, dass diese und auch die weiteren im Folgenden angeführten Abbildungen der medizinischen Sekundärliteratur sehr drastisch wirken.

445 Aristoteles, *Historia animalium* [versio arabica], X.7 (638b10–14) (t: Filius 2019, S. 384). Diese dem Phänomen zugeschriebene Härte ließe sich möglicherweise mit der starken Verkalkung der Plazenta erklären, je länger die Schwangerschaft andauert; vgl. Huppertz und Schleußner 2018, S. 205: „Der Reifegrad der Plazenta basiert primär auf dem Vorhandensein und der Verteilung von Verkalkungen aus Kalziumeinlagerungen." Diese Eigenschaft der Härte passt andererseits auch zum Phänomen des Steinkinds oder Lithopaidion. Dabei handelt es sich um ein abgestorbenes Embryo, das nicht vom Körper der Mutter aufgelöst wird, sondern durch Kalkablagerungen versteinert und bis ins hohe Alter beziehungsweise zum Tod fortbestehen kann. Dieses Phänomen ist im Unterschied zur Blasenmole extrem selten; ich gehe dieser Möglichkeit im vorliegenden Rahmen daher nicht weiter nach.

446 Ibn Sīnā, *al-Qānūn fī ṭ-ṭibb*, 3.21.2.3 (t: ed. Beirut 1999, S. ii.781.4–17).

gerschaft, die er anführt, bezeichnet er ausdrücklich als Vermutungen.[447] Insgesamt scheint es sich bei dieser Beschreibung im *Qānūn* um verschiedene zusammengetragene Informationen zu handeln.

Vor diesem Hintergrund ist zu überlegen, inwiefern sich in den Texten überhaupt ein einheitliches medizinisches Phänomen widerspiegelt. Die oft gleichartigen Wendungen in den Quellen deuten darauf hin, dass es sich um weiter tradierte Motive handelt, die unter dem Begriff der Mole beziehungsweise Mohlenschwangerschaft unterschiedliche Schwangerschaftskomplikationen und Fehlbildungen beschreiben, die aber so selten auftreten müssen, dass kaum neue Beobachtungen hinzutreten. Möglicherweise fällt auch die sogenannte Scheinschwangerschaft in diese Kategorie. Weitere Untersuchungen der unterschiedlichen Quellen müssen hier erst Klarheit über die unterschiedlichen Teilmotive des Phänomens der Mole und deren Rezeption verschaffen.

Hinzu kommt, dass bei Aristoteles, Ibn Sīnā und schließlich Bar ʿEbrāyā die Molenschwangerschaft der philosophischen Argumentation dient und noch einmal unterstreicht, dass ohne den Samen des Mannes keine Ausgestaltung des Embryos möglich ist. Inwiefern Aristoteles in diesem Sinne die ihm überlieferten Berichte bereits zu diesem Argumentationszweck systematisiert, ist unklar. Bar ʿEbrāyā scheint die Details der Molenschwangerschaft in jedem Fall für wichtig genug erachtet zu haben, um sie der sonst von Ibn Sīnā übernommenen Darstellung hinzuzufügen.

In direktem Zusammenhang mit der Vorstellung des Formvermögens des Samens stehen schließlich die Aussagen zum Windei, mit denen Bar ʿEbrāyā *teʾōriya* 5.4.3 und damit das *pāsoqā* sowie das gesamte *qepalē'on* zur Fortpflanzung beendet. Diese Ausführungen zum Windei wirken zunächst, weil ohne Übergang, wie nachgeschoben: Weibliche Vögel, die sich zwar vereinigen wollten, aber keine Männchen fänden, legten Windeier (syr. *biʿē upinēmāyē*, vgl. gr. *pneuma*). Denn das Weibchen allein verfüge über keine Zeugungsfähigkeit (*haylā māwldānā*), also könne es keine Küken hervorbringen (5.4.3 [b.i]). Wenn aber, so lange das Windei noch im

---

447 Der zweite angegebene Grund ist der aristotelischen Darstellung entnommen. Beim ersten Grund ließe sich zunächst ebenfalls an die „Garung" denken, diese wird im *Historia animalium* aber ja gerade nicht als heftig, sondern als vermindert bezeichnet. Bemerkenswert ist außerdem, dass Ibn Sīnā angibt, es fänden Kindsbewegungen statt, was bei einer Blasenmole weder gemäß Aristoteles und der anderen Quellen noch gemäß der heutigen medizinischen Diagnostik der Fall wäre.

Weibchen sei, es sich mit einem Männchen paare, könne es vorkommen, dass Nachwuchs entstehe (5.4.3 [b.ii]).

Trotz des unvermittelten thematischen Übergangs entspricht die Darstellung bei Bar ʿEbrāyā genau derjenigen bei Ibn Sīnā.[448] Dort heißt das Windei ara. *bayḍ ar-rīḥ*. In der aristotelischen Darstellung dagegen wird das Phänomen, etwas ausführlicher, vor der Molenschwangerschaft behandelt.[449]

Wie bereits vorher von Bar ʿEbrāyā geäußert, sähe man bei der Paarung von Hühnern den Samen des Hahnes nicht.[450] Es herrscht also die Anschauung vor, das rein feinstoffliche Pneuma und mit ihm das Formvermögen gingen bei der Paarung vom Männchen auf das Weibchen über. So lässt sich erklären, warum in der Vorstellung von Bar ʿEbrāyā das vom Weibchen gezeugte Windei noch „nachträglich" vom Männchen zu einem Ei samt Küken gemacht werden kann. Letztlich dienen diese Aussagen zum Windei als eine weitere Illustration zum immateriellen Formvermögen des männlichen Zeugungsbeitrags.[451]

Im die Fortpflanzungsbiologie abschließenden *pāsoqā* 5.4 herrschen medizinische und pathologische Beschreibungen vor, besonders der Frau und ihrer Reproduktionsorgane. Das Motiv hinter den Ausführungen ist aber erneut, den männlichen Samen als formgebendes Prinzip der Zeugung herauszustellen. Bei der Darstellung orientiert sich Bar ʿEbrāyā hier wie schon über weite Teile der vorangehenden *pāsoqē* an Ibn Sīnā sowie Aristoteles, deren Darstellungen miteinander verflochten werden.

3.3 Zusammenfassung

Anhand der Positionen, die Bar ʿEbrāyā im Hinblick auf menschliche Fortpflanzung und Schwangerschaft äußert, kann er hinsichtlich seiner zoologischen, physiologischen und anatomischen Anschauungen, aber auch im Hinblick auf deren allgemeinen naturphilosophischen Überbau, klar in eine

---

448 Vgl. Ibn Sīnā, *Kitāb aš-Šifāʾ*, *aṭ-Ṭabīʿiyyāt* 8 – *al-Ḥayawān*, 10 (187.16–17).

449 Aristoteles, *Historia animalium* [versio arabica], X.6 (637b6–32) (t: Filius 2019, S. 382).

450 Siehe hierzu Kap. 3.2.1.3, S. 151.

451 Für eine ausführliche Erklärung der unterschiedlichen aristotelischen Vorstellungen, wie bei Tieren mit verschiedenen Arten der Fortpflanzung (Eier, Lebendgeburten usw.) die Zeugung aus männlichem und weiblichem Beitrag passiere, siehe Reynolds 2019.

Reihe mit den meisten seiner Zeitgenossen gestellt werden. Diese vertreten im Allgemeinen eine Synthese der aus der Antike übernommenen Ansichten Aristoteles' und Galens, die dann, maßgeblich von Ibn Sīnā, in einen nicht nur medizinischen, sondern auch philosophischen Gesamtzusammenhang gebracht werden. Die gemachten Beobachtungen zu Kompilations- und Redaktionstechniken Bar ʿEbrāyās, welche diese Synthese abbilden, schließen an die Ergebnisse der bisherigen Forschung zu seinen philosophischen Schriften einerseits sowie seiner Kompilationsmethode in normativen und anderen Texten andererseits an.

Konkret lässt sich Folgendes festhalten: Auf Grundlage meiner Untersuchung muss Ibn Sīnās *Šifāʾ* als strukturelle Vorlage für Bar ʿEbrāyās Zoologieschrift seiner großen philosophischen Summa *Ḥēwat ḥekmtā* gelten, wie für große Teile des *Ḥēwtā* insgesamt. Inhaltlich haben Bar ʿEbrāyās Auffassungen zur Fortpflanzungsbiologie, die er in der Zoologieschrift darlegt, ebenfalls große Schnittmengen mit den Ausführungen Ibn Sīnās, weisen aber auch markante Unterschiede auf.

Weiterhin sind an zahlreichen Stellen kleinere Versatzstücke auf Wort- oder Phrasenebene auszumachen, die Bar ʿEbrāyā aus der aristotelischen Darstellung des *Historia animalium* übernimmt. An manchen Stellen handelt es sich auch um in sich geschlossene Aussagen beziehungsweise Sätze, die sich so bei Ibn Sīnā nicht finden, und Aristoteles als wichtigen Orientierungspunkt Bar ʿEbrāyās herausstellen. Kleinere Unterschiede zwischen Bar ʿEbrāyā und Aristoteles lassen dabei stark vermuten, dass Bar ʿEbrāyā die spätantike Zusammenfassung *Peri tēs Aristotelous philosophias* von Nikolaus (zusätzlich?) nutzte. Dies ist bereits für andere Teile von Bar ʿEbrāyās *Ḥēwtā* belegt. Der erhaltenen syrischen Übersetzung von Nikolaus' Zusammenfassung der aristotelischen Philosophie fehlt allerdings der Großteil der Zoologie (und ist auch in keiner anderen Übersetzung erhalten). Ein direkter Vergleich ist daher schwierig. Unterschiede zu Aristoteles könnten auch auf Bar ʿEbrāyās eigene Umarbeitung des Textes zurückgehen, weshalb die Abweichungen Bar ʿEbrāyās vom vorliegenden griechischen oder arabischen Aristoteles-Text nicht restlos geklärt werden können.

Für drei *teʾōriyas* zur Samenlehre sowie eine Passage über die Entwicklung der ersten Organe lassen sich außerdem auffällige Übereinstimmungen zwischen der Darstellung Bar ʿEbrāyās und derjenigen Faḫr ad-Dīn ar-Rāzīs in dessen *al-Mabāḥiṯ al-mašriqiyyah* feststellen. Ibn Sīnā, an dem sich Faḫr ad-Dīn im allgemeinen orientiert, ist an den entsprechenden Stellen des *Šifāʾ* deutlich ausführlicher. Bar ʿEbrāyā greift hier auf die bereits gekürzte und systematisierte Darlegung im *Mabāḥiṯ* zurück, wie es von der Forschung schon für andere Stellen im *Ḥēwtā* beobachtet wurde.[452]

Schließlich sind einige Stellen zu erwähnen, an denen es eine gewisse Nähe der Darstellung Bar ʿEbrāyās zu den Ausführungen Galens in dessen embryologischer Schrift *De semine* gibt. Hier besteht die Möglichkeit einer vermittelnden Quelle, möglicherweise aus dem medizinischen Bereich, die es noch zu identifizieren gilt.

Inhaltlich wurden auffällige Abweichungen Bar ʿEbrāyās von Ibn Sīnā deutlich. Zwei solcher Unterschiede zu Ibn Sīnā lassen sich durch leichte Umarbeitungen und Auslassungen Bar ʿEbrāyās erklären, ohne dass er auf eine zusätzliche Vorlage, wie beispielsweise Aristoteles, zurückgreift. So wird das Embryo von Bar ʿEbrāyā nicht direkt als „Anhaftendes" oder „Egel" (syr. *ʿellaqtā*, ara. *ʿalaqah*) bezeichnet, sondern er stellt lediglich fest, dass es einem solchen ähnele. Die beiden weiteren embryonalen Stadien, die Ibn Sīnā nennt und die vornehmlich in einem islamisch-religiösen Zusammenhang im Anschluss an den Koran zu sehen sind, lässt Bar ʿEbrāyā aus, wie überhaupt weite Teile des entsprechenden *faṣl* in Ibn Sīnās *Šifāʾ*. Eine weitere Auslassung betrifft die von Ibn Sīnā festgestellte Mindestdauer einer Schwangerschaft von sechs Monaten, die ebenfalls im islamischen Bereich, näherhin im Recht, verbreitet war. Diese Art der Umarbeitung seiner Vorlage lässt sich mit ähnlichen redaktionellen Anpassungen beziehungsweise Auslassungen vergleichen, die Bar ʿEbrāyā dort vornimmt, wo er in anderen philosophischen Kontexten die embryonale Entwicklung als Illustration von Ibn Sīnā übernimmt. Dies ist Gegenstand des letzten Kapitel 5 meiner Untersuchung.

Daneben gibt es auch zahlreiche Stellen, an denen Bar ʿEbrāyā bestimmte Formulierungen oder zusätzliche Details aus der aristotelischen Darstellung übernimmt und mit Ibn Sīnās *Šifāʾ* als seiner hauptsächlichen Vorlage verschränkt und damit gewissermaßen inhaltlich anreichert. Weiterhin gibt es Fälle, wo Bar ʿEbrāyā klar von Ibn Sīnā abweicht und sich dazu auf die aris-

---

452 Manche Abweichungen im Detail, die sich zwischen Bar ʿEbrāyā und Faḫr ad-Dīn feststellen lassen, lassen nach einem möglichen weiteren Text als Vorlage für Bar ʿEbrāyā fragen. Dieser hat hypothetisch eine gewisse „intertextuelle Verwandtschaft" sowohl mit Ibn Sīnās *Šifāʾ* als auch mit Faḫr ad-Dīns *Mabāḥiṯ*. Das heißt, er hat ausgehend von den Schriften Ibn Sīnās entweder neben Bar ʿEbrāyā auch Faḫr ad-Dīn als Vorlage gedient oder aber selbst das *Mabāḥiṯ* zur Grundlage. Es zeigen sich beispielsweise hinsichtlich der Samenlehre des christlichen Arztes Ibn al-Quff starke Parallelen mit denjenigen Faḫr ad-Dīns – im konkreten Fall aber auch Unterschiede.

totelische Position stützt. Dies ist besonders auffällig im Hinblick auf die Dauer der förmlichen Ausgestaltung des weiblichen Embryos, für die Bar ʿEbrāyā mit Aristoteles drei Monate, also ungefähr das Doppelte der männlichen Gliederungsdauer annimmt. Ibn Sīnā setzt die Gliederungsdauer dagegen unabhängig vom Geschlecht auf ungefähr vierzig Tage fest und nimmt lediglich an, dass sich ein Mädchen generell langsamer entwickele. Eine Erklärung könnte die größere Übereinstimmung der aristotelischen Gliederungsfristen mit der exegetischen Deutung darstellen, die Bar ʿEbrāyā in seiner kürzeren theologischen Summa, dem *Ktābā d-Zalgē* heranzieht, um den Beseelungszeitpunkt in Verbindung mit der Ausformung des Körpers zu deuten. Darauf gehe ich näher im folgenden Kapitel 4 ein. Festzuhalten ist in dieser Hinsicht auch, dass Bar ʿEbrāyā im Rahmen der Fortpflanzungsbiologie den Beseelungszeitpunkt nicht diskutiert oder gar explizit erwähnt.

Im Ergebnis lässt sich Bar ʿEbrāyās Fortpflanzungsbiologie als embryologische Synthese beschreiben, die sich gerade aus der spezifischen Kompilation seiner unterschiedlichen Vorlagen ergibt. Dies wird besonders in der Zusammenschau der Ergebnisse dieses und der Ergebnisse der beiden folgenden Kapitel deutlich.

4. Bar ʿEbrāyās Beseelungslehre: Mensch von Anfang an?

In Kapitel 2 wurde bereits die grundlegende Vorstellung der Seele als aktives Lebens- und Gestaltungsprinzip der Lebewesen, einschließlich des Menschen, eingeführt.[1] Vorstellungen der Seele und unterschiedliche damit verbundene Probleme ziehen sich quer durch das philosophische und theologische Schrifttum der Antike und des Mittelalters. Sie wurden von den jeweiligen Autoren entweder in übergreifende philosophische Betrachtungen einbezogen, im theologischen Kontext in Werken zur Anthropologie und Schöpfung bearbeitet oder gewissermaßen monographisch behandelt.[2] Mit „Seelenlehren" ist im Folgenden eine in sich geschlossene Darstellung der Seele gemeint, wie sie bei Bar ʿEbrāyā sowohl als eigenständige Schrift als auch als Teil seiner größeren Summen vorkommt.

Im vorliegenden Kapitel steht lediglich eine Teilfrage aus dem Themenkomplex zur Seele im Vordergrund, nämlich für welchen Zeitpunkt der Entwicklung des ungeborenen Kindes Bar ʿEbrāyā die Beseelung des Menschen annimmt. Im Rahmen seiner zoologisch-embryologischen Ausführungen bespricht Bar ʿEbrāyā den Zeitpunkt der Beseelung, wie in Kapitel 3 gesehen, nicht. Im ersten Teil des Kapitels betrachte ich zunächst die der Untersuchung zugrundeliegenden Quellen, sofern sie nicht bereits vorgestellt wurden. Der zweite Teil des Kapitels stellt eine inhaltliche Untersuchung darüber dar, welche Position Bar ʿEbrāyā im Hinblick auf die Art und den Zeitpunkt der Beseelung des Menschen einnimmt.

Grundlage der Untersuchung sind zunächst die Seelenlehren seiner beiden theologischen Summen, des *Mnārat qudšē* („Leuchter der Heiligkeiten", hiernach: *Mnārtā*) und des *Ktābā d-Zalgē* („Buch der Strahlen", hier-

---

1 Siehe Kap. 2.2.3, S. 84.

2 Es ist im vorliegenden Rahmen nicht möglich, einen detaillierteren Überblick über die dahingehende Literatur zu geben. Ich verweise auf drei für meine Untersuchung zentrale Veröffentlichungen: Zu syrischen Seelenlehre bis zum 9. Jahrhundert siehe Hugonnard-Roche 2014. Für den griechischen Bereich, speziell mit Blick auf die Beseelung des Ungeborenen, siehe Congourdeau 2007 und, allgemeiner für die Spätantike, Congourdeau 2018. Für Auffassungen der Seele oder für die literarische Gestaltung von Seelenlehren von späteren syrischen oder christlich-arabischen Autoren gibt es m. W. keine systematische Studie.

nach: *Zalgē*).[3] Hier wird die Frage nach der Beseelung von Bar ʿEbrāyā nicht nur mit rational-philosophischen Argumenten beantwortet, sondern er setzt sich auch mit den unterschiedlichen Positionen der christlichen Tradition auseinander. Es werden konkrete beziehungsweise absolute Angaben zum Zeitpunkt der Beseelung diskutiert, also eine bestimmte Anzahl an Tagen nach der Empfängnis.

Daneben gibt es die Frage nach dem relativen Zeitpunkt der Beseelung, also ob die Seele vor, mit oder nach dem Körper entstehe. Diese Frage zielt auf das grundlegende Verständnis des Zusammenhangs von Seele und Körper ab. Der relative Beseelungszeitpunkt wird von Bar ʿEbrāyā in den Seelenlehren der beiden genannten theologischen Summen, aber auch in den drei philosophischen Summen behandelt, die ich daher ebenfalls in die Untersuchung mit einbeziehe. In allen fünf Werken Bar ʿEbrāyās wird ein bestimmter Argumentationsgang genutzt, der grundsätzlich auf Ibn Sīnā zurückgeht.

Eine Sonderrolle spielt ein Bar ʿEbrāyā zugeschriebener und ausschließlich auf arabisch vorliegender Text zur Seelenlehre mit dem Titel *Maqālah muḫtaṣarah fī n-nafs al-bašariyyah* („Kurz gefasste Abhandlung über die menschliche Seele", hiernach: *Maqālat an-nafs*). Dort werden zwar wie in den beiden theologischen Summen eine konkrete Anzahl an Tagen diskutiert, aber keine Schriftbeweise angeführt. Gleichzeitig findet sich auch dort der von Ibn Sīnā stammende Argumentationsgang. Das *Maqālat an-nafs* ist bisher nicht untersucht und wird dazu dienen, die Textgenese der Seelenlehren in den Summen Bar ʿEbrāyās zu erhellen. Mit meiner Untersuchung wird daher nicht nur Bar ʿEbrāyās Position zum Beseelungszeitpunkt des ungeborenen Kindes herausgearbeitet, sondern sie ist auch ein Beitrag zur Chronologie seiner Werke.

---

3 Auch das *Itiqon* („Ethicon") Bar ʿEbrāyās behandelt die Seele, worauf ich hier aber nicht näher eingehe. Es enthält keinen eigenen Abschnitt zur Frage nach dem Beseelungszeitpunkt. Daneben findet sich auch ein Gedicht Bar ʿEbrāyās über die Vernunftseele, d. h. die menschliche Seele. Zum *Itiqon* siehe die Einleitung in Teule 1993; zu dem erwähnten Gedicht siehe Takahashi 2013a, S. 71, Anm. 282.

4.1 Die Quellen: Bar ʿEbrāyās Seelenlehren

4.1.1 Zum Forschungsstand

Die Seelenlehren Bar ʿEbrāyās wurden in den 1930er Jahren in mehreren Arbeiten Giuseppe Furlanis behandelt: In zwei Aufsätzen untersucht Furlani die Psychologie des *Ḥēwtā* respektive des *Mnārtā*.[4] Durch syrische Exzerpte samt Übersetzungen aus den Schriften sowie Paraphrasen und Zusammenfassungen wurden die Texte somit grundsätzlich zugänglich. Dasselbe Vorgehen spiegelt sich in einem Aufsatz Furlanis wider, in dem er die Seelenlehren der drei verbliebenen Summen Bar ʿEbrāyās untersucht, des *Zalgē*, des *Swādā* sowie der frühesten und der Länge nach mittleren philosophischen Summa, des *Tēgrat tēgrātā* (etwa: „Traktat der Traktate", hiernach: *Tēgurtā*). Im Wesentlichen beschränken sich die Arbeiten Furlanis auf die Wiedergabe des Inhalts der Werke sowie allgemeine Bemerkungen zur Beziehung der Positionen Bar ʿEbrāyās zu denjenigen Ibn Sīnās.

Weiterhin liegen Untersuchungen im Rahmen von Veröffentlichung, Übersetzung und Kommentar zweier der genannten Werke vor: erstens für das *Swādā*, das ich bereits in Kapitel 2 ausführlich besprochen habe,[5] sowie zweitens für die Seelenlehre des *Mnārtā*, die Ján Bakoš 1948 ediert, übersetzt und kommentiert hat.[6]

Auf zwei weitere Arbeiten ist hinzuweisen: Zum einen hat Oskar Braun das *Mēmrā d-ʿal napšā* („Abhandlung über die Seele") von Mušē bar Kēpā (gest. 903) übersetzt und vergleicht es im Zuge des Kommentars wiederholt mit Bar ʿEbrāyās Seelenlehren.[7] Diese Arbeit hat ihrem Anliegen nach aber nicht eine eingehende Untersuchung der Positionen Bar ʿEbrāyās zum Gegenstand. Zum anderen hat Jobst Reller in einem Aufsatz eine traditionsgeschichtliche Untersuchung der Seelenlehre von Iwannis von Dara (gest. 825) und Mušē bar Kēpā zu Bar ʿEbrāyā unternommen und dabei Bezüge zwischen Bar ʿEbrāyā und Mušē bar Kēpā herausgearbeitet.[8]

Wie aus diesem Überblick ersichtlich wird, sind zwar einige Grundlagen zur Untersuchung der Seelenlehren Bar ʿEbrāyās vorhanden, detaillierte Untersuchungen zu Einzelfragen sowie die kritische Edition und Übersetzung des

---

4 Furlani 1931 und Furlani 1932.
5 Siehe Kap. 2, S. 55.
6 Bakoš 1948.
7 Braun 1891.
8 Reller 1999. Zu Iwannis von Dara siehe Brock 2011f.

Großteils der Werke steht allerdings noch aus. In den folgenden Unterabschnitten gehe ich weiter auf diese Werke ein, sofern dies nicht bereits geschehen ist. Dabei können die Seelenlehren Bar ʿEbrāyās in zwei Gruppen unterteilt werden. Die erste Gruppe entwickelt sich aus Bar ʿEbrāyās Rezeption von Mušē bar Kēpās *Mēmrā d-ʿal napšā*. Die zweite Gruppe bilden die jeweiligen Teile zur Seelenlehren in den drei philosophischen Summen Bar ʿEbrāyās. Letztere sind, aufgrund der verschiedenen Entstehungszeiten, der unterschiedlichen Ausführlichkeit dieser Werke und sicherlich auch wegen ihren jeweiligen (strukturellen) Vorlagen, weniger einheitlich.

4.1.2 Seelenlehren Bar ʿEbrāyās in der Rezeption Mušē bar Kēpās

4.1.2.1 Das achte *šettestā* des *Mnārtā*

Das *Mnārtā*, Bar ʿEbrāyās längere der beiden theologischen Summen, ist in mehrere sogenannte *šettesē* (Fundamente, Sg. *šettestā*) unterteilt. Das achte der insgesamt zwölf *šettesē* behandelt die Vernunftseele (*napšā mliltā*).[9] Der Schwerpunkt der Betrachtung liegt also auf der als vernunftbegabt verstandenen menschlichen Seele und nicht etwa auf den naturphilosophischen Fragen nach den Seelenvermögen der Pflanzen oder Tiere. Ich betrachte im Folgenden Aufbau und Charakter sowie die Datierung des Gesamtwerks. Danach behandle ich die Frage nach Bar ʿEbrāyās Vorlage für das *šettestā* zur Seelenlehre.

Alle zwölf *šettesē* wurden seit den 1930er Jahren kritisch ediert, übersetzt und kommentiert, darunter auch das *šettestā* zur Vernunftseele.[10] Als Gesamtschau der Theologie behandelt das *Mnārtā* in den jeweiligen *šettesē* eine Fülle von Themen.[11] Dabei wird deutlich, dass die Anlage des Werks

---

9 Die Zahl der *šettesē* begründet Bar ʿEbrāyā im Vorwort (syr. *ʿuttādā*) des Werks im Vergleich zum Aufbau der Kirche, womit die Zwölf Apostel gemeint sind; Bar ʿEbrāyā, *Mnārat qudšē*, Vorwort (t+v: Bakoš 1930, S. 516/28).

10 Bakoš 1948. Für eine Liste der weiteren Editionen siehe Takahashi 2013a, S. 175–180. Eine Gesamtausgabe liegt mit ed. Glane/Losser (1997) vor. Für eine Liste der Handschriften siehe Takahashi 2013a, S. 184–188. Die zahlreichen Handschriften mit arabischen Übersetzungen und Exzerpten des *Mnārtā* aus der Zeit seit dem 17. Jahrhundert wurden bisher nicht untersucht; siehe die Liste in Takahashi 2013a, S. 188–191.

11 Für eine Übersicht siehe Tab. 4.5, S. 233. Zum *šettestā* über die Schöpfungslehre siehe außerdem Kap. 3.1.2.3, S. 109.

sichtlich von derjenigen einer philosophischen Summa der aristotelischen Tradition abweicht.[12] Während beispielsweise Bar ʿEbrāyās *Ḥēwtā* explizit philosophisch motiviert ist,[13] stellt Bar ʿEbrāyā den Ausgangspunkt des *Mnārtā* in dessen Vorwort wie folgt dar:

> [Gott] errichtet den Menschen als Mikrokosmos im Makrokosmos auf wundersame Weise. Und durch die Vernunft, die göttliche Ebenbildlichkeit, erhebt Er ihn über die körperlichen Ränge [d. h. die körperlichen Wesen]. Und durch den geistigen Glanz unterstützt Er ihn. Und durch die strahlenhaften Lichter schmückt Er ihn. Und diesen Weg, auf dem er durch die Geschöpfe zum Schöpfer geführt wird, bereitet und ebnet Er. Und Er teilt die Dinge, die er durch das Wenden syllogistischer Gedankengänge begreift, wie mit einer Waage zu und stimmt sie ab. Und damit er nicht abkomme vom eingehegten Weg der Gerechtigkeit, umgab Er ihn mit dem Gesetz.[14]

Im Anschluss beschreibt Bar ʿEbrāyā, wie der Mensch Häresien beziehungsweise falsche Lehren in die Welt gebracht habe, und zwar grundsätzlich durch seinen Ungehorsam, das Übertreten der von Gott gegebenen Gesetze.[15] Gerade weil Gott den Menschen gottesebenbildlich, das heißt vernünftig erschaffen habe, sei wahre Einsicht nur möglich, wenn der Mensch sich gottesfürchtig verhalte. Vor diesem Hintergrund fährt Bar ʿEbrāyā fort:

> Und wegen der Vielzahl dieser falschen Auffassungen, die in der Welt sprießen, haben die heiligen Lehrer eine Vielzahl an widerlegenden Lehrstücke gegen sie vorgebracht. Die Heutigen aber, lax und verwöhnt, sind nicht imstande, ihre Breite zu erfassen, noch die Unmessbarkeit ihres Ausmaßes zu ermessen. Daher liegt die Erde der Weisheit ja brach, ist die Liebe zu ihr [sc. der Weisheit] erkaltet, ihr Feuer erloschen und ihr Glanz verdunkelt. Notwendig ist es, urteilte ich, dass ich in einer bestimmten schriftlichen Abhandlung ein Bollwerk der wichtigsten Fragen zusammenbringe und darin die theologischen als auch die naturphilosophischen Dogmen (syr. *dogmē teologiqiyē kit w-pusiulogiqiyē*) systematisch ausarbeite und äußere. [...] Damit sie einerseits das Eigene bereiten, andererseits das Entgegengesetzte widerlegen mögen – wie die uns rechtleitende heilige Lehre –, sind die Unsrigen [sc. unsere Dogmen] aufgerichtet und gegründet in jedem Kapitel (*rēšā*) und jedem Abschnitt

---

12 So werden beispielsweise naturphilosophische Themen wie Meteorologie im Rahmen der Schöpfung behandelt oder Themenkomplexe wie die Sakramente aufgegriffen, die in der philosophischen Tradition keinen (eigenständigen) Untersuchungsgegenstand bilden. Zum Vergleich lässt sich auch der Aufbau von Bar ʿEbrāyās *Ḥēwtā* heranziehen; siehe Kap. 3.1.1.3, S. 101.

13 Vgl. das Vorwort des *Ḥēwtā*; Kap. 3.1.1, S. 97.

14 Bar ʿEbrāyā, *Mnārat qudšē*, Vorwort (t+v: Bakoš 1933, S. 510/22). Zur Unterscheidung von Gott und Mensch sind die Pronomen, die sich auf Gott beziehen, groß geschrieben.

15 Bar ʿEbrāyā, *Mnārat qudšē*, Vorwort (t+v: Bakoš 1930, S. 510–512/22–24).

(*pāsoqā*), dann prüfen sie [sc. unsere Dogmen] diejenigen der Gegner, die ich widerlege, und alles durch umfassende Beweise, der Vernunft sowie der Schrift.[16]

Bar ʿEbrāyā möchte also seinen Zeitgenossen, die nicht mehr in der Lage seien, die ganze Bandbreite der christlichen Tradition zu erfassen, das Wichtigste gegen die verbreiteten Irrlehren an die Hand geben. Bemerkenswert ist zum einen die Erwähnung der naturphilosophischen Dogmen; das heißt, das *Mnārtā* richtet sich seinem Gegenstand nach nicht nur auf die metaphysische, sondern auch die physische Welt. Zum anderen hat das *Mnārtā* seiner Herangehensweise nach eine doppelte Stoßrichtung: Sowohl die Vernunft als auch die Schrift beziehungsweise die Tradition lieferten „umfassende Beweise" für die eigene Lehre. In der Tat entspricht das dem allgemeinen Vorgehen Bar ʿEbrāyās im *Mnārtā*.[17] Auch die von Bar ʿEbrāyā erwähnte Herangehensweise, sowohl selbst Argumente zu entwickeln als auch diejenigen der Gegner zu widerlegen, spiegelt sich im *Mnārtā* wieder. Diese Punkte werden bei der inhaltlichen Untersuchung im zweiten Teil des vorliegenden Kapitels deutlich zu Tage treten.

Zur Datierung des *Mnārtā* liegen lediglich zwei Daten vor: Das zweite *šettestā* zur Schöpfungslehre wurde 1266/67 fertiggestellt, das vierte *šettestā* zur Christologie 1271/72.[18] Eine genaue Datierung für das hier zu untersuchende *šettestā* zur Seelenlehre ist nicht zu ermitteln.[19] Allerdings ist im Vergleich zu Bar ʿEbrāyās späterer theologischen Summa, dem *Zalgē*, fest-

---

16 Bar ʿEbrāyā, *Mnārat qudšē*, Vorwort (t+v: Bakoš 1933, S. 512–513/24–25, 515/27).

17 Eine Ausnahme dieser doppelten Vorgehensweise stellt u. a. der Hexaemeronteil dar; siehe Kap. 3.1.2.3, S. 109. Ein interessantes Detail im Vorwort sind außerdem zwei verschränkte Bibelzitate Bar ʿEbrāyās, mittels derer er die bei Paulus entwickelte Idee heranzieht, das Christentum richte sich nicht nur an die Juden, sondern auch an Nichtjuden, wobei beide Gruppen auf je unterschiedliche Art nach der Wahrheit suchten (vgl. 1 Kor 1,22) und den Missionsgebieten von Paulus zugeordnet werden (vgl. Röm 15,19): „Und so wie nicht nur im Gebiet Jerusalems – dort, wo die Juden Zeichen fordern – das erlösende Evangelium besteht, sondern auch in den Siedlungen Illyriens – dort, wo die Aramäer [sc. Heiden] Weisheit suchen – sich ausbreitet und hochgehalten wird, so ist zweifach jedes Wort"; Bar ʿEbrāyā, *Mnārat qudšē*, Vorwort (t+v: Bakoš 1930, S. 515/27).

18 Takahashi 2013a, S. 91.

19 Möglicherweise bezieht sich der Hinweis auf ein von Bar ʿEbrāyā verfasstes *Mēmrā šennāyā* („Abhandlung für [Dionysios] Šennāyā") auf die Seelenlehre des *Mnārtā*; vgl. Takahashi 2013a, S. 91, Anm. 335. Sofern die Identifizierung dieses Dionysios mit Patriarch Dionysius ʿAngur korrekt ist, wäre eine Datierung dieses *Mēmrā šennāyā* vor dessen Tod im Jahr 1261 anzunehmen. Eine andere Möglichkeit besteht darin, das *Mēmrā šennāyā* mit einer der beiden arabischen Seelenlehren zu identi-

zustellen, dass er seine Auffassung der Beseelung ändert, wie ich im zweiten Teil des vorliegenden Kapitels herausarbeite. Insofern das *Zalgē* ungefähr in den Zeitraum 1270–1275 zu datieren ist,[20] ist die Seelenlehre des *Mnārtā* aller Wahrscheinlichkeit nach davor anzusetzen.[21]

Als Vorlage für Bar ʿEbrāyās Seelenlehre im *Mnārtā* wurde von der Forschung Mušē bar Kēpās *Mēmrā d-ʿal napšā* ausgemacht. Dieses Werk liegt bisher nicht ediert vor, es gibt aber eine deutsche Übersetzung.[22] Mušēs Werk gliedert sich in insgesamt 41 als syr. *qepalēʾon* (Kapitel) bezeichnete Abschnitte.[23] Die innere Struktur des Textes ist in der Forschung unterschiedlich bewertet worden, kann aber im Allgemeinen als wenig systematisch bezeichnet werden.[24]

---

fizieren. Dieser Möglichkeit folge ich; siehe unten Kap. 4.1.2.2, S. 224. Siehe auch Takahashi 2013a, S. 72–73.

20 Vgl. hierzu die (teils relative) Chronologie in Takahashi 2013a, S. 91–93.

21 Diese Beobachtung deckt sich mit derjenigen von Hubert Koffler 1932, S. 41, der ebenfalls aufgrund innerer Kriterien das *Mnārtā* als früher ansieht. Bis auf die Reihenfolge der Nennung der Werke in Bar ʿEbrāyās *Ktābā d-Huddāyē* („Buch der Weisungen") sowie den überlieferten Listen der Werke Bar ʿEbrāyās gibt es keine Hinweise für die relative Chronologie der beiden Werke; siehe Koffler 1932, S. 40–41.

22 Braun 1891. Siehe dazu jetzt auch Hugonnard-Roche 2014, S. 58–63. Als Grundlage zur Untersuchung des syrischen Texts nutze ich dieselbe Handschrift, die Braun nutzte: Hs. Vatikan, *Biblioteca Apostolica Vaticana*, Vat. sir. 147 (datiert 1234, hiernach: Vat. sir. 147), fol. 1v–92r. Für eine Beschreibung der Handschrift siehe Braun 1891, S. 21–22; siehe auch Reller 1994, S. 66–67.

23 Barṣaum 2012, S. 313 lehnt diese Unterteilung in 41 (in einer anderen Hs.: 40) *qepalēʾē* ab und gibt die Anzahl mit 65 an. Diese abweichende Einteilung sowie einige Wiederholungen innerhalb des Werks jeweils zu Anfang der *qepalēʾē* deuten auf einen Redaktionsprozess hin, der auf Mušē selbst oder eine spätere Person zurückgehen könnte. Dahingehend lassen sich auch einige der Zusammenfassungen zu Beginn der *qepalēʾē* deuten. In der mir zugänglichen Handschrift fehlt außerdem ein Vorwort. Solche Redaktionsprozesse sind auch für andere der syrischen Seelenlehren anzunehmen; vgl. Hugonnard-Roche 2014, konkret zu Mušē: S. 58. Dies bedarf weiterer Untersuchung.

24 Braun 1891, S. 23 bemerkt, dass ungefähr im ersten Teil des Werks (*qepalēʾē* 1–22) grundlegende philosophische Fragen zur Seele behandelt würden, während im zweiten Teil theologische Fragen in den Vordergrund träten. Die Anordnung in diesem theologischen Teil sei aber keine „logisch konsequente" – insgesamt acht der *qepalēʾē* könnten auch dem philosophischen Teil zugeordnet werden. Ein Unterschied zwischen den Teilen bestehe auch hinsichtlich des Vorgehens Mušē bar Kēpās, der im theologischen Teil hauptsächlich Traditionsbeweise anführe. Dies komme aber auch im ersten Teil vor. Vor diesem Hintergrund ist zu fragen, inwiefern eine sinnvolle Unterteilung überhaupt vorgenommen werden kann. Hugonnard-Roche

Tabelle 4.1: Vergleich der Seelenlehren des *Mnārtā* und des *Mēmrā d-ʿal napšā*

Mnārtā	*Mēmrā d-ʿal napšā*
[siehe 8.0.2]	1 Bedeutungen des Begriffs Seele
	2 Beweis, dass es eine Seele gibt
8.0 Proömium	
↪8.0.1 Ansichten der Altvorderen über die menschliche Seele	3–4 Heidnische Lehren und ihre Widerlegung
8.0.2 Bezeichnungen der Seele	
8.1 Unkörperlichkeit der Vernunftseele	5–7 Beweis, dass die Seele Substanz, unkörperlich, einfach ist
[siehe u. a. 8.2.8]	8–19 Ausführung: weitere Eigenschaften der Seele: Vermögen und Tätigkeiten; Unsterblichkeit; Unteilbarkeit
8.2 Unterschiede der Vernunftseele	20–21 Unterschiede der Seele vor und nach dem Tod
8.2.8: Eigenschaften der menschlichen Seele	
	22 Frage nach Seele ungestalteter Frühgeburten
8.3 Schöpfung der Vernunftseele	23–25 Woher die Seele ist, Ort und Zeitpunkt ihrer Erschaffung
↪8.4 Seelenwanderung	
8.5 Fehlende Vernunft der Tierseelen	
	26 Beseelung des menschlichen Samens
	27 Vermögen der Kinderseelen
	28–29 Verhältnis von Leib und Seele
	30 Verhältnis von Wille und Natur
	31 Unterschied von Verstand, Seele und Geist
8.6 Fortbestehen der Seelen nach dem Vergehen der Körper	32–33 Fortbestehen der Seelen nach dem Tod
	34 Verhältnis von Körper zu einzelnen Sinnesorganen ggü. Seele zu einzelnen Sinneswahrnehmungen
8.7 Wissen der Seele nach der Trennung vom Körper	35 Was weiß die Seele nach ihrer Trennung vom Leibe und was nicht?
	36 Gericht durch Engel und Teufel nach Tod
[siehe 8.4]	37 Zur Seelenwanderung
	38–39 Frage nach Seelen vor der Auferstehung
	40 Ebenbild Gottes: Bezug auf Seele, Leib oder ganzen Menschen?
	41 Nutzen von Totenopfern
8.8 Visionen und Offenbarungen	

Erläuterung: Die Nummerierung bezieht sich beim *Mnārtā* auf *šettestā* (Fundament), *qepalēʾon* (Kapitel) und *pāsoqā* (Abschnitt), beim *Mēmrā d-ʿal napšā* auf die *qepalēʾē* (Kapitel). Wiedergegeben sind die paraphrasierten bzw. zusammengefassten Überschriften. | ↪ Verschiebung gegenüber *Mēmrā d-ʿal napšā*

Als Mušēs Quellen stellte Braun neben der aristotelischen Tradition im Allgemeinen, der Bibel und verschiedenen Kirchenvätern auch einige Übereinstimmungen des *Mēmrā d-ʿal napšā* mit der Seelenlehre im *De natura hominis* von Nemesius von Emesa (fl. ca. 400) fest.[25] Jobst Reller hat schließlich einen genaueren Vergleich des *Mēmrā d-ʿal napšā* mit diesen und weiteren von der Forschung vorgeschlagenen Vorlagen angestellt und kommt dabei im Allgemeinen zu dem Schluss, es handele sich bei der Art, wie Mušē seine Seelenlehre im *Mēmrā d-ʿal napšā* darlegt, um eine Schultradition.[26] Diese Vermutungen wurden jetzt durch Henri Hugonnard-Roche weiter erhärtet.[27]

Im Hinblick auf Übereinstimmungen zwischen Mušē bar Kēpās *Mēmrā d-ʿal napšā* und der Seelenlehre in Bar ʿEbrāyās *Mnārtā* bemerkt Reller, Bar ʿEbrāyā scheine „nur bei Schrift- und Traditionsbeweisen, also für die kirchliche Autorisierung" auf Mušē zurückzugreifen.[28] Dieses Urteil bezieht sich sicherlich auf die inhaltlichen Anleihen. Daneben kann nämlich auch auf eine strukturelle Übereinstimmung hingewiesen werden (vgl. Tabelle 4.1, S. 222). Wie bei anderen Werken ist auf die Umstrukturierungen Bar ʿEbrāyās ebenso zu verweisen wie auf einige Auslassungen. Im Vergleich zu Mušēs *Mēmrā d-ʿal napšā* lässt Bar ʿEbrāyā einige „Spezialfragen" in eigenständigen *qepalēʾē*, wie zur Beseeltheit des Samens oder der ungeformten Frühgeburt, aus. Ich komme auf diese Abschnitte an gegebener Stelle noch einmal zurück.[29]

Hingegen fügt Bar ʿEbrāyā eine eigenständige Behandlung der Tierseelen ein, zu denen bei Mušē nur verstreute Anmerkungen zu finden sind. Außerdem kommt bei Bar ʿEbrāyā ein eigener Abschnitt zu Visionen und

---

2014, S. 59 sieht zumindest die ersten elf Kapitel als Rezeption eines früheren, aus dem Griechischen übertragenen Textes.

25 Zu Nemesius von Emesa siehe die Einleitung in Sharples und Eijk 2008.

26 Reller 1999, S. 255–264. Dies erklärt laut Reller auch Übereinstimmungen mit der Seelenlehre von Iwannis von Dara. In die Richtung einer solchen Schultradition deuten unterschiedliche auf Syrisch vorliegende Seelenlehren, von denen bereits Graf eine als Vorlage Mušēs ausmachen wollte; Graf 1947, S. 273 mit Anm. 3 und Verweis auf Bardenhewer 1914, S. 327–329. Allerdings führt Graf hierfür keine Belege an. Vgl. auch Reller 1999, S. 262–264.

27 Hugonnard-Roche 2014.

28 Reller 1999, S. 265.

29 Siehe Kap. 4.2.2, S. 261.

Träumen vor.[30] Sicherlich sind insgesamt weitere, auch islamische Werke zum Vergleich heranzuziehen. Die Behandlung von Visionen und Träumen am Ende der Seelenlehre könnte beispielsweise darauf hindeuten, dass Bar ʿEbrāyā sich hier an seinem eigenen *Tēgurtā* und damit indirekt an al-Ġazālīs *Maqāṣid al-falāsifah* orientiert. Dafür muss man voraussetzen, dass das *Tēgurtā* früher als das *Mnārtā* ist, wofür ich im weiteren Verlauf argumentieren werde. Außerdem ist zu überlegen, ob das auf Arabisch verfasste *Maqālat an-nafs*, das Bar ʿEbrāyā zugeschrieben wird, eine Art Zwischenstufe zwischen Mušēs *Mēmrā d-ʿal napšā* und der Seelenlehre des *Mnārtā* einnimmt. Darauf gehe ich im nächsten Unterabschnitt ein.

Da es im vorliegenden Rahmen nur um die Frage des Beseelungszeitpunkts geht, stelle ich keine weiteren Vergleiche der ganzen Seelenlehre des *Mnārtā* an. In Bakoš's Edition hat dieser bereits auf zahlreiche allgemeine inhaltliche Entsprechungen der Aussagen Bar ʿEbrāyās im *Mnārtā* aufmerksam gemacht.[31] Weitere detailliertere Vergleiche mit möglichen Vorlagen Bar ʿEbrāyās greife ich im zweiten Teil des vorliegenden Kapitels bei der inhaltlichen Untersuchung auf.

4.1.2.2 Die Bar ʿEbrāyā zugeschriebene arabische Seelenlehre

Das *Maqālat an-nafs* wurde bisher nicht untersucht. Zu beachten ist, dass es zwei arabische Seelenlehren gibt, die Bar ʿEbrāyā zugeschrieben werden,[32] bei deren Besprechung und Veröffentlichung es in der Vergangenheit einige Unstimmigkeiten hinsichtlich deren Werktiteln gab. Ich verwende im Folgenden die von Takahashi eingeführten Titel. Die andere Seelenlehre, das *Muḫtaṣar fī ʿilm an-nafs al-insāniyyah* („Abriss über die Lehre von der menschlichen Seele") lehnt sich eng an das achte *šettestā* des *Mnārtā* zur Seele an, wie bereits Furlani festgestellt hat.[33] Ich bespreche dieses Werk im Folgenden nicht weiter.

---

30 Mušē erwähnt nur einmal knapp das Wissen der Propheten; Mušē bar Kēpā, *Mēmrā d-ʿal napšā*, 35 (t: Vat. sir. 147, fol. 76r; v: Braun 1891, S. 111).

31 Bakoš 1948, S. 75–129.

32 Vgl. Takahashi 2013a, S. 71–73 und 268–271.

33 Furlani 1932, S. 115. Graf 1947, S. 276–277 hat die Möglichkeit erwähnt, dass es sich um eine spätere (gekürzte?) Übersetzung des *Mnārtā* handelt. Takahashi 2004, S. 584 benennt zwei Punkte, in denen es zusätzlich Übereinstimmungen des *Muḫtaṣar fī ʿilm an-nafs al-insāniyyah* mit dem *Ḥēwtā* gibt. In dieser Hinsicht vergleicht Takahashi es mit dem *Zalgē*, d. h. es könnte Bar ʿEbrāyās eigene Umarbeitung

Während das *Maqālat an-nafs* in zwei Werklisten Bar ʿEbrāyās nicht auftaucht, ist dort aber von einem sonst nicht überlieferten *Mēmrā šennāyā* die
Rede, welches die Seele zum Gegenstand habe.[34] Der Titel *šennāyā* gehe
gemäß einer der beiden Werklisten auf einen Beinamen des Klosters Mār
Barṣawmā zurück. Bar ʿEbrāyā sei durch Dionysius ʿAngur um die Abhandlung gebeten worden.[35] Aus diesen Angaben lässt sich ableiten, dass Bar
ʿEbrāyā das Werk vermutlich vor 1261, dem Todesjahr Dionysius ʿAngurs,
verfasst hat.[36] Damit wäre es eines der ersten Werke Bar ʿEbrāyās.

Es wurde von Barṣaum und von Takahashi vorgeschlagen, dieses verlorene Werk Bar ʿEbrāyās mit einer der beiden arabischen Seelenlehren zu
identifizieren. Bei Barṣaum wird allerdings nicht klar, wie er die beiden
arabischen Seelenlehren miteinander in Beziehung setzt beziehungsweise
welche der beiden er als das verlorene *Mēmrā šennāyā* identifiziert.[37] Im
Folgenden versuche ich die Vermutung Takahashis zu erhärten, das syrische
Mēmrā šennāyā mit dem arabischen *Maqālat an-nafs* zu identifizieren.[38]

Das *Maqālat an-nafs* wurde bisher auf der Grundlage von zwei Handschriften herausgegeben, ohne kritischen Apparat.[39] Zusätzlich zu dieser
Edition habe ich daher die Handschrift Berlin, *Staatsbibliothek zu Berlin,*

---

des *Mnārtā* sein, worin neue Aspekte einfließen. Siehe jetzt auch Fathi 2020, S. 234–
249 (II.3.1 „La comparaison avec le *Muḫtaṣar fī ʿilm al-nafs al-insāniyya*").

34 Takahashi 2013a, S. 72–73 (Nr. 18). Zu den erwähnten Werklisten siehe Takahashi
2013a, S. 57–58.

35 Takahashi 2013a, S. 73 mit Bezug auf Barṣaum 1940, S. 1–2; siehe auch Barṣaum
2012, S. 374.

36 Takahashi 2013a, S. 73 schlägt konkreter das Jahr 1257 für die Abfassung vor, in dem
sich Bar ʿEbrāyā gemeinsam mit Dionysius ʿAngur im Kloster Mār Barṣawmā aufhielt. Barṣaum 2012, S. 374 hingegen datiert es auf vor 1252, als Dionysius ʿAngur
Metropolit von Melitene (der Geburtsstadt Bar ʿEbrāyās) war.

37 Barṣaum 2012, S. 374. Dies gilt zumindest nach der von mir genutzten deutschen Übersetzung seiner Literaturgeschichte. Takahashi 2013a, S. 73, Anm. 291
scheint aus dem arabischen Original zu lesen, Barṣaum identifiziere es klar mit dem
Muḫtaṣar fī ʿilm an-nafs al-insāniyyah.

38 Unterschiede in der handschriftlichen Überlieferung des *Maqālat an-nafs* deuten
auf leicht unterschiedliche Rezensionen. Stimmt diese Vermutung, wäre das *Mēmrā
šennāyā* ursprünglich auf Syrisch verfasst und anschließend ins Arabische übersetzt
worden. Dieser Punkt lässt nach weiteren konkreten Vorlagen fragen und bedarf weiterer Untersuchungen. Zur doppelten Abfassung der Werke Bar ʿEbrāyās in syrischer
und arabischer Sprache siehe jetzt Fathi 2020.

39 Cheikho 1898. Obwohl sich in der Edition selbst kein Hinweis dazu findet, ist laut
Takahashi 2013a, S. 72, Anm. 285 eine der dazu genutzten Handschriften Beirut,
Université Saint-Joseph, arab. 354; vgl. auch Graf 1947, S. 274.

Or. 887 (datiert 1865 bzw. 1884, hiernach: Berlin, Or. 887), fol. 189v–203v hinzugezogen.[40]

Das Vorwort lautet:

> Lob sei Gott, der die Existenz nach der Nichtexistenz erschaffen hat (ara. *abdaʿa l-ŵuǧūd baʿda l-ʿadam*). Und er verbannte (*nafā*) [d. h. die Nichtexistenz?] dadurch aus dem, was Er ordnete, für die Ewigkeit und vor der Zeit.[41]
>
> Nun, dies ist ein Abriss über die Lehre der menschlichen Seele. Wir erwähnen darin nur das Wichtige der Äußerungen über das Gefragte (*maṭlūb*) hinsichtlich ihrer Merkmale (*amārātihā*) und glanzvollen Eigenschaften (*ḥawāṣṣihā s-saniyyah*[42]). Und die Absicht dahinter ist eine Sammlung der philosophischen Ansichten und der göttlichen Bestimmungen (*šarāʾiʿ al-ilāhiyyah*). Denn die unterstützenden Leute (*al-qawm al-muʾaiyyidūn*), saugen mit heftiger Neigung (*bi-š-šiddat aṣ-ṣaʿā*[43]) begierig auf den Seiten (*ṣafaḥāt*) ihrer klugen Herzen ein, was vernünftigen Beweisen entspricht. Und darin bitten wir um Beistand und Segen vom Ersten Schöpfer, zu dem die Rückkehr erfolgt und auf den Verlass ist; und wir bitten ihn um Inspiration (*ilhām*) und Unterstützung und Rechtleitung bei Mehrdeutigkeit des Sinns und um die [geistige] Führung durch seine Gnade und Güte, Āmīn.[44]

Georg Graf meint, das *Maqālat an-nafs* „ermangelt immerhin insofern der Selbstständigkeit, als der Verfasser das gleichbetitelte syrisch geschriebene Werk des [Mušē bar Kēpā] nur ausgezogen und die Auszüge übersetzt hat."[45] Diese Annahme wurde bisher nicht eingehender untersucht. Sowohl Graf als auch Takahashi stellen fest, dass die Ähnlichkeiten zu Mušē bar

---

40 Siehe zu dieser Handschrift den Eintrag in Aßfalg 1963, S. 131 (Nr. 20). Das Werk beginnt dort unvermittelt in arabischer Schrift mit dem ersten *faṣl* (Abschnitt, Pl. *fuṣūl*). Der folgende Text, ab dem zweiten *faṣl*, ist dann in Garšūnī, also arabischer Sprache in syrischer Schrift, verfasst. Die Anzahl der *fuṣūl* unterscheidet sich von der Edition, dem Inhalt nach handelt es sich aber um dasselbe Werk; siehe auch Takahashi 2013a, S. 72, Anm. 285. Allerdings gibt es an den von mir betrachteten Stellen teils Abweichungen der benutzten arabischen Begriffe und genauen Wendungen, auf die ich in der später folgenden Untersuchung jeweils direkt hinweise. Erst am Ende des Werks heißt es, diese 54 *fuṣūl* seien die Aussagen (ara. *aqwāl*) Bar ʿEbrāyās. Die Einleitung des Textes (*fātiḥat al-qawl*) wird dann nachgetragen. Diese deckt sich im Allgemeinen mit derjenigen der Edition.

41 Hs. Berlin, Or. 887, fol. 203v liest *ḥaqqaqa bi-ḏālika nafyah l-azaliyyah ʿammā sawāhu wa-l-qidam*: „Er verwirklicht dadurch [s]eine [sc. der Nichtexistenz] Verbannung in Ewigkeit aus seiner Ordnung und vor der Zeit" (?).

42 Fehlt in Hs. Berlin, Or. 887, fol. 203v.

43 Cheikho 1898, S. 746, Anm. 1 erklärt *ṣaʿā* als *mayl*, Neigung, oder als Schreibfehler. Hs. Berlin, Or. 887, fol. 203v liest *ṣanʿā*.

44 Bar ʿEbrāyā, *Maqālat an-nafs*, Vorwort (t: Cheikho 1898, S. 746 und Berlin, Or. 887, fol. 203v).

45 Graf 1947, S. 273.

226

Kēpās *Mēmrā d-ʿal napšā* gegen Ende geringer werden.[46] Diese abweichenden Teile haben eschatologische Themen zum Gegenstand, also die Frage der Beziehung von Leib und Seele nach dem Tod beziehungsweise zur Zeit der Auferstehung. Graf bringt eine Abhandlung von Mušē über die Auferstehung der Leiber als mögliche weitere Vorlage für das *Maqālat an-nafs* ins Spiel. In den Handschriften mit den arabischen Übersetzungen des *Mēmrā d-ʿal napšā* folge diese zweite Abhandlung Mušēs.[47] Dieser Befund bestätigt sich inzwischen auch für die syrische Fassung von Mušēs Schriften durch die Untersuchungen von Jobst Reller, der spätestens für das 13. Jahrhundert von einer Art dogmatischem Sammelband der Werke Mušēs ausgeht.[48]

Vergleicht man das *Mnārtā*, das *Maqālat an-nafs* sowie Mušēs *Mēmrā d-ʿal napšā*, bestätigt sich die Vermutung Grafs. Während das *Mnārtā* einen insgesamt hierarchischen Aufbau hat, sind sowohl Bar ʿEbrāyās *Maqālat an-nafs* als auch Mušēs *Mēmrā d-ʿal napšā* lediglich in nicht weiter unterteilte Abschnitte (ara. *fuṣūl*, Sg. *faṣl*) beziehungsweise Kapitel (syr. *qepalēʾē*) unterteilt. Die abweichende Anzahl der *qepalēʾē*, die Barṣaum für Mušēs *Mēmrā d-ʿal napšā* angibt (65), stimmt annähernd mit der Anzahl der *fuṣūl* des *Maqālat an-nafs* überein (62 bzw. 54). Auch die Themen beziehungsweise Titel der einzelnen Kapitel sowie deren Abfolge stimmen in den überwiegenden Fällen überein (vgl. Tab. 4.2, S. 228, Tab. 4.3, S. 229 und Tab. 4.4, S. 230).

Gleichzeitig gibt es teils auffällige inhaltliche Abweichungen zwischen den sich gemäß der Überschriften entsprechenden Kapiteln. Für die Definition der Seele in *faṣl* 8 des *Maqālat an-nafs* zum Beispiel führt Bar ʿEbrāyā die klassische Beschreibung von Aristoteles an und erläutert diese;[49] bei Mušē gibt es hierfür keine Entsprechung. Bestimmte *fuṣūl* im *Maqālat an-nafs* behandeln außerdem nicht, was sie in der Überschrift vorgeben. Das *faṣl* 12 über „Fähigkeiten der Seele nach Ansicht der Leute des heiligen Gesetzes" (*quwwā n-nafs ʿalā raʾy ahl aš-šarīʿah al-muqaddisah*) beispielsweise lässt Ausführungen nach den Kirchenvätern oder der Bibel vermuten, zählt dann aber zahlreiche Aspekte auf, die eher der Naturphilosophie zu-

---

46 Graf 1947, S. 273–274; Takahashi 2013a, S. 72, Anm. 286.

47 Graf 1947, S. 273–274. Zu den arabischen Übersetzungen der Werke von Mušē siehe Graf 1947, S. 229–232, besonders S. 230.

48 Reller 1994, S. 66–69 mit Anm. 57.

49 Bar ʿEbrāyā, *Maqālat an-nafs*, 8 (t: Cheikho 1898, S. 749 und Berlin, Or. 887, fol. 190r–v).

Tabelle 4.2: Vergleich des *Maqālat an-nafs* und des *Mēmrā d-ʿal napšā* – Teil 1

Maqālat an-nafs	*Mēmrā d-ʿal napšā*
(1) Äquivokation des Begriffs „Seele"	(1) Begriff „Seele"
(2) Existenz der Seele	(2) Existenz der Seele
(3) Ansichten der Altvorderen	(3) Ansichten der heidnischen Lehrer
(4) Widerlegung der Ansichten	(4) Widerlegung der Ansichten
(5) Seele ist Substanz	(5) Seele ist Substanz
(6) Seele ist unkörperlich	(6) Seele ist unkörperlich
(7) Seele ist einfach	(7) Seele ist einfach
↪(8) Definition der Seele	[siehe (15)]
	(8) Sollen zuerst Natur, Kräfte oder Tätigkeiten der Seele untersucht werden?
(9) Natur der Seele	(9) Natur der Seele
(10) Begriff der Seele	
(11) Fähigkeiten der Seele	(10) Kräfte und Tätigkeiten der Seele
(12) Fähigkeiten der Seele gemäß der Leute des heiligen Gesetzes	
(13) Logische Fähigkeiten der Seele	
(14) Natürliche und akzidentielle Fähigkeiten der Seele	
(15) Fähigkeiten der Seele, des Körpers und des Menschen als Seele und Körper	
(16) Seele ist vernunftbegabt	(11) Seele ist vernünftig und Bewegung
(17) Seele ist Bewegung	
(18) Art der Bewegung der Seele	(12) Bedeutung der Bewegung der Seele
(19) Seele ist denkend	(13) Seele ist denkfähig
	(14) Eigenschaften der Seele
[siehe (8)]	(15) Definition der Seele
(20) Seele ist unsterblich	(16) Seele ist unsterblich

Erläuterung: Die Nummerierung bezieht sich beim *Maqālat an-nafs* auf die *fuṣūl* (Abschnitte), beim *Mēmrā d-ʿal napšā* auf die *qepalēʾē* (Kapitel). Wiedergegeben sind für beide Werke nur die paraphrasierten Überschriften. | ↪ Verschiebung gegenüber *Mēmrā d-ʿal napšā*

Tabelle 4.3: Vergleich des *Maqālat an-nafs* und des *Mēmrā d-ʿal napšā* – Teil 2

Maqālat an-nafs	*Mēmrā d-ʿal napšā*
(21) Nur Körper ist von Zerfall betroffen	(17) Verständnis von unkörperlich und unsterblich
(22) Seele und Vernunft sind eins	(18) Seele ist unteilbar
[siehe (35)]	(19) Seele leitet den Leib
[siehe (43)]	(20) Unterscheidung individueller Seelen
	(21) Unterscheidung der Seelen nach Tod
(23) Angeborene Natur der Seele	
(24) Vereinigung der Seele mit dem Körper	
(25) Warum Seele und Körper sich vereinigen	
[siehe (44)]	(22) Seele der Fehlgeburt
(26) Unterscheidung von Körper und Seele ist notwendig	
↪(27) Körperteile der Vereinigung von Seele und Körper	[siehe (29)]
(28) Eigenschaften der Seele, wenn getrennt vom Körper	
(29) Ursprung der Seele	(23) Woher die Seele ist
(30) Wo wird die Seele geschaffen?	(24) Wo wird die Seele geschaffen?
(31) Wird die Seele vor, mit oder nach dem Leib geschaffen?	(25) Wird die Seele vor oder nach dem Leib geschaffen?
↪(32) Wo die Seele ist	[siehe (28)]
(33) Seele des (männlichen) Samens	(26) Seele des (männlichen) Samens
(34) Seele verändert sich nicht in ihrer Natur	
↪(35) Seele ist Leitung und Lenkung	[siehe (19)]
(36) Mensch ist unmöglich nicht vernunft begabt	
(37) Art der Tätigkeiten der Seele im Körper	
(38) Unterschiedliche Mischungen in Menschen trotz gleicher Art Seele	

Erläuterung: Siehe Tab. 4.2, S. 228.

Tabelle 4.4: Vergleich des *Maqālat an-nafs* und des *Mēmrā d-ʿal napšā* – Teil 3

Maqālat an-nafs	*Mēmrā d-ʿal napšā*
(39) Seele der Kinder	(27) Seele der Kinder
(40) Seele ist vernunftbegabt im Kind	
(41) Kind ohne Erziehung	
[siehe (32)]	(28) Wo die Seele ist
[siehe (27)]	(29) Verbindung der Körperteile zur Seele
(42) Seele ist in Sein und Wirken begrenzt	
	(30) Unterscheidung von Wille und Natur der Seele
↪(43) Unterscheidung individueller Seelen	[siehe (20)]
	(31) Unterschied: *nous, psyche, pneuma*
↪(44) Seele der Fehlgeburt	[siehe (22)]
(45) Seele vergeht nicht	(32) Seele bleibt nach Tod bestehen
(46) Seele behält Eigenschaften nach Trennung vom Leib	(33) Seele behält Wissen nach Tod
(47) Wirksamkeit der Seele bleibt nach Trennung vom Leib	(34) Analogie körperlicher Sinne und Fähigkeiten der Seele
(48) Seele vermehrt Verstehen und Denken nach Trennung vom Leib	(35) Wissen der Seele nach Trennung vom Leib
(49) Seele bewahrt Substanz nach Trennung vom Leib	
	(36) Besucher der Seele nach Trennung vom Leib
(50) Seele kennt ihr Wesen und weiß, dass sie geschaffen ist	
(51) Widerlegung der Seelenwanderung	(37) Widerlegung der Seelenwanderung
(52) Widerlegung, die Seele käme aus der engelhaften Welt herab	
(53) Sitz der Seele nach Scheiden vom Körper	(38) Wo die Seelen bis zur Auferstehung sind
	(39) Ordnungen der Seelen nach Trennung vom Leib
(54) Mensch als Ebenbild Gottes	(40) Mensch als Ebenbild Gottes
(55) Beweis der leiblichen Rückkehr	
	(41) Tote haben Nutzen von Opfern
[Kap. 56–62 zur Eschatologie]	[—]

Erläuterung: Siehe Tab. 4.2, S. 228.

zurechnen sind.[50] Weitere detailliertere Beispiele für diese Abweichungen führe ich bei der Untersuchung im zweiten Teil des vorliegenden Kapitels an.

In jedem Fall deuten die Untersuchungen darauf hin, dass es sich beim *Maqālat an-nafs* tatsächlich um Bar ʿEbrāyās *Mēmrā šennāyā* handeln dürfte. Geht man von dem frühen Entstehungsdatum dieser Schrift aus, die Takahashi und Barṣaum ansetzen, stellt es eine Umarbeitung von Mušē bar Kēpās *Mēmrā d-ʿal napšā* dar, die Bar ʿEbrāyā wiederum später zur Grundlage seiner Seelenlehre im *Mnārtā* machte. Die Überschriften und Einteilung der *fuṣūl* sind wie gezeigt sehr nah an denjenigen Mušēs. Dessen Werk wurde bereits als Vorlage für Bar ʿEbrāyās späteres *Mnārtā* identifiziert, wobei die Unterschiede im Aufbau gegenüber dem *Maqālat an-nafs* weiter zunehmen. Eine spätere Kompilation der psychologischen Lehren Bar ʿEbrāyās anhand der Struktur von Mušēs Seelenlehre ist dagegen weitaus weniger wahrscheinlich.[51] Vorerst unklar bleibt, ob Bar ʿEbrāyā das Werk tatsächlich auf Arabisch verfasst hat. Die in den von mir untersuchten Textteilen zu findenden Unterschiede beschränken sich nicht nur auf einzelne Wörter, sondern es werden auch ganze Wendungen anders wiedergegeben. Beispiele hierfür finden sich ebenfalls im zweiten Teil des vorliegenden Kapitels. Andererseits ist das *Maqālat an-nafs* in einem elaborierten Arabisch verfasst, was nicht unbedingt auf eine Übersetzung aus dem Syrischen in späterer Zeit hindeutet.[52] Weitere Untersuchungen des *Maqālat an-nafs* werden meine Annahme seiner Authentizität und frühen Abfassung erhärten müssen.

4.1.2.3 Das sechste *mēmrā* des *Zalgē*

Das *Zalgē* wird im Allgemeinen als Zusammenfassung beziehungsweise Kürzung des *Mnārtā* angesehen. Es besteht aus zehn *mēmrē* (Abhandlungen, Sg. *mēmrā*), deren sechste die Seele zum Gegenstand hat (*mēmrā štitāyā*

---

50 Bar ʿEbrāyā, *Maqālat an-nafs*, 12 (t: Cheikho 1898, S. 829 und Berlin, Or. 887, fol. 191r).

51 Diese Möglichkeit einer späteren Kompilation habe ich vorher noch in Betracht gezogen; siehe Jäckel 2020, S. 104, Anm. 38.

52 Vgl. jetzt aber Fathi 2020, S. 201–207, 234–252 u. passim.

meṭṭol napšā).[53] Auch hier betrachte ich Zugänglichkeit, Charakter, Datierung und Aufbau des Werks.

Veröffentlicht wurde der Text bisher nur in einer schwer zugänglichen Istanbuler Ausgabe von 1997.[54] Es handelt sich dabei um den Druck einer xerographisch vervielfältigten Handschrift, deren Vorlage die Handschrift Oxford, *Bodleian Library*, Or. 467 (datiert 1575/76) ist.[55] Da diese Ausgabe einige Fehler aufweist, ziehe ich zusätzlich die Handschrift Mosul, *Syrisch-Orthodoxes Erzbistum*, MS 26 (datiert 19. Jhd., hiernach: Mosul, SOE 26), fol. 2v–99v hinzu.[56]

Zur Charakterisierung des Werkes ist zunächst wieder ein Blick auf dessen Vorwort (syr. *promiyun*, vgl. gr. *prooimion*) interessant. Bar ʿEbrāyā schreibt nach einer Eulogie:

> Diese Strahlen, Brüder, sind Überlegungen und schriftliche Stützen, die von den Geschöpfen zum Schöpfer – durch die Ergründung der kirchlichen Fundamente und Widerlegung der betrügerischen Fundamente – diejenigen Seelen rechtleiten, die Rechtleitung lieben, und die göttlichen Städte erfreuen.[57]

Damit greift Bar ʿEbrāyā – teils wortgleich – dieselben Motive wie im Vorwort des *Mnārtā* auf: Die Behandlung der natürlichen wie übernatürlichen Aspekte der Theologie („von den Geschöpfen zum Schöpfer") und, zusätzlich zur Darlegung der eigenen Lehren, die Widerlegung von Irrlehren. Die These, das *Zalgē* sei eine verkürzende Bearbeitung des *Mnārtā*, lässt sich also im Hinblick auf das Vorwort bestätigen.[58]

---

53 Die Ausgabe Yešūʿ b. Gabriel 1997, S. 163 weist einen Fehler im Titel der sechsten Abhandlung auf: Die Überschrift des ersten *qepalēʾon* von *mēmrā* 6, „Über die nicht vernünftige Seele" (*meṭṭol napšā lā-mliltā*), wurde in die Überschrift der *mēmrā* übernommen. Derselbe Fehler findet sich auch im Inhaltsverzeichnis.

54 Yešūʿ b. Gabriel 1997.

55 Takahashi 2013a, S. 191 u. 194.

56 Diese Hs ist via *vhmml* online zugänglich; für eine Beschreibung siehe https://www. vhmml. org/readingRoom/view/131802#description. Die ersten bisher identifizierten Handschriften des Texts stammen aus dem 14. Jahrhundert; für eine Liste siehe Takahashi 2013a, S. 193–196. Für das *Zalgē* liegen auch arabische Übersetzungen seit dem 18. Jahrhundert vor; siehe Takahashi 2013a, S. 197.

57 Bar ʿEbrāyā, *Ktābā d-Zalgē*, Vorwort (t: Mosul, SOE 26, fol. 3r und Yešūʿ b. Gabriel 1997, S. 1–2). Hier enthält die Istanbuler Ausgabe zwei Fehler: (1) syr. *baryātā* (Geschöpfe) fehlt; (2) die „betrügerischen" (*ʿeṭānyātā*) Fundamente sind wie in der Wendung davor „kirchlich" (*ʿēᵈtānāyā*).

58 Vgl. auch die Erwähnung von Fundamenten (syr. *šettesē*) mit Blick auf die Einteilung des *Mnārtā*.

Die Datierung des *Zalgē* fällt ungefähr in die Zeit zwischen 1270 und 1275.[59] Gegenüber dem *Mnārtā*, das als Gesamtwerk nicht genau zu datieren ist,[60] muss Bar ʿEbrāyā sich wohl in der Zwischenzeit stärker mit avicennischer Philosophie auseinandergesetzt haben, wie ich im zweiten Teil des vorliegenden Kapitels argumentiere. Dies passt auch zur Datierung des *Swādā* als Summa nach avicennischem Modell und Bar ʿEbrāyās Übersetzung von Ibn Sīnās *Išārāt*, deren Abfassung ungefähr in die gleiche Zeit fällt.[61]

Zum Aufbau: Eine Umstellung der im *Zalgē* insgesamt behandelten Themen erfolgt gegenüber dem *Mnārtā* nur hinsichtlich der Abhandlung „Über das Priestertum" (syr. *meṭṭol kāhnutā*).[62] Außerdem ist zu vermuten, dass Bar ʿEbrāyā im *Zalgē* die beiden Kapitel 9 und 10 des *Mnārtā* zusammengefasst hat (vgl. insgesamt Tabelle 4.5, S. 233).

Tabelle 4.5: Vergleich des *Mnārtā* und des *Zalgē*

Mnārtā	*Zalgē*
(1) Wissen	
(2) Schöpfungslehre	(1) Schöpfungslehre
(3) Gotteslehre	(2) Gotteslehre
(4) Christologie	(3) Christologie
(5) Angelologie	(4) Angelologie
(6) Priestertum	[siehe (7)]
(7) Dämonologie	(5) Dämonologie
(8) Seelenlehre	(6) Seelenlehre
[siehe (6)]	(7) Priestertum
(9) Freier Wille	(8) Freier Wille
(10) Auferstehung	(9) Das Ende der beiden Welten
(11) Jüngstes Gericht	und der Beginn der neuen Welt
(12) Paradies	(10) Paradies

[59] Siehe nochmals die Chronologie in Takahashi 2013a, S. 91–93.

[60] Siehe hierzu Kap. 4.1.2.1, S. 220.

[61] Vgl. Kap. 2.1.3, S. 59.

[62] Im *Mnārtā* werden hier von Bar ʿEbrāyā in enger Anlehnung an das *De ecclesiastica hierarchia* von Pseudo-Dionysius die gottesdienstlichen Aspekte der christlichen Religion theologisch ausgeführt; Kohlhaas 1959, S. 3. Einen Überblick vermittelt das Inhaltsverzeichnis in Kohlhaas 1959, S. VI–IX.

Hubert Koffler charakterisiert auf der Grundlage seiner Untersuchung der jeweiligen Teile zur Auferstehung das längere *Mnārtā* als Handbuch, das *Zalgē* dagegen als Lehrbuch, ohne allerdings genauer zu erläutern, was er mit dem jeweiligen Begriff meint.[63] Kofflers Einschätzung muss daher durch genauere Untersuchungen der Inhalte wie auch der gesamten Anlage des *Zalgē* noch bestätigt werden. Insgesamt ist jedenfalls davon auszugehen, dass für Bar ʿEbrāyās *Zalgē* sein eigenes Werk, das *Mnārtā*, als hauptsächliche strukturelle und inhaltliche Vorlage dient, anders als bei seinen anderen Werken.

Dieses Bild bestätigt sich auch mit Blick auf die Seelenlehre. Im Vergleich nimmt Bar ʿEbrāyā in der Seelenlehre des *Zalgē* mehrere Umstellungen gegenüber dem *Mnārtā* vor, scheint sich im Allgemeinen aber an dem früheren Werk zu orientieren (siehe Tabelle 4.6, S. 235). Bemerkenswert ist die ausführliche Erörterung der vegetativen und animalen Seelenkräfte zu Beginn der Seelenlehre, die im *Mnārtā* keine Entsprechung hat. Insgesamt scheint die Struktur weiter an Stringenz gewonnen zu haben, nachdem Bar ʿEbrāyā bereits die Seelenlehre des *Mnārtā* gegenüber Mušē bar Kēpās *Mēmrā d-ʿal napšā* stärker gegliedert hatte. Inhaltliche Übereinstimmungen und Abweichungen zwischen den beiden Werken Bar ʿEbrāyās betrachte ich exemplarisch im Hinblick auf den hier zu untersuchenden Beseelungszeitpunkt bei der Analyse im zweiten Teil des vorliegenden Kapitels.

4.1.3 Die Seelenlehren der philosophischen Summen Bar ʿEbrāyās

Neben den Seelenlehren der beiden theologischen Summen behandeln auch alle drei philosophische Summen Bar ʿEbrāyās das Thema. Im Folgenden stelle ich die jeweiligen Abschnitte zur Seelenlehre der drei philosophischen Summen Bar ʿEbrāyās vor, wobei der Schwerpunkt auf deren Aufbau und möglichen strukturellen Vorlagen liegt. Die Beziehung zwischen diesen drei Werken im Hinblick auf den jeweiligen Aufbau ist weniger stark ausgeprägt, zumindest in den von mir untersuchten Teilen zur Seelenlehre. Dies liegt zum einen an dem sehr unterschiedlichen Umfang dieser Schriften, zum anderen auch am zeitlichen Abstand zwischen deren Abfassung. Während das *Tēgurtā* Bar ʿEbrāyās Frühwerk zuzuordnen ist, bildet das *Ḥēwtā* den Abschluss von Bar ʿEbrāyās Werk. Das *Swādā* ist in dessen Mitte zu verorten, und gleichzeitig deutlich kürzer.

---

63 Koffler 1932, S. 40.

Tabelle 4.6: Vergleich der Seelenlehren des *Zalgē* und des *Mnārtā*

Zalgē	*Mnārtā*
	8.0 Proömium
	8.0.1 Über die Ansichten der Altvorderen über die menschliche Seele
6.1 Über die nicht vernünftige Seele	
6.1.1 Über die vegetative Seele	
6.1.2 Über die animale Seele	
6.2 Natur der Vernunftseele	
6.2.1 Über die Bezeichnungen der Seele	8.0.2 Über die Bezeichnungen der Seele
6.2.2 Darüber, dass die Seele weder Körper noch körperliches Vermögen ist	8.1 Über die Unkörperlichkeit der Vernunftseele
6.2.3 Darüber, dass die menschlichen Seelen der Natur nach gleich sind	8.2 Unterschiede der Vernunftseele
6.3 Erschaffung der Vernunftseele	8.3 Schöpfung der Vernunftseele
6.3.2 Darüber, dass die Seele nicht von Körper zu Körper wandert	8.4 Seelenwanderung
6.4 Die tätigen Vermögen der Vernunftseele	
↪6.4.5 Über Visionen	[siehe 8.8]
	8.5 Unvernunft der Tierseelen
6.5 Zustand der Seelen nach ihrer Trennung vom Körper	8.6 Fortbestehen der Seelen nach dem Vergehen der Körper
6.5.2 Darüber, dass die Vermögen der Seele nicht vergehen nach der Loslösung	8.7 Wissen der Seele nach der Trennung vom Körper
[siehe 6.4.5]	8.8 Visionen und Offenbarungen

Erläuterung: Die Nummerierung bezieht sich beim *Zalgē* auf *mēmrā* (Abhandlung), *qepalēʾon* (Kapitel) und *pāsoqā* (Abschnitt), beim *Mnārtā* auf *šettestā* (Fundament), *qepalēʾon* und *pāsoqā*. Wiedergegeben sind für das *Zalgē* die übersetzten Kapitelüberschriften, für das *Mnārtā* lediglich Zusammenfassungen des entsprechenden Inhalts. Auslassungen sind nicht explizit kenntlich gemacht. | ↪ Verschiebung gegenüber *Mnārtā*.

4.1.3.1 Die Seelenlehre im *Tēgurtā*

Die mittellange Summa Bar ʿEbrāyās, das *Tēgurtā*, ist am wenigsten untersucht und bisher nicht ediert.[64] Es ist die früheste der drei philosophischen

---

64 Siehe die kurze Liste von Veröffentlichungen in Takahashi 2013a, S. 254–255. Es existiert außerdem ein Transkript der Bücher 1–3 mit unbekannter handschriftlicher Grundlage im Projekt *Digital Syriac Corpus*, Nr. 538–540.

Summen, auch wenn eine genaue Datierung nicht möglich ist.[65] Die folgenden grundsätzlichen Beobachtungen zum *Tēgurtā* sollen zu dessen Untersuchung beitragen.

Textgrundlage für meine Untersuchung sind die Handschriften Mardin, *Chaldäische Kathedrale*, *hmml*-Projektnr. CCM 00382 (datiert 18./19. Jhd., hiernach: Mardin, CCM 382)[66], fol. 4v–125r sowie Jerusalem, *St. Markus Kloster*, MS 232 (datiert 16. Jhd., hiernach: Jerusalem, St. Markus 232)[67], fol. 1v–148v. Ein wichtiger Bezugspunkt ist außerdem Furlanis Paraphrase der Seelenlehre[68] sowie eine Untersuchung des *Tēgurtā* durch Takahashi.[69]

Bar ʿEbrāyā widmet im *Tēgurtā* eines der drei *qepalē'on* des naturphilosophischen Teils (syr. *pragmaṭiya*) den „Arten der Seelen" (syr. *ʿal znayā d-napšātā*).[70] Gemessen an der Seelenlehre scheint das *Tēgurtā* deutlich weniger stringent geordnet zu sein als dies beispielsweise für die beiden theologischen Summen Bar ʿEbrāyās der Fall ist. Dies zeigt sich besonders an der weder nummerierten noch hierarchisierten Abfolge verschiedener Abschnitte, die zudem unterschiedliche Bezeichnungen tragen, wie syr. *nuhhārā* (Erläuterung), *pāsoqā* (Abschnitt)[71], *mḥāwwyānutā* (Demonstration) (vgl. Tab. 4.7, S. 238).

---

65 Siehe zur Datierung Takahashi 2013a, S. 69 u. 91.

66 Die Handschrift ist online zugänglich via *vhmml*. Für eine Beschreibung siehe https://www.vhmml.org/readingRoom/view/132501#description.

67 Die Handschrift ist online zugänglich via *vhmml*. Es fehlen vermutlich ein oder zwei Blätter zwischen fol. 105 und 106, so dass der letzte Teil der Seelenlehre eine Lücke aufweist. Sie weist außerdem, besonders für die Psychologie, zahlreiche Glossen in Garšūnī auf, die hier nicht untersucht werden können. Für eine Beschreibung der Handschrift siehe https://www.vhmml.org/readingRoom/view/135902#description. Das Ende des *Tēgurtā* wird dort fälschlich mit fol. 155r angegeben. Allerdings enthalten fol. 149r–155r bisher nicht identifizierte Fragmente eines oder mehrerer anderer Werke.

68 Furlani 1933, S. 299–305/16–22.

69 Takahashi 2002.

70 Bar ʿEbrāyā, *Tēgrat tēgrātā*, 2.3, *Nuhhārā ʿal hāy d-lā ḥdā-ʰy b-menyānā napšā* [...] (t: Jerusalem, St. Markus 232, fol. 94v–106r und Mardin, CCM 382, fol. 79r–91r).

71 Furlani 1933 selbst oder bereits seine handschriftliche Quelle geben den letzten Abschnitt der Seelenlehre vermutlich falsch mit syr. *psāsā* (Erlaubnis) wieder; Furlani 1933, S. 305/22. Das syrische Schriftbild ist demjenigen von *pāsoqā* sehr ähnlich.

Der erste Abschnitt der Seelenlehre ist der vegetativen Seele gewidmet.[72] Ein zweiter Abschnitt hat die „sensorische, das heißt animale Seele" zum Gegenstand (syr. *ʿal napšā margšānitā āwkēt ḥayyutānāytā*).[73] Die weiteren Abschnitte der Seelenlehre haben schließlich die Vernunftseele zum Gegenstand, ohne besondere erkennbare Ordnung.

Wie Hidemi Takahashi anhand einiger Vergleiche plausibel macht, kann das *Maqāṣid al-falāsifah* („Die Ansichten der Philosophen", hiernach *Maqāṣid*) von al-Ġazālī (gest. 1111) als hauptsächliche Vorlage für Bar ʿEbrāyās *Tēgurtā* in Betracht gezogen werden.[74] Dies wird durch eine Gegenüberstellung der Seelenlehren in den beiden Werken im Allgemeinen bestätigt.[75] Der ebenfalls vergleichsweise unstrukturierte Aufbau des *Maqāṣid* erklärt denselben bei Bar ʿEbrāyā (siehe Tabelle 4.7, S. 238). Ohne dem hier weiter nachgehen zu können, sind gerade solche Abweichungen interessant, um weitere mögliche Vorlagen Bar ʿEbrāyās zu identifizieren. Hierzu gehören beispielsweise Bar ʿEbrāyās Thematisierung kreisförmiger Bewegung als seelisch und nicht natürlich[76] oder die Bildrede von Körper und Seele als Docht und Flamme, die ich im zweiten Teil des vorliegenden Kapitels aufgreife.

Außerdem ist auf die Behandlung von Visionen beziehungsweise von Prophetie in beiden Werken zu verweisen. Wie oben beim *Mnārtā* beschrieben, behandelt Bar ʿEbrāyā dieses Thema auch dort, und zwar wie im *Tēgurtā* am Ende der Seelenlehre. Da Bar ʿEbrāyās strukturelle Vorlage für das *Mnārtā*, Mušē bar Kēpās *Mēmrā d-ʿal napšā*, dieses Thema nicht aufgreift, ist es möglich, dass Bar ʿEbrāyā diesen Aspekt vom *Tēgurtā* ausgehend eingebracht hat. Demnach müsste das *Tēgurtā* früher datieren als das *Mnārtā*, was sich auch anhand meiner weiteren Beobachtungen erhärten lässt. Einige weitere detailliertere Vergleiche des *Tēgurtā* mit al-Ġazālīs *Maqāṣid* folgen in der inhaltlichen Analyse im zweiten Teil des Kapitels.

---

72 Hss. Jerusalem, St. Markus 232, fol. 94r–95v und Mardin, CCM 382, fol. 79r–80r. Der Abschnitt wird direkt im Anschluss der Kapitelüberschrift mit syr. *qadmā ʾit* (erstens) eingeleitet. Vgl. zu diesem abrupten Beginn der Seelenlehre die Bemerkung in Furlani 1933, S. 299/16, Anm. 1.

73 Hss. Jerusalem, St. Markus 232, fol. 95v–99v und Mardin, CCM 382, fol. 80r–84r. Dieser Abschnitt sowie weitere tragen im Unterschied zum ersten Abschnitt über die Pflanzenseele die Bezeichnung syr. *nuhhārā* (Erhellung, Erklärung).

74 Takahashi 2002. Siehe zum *Maqāṣid* Shihadeh 2011; für die Deutung des Titels als „Ansichten" (sonst meist mit „Absichten" übersetzt) siehe Shihadeh 2011, S. 90–92.

75 Als Textgrundlage für das *Maqāṣid* nutze ich Dunyā 1961.

76 Siehe hierzu Lammer 2018, S. 200 mit Anm. 288 u. S. 284–285 mit Anm. 207.

Tabelle 4.7: Vergleich der Seelenlehren des *Tēgurtā* und des *Maqāṣid*

Tēgurtā	*Maqāṣid*
Erstens: Über die vegetative [Seele]	Rede (ara. *qawl*) über die vegetative Seele
Erläuterung (syr. *nuhhārā*): Über die sensorische, d. h. animale Seele	Rede über die animale Seele
Widersinn und Demonstrationen (syr. *ru ʿā w-mḥāwwyānwātā*) [über das Sehen]	Rede über die Verwirklichung der sehenden Wahrnehmungen
Abschnitt (syr. *pāsoqā*) [über die fünf inneren Sinne]	Rede über die inneren Sinne
Ermahnung (syr. *m ʿirānutā*) [Seele ist keine Mischung]	
Erläuterung: Über die Vernunftseelen	Rede über die menschliche Seele
Erstens – Über ihre Immaterialität	
Erläuterung: Über ihre Vermögen	Sie hat zwei Vermögen: ein theoretisches und ein praktisches
Erläuterung darüber, dass die Seele nicht von ihrem Sein erleuchtet wird [= Wissen erlangt]	
Erläuterungen und Erklärungen darüber, dass sie nicht wie die körperlichen Vermögen vermischt mit den Körpern ist	
[...]	[...]
Erläuterung [über die Unabhängigkeit der Seele vom Körper]	
Einwand und Lösung	
Erläuterung darüber, dass die Seele nicht der Zahl nach eins ist noch dem Körper vorausgeht	Beweis darüber, dass die Seele nicht vergeht und sie mit dem Körper entsteht und über andere Arten [von falschen Meinungen?] [samt Beweis ähnlich wie bei Bar ʿEbrāyā]
Erläuterung über eine gewisse seelische Veränderung	
Erläuterung darüber, dass zirkuläre Bewegung seelische, keine natürliche Bewegung ist	
Abschnitt [Gabe des schnellen Begreifens und Prophetie]	Darüber, wie die Seelen vom Aktiven Intellekt überströmt werden

Erläuterung: Beide Werke weisen keine Nummerierung auf. Wiedergegeben sind die Abschnittsüberschriften, meist übersetzt, teils in eckigen Klammern paraphrasiert.

4.1.3.2 Die Seelenlehre im *Swādā*

Die eher knappen Bemerkungen zur Seele im *Swādā* sowie das Werk selbst wurden bereits in Kapitel 2 ausführlich erläutert.[77] Interessanterweise ist durch die weniger feine Unterteilung des *Swādā* ein tatsächlich eigenständiger Abschnitt zur Seelenlehre nicht auszumachen. Vielmehr gehen die naturphilosophischen Betrachtungen zum Werden und Vergehen und den Mischungen der Materie in die Seelenlehre über.[78] Ein Großteil der Aussagen bezieht sich auf die animalen Seelenvermögen der Wahrnehmung. Die drei letzten Abschnitte behandeln schließlich das Zusammenwirken von Körper und Seele durch Vermittlung des feinstofflichen Pneumas, die Frage nach der Präexistenz der Seele sowie nach dem (relativen) Zeitpunkt und der Art deren Verbindung mit dem Körper.

4.1.3.3 Die Seelenlehre im *Ḥēwtā*

Die umfangreichste Summa Bar ʿEbrāyās, das *Ḥēwtā*, wurde als Quelle schon in Kapitel 3 besprochen.[79] Die Seelenlehre umfasst hier eine eigene Schrift (syr. *Ktābā d-Napšā*) mit vier *qepalēʾē*.[80] Als Textgrundlage nutze ich dieselben Handschriften wie im Fall der Zoologie.[81] Zusätzlich nutze ich Furlanis Paraphrase.[82]

Das erste *qepalēʾon* stellt eine Vorbetrachtung (syr. *proteʾōriya*) dar. Deren vier *pāsoqē* sind der Bezeichnung der Seele (*rušmā d-napšā*), den Ansichten der Altvorderen (*tarʿiyātā d-hāway l-qadmāyē*) und deren Widerlegung (*zuyyāp*) sowie einer Erläuterung darüber gewidmet, dass die

---

77 Siehe Kap. 2, S. 55 bzw. Kap. 2.2.3, S. 84.

78 Eine Parallele hierzu findet sich in Ibn Sīnās *al-Ḥikmah al-ʿarūḍiyyah*, in dem die Diskussion im Abschnitt zu den Zusammensetzungen (ara. *murakkabāt*) ohne Überschrift in eine Betrachtung der Seele übergeht; vgl. Ibn Sīnā, *al-Ḥikmah al-ʿarūḍiyyah*, (t: Ṣāliḥ 2007, S. 150 160), siehe auch Gutas 2014, S. 88 mit Anm. 5: „without any indication of a break". Zum *al-Ḥikmah al-ʿarūḍiyyah* siehe Gutas 2014, S. 86–93.

79 Siehe Kap. 3.1.1, S. 97.

80 Zur allgemeinen Gliederung des *Ḥēwtā* siehe Kap. 3.1.1.3, S. 101.

81 Hss. Damaskus, *Syrisch Orthodoxes Patriarchat*, 239 (=6/2) (datiert 1286, hiernach: D¹), fol. 130r–148r sowie Florenz, *Biblioteca Medicea Laurenziana*, Or. 83 (datiert 1340, hiernach: L), fol. 115r–133r. Siehe zu den Handschriften den Anhang, Kap. A.1, S. 325.

82 Furlani 1931.

Tabelle 4.8: Vergleich der Seelenlehren des *Ḥēwtā* und des *Šifā'* – Teil 1

Ḥēwtā	*Šifā'*
	Einleitung [ohne Titel]
1 Vorbetrachtung	
1.1 Bezeichnungen der Seele	1.1 „Beweis [der Existenz] der Seele und ihre Definition insofern sie Seele ist"
1.2 Ansichten der Altvorderen	1.2 „Was die Altvorderen über die Seele und ihre Substanz lehren und dessen Widerlegung"
1.3 Deren Widerlegung	
1.4 Seele ist in Kategorie der Substanz	1.3 „Darüber, dass die Seele in der Kategorie der Substanz ist"
	1.4 „Beweis des Unterschieds der Tätigkeiten der Seele wegen des Unterschieds ihrer Vermögen"
	1.5 „Aufzählung der Seelenkräfte anhand ihrer Klassifizierung"
2 Vegetative Seele	2.1 „Ermittlung der Vermögen, die der vegetativen Seele zugeschrieben werden"
2.1 Nährendes und dienendes Vermögen	
2.2 Aufrechterhaltung dieser Vermögen und Notwendigkeit des Todes	
2.3 Wachsen machendes, zeugendes und formendes Vermögen	
3 Animale Seele	
3.1 Bezeichnung der animalen Seele und ihrer Vermögen	2.2 „Ermittlung der Klassen der Wahrnehmung, die uns eigen sind"
3.2 Äußere Sinne	2.3 „Sinn des Tastens"
	2.4 „Geschmack und Geruch"
	2.5 „Sinn des Hörens"
3.3–4 Gesichtssinn	3.1–8 [Kontroversen zum Gesichtssinn]
3.5 Innere Sinne	4.1–4 [Innere Sinne]

Erläuterung: Die Nummerierung setzt sich beim *Ḥēwtā* aus *qepalē'on* (Kapitel) und *pāsoqā* (Abschnitt), beim *Šifā'* aus *maqālah* (Abhandlung) und *faṣl* (Abschnitt) zusammen. Wiedergegeben sind für das *Ḥēwtā* Zusammenfassungen, für das *Šifā'* überwiegend Übersetzungen.

Tabelle 4.9: Vergleich der Seelenlehren des *Ḥēwtā* und des *Šifā* – Teil 2

Ḥēwtā	*Šifā*
4 Vernunftseele	
4.1 Bezeichnung der Vernunftseele und ihrer Vermögen	5.1 „Eigenheiten der Aktivitäten und Affektionen des Menschen sowie der Beweis der theoretischen und praktischen Vermögen"
4.2 Vernunftseele als unkörperliche und immaterielle Substanz	5.2 „Beweis, dass der Bestand der Vernunftseele ungeprägt von körperlicher Materie ist"
	5.3 „Art und Weise der Nutzung von Sinnen der menschlichen Seele...
4.3 Entstehung der Vernunftseele mit dem Körper	... und, zweitens, Beweis ihrer Entstehung [= Nicht-Vorewigkeit]"
und ihre Unsterblichkeit	5.4 „Darüber, dass die menschlichen Seelen nicht vergehen...
4.4 Widerlegung der Seelenwanderung	... und nicht wandern"
4.5 Tätiger Verstand	5.5 „Tätiger Verstand in unseren Seelen und den durch unsere Seelen aufgenommenen Verstand'
4.6 Objekte der Begierde des theoretischen Vermögens	
4.7 Einheit und Vielheit der Seele	
4.8 Visionen und Träume	
4.9 Wunder	
	5.6 „Ränge der Tätigkeiten des Verstandes und über den höchsten der Ränge, den heiligen Verstand"
	5.7 „Aufzählung der von den Altvorderen überlieferten Schulen hinsichtlich der Seele und ihrer Tätigkeiten"
	5.8 „Beweis der Instrumente, über welche die Seele verfügt"

Erläuterung: Siehe Tab. 4.8, S. 240.

Seele in die Kategorie der Substanz fällt (*meṭṭol-hāy d-napšā b-qaṭiguriyā d-ʾusiyā ʾāelā*). Im zweiten *qepalēʾon* behandelt Bar ʿEbrāyā die vegetative Seele und ihre Vermögen. Gegenstand des dritten *qepalēʾon* ist die animale Seele, mit Schwerpunkt auf die äußeren und inneren Sinne (syr. *regšē barrāyē/gawwāyē*) sowie den Gesichtssinn (*ḥzāyā*). Im vierten *qepalēʾon* erörtert Bar ʿEbrāyā schließlich die Vernunftseele in insgesamt neun *pāsoqē*. Hervorzuheben ist mit Blick auf die gleich folgende Untersuchung das *pāsoqā* über die Entstehung der Vernunftseele mit dem Körper und ihre Unsterblichkeit (syr. *meṭṭol-hāy d-napšā mliltā ʿam pagrā metbarryā w-kad māt lā maytā*).

Wie bereits Furlani feststellt, ergeben sich im Hinblick auf die behandelten Themen und den Aufbau verschiedene Abweichungen von der Seelenlehre Ibn Sīnās in dessen *Šifāʾ*, der hauptsächlichen Vorlage für Bar ʿEbrāyās *Ḥēwtā* (vgl. Tab. 4.8, S. 240 und 4.9, S. 241). Ein Beispiel für eine inhaltliche Abweichung ist auch Bar ʿEbrāyās vierfache Unterteilung der vegetativen Seelenkräfte.[83] Im Allgemeinen überwiegen aber die Gemeinsamkeiten im Aufbau, abgesehen von den *qepalēʾē* gegen Ende der Seelenlehre. Diese eher allgemeinen Beobachtungen müssen noch durch weitere Vergleiche erweitert werden.

4.2 Darstellung: Bar ʿEbrāyās Auffassung der Beseelung im Vergleich seiner Summen

Die Seele ist gemäß der (natur-)philosophischen Vorstellungen, in denen Bar ʿEbrāyās Aussagen zur Beseelung zu verorten sind, das aktive Lebens- und Gestaltungsprinzip von Lebewesen, also auch des Menschen. Grundlegend geht diese Vorstellung auf Aristoteles zurück.[84] Da dem Menschen spezifisch die Vernunft als Eigenschaft und Fähigkeit zukommt und die Vernunft wiederum der göttlichen beziehungsweise überirdischen und überzeitlichen Sphäre zugeschrieben wird, stellt sich beim Menschen die Frage nach Be-

---

83 Furlani 1931, S. 35/12 mit Anm. 4. Die „formende Kraft" (syr. *ḥaylā gābolā*) zählt Bar ʿEbrāyā nur im *Ḥēwtā* zu den vegetativen Seelenkräften. Dieser Punkt bedarf noch weiterer Untersuchung.

84 Ähnliche Vorstellungen finden sich aber auch in anderen antiken Philosophieschulen, z. B. der Stoa; vgl. Rubarth o. D. „2. Philosophy of Mind and Stoic Physics".

ginn und Ende dessen Seele allerdings anders als beispielsweise bei einem Tier.[85]

Im Hinblick auf die menschliche Beseelung finden sich in Bar ʿEbrāyās Summen zwei Fragen: (1) Ist die Seele präexistent zum Körper und wird dann mit diesem vereinigt oder wird sie mit dem Körper geschaffen?[86] (2) Für welchen Zeitpunkt in der vorgeburtlichen Entwicklung des Menschen ist die Beseelung anzunehmen?[87] Frage (1) betrifft metaphysische Vorstellungen. Embryologie spielt vordergründig oft keine Rolle. Dennoch kann sie impliziert werden. Denn ab wann ist – für das Ungeborene – von einem menschlichen Körper auszugehen?

Im Folgenden untersuche ich eingehender, wie Bar ʿEbrāyā diese beiden Fragen in den sechs eingeführten Werken beantwortet. Inhaltlich geht es dabei um die jeweilige Auffassung von Beseelung und die damit verbundenen embryologischen Aspekte, sowohl bei Bar ʿEbrāyā selbst sowie in seinen Vorlagen und teils auch der früheren Tradition. Daneben arbeite ich die literarische Genese der untersuchten Werke beispielhaft anhand wiederkehrender Textpassagen heraus.

---

85 Die Frage nach der Fortexistenz der Seele nach dem Tod, die in der Philosophie seit der Spätantike in Auseinandersetzung mit der christlichen, jüdischen und islamischen Religion diskutiert wurde, wird im Folgenden von mir ausgeklammert.

86 Die Frage, ob die Seele dem Körper vorausgeht, ist zu unterscheiden von der Frage, ob die (menschlichen) Seelen vor-ewig sind, d. h. überhaupt keinen zeitlichen (oder seinsmäßigen) Beginn haben. Letztere Frage wird im Folgenden von mir nicht berücksichtigt.

87 Vgl. Congourdeau 2018, S. 111: „Broadly speaking, from the time of the Presocratics onwards, two basic approaches to the human soul can be identified. According to the first, the soul, whether divine, eternal or created, pre-exists its union with the body. For an undefined reason (punishment, accident or divine plan), it then finds itself in a body, and this event animates the fetus. Death eventually separates the body from the soul, which either migrates into another body or returns to its primitive incorporeal state. This was the view of the Platonists. According to the Atomists, Aristotelians and Stoics, by contrast, the soul is inseparable from the body and emerges from it, and the death of the one signifies the death of the other.“

4.2.1 Bar ʿEbrāyā wider die Präexistenz der Seele

4.2.1.1 Der grundlegende Argumentationsgang

Die Frage, ob die Seele vor dem Körper existiere, wird von Bar ʿEbrāyā in allen sechs angeführten Werken diskutiert. Dass es einen grundlegenden Argumentationsgang gibt, den Bar ʿEbrāyā durchweg benutzt, wurde in Kapitel 2 bei der Behandlung seiner kurzen philosophischen Summa, des *Swādā*, bereits erwähnt. Die dort zu findende Version kann für das Folgende als Ausgangspunkt dienen. Die in eckigen Klammern von mir hinzugefügte Nummerierung nutze ich im weiteren Verlauf, um auf die Elemente des Argumentationsgangs zu verweisen und Vergleiche zwischen den Werken und mit Bar ʿEbrāyās Vorlagen anzustellen. Im *Swādā* heißt es im 31. *pāsoqā* der Naturphilosophie:

> Dass die Seele vor dem Körper entsteht, ist nicht möglich. Denn dann fände sich in ihrer Natur entweder [1] Vielheit oder [2] nicht.
> [Ad 1:] Das Erste ist aber nicht wahr, da Vielheit entweder [1.a] durch Differenzen (syr. *šuḥlāpā*) oder [1.b] durch Akzidentien (*gedšē*) entsteht. [Ad 1.a:] Sie [sc. die Seelen] können sich aber nicht durch substantielle (oder: wesentliche) Differenzen unterscheiden. Noch entstehen Individuen, die sich den Substanzen nach (*b-ʾusiyas*) unterscheiden. [Ad 1.b:] Auch wiederum [können sich die Seelen] nicht durch Akzidentien [unterscheiden], da Akzidentien mit der Materie verbunden werden – sie [sc. die Seelen] sind aber nicht materiell.
> [Ad 2:] Wenn sich dann in ihr keine Vielheit fände [sc. angenommen, es gäbe nur eine einzige präexistente Seele], entstünde sie daher entweder [2.a], wobei sie eine bleibt, in mehreren Körpern oder [2.b] sie würde in Teile aufgeteilt. [Ad 2.a:] Das erste ist nicht wahr. Wenn nicht, wäre es [nämlich] notwendig [so], dass alle Individuen gleichen Wissens wären, dadurch, dass allen *ein* Verständnis zukäme. [Ad 2.b:] Ähnlich auch das zweite, [und zwar] dadurch, dass die Aufteilung in Teile zu den Eigenschaften der körperlichen, nicht der unkörperlichen [Dinge] gehört.[88]

Das Argument Bar ʿEbrāyās gegen die Präexistenz der Seele vor dem Körper beruht auf dem Ausschluss der möglichen Alternativen. Der von ihm hypothetisch angenommene Fall, die Seele gehe dem Körper der Existenz nach voraus, wird zunächst weiter aufgefächert: Zum einen wäre es ja vorstellbar, jede einzelne Seele sei präexistent zum Körper. Dies meint Bar ʿEbrāyā mit „Vielheit" der Seele, nämlich die vielen einzelnen Seelen, die sich später mit den Körpern vereinigen. Meist wird der Kirchenvater Origenes (gest. um 253) als Stellvertreter dieser Auffassung angeführt, so auch durch Bar

---

88 Bar ʿEbrāyā, *Swād sopiya*, 2.31 (t: H. F. Janssens 1937, S. 88.10–89.7, v: H. F. Janssens 1937, S. 255–256), Hervorhebung FJ.

ʿEbrāyā selbst im *Mnārtā*. Dort bezieht sich Bar ʿEbrāyā nähmlich neben den reinen Argumentationsgängen auch auf kirchliche Autoritäten, was ich im nächsten Abschnitt eingehender untersuche.[89] Folge man aber dieser Annahme, es gebe eine Vielheit an Seelen, so Bar ʿEbrāyā, müssten sie sich entweder substantiell oder akzidentiell unterscheiden. Da aber allen menschlichen Seelen grundsätzlich dieselbe Substanz zukomme, sei das nicht möglich. Akzidentielle Unterschiede wiederum träten nur an körperlichen Dingen auf, deren Materie zum Beispiel heiß oder kalt, groß oder klein sein kann. Die Seele wird aber als grundlegend immateriell gedacht.

Zum anderen, so der zweite Fall, den Bar ʿEbrāyā bedenkt, ließe sich eine Art Ein- oder Allseele annehmen. Diese Idee einer Weltenseele war ebenfalls verbreitet.[90] Entweder, so unterteilt Bar ʿEbrāyā diesen zweiten Fall weiter, bliebe diese Allseele eine Seele und würde dann – als aktives Prinzip des Begreifens – dafür sorgen, dass jede Person dasselbe denke. Bar ʿEbrāyā erwähnt in der Kürze des *Swādā* nicht einmal, dass er dies für absurd hält, sondern geht direkt zum nächsten Punkt: Oder die Seele müsse sich bei der Verbindung mit den Körpern in irgendeiner Art aufteilen – das widerspreche aber ihrer Unkörperlichkeit und damit Unteilbarkeit.[91]

All diese Argumente setzen die Grundannahmen der aristotelischen Philosophie voraus: Dinge unterschieden sich substantiell beziehungsweise wesentlich oder aber akzidentiell beziehungsweise durch unwesentliche, „zufällige" Eigenschaften. Ein Mensch unterscheide sich von einem anderen nicht der Substanz nach, also in seinem Menschsein, sondern gemäß anderer Kategorien wie der Qualität, also zum Beispiel Krankheit oder Gesundheit. Die andere zentrale Grundannahme ist die Unkörperlichkeit der Seele.

---

89 Zu Origenes' Lehre und ihrer Rezeption siehe den kritischen Essay Martens 2015. Zu Origenes allgemein siehe Edwards 2018.

90 Für einen Überblick der Vorstellungen einer Allseele in der vorislamischen Philosophie siehe Helmig 2020. Siehe auch Congourdeau 2007, S. 37–130 („Livre Un: L'Épopée de l'Âme") und besonders Wilberding 2020.

91 Die Vorstellung der auf die Individuen aufgeteilten Allseele findet sich im Manichäismus; siehe hierzu BeDuhn 2001, S. 8–11 und MacDonald 2006, S. 144–156. Auch wenn Mušē bar Kēpā die gerade behandelte Argumentation Bar ʿEbrāyās nicht aufweist, schreibt Mušē die Ansicht einer auf die Menschen aufgeteilten Allseele explizit den Manichäern zu; Mušē bar Kēpā, *Mēmrā d-ʿal napšā*, 3 (t: Vat. sir. 147, fol. 13v, v: Braun 1891, S. 42). Für einen Überblick über den Manichäismus siehe Lieu 2008.

Aṯīr ad-Dīn al-Abharīs *Hidāyat al-ḥikmah* wurde von mir als möglicher Orientierungspunkt Bar ʿEbrāyās für das *Swādā* vorgeschlagen.[92] Dort lässt sich ein ganz ähnlicher Gedankengang finden. Allerdings greift al-Abharī den zweiten Fall, basierend auf der Annahme einer Einseele, nicht auf. Er behandelt nur den bei Bar ʿEbrāyā als ersten aufgeführten Fall von vielen präexistenten Individualseelen.[93] Damit ähnelt Bar ʿEbrāyās Argumentationsgang im *Swādā* literarisch eher den parallelen Stellen in seinen eigenen Werken, die gleich noch genauer zu untersuchen sind.

Zunächst ist aber die Argumentation al-Abharīs wie auch diejenige Bar ʿEbrāyās grundsätzlich auf diejenige Ibn Sīnās zurückführen. Wie Lukas Muehlethaler zeigt, verfolgt Ibn Sīnā diese Argumentation sowohl im *Ḥāl an-nafs al-insāniyyah* („Zustand der menschlichen Seele") als auch im *Šifāʾ* sowie im *Kitāb an-Naǧāh* (Buch der Rettung, hiernach: *Naǧāh*).[94] Ibn Sīnā legt seiner Argumentation zwei Annahmen zugrunde: (1) Alle menschlichen Seele seien derselben Spezies zugehörig; (2) Unterschiede zwischen Einzeldingen bestünden durch Substanz und Form oder durch Materie. Auf dieser Grundlage argumentiert Ibn Sīnā wie folgt:

> Die menschlichen Seelen stimmen nach Art (ara. *nawʿ*) und Begriff (*maʿnā*) überein. Existierten sie aber vor dem Körper, so wären sie entweder [1] eine Vielzahl von Wesen (*mutakaṯṯirat aḏ-ḏawāt*) oder [2] ein Wesen. Sowohl ist es unmöglich, dass sie mehrere Wesen sind, als auch, dass sie ein Wesen sind, entsprechend dessen, was [gleich] offensichtlich wird. Damit ist es unmöglich, dass sie tatsächlich vor dem Körper existierte (*waǧadat*).
>
> [Ad 1:] Beginnen wir also damit, die Unmöglichkeit ihrer Vielheit gemäß der Zahl aufzuzeigen. So sagen wir, dass die Seelen vor [ihrer Verbindung zu] den Körpern sich voneinander unterscheiden (*muġāyarah*), entweder [1.a] hinsichtlich der Washeit (*māhiyyah*[95]) und Form oder [1.b] hinsichtlich ihrer Verbindung zum Element/Stofflichen (*ʿunsur*). [Ad 1.b:] Materie aber ist vielfältig durch Orte [...], Zeiten [...] oder die Ursachen, die ihre Materie bestimmen. [Ad 1.a:] Noch unterscheidet sie [sc. die Seele] sich durch Washeit und Form, denn ihre Form ist eine. Wahrhaft also unterscheidet sie sich hinsichtlich dessen, was die Washeit annimmt, oder hin-

---

92 Siehe Kap. 2.1.4.2, S. 66.

93 al-Abharī, *Hidāyat al-ḥikmah*, 2.3.6 (t: Yormaz 2008, S. 183.1–7). Dem *Išārāt* Ibn Sīnās, das ebenfalls als Orientierungspunkt für Bar ʿEbrāyās *Swādā* gelten kann, fehlt dieser Argumentationsgang bzw. die Frage nach der Präexistenz der Seele völlig.

94 Hier und im Folgenden: Muehlethaler 2010, S. 83–88 sowie Muehlethaler 2012, S. 600–601. Siehe auch Druart 2000, S. 262–264 sowie Marmura 2008. Zum *Naǧāh* siehe Gutas 2014, S. 115–117.

95 Das Konzept der Washeit oder Quiddität (von lat. *quid*, was) meint die wesentlichen Eigenschaften eines Dings, also das, *was* es ist.

sichtlich dessen, womit die Washeit verbunden wird durch Spezifizierung – das aber ist der Körper.[96]

Der Ausgangspunkt ist auch bei Ibn Sīnā die Unterscheidung zwischen den beiden Möglichkeiten, die Seele könne entweder [1] viele oder [2] eine sein während ihrer hypothetischen Präexistenz vor den Körpern. Die anschließende Widerlegung [ad 1] ist bei Ibn Sīnā etwas detaillierter beziehungsweise weitreichender: Eine Unterscheidung komme nur der Form nach oder durch die Verbindung zum Stofflichen zustande. Damit könne der Zeitpunkt, zu dem sich Seelen individuieren, auf deren Verbindung mit dem Stofflichen, also dem Körper, festgelegt werden. Eine Unterscheidung der Form nach sei ohnehin nicht möglich, da alle menschlichen Seelen ihrer Form beziehungsweise ihrem Menschsein nach gleich seien:

> Was aber [die Zeit] vor dem Körper angeht, so ist die Seele bloße Washeit. Damit ist es nicht möglich, dass eine Seele sich von einer anderen Seele der Zahl nach unterscheidet noch nimmt die Washeit eine wesentliche [d. h. nicht bloß akzidentielle] Unterscheidung (*iḫtilāf ḏātī*) an.[97]

Der Unterschied zu Bar ʿEbrāyās Argumentation besteht in den genutzten Begriffen. Ibn Sīnā nennt den Oberbegriff „Akzidenz" nicht, sondern erwähnt beispielhaft die akzidentiellen Kategorien Ort und Zeit. Außerdem verwendet er den spezifischen Begriff *māhiyyah* für Substanz, wofür Bar ʿEbrāyā im *Swādā* den syrischen Begriff *ʾusiyas* (vgl. gr. *ousia*) benutzt. Es ist allerdings nicht unüblich, dass Bar ʿEbrāyā bei der Übertragung seiner arabischen Vorlagen diejenigen syrischen Begriffe nutzt, die aus dem Griechischen entlehnt sind.[98] Zudem zeigen sich sowohl zwischen den Werken Bar ʿEbrāyās als auch zwischen verschiedenen anderen Werken Ibn Sīnās und anderer Autoren, die letzteren rezipieren, unterschiedliche Nuancen in der Präsentation der Argumentation. Dies gilt für die Begriffe der dahinterliegenden philosophischen Konzepte, wie im vorliegenden Fall von ara. *māhiyyah* und syr. *ʾusiyas*. Auch werden ähnliche Konzepte verwendet, die aber dasselbe implizieren, wie Unkörperlichkeit und Unteilbarkeit.

---

96 Ibn Sīnā, *Kitāb an-Naǧāh*, 2.6 (*Fī n-nafs*), *Fī iṯbāt ḥudūṯ an-nafs* (t: Faḫrī 1985, S. 222.4–13). Vgl. hier und für das folgende Zitat die englische Übersetzung in Muehlethaler 2010, S. 84–85, mit Verweis auf Rahman 1981, S. 56–57. Siehe außerdem die parallele Darstellung in Ibn Sīnā, *Kitāb aš-Šifāʾ*, *aṭ-Ṭabīʿiyyāt 6 – Kitāb an-Nafs*, 5.3 (t: Qanawātī, Zāyid und Maḏkūr 1975, S. 198.9–17).

97 Ibn Sīnā, *Kitāb an-Naǧāh*, 2.6 (*Fī n-nafs*), *Fī iṯbāt ḥudūṯ an-nafs* (t: Faḫrī 1985, S. 222.14–15).

98 Siehe Takahashi 2004, S. 60–62.

Zurück zu Ibn Sīnās Argumentation, dem es bleibt, den Fall einer Einseele zu widerlegen:

> [Ad 2:] Es ist nicht möglich, dass sie ein Wesen der Zahl nach ist (*takūn wāḥidat aḏ-ḏāt bi-l-ʿadad*), denn wenn sie zwei Körper annähme, gingen in zwei Körper zwei Seelen ein. So wären entweder [2.b] zwei Teile jener Seele eins. [Ad 2.b] Dann wäre ein einzelnes Ding, das weder Größe (*iẓam*) noch Ausdehnung (*ḥaǧm*) hat, potentiell geteilt – was offensichtlich durch die festgelegten Grundsätze der Physik und anderem falsch ist (*ẓāhir al-buṭlān bi-l-uṣūl al-mutaqarrarah fī ṭ-ṭabīʿiyyāt wa-ġayrihā*). Oder [2.a] die der Zahl nach eine Seele wäre in zwei Körpern. [Ad. 2.a:] Dies aber braucht auch nicht viel Aufwand, um widerlegt zu werden.[99]

In Ibn Sīnās *Šifāʾ* findet sich darüber hinaus auch die Idee, im Fall einer Einseele, die mit mehreren Körpern verbunden wäre, wüssten zwei Personen dasselbe:

> Angenommen, sie [sc. die Seele] wäre eine und [die Körper] mehrere durch Hinzufügung, dann wäre sie in ihnen allen wissend oder unwissend – warum aber wäre [dann] Zaid verborgen, was in der Seele ʿAmrs [an Wissen da] wäre?[100]

Damit deckt sich auch der zweite Teil des Argumentationsgangs Ibn Sīnās weitgehend mit demjenigen Bar ʿEbrāyās. Hier können wieder Nuancen der Formulierung als Unterschied herausgestellt werden: Die Unteilbarkeit der Seele wird bei Ibn Sīnā nicht wie bei Bar ʿEbrāyā explizit mit ihrer Unkörperlichkeit, sondern mit ihrer fehlenden Ausdehnung begründet. Dass zwei Individuen dasselbe Wissen teilen, wird bei Ibn Sīnā so im *Šifāʾ* erwähnt, zusätzlich mit der Benennung der beispielhaften Personen als Zaid und ʿAmr. Diese beiden Eigennamen als Beispiele für Personen sind typisch für die arabische Tradition.[101]

Auch wenn der Argumentationsgang und die Grundannahmen, auf denen sie aufbauen, bei Ibn Sīnā und Bar ʿEbrāyā übereinstimmen, können die angeführten Werke Ibn Sīnās in dieser konkreten und ausführlichen Form nicht als direkte literarische Vorlage Bar ʿEbrāyās gelten. Daher ist zu fragen, in welchen weiteren Vorlagen Bar ʿEbrāyās die Argumentation Ibn Sīnās möglicherweise aufgegriffen und umformuliert wird.

---

99 Ibn Sīnā, *Kitāb an-Naǧāh*, 2.6 (*Fī n-nafs*), *Fī iṯbāt ḥudūṯ an-nafs* (t: Faḫrī 1985, S. 222.20–24). Vgl. die englische Übersetzung in Muehlethaler 2010, S. 86, mit Verweis auf Rahman 1981, S. 57.

100 Ibn Sīnā, *Kitāb aš-Šifāʾ*, *aṭ-Ṭabīʿiyyāt* 6 – *Kitāb an-Nafs*, 5.3 (t: Qanawātī, Zāyid und Madkūr 1975, S. 200.9–11).

101 Siehe Marogy 2012.

4.2.1.2 Variationen des Argumentationsgangs in Bar ʿEbrāyās Werken

Im Folgenden zeige ich auf, wie der untersuchte Argumentationsgang sich – in leicht unterschiedlicher Form – durch die verbleibenden vier Summen Bar ʿEbrāyās zieht (vgl. Tabelle 4.10, S. 257).

Zu Beginn soll aber auch das arabische *Maqālat an-nafs*, als wahrscheinliche Übersetzung von Bar ʿEbrāyās *Mēmrā šennāyā*, betrachtet werden. Es kann gemäß eines Vorschlag Takahashis beziehungsweise Barṣaums als früher als die übrigen syrischen Summen Bar ʿEbrāyās gelten. Im *Maqālat an-nafs* findet sich ein eigenes *qepalēʾon* zur Frage „zu welcher Zeit die Seele geschaffen wird – nach, vor oder zugleich mit (ara. *maʿa*) dem Körper".[102] Grundsätzlich findet sich der bereits bekannte Argumentationsgang auch im *Maqālat an-nafs*, aber in etwas anderer Form:

> Einige der Altvorderen (ara. *qawm min al-aqdamīn*) sagen, dass die Seele eine urewige (oder: vorausgehende, *qadīmah*) Schöpfung (*ḫilqah*) vor dem Körper sei. Das aber ist absurd. Denn aus dieser Rede folgt notwendig eins von zwei Dingen: [2] Entweder ist die Seele eine und verbindet sich (*taḥallu*) mit allen Leibern oder [1] sie ist [in mehrere] aufgeteilt (*inqasamat*) vor ihrer Verbindung mit dem Körper. [Ad 2.a:] Das erste ist absurd, denn daraus würde notwendig folgen, dass das, was einer täte, alle täten – das aber ist falsch. [Ad 2.b:] Und das zweite hat auch keine Richtigkeit, denn die Seele ist einfach (*basīṭa*) – und dem, was einfach ist, kommt nicht plötzlich ein Teil hinzu (*lā taṭraʾu ʿalayhi l-qismah*). [Ad 1:] Und damit [folgte auch] notwendig, dass ein Unterschied bestünde zwischen den Seelen hinsichtlich [1.a] Differenzen (*fuṣūl*, Sg. *faṣl*) und [1.b] Akzidentien (*ʿawāriḍ*). Beide Aussagen aber [sc. hinsichtlich der Differenzen und Akzidentien] sind falsch. [Ad 1.a:] Denn es folgte notwendig aus der ersten, dass die Seele zusammengesetzt wäre (*murakkabah*) aus Genus (*ǧins*) und Differenz, wie einige Lebewesen (*baʿḍ al-ḥayawānāt*). [Ad 1.b:] Und die zweite [Aussage] ist absurd, denn der Seele kommen vor der Vereinigung mit dem Leib keine Akzidentien zu. So ist daher die Rede der Vorzeitigkeit der Seelen falsch (*fa-baṭala min ṯumma l-qawl bi-qadam an-nufūs*).[103]

---

102 Beide Textvarianten weisen in dieser Hinsicht einen leicht unterschiedlichen Wortlaut auf.

103 Bar ʿEbrāyā, *Maqālat an-nafs*, 31 (t: Cheikho 1898, S. 937 und Berlin, Or. 887, fol. 195r). Der Text von Hs. Berlin, Or. 887 weicht an den mit * gekennzeichneten Stellen wie folgt ab: „Einige der Altvorderen sagen, dass die Seele eine urewige Schöpfung vor dem Körper sei. Das aber ist absurd. Denn *notwendigerweise wäre sie* entweder [2] eine und verbindet sich mit allen Leibern. *[1 folgt später]* [Ad 2.a:] Das ist absurd, denn daraus würde notwendig folgen, dass das, was einer täte, alle täten. *[1] Und wenn sie sich aufteilte vor der Vereinigung des Körpers*, * [ad 2.b] so ist das falsch (*bāṭil*)*, weil *dem Unkörperlichen* (*ġayr al-ǧasm*) nicht ein Teil *hinzuentsteht* (*lā tastaṭrif ilayhi l-qismah*). [Ad 1:] Und damit [folgte auch]

Der Argumentationsgang unterscheidet sich von demjenigen im *Swādā* in einigen interessanten Details. Zunächst ist die Reihenfolge umgekehrt: Die [2] Möglichkeit einer Allseele wird zuerst erwähnt, dann [1] diejenige vieler präexistenter Seelen. Im Anschluss werden beide auch in dieser Reihenfolge widerlegt. Die Idee einer Allseele wird zudem den Altvorderen zugeschrieben. In Argument [ad 2.a] ist außerdem nicht vom allen Seelen gemeinsamen Wissen, sondern von deren Wirken beziehungsweise deren Tätigkeit in den Individuen die Rede.[104] Weiterhin begründet Bar ʿEbrāyā im *Swādā* in [ad 1.a] die Unterschiedenheit mehrerer Seelen vor deren Vereinigung mit der Unmöglichkeit ihrer substantiellen Differenz. Die hier im *Maqālat an-nafs* zu findende Begründung stellt dagegen auf die aus der Logik bekannte Vorstellung von Genus und Differenz ab.[105]

Dieselbe Überschrift wie im *Maqālat an-nafs* findet sich auch in Mušēs *Mēmrā d-ʿal napšā* (*d-metbarryā napšā men qdām pagrā āw ʿam pagrā āw bātar pagrā*).[106] Insgesamt stellt der Argumentationsgang im *Maqālat*

---

notwendig, dass ein Unterschied bestünde zwischen den Seelen hinsichtlich [1.a] Differenzen und [1.b] Akzidentien. Und *beide (humā)* sind falsch. [Ad 1.a:] Denn es folgte notwendig aus dem ersten, dass die Seele zusammengesetzt wäre aus Genus und Differenz, wie einige Lebewesen. [Ad 1.b:] Und die zweite [Aussage] ist absurd, denn vor der Vereinigung mit dem Leib kommen der Seele keine Akzidentien zu. *So ist die Vorzeitigkeit der Seelen falsch (fa-baṭala l-qadam an-nufūs)*.“ Die Unterschiede deuten möglicherweise auf abweichende Übertragungen aus dem Syrischen.

104 Inhaltlich ist das grundsätzlich nicht falsch, da die Seele ja als Wirkprinzip gedacht wird. Beide Textversionen geben übereinstimmend das Verb ara. *ʿamala* (tun, wirken) wieder. Möglicherweise kam es aber an einem Punkt vor der Ausbildung der zwei unterschiedlichen arabischen Textversionen des *Maqālat an-nafs* zu einer falschen Lesung von ara. *ʿalima* (wissen). Nimmt man dagegen an, dass *ʿamala* (wirken) bereits bei der Übertragung vom Syrischen ins Arabische vorlag, ist für das Syrische eine falsche Lesung weitaus unwahrscheinlicher, da die beiden üblichen Verben syr. *ʿbed* bzw. *idaʿ* sich im Schriftbild deutlicher unterscheiden.

105 Gemeint ist vermutlich, dass der Mensch sich nicht wie ein Lebewesen (gedacht als allgemeiner Oberbegriff) verhält. Das Konzept „Lebewesen“ kann als Genus mit weiteren (substantiellen/wesentlichen) Differenzen die jeweilige Gattung ergeben. Das wesentlich vernunftbegabte Lebewesen ist der Mensch. Eine weitere Unterscheidung der Menschen nach Genus und Differenz ist nicht möglich. Vgl. die entsprechende Diskussion von Naṣīr ad-Dīn aṭ-Ṭūsī wie dargelegt in Muehlethaler 2010, S. 102–107.

106 Mušē bar Kēpā, *Mēmrā d-ʿal napšā*, 25 (t: Vat. sir. 147, fol. 53r, v: Braun 1891, S. 83). Im späteren *Mnārtā* Bar ʿEbrāyās ist die gesamte Thematik bereits weiter umgearbeitet und hierarchisch strukturiert; siehe Kap. 4.2.1.2, S. 254.

an-nafs lediglich den ersten Teil des entsprechenden *faṣl* dar. Es findet sich dazu keine Entsprechung in den parallelen Ausführungen Mušē bar Kēpās in dessen *Mēmrā d-ʿal napšā*. Anders verhält es sich mit den Aussagen im zweiten Teil des *faṣl*, die viel eher als eine Zusammenfassung der Aussagen Mušēs gelten können. In jedem Fall finden sich in beiden Werken die drei in der Überschrift des jeweiligen Abschnitts benannten Positionen der Entstehung oder Schöpfung der Seele vor, nach oder mit dem Körper. Da es bei der Frage, ob die Seele mit oder nach dem Körper geschaffen sei, um den konkreten Beseelungszeitpunkt geht, komme ich später im vorliegenden Kapitel darauf zurück.[107]

Die Position der Präexistenz der Seele weist Mušē den *ḥanpē qadmāyē*, den alten Heiden, sowie Origenes und anderen „Häretikern" zu.[108] Hier liegt die Parallele zu „einigen der Altvorderen" (ara. *qawm min al-aqdamīn*), die im *Maqālat an-nafs* genannt werden. Zu deren Widerlegung wird dann von Bar ʿEbrāyā nicht Mušēs lange Argumentation aufgegriffen. Wie ich später zeige, weist diese zahlreiche Wiederholungen auf und ist in sich problematisch. Stattdessen findet der grundsätzlich bei Ibn Sīnā zu findende Argumentationsgang Verwendung. Der festgestellte Unterschied in der Reihung des Argumentationsgangs des *Maqālat an-nafs* deutet möglicherweise auf eine andere Vorlage hin, also einen Text, der Ibn Sīnā bereits rezipiert. Bar ʿEbrāyā integriert für das *Maqālat an-nafs* diese Vorlage in die Umarbeitung des *Mēmrā d-ʿal napšā*.

Weiterhin lässt sich feststellen, dass sich im *Tēgurtā*, Bar ʿEbrāyās frühester Summa, dieselbe Reihenfolge der Argumente wiederfindet. Der Rubrik beziehungsweise Überschrift nach werden hier allerdings mehrere Dinge behandelt, nämlich als „Erläuterung (syr. *nuhhārā*) darüber, dass die Seele nicht eins ist der Zahl nach und auch nicht dem Körper vorausgeht, und über weitere Dinge".[109] Bar ʿEbrāyā behandelt auch hier zunächst den Fall, dass die Seele eine einzige sein könnte, allerdings als separates Problem:

> [Ad 2:] Nicht eins der Zahl nach ist die Seele, die mehrere Individuen leitet. Man weiß es daher: [Ad 2.a:] Wenn es so wäre, wäre es recht, dass das, was ein bestimm

---

107 Siehe Kap. 4.2.3, S. 267.

108 Mušē bar Kēpā, *Mēmrā d-ʿal napšā*, 25 (t: Vat. sir. 147, fol. 53r, v: Braun 1891, S. 83).

109 Bar ʿEbrāyā, *Tēgrat tēgrātā*, 2.3, *Nuhhārā ʿal hāy d-lā ḥdā-ʰy b-menyānā napšā* [...] (t: Mardin, CCM 382, fol. 89r und Jerusalem, St. Markus 232, fol. 105r).

tes der Individuen weiß, auch von allen [anderen] gewusst würde. Und das ist nicht so.[110]

Anders als im *Maqālat an-nafs*, wo vom Wirken der Allseele in verschiedenen Personen die Rede ist, führt Bar ʿEbrāyā im *Tēgurtā* in Argument [ad 2.a] das Wissen an, wie im *Swādā* und bei Ibn Sīnā. Im Fall des *Tēgurtā* fehlt allerdings das Argument [ad 2.b], eine Aufteilung der Seele sei wegen ihrer Unkörperlichkeit nicht möglich. Erst im Anschluss argumentiert Bar ʿEbrāyā explizit gegen die Präexistenz der Seele:

> Und dass [die Seele] in ihrem Sein dem Körper nicht vorausgeht, weiß man daher, [ad 1.a:] dass in der Art (syr. *ādšā*) alle Vernunftseelen wie eine sich gleichen. Und wenn sie den Körpern vorausgingen, würden sie sich notwendigerweise in nichts unterscheiden, [und zwar] dadurch, dass ihnen allen dieselbe Natur (*kyānā*) zukommt. Und deswegen auch käme es ihnen zu, dass diese richtiggehend dieselben sind. [Ad 1.b:] Noch wiederum gibt es Materie, die in ihnen Unterscheidung notwendig machte durch irgendwelche akzidentiellen und physischen Dinge (*suʿranē meddem gedšānāyē w-metkayynānāyē*). [Ad 2.b:] Noch wiederum ist es möglich (*mṣā*) zu sagen, dass es eine ist, die auf mehrere Individuen aufgeteilt wird, [und zwar] dadurch, dass dasjenige, was keine Materie hat, nicht zu denen gehört, die sich teilen und vielfältig (oder: mehrere) sind.[111]

Argument [ad 1.a] sowie [ad 1.b] gleichen den bisher besprochenen. Lediglich die Nuance des fehlenden physischen Aspekts der Seele kommt hinzu, das heißt ihrer fehlenden Körperlichkeit. Außerdem wird das bei der Widerlegung der Allseele fehlende Argument [ad 2.b], die Unteilbarkeit der Seele, hier aufgegriffen.[112]

Dass die Widerlegung der Allseele separat und zuerst behandelt wird, habe ich in keinem von mir verglichenen Werk von Ibn Sīnā feststellen kön-

---

110 Bar ʿEbrāyā, *Tēgrat tēgrātā*, 2.3, *Nuhhārā ʿal hāy d-lā ḥdā-*ʰ*y b-menyānā napšā* [...] (t: Mardin, CCM 382, fol. 89r und Jerusalem, St. Markus 232, fol. 105r). Vgl. die Paraphrase in Furlani 1933, S. 304/21.

111 Bar ʿEbrāyā, *Tēgrat tēgrātā*, 2.3, *Nuhhārā ʿal hāy d-lā ḥdā-*ʰ*y b-menyānā napšā* [...] (t: Mardin, CCM 382, fol. 89r und Jerusalem, St. Markus 232, fol. 105r). Vgl. die Paraphrase in Furlani 1933, S. 304/21.

112 Durch diese Reihung entsteht auch eine größere Nähe zur Textversion des *Maqālat an-nafs* nach Hs. Berlin, Or. 887; vgl. die Variante in Anm. 103, S. 249.

nen.[113] Zu den Werken in der Rezeption Ibn Sīnās[114] zählt auch al-Ġazālīs *Maqāṣid al-falāsifah*, das als allgemeine Vorlage Bar ʿEbrāyās für das *Tēgurtā* gelten kann.[115] Lediglich in einigen Werken werden zu Beginn der Argumentation die hypothetischen Möglichkeiten [2] und [1] in umgekehrter Reihenfolge genannt, dann aber in der bei Ibn Sīnā zu findenden Reihenfolge abgearbeitet. Zwei der Werke Faḫr ad-Dīn ar-Rāzīs weisen darüber hinaus in Gänze eine ähnliche Reihenfolge wie bei Bar ʿEbrāyā auf.[116]

---

113 Von mir wurden folgende Werke im Hinblick auf diesen Punkt untersucht: (1) Ibn Sīnā, *Ḥāl an-nafs = al-Maʿād al-aṣġar*, 8 (t: Al-Ahwānī 1952, S. 96–98), vgl. Muehlethaler 2010, S. 81–82, siehe zum Werk Gutas 2014, S. 102–103 (W5), 477–479 (GM 3); (2) Ibn Sīnā, *Kitāb an-Naǧāh*, 2.6 (*Fī n-nafs*), *Fī iṯbāt ḥudūṯ an-nafs* (t: Faḫrī 1985, S. 222–223); (3) Ibn Sīnā, *Kitāb aš-Šifāʾ*, *aṭ-Ṭabīʿiyyāt 6 – Kitāb an-Nafs*, 5.3 (t: Qanawātī, Zāyid und Maḏkūr 1975, S. 198.9–201.10); (4) Ibn Sīnā, *Dānešnāmeh-ye ʿAlāʾī*, II (Physik), *Peydā kardan ḥāl baqāʾ nafs* [...] (t: Meškāt 1331 Š. S. 122–123, v: Achena und Massé 1958, S. 77), siehe zum Werk Gutas 2014, S. 118–119 (W8), 424–425 (GS 7); (5) Ibn Sīnā, *al-Aḍḥawiyyah fī l-maʿād*, *Faṣl fī munāqaḍat al-qāʾilīn bi-t-tanāsuḫ* (t: ʿĀṣī 1382 Š. S. 122–123), siehe zum Werk Gutas 2014, 472–477 (GM 2).

114 Siehe hierzu auch 2.1.4.1, S. 60.

115 Die Argumentation lautet dort: „Sie [sc. die Seele] entsteht zusammen mit (ara. *maʿa*) dem Körper: Denn wäre sie existent (*mawǧūdah*) vor dem Körper, wären die Seele entweder [2] eine oder [1] viele. [Ad 1:] Und dass es falsch ist, dass es viele sind, [wird ersichtlich dadurch, dass Vielheit nur in [1.a] [substantieller?] Unterschiedenheit (*iḫtilāf*) und [1.b] der Veränderung durch Akzidentien (*taġāyur bi-l-ʿawāriḍ*) besteht – und da sie [ad 1.b] keine Materien und Akzidentien sind, fällt ihr noch die [substantielle] Unterschiedenheit zu – es kommt aber [ad 1.a] keine Unterschiedenheit vor. [Ad 2:] Wenn sie aber eine wäre, so wäre [ihre Präexistenz] ebenfalls unmöglich, denn sie wäre in vielen Körpern – das eine aber wird nicht zu vielem, so wie das viele nicht zu einem wird, außer dass es Ausdehnung (*ḥaǧm*) und Maß (*miqdār*) hat; so verbindet es sich einmal und trennt sich ab ein ander Mal. Und der Beweis (*dalīl*) seiner Vielheit in den Körpern ist, dass das, was Zaid weiß, nicht ist, was ʿAmr weiß. Wäre es aber eine Seele – warum ist etwas der einen Seele bekannt und dasselbe einer anderen Seele unbekannt?"; al-Ġazālī, *Maqāṣid al-falāsifah*, 3.4 (*al-Qawl fī n-nafs al-insāniyyah*) (t: Dunyā 1961, S. 368–369). Siehe auch Abū l-Barakāt al-Baġdādī, *al-Muʿtabar*, Physik 6.16 (*Kitāb an-Nafs*) (t: ed. Ḥaydarābād (1358 H.), S. ii.371.2–12). Abū l-Barakāt gibt aber lediglich das Argument wieder, ohne es sich zu eigen zu machen; vgl. Wan Suhaimi Wan Abdullah 2007.

116 [2], [1], [2.a], [2.b], [ad 2.a], [ad 2.b], [1.a], [1.b], [ad 1.a], [ad 1.b]; siehe Faḫr ad-Dīn ar-Rāzī, *Muḥaṣṣal al-afkār*, *Masʾalah: zaʿama Arisṭāṭālīs innahā ḥādiṯah ḫilāfan li-Aflāṭūn wa-man qablahu* (t: Saʿd o. D., S. 226–227 und ed. Kairo [1323 H.], S. 165–166) sowie Faḫr ad-Dīn ar-Rāzī, *al-Maṭālib al-ʿāliyah*, 7.3.7 (t: as-Saqqā 1987, S. vii.189–190).

Auch dort wird aber die Einheit der präexistenten Seele beziehungsweise eine Allseele nicht als eigenständiges Problem behandelt. Die Entstehung der Seele wird von Ibn Sīnā oder anderen Autoren eher im Kontext der Beziehung von Seele und Körper, der Widerlegung der Seelenwanderung oder der Frage nach dem Bestehen der Seele nach dem Tod des Körpers diskutiert.[117]

Aufbauend auf diesem Befund schlage ich vor, dass die Argumentation Bar ʿEbrāyās im *Tēgurtā* literarisch die älteste ist, von ihm anschließend für das *Maqālat an-nafs/Mēmrā šennāyā* umgearbeitet wurde und von hier wiederum in seine späteren Summen einfließt. Die gegenüber Ibn Sīnā umgekehrte Reihung bleibt in allen Werken erhalten – mit Ausnahme, wie eingangs dargestellt, des *Swādā*. Möglicherweise gibt es zwar eine Vorlage für das *Tēgurtā*, die grundlegend den avicennischen Argumentationsgang übernimmt, aber ebenfalls die Allseele zunächst als eigenständiges Problem widerlegt. Andererseits ist auf die traditionelle Auseinandersetzung mit Vorstellungen einer Allseele bei Platon oder bei den Manichäern in früheren christlich-philosophischen Seelenlehren zu verweisen, beispielsweise bei Nemesius von Emesa[118] oder auch bei Mušē bar Kēpā, dessen *Mēmrā d-ʿal napšā* ja als Vorlage für Bar ʿEbrāyā bereits feststeht.[119] Diesen prominenten Platz, den die Widerlegung einer Allseele in der christlichen Theologietradition einnimmt, könnte sich in Bar ʿEbrāyās *Tēgurtā* auch ohne direkte Vorlage abzeichnen. Dass die Widerlegung der Allseele auch in der Mehrzahl der weiteren Werke Bar ʿEbrāyās den ersten Platz einnimmt, deutet ebenfalls auf die anhaltende Wichtigkeit, die Bar ʿEbrāyā deren Widerlegung einräumt.

---

117 Dies wird meist auch an den jeweiligen Abschnitts- oder Kapitelüberschriften der Werke deutlich. Da es sich bei den Ausgaben der Texte oft nicht um kritische Editionen handelt, ist dieser Punkt nur eingeschränkt aussagekräftig. Siehe darüber hinaus Muehlethaler 2012, Marmura 2008, Druart 2000 sowie McGinnis 2010, S. 124–126.

118 Nemesius von Emesa, *De natura hominis*, 2 („Über die Seele") (t: Morani 1987, S. 32.20–34.17, v: Sharples und Eijk 2008, S. 71–73) und Nemesius von Emesa, *De natura hominis*, 38 („Über Platons Bericht zum Schicksal") (t: Morani 1987, S. 109.9–15, v: Sharples und Eijk 2008, S. 190–191).

119 Mušē bar Kēpā, *Mēmrā d-ʿal napšā*, 4 (t: Vat. sir. 147, fol. 21v–22r, v: Braun 1891, S. 50). Dieser Abschnitt, der sich gegen die Manichäer richtet, ist in Hs. Vat. sir. 147 eigens rubriziert.

Die mithin ausführlichste Variante des Argumentationsgangs findet sich in der Seelenlehre des *Mnārtā*.[120] Hier bettet Bar ʿEbrāyā die Passage in ein übergreifendes *qepalē ʾon* zur „Schöpfung der Vernunftseele" (*meṭṭol brit̄āh d-napšā mliltā*) ein.[121] Darin stellt Bar ʿEbrāyā nun neben dem hier relevanten Abschnitt (*pāsoqā*) „darüber, dass die Seele einen Anfang hat (*mšaryānitā-[h]y napšā*) und mit dem Körper entsteht" auch zwei weitere Abschnitte, die sich mit der Präexistenz der Seele beschäftigen: zum einen eine weitergehende Auseinandersetzung mit „der Ansicht derjenigen, welche der Seele Vorewigkeit zuschreiben" sowie zum anderen mit den Lehren des Origines. Die Wichtigkeit, die Bar ʿEbrāyā dem Thema der Präexistenz der Seele zuschreibt, tritt also deutlich hervor.

Nur im *Mnārtā* tauchen neben dem bisher behandelten Argumentationsgang noch drei weitere Argumente gegen die Präexistenz der Seele auf, die ich im nächsten Unterabschnitt behandle. Der Argumentationsgang steht zu Beginn aller hier von Bar ʿEbrāyā aufgeführten Argumente.

---

120 Ab hier gebe ich die jeweilige Fassung des Argumentationsgangs in Bar ʿEbrāyās Werken lediglich in einer Fußnote wieder: „Wir sagen, für den Fall, dass die Vernunftseele vorewig und früher als der Körper wäre: Entweder [2] ist die Seele eine oder [1] es sind mehrere Seelen. [Ad 2:] Das erste ist nicht richtig, [und zwar] daher, da notwendigerweise, wenn sich *eine* Seele mit mehreren Körpern verbände, sie entweder [2.a] eine bliebe, wie sie ist, oder [2.b] sie sich in Teile aufteilte und mehrere würde. [Ad 2.a:] Das erste ist nicht richtig, [und zwar] dadurch, dass es recht ist, dass, wenn alle Menschen eine einzige Seele hätten, notwendigerweise das, was ein Mensch weiß, auch alle Menschen wüssten – was falsch ist. [Ad 2.b:] Und das zweite wiederum ist nicht richtig, denn Teilung in Teile kommt nur den Körpern zu, die zusammengesetzt werden können, und nicht dem Unkörperlichen, das einfach ist. [Ad 1:] Genauso ist auch dieses Zweite nicht richtig, [und zwar] daher, dass diese mehreren Seelen vor dem Körper entweder [1.a] nach der Substanz unterschieden sind voneinander oder [1.b] nach den Akzidentien. [Ad 1.a:] Das erste ist nicht richtig, [und zwar] daher, dass wir bekräftigen, dass die Vernunftseelen gleich sind nach der Substanz und nicht unterschieden nach der Natur. [Ad 1.b:] Und dieses zweite wiederum ist nicht richtig, weil unterschiedene Akzidentien der Materie möglich sind, nicht aber dem Immateriellen. Die Seele ist also nicht vorewig noch ist sie vor dem Körper geschaffen"; Bar ʿEbrāyā, *Mnārat qudšē*, 8.3.1.1 (t: Bakoš 1948, S. s68, v: Bakoš 1948, S. 39–40).

121 Bar ʿEbrāyā, *Mnārat qudšē*, 8.3 (t: Bakoš 1948, S. s67–76, v: Bakoš 1948, S. 39–44). Die Unterteilung der drei *qepalē ʾē* 23–25 aus Mušēs *Mēmrā d- ʿal napšā* werden von Bar ʿEbrāyā im frühen *Maqālat an-nafs* noch beibehalten; vgl. die entsprechenden Kapitel wie gezeigt in Tabelle 4.3, S. 229. Im *Mnārtā* dagegen fasst Bar ʿEbrāyā sie zusammen.

Von diesen insgesamt vier Vernunftbeweisen im *Mnārtā* hat Bar ʿEbrāyā im späteren *Zalgē* nur den ersten aufgegriffen. Dieser scheint Bar ʿEbrāyā also der wichtigste zu sein. Insgesamt ist der Argumentationsgang im *Zalgē* stark gekürzt.[122] Bar ʿEbrāyā lässt [ad 2.a] ausfallen und setzt damit bei den Lesenden den Schluss voraus, dass [2.a] nicht möglich sei, da die Seele als unteilbar angenommen wird. Außerdem wird die gesamte Fallunterscheidung weniger ausführlich entfaltet. Ein interessanter Unterschied besteht zudem in der Verwendung der beiden Personennamen Peter und Paul, deren Wissen im Falle einer Allseele dasselbe wäre. Bar ʿEbrāyā greift hier die beiden Namen Zayd und ʿAmr bei Ibn Sīnā auf und christianisiert sie.

In Bar ʿEbrāyās *Ḥēwtā* schließlich findet sich ein eigener Abschnitt (syr. *pāsoqā*), in dem Bar ʿEbrāyā in einer *teʾōriya* (Betrachtung) für die Erschaffung der Seele mit dem Körper argumentiert.[123] In der Struktur besteht in diesem Fall die größte Übereinstimmung mit dem *Mnārtā*. Nuancen erge-

---

122 „Wenn die Seele dem Körper vorausginge, wäre sie entweder [2] eine oder [1] mehr als eine. [Ad 2:] Und dieses Erste ist nicht wahr: Denn, wenn sie zu mehreren Körpern verbunden würde, würde sie sich entweder [2.b] aufteilen [und] verkörpern oder [2.a] sie teilte sich nicht auf. [Ad 2.a:] [So] wäre es recht, dass das, was Petrus weiß, dasselbe wäre, was Paulus weiß. Aber dies ist nicht der Fall. [Ad 1:] Und das zweite wiederum ist nicht korrekt. [Ad 1.a:] Denn die menschlichen Seelen sind gleich in ihrer Substanz. [Ad 1.b:] Und vor den Körpern sind sie frei von materiellen Qualitäten (syr. *znayā hulānāyē*). Dadurch würden sie also geteilt. Menschliche Seelen also werden mit dem Körper geschaffen"; Bar ʿEbrāyā, *Ktābā d-Zalgē*, 6.3.1 (t: Mosul, SOE 26, fol. 48v und Yešūʿ b. Gabriel 1997, S. 172–173).

123 „Die Vernunftseele geht dem Körper nicht in ihrer Schöpfung voraus. Sonst wäre sie vor dem Körper entweder [2] eine oder [1] mehr als eine. [Ad 2:] Und das Erste ist nicht wahr dadurch, dass die einfache (*iḥidāytā*) Seele nach ihrer Verbindung mit mehreren Körpern entweder [2.a] eine bleibt, [ad 2.a:] dann hätten alle Menschen eine Seele und es wäre recht, dass alles, was ein bestimmter Mensch weiß, alle Menschen wüssten – das ist aber nicht so. Oder aber [2.b] sie teilt sich in Teile auf. [Ad 2.b:] Und es wäre nötig, dass sie materiell (*hulānāytā*) oder körperlich wäre – das ist absurd. [Ad 1:] Das Zweite wiederum ist nicht richtig, [und zwar] dadurch, dass vor dem Körper, wenn die Seele mehr als eine wäre, sich diese Seelen voneinander unterscheiden entweder [1.a] an Natur (*kyānā*) und unveränderliche Akzidentien (*gedšē lā-mšannyānē*) gebunden oder [1.b] durch veränderliche Akzidentien. [Ad 1.a:] Und das erste ist nicht richtig, [und zwar] dadurch, dass alle menschlichen Seelen teilhaben an der[selben] Natur. [Ad 1.b:] Und das zweite wiederum ist nicht richtig, [und zwar] dadurch, dass sie durch veränderliche Akzidentien mittels der Körper mit den Seelen verbunden wären, wobei es dann noch keine Körper gibt. Die menschlichen Seelen gehen also den Körpern nicht voraus"; Bar ʿEbrāyā, *Ḥēwat ḥekmtā, Ktābā d-Napšā*, 4.3.1 (t: D¹, fol. 142v–143r und L, fol. 128r.i–ii). Vgl. auch die Paraphrase in Furlani 1931, S. 45/22. In der zweiten der beiden *teʾōriyas* in die-

ben sich wieder im Hinblick auf die Wendung der einzelnen Argumente. So werden von Bar ʿEbrāyā im *Ḥēwtā* beispielsweise unveränderliche und veränderliche Akzidentien (syr. *gedšē*) unterschieden, wobei die unveränderlichen Akzidentien genau wie die Substanz (bzw. Natur) zwischen einzelnen menschlichen Seelen nicht unterscheidbar seien.

Tabelle 4.10: Der Argumentationsgang wider die Präexistenz in Bar ʿEbrāyās Werken

Tēgurtā	ad 2	ad 2.a			ad 1.a	ad 1.b	ad 2.b					
Maqālat an-nafs	2	1			ad 2.a	ad 2.b	ad 1	1.a	1.b	ad 1.a	ad 1.b	
Mnārtā	2	1	ad 2	2.a	2.b	ad 2.a	ad 2.b	ad 1	1.a	1.b	ad 1.a	ad 1.b
Zalgē	2	1	ad 2	2.b	2.a		ad 2.a	ad 1			ad 1.a	ad 1.b
Swādā	1	2	ad 1	1.a	1.b	ad 1.a	ad 1.b	ad 2	2.a	2.b	ad 2.a	ad 2.b
Ḥēwtā	2	1	ad 2	2.a	ad 2.a	2.b	ad 2.b	ad 1	1.a	1.b	ad 1.a	ad 1.b

Vgl. die Erläuterungen im Text oben, Kap. 4.2.1, S. 244.

4.2.1.3 Weitere Argumente im *Mnārtā*

Der erste Vernunftbeweis, den Bar ʿEbrāyā im *Mnārtā* im Abschnitt gegen die Vorewigkeit der Seele und für ihre Schöpfung mit dem Körper anführt, bedient sich des bereits bekannten Argumentationsgangs. Im Anschluss führt Bar ʿEbrāyā drei weitere Vernunftbeweise an, die sich nicht in den anderen Seelenlehren finden und die ich im Folgenden kurz bespreche.

Der zweite Vernunftbeweis bedient sich ebenfalls einer Fallunterscheidung:[124] Bestünde die Seele vor dem Körper, müsste sie vorher entweder in einem anderen Körper sein oder nicht. Für die erste Möglichkeit, der Seelenwanderung von Körper zu Körper, verweist Bar ʿEbrāyā auf seine entsprechenden späteren Ausführungen. Für die zweite Möglichkeit, unterscheidet er noch einmal zwei Fälle: Habe die Seele Wissenselemente (syr. *yadʿātā*; Sg. *idaʿtā*, Wissen) aus der Zeit vor ihrer Vereinigung mit dem Körper, werde sie umsonst (*ʿiqē*) mit dem Körper verbunden (*metʿasrā*). Umgekehrt, nähme man an, sie sei frei von Wissenselementen vor ihrer Vereinigung mit dem Körper geschaffen worden, sei ihre Erschaffung ohne Zweck. Wis-

---

sem *pāsoqā* argumentiert Bar ʿEbrāyā für das Bestehen der Seele über den Tod des Körpers hinaus.

124 Bar ʿEbrāyā, *Mnārat qudšē*, 8.3.1.1 (t: Bakoš 1948, S. s68–69, v: Bakoš 1948, S. 40). Vgl. die Paraphrase in Furlani 1932, S. 97.

sen beziehungsweise vernünftiges Denken wird ja von Bar ʿEbrāyā und der Philosophie seiner Zeit gerade als die wesentliche Eigenschaft der menschlichen Seele gedacht. Die Sinnlosigkeit ihres Daseins vor oder nach dem Körper in diesen beiden Fällen widerspräche aber, so Bar ʿEbrāyā weiter, dem Prinzip, dass nichts in der Natur ohne Zweck geschaffen sei.

Grundsätzlich ist es nicht verwunderlich, dass für die Zweckmäßigkeit der Schöpfung argumentiert wird. Auch bei Mušē bar Kēpā findet man ein ähnliches Argument, aber in einem etwas anderen Zusammenhang.[125] Einen ähnlichen Einwand nutzt Bar ʿEbrāyā auch selbst bereits im *Tēgurtā*.[126] In al-Ġazālīs *Maqāṣid* findet sich hierzu allerdings keine Parallele. Wie Peter Adamson feststellt, nutzt aber Ibn Sīnā dieses Argument im *al-Inṣāf* (etwa: „Gerechtes Urteil") in seinem Kommentar zur sogenannten *Theologie des Aristoteles*, im Unterschied zum bereits besprochenen Argumentationsgang in seinen anderen Werken.[127] Auch Bakoš hatte bereits auf eine gewisse Nähe zu Plotins *Enneaden* hingewiesen,[128] die teils als *Theologie des Aristoteles* ins Arabische übersetzt wurden. Möglicherweise übernimmt Bar ʿEbrāyā diese Punkte des *Inṣāf* indirekt, das heißt vermittelt durch ein weiteres Werk.

Der dritte Vernunftbeweis, den Bar ʿEbrāyā im *Mnārtā* anführt, stellt darauf ab, dass die Seele Arten oder Modi aufnehmen könne, die einen Anfang hätten (syr. *mqabblānyātā enēn da-znayā mšarryān*), insofern sie verschiedene Wissenselemente aufnähmen, über die sie zuvor nicht verfügten.[129] Von Bar ʿEbrāyā wird hier vermutlich die Vorstellung vorausgesetzt, das Wissen komme dem Wissenden als etwas Zusätzliches zu.[130] Etwas aufzu-

---

125 Mušē bar Kēpā, *Mēmrā d-ʿal napšā*, 4 (t: Vat. sir. 147, fol. 21r–v, v: Braun 1891, S. 50). Mušē argumentiert hier, auch Kinder verfügten über eine Vernunftseele, gegen die „Anhänger Platons" (*bēt Plaṭāwn*).

126 Bar ʿEbrāyā, *Tēgrat tēgrātā*, 2.3, *Nuhhārā ʿal hāy d-lā ḥdā-ʰy b-menyānā napšā* [...] (t: Mardin, CCM 382, fol. 89v; fehlt in Hs. Jerusalem, St. Markus 232). Vgl. die Paraphrase in Furlani 1933, S. 304/21.

127 Adamson 2004, S. 64–65. Zum *Inṣāf* siehe Gutas 2014, S. 144–155 (W10) u. 426 (GS 11). Zur *Theologie des Aristoteles* siehe Adamson 2021.

128 Bakoš 1948, S. 117, Anm. 239.

129 Bar ʿEbrāyā, *Mnārat qudšē*, 8.3.1.1 (t: Bakoš 1948, S. s69, v: Bakoš 1948, S. 40). Vgl. die Paraphrase in Furlani 1932, S. 97–98. Siehe auch die vormoderne arabische Übersetzung in Hs. Diyarbakır, *Meryem Ana Kilisesi*, 3/7, fol. 169v–170r (datiert: 18. Jhd.). Die Handschrift ist online zugänglich via *vhmml*; für eine Beschreibung siehe https://w3id.org/vhmml/readingRoom/view/123348.

130 Die Stelle ist schwierig, da nicht klar wird, was Bar ʿEbrāyā hier genau mit *znayā* meint. Insofern die menschliche Seele immateriell ist, können ihre Wissensinhalte

nehmen, das einen Anfang habe, sei aber nur möglich, wenn auch das Aufnehmende ebenfalls einen Anfang habe. Bar ʿEbrāyā begründet dies nicht weiter. Mir ist es nicht gelungen, zu diesem Argument eine direkte Parallele zu identifizieren.[131]

Als vierten und letzten Vernunftbeweis führt Bar ʿEbrāyā im *Mnārtā* an, die Seelen könnten nicht gleichewig mit Gott sein.[132] Diese Aussage richtet sich nun nicht gegen die Präexistenz der Seele vor dem Körper im Allgemeinen, sondern gegen die Vorewigkeit der Seele im Speziellen. Das Argument stellt auf die Rangordnung zwischen Gott einerseits und der Schöpfung beziehungsweise dem Menschen andererseits ab. Hier argumentiert Bar ʿEbrāyā im Prinzip apodiktisch auf ausschließlich theologisch-religiöser Ebene. Auf die Ansicht, die Seele sei vorewig, geht Bar ʿEbrāyā auch im zweiten *pāsoqā* desselben *qepalē ʾon* noch einmal ein. Auch hier wird einer der beiden Punkte, welchen die Vertreter der Vorewigkeit der Seele laut Bar ʿEbrāyā anführen, von Bar ʿEbrāyā mit dem Rekurs auf Gottes schöpferische Tätigkeit zurückgeführt, ohne schlüssigen Argumentationsgang.[133]

4.2.1.4 Zusammenfassung

Seit Ibn Sīnā findet sich ein Argumentationsgang gegen die Vorstellung, die Seele existiere vor dem Körper, der verschiedene hypothetische Fälle der

---

ebenfalls nur immateriell sein. Qualitäten, wie Bakoš übersetzt, kommen aber nur materiellen Dingen zu.

131 Zu diesem dritten Vernunftbeweis bringt Bar ʿEbrāyā auch einen weiteren hypothetischen Einwand (syr. *hpāktā*) samt Erwiderung (*punnāyā*) vor; Bar ʿEbrāyā, *Mnārat qudšē*, 8.3.1.1 (t: Bakoš 1948, S. s69, v: Bakoš 1948, S. 40–41). Besonders die Formulierung des Einwands ist schwierig zu verstehen. Furlani sowie Bakoš gehen nicht weiter darauf ein. Die Übersetzung des Einwands durch Bakoš scheint das Gegenteil dessen zu implizieren, was die vormoderne arabische Übersetzung in Hs. Diyarbakır, *Meryem Ana Kilisesi*, 3/7, fol. 170r wiedergibt: Der mögliche Einwand will der Seele das Wissen lediglich *in potentia* zuschreiben. Dies deckt sich mit einer in der Edition nicht zu findenden Lesart der Hs. Yale, *Beinecke Library*, Syriac MS 7, S. 260 (datiert: 1590), in der syr. *hānā* statt *hāy* steht: „Sie sagen: Wenn die Seele die Qualitäten mit Anfang *in actu* empfinge, hätte [auch sie] einen Anfang. Das ist aber nicht so (*w-lāw hānā*). Sie empfängt sie also *in potentia*.“

132 Bar ʿEbrāyā, *Mnārat qudšē*, 8.3.1.1 (t: Bakoš 1948, s69–70, v: Bakoš 1948, S. 41). Vgl. die Paraphrase in Furlani 1932, S. 98.

133 Bar ʿEbrāyā, *Mnārat qudšē*, 8.3.2 (t: Bakoš 1948, s75, v: Bakoš 1948, S. 44). Vgl. die Paraphrase in Furlani 1932, S. 99.

Präexistenz der Seele erst unterscheidet und dann jeweils widerlegt. Dieser Argumentationsgang wurde vielfach in philosophischen oder theologischen Werken muslimischer Autoren rezipiert. Auch in allen sechs der Seele gewidmeten und hier untersuchten Werke Bar ʿEbrāyās findet er Verwendung.

Ich schlage vor, dass Bar ʿEbrāyā ihn ursprünglich aus al-Ġazālīs *Maqāṣid* für die Seelenlehre des *Tēgurtā*, die früheste seiner philosophischen Summen, adaptiert hat. Hier behandelt Bar ʿEbrāyā das Problem einer präexistenten Allseele noch separat, worin sich das *Tēgurtā* sowohl vom *Maqāṣid* und anderen Werken islamischer Autoren als auch von Bar ʿEbrāyās späteren Seelenlehren unterscheidet. Grund hierfür könnten ältere griechische und syrische Seelenlehren christlicher Autoren sein, die sich mit dem Problem der Allseele dezidiert auseinandersetzen.

Als ebenfalls frühes Werk Bar ʿEbrāyās kann das der Seele gewidmete *Maqālat an-nafs* gelten. Darin wird meines Erachtens der Argumentationsgang des *Tēgurtā* von Bar ʿEbrāyā noch einmal umgearbeitet. Er wird dadurch wieder stärker an die in sich geschlossene Fassung der islamischen Werke angeglichen. Gleichzeitig bettet Bar ʿEbrāyā es passend in die Grundstruktur seiner allgemeinen Vorlage für das *Maqālat an-nafs*, Mušē bar Kēpās *Mēmrā d-ʿal napšā*, ein. Aus dem *Maqālat an-nafs* wiederum übernimmt Bar ʿEbrāyā den Argumentationsgang in seine späteren Werke, wobei leichte Unterschiede bei den benutzten Begriffen und Wendungen auftauchen, ähnlich wie dies auch im Hinblick auf die verschiedenen Werke islamischer Autoren zu beobachten ist.

Lediglich im *Mnārtā*, der früheren der beiden theologischen Summen, nutzt Bar ʿEbrāyā noch weitere Vernunftbeweise, welche die Präexistenz der Seele widerlegen sollen. Diese sind allerdings nicht aus Mušēs *Mēmrā d-ʿal napšā* übernommen. In der späteren theologischen Summa, dem *Zalgē*, das sich im Allgemeinen am *Mnārtā* orientiert, findet sich schließlich nur noch der avicennische Argumentationsgang.

Damit wurde beispielhaft anhand einer genauen Analyse einer kurzen Textpassage das kompilatorische und redaktionelle Vorgehen Bar ʿEbrāyās herausgestellt. Sowohl die Einordnung des bisher kaum untersuchten *Maqālat an-nafs* als Frühwerk Bar ʿEbrāyās als auch die mögliche relative Chronologie seiner frühen Werke können auf Grundlage der Untersuchung zur weiteren Diskussion gestellt werden.

4.2.2 Exkurs: Ungeborenes Leben bei Mušē bar Kēpā und im *Maqālat an-nafs*

In Mušē bar Kēpās *Mēmrā d-ʿal napšā* finden sich einige Aspekte, die im Hinblick auf die Frage nach Vorstellungen vorgeburtlichen Lebens in der syrischen Tradition vor Bar ʿEbrāyā durchaus Interesse verdienen. Ich habe sie bis hierhin nicht aufgegriffen, da sich keine direkten Entsprechungen zu den Summen Bar ʿEbrāyās finden. Anders verhält es sich dagegen mit dem *Maqālat an-nafs*. Im Folgenden bespreche ich die jeweiligen Passagen in Mušē bar Kēpās *Mēmrā d-ʿal napšā* und stelle sie anschließend den jeweiligen Kapiteln im *Maqālat an-nafs* gegenüber. Der embryologische Aspekt ist hier im Allgemeinen weitaus weniger prominent als in Mušēs *Mēmrā d-ʿal napšā*. Mehrere der Aussagen zum Samen, zur Fehlgeburt und Ähnlichem finden sich bei Bar ʿEbrāyā andernorts oder überhaupt nicht.

Im Vorfeld gebe ich noch einen allgemeinen Überblick über die im gegebenen Rahmen wichtigen Passagen in Mušē bar Kēpās *Mēmrā d-ʿal napšā*. Mušē behandelt die Frage der Beseelung in insgesamt drei *qepalēʾē* ungefähr in der Mitte seiner Abhandlung. In *qepalēʾon* 23, „darüber, woher die Seele ist"[134], *qepalēʾon* 24, „wo die Seele geschaffen wird – in oder außerhalb des Leibs"[135] sowie im längeren *qepalēʾon* 25, „ob die Seele vor, mit oder nach dem Leib geschaffen wird"[136] sind verschiedene Aussagen darüber enthalten.

Die Diskussion Mušēs, „darüber, woher die Seele ist" in *qepalēʾon* 23 beginnt mit der häresiologischen Unterscheidung dreier Positionen: (1) der manichäisch-gnostischen Position, die Seele sei „von der Natur Gottes" (syr. *men kyānā d-Alāhā*) beziehungsweise „ein Stück seines Wesens" (*beṣrā men ʾitutēh*); (2) eine Seele werde aus einer anderen Seele gezeugt (oder: geboren), gehe und fließe aus ihr hervor (*metyaldā w-metyabblā w-rādyā*); (3) die Seele werde aus dem Samen des Mannes (*zarʿā d-gabrā*) gezeugt/geboren und hervorgebracht (*metyaldā w-metyabblā*).[137] Gegen diese Positionen argumentiert Mušē im Folgenden mittels unterschiedlicher

---

134 Mušē bar Kēpā, *Mēmrā d-ʿal napšā*, 23 (t: Vat. sir. 147, fol. 46v–49v, v: Braun 1891, S. 76–79): *meṭṭol napšā d-men aykā ʾitēh*.

135 Mušē bar Kēpā, *Mēmrā d-ʿal napšā*, 24 (t: Vat. sir. 147, fol. 49v–52v, v: Braun 1891, S. 79–83): *aykā metbarryā napšā b-gāw d-pagrā āw l-bar menēh pagrā*.

136 Mušē bar Kēpā, *Mēmrā d-ʿal napšā*, 25 (t: Vat. sir. 147, fol. 52v–61r, v: Braun 1891, S. 83–94): *d-metbarryā napšā men qdām pagrā āw ʿam pagrā āw bātar pagrā*.

137 Mušē bar Kēpā, *Mēmrā d-ʿal napšā*, 23 (t: Vat. sir. 147, fol. 46v, v: Braun 1891, S. 76).

Vernunft- und Traditionsbeweise. Erst im Anschluss legt er seine eigene Sicht dar, Gott schaffe sie aus dem Nichts (syr. *men lā-meddem brā lāh Alāhā*).[138] Auch hierfür folgen mehrere Vernunft- und Traditionsbeweise.

Im Hintergrund der folgenden Frage Mušēs in *qepalēʾon* 24, ob die Seele inner- oder außerhalb des Leibes geschaffen werde, steht der Gegensatz von unkörperlicher Seele und stofflichem Leib: Wäre die Seele außerhalb des Leibes geschaffen, ließe sie sich, so ein Einwand, den Mušē anführt, nur schwerlich im Nachgang in den als niedriger geltenden Körper zwingen.[139] Gegen dieses Argument führt Mušē zahlreiche Traditionsbeweise ins Feld, die er den griechischen Lehrern (*mallpānē yonāyē*) zuschreibt.[140]

In *qepalēʾon* 25 wird schließlich von Mušē diskutiert, zu welchem Zeitpunkt die Seele geschaffen werde. Hier unterscheidet er wiederum, wie bereits angeführt, drei Positionen: (1) die Präexistenz der Seele, welche „die alten Heiden, Origenes, die Häretiker und andere mit ihnen"[141] vertreten hätten; (2) die Auffassung der syrischen Lehrer, die Seele entstehe nach dem Körper und schließlich (3) die Position der griechischen Lehrer, Leib und Seele entstünden „gleichmäßig" (syr. *b-šāwyutā*) zusammen, der er sich anschließt. Die anschließenden Erläuterungen, mit einer Mischung aus Vernunft- und Traditionsbeweisen, ist ausführlicher als die vorherigen.

Drei weitere *qepalēʾē* Mušēs gehen außerdem Fragen nach, die direkter mit Vorstellungen zur Fortpflanzung und zum ungeborenen Leben im Zusammenhang stehen: *qepalēʾon* 26, darüber „ob immer, wenn menschlicher Samen ausgestoßen wird (*metrmē zarʿā nāšāyā*), mit ihm eine Seele lebendig gemacht werde", *qepalēʾon* 27, über den Zusammenhang von körperlichem Wuchs und den Seelenkräften, und das kurze *qepalēʾon* 22 über die Seele von fehlgeborenen Kindern. Zu diesen drei *qepalēʾē* finden sich bei Bar ʿEbrāyā nur im *Maqālat an-nafs* Parallelen.

---

138 Mušē bar Kēpā, *Mēmrā d-ʿal napšā*, 23 (t: Vat. sir. 147, fol. 48v, v: Braun 1891, S. 78).

139 Mušē bar Kēpā, *Mēmrā d-ʿal napšā*, 24 (t: Vat. sir. 147, fol. 50r, v: Braun 1891, S. 79).

140 Diese Traditionsbeweise sollen explizit auch die im vorangehenden *qepalēʾon* 23 vertretenen Auffassungen stützen (*sāhdwātā d-mallpānē ʿal hānā qepalēʾon w-ʿal hāy d-qadmāw^hy*). In Hs. Vat. sir. 147, fol. 50r ist die entsprechende einleitende Bemerkung zu den Zitaten rubriziert.

141 Merkwürdigerweise stehen zwischen den ersten drei genannten keine Unds (syr. *w-*).

4.2.2.1 Die Seele der Fehlgeburt

Das *qepalē ʾon* 22 des *Mēmrā d- ʿal napšā* widmet Mušē bar Kēpā der Frage nach der ungestalteten Fehlgeburt.[142] Was geschehe mit den Seelen, die an das Fleisch derjenigen gebunden seien, die fehlgeboren werden (syr. *aḥidān l-besrā aylēn d-etyaḥḥaṭ*[w]), während es noch ungeformt in seiner Gestalt sei (*lā eṣṭallam ba-dmutā*) und unvollendete Gliedmaßen haben (*lā eštamli*[w] *b-haddāmē*)? Die Frage impliziert damit also, vor der Ausgliederung des Körpers müsse das Kind als unbeseelt gelten, oder zumindest auf andere Art beseelt oder belebt. In der Frage werden die Seelen dieser ungeformten Kinder allerdings nicht den geformten, aber ungeborenen Kindern gegenübergestellt, sondern den Seelen bis zur Kindheit (*ṭalyutā*), der Jugend (*ʿlaymutā*) oder auch dem Alter (*saybutā*). Wie unterscheiden sich die Seelen der Ungeborenen von Letzteren?

Mušē führt keinen Grund für seine Position an, die Seelen dieser Kinder unterschieden sich von anderen lediglich darin, dass sie weder gute noch böse Werke vollbracht hätten noch über Erinnerung verfügten. Diejenigen Kinder, deren Seelen bereits im Kleinkindalter (syr. *šabrutā*) ihre Leiber verließen, stellt er den Ungeborenen gleich. Erst vor dem Hintergrund seiner später folgenden Argumentation in *qepalē ʾon* 25 wird Mušēs Aussage schlüssig. Dort betont er mehrmals, dass der Mensch ab der Empfängnis als beseelt gelten muss.

Im *Maqālat an-nafs* widmet Bar ʿEbrāyā das *faṣl* 44 dem Beweis (ara. *bayān*), „dass die Seele der Fehlgeburt (*siqṭ*) wie die Seele ist, die eine lange Zeit mit (*maʿa*) ihrem Körper verweilt (*makatat*)".[143] Denn die substantielle Natur (*al-kiyān al-ǧawharī*), die der Seele eigen sei (*mutaʿayyan*), werde nicht mehr und nehme nicht ab (*lam yazid wa-lam yanquḍ*), da es ein Wesen und kein Akzidens sei (*ḏāt la ʿaraḍ*). Dies ist ein Hinweis auf die Frage nach substantieller Veränderung: Die substantielle Natur könne nicht mehr oder weniger sein. Indirekt heißt das, das beseelte Kind kann nicht als weniger oder mehr menschlich gelten.[144]

---

142 Mušē bar Kēpā, *Mēmrā d- ʿal napšā*, 22 (t: Vat. sir. 147, fol. 46r–46v, v: Braun 1891, S. 75–76).

143 Bar ʿEbrāyā, *Maqālat an-nafs*, 44 (t: Cheikho 1898, S. 1087 und Berlin, Or. 887, fol. 198r). Hs. Berlin, Or. 887 weicht hier in den Formulierungen zu Beginn dem Wortlaut nach ab (z. B. *siqṭ min al-baṭn*, Fehlgeburt/„Fallendes" aus dem Bauch), entspricht aber sonst dem edierten Text.

144 Vgl. Bar ʿEbrāyās entsprechende Ausführungen im Kontext der Kategorienlehre, wie besprochen in Kap. 5.4, S. 310. Wichtig scheint mir auch der genaue Wortlaut

Bar ʿEbrāyā fügt hinzu, wenn die Seele sich vom Leib trenne (*firāq an-nafs min al-ǧasad*), so sei damit nicht gesagt, sie träte aus irgendeinem Körperteil (*ʿadw*) oder von einer bestimmten Seite (*ǧihah*) heraus – wie manche Leute meinten, sie träte aus dem Mund aus. Dies und ähnliches seien körperliche Angelegenheiten. Die Trennung der Seele vom Leib dagegen sei wie die Trennung (*iftirāq*) der Hitze des Feuers vom erhitzten Gold, die Kraft eines Heilmittels (*quwwat ad-duwāʾ*), die abnehme (*baṭalat minhu*), oder das Licht des Himmels (*fadāʾ*), das von ihm weiche.

Das *Maqālat an-nafs* geht damit nicht explizit auf die Fehlgeburt ein, entgegen der Überschrift. Abgelehnt wird zum einen die Vorstellung, die Seele sei an ein bestimmtes Körperteil gebunden. Kann dies implizit so interpretiert werden, dass, gemäß der Position von Mušē, die Ausformung von Körperteilen keine Notwendigkeit für die Beseelung des Ungeborenen ist? Die Frage ist kaum zu beantworten. Zum anderen verweist Bar ʿEbrāyā indirekt auf die Problematik substantieller Veränderung, womit grundsätzlich argumentiert wird, das Ungeborene unterscheide sich nicht wesentlich oder substantiell von einem geborenen Menschen.

4.2.2.2 Die Seele des Samens

Mušē bar Kēpā widmet *qepalēʾon* 26 der Frage, ob immer, wenn der Mann allein den menschlichen Samen ausstoße (syr. *gabrā balḥod narmē zarʿā*), aus nichts eine Seele erschaffen werde und mit ihm vereinigt werde (*methayydā*).[145] Mušē meint explizit, eine solche Frage könnte sich an seine vorhergehenden Ausführungen anschließen.[146] Die kurze Antwort Mušēs lautet nein, der Samen werde nicht beseelt erschaffen. Als Antwort auf die Frage finden sich dann aber mithin die wichtigsten embryologi-

---

der Überschrift des *faṣl*: Es handelt sich um eine Seele, die „lange Zeit" mit dem Körper verbunden ist. Auf eine Beseelung von Anfang an, lässt sich damit vielleicht nicht unbedingt schließen.

145 Mušē bar Kēpā, *Mēmrā d-ʿal napšā*, 26 (t: Vat. sir. 147, fol. 61r–v, v: Braun 1891, S. 94–95). Braun übersetzt euphemistisch mit lat. *seminatio*, die sich vollziehe, statt Samen, der ausgestoßen werde.

146 Braun hat hier einen nicht von ihm angezeigten Eingriff in den Text vorgenommen: In Hs. Vat. sir. 147 steht die rubrizierte Überschrift von *qepalēʾon* 26 der in Brauns Übersetzung als Schlussfolgerung von *qepalēʾon* 25 wiedergegebenen Passage voran. Mušē (oder ein späterer Redaktor des Textes) können damit *qepalēʾon* 26 als in sich geschlossen wiedergeben.

schen Anschauungen Mušē bar Kēpās, die ich im Folgenden wiedergebe und kontextualisiere. Sie unterscheiden sich durchaus von denjenigen Bar ʿEbrāyās.

Hatte Mušē am Ende von *qepalē'on* 25 noch betont, die Seele entstehe zugleich mit dem Ausstoßen oder Erguss des Samens (*rmāyēh d-zarʿā*),[147] schränkt er nun ein: Immer, wenn ein Mann allein Samen ausstoße, oder, fügt Mušē hinzu, eine Frau (*āw aⁿttā*) allein, oder den beiden Samen irgendetwas zustoße (*gdišā ... ʿelltā meddem*), so dass aus ihnen kein Konzeptus beziehungsweise keine Schwangerschaft entstehe (*lā hāwē menhon baṭnā*), werde überhaupt keine Seele geschaffen (*lā sāk metbarryā napšā*).

Was also müsse *tatsächlich* erfüllt sein, damit „Samen" und Seele sich vereinigen? Mušē führt aus: Beide (1) werden in das Innere der Gebärmutter ausgestoßen (*b-gāw marbʿā ... metramēn*); (2) werden miteinander verbunden (*methayydin ʿam ḥdādē*); und (3) verknüpfen (*metqaṭṭrin*) sich miteinander daraufhin, dass sich ein Körper (*pagrā*) aus ihnen formt und zusammensetzt (*netgbel w-netrakkab*). Die Vollendung (*šumlāyā*) des menschlichen Körpers nämlich, so Mušē weiter, rühre von den beiden Samen her. Hier wird er noch konkreter: Dass beide Samen, der männliche und weibliche, an der Bildung des Menschen beteiligt seien, erläutert er mit dem verbreiteten Argument, dass das Überwiegen des einen von beiden das Geschlecht des Kindes erkläre.[148]

In jedem Fall qualifizieren diese Bedingungen Mušēs vorherige Position, die Beseelung finde mit der Empfängnis statt, ganz erheblich. Explizit beschreibt er die Idee, dass eine wirkliche Empfängnis, d. h. Befruchtung, stattfinden und eine Art Protokörper entstehen müsse, damit die Beseelung stattfinden könne.

Es steht zu vermuten, dass diese Ausführungen auch deshalb notwendig sind, da *zarʿā* „Samen" im Syrischen nur schwer begrifflich vom Samengemisch beziehungsweise dem Anfangsstadium der Schwangerschaft getrennt werden kann. Mušē ging es in *qepalē'on* 25 vor allem darum, die Ansicht zu widerlegen, das Ungeborene sei bis zu seiner Ausformung zu menschlicher Gestalt unbeseelt. Dort tritt er auch vehement dafür ein, die Substanz des Menschen bestehe aus Körper und Seele, weshalb ein Körper ohne Seele

---

147 Mušē bar Kēpā, *Mēmrā d-ʿal napšā*, 25 (t: Vat. sir. 147, fol. 60r, v: Braun 1891, S. 93). Braun übersetzt hier ebenfalls mit *seminatio*.

148 Siehe detailliert zu dieser Vorstellung Weisser 1983, S. 119 („Paritätische Zweisamenlehre") und besonders S. 271–273 („Stärketheorie").

als Nichtmensch gelten müsse.[149] In *qepalēʾon* 26 muss Mušē seine Aussage revidieren: Nicht der Erguss des Samens, sondern das Zusammentreten beider Samen in der Gebärmutter ist der körperliche Ausgangspunkt für das Werden des Menschen.

Ein entsprechendes Kapitel findet sich auch im *Maqālat an-nafs*.[150] In *faṣl* 33 stellt Bar ʿEbrāyā eine Untersuchung (*baḥt*[151]) darüber an, „ob der Samen des Mannes lebendig oder tot (*ḥayy am mayyit*), ob er beseelt oder unbeseelt (*mutanaffis am ġayr mutanaffis*)“ sei. Während in der Edition von Cheikho *zaraʿ ar-raǧul* (Samen des Mannes) steht, liest die Handschrift Berlin, Or. 887 *al-manīy al-bāriz min ar-raǧul* (das aus dem Mann ausgehende Ejakulat). Der Samen, der für die menschliche Form geeignet sei (*yaṣluḥu*), sei lebendig-beseelt *in potentia* (*ḥayy mutanaffis bi-l-quwwah*), wie die Existenz der Backenzähne beim Kleinkind (*wuǧūd al-aḍrās bi-ṭ-ṭifl*) und der Bart bei einem Jüngling (*laḥya bi-l-ḥadat*[152]). Der Samen aber, der im Traum, durch Krankheit oder Ähnliches austrete (*yabruzu*[153]), sei wie Speichel, Schweiß, Tränen oder Ähnliches.[154]

Inhaltlich decken sich diese Ausführungen einigermaßen mit denjenigen Mušēs. Grundsätzlich werden dessen Aussagen mit den Konzepten der aristotelischen Philosophie von Potenz umformuliert. Allerdings vermeidet Bar ʿEbrāyā im *Maqālat an-nafs* die Anschauung, auch die Frau habe einen Samen. Es ist explizit nur vom Samen des Mannes die Rede. Während Mušē meint, die beiden Samen müssten sich so vereinen, dass ein Körper daraus werden könne, macht das *Maqālat an-nafs* zur Bedingung, der Samen müsse der menschlichen Form angemessen sein. Weitere Details fehlen, also ob es sich dabei bereits um die vermischten Zeugungsbeiträge, das heißt den materiellen weiblichen Anteil sowie den formalen männlichen Samen, handele. Möglicherweise hat Bar ʿEbrāyā aber auch die Ausführungen Mušēs

---

149 Mušē bar Kēpā, *Mēmrā d-ʿal napšā*, 25 (t: Vat. sir. 147, fol. 60r–v, v: Braun 1891, S. 93–94).

150 Bar ʿEbrāyā, *Maqālat an-nafs*, 33 (t: Cheikho 1898, S. 938 und Berlin, Or. 887, fol. 196r).

151 In Berlin, Or. 887, fol. 196r fehlt *baḥt*. Es wurde nachträglich in arabischer Schrift *bayān* hinzugefügt. Der Begriff *bayān* findet sich auch in weiterer der Überschriften.

152 Berlin, Or. 887, fol. 203v liest *muḥaddat* (Neuling).

153 Berlin, Or. 887, fol. 203v fügt *minhu* (von/aus ihm, d. h. „von oder aus dem Mann“) hinzu.

154 Auffällig ist, dass Blut in dieser Aufzählung fehlt. Weil es als beseelt angenommen wird?

zur Formung einer Art Proto-Körper in ein anderes Kapitel des *Maqālat an-nafs* miteinbezogen, auf das ich im nächsten Abschnitt zurückkomme.

4.2.3 Bar ʿEbrāyā zum Zeitpunkt der Beseelung

4.2.3.1 Relativer Beseelungszeitpunkt: Gleichzeitig mit dem Körper

In den drei philosophischen Summen Bar ʿEbrāyās findet sich mit dem gerade vorgestellten Argumentationsgang lediglich eine *relative* Angabe zum Zeitpunkt der Beseelung: nicht vor dem Körper, sondern mit (syr. ʿam) diesem. Dieser Punkt wurde bereits in Kapitel 2 für das *Swādā* aufgegriffen; ich wiederhole das entsprechende Zitat daraus:

> Gleichzeitig nämlich mit den menschlichen Mischungen entstehen ihre Formen, das heißt ihre Vernunftseelen.[155]

Dieser Aussage Bar ʿEbrāyās, die Seele werde zusammen mit dem Körper geschaffen, liegen inhaltlich sicherlich die Ausführungen Ibn Sīnās zugrunde. Dieser weist im Kontext seines Argumentationsgangs wider die Präexistenz darauf hin, dass weder die Seele die Ursache des Körpers sei noch umgekehrt der Körper die Ursache für das Entstehen der Seele.[156]

---

155 Bar ʿEbrāyā, *Swād sopiya*, 2.32 (t: H. F. Janssens 1937, S. 89.8–12, v: H. F. Janssens 1937, S. 257.)

156 Das Problem bei Ibn Sīnā ist komplex und hat unterschiedliche Implikationen, besonders für Ibn Sīnās Argumentation, die Seele bestehe nach dem Tod des Körpers fort. Zur Gleichzeitigkeit von Körper und Seele bei Ibn Sīnā siehe Druart 2000, Marmura 2008, Muehlethaler 2010, S. 80–92 und Muehlethaler 2012. Ibn Sīnās Rezeption bei Faḫr ad-Dīn ar-Rāzī sowie Naṣīr ad-Dīn aṭ-Ṭūsī untersucht Dadikhuda 2018, wobei aṭ-Ṭūsīs Argumentation hervorzuheben ist, die menschliche Seele sei Form für den Körper nicht insofern sie, wie im Fall von Pflanzen- oder Tierseelen, in ihn eingeprägt werde, sondern ihn leite. Lizzini 2004 untersucht das Verhältnis von Materie und Form, die sich gemäß Ibn Sīnā aus unterschiedlichen Betrachtungswinkeln gegenseitig bedingten. McGinnis 2004 arbeitet Ibn Sīnās Verständnis von substantieller Veränderung als plötzlich heraus, das heißt des Vergehens eines Wesens und das Entstehen eines anderen. Allerdings wird der Aspekt der Beseelung hier nicht berücksichtigt. Daher bleibt die Frage bestehen, welche Art von Seele die verschiedenen embryonalen Stadien wie ara. *nuṭfah* oder ʿalaqah haben. Diesen schreibt Ibn Sīnā ja Unterschiedenheit in ihrer jeweiligen Substanz zu, da es eine substantielle Veränderung zwischen diesen Stadien gebe; vgl. Kap. 5.3, S. 299. Eine detaillierte Untersuchung mehrerer Textstellen in Ibn Sīnās Werk unternehmen außerdem Mousavian und Mostafavi 2017. Ausgangspunkt ihrer Überlegungen ist

Außerdem lassen sich Bar ʿEbrāyās Aussagen im *Swādā* hinzuziehen, die von den Mischungen der Elemente zu deren Vermögen überleiten, und damit implizit zur Seele.[157] Demnach müsse die jeweilige Mischung „geeignet" sein, die jeweilige Form beziehungsweise Seele aufzunehmen. Im *Tēgurtā* erklärt Bar ʿEbrāyā dies wie folgt:

> Und der Körper ist geeignet für ihre [sc. der Seele] [jeweilige] Tätigkeit allein durch die [jeweilige] Mischung und nicht durch eine andere Mischung. Sondern die Gestalt des Dochtes ist es, die, wenn sie geeignet (syr. *ʾāhnāyā*) ist, vom Feuer entzündet und zur Leuchte wird. […] Die Seele ist vom Geber der Formen und ist seine [sc. des Leibes] Vervollkommnung.[158]

Eindrücklich ist das hier von Bar ʿEbrāyā verwendete Beispiel des entzündeten Dochts: Sei dieser entsprechend geeignet, könne er durch die Flamme leuchten und werde eben dadurch erst zur Lichtquelle. Entsprechend ist

die Ambiguität des Begriffs „menschlicher Körper", der in Ibn Sīnās entsprechenden Textstellen auftaucht: Handelt es sich um den „fertigen" menschlichen Körper oder um einen nur potentiell menschlichen Körper? Die Autoren kommen zu dem Schluss, Ibn Sīnā vertrete zwar nicht eine Beseelung des Menschen von der Empfängnis an, setze aber auch nicht den Beseelungszeitpunkt mit der Ausformung der Gliedmaßen (ca. am vierzigsten Tag nach der Empfängnis) gleich. Die Seele entfalte nach und nach die vegetativen, die animalen und schließlich die rationalen Seelenkräfte. Sie sei aber von Anfang an dieselbe menschliche Seele, nämlich ab Entstehung des Herzens, gewissermaßen dem Sitz der Seele. Die Zusammenstellung der Textstellen durch die Autoren ist im Hinblick auf dieses Ergebnis einerseits überzeugend. Andererseits entsteht dadurch eine Art künstliche Synthese, die letztlich auch nicht problemlos ist. Es bleibt u. a. dieselbe Frage wie im Hinblick auf den Aufsatz McGinnis 2004 bestehen, wenn sie schreiben: „Some substantial changes happen but they are not transitions from one species to another." Was sind dann aber diese Veränderungen während der Embryogenese genau? Grundsätzlich übergehen die Autoren auch, dass sich Ibn Sīnā hinsichtlich embryonaler Fristen nicht genau festlegen will; siehe oben Anm. 141, S. 135. Im Hinblick auf die Beseelung des Samengemischs in der ersten Zeit der Schwangerschaft spekuliert Ibn Sīnā, ob es sich um die dem Ungeborenen eigene Seele handele oder gewissermaßen einen Rest der Seelenkraft, die vom Vater durch Vermittlung des Samens mitgegeben sei. Diese Unklarheiten im Hinblick auf das Ungeborene, des verborgenen *ǧanīn*, scheinen den Problemen inhärent. Es ist m. E. problematisch, eine zu große Kohärenz zwischen den unterschiedlichen Aussagen Ibn Sīnās herstellen zu wollen, auch wenn die Grundaussage bestehen bleibt, die menschliche Seele enstünde zusammen mit dem dafür geeigneten Körper.

157 Siehe hierzu Kap. 2.2.1, S. 75– 2.2.3, S. 84.

158 Bar ʿEbrāyā, *Tēgrat tēgrātā*, 2.3, *Nuhhārā ʿal hāy d-lā ḥdā-ʰy b-menyānā napšā* [...] (t: Mardin, CCM 382, 89r–v); fehlt in Jerusalem, St. Markus 232. Vgl. die Paraphrase in Furlani 1933, S. 304/21.

auch der menschliche Leib zu verstehen, der, wenn er die richtige Mischung aufweise, durch die Seele die dem Menschen eigenen Tätigkeiten ausführe. Urheber der Verbindung von Körper und Seele sei der Formgeber. Das Bild vom Docht in Bar ʿEbrāyās Ausführungen ist sicherlich eine Spur zu einer möglichen Vorlage für diesen Abschnitt in Bar ʿEbrāyās *Tēgurtā*. Eine Parallele in den verschiedenen Werken Ibn Sīnā oder in dessen Rezeption konnte ich bisher nicht identifizieren. Die Idee substantieller Veränderung, die dem Bild zugrundeliegt, wird noch einmal eingehender in Kapitel 5 von mir betrachtet. Vorerst ist zu fragen, was genau mit „Körper" gemeint ist, wenn Bar ʿEbrāyā von der gleichzetigen Entstehung von Körper und Seele spricht. Damit stellt sich die Frage nach dem absoluten Beseelungszeitpunkt.

4.2.3.2 Traditionsbeweise und absoluter Beseelungszeitpunkt

Eine genaue Angabe, zu welcher Zeit während der vorgeburtlichen Entwicklung die Seele entstehe, findet sich in Bar ʿEbrāyās philosophischen Summen nicht, weder in der Psychologie noch, wie in Kapitel 3 gesehen, in der Zoologie. Dagegen wird in den beiden theologischen Summen dieser Gegenstand im Rahmen von Traditionsbeweisen behandelt. Bei der folgenden Analyse des *Mnārtā* und dann dessen Bearbeitung im kürzeren *Zalgē* zeigt sich Bar ʿEbrāyās inhaltliche und literarische Umarbeitung in Bezug auf den Beseelungszeitpunkt.

Im *Mnārtā* führt Bar ʿEbrāyā eine Reihe von Traditionsbeweisen an, welche die Vorewigkeit beziehungsweise Präexistenz der Seele widerlegen und ihre Geschaffenheit herausstellen sollen. Diese übernimmt Bar ʿEbrāyā aus Mušē bar Kēpās *qepalē ʾon* 25 des *Mēmrā d-ʿal napšā*. Zunächst führt Bar ʿEbrāyā Traditionsbeweise aus der Bibel an:

(1) Gemäß der Torah (syr. *sāhdutā qadmaytā orāytā*), forme (*gbal*) Gott erst den Menschen und hauche (*npaḥ*) ihm dann erst den Atem des Lebens (*nšamtā d-ḥayyē*) ein (vgl. Gen 2,7).[159] Bei Mušē bar Kēpā ist dies mehrmals, insgesamt vier Mal aufgeführt.[160]

---

159 Bar ʿEbrāyā, *Mnārat qudšē*, 8.3.1.2 (t: Bakoš 1948, S. s70, v: Bakoš 1948, S. 41). Das Zitat ist sehr nah am Text der Peschitta.

160 Zunächst gibt Mušē es als Teil einer Aussage Philoxenus' von Mabbug wieder, dann als sinngemäße Erwähnung in einem Exzerpt aus Gregors von Nyssa *De opificio hominis* sowie aus einem Brief Severus' von Antiochien; Mušē bar Kēpā, *Mēmrā d-ʿal napšā*, 25 (t: Vat. sir. 147, fol. 53v–54r, 54v u. 55v, v: Braun 1891, S. 84, 85–86

(2) Im Buch Hiob heiße es, Gott nehme Ton (*ṭinā*), forme ein vernunft- beziehungsweise sprachbegabtes Lebewesen (*ḥayyutā mliltā*) und stelle es auf die Erde.[161] Das Zitat stimmt in dieser Form mit der Septuaginta-Übersetzung von Ijob 38,14 überein,[162] weicht aber vom Text der Peschitta ab. Mušē bar Kēpā führt dieses Zitat zweimal an, unter anderem, um seine Position am Ende abschließend zu untermauern, Körper und Seele würden gleichzeitig geschaffen.[163]

(3) Gott schaffe den Geist (*ruḥā*) des Menschen in ihm (*b-gāwwēh*) (vgl. Sach 12,1).[164] Auch dieses Zitat findet sich bei Mušē doppelt.[165]

(4) Eine weitere Aussage aus dem Evangelium werde von Einigen (*nāšin*) auf die andauernde Erschaffung von Seelen hingedeutet, könne aber vieles heißen, so Bar ʿEbrāyā: „Mein Vater wirkt (*ʿābed*) bis zu dieser Stunde. Und auch ich wirke" (vgl. Joh 5,17).[166] Mušē führt diese Interpretation als eine mögliche unter insgesamt drei verschiedenen Deutungen

---

u. 87). Schließlich erwähnt er diese Bibelstelle noch in seinen eigenen Ausführungen (t: Vat. sir. 147, fol. 59v, v: Braun 1891, S. 92).

161 Bar ʿEbrāyā, *Mnārat qudšē*, 8.3.1.2 (t: Bakoš 1948, S. s70, v: Bakoš 1948, S. 41).

162 Braun 1891, S. 88, Anm. 1, hier mit Bezug auf Mušē bar Kēpā.

163 Siehe Mušē bar Kēpā, *Mēmrā d-ʿal napšā*, 25 (t: Vat. sir. 147, fol. 55v u. 61r, v: Braun 1891, S. 87–88 u. 94). Allerdings betrachtet Braun das erste Zitat als Teil der von Mušē angeführten Aussage des Severus von Antiochien (siehe Bar ʿEbrāyās Traditionsbeweis (7)). In der Edition dieses Briefs des Severus' findet sich dieses Zitat so nicht wieder. Dies kann auch am Charakter des einzigen mir zugänglichen Zeugen, Hs. Vatikan, *Biblioteca Apostolica Vaticana*, Vat. sir. 106 (datiert 8. Jhd.), fol. 8r–8v liegen, der lediglich Ausschnitte (sogenannte Katenen) von Severus bietet. Ähnliches gilt für die beiden Handschriften, die Braun 1891, S. 88, Anm. 2 nennt: Hs. London, *British Library*, Add. 12155 sowie die verwandte Hs. London, *British Library*, Add., 14523; siehe Wright 1871, S. ii.921 u. ii.955. Da für Severus im Gegensatz zu Mušē die Verwendung der Septuaginta vorauszusetzen ist, kann der Schriftverweis sehr wohl noch Teil dessen Ausführungen sein. Nimmt man an, dass Mušē selbst das Zitat anführt, ließe sich neben der Peschitta noch die syrische Hexapla-Übersetzung der Bibel vergleichen. Der Text von Ijob 38,14 dort ist aber weniger nah am Wortlaut Mušēs (t: Middeldorpf 1835, S. 354). Zur syrischen Hexapla-Übersetzung siehe Salvesen 2011.

164 Bar ʿEbrāyā, *Mnārat qudšē*, 8.3.1.2 (t: Bakoš 1948, S. s70, v: Bakoš 1948, S. 41). Das Zitat ist sehr nah am Text der Peschitta.

165 Es handelt sich einmal um eine Übernahme von Philoxenus, einmal um Mušēs eigene Argumentation; Mušē bar Kēpā, *Mēmrā d-ʿal napšā*, 25 (t: Vat. sir. 147, fol. 54r u. 57v, v: Braun 1891, S. 84 u. 90).

166 Bar ʿEbrāyā, *Mnārat qudšē*, 8.3.1.2 (t: Bakoš 1948, S. s70, v: Bakoš 1948, S. 41). Das Zitat ist sehr nah am Text der Peschitta.

dieser Bibelstelle an.[167] Bar ʿEbrāyā scheint diesen Traditionsbeweis also vor allem der Vollständigkeit halber zu erwähnen, ohne ihn selbst für besonders substantiell zu halten.

Nach diesen Schriftbeweisen zieht Bar ʿEbrāyā nun Aussagen mehrerer Kirchenväter heran:

(5) Gregor von Nazianz (gest. 390) spreche sich in seiner Abhandlung *Mēmrā d-ʿal melltā d-Ewangelion* („Über das Wort des Evangeliums") gegen die Annahme aus, die Seele lebe zuerst an einem anderen Ort (*b-dukktā ḥrētā ḥyāt*) und werde dann mit dem Körper verbunden (*etʾesrat*).[168] Bei Mušē bar Kēpā ist das Zitat etwas ausführlicher.[169]

(6) Im *De opificio hominis* von Gregor von Nyssa wiederum lehne dieser sowohl die Präexistenz des Leibes als auch der Seele ab.[170] Die Kürzung ist gegenüber Mušē noch stärker, Bar ʿEbrāyā übernimmt eigentlich nur die Kernaussage.[171]

(7) Severus von Antiochien in seinem *Eggartā d-lwāt Simus Esqrinā[r]ā* („Brief an Simus Scrinarius") sage ebenfalls, die Seele werde weder vor dem Leib geschaffen (*metbarryā*) noch der Leib vor der Seele geformt (*metgbel*).[172] Mušē bar Kēpā führt das Zitat länger aus und verwendet auch in seinen eigenen Ausführungen ein Argument von Severus wieder.[173]

---

167 Mušē bar Kēpā, *Mēmrā d-ʿal napšā*, 25 (t: Vat. sir. 147, fol. 57v–58r, v: Braun 1891, S. 90). Die anderen Bedeutungen des generischen „Wirkens" sind laut Mušē der kontinuierliche Erhalt und die Lenkung der Schöpfung.

168 Bar ʿEbrāyā, *Mnārat qudšē*, 8.3.1.2 (t: Bakoš 1948, S. s70, v: Bakoš 1948, S. 41). Vgl. das griechische Original, Gregor von Nazianz, *Diskurs 37*, 15 (t+v: Mereschini 1985, S. 302–303); die kommentierte Bibelstelle ist Mt 19,1–12. Vgl. auch die Erwähnung des Zitats in Congourdeau 2007, S. 121–122. Zu Gregor von Nazianz siehe Brock 2011e, zu den syrischen Übersetzungen seiner Diskurse siehe de Halleux 1983.

169 Mušē bar Kēpā, *Mēmrā d-ʿal napšā*, 25 (t: Vat. sir. 147, fol. 54r, v: Braun 1891, S. 85).

170 Bar ʿEbrāyā, *Mnārat qudšē*, 8.3.1.2 (t: Bakoš 1948, S. s70–71, v: Bakoš 1948, S. 41). Vgl. Gregor von Nyssa, *De opificio hominis*, 28–29 (29–30) (t: Forbes 1861, S. 276–290, v: Moore und Wilson 1893, S. 419–420).

171 Vgl. Mušē bar Kēpā, *Mēmrā d-ʿal napšā*, 25 (t: Vat. sir. 147, fol. 54v–55r, v: Braun 1891, S. 85-86).

172 Bar ʿEbrāyā, *Mnārat qudšē*, 8.3.1.2 (t: Bakoš 1948, S. s71, v: Bakoš 1948, S. 41). Vgl. Severus von Antiochien, *Eggartā d-lwāt Simus Esqrinārā*, (t+v: Brooks 1920, S. 444–445). Zu Severus von Antiochien siehe Brock 2011g.

173 Vgl. Mušē bar Kēpā, *Mēmrā d-ʿal napšā*, 25 (t: Vat. sir. 147, fol. 55v, v: Braun 1891, S. 87).

(8) Schließlich teile auch Jakob von Edessa diese Sicht in seinem *Brief an Johannes von Litarba*.[174] Nochmals kürzt Bar ʿEbrāyā die Passage bei Mušē ganz erheblich. Dies ist deshalb bemerkenswert, da Jakob von Edessa laut Mušē die dreigeteilten und sich kontinuierlich entfaltenden Seelenkräfte für seine Argumentation verwendet.[175] Dies passt eigentlich gut in Bar ʿEbrāyās aristotelisches Gedankengebäude.

Wie ersichtlich wird, arbeitet Bar ʿEbrāyā seine Vorlage, Mušē bar Kēpās *Mēmrā d-ʿal napšā*, erheblich um. Er bringt die Schrift- und Väterzitate in einen geordneten Zusammenhang, kürzt diese und vermeidet so die Wiederholungen, die sich bei Mušē finden.

Damit löst Bar ʿEbrāyā auch ein weiteres Problem in Mušēs Argumentation: Die Bibelzitate widerlegen zwar die Präexistenz der Seele, sind aber gleichzeitig geeignet, die Sicht einer nachträglichen Verbindung der Seele mit dem Körper zu befördern. Mušēs Doppelungen gehen auch darauf zurück, dass er die Schriftzitate in zweifacher Hinsicht verwendet: Zum einen nutzt er sie, um die Präexistenz der Seele zu widerlegen. Zum anderen muss er sie wieder aufgreifen und ihre Deutung richtigstellen, um die Ansicht zu widerlegen, erst bilde sich der Körper ohne Seele und beide würden nachträglich verbunden. Bar ʿEbrāyā hingegen führt alle Schriftzitate in sich geschlossen an, um später, in einem zusätzlichen Abschnitt (syr. *tāwseptā d-nuhhārā*, Zusatz der Erklärung) die Bedeutung des Einhauchens Gottes in Adam zu erläutern.[176] Dabei werden unterschiedliche Positionen von kirchlichen Autoritäten angeführt.[177]

Vor allem aber wirft Bar ʿEbrāyā im Anschluss an die verschiedenen Traditionsbeweise ein Problem auf:

---

174 Bar ʿEbrāyā, *Mnārat qudšē*, 8.3.1.2 (t: Bakoš 1948, S. s71, v: Bakoš 1948, S. 41–42). Zu Johannes von Litarba siehe van Rompay 2011b.

175 Vgl. Mušē bar Kēpā, *Mēmrā d-ʿal napšā*, 25 (t: Vat. sir. 147, fol. 56r–56v, v: Braun 1891, S. 88–89).

176 Bar ʿEbrāyā, *Mnārat qudšē*, 8.3.1.2 (t: Bakoš 1948, S. s72–73, v: Bakoš 1948, S. 42–43).

177 Die Erklärungen unterscheiden sich inhaltlich bei Bar ʿEbrāyā und Mušē. Mušē wiederholt sinngemäß dasselbe Argument, das er bereits in seinem Zitat des Severus angeführt hatte, nämlich die Allegorik der Schrift im Schöpfungsbericht von Gen 2,7; Mušē bar Kēpā, *Mēmrā d-ʿal napšā*, 25 (t: Vat. sir. 147, fol. 55r u. 59r, v: Braun 1891, S. 87 u. 92). Bar ʿEbrāyā hingegen geht auf die unterschiedlichen Deutungen des Hauchens in Adam ein: Handelt es sich bei dem Hauch um den Geist, die Seele oder den Heiligen Geist?

> Es ist gebührend zu wissen, dass alle Lehrer der Kirche (syr. *mallpānē d- ʿēᵈtā*) über-
> einstimmen, dass die menschlichen Seelen nicht vorewig (*mtomāyātā*) sind, sondern
> einen Anfang haben (*mšaryāniyātā*). Allerdings sind sie uneins (*etpallag*ʷ) über die
> Zeit ihrer Erschaffung.[178]

Diesen Umstand hatte auch Mušē bereits festgestellt. Der Aufbau seiner
Erläuterungen ist wie folgt: Erst erwähnt Mušē die unterschiedlichen Positionen, führt sie dann jeweils aus, wiederholt nochmals, dass es einen Unterschied zwischen den Vätern gebe, und schließt sich letztendlich der Position an, Körper und Seele entstünden gleichzeitig. Erst daraufhin entfaltet er
nochmals seine eigene Darlegung, mit allen bereits beschriebenen Dopplun-
gen.[179] Bar ʿEbrāyā arrangiert im *Mnārtā* die einzelnen Punkte dagegen so,
dass zunächst bei seinen Traditionsbeweisen ausschließlich Positionen derjenigen Kirchenväter auftauchen, welche die gleichzeitige Entstehung von
Körper und Seele vertreten. Erst danach, in einer eigenen Erklärung (syr.
nuhhārā), führt er das Problem der Uneinigkeit ein. Im Anschluss an die
Feststellung der Uneinigkeit der Lehrer der Kirche schreibt Bar ʿEbrāyā:

> Darüber sagen der heilige Mār Ephraem, Mār Jakob [von Serugh], Philoxenus von
> Mabbug und Theodoret von Kyros, dass zuerst die Leiber geformt werden. Dann
> werden in ihnen die Seelen geschaffen. Es sagt nämlich Philoxenus in der Ausle-
> gung (*puššāqā*) des Evangeliums und entsprechend der göttlichen Schrift: Man wis-
> se, dass es so sei, da derjenigen, die einen Jungen gebiert, vierzig Tage, derjenigen
> aber, die ein Mädchen gebiert, achtzig Tage auf ihrem Reinigungsblut zu verharren
> vorgeschrieben ist [vgl. Lev 12,2–5], insofern sie all diese Tage einen toten Leib,
> nämlich [einen Leib] ohne Seele getragen habe. Origenes wiederum meint, dass die
> Seelen in ihrer Erschaffung früher als die Leiber seien. [...] Die griechischen ortho-
> doxen Lehrer aber, wie Basilius [von Caesarea], Gregor [von Nazianz] und Gregor
> [von Nyssa], lehnen diese beiden [Lehren] rundherum ab und sagen, dass sie zusam-
> men geschaffen werden.[180]

Damit wird von Bar ʿEbrāyā eine Unterscheidung zwischen den syrischen
und griechischen Vätern getroffen. Die dritte Position, die hier von Bar
ʿEbrāyā (wie in der Tradition üblich) Origenes zugeschrieben wird, wird abgelehnt, denn sie sei „schändlich" (*methassad*), da auch die Heiden (*ḥanpē*)
die Vorewigkeit der Seelen annähmen.[181] Diese Unterscheidung nach sy-

---

178 Bar ʿEbrāyā, *Mnārat qudšē*, 8.3.1.2 (t: Bakoš 1948, S. s71, v: Bakoš 1948, S. 42).

179 Mušē bar Kēpā, *Mēmrā d- ʿal napšā*, 25 (t: Vat. sir. 147, fol. 53r–57r, v: Braun 1891,
S. 83–89).

180 Bar ʿEbrāyā, *Mnārat qudšē*, 8.3.1.2 (t: Bakoš 1948, S. s71–72, v: Bakoš 1948,
S. 42).

181 Bar ʿEbrāyā, *Mnārat qudšē*, 8.3.1.2 (t: Bakoš 1948, S. s71–72, v: Bakoš 1948,
S. 42).

rischen und griechischen Vätern sowie Origenes hat eine direkte Entsprechung bei Mušē bar Kēpā.

Es fällt auf, dass neben den unumstrittenen Autoritäten der westsyrischen Kirche, wie Ephraem oder Jakob von Serugh, auch der für die Theologie dieser Kirche problematische Theodoret von Kyros aufgeführt wird. Außerdem kann dieser geographisch und kulturell sowie als Vertreter der antiochenischen Christologie zwar als syrisch gelten, schrieb aber auf Griechisch.[182] Mušē zählt sogar noch „die zu Nestorius Gehörigen" (*bēt Nestorios*) zu den Vertretern der als syrisch gekennzeichneten Position, die Seele entstehe nach dem Körper.[183] Bar ʿEbrāyā übergeht dies.

Andererseits erwähnt Mušē bar Kēpā die griechischen Lehrer in seiner Zusammenfassung nicht namentlich. Sie lassen sich nur aus den einzelnen Passagen zusammentragen, die er anschließend aufführt. Dazu zählen Severus von Antiochien, der auf Griechisch schrieb, aber vor allem auf Syrisch überliefert ist, sowie Jakob von Edessa, der zwar Griechisch las, aber Syrisch schrieb.[184] Beide sind der westsyrischen Kirche zuzurechnen. Bar ʿEbrāyā wiederum zählt zu Gregor von Nazianz und Gregor von Nyssa noch Basilius von Caesarea unter die griechischen orthodoxen Lehrer. Mit *yunānāyē ortodokso* meinen Mušē und Bar ʿEbrāyā sicher weniger eine im modernen Sinne griechisch-orthodoxe Konfession, sondern den Umstand, dass die drei Kapadokier aus Sicht der syrisch-orthodoxen Kirche zu den rechtgläubigen griechischen Väter zählen. Worauf die Unterscheidung nach syrisch und griechisch genau abzielt, muss vorerst offen bleiben. Zunächst ist dazu auf Mušē zu verweisen, dessen Ausführungen Bar ʿEbrāyā sich hier unkritisch zu eigen macht.

Da für die syrischen Väter lediglich deren Namen, nicht aber die Schriften erwähnt sind, in denen sie die ihnen hier von Mušē bar Kēpā und Bar ʿEbrāyā zugeschriebenen Positionen vertreten, wurde im Rahmen dieser Ar-

---

182 Zu Theodoret von Kyros siehe Kitchen 2011.

183 Mušē bar Kēpā, *Mēmrā d-ʿal napšā*, 25 (t: Vat. sir. 147, fol. 55r u. 59r, v: Braun 1891, S. 87 u. 92). Das in der Handschrift über dem Namen Nestorius hinzugefügte syr. *maḥram* (verflucht; anathematisiert) übernimmt Braun unmarkiert in seine Übersetzung. Zu Nestorius siehe Bevan 2011.

184 Für Jakob von Edessa ist auf seine Position zur Gleichzeitigkeit der Entstehung von Seele und Körper in seinem Hexaemeron-Kommentar zu verweisen. Er stellt dort die Schöpfung der ersten Menschen und der späteren natürlichen Fortpflanzung gegenüber; Jakob von Edessa, *Štāt yawmē* [= Hexaemeron], Tag 7 (t: Chabot 1953b, S. 332.i–333.ii, v: Vaschalde 1932, S. 283.24–284.3). Vgl. Hugonnard-Roche 2014, S. 48.

beit darauf verzichtet, die entsprechenden Vergleichstellen im umfangreichen Schrifttum von Ephraem oder Jakob von Serugh zu identifizieren. Oscar Braun weist auf einige Stellen in Werken ostsyrischer Autoren hin.[185]

Konkret wird zwar der Evangelienkommentar des Westsyrers Philoxenus von Mabbug (gest. 523) von Mušē und Bar ʿEbrāyā angeführt, dieser ist aber nur in Auszügen erhalten. Ein Hinweis auf Lev 12,2–5 findet sich in den vorliegenden Fragmenten nicht.[186] Die Bibelstelle aus dem Alten Testament, die Philoxenus laut Mušē und Bar ʿEbrāyā in seinem Evangelienkommentar aufgreift, lautet in Gänze:

> (2) [...] Wenn eine Frau empfängt und einen Knaben gebiert, ist sie sieben Tage unrein, wie sie in der Zeit ihrer Regel unrein ist. (3) Am achten Tag soll man die Vorhaut des Kindes beschneiden (4) und dreiunddreißig Tage soll die Frau wegen des vergossenen Blutes im Zustand der Reinigung bleiben. Sie darf nichts Geweihtes berühren und nicht zum Heiligtum kommen, bis die Tage ihres Reinigungszustands vorüber sind. (5) Wenn sie ein Mädchen gebiert, ist sie zwei Wochen unrein wie während ihrer Regel. Sechsundsechzig Tage soll sie wegen des vergossenen Blutes im Zustand der Reinigung bleiben.

Ob die Zusammenfassung der Fristen (7 + 33 = 40, 14 + 66 = 80) auf Philoxenus selbst oder auf Mušē zurückgehen, ist nicht feststellbar. Vielleicht ist an einen jüdischen Hintergrund dieser Idee zu denken. Eine detaillierte und belegreiche Untersuchung von Matthew Thiessen zeigt, dass spätantike jüdische Texte in der Tat Bezüge zu Lev 12,2–5 herstellten.[187] Allerdings sind ihm zufolge Vorstellungen vom postnatalen Lochialfluss hinter dem ursprünglichen Bibeltext zu suchen (was noch keine Aussage zu den späteren rabbinischen oder christlichen Vorstellungen trifft).[188]

Dass Philoxenus diese Position tatsächlich vertreten hat, lässt sich mit einiger Wahrscheinlichkeit aus einer anderen ihm zugeschriebenen Textstelle schließen. Der Westsyrer Dionysios bar Ṣalībī (gest. 1171)[189] wendet sich in seinem Evangelienkommentar gegen diejenigen, die mit den Aussagen Philoxenus' die Position vertreten wollen (syr. *āmrinnan luqbalhon hākanā*

---

185 Braun 1891, S. 140.

186 Vgl. die Sammlung des Bibelkommentars von Philoxenus in Watt 1978a/Watt 1978b. Am ehesten wären entsprechende Ausführungen im Hinblick auf Lk 1,35 zu suchen. Darauf komme ich gleich zurück.

187 Thiessen 2018, S. 304–309.

188 Thiessen 2018, S. 316–318. In einer E-Mailkorrespondenz hat mir der Autor berichtet, keine Anklänge an die Auffassung des Tragens eines unbeseelten Körpers bei den jüdischen Autoren gefunden zu haben.

189 Siehe zu diesem Brock 2011c.

Piloksenos emar d-), die Seele werde erst nach dem Leib geschaffen. Dabei zitiert Dionysios Philoxenus wie folgt:

> Das Wort, Gott, und das Fleisch (syr. *besrā*), das von Maria [war], eilen zugleich zur Vereinigung. Und nachdem das Wort Fleisch wurde – wie Johannes sagte [vgl. Joh 1,14] – und vierzig Tage in Gliedmaßen und in Formen verweilte (*kattar ... b-ṣurātā wa-b-haddāmē*), empfing es eine Vernunftseele (*napšā mliltā*) nach der Ordnung (*ṭaksā*) der Menschen, dergemäß er, nachdem der Leib durch Gliedmaßen und Formen vollendet ist (*meštamlē*), nach vierzig Tagen eine Seele empfängt.[190]

Dies wird von Dionysios mit einer entsprechenden Auslegung von Joh 1,14 widerlegt.[191] Im Anschluss greift Dionysios einen weiteren Einwand auf:

> Und wenn jemand sagt (*w-ʾen emar ʾnāš*), dass dieses Fleisch tot war in diesen vierzig Tagen, ist zu antworten, dass es lebendig war, weil es lebendig war durch das Leben der Gottheit des Logos.[192]

Damit wendet sich Dionysios gegen das auch bei Mušē bar Kēpā erwähnte und Philoxenus' zugeschriebene Argument, der Leib sei in den ersten vierzig Tagen der Schwangerschaft unbeseelt. Vor diesem Hintergrund ist davon auszugehen, dass Philoxenus tatsächlich an einer nicht erhaltenen Stelle dieses Argument verwendet. Abschließend stellt Dionysios fest: „Dieser Lehrer [sc. Philoxenus] zählt zu denjenigen, die sagen, der Leib gehe der Seele voraus".[193]

---

190 Dionysios bar Ṣalībī, *Puššāqā d-Ewangelion*, ad Lk 1,35 (t: Vaschalde 1953c, S. 248.16–22, v: Vaschalde 1933, S. 201.1–7). Die Stelle ist in eine Zusammenstellung der Fragmente von Philoxenus' übernommen; siehe Watt 1978a, S. 37 (Text) bzw. Watt 1978b, S. 32 (Übersetzung). Der Editor setzt die Passage auch mit Bar ʿEbrāyās *Mnārtā* in Verbindung; siehe Watt 1978a, S. 37, Anm. zu Fragment 36.

191 Diese Widerlegung und auch das Folgende werden von Watt noch Philoxenus zugeschrieben; siehe Watt 1978a, S. 37 (Text) bzw. Watt 1978b, S. 32 (Übersetzung). Dies scheint mir allerdings fraglich, da Dionysios' Einleitung, er widerspreche denjenigen, die mit Philoxenus argumentieren wollen, somit keinen Nachsatz hätte und lediglich mit dem Zitat endete. Zudem müsste erklärt werden, wieso Philoxenus selbst der Auffassung widerspricht (siehe das folgende Zitat im Haupttext), der Körper sei anfangs unbeseelt, was ihm dann aber von verschiedenen Autoren zugeschrieben wird.

192 Dionysios bar Ṣalībī, *Puššāqā d-Ewangelion*, ad Lk 1,35 (t: Vaschalde 1953c, S. 248.24–27, v: Vaschalde 1933, S. 201.8–10). Im Falle von Jesus Christus ist das Kind also von Anfang an durch den *logos* lebendig. Impliziert dies auch, dass Maria dadurch nicht unrein geworden sei, da sie kein unbeseeltes Kind getragen habe?

193 Dionysios bar Ṣalībī, *Puššāqā d-Ewangelion*, ad Lk 1,35 (t: Vaschalde 1953c, S. 201.13, v: Vaschalde 1933, S. 248.29–31). Laut einer Version, die G. S. Assemani 1721, S. 158–159 zitiert, schreibt Dionysios die Position einer gleichzeitigen Be-

Die Position Philoxenus' wiederum greift Bar ʿEbrāyā in seinem Bibelkommentar, dem *Awṣar rāzē* („Speicher der Geheimnisse"), zur selben Stelle Lk 1,35 („…Heiliger Geist wird über dich kommen…") auf und stellt sie dort, analog zu derjenigen im *Mnārtā*, der Meinung der griechischen Lehrer gegenüber.[194] Im Hintergrund stehen überall christologische Überlegungen, nämlich inwiefern Aspekte wie Körper, Seele, Geist, Gottheit oder Menschheit in Jesus Christus zusammenträten.[195]

Zum Ende der *nuhhārā* (Erklärung) schließt Bar ʿEbrāyā sich in jedem Fall der Meinung (*tarʿitā*) der griechischen Lehrer an, die Seele entstünde zusammen mit dem Körper. Als Begründung werden hier lediglich die Beweise (*mhāwwyānwātā*) angeführt, die bereits erbracht worden seien.[196] Damit verweist Bar ʿEbrāyā also zurück auf die Vernunftbeweise, die ich im vorhergenden Abschnitt besprochen habe.[197] Dies ist ein weiterer Punkt, in dem Bar ʿEbrāyā den Wortlaut seiner Vorlage geschickt umnutzt: Mušē bar Kēpā schließt sich den griechischen Lehrern beziehungsweise ihrer Meinung ebenfalls an, kündigt die Beweise aber für das dann Folgende an.[198]

---

seelung nicht nur den griechischen Lehrern zu, sondern auch den drei Jakobs von Serugh, von Edessa und von Melitene. Unklar ist, wer letzter sein soll; am ehesten könnte Dionysios selbst gemeint sein, der auch Jakob heißt und vermutlich in Melitene geboren war. In der neueren Edition findet sich nur Jakob von Edessa (t: Vaschalde 1953c, S. 248.31, v: Vaschalde 1933, S. 201.14). Dies könnte darauf deuten, dass es sich bei der von Assemani zitierten Stelle um eine Art Interpolation handelt. Die Zusammenstellung in der neueren Edition, also der griechischen Väter zusammen mit Jakob von Edessa und den späteren Westsyrern, würde schließlich darauf hindeuten, dass es eine Hinwendung der Westsyrer zur „griechischen" Position einer zeitgleichen Beseelung gab. Dies geschah möglicherweise in Abgrenzung zu den Ostsyrern, die gemäß der von Braun 1891, S. 140 aufgeführten Belege noch ungefähr zeitgenössisch mit Mušē bar Kēpā eine spätere Beseelung vertreten. Diese Hypothese bedarf weiterer Untersuchungen.

194 Bar ʿEbrāyā, *Awṣar rāzē*, ad Lk 1,35 (t: Carr 1925, S. 126–127, v: Carr 1925, S. 96–97).

195 Eine umfangreiche Darstellung der christologischen Streitigkeiten und den dabei zu berücksichtigenden theologischen und philosophischen Vorstellungen findet sich in dem mehrbändigen Werk „Jesus der Christus im Glauben der Kirche". Ein Überblick über dessen Publikationsstand findet sich unter PTH Sankt Georgen 2016. Aspekte wie bspw. die Seele Christi können über den Index gefunden werden. Siehe außerdem Saward 1993.

196 Bar ʿEbrāyā, *Mnārat qudšē*, 8.3.1.2 (t: Bakoš 1948, S. s72, v: Bakoš 1948, S. 42).

197 Siehe Kap. 4.2.1.2, S. 254.

198 Mušē bar Kēpā, *Mēmrā d-ʿal napšā*, 25 (t: Vat. sir. 147, fol. 57r, v: Braun 1891, S. 89).

Dass Bar ʿEbrāyā hier eher abrupt endet und lediglich uneindeutig die Beweise anführt, die bereits erbracht worden seien, lässt sich womöglich auch mit den Widersprüchen erklären, in die sich Mušē im Anschluss verwickelt und die Bar ʿEbrāyā entsprechend schwerlich umnutzen kann. Im Verlauf des restlichen *qepalēʾon* 25 benutzt Mušē ja zunächst ähnliche Belege aus der Tradition gegen die Präexistenz der Seele, die er später wiederum entkräften oder uminterpretieren muss, um für die Gleichzeitigkeit von Empfängnis und Beseelung und gegen eine spätere Beseelung des bereits gebildeten Leibes zu argumentieren. Im anschließenden *qepalēʾon* 26, wo es um die Seele des Samens geht, muss Mušē wiederum einräumen, dass eben doch nicht zugleich mit dem Ausstoßen des Samens die Seele erschaffen werde, sondern sich erst aus beiden Zeugungsbeiträgen eine Art Protokörper bilden müsse.[199]

Bemerkenswert ist, wie Bar ʿEbrāyā im *Zalgē* seine Aussagen aus dem *Mnārtā* anpasst. Die Beobachtungen hierzu bilden den Abschluss des vorliegenden Kapitels und gleichzeitig ein zentrales Ergebnis meiner Untersuchung. Wie bereits bemerkt übernimmt Bar ʿEbrāyā lediglich einen der vier Vernunftbeweise des *Mnārtā* in das kürzere *Zalgē*, nämlich den von mir ausführlich untersuchten Argumentationsgang, der sich durch alle Seelenlehren Bar ʿEbrāyās zieht.[200] Im Anschluss, unter dem rubrizierten Stichwort *šurrārā* (Bekräftigung), führt Bar ʿEbrāyā dann drei Traditionsbeweise an, nämlich diejenigen Gregors von Nazianz, Gregors von Nyssa sowie Severus' von Antiochien ((5)–(7) oben).[201] Der Verweis wird von Bar ʿEbrāyā jeweils um die explizite Erwähnung des jeweiligen Werks gekürzt.[202] Überraschend ist der dann folgende Zusatz der Bekräftigung (*tāwseptā d-šurrārā*):

> Zur Gleichzeitigkeit des Ursprungs (syr. *šāwyut šwiḥutā*) von Seele und Leib: Von der Zeit der Vollendung (*šumlāy*) des Leibes an ist es gebührend es aufzufassen,

---

199 Siehe die ausführlichere Darstellung oben, Kap. 4.2.2.2, S. 264.

200 Siehe Kap. 4.2.1.2, S. 255.

201 Bar ʿEbrāyā, *Ktābā d-Zalgē*, 6.3.1 (t: Mosul, SOE 26, fol. 48v–49r und Yešūʿ b. Gabriel 1997, S. 173).

202 Solche Kürzungen lassen nach den Adressaten des *Zalgē* fragen. Wie bereits angeführt meinte Koffler 1932, S. 40–41, das *Zalgē* sei als Lehrbuch konzipiert worden. Entsprechend müssten die Lehrkräfte in der Lage gewesen sein, die Referenzen zu entschlüsseln. In der Tat erwähnt Bar ʿEbrāyā das *Zalgē* in seinem Rechtswerk im Kapitel zur Schule; siehe Weltecke 2015, S. 301. Allerdings sind das *Mnārtā* und das *Zalgē* dort nur mit Hinblick auf ihre Zusammenstellung kirchenkonformen naturphilosophischen Grundwissens erwähnt.

und nicht von der Zeit der Aussaat (oder: Gründung; Empfängnis, *tarmitā*) des (Samen-)Tropfens (*nuṭptā*).[203]

Hier macht Bar ʿEbrāyā deutlich, dass nicht von Anfang an, das heißt vom Zeitpunkt der Empfängnis oder Befruchtung an, von der Beseelung des Kindes auszugehen ist. Vielmehr müsse der Leib vollendet sein. Die Idee der Vollendung ist sicherlich in den Kontext der aristotelischen Idee der Verwirklichung beziehungsweise Entelechie zu stellen.[204] Die *tarmitā* des Samentropfens wird von Bar ʿEbrāyā als (falsche) Alternative eines möglichen Beseelungszeitpunkts angeführt. Was genau ist damit gemeint? Der Begriff wird von Bar ʿEbrāyā an anderen Stellen im Kontext des Ungeborenen meines Wissens nicht verwendet. Das Wort weist dieselbe Wurzel auf, die zum Beispiel bei Mušē bar Kēpā oder Jakob von Edessa für die Ejakulation des Samens benutzt wird, *r-m-y*. Das entsprechende Verb hat in seinem Grundstamm eine Fülle von Bedeutungen, wie „werfen/schleudern", aber auch „stellen/setzen/legen".[205] Gemeint sein könnte die Ejakulation des Samens, also Empfängnis im Sinne von „Empfangen des Samens".[206] Mit Mušēs *Mēmrā d-ʿal napšā* im Hintergrund ist meines Erachtens am ehesten die Ejakulation beim Geschlechtsakt gemeint.[207]

Im Anschluss untermauert Bar ʿEbrāyā seine Position mit der bereits aus dem *Mnārtā* bekannten Schriftinterpretation:

> Und darauf deutet die Heilige Schrift, die der Mutter eines Jungen vierzig Tage, der Mutter eines Mädchens achtzig Tage auf ihrem Reinigungsblut zu sitzen vorschreibt,

---

203 Bar ʿEbrāyā, *Ktābā d-Zalgē*, 6.3.1 (t: Mosul, SOE 26, fol. 49r). Die Lesart von Yešuʿ b. Gabriel 1997, S. 174 ist wieder problematisch: Dort steht zu Beginn *šāwāyu šawyutā* „Würde/Gleichheit der Gleichzeitigkeit".

204 Siehe Kap. 2.2.3, S. 84.

205 J. Payne Smith 1903, S. 542 (s. v. *rmā*).

206 Die Vorstellung, die Seele sei von Anfang an im sich entwickelnden Samen enthalten, findet sich so prominent bei Gregor von Nyssa. Er vergleicht den (männlichen) Samen mit einem Weizenkorn, das, wenn es ausgesät wird, nach und nach seine Kräfte entfalte und wachse, wobei alles bereits in ihm angelegt sei; Gregor von Nyssa, *De opificio hominis*, 29 (30) (t: Forbes 1861, S. 283–290, v: Moore und Wilson 1893, S. 420–422). Siehe auch Congourdeau 2007, S. 286. Die syrische Übersetzung in Hs. Vatikan, *Biblioteca Apostolica Vaticana*, Vat. sir. 106, fol. 69r.i (datiert 8. Jhd.) beispielsweise nutzt u. a. die Wendung „zur Zeit der Empfängnis [in den Leib der Frau] gestellt" (*metsayymin ba-zbānā d-baṭnā*).

207 Möglicherweise, aber weniger wahrscheinlich, könnte im Sinne von „Gründung" auch das gemeint sein, was Mušē bar Kēpā in *qepalēʾon* 26 seiner *Mēmrā d-ʿal napšā* zum sich verfestigenden Samengemisch als eine Art Protokörper sagt; siehe Kap. 4.2.2.2, S. 264.

insofern sie an all diesen Tagen einen unvollendeten, toten Leib ohne Seele getragen hat. Daher sagen der heilige Sankt Ephraem, [Jakob] von Serug, [Philoxenus] von Mabbug und [Theodor] von Kyros, dass mit den vollendeten Leibern die Seelen geschaffen werden [also] nach den mangelnden, unvollendeten.[208]

Damit arbeitet Bar ʿEbrāyā die Aussagen des *Mnārtā* grundlegend um. Der wichtigste Unterschied ist inhaltlicher Art und besteht in seiner Präzisierung im Hinblick auf den Beseelungszeitpunkt. Hierbei gilt es auch, den Schlusspunkt des eben untersuchten avicennischen Argumentationsgangs zu beachten, der sich in allen Werken Bar ʿEbrāyās leicht unterscheidet. Im *Zalgē* schreibt Bar ʿEbrāyā: „Die menschlichen Seelen werden mit den Körpern geschaffen." Bar ʿEbrāyā nimmt also nicht die Position ein, es handele sich bei der Beseelung am vierzigsten oder achtzigsten Tag der Schwangerschaft um eine nachträgliche Beseelung des Körpers. Vielmehr sei der Körper davor unvollendet.

Bevor ich auf die inhaltlichen Implikationen dieser Position eingehe, ist noch eine Bemerkung zur literarischen Umgestaltung Bar ʿEbrāyās zu machen. Grundsätzlich positioniert Bar ʿEbrāyā seine Ausführungen zum Beseelungszeitpunkt im *Zalgē*, ähnlich wie im *Mnārtā*, hinter die Traditionsbeweise. Während im *Mnārtā* aber explizit die sich unterscheidenden Positionen der griechischen und syrischen Väter Gegenstand sind, lässt Bar ʿEbrāyā diesen Punkt im *Zalgē* völlig unerwähnt. Der Verweis auf Philoxenus' von Mabbug Deutung von Lev 12,2–5 diente im *Mnārtā* – wie in dessen Vorlage, Mušē bar Kēpās *Mēmrā d-ʿal napšā* – noch schlicht dazu, die Position der syrischen Väter zu illustrieren, die dann im Anschluss von Bar ʿEbrāyā verworfen wurde. Im *Zalgē* hingegen macht Bar ʿEbrāyā sich Philoxenus' Deutung nun völlig zu eigen. Deren Urheber bezieht er lediglich in die Reihe der weiteren syrischen Autoritäten ein, die er zusätzlich zur Stützung seines Arguments anführt.

Einen Hinweis auf den Hintergrund für diese Änderung in Bar ʿEbrāyās Vorstellungen zum vorgeburtlichen Leben gibt der Begriff *nuṭptā*, den Bar ʿEbrāyā im *Zalgē* verwendet. Wie ich im folgenden Kapitel 5 genauer untersuche, ist dieser Begriff aller Wahrscheinlichkeit nach aus den entsprechenden Überlegungen Ibn Sīnās zur Frage der substantiellen Veränderung übernommen. Wie bereits bei der Untersuchung des *Swādā* in Kapitel 2 deutlich wurde, werde syr. *nuṭptā*, der Samentropfen, erst durch substantielle Veränderung zum Menschen. Gemeint ist dort aller Wahrscheinlichkeit nach das

---

208 Bar ʿEbrāyā, *Ktābā d-Zalgē*, 6.3.1 (t: Mosul, SOE 26, fol. 49r und Yešūʿ b. Gabriel 1997, S. 174).

Gemisch aus männlichem und weiblichem Zeugungsbeitrag, nicht bloß der männliche Samen. Erst durch die qualitative Veränderung des Samentropfens könne dieser sich verwandeln. Das heißt, er sei selbst noch nicht als Mensch anzusehen, könne also daher auch noch nicht mit einer menschlichen Seele verbunden werden. Verantwortlich für den Prozess der substantiellen Veränderung ist der Formengeber, der von Bar ʿEbrāyā im *Swādā* mit dem Heiligen Geist und damit einer der drei Personen Gottes assoziiert wird. Diese Zusammenhänge sind hier im *Zalgē* nur implizit zu finden.

Die an Lev 12,2–5 orientierten Fristen von vierzig Tagen für ein männliches beziehungsweise achtzig für ein weibliches Kind sind außerdem im Hinblick auf die Position interessant, die Bar ʿEbrāyās in der Zoologie des *Ḥēwtā* einnimmt. Wie ich in Kapitel 3 herausgestellt habe, gibt er dort den Zeitpunkt der Ausformung übereinstimmend mit Aristoteles und gegen Ibn Sīnā mit vierzig Tagen für einen Jungen und drei Monaten, also je nach Monatslänge zwischen vierundachtzig und neunzig Tagen für ein Mädchen an. Zwar stimmen die Angaben für ein Mädchen nicht genau mit derjenigen in Lev 12,2–5 überein, bewegen sich aber deutlich in deren Nähe. Es liegt nahe, dass Bar ʿEbrāyā die aristotelische Position und die biblische Deutung durch Philoxenus in einen Zusammenhang gebracht hat.

Im Hinblick auf biblische Verweise kann noch ein weiterer Schriftbeweis zum Vergleich hinzugezogen werden, den Mušē bar Kēpā in seiner Seelenlehre anführt, sich aber nicht zu eigen macht, sondern widerlegt. Dabei handelt es sich um eine in der griechischen Septuaginta inhaltlich abweichende Version von Ex 21,22–23:

> Wenn aber zwei Männer streiten und eine schwangere Frau schlagen, und sie bringt ihr Kind unausgebildet (gr. *mē exeikonismenon*) hervor, wird er mit einer Strafe belegt. [...] Wenn es aber ausgildet ist, so gibt er Seele gegen Seele (*psychēn anti psychēs*) [...].[209]

Mušē lässt diesen Schriftbeweis für die Nachzeitigkeit der Seele zum Körper nicht gelten. Dazu unterscheidet er gewissermaßen nach juristischen Kriterien einerseits und philosophischen andererseits: Das Gebot der Bibel orientiere sich hier ausschließlich am Körper. So wie auch im Falle der Tötung eines unvernünftigen Tieres keine Todesstrafe drohe, sei dies auch

---

209 In der hebräischen Bibel und in der Peschitta fehlt das Kriterium der Formung. Die syrische Hexapla überträgt den griechischen Septuaginta-Text sehr wörtlich und gibt „gestaltet" mit *mṣallam* wieder. Siehe allgemein zu dieser Bibelstelle mit Blick auf Vorstellungen zum Ungeborenen Jones 2004, S. 46–56, Fuller 1994 und McDaniel 2012.

im Falle der Tötung eines Kindes der Fall, das „an Gestalt und Körperteilen noch nicht geformt" (*lā ʿdakkēl mṣallam dmutā wa-b-haddāmē*) und „nicht unterschieden von den unvernünftigen Tieren" (*lā priš men d-ḥayywātā lā-mlilātā*) sei.[210] Zur Untermauerung verweist Mušē auf Mt 10,28, wo Jesus sagt: „Fürchtet euch nicht vor denen, die den Leib töten, die Seele aber nicht töten können."

Bar ʿEbrāyā ist die griechische Variante bekannt, wie aus seinem Bibelkommentar hervorgeht.[211] Dennoch übernimmt er diese Passage nicht aus Mušēs Seelenlehre. Grund hierfür ist möglicherweise die problematische Argumentationsweise Mušēs, auch wenn Bar ʿEbrāyā das Kriterium der Formung des Embryos in seinem Rechtswerk wohl nicht gänzlich für normative Urteile ablehnt.[212]

Dass Bar ʿEbrāyā im *Zalgē* den Begriff *nuṭptā* (Tropfen) statt *zarʿā* (Samen) verwendet, ist bemerkenswert, da dieser Ausdruck vor allem in Kontexten genutzt wird, in denen es eher um übergeordnete philosophische Aspekte der Fortpflanzung und weniger um konkrete physiologisch-biologische geht. Anhaltspunkte hierfür sowohl aus Bar ʿEbrāyās Werken als auch aus Ibn Sīnās Werken sind im folgenden Kapitel 5 zusammengestellt. Konkret kann aber auch auf al-Ġazālīs *Maqāṣid* verwiesen werden, das Bar ʿEbrāyā für sein früheres *Tēgurtā* als Vorlage gedient hat. In den entsprechenden Ausführungen zur Gleichzeitigkeit von Körper und Seele rezipiert al-Ġazālī Ibn Sīnās Ideen. Dabei argumentiert al-Ġazālī für den Körper als notwendige Bedingung – nicht als Ursache – der Beseelung.[213] Sei der Samentropfen bereitet (ara. *tastaʿidd an-nuṭfah*), der ein Instrument (*ālah*) für die Seele sei, werde schließlich ihre Existenz passender (*awlā*) als ihre Nichtexistenz.[214] Von einer direkten Vorlage Bar ʿEbrāyās für das *Zalgē* kann hier aber nicht die Rede sein.

In jedem Fall ist diese Art der redaktionellen Umarbeitung im *Zalgē* ein herausragendes Beispiel für Bar ʿEbrāyās Vorgehen: Er fügt kaum neues

---

210 Mušē bar Kēpā, *Mēmrā d-ʿal napšā*, 25 (t: Vat. sir. 147, fol. 59v; v: Braun 1891, S. 92).

211 Bar ʿEbrāyā, *Awṣar rāzē*, ad Ex 21,22 (t+v: Sprengling und Graham 1931, S. 132–133).

212 Vgl. Jäckel 2020.

213 „Der Körper ist die Bedingung für die Entstehung der Seele, nicht ihre [sc. der Entstehung] Ursache" (*al-badan šarṭ li-ḥudūṯ an-nafs lā ʿillatuhu*); al-Ġazālī, *Maqāṣid al-falāsifah*, 3.4 (*al-Qawl fī n-nafs al-insāniyyah*) (t: Dunyā 1961, S. 369.14).

214 al-Ġazālī, *Maqāṣid al-falāsifah*, 3.4 (*al-Qawl fī n-nafs al-insāniyyah*) (t: Dunyā 1961, S. 370.5–7).

Material hinzu, sondern arbeitet bestehendes Material seiner Vorlage um, um es an seine Position anzupassen.[215] Bar ʿEbrāyā arbeitet in diesem Fall das frühere *Mnārtā*, sein eigenes Werk um, und nicht wie im Falle vieler anderer seiner Werke eine christliche oder islamische Vorlage. Die im späteren *Zalgē* bezogene Position, die Beseelung finde zum Zeitpunkt der vollen Ausformung des Körpers statt, stellt einen eigenen Standpunkt Bar ʿEbrāyās dar, den dieser entgegen Mušē bar Kēpās *Mēmrā d-ʿal napšā*, seinem ursprünglichem Bezugspunkt im *Mnārtā*, einnimmt.

Zum Abgleich kann schließlich noch danach gefragt werden, welche Position Bar ʿEbrāyā im *Maqālat an-nafs* einnimmt. Es wurde von mir vorgeschlagen, dieses als Vorstufe der Seelenlehre des *Mnārtā* anzusehen. Hinsichtlich der Struktur orientiert sich Bar ʿEbrāyā noch weitgehend an Mušē bar Kēpās *Mēmrā d-ʿal napšā*. Inhaltlich bietet es aber an den bisher untersuchten Stellen eigenständiges Material mit klar philosophischer Ausrichtung, insofern Bar ʿEbrāyā nicht auf Traditionsbeweise zurückgreift.

Bar ʿEbrāyā behandelt genau wie Mušē das Problem des Beseelungszeitpunkts in einem eigenen Kapitel (*faṣl*). Von beiden Autoren werden drei Ansichten besprochen: (1) Die Präexistenz der Seele, die Bar ʿEbrāyā mit Mušē einigen Altvorderen (ara. *qawm min al-aqdamīn*) zuschreibt, aber im Unterschied zu seiner Vorlage mittels des avicennischen Argumentationsgangs widerlegt. Es bleiben die beiden Positonen übrig, die bei Mušē und bei Bar ʿEbrāyā im späteren *Mnārtā* den griechischen beziehungsweise syrischen Vätern zugeschrieben werden:

> Und einige (ara. *qawm*) sagen, dass die Seele vierzig Tage nach dem Körper geschaffen sei – das ist eine falsche Behauptung. Denn ein Leib ohne eine Seele, die ihn aufzieht (*turabbīhi*) – unmöglich wäre seine Bildung (*taṣawwur*) und Genese (*takwīn*) sowie sein Übergang (*intiqāl*) von einer Form (*ṣūrah*) in eine andere Form. Es folgt also die letzte [übrige] Aussage, ich meine die Existenz (*wuǧūd*) der Seele und des Körpers zu gleicher Zeit (*maʿan*). Ich meine, dass die Seele ins Sein tritt (*tūǧad*), wenn der Körper bereit ist (*yaṣluḥu li-*) für die menschliche Form (*ṣūrah insāniyyah*) durch das Aufrichten (oder: die Temperierung, *iʿtidāl*) seiner Gestalt (oder: Wuchs, *qawām*) und die Verfestigung (*istiḥkām*) seiner Mischung (*mizāǧ*), so dass er würdig ist (*mustaḥiqq*), denn die Seele wird ihm in Vereinigung hinzugefügt (*tuḍāfu ilayhi bi-l-ittiḥād*).[216]

---

215 Vgl. Bar ʿEbrāyās Ausführungen zum Problem der Zeit basierend auf unterschiedlichen Vorlagen in Schmitt o. D., S. 242 („Commentary – (4.5.1)").

216 Bar ʿEbrāyā, *Maqālat an-nafs*, 31 (t: Cheikho 1898, S. 937). Erneut bestehen auffällige Abweichungen zwischen der Edition und Hs. Berlin, Or. 887, fol. 195v (angezeigt mittels *): „*Und was ihr Geschaffensein nach dem Körper um vierzig Tage angeht, wie es einige meinen – das ist falsch.* Denn *der Samen (wörtl. das

Bar ʿEbrāyā nimmt hier klar Bezug gegen die Anschauung, der Körper könne zunächst unbeseelt sein. Ist die Präexistenz sowie nun auch die Postexistenz widerlegt, bleibt nur noch übrig, dass die Seele zugleich mit dem Körper entsteht, und zwar sobald der Proto-Körper hierfür bereitet ist.

Gegenüber den beiden theologischen Summen Bar ʿEbrāyās sowie Mušēs Seelenlehre fällt auf, dass ein namentlicher Verweis auf bestimmte Gruppen oder Traditionen vermieden wird. Außerdem bauen die Argumente auf den bereits bekannten Vorstellungen auf, die Seele sei das aktive Lebens- und Gestaltungsprinzip eines Lebewesens. Die Begrifflichkeiten, derer Bar ʿEbrāyā sich dabei bedient, decken sich durchweg eher mit denjenigen der Medizin und Naturphilosophie.

Hierdurch entsteht eine merkwürdige Spannung: Sowohl die Begrifflichkeiten als auch die Vorstellung, der Körper gehe von einer Form in eine andere über oder müsse über die richtige Mischung verfügen, um beseelt zu werden, lässt auf eine starke Übereinstimmung mit den Positionen Ibn Sīnās schließen. Gleichzeitig ist die explizit bezogene Position Bar ʿEbrāyās dieselbe wie in seiner mutmaßlichen strukturellen Vorlage, Mušē bar Kēpās *Mēmrā d-ʿal napšā*: Eine späte Beseelung wird abgelehnt.

Vorerst ist festzuhalten, dass im Hinblick auf diese explizit von Bar ʿEbrāyā bezogene Position einer frühen Beseelung die These des *Maqālat an-nafs* als Vorläufer des *Mnārtā* untermauert. Erst zu einem späteren Zeitpunkt, greifbar im *Zalgē*, nimmt Bar ʿEbrāyā die Position einer späteren Beseelung, je nach Geschlecht des Kindes, ein.

Von der Spannung im *Maqālat an-nafs* bleibt also ein Aspekt übrig: die explizit gemachten philosophischen Grundannahmen von der geeigneten Mischung, einschließlich des entsprechenden Vokabulars. Hierzu kann auf zwei Punkte verwiesen werden: Erstens wurde Mušēs Kapitel zur Frage, in-

---

Ejakulat, ara. *al-manīy*)* ohne eine Seele, die ihn aufzieht – unmöglich wäre *tatsächlich* seine Bildung und Genese sowie sein Übergang von einer Form in eine andere Form. Es *resultiert notwendig* also *der dritte Teil* [sc. die dritte, noch übrige Möglichkeit], und das ist die Entstehung (*wuǧūd*) der Seele und des *Samens* zu gleicher Zeit, *das heißt (ay)* der Samen, der übereinstimmt (*ittafaqa*) mit all dem, was* bereit ist für die menschliche Form durch das Aufrichten seiner Gestalt und die Verfestigung seiner Mischung *mittels des Menstruationsbluts*, so dass *sie koagulieren (*yanʿaqidān*) oder sich vereinigen aus den übrigen Akzidentien (*ʿawāriḍ*) und Körpersäften (?, *inzifāt*)*. Und das ist es, was würdig ist, *dass die Seele wirklich (*yatimmu l-fiʿl*) hinzugefügt wird (*li-iḍāfat an-nafs ilayhi*)*.“ Die hier zu findenden Details gleichen stärker der Vorlage, Mušēs *Mēmrā d-ʿal napšā*. Dies bedarf weiterer Untersuchung.

wiefern der Samen allein über eine Seele verfüge, von Bar ʿEbrāyā zwar als eigenes Kapitel zum selben Problem übernommen, aber inhaltlich anders bearbeitet.[217] Die dort von Mušē zugrundegelegten Vorstellungen eines für die Seele geeigneten Proto-Körpers aus dem Samen decken sich aber inhaltlich durchaus mit denjenigen, die hier im Kapitel zum Beseelungszeitpunkt des *Maqālat an-nafs* vorliegen.

Zweitens wurde die Abfassung von Bar ʿEbrāyās *Tēgurtā* von mir als noch früher als diejenige des *Maqālat an-nafs* vorgeschlagen. Dort hatte Bar ʿEbrāyā das Bild der Entzündung eines geeigneten Dochts für die Verbindung von Körper und Seele verwendet.[218] Auch wenn die genaue Vorlage Bar ʿEbrāyā noch identifiziert werden muss, ist die Rezeption der Philosophie Ibn Sīnās in diesen Passagen eindeutig und kann neben Mušēs Kapitel zur Frage des beseelten Samens als Ausgangspunkt für das *Maqālat an-nafs* gelten.[219]

4.3 Zusammenfassung: Mensch von Anfang an?

Im vorliegenden Kapitel wurden sechs Werke Bar ʿEbrāyās im Hinblick auf ihren jeweiligen Aufbau und die Vorlagen der Seelenlehre sowie die jeweils enthaltenen Aussagen zum Beseelungszeitpunkt untersucht.

Dadurch konnten die bisherigen von der Forschung gemachten Schlüsse auf die Vorlagen Bar ʿEbrāyās untermauert werden und um weitere, für die zukünftige Analyse wichtige Aspekte ergänzt werden. Die Struktur der psychologischen Teile zweier der drei philosophischen Summen Bar ʿEbrāyās, des *Tēgurtā* und des *Ḥēwtā*, entsprechen weitestgehend den bisher als hauptsächliche Vorlagen herausgestellten Werken: al-Ġazālīs *Maqāṣid* respektive Ibn Sīnās *Šifāʾ*.

Die Verbindung der beiden theologischen Summen Bar ʿEbrāyās, des früheren *Mnārtā* und des darauf aufbauenden *Zalgē*, habe ich nochmals anhand der Struktur herausgestellt. Seinen Ausgangspunkt nimmt der Aufbau der

---

217 Siehe meine Darstellung in Kap. 4.2.2.2, S. 264.

218 Siehe Kap. 4.2.3.1, S. 268.

219 Mit Blick auf die neueste Forschung zur doppelten Abfassung der Werke Bar ʿEbrāyās auf Syrisch und Arabisch durch Fathi 2020 muss für ein weitergehendes Urteil unter anderem noch genauer untersucht werden, in welcher Sprache das *Maqālat an-nafs* ursprünglich abgefasst war. Auch das bisherige Fehlen einer syrischen Version des *Maqālat an-nafs* erschwert hier konkretere Schlüsse.

Seelenlehre bei Mušē bar Kēpās *Mēmrā d-ʿal napšā*, die Gliederung wurde aber von Bar ʿEbrāyā weiter systematisiert.

Besonders bemerkenswert ist in dieser Hinsicht das Ergebnis meiner Untersuchung einer Bar ʿEbrāyā zugeschriebenen und bisher kaum berücksichtigten arabischen Seelenlehre, des *Maqālat an-nafs*. Es weist noch weitergehende strukturelle Gemeinsamkeiten mit Mušēs *Mēmrā d-ʿal napšā* auf. Darauf aufbauend ließ sich die Vermutung erhärten, das *Maqālat an-nafs* mit dem syrischen *Mēmrā šennāyā* zu identifizieren, einer frühen, aber nicht überlieferten Abhandlung Bar ʿEbrāyās zur Seele.

Die genannten Beobachtungen der Struktur der Werke konnten weitergehend mit inhaltlichen Untersuchungen verzahnt werden. Hinsichtlich Bar ʿEbrāyās Anschauungen zur Beseelung habe ich einen zentralen, inhaltlich von Ibn Sīnā übernommenen Argumentationsgang herausgestellt, der sich mit leichten Änderungen durch alle Werke Bar ʿEbrāyās zieht. Dieser Argumentationsgang soll die Präexistenz der Seele vor dem Körper widerlegen. Er beruht auf einer Fallunterscheidung, in der sowohl die Möglichkeit einer präexistenten Allseele als auch das Vorausgehen vieler Einzelseelen vor den Körpern ausgeschlossen werden.

Anhand der nuancierten Änderungen in den Reihungen der Teilargumente habe ich eine diachrone Genese des Argumentationsgangs innerhalb Bar ʿEbrāyās Gesamtwerk vorgeschlagen. Eine relative Chronologie der frühen Werke Bar ʿEbrāyās könnte demnach wie folgt aussehen: Im *Tēgurtā*, Bar ʿEbrāyās frühester philosophischen Summa, wird das Problem einer präexistenten Allseele noch separat vorab behandelt. Diese Variante des Argumentationsgangs könnte damit als literarisch früheste Form gelten. Im *Maqālat an-nafs* liegt dann zum ersten Mal der in sich geschlossene Argumentationsgang vor und wird von hier in die späteren Werke Bar ʿEbrāyās übernommen. Geht man von einer Datierung des *Maqālat an-nafs* beziehungsweise des *Mēmrā šennāyā* auf 1261 oder 1257 aus, ließe sich damit auch ein möglicher *terminus ante quem* für das *Tēgurtā* festlegen.

Ein zweiter, zentraler Gegenstand meiner inhaltlichen Analyse waren Bar ʿEbrāyās Aussagen zum genauen Beseelungszeitpunkt. Diese finden sich lediglich im *Maqālat an-nafs* sowie in den Seelenlehren der beiden theologischen Summen Bar ʿEbrāyās, des früheren *Mnārtā* und des darauf aufbauenden späteren *Zalgē*. Allgemein konnte auch hier die diachrone Entwicklung dieser Werke aus Mušē bar Kēpās *Mēmrā d-ʿal napšā* gezeigt werden. Bar ʿEbrāyā arbeitet demnach Struktur und Inhalt sukzessive um. Besonders bemerkenswert ist die Umarbeitung vom *Mnārtā* zum *Zalgē*: Dasselbe literarische Material wird von Bar ʿEbrāyā nun zu einer inhaltlich konträren Gesamtaussage gestaltet.

Die konträren Aussagen Bar ʿEbrāyās in den beiden früheren Werken und im *Zalgē* berühren schließlich die Frage des tatsächlichen Beseelungszeitpunkts. Im *Mnārtā* positioniert sich Bar ʿEbrāyā gegen die Ansicht, es sei vom vierzigsten beziehungsweise achtzigsten Tag der Schwangerschaft für die Beseelung auszugehen, je nach Geschlecht des Kindes. Dieser unter anderem auf der Auslegung der Bibelstelle zu Levitikus 12,2–5 beruhende Standpunkt wurde schon von Mušē bar Kēpā den syrischen Vätern zugeschrieben. Sowohl von Mušē als auch von Bar ʿEbrāyā im *Mnārtā* wird diese Auffassung verworfen und stattdessen die den griechischen Vätern zugeschriebene Position vertreten, die Seele entstehe von Anfang an. Bereits im *Maqālat an-nafs* hatte Bar ʿEbrāyā diese Position übernommen, argumentiert hier allerdings mit philosophischen Begriffen und ohne Bezug auf Schrift oder Tradition.

Im *Zalgē* argumentiert Bar ʿEbrāyā zwar ebenfalls für die Gleichzeitigkeit der Entstehung von Körper und Seele, präzisiert nun aber, es müsse sich um einen ausgestalteten Körper handeln. Zur Zeit der Gründung oder Empfängnis des Samentropfens (syr. *nuṭptā*) sei dagegen noch von einem mangelnden Körper auszugehen. Dieselbe Schriftauslegung zu Lev 12,2–5 macht Bar ʿEbrāyā sich nun zu eigen, um *für* einen späteren Beseelungszeitpunkt zu argumentieren. Die Differenz zu den griechischen Vätern bleibt unerwähnt.

Die Frage, ob es sich für Bar ʿEbrāyā beim Ungeborenen von Anfang an um einen Menschen handelt, kann damit für sein späteres Werk verneint werden – zumindest wenn man den Anfang auf die Empfängnis und den unmittelbaren Beginn der embryonalen Entwicklung festsetzt. Vielmehr müsse laut Bar ʿEbrāyā der Körper voll ausgeformt sein, um eine Seele zu empfangen.

Damit ist auch ein auffälliger Bezug zwischen den theologischen und naturphilosophischen Aussagen Bar ʿEbrāyās herzustellen, den dieser selbst nicht explizit macht: Die im *Zalgē* im theologischen Kontext geäußerten Fristen für die Beseelung des Ungeborenen fallen mit denjenigen zusammen, die Bar ʿEbrāyā in der Zoologie des *Ḥēwtā* – mit Aristoteles und gegen Ibn Sīnā – für die Ausformung des männlichen Kindes am vierzigsten und des weiblichen Kindes am circa fünfundachtzigsten bis neunzigsten

Tag äußert.[220] Bar ʿEbrāyās stillschweigende Parteinahme für Aristoteles im *Ḥēwtā* lässt sich daher nicht nur als Revision der Aussagen Ibn Sīnās verstehen, die durch die Rückkehr zu einer „aristotelischen Tradition" motiviert sind. Vielmehr ist zu berücksichtigen, dass Ibn Sīnās an gegebener Stelle zwar nicht die klassischen islamisch-relgiösen Positionen zum Beseelungszeitpunkt einnimmt, sich aber begrifflich klar am embryologischen Vokabular seiner religiösen Tradition orientiert.

Im Vergleich der von Bar ʿEbrāyās im *Zalgē* religiös-exegetisch begründeten Beseelungsfristen und denjenigen zur Ausformung des Kindes im *Ḥēwtā* besteht daher ein bemerkenswerter Zusammenhang: Die Grundannahmen zur substantiellen Veränderung vom Samentropfen zum Menschen übernimmt Bar ʿEbrāyā von Ibn Sīnā. Gleichzeitig greift Bar ʿEbrāyā auf Begründungen aus der syrisch-christlichen wie auch der aristotelischen Tradition zurück, um gegenüber Ibn Sīnā – und damit auch gegenüber seiner islamischen Umwelt – eine eigenständige Embryologie zu vertreten. Dieser Befund soll im nächsten und letzten Kapitel noch einmal anhand einer Untersuchung, wie Bar ʿEbrāyā im Vergleich zur syrischen Tradition den Begriff *nuṭptā* verwendet, gestützt werden.

---

220 Siehe hierzu Kap. 3.2.1.2, S. 135. Ein Zusammenhang zwischen Ausformung und Beseelung wird im *Ḥēwtā* allerdings nicht festgestellt.

5. *nuṭfah/nuṭptā* – Das Motiv vom Samentropfen bei Bar ʿEbrāyā

Bereits in Kapitel 2 bei der Untersuchung des *Swādā* wurde deutlich, dass Bar ʿEbrāyā den Begriff *nuṭptā*, „Tropfen" für Samen verwendet, um sein philosophisches Verständnis vom Werden und Vergehen von Lebewesen zu illustrieren. In Kapitel 4 habe ich herausgestellt, dass Bar ʿEbrāyā im *Zalgē* den Beseelungszeitpunkt nicht auf den Zeitpunkt der Empfängnis, sondern auf die volle Ausformung des Körpers festsetzt. Hier ist ebenfalls vom Samen als „Tropfen" die Rede.

Zum Vergleich können Werke Ibn Sīnās herangezogen werden. Auch hier dient der menschliche Samen beziehungsweise das ungeborene Leben an verschiedenen, aber miteinander in Beziehung stehenden Stellen als Illustration im philosophischen Kontext. Dabei bezeichnet Ibn Sīnā den Samen oft (wenn auch nicht immer) als ara. *nuṭfah*, „Tropfen". Diese begriffliche und konzeptionelle Engführung von *nuṭfah* als „Samen" bei Ibn Sīnā kann auf den Koran beziehungsweise auf den islamisch-religiösen Diskurs zurückgeführt werden. Im Gegensatz dazu konnte ich bisher keine Stellen in der vorislamischen syrischen Literatur identifizieren, wo syr. *nuṭptā* für den Samen steht.

Vor diesem Hintergrund zeichne ich in diesem Kapitel die Verwendung des Begriffs „Tropfen" (ara. *nuṭfah*/syr. *nuṭptā*) für „Samen" in syrischen und arabischen Texten nach. Dabei stelle ich erstens weitere Beispiele dafür heraus, dass Bar ʿEbrāyā die begriffliche Engführung von ara. *nuṭfah*/syr. *nuṭptā* als menschlichem Samen aus Ibn Sīnās Werk in seine philosophische Terminologie übernimmt. Gleichzeitig ist für diese Beispiele eine auffällige Leerstelle bei Bar ʿEbrāyā im Hinblick auf weitere islamisch-koranische Begriffe für das Ungeborene festzustellen, obwohl die Textpassagen Ibn Sīnās, an denen Bar ʿEbrāyā sich orientiert, diese Begriffe enthalten. Auf ähnliche Weise übergeht Bar ʿEbrāyā in seiner Fortpflanzungsbiologie innerhalb des *Ḥēwtā* eine detaillierte Betrachtung islamisch konnotierter embryonaler Stadien, was ich in Kapitel 3 herausgearbeitet habe. Daher argumentiere ich, dass Bar ʿEbrāyā bei der grundsätzlichen Auffassung bleibt, der Samen werde Mensch – ohne näher zu bestimmende Zwischenstadien. Diese Auffassung findet sich so auch in einschlägigen spätantiken christlich-anthropologischen Texten wieder. In seine Auffassung aber, *wie* der Samen zum Menschen werde, integriert Bar ʿEbrāyā das Verständnis Ibn Sīnās von substantieller Veränderung sowie den Begriff *nuṭfah*/*nuṭptā* als Samentropfen.

Zweitens führe ich im Folgenden ausgewählte Passagen aus syrischen und arabischen Quellen auf: aus Werken syrischer Kirchenväter und anderen christlichen Schriften, aus dem Koran sowie schließlich aus Ibn Sīnās und Bar ʿEbrāyās Werken. Die diachrone Untersuchung mit Blick auf das Ungeborene beziehungsweise auf das Werden des Menschen, anhand des Begriffs *nuṭfah*/*nuṭptā*, ist ein Beitrag zur Begriffsgeschichte ungeborenen Lebens in syrischen und arabischen Texten.[1]

5.1 *nuṭptā* in der syrischen Literatur

Ein erster Befund auf der Grundlage von Syrisch-Wörterbüchern lässt vermuten, dass die Bedeutung von syr. *nuṭptā* als Samen eine spätere Übernahme aus dem Arabischen darstellt: Die Belegstellen im Syrisch-Wörterbuch von Payne-Smith, die syr. *nuṭptā* mit der Bedeutung „Samen" angeben, beziehen sich alle auf Werke von Bar ʿEbrāyā.[2] Die Wörterbücher von Sokoloff oder Brockelmann führen keinen entsprechenden Beleg auf.[3] Nach der Edition des mittelalterlichen Wörterbuchs von Bar Bahlul (gest. 963) führt nur eine Handschrift die zusätzliche arabische Entsprechung *nuṭfah* an.[4] Der entsprechende Zeuge S ist spät (datiert 1796) und hat die Bedeutung wohl einem weitaus früheren Zeugen (datiert 1214) hinzugefügt, mit dem er im Wesentlichen übereinstimmt.[5]

---

1 Die christlich-arabische Literatur kann hingegen im Rahmen dieser Arbeit nicht untersucht werden. Ein Hindernis ist dabei u. a., dass noch keine digitalen Korpora oder ähnliche Hilfsmittel existieren.

2 R. Payne Smith 1901, Sp. 2351. Einschränkend ist hinzuzufügen, dass Bar ʿEbrāyās Werke vergleichsweise früh ediert wurden und im Wörterbuch daher im Vergleich zu anderen Werken überrepräsentiert sind.

3 Sokoloff 2009, S. 898 (s. v. *nuṭptā*), dessen Wörterbuch eine Übersetzung und Bearbeitung desjenigen von Brockelmann darstellt, führt lediglich einen Beleg aus dem Mandäischen auf.

4 Bar Bahlul, *Leksiqon*, s. v. *nuṭptā* (t: Duval 1901, Sp. ii.1225). Auch im Wörterbuch von Elias von Nisibis (gest. 1046) findet sich *nuṭptā* lediglich im Kapitel zum Wasser mit der arabischen Entsprechung *nuqṭah*; Elias von Nisibis, *Kitāb at-Tarǧumān*, 21 (t: Lagarde 1879, S. 47). Ich danke Nicolas Atas für diesen Hinweis. Zu Bar Bahlul siehe van Rompay 2011a; zu Elias von Nisibis siehe Teule 2011.

5 Vgl. zu den Zeugen Duval 1901, S. iii.XXXII–XXXV.

Darüber hinaus habe ich zwei neuere digitale syrische Korpora für eine Stichprobe weiterer Belegstellen herangezogen. Im digitalen Thesaurus *simtho* werden für syr. *nuṭptā* insgesamt dreiundzwanzig Belegstellen angeführt.[6] Das zweite Korpus, das *Digital Syriac Corpus*, listet zwölf Belegstellen auf, wovon sich lediglich eine mit denen aus *simtho* deckt.[7]

Mehrere der Belegstellen orientieren sich an einer Stelle des Buchs Jesaja (Jes 40,15) aus der syrischen Peschitta-Übersetzung des Alten Testaments: „Siehe, die Nationen sind wie ein Tropfen am Eimer, sie gelten so viel wie ein Stäubchen auf der Waage." Eine weitere Bibelstelle kann zudem aus dem *Comprehensive Aramaic Lexicon* ergänzt werden, das eine Stelle in Hiob (Ijob 36,27) anführt: „Denn er zieht die Wassertropfen herauf, als Regen ergießen sie sich aus dem Dunst." Keine der verbleibenden Stellen lässt die direkte Bedeutung von syr. *nuṭptā* als Samen erkennen. Die Bedeutungen sind entweder konkret, wie im Falle des Wassertropfens in Hiob, oder figurativ im Sinne des Tropfens als verschwindend kleine Menge, wie im Fall der Stelle aus Jesaja.

Es gibt allerdings zwei Belegstellen aus *simtho*, wo sich das Tropfenmotiv im Kontext des werdenden Menschen wiederfindet, nämlich in der Ausdeutung der Schöpfungsgeschichte, in der die Zusammensetzung Adams aus Wasser und Staub oder Erde beschrieben wird (Gen 2,7).[8] So heißt es in einem *madrāšā* des syrischen Kirchenvaters Ephraem (gest. 373) aus einer Sammlung von „Hymnen gegen die Häresien":

> Gar töricht und blind ist er; denn auch er ist eingeschlossen zusammen mit dem All – in der hohlen Hand des Schöpfers. Ein einziges Körnchen Staub, – ein einziger Tropfen Wasser, die ineinander geformt – zur menschlichen Gestalt wurden durch das Erbarmen des Formers.[9]

---

6 Stand: April 2021. Zu *simtho* und zum Korpus siehe Beth Mardutho 2022.

7 Stand: April 2021. Vgl. Vanderbilt University 2022: „Digital Syriac Corpus is a curated digital repository of TEI encoded texts written in classical Syriac."

8 Daneben findet sich eine Aussage in der *Chronik von Zuqnīn* (datiert 775/776), die im Kontext der Inkarnation Christi diesen als „Tropfen des Lebens aus dem Haus der Herrlichkeit" bezeichnet; *Chronik von Zuqnīn*, Jahr der Geburt Christi (t: Chabot 1953a, S. 70.23, v: Chabot 1949, S. 55.29). Zu dieser Chronik siehe Harrak 2011.

9 Ephraem, *Mēmrē luqbal yullpānē*, 49,4 (t: Beck 1957b, S. 193.1–4, v: Beck 1957a, S. 170–171), zitiert nach der Übersetzung ebd. Zu Ephraem siehe Brock 2011d.

Durch die geringe Größe des Tropfens (und der geringen Menge an Erde bzw. Staub[10]) hebt Ephraem zusätzlich das Wunder und die Größe des Schöpfungsaktes hervor. In einem umfangreichen christologischen Traktat von Babai dem Großen (gest. 628) wird ebenfalls darauf Bezug genommen:

> Und sie begreifen nicht die Werke (syr. *'bidē*) ihres Machers, [sie,] die ähnlich eines Tropfens Wasser und wie ein Staubkorn im Innern seiner unkörperlichen Hand geformt sind.[11]

Abgesehen von diesen Belegstellen aus *simtho* findet sich die Beschreibung der Schöpfung des Menschen aus einem Tropfen Wasser und Erde in der syrischen Literatur auch ausführlicher, so in der sogenannten *Schatzhöhle* (spätes 6./frühes 7. Jhd.):

> Und sie [d. h. die Engel] sahen, wie er von der ganzen Erde ein Staubkorn nahm, und von der ganzen Natur der Wasser einen Wassertropfen, von der Luft in der Höhe einen Windhauch und von der ganzen Natur des Feuers ein wenig Hitze der Wärme.[12]

Neben Erde und Wasser tauchen in der *Schatzhöhle* auch die Elemente Feuer und Luft auf. Darin zeigt sich ein weit verbreiteter Vergleich des Menschen mit einem Mikrokosmos, dessen Schöpfung parallel zu derjenigen des Makrokosmos sei, insofern beiden die Vier Elemente zugrunde lägen.[13] In diesen Zusammenhang gehören außerdem die Ausführungen von Jakob von Serugh (gest. 521) zur Schöpfung Adams in seinem Hexaemeronwerk, das die biblische Schöpfungsgeschichte in Versform kommentiert und entfaltet:

---

10 Das hebräische Wort für Erde im Schöpfungsbericht (Gen 2,7) ist *adāmā*. Die syrische Peschitta schreibt dafür *ādamtā*. In den hier behandelten Zitaten wird syr. *'aprā* (Staub, Erde) oder syr. *ḥellā* (Staub) verwendet, was sich sicherlich auf Gen 3,19 bezieht: „Staub (hebr. *'afar*) bist du und zum Staub kehrst du zurück." Zusätzlich wird hier die Vergänglichkeit bzw. Nichtigkeit des Menschen betont. Im Rahmen der Schöpfung unterstreicht der Staub (wie der Tropfen Wasser) die Macht Gottes, der daraus den Menschen zu erschaffen vermag; vgl. hierzu den Schöpfungsbericht der Schatzhöhle wie dargelegt in Toepel 2006, S. 56, mit Kommentar S. 65–72. Daneben findet sich in einigen Kontexten, in denen der biblische Schöpfungsbericht aufgegriffen wird, die Assoziation der Schöpfung aus Lehm, syr. *ṭinā* bzw. ara. *ṭīn*, was bereits die Mischung aus Wasser und Erde meint.

11 Babai der Große, *Mēmrā 'al alāhutā w-'al 'nāšutā w-'al parṣupā d-ḥdāyutā*, 3 (t: Vaschalde 1953a, S. 20.15–17, v: Vaschalde 1953b, S. 16–17). Zu Babai siehe Brock 2011a.

12 *M'arat gazzē* [= Schatzhöhle], 2 (v: Toepel 2006, S. 56), Übersetzung nach ebd. Zur *Schatzhöhle* siehe Toepel 2006, S. 1–7.

13 Siehe hierzu auch die Ausführungen in Kap. 2.2.2, S. 80. Siehe außerdem das Vorwort von Bar 'Ebrāyās *Mnārtā*; Kap. 4.1.2.1, S. 219.

Staubkörner und Wassertropfen und Feuer und Wind / und seine Seele darin und die Einhauchung, der Salbung wegen.[14]

Im selben Kontext werden von Jakob die beiden ersten Menschen Adam und Eva einander gegenübergestellt: Während Adam aus Erde/Staub und Wasser geformt sei, sei Eva aus Fleisch und Blut zusammengesetzt. Neben Fleisch und Blut wird außerdem noch Knochen genannt.[15] Damit bezieht Jakob sich auf den Schöpfungsbericht aus Genesis, nämlich dass Gott Adam eine Rippe entnommen habe, um Eva zu formen (Gen 2,21–23).[16] Kurz darauf schreibt Jakob:

> Weil er mit Wasser formte den Adam, ist sein Samen (syr. *zarʿā*) Wasser / und weil Eva mit Blut geformt ist, ist Blut ihr (Menstruations-)Fluss, / und durch Vereinigung von Wasser und Blut, wenn sie sich vermischen, / formt sich ein Kind (syr. *ettṣir ʿullā*) mit diesem Geheiß, der [auch] ihn, den Adam, formte, / und seither durch Blut und Wasser besteht die ganze Art / und der Macher gab es der Natur, sich so fortzupflanzen.[17]

Mehrere Punkte sind bemerkenswert: Wasser und Blut bei der Schöpfung von Adam beziehungsweise Eva werden von Jakob mit ihrem jeweiligen Zeugungsbeitrag verglichen. Der Samen (syr. *zarʿā*) des Mannes wird als Wasser bezeichnet, auch wenn er nicht ausdrücklich Tropfen genannt wird. Aus dem Gemisch der beiden Zeugungsbeiträge forme sich ein Kind.[18] Da es sich forme (*ettṣir*, Wurzel *ṣ-w-r*), wie Adam geformt worden sei, ist an

---

14 Jakob von Serugh, *Mēmrā ʿal štāt yāwmē* [= Hexaemeron], Tag 6 (t+v: Muraoka 2018, S. 174–175.329–330). Zu diesem Hexaemeronwerk siehe die Einleitung in Muraoka 2018, einschließlich Bibliographie. Zu Jakob von Serugh siehe Brock 2011h.

15 Jakob von Serugh, *Mēmrā ʿal štāt yāwmē* [= Hexaemeron], Tag 6 (t+v: Muraoka 2018, S. 176.367–179.404, 184–185.480–490).

16 „Da ließ Gott, der Herr, einen tiefen Schlaf auf den Menschen [sc. Adam] fallen, sodass er einschlief, nahm eine seiner Rippen und verschloss ihre Stelle mit Fleisch. Gott, der Herr, baute aus der Rippe, die er vom Menschen genommen hatte, eine Frau und führte sie dem Menschen zu. Und der Mensch sprach. Das endlich ist Bein von meinem Bein und Fleisch von meinem Fleisch. Frau soll sie genannt werden; denn vom Mann ist sie genommen.“

17 Jakob von Serugh, *Mēmrā ʿal štāt yāwmē* [= Hexaemeron], Tag 6 (t+v: Muraoka 2018, S. 186–187.505–510).

18 Der Begriff *ʿullā* steht für das ungeborene Kind, aber auch für das Neugeborene; vgl. Sokoloff 2009, S. 1080 (s. v. *ʿullā*) sowie R. Payne Smith 1901, Sp. 2832–2833 (s. v. *ʿullā*). Eine Begriffsgeschichte auch dieses Wortes ist im vorliegenden Rahmen nicht möglich, ist aber sicher ebenfalls erhellend, um Vorstellungen ungeborenen Lebens in der syrischen Literatur zu verstehen.

ein ungeborenes Kind in menschlicher Gestalt zu denken. Das Werden des Menschen wird als Vermischung der Zeugungsbeiträge als Ausgangspunkt und mit anschließender Formung des Menschen beschrieben, ohne explizite Zwischenstadien.[19]

Es lässt sich zusammenfassen, dass sich eine direkte Gleichsetzung von syr. *nuṭptā* mit Samen an den hier identifizierten Stellen der syrischen Literatur nicht findet. Allerdings bestehen bereits Assoziationen, insofern Schöpfungs- und Zeugungsakt parallelisiert werden: Das Wasser der Schöpfung beim Entstehen des ersten Menschen Adams wird dem flüssigen Samen des Mannes beim Entstehen der weiteren Menschen gegenübergestellt.

Weitere Forschung wird zeigen müssen, inwiefern solche und ähnliche Assoziationen stärker verbreitet waren, als im Rahmen dieser Arbeit und mit Hilfe von Wörterbüchern sowie Datenbanken untersucht werden kann. Weiterhin müssen Vergleiche mit dem spätantiken jüdischen Schrifttum angestellt werden. Möglicherweise gab es im Hinblick auf Begriffe wie Tropfen und den thematischen Kontext von Schöpfung, Anthropologie und der Rolle Adams subtile christlich-jüdische Polemiken.[20]

Außerdem hat sich im Zitat von Jakob von Serugh gezeigt, dass das Werden des Menschen aus dem Samen beschrieben wird. Ähnlich sind Samen und Mensch auch in der einflussreichen anthropologischen Betrachtung *De opificio hominis* des griechischen Kirchenvaters Gregors von Nyssa (gest. nach 394) die beiden hauptsächlichen Aspekte der Embryologie. Dort findet sich ein Vergleich zwischen dem Weizenkorn (gr. *sitos*) beziehungsweise dem Samen (gr. *sperma*) und dem Samen des Menschen (gr. *ta anthrōpinē spora*), deren Kräfte sich nach und nach entfalteten – also nach Gregor die Anlagen für Körper und Seele enthalten.[21]

---

19 Der Bildreichtum und die freie Assoziation bei diesen Vergleichen wird im Übrigen auch dadurch deutlich, dass das genannte Blut und Wasser direkt anschließend mit demjenigen Blut und Wasser verglichen werden, das bei der Kreuzigung aus der Seite Jesu geflossen sei (vgl. Joh 19,33–34). Dies zeige, so Jakob, dass Christus durch seinen erlösenden Kreuzestod lebensspendend sei und „neue Kinder" zeuge, ohne Frau, so wie Adam allein Eva zeugte; Jakob von Serugh, *Mēmrā 'al štāt yāwmē* [= Hexaemeron], Tag 6 (t+v: Muraoka 2018, S. 186–187.511–522).

20 Den gemeinsamen Verstehenshorizont christlicher und jüdischer Auffassungen vom Menschen zeigen beispielsweise die Belege bei Aptowitzer 1923. Hier findet sich auch die Mischung aus Staub und Wasser, die mit dem Samen identifiziert wird; Aptowitzer 1923, S. 125, Anm. 10. Siehe auch Doroftei o. D.

21 Gregor von Nyssa, *De opificio hominis*, 29 (30) („Gründung darüber, dass Seele und Körper ein und dieselbe Ursache des Seins haben") (t: Forbes 1861, S. 282–290,

Dies heißt nicht, dass christliche Autoren weitere embryologische Stadien beziehungsweise eine detaillierte Betrachtung der Embryogenese grundsätzlich ausgeschlossen haben.[22] Beispielhaft kann hier auf zwei Texte verwiesen werden: Das ebenfalls stark rezipierte Werk *De natura hominis* von Nemesius von Emesa (fl. ca. 400) nennt einige embryologische Details, auch wenn als distinkte Stadien der Samen und das Embryo im Vordergrund stehen.[23] Später, in islamischer Zeit, greift auch Hiob von Edessa (gest. ca. 835) in seinem syrischen *Ktābā d-Simātā* („Buch der Schätze") auf, wie der Mensch entsteht.[24]

Die embryologische Entwicklung schlägt sich aber nicht begrifflich beziehungsweise in Form eines literarischen Motivs nieder, wie es mit ara. *nuṭfah – ʿalaqah – muḍġah* im islamischen Bereich vielfach zu finden ist.[25] Darauf gehe ich im Folgenden ein.

---

v: Moore und Wilson 1893, S. 420–422). Die syrische Übersetzung in Hs. Vatikan, *Biblioteca Apostolica Vaticana*, Vat. sir. 106, fol. 41r.i–74r.iii, hier: fol. 68v.ii–70r.i verwendet für gr. *spora* (Säen, Zeugen; Saat, Samen; Frucht; Nachkommenschaft, Sprößling) syr. *zarʿā*, für gr. *sitos* (Getreide-)Korn und *sperma* (Samen, Keim; Saat) dagegen syr. *ḥeṭṭā* (Weizenkorn) bzw. *zarʿunā* (Samenkörnchen). Zur syrischen Übersetzung siehe Pericoli Ridolfini 2000.

22 Die beiden Kapadokier Gregor von Nazianz und Gregor von Nyssa stehen embryologischen Spekulationen dagegen eher skeptisch gegenüber; vgl. Gregor von Nazianz, *Logoi Theologikoi*, 3.8 (t+v: Sieben 1996, S. 184–187) sowie Gregor von Nyssa, *De opificio hominis*, 29.10 (30.10) (t: Forbes 1861, S. 290, v: Moore und Wilson 1893, S. 422): „I deem it superfluous to declare at length in words what is to be found in ourselves, as though we were expounding some wonder that lay beyond our boundaries"; Übersetzung nach ebd. Vielleicht muss der Umstand, dass Basilius von Caesarea, der dritte Kapadokier, es im Hinblick auf Schwangerschaftsabbrüche ablehnt, zwischen dem ungeformten und dem geformten Kind zu unterscheiden, auch vor diesem Hintergrund betrachtet werden; vgl. Basilius von Caesarea, *Brief an Amphilochius, über die Kanones* (= Brief 188), 2 (t+v: Joannou 1963, S. 99.17–19, v: trans. Way (2008), S. 12): „And there is no exact inquiry among us as to whether the fetus was formed or unformed."; Übersetzung nach ebd.

23 Nemesius von Emesa, *De natura hominis*, 25 („Über das reproduktive oder seminale [Vermögen]") (t: Morani 1987, S. 85.22–87.15, v: Sharples und Eijk 2008, S. 153–157, mit ausführlichem Kommentar.) Zum Autor und seinem Werk siehe die Einleitung in Sharples und Eijk 2008; zur Frage, ob Nemesius Christ war, siehe Sharples und Eijk 2008, S. 5–7. Zur syrischen Überlieferung des Werks siehe Zonta 1991.

24 Hiob von Edessa, *Ktābā d-Simātā*, II.17 (t: Mingana 1935, S. 358–360, v: Mingana 1935, S. 103–106). Zu Hiob von Edessa siehe Roggema 2011.

25 Umgekehrt heißt dies nicht, dass sich im islamischen Bereich lediglich das dreigliedrige Motiv findet. Islamische Beispiele für den Zweischritt „Samen – Mensch" bei Ibn Sīnā behandle ich im späteren Verlauf des Kapitels.

5.2 *nuṭfah im Koran und die islamische Rezeption*

Im Koran taucht der Tropfen (ara. *nuṭfah*) ebenfalls im Zusammenhang vom Werden des Menschen auf. Ohne eine direkte Abhängigkeit feststellen zu wollen, lässt sich davon ausgehen, dass die entsprechenden koranischen Aussagen ihre Bild- und Vorstellungswelt mit der syrischen Literatur teilen, wie sie an den aufgeführten Stellen deutlich wurde.

Im Folgenden bespreche ich knapp die entsprechenden Verse und skizziere, wie ara. *nuṭfah* und weitere Begriffe in der islamischen Literatur rezipiert wurden. Es geht nicht darum, die koranischen Aussagen detailliert zu untersuchen, sondern einen Eindruck von den verschiedenen im Koran verwendeten Begriffen zu vermitteln, einschließlich der Kontexte, in denen sie verwendet werden. Die Übersetzungen sind möglichst wörtlich und ich vermeide nach Möglichkeit eine Interpretation der Bildsprache.[26] Eine für islamische Vorstellungen vom Ungeborenen zentrale Koranstelle lautet wie folgt:

> Und, ja, wir gestalteten den Menschen aus einem Abkömmling aus Ton (*ḫalaqnā l-insāna min sulālatin min ṭīnin*). Ferner machten wir ihn zu einem Tropfen an einem wohlbehüteten Ort (*ǧaʿalnāhu nuṭfatan fī qarārin makīn*). Ferner gestalteten wir den Tropfen zu etwas Anhaftendem (*ʿalaqah*, auch: Egel) und wir gestalteten das Anhaftende zu einem Fleischstück (*muḍġah*) und wir gestalteten das Fleischstück zu Knochen und wir kleideten die Knochen mit Fleisch. Ferner errichteten wir ihn (*anšaʾnāhu*) als eine weitere Gestalt (*ḫalqan āḫara*). So sei Gott gesegnet, der beste der Gestaltenden! (Q 23:12–14)

Neben dem Tropfen, tauchen in der zitierten Passage auch Ton (ara. *ṭīn*), die Idee von etwas Anhaftendem (*ʿalaqah*) und eines Fleischstücks (*muḍġah*) sowie ein wohlbehüteter Ort (*qarār makīn*) auf, was üblicherweise als Gebärmutter aufgefasst wird. Insgesamt findet sich *nuṭfah* zwölf Mal im Koran. Teils spiegelt sich das Motiv von Erde und Wasser wieder, dem man auch in den syrischen Texten begegnet:

> … Willst du denn den verleugnen, der dich gestaltet hat aus Staub (*turāb*), ferner aus einem Tropfen (*nuṭfah*), ferner dich wohlgestaltete (*sawwāka*[27]) zu einem Mann? (Q 18:37)

---

26 Als Vergleich lässt sich auf die deutsche Koran-Übersetzung von Khoury verweisen, der z. B. ara. *ʿalaqah* (etwas Anhaftendes; Egel) in Q 23:12–14 mit „Embryo" übersetzt. Diese Übersetzungen haben vor dem Hintergrund der islamischen Tradition selbstverständlich ihre Berechtigung.

27 Sowohl im Ausdruck *sawwāka* als auch in *anšaʾnāhu* von Q 23:12–14 klingt m. E. die Idee des aufrechten Gangs des Menschen an, was ihn vom Rest der Schöpfung

Ähnlich verhält es sich in Q 16:4 („Gestaltet hat er den Menschen aus einem Tropfen ...", vgl. auch Q 36:77), in Q 22:5 („...Wahrlich, wir haben euch gestaltet aus Staub, dann aus einem Tropfen, dann aus etwas Anhaftendem, dann aus einem Fleischstück, gestaltet und nicht gestaltet, um es euch deutlich zu machen. Und Wir lassen, was Wir wollen, im Mutterleib (*arḥām*) auf eine festgesetzte Frist ruhen. Dann lassen Wir euch als Kind (*ṭifl*) herauskommen. ...", vgl. auch Q 40:76) oder in Q 35:11 („Und Gott hat euch gestaltet aus Staub, dann aus einem Tropfen, dann hat er euch zu paarweise Verbundenen (*azwāǧ*) gemacht. Und weder trägt ein Weibliches noch bringt es zur Welt, es sei denn mit seinem Wissen."). Wie bei dem syrischen Kirchenvater Ephraem wird die Größe Gottes bei der Schöpfung des Menschen (und im Koran außerdem bei der zu erwartenden körperlichen Auferstehung[28]) betont.

Daneben tritt im Koran aber auch das Motiv hinzu, dass der Tropfen sich ergieße:

> Daß er beide Geschlechtspartner (*zawǧayn*) gestaltet, männlich und weiblich, aus einem Tropfen, wenn er sich ergießt (*iḏā tumnā*). (Q 53:45–46)

> Ist er nicht ein Tropfen aus einem Erguss, der sich ergießt (*min maniyyin yumnā*)? Ferner war er etwas Anhaftendes (*ʿalaqah*), so schuf Er und wohlgestalte Er, und machte aus ihm die beiden Geschlechtspartner, das Männliche und das Weibliche. (Q 75:37)

In den beiden Zitaten tritt die Vorstellung zu Tage, der Tropfe ergieße sich oder sei ein Teil des Ergusses (Wurzel *m-n-y*). Anschließend werde er zum Menschen. Während die anderen angeführten Stellen an den Schöpfungszusammenhang denken lassen, steht hier die Fortpflanzung im Mittelpunkt. In der späteren islamischen Rezeption stellt eine Zusammenschau der verschiedenen Koranverse einen Ausgangspunkt für die Parallelisierung von *nutfah* und Samen beziehungsweise dem Erguss (*manīy*) dar.[29]

---

unterscheide; vgl. Bayertz 2014. Diese Idee ist meines Wissens für die syrische und arabische Literatur noch nicht untersucht.

28 In einem Brief von Jakob von Serugh gibt es ebenfalls einen solchen Zusammenhang zwischen dem Leben vor der Geburt und nach dem Tod; vgl. Jakob von Serugh, *Eggartā da-lwāt Mār Yulyānā Arkidyaqon*, (t: Olinder 1937, S. 39.28–40.13). Ich danke Philip Forness für diesen Hinweis.

29 In der vorislamischen arabischen Dichtung findet sich darüber hinaus die konkrete Bedeutung des Tropfens als kleine Menge Flüssigkeit, wie sie ebenfalls in den syrischen Texten begegnet; vgl. Shahîd 2009, S. 145–146. Diese grundsätzliche Bedeutung führt z. B. auch das Wörterbuch *Lisān al-ʿarab* in verschiedenen Varianten auf; Ibn Manẓūr, *Lisān al-ʿarab*, s. v. *n-ṭ-f* (t: ed. Kairo o. D., S. vi.4461.iii). Dem-

Entsprechend finden sich auch unterschiedliche Hadithe, in denen ara. *nuṭfah* – oft zusammen mit den Begriffen ʿ*alaqah* und *muḍġah* – auftaucht, um ungeborenes Leben zu beschreiben.[30] Die Aufnahme des Begriffs *nuṭfah* für das erste embryonale Stadium, wahrscheinlich angelehnt an die beiden Koranstellen Q 22:5 sowie Q 23:12–14, kann ungefähr in die Zeit 900 datiert werden.[31] Ein Hadith lautet in der Fassung der in späterer Zeit stark rezipierten *Arbaʿīn*-Sammlung von an-Nawawī (gest. 1277):

> Ja, ein [jeder] von euch – seine Gestalt (oder: Schöpfung, ara. *ḫalq*) wird gesammelt im Bauch seiner Mutter vierzig Tage [lang] als ein Tropfen (*nuṭfatan*), dann ist er ein Anhaftendes ebenso [lang], dann ist er ein Fleischstück ebenso [lang], dann wird zu ihm der Engel geschickt, so er in ihn den Geist einhaucht.[32]

Wichtig sind im vorliegenden Zusammenhang nicht die einzelnen inhaltlichen und konzeptionellen Aspekte (wie beispielsweise die Einhauchung des Geistes), sondern das Aufgreifen der drei „koranischen" embryonalen Stadien, darunter *nuṭfah*. Wie Thomas Eich feststellt, findet sich der entsprechende Hadith mit dieser klaren Identifikation des ersten Stadiums, in dem die Gestalt des Ungeborenen „gesammelt wird", so nicht in den übrigen Hadithsammlungen. In diesem Sinne kann die Version bei an-Nawawī als eine Art Kristallisationspunkt gelten. Die Herausbildung embryologischer Vorstellungen und Begrifflichkeiten in der Koran- und Hadithauslegung sowie im islamischen Recht verfestigen sich nach und nach und werden zu einem viel rezipierten Motiv.

Im Hinblick auf die beiden anderen Stadien, ʿ*alaqah* und *muḍġah*, verweise ich als Beispiel auf das *Kitāb al-Umm* des später als Gründer der gleichnamigen Rechtsschule geltenden Muḥammad b. Idrīs aš-Šāfiʿī (gest. 820): Bei einem Embryo (*ğanīn*) für das im Falle der Verursachung einer Fehlgeburt eine finanzielle Ausgleichzahlung stattfinden solle, müssten sich Gliedmaßen abzeichnen, die es vom Fleischstück oder Anhaftenden/Egel (*muḍghah aw ʿalaqah*) unterschieden.[33] Der Begriff *nuṭfah* taucht hier nicht auf, wäh-

---

gegenüber wird *zarʿ* (Samen, Pl. *zurūʿ*) im Koran hauptsächlich als Kollektivum für Getreide bzw. Saatpflanzen, nicht für den einzelnen Samen benutzt; siehe Badawi und Abdel Haleem 2008, S. 396–397 (s. v. *z-r-ʿ*).

30 Vgl. hier und im Folgenden die Arbeiten Eich 2009, Eich 2018b, Eich 2018a, Eich 2020 sowie Holmes Katz 2003, S. 30–31 u. passim. Siehe auch Guénon 2019.

31 Siehe Eich 2018a, S. 142.

32 an-Nawawī, *al-Arbaʿīn an-nawawiyyah*, 4 (t: al-ʿUṯaymīn 2004, S. 99). Zu an-Nawawī siehe Heffening 1993.

33 aš-Šāfiʿī, *Kitāb al-Umm, Kitāb Diyāt al-ḫaṭaʾ*, [5] *Diyat al-ğanīn* (t: ed. al-Manṣūrah (2001), S. vii.265).

rend die beiden anderen Begriffe bereits für bestimte embryonale Stadien Verwendung finden.

Im islamisch-religiösen Kontext zeigt sich demnach die Tendenz, *nuṭfah* als männlichen Samen oder als Samengemisch der Eltern aufzufassen.[34] Weitere feststehende Begriffe und Konzepte, wie das „Anhaftende" (*ʿalaqah*), „Fleischstück" (*muḍġah*), Knochen und die Gebärmutter als „fester Ort" (*qarār*) werden ebenfalls aus dem Koran in embryologische Kontexte übernommen. Im Folgenden verdeutliche ich, dass dies auch für die philosophischen Schriften Ibn Sīnās der Fall ist.

5.3   nuṭfah bei Ibn Sīnā

Bereits bei der Behandlung der Fortpflanzungsbiologie in Kapitel 3 wurde deutlich, dass Ibn Sīnā die im Koran erwähnten Begriffe *ʿalaqah* und *muḍġah* als distinkte embryonale Stadien in seine Betrachtung aufnimmt. Damit möchte ich Ibn Sīnā nicht zuschreiben, die im Diskurs der Religionsgelehrten verbreiteten Auffassungen embryonaler Entwicklung eins zu eins zu vertreten. Vielmehr zeigt sich, wie Ibn Sīnā im Hinblick auf das Ungeborene mindestens begrifflich und in gewisser Hinsicht auch konzeptionell als klar im islamischen Diskurs verortet werden kann.[35] Allerdings wird der Samen in solchen embryologischen beziehungsweise medizinischen Zusammenhängen im Allgemeinen von Ibn Sīnā als *manīy* (Erguss) bezeichnet. Im *al-Qānūn fī ṭ-ṭibb* („Richtschnur der Medizin") beispielsweise verwendet Ibn Sīnās durchgehend *manīy*.[36]

---

34 Auf den Samentropfen als Gemisch aus den beiden elterlichen Zeugungsbeiträgen lässt sich auch schon auf Grund einer Stelle im Koran selbst schließen: „Ja, wir haben den Menschen aus einem Tropfen von Mischungen (ara. *nuṭfatin amšāġin*) gemacht"; Q 76:2. Neben ara. *nuṭfah* findet sich außerdem ara. *māʾ* (Wasser) als ein ähnlicher Euphemismus für den Samen des Mannes.

35 Zur Rolle der Religion in Ibn Sīnās Werk siehe u. a. Gutas 2014, S. 366–368, Afnan 1958, S. 168–200, Stroumsa 1998, de Smet und Sebti 2009, J. Janssens 1998 sowie J. Janssens 2004.

36 Dieses Ergebnis beruht auf einer Suche in den Abschnitten zu den Geschlechtsorganen und der Schwangerschaft (t: ed. Beirut 1999, S. ii.725–811) mittels *tesseract*, einer von *google* entwickelten und frei verfügbaren Software zur Texterkennung. Diese Methode ist nicht völlig exakt und wurde hier von mir explorativ eingesetzt. Der Begriff *nuṭfah* findet sich lediglich in folgender Aussage Ibn Sīnās: „Was aber den schaumigen Stoff angeht, so sechs Tage oder sieben, wobei in diesen Tagen das Gestaltete im (Samen-)Tropfen sich bewegt, ohne etwas von der Gebärmutter zu er-

Ähnlich verhält es sich in den zoologischen Teilen des *Šifā'*, in denen es dezidiert um den Samen geht; nur gelegentlich verwendet Ibn Sīnā *nuṭfah* statt *manīy*. Es lässt sich dabei nur schwer ein klares Muster erkennen: Ausführlich erklärt Ibn Sīnā, warum *manīy* im Hinblick auf Frau und Mann nur homonym (ara. *bi-štirāk al-ism*) verwendet werden könne. Sein Anliegen kann allerdings nicht so verstanden werden, klare Begrifflichkeiten herauszuarbeiten, sondern die Funktion des jeweiligen Beitrags von Mann und Frau bei der Fortpflanzung deutlich zu unterscheiden.[37] Vor diesem Hintergrund wird auch verständlich, warum er vom „Tropfen der Frau" (*nuṭfat al-mar'ah*) sprechen kann. Eine solche Charakterisierung kann eindeutig als Zeugungsbeitrag der Frau verstanden werden. Daneben ist aber in embryologischen Kontexten bei der Betrachtung der Fortpflanzung ab Vermischung der Zeugungsbeiträge ebenfalls von *nuṭfah* die Rede. Die folgende Aussage aus Ibn Sīnās Zoologie verdeutlicht die Schwierigkeiten bei der Unterscheidung der Begriffe:

> Und zu Beginn der Koagulation des Embryos (ara. *in 'iqād al-ǧanīn*) aus diesen beiden Ergüssen (*maniyyayn*) – oder vielmehr, wenn der enthaltene Stoff (*al-māddah*) dem, was aus den beiden koaguliert wird, ähnlich gemacht wird, so dass er Nahrung werde –, muss es also [so] sein, dass das Menstruationsblut, wenn es zum anhaftenden Tropfen (*an-nuṭfah al-'āliqah*) hin angezogen wird, sich zuerst zur Natur des Tropfens (*ṭabī'at an-nuṭfah*) verwandelt als teilhabender Stoff (*māddatan muštarikatan*), dann verteilt er [sc. der Stoff(?)] sich und erlangt Unterscheidung (*iḫtilāf*).[38]

Mehrere Aspekte bleiben undeutlich: Ist der anhaftende Tropfen allein der Samen des Mannes? Und ist im Hinblick auf die homonyme Verwendung von *manīy* das Menstruationsblut der Frau, das sich dem Tropfen angleicht, das zweite der beiden Ergüsse, aus denen das Embryo koaguliert wird? Oder ist das zweite der beiden Ergüsse das materielle Substrat, dass die Frau zur Zeugung beiträgt, gemäß der Unterscheidung von Menstruationsblut als (1) materielles Substrat, (2) Nahrung des Embryos und schließlich (3) Aus-

---

halten." (*…tataṣarrifu l-muṣawwarah fī n-nuṭfah min ġayr istimdād min ar-raḥm*); Ibn Sīnā, *al-Qānūn fī ṭ-ṭibb*, 3.21.1.2 (t: ed. Beirut 1999, S. ii.757.13).

37 Vgl. Kap. 3.2.1.3, S. 138.

38 Ibn Sīnā, *Kitāb aš-Šifā'*, *aṭ-Ṭabī'iyyāt* 8 – *al-Ḥayawān*, 9.3 (162.14–17). Der Nachsatz *ba'da ḏālikā ktisāb al-manīy nafsihi* ist mir unklar. Laut Weisser 1983, S. 135 stellt Ibn Sīnā hier den materiellen Beitrag des Samens der Frau mit dem pneumatischen, formenden Aspekt des männlichen Samen gegenüber. Bezieht sich *nafs* also auf Seele im Sinne des wirkenden Pneumas?

gangsstoff zur Milchbildung?[39] An anderer Stelle tritt noch zusätzlich der unklare Begriff *zarʿ* hinzu:

> Der Saft, von dem [Galen] meint, es sei der Erguss (ara. *manīy*) der Frau, fließt von ihr aus auch ohne Geschlechtsverkehr und ohne Ejakulation (*inzāl*) [d. h. der Zeugungsbeitrag der Frau wird nicht ejakuliert (vgl. lat. *eiaculor*, herausschleudern), sondern fließt nur aus]. Und dies [passiert] sooft sie einen lustvollen Ausfluss hat wie [ja] auch das männliche Wesen einen lustvollen Ausfluss hat. Und die Frauen haben nur wenig Erguss für das große Maß ihres Samens (*zarʿ*). Der Hinweis darauf aber, dass der Samen der Frauen von der[selben] Gattung (*ǧins*) [wie] ihr Menstruationsblut ist, ist, dass sie miteinander vorkommen, und sooft bei den Männern Erguss entsteht, entsteht es bei dem anderen. So sagt [Aristoteles]: Es zeigt sich, dass der Samen der Frauen vortrefflich ist, weil er Materie, nicht das Prinzip der Bewegung/Veränderung ist, und dass der Samen der Männer das Prinzip der Bewegung/Veränderung ist.[40]

Hier zeigt sich einerseits, in Ibn Sīnās eigenen Ausführungen, eine Unterscheidung im Hinblick auf den Zeugungsbeitrag der Frau zwischen *manīy* und *zarʿ*, was am ehesten so zu verstehen ist, das die Frau nur über sehr wenig „aktiven Zeugungsstoff" bei verhältnismaßig viel „Samenflüssigkeit" verfügt. In der Aussage, die Ibn Sīnā schließlich Aristoteles zuschreibt, ist dann nur von *zarʿ* (Samen) die Rede.

Diese Beispiele zeigen, dass Ibn Sīnā die Zuordnung der Begriffe *nutfah* und *manīy* (sowie *zarʿ*) den Lesenden überlässt. Die jeweils hinter den Begriffen liegende Auffassung ist wichtiger als die Begriffe selbst. Im medizinischen Kontext und im Bereich der Fortpflanzung überwiegt der Gebrauch von *manīy*. Dies deutet darauf hin, dass er hier einen präziseren Begriff dem bildlichen „Tropfen" vorzieht.

Die bildhafte Illustration mittels *nutfah* zeigt sich dagegen in den meisten der nun folgenden Beispiele.[41] Diese sind in den Kontext übergeordneter philosophischer Probleme einzuordnen, ähnlich wie dies in Bar ʿEbrāyās *Swādā* feststellbar ist. Hier herrscht kein primär embryologisches Erkennt-

---

39 Die Angleichung des Menstruationsblut muss so verstanden werden, wie sich auch das Blut im Allgemeinen als letzte Verdauungsstufe der Nahrung den Körperteilen, die es versorgt, angleicht und diese so nachbildet und aufrecht erhält. Siehe dazu die Ausführungen zur Verdauung und zur Samenlehre, Kap. 2.2.3, S. 87 sowie Kap. 3.2.1.3, S. 138.

40 Ibn Sīnā, *Kitāb aš-Šifāʾ*, *aṭ-Ṭabīʿiyyāt* 8 – *al-Ḥayawān*, 15.3 (399.4–9).

41 Hier habe ich, wie beim *Qānūn*, die Beispiele durch eine Suche mittels *tesseract* (vgl. oben Anm. 36, S. 299) sowie anhand einer Textsuche in digital vorliegenden Ausgaben ausgewählt. Dabei habe ich mich auf zwei Werke Ibn Sīnās begrenzt: das *Naǧāh* sowie das *Šifāʾ*.

nisinteresse vor; *manīy* ist als verwendeter Begriff für den Samen eher die Ausnahme. So stellt Ibn Sīnā im Rahmen des Logikteils des *Šifā*', im *Kitāb al-Burhān* („Schrift über den Demonstrationsbeweis"), seiner Leserschaft den werdenden Menschen als philosophisches Anschauungsobjekt vor Augen:

> Und wir erläutern (ara. *našrah*) dies anhand dessen, was am deutlichsten ist (*fī-mā huwa aẓhar*), wie dem Menschen: So ist sein effektiver, sichtbarer Grund (*sababuhu al-fāʿil aẓ-ẓāhir*) entweder der Mensch [selbst], der Tropfen oder das Vermögen [zur Ausgestaltung des Menschen] im Tropfen und die [potentiell erhaltene] Form darin.[42]

Ohne auf die Details der philosophischen Aussage einzugehen, möchte ich mit dem Zitat verdeutlichen, wie der Mensch von Ibn Sīnā ausdrücklich als etwas benannt wird, woran sich seine folgenden Aussagen gut deutlich machen ließen. Der Samen wird wie selbstverständlich als Tropfen (*nuṭfah*) bezeichnet.

Im Folgenden stelle ich anhand weiterer Beispiele heraus, wie Ibn Sīnā an unterschiedlichen, aber in Zusammenhang stehenden Stellen dieses Motiv des Samens als „Tropfen" zur Illustration philosophischer Diskussionen nutzt. Diese Illustrationen zielen wie gesagt nicht unmittelbar auf die Erläuterung bestimmter embryologischer Vorstellungen. Sie werden aber oft nur vor dem Hintergrund dieser embryologischen Auffassungen verständlich. Eine philosophische Einordnung nehme ich im Folgenden nur in eingeschränktem Rahmen vor. Was die Beispiele letztlich verknüpft, ist die hylemorphistische Auffassung von Werden und Vergehen beziehungsweise substantieller Veränderung, was grundlegend in Kapitel 2 eingeführt wurde: der Samentropfen vergehe, ein Mensch entstehe.[43]

Mehrere der Stellen haben außerdem Kausalität zum Thema. Bereits Aristoteles unterscheidet analytisch vier Arten von Ursachen: (1) Form-, (2) Material-, (3) Wirk- sowie (4) Zweckursache.[44] Veranschaulicht wird die Auffassung dieser verschiedenen Ursachen bei Prozessen oft anhand eines Werkstücks: Das Ausgangsmaterial (2) Holz muss in (1) die Form eines Stuhles gebracht werden. Der (3) Tischler fertigt den Stuhl, beispielsweise (4) mit dem Ziel, darauf zu sitzen. Alle vier Ursachen spielen für das

---

42 Ibn Sīnā, *Kitāb aš-Šifā*', *al-Manṭiq* 5 – *al-Burhān*, 2.9 (t: ʿAfīfī und Maḏkūr 1956, S. 182.8–9).

43 Siehe Kap. 2.2.1, S. 75.

44 Siehe zu Aristoteles' Ursachenlehre Höffe 2006, S. 116–119 sowie Falcon 2019.

Zustandekommen des Stuhles eine bestimmende, aber je unterschiedliche Rolle.

Ibn Sīnā greift im *Naǧāh* neben diesem Beispiel des Anfertigen eines Stuhls auch das Werden des Menschen auf.[45] So führt er neben dem Tischler als Wirkursache (*'illah fā'ilah*) für den Stuhl auch den Vater als Wirkursache für den Knaben (*ṣaby*) an und stellt als Materialursache dem Holz des Stuhls das Menstruationsblut der Frau gegenüber. Der Zeugungsbeitrag der Frau wird hier als lediglich passiv und rezeptiv dargestellt. Entsprechend wird die Materialursache von Ibn Sīnā auch Rezeptivursache (*'illah qābilah*) bezeichnet, da die Materie die Form aufnehme.[46] Die Vorstellung vom passiven, rein stofflichen Zeugungsbeitrag der Frau übernimmt Ibn Sīnā von Aristoteles.

Der weitere Kontext, in dem Ibn Sīnā hier die vier Arten von Ursachen bespricht, ist deren Funktion im Hinblick auf Definition (*ḥadd*) und Demonstrationsbeweis (*burhān*). Wie im vorherigen Zitat, das ebenfalls Ausführungen zum Demonstrationsbeweis entnommen war, zeigen sich Überlegungen zu logischen Schlüssen bei Ibn Sīnā eng mit beobachtbaren Prozessen in der Natur oder im menschlichen Bereich verknüpft.[47] Eine Voraussetzung dafür, so Ibn Sīnā, dass Material- oder Wirkursachen als „tatsächliche Ursache" (*'illah bi-l-fiʿl*) für Demonstrationsbeweise herangezogen werden können, sei, dass das Dasein des Verursachten notwendigerweise (und nicht bloß akzidentiell) mit dem Dasein der Material- oder Wirkursache verknüpft sei. Den menschlichen Samentropfen (ara. *nutfat al-insān*) greift Ibn Sīnā anschließend als Beispiel für solche Vorgänge auf, bei denen das Entstehende bereits vorhanden ist (ara. *yūǧad al-kā'in*), ohne Trennung zwischen den Teilen.[48]

---

45 Hier und im Folgenden: Ibn Sīnā, *Kitāb an-Naǧāh*, 1.2 (*Kitāb al-Burhān*), *Fī aqsām al-ʿilal wa-bayān duḫūlihā fī l-ḥadd wa-l-burhān* (t: Faḫrī 1985, S. 119–120).

46 Siehe hierzu auch Bertolacci 2002, S. 130.

47 Siehe hierzu McGinnis 2010, S. 44–46.

48 Dies ist vermutlich vor dem Hintergrund der Vorstellung von substantieller Veränderung so zu verstehen, dass der Tropfen als Ursache bereits vorhanden ist und, indem seine Form vergeht und die Materie eine neue Form annimmt, zum Menschen wird. Inwiefern nun aber der Tropfen genau als Material-, als Wirkursache oder beides gemeint ist, wird aus den Ausführungen selbst nicht deutlich. Im Kontext geht es in jedem Fall um das Zusammenspiel von Wirk- und Materialursachen im Bereich der Natur. Daher ist mit *nutfah* vermutlich das Samengemisch gemeint, insofern ihm der materielle Aspekt des mütterlichen sowie der wirkende, gestaltende Aspekt des väterlichen Zeugungsbeitrag zukommt. Möglicherweise sind diese beiden Aspekte die beiden Teile, zwischen denen es hier keine Trennung gebe (ara. *lā farqa bayna*

Die analytische Unterscheidung verschiedener Ursachen ist auch Gegenstand des folgenden Beispiels. Ibn Sīnā behandelt hier den Zusammenhang von Ursachen (*munāsabāt al-ʿilal*) im Rahmen der Naturphilosophie und illustriert an einer Stelle die Diskussion wiederum mit dem Samentropfen. Es komme vor, dass das Wesen (*māhiyyah*) von Wirk-, Form- und Zweckursache in eins falle, so wie die menschliche Form als zugrundeliegendes Wesen von Wirk-, Form- und Zweckursache bei der menschlichen Fortpflanzung:

> Im Vater liegt das Prinzip (*mabdaʾ*) dafür, dass die menschliche Form aus dem Tropfen entsteht, wobei nicht all dies vom Vater [her] ist, sondern [nur] die menschliche Form. Und [auch] das, was hinsichtlich des Tropfens resultiert, ist nichts als die menschliche Form. Und [schließlich] ist der Zweck, zu dem hin der Tropfen sich bewegt (oder: sich verändert), die menschliche Form.[49]

Der Vater (Wirkursache) und das Kind (Zweckursache) sind jeweils als konkrete, individuelle Verkörperungen der menschlichen Form beziehungsweise Spezies gedacht. Wie verhält es sich aber mit dem (Samen-)Tropfen als Formursache? Ibn Sīnā ist nicht so zu verstehen, als sei die menschliche Form bereits *tatsächlich* im Samen enthalten. Vielmehr ist es das, was hinsichtlich des Tropfens *resultiert*, nämlich die menschliche Form (*wa-laysa l-ḥāṣil fī n-nuṭfah illā ṣ-ṣūrah al-insāniyya*). Die menschliche Form ist also *potentiell* im (Samen-)Tropfen enthalten.[50]

---

l-qismayn). Dieses Zusammenspiel, so Ibn Sīnā, sei in der Natur nicht immer leicht ersichtlich, was die Identifikation als „tatsächliche Ursachen" zur Verwendung in Demonstrationsbeweisen schwierig mache. Mit diesem Hinweis auf die Natur (im Gegensatz zum Handwerk bzw. zur Technik) könnte sich „ohne Trennung zwischen den Teilen" auch auf Samentropfen und Mensch als Ausgangs- und Endprodukt beziehen, zwischen denen es keine Trennung gebe, im Gegensatz zum Beispiel vom Baumeister und seinem Werkstück aus dem Bereich der Handwerkskunst/Technik. Problematisch für die Deutung solcher Äußerungen bei Ibn Sīnā ist unter anderem auch, wie in einem weiteren Beispiel deutlich werden wird, dass von Ibn Sīnā dem Aktiven Intellekt als Formgeber ebenfalls beim Vorgang substantieller Veränderung eine Rolle zugeschrieben wird. Hinzu kommt die Frage, die Ibn Sīnā im von mir weiter oben angeführten Zitat selbst aufwirft: Ist der Vater, der Samen oder das Formvermögen im Samen als Wirkursache zu verstehen?

49 Ibn Sīnā, *Kitāb aš-Šifāʾ, aṭ-Ṭabīʿiyyāt 1 – as-Samāʿ aṭ-ṭabīʿī*, 1.11 (t+v: McGinnis 2009, S. a73/73).

50 Daher halte ich die Übersetzung von McGinnis an dieser Stelle für problematisch. McGinnis 2009, S. 73 übersetzt „it is only the human form that exists in the semen". Das Samengemisch hat ja aber gerade *nicht* dasselbe Wesen bzw. dieselbe Form wie der Mensch, sondern wird erst zu einem Menschen durch substantielle Veränderung. Ibn Sīnā drückt den Aspekt der erst zu realisierenden Form im Samen mit ara. *ḥāṣil* (erlangend, resultierend) aus.

Diese Auffassung lässt sich mit einer weiteren Stelle vergleichen. Ibn Sīnā behandelt hier die Kausalität innerhalb der Metaphysik, spricht im Übrigen nun allerdings von *manīy*, nicht *nutfah*.[51] Ibn Sīnā möchte hier das Unwissen über die eigentliche Ursache (*ǧahal al-ʿillah bi-l-ḥaqīqah*) ausräumen, und zwar bei natürlichen Vorgängen, bei denen die fälschlich als Wirkursache angenommene Sache weiter fortbestehe. Der Vater beispielsweise, so Ibn Sīnā, sei nur insofern als Wirkursache zu betrachten, als dass er den männlichen Samen bewege, der dann seinen Aufenthaltsort (*qarār*) erreiche. Erst dadurch, dass der Samen im Mutterleib seinen Aufenthaltsort einnehme, werde er zur Ursache für eine Sache. Dass der Samen schließlich ein lebendiges Wesen forme (*taṣwīruhu ḥayawān*), habe aber eine andere Ursache (*fa-lahu ʿillatun uḫrā*), womit Ibn Sīnā den Formgeber, nicht den Vater oder den Samen, als Ursache für die substantielle Veränderung meinen dürfte.[52] Letztlich bleibt damit auch hier die genaue Bestimmung, welche Ursachenart dem Samen zukommt, unklar; es ist nicht einmal klar benannt, wofür genau der Samen Ursache ist: „für eine Sache" (ara. *ʿillat li-amr*).

Auch wenn Ibn Sīnā hier *manīy* statt *nutfah* benutzt, ist auf die Verwendung von *qarār* für die Gebärmutter zu verweisen. Wie im Rahmen der Koranverse aufgeführt geht die bildhafte Rede vom Bauch der Mutter als „festem Ort" auf Q 23:13 zurück: „Ferner machten wir ihn zu einem Tropfen (*nutfah*) an einem wohlbehüteten Ort (*fī qarārin makīn*)". Dies ist ein weiteres Beispiel, dass Ibn Sīnā selbstverständlich „koranische" Terminologie aufnimmt. Dies ist für sich genommen nicht verwunderlich. Ibn Sīnā ist zwar kein Vertreter der religiösen Gelehrsamkeit, wie der Koranexegese, des Hadith oder des islamischen Rechts, ist aber letztlich ein islamischer Philosoph.[53]

Zurück zum Tropfen: Auch an weiteren Stellen nutzt Ibn Sīnā das Motiv zur Veranschaulichung. So erläutert er in der Physik des *Šifāʾ*, wie die Äußerungen zu unterscheiden seien, etwas sei „von" (ara. *ʿan*) oder „aus" (*min*) etwas anderem.[54] Ein Bett (wie der Stuhl im Beispiel davor) entstehe nicht in derselben Weise „von" Holz wie der Mensch „vom" Samen entstehe. Beide Aussagen könnten nur dann gleich aufgefasst werden, wenn dem

---

51 Ibn Sīnā, *Kitāb aš-Šifāʾ*, *al-Ilāhiyyāt* 1, 3.4 (t+v: Marmura 2005, S. a201/201).

52 Vgl. Shihadeh 2016, S. 90.

53 Zur Problematisierung des Begriffs „islamische" Philosophie siehe den programmatischen Aufsatz Gutas 2002.

54 Ibn Sīnā, *Kitāb aš-Šifāʾ*, *aṭ-Ṭabīʿiyyāt* 1 – *as-Samāʿ aṭ-ṭabīʿī*, 1.2 (t+v: McGinnis 2009, S. a21–24/21–24).

eine weniger enge Vorstellung von Form zugrunde liege, insofern das Holz
ja seine äußere Gestalt ändere, aber Holz bleibe:

> Und es ist üblich geworden, dass jede äußere Gestalt (ara. *hay'ah*) an dieser Stelle
> Form (*ṣūrah*) genannt wird. So nennen [auch] wir jede äußere Gestalt Form, wobei
> wir damit alles meinen, was in einem Rezipienten [d. h. im Gestalt annehmenden
> Material] entsteht und ihm eine bestimmte Beschreibung zukommen lässt.[55]

Die äußere Gestalt (*hay'ah*) des Holzes könne also insofern als Form bezeichnet werden, als sie dem Bett erst seine spezifische Beschreibung
beziehungsweise die damit verbundenen Eigenschaften zukommen lasse.
Der Samen dagegen, so Ibn Sīnā weiter, verändere seine Form im *engeren*
Sinne, das heißt er lege sie ab (*ḫala'a*) und werde Mensch, während die
substantielle Form des Holzes dieselbe bleibe.[56] Im Hintergrund steht hier
wieder die Idee vom Werden und Vergehen.

Dies führt zum letzten von mir hier angeführten Beispiel für Ibn Sīnās
Verwendung von *nuṭfah* und vom Ungeborenen bei der Erörterung philosophischer Sachverhalte. Es handelt sich um die interessanteste Problem-
betrachtung in diesem Zusammenhang und auch um diejenige, die am
konkretesten auf embryonale Fragen eingeht. Insofern müssen Ibn Sīnās
Aussagen in der Physik (als grundlegende Wissenschaft von den Natur-
prozessen) zusammen mit denjenigen der Zoologie gelesen werden. Auf
Ibn Sīnās Verständnis von substantieller Veränderung hat erstmals Jon
McGinnis aufmerksam gemacht. Er hat dazu auch die im Folgenden nochmals betrachteten Ausführungen Ibn Sīnās in der Physik und Zoologie
herangezogen,[57] woran ich anknüpfe.

Ausgangspunkt des Problems für Ibn Sīnā ist die Frage, was „Bewegung"
(ara. *ḥarakah*, gr. *kinēsis*) sei. Entgegen dem alltagssprachlichen Gebrauch
von örtlicher Bewegung wird schon gemäß Aristoteles darunter jegliche Veränderung in den Kategorien Substanz, Qualität, Quantität oder Ort verstanden. Ibn Sīnā unterscheidet nun weitergehend zwischen dem Verständnis
von Bewegung in der Kategorie der Substanz einerseits und in den anderen
genannten Kategorien andererseits. Substantielle Veränderung unterscheide
sich grundsätzlich von den anderen Arten der Bewegung, da die Veränderung sich nicht bloß auf akzidentielle, das heißt nicht wesensmäßige Eigen-

---

55 Ibn Sīnā, *Kitāb aš-Šifā'*, *aṭ-Ṭabī'iyyāt* 1 – *as-Samā' aṭ-ṭabī'ī*, 1.2 (t+v: McGinnis
   2009, S. a21/21).

56 Ibn Sīnā, *Kitāb aš-Šifā'*, *aṭ-Ṭabī'iyyāt* 1 – *as-Samā' aṭ-ṭabī'ī*, 1.2 (t+v: McGinnis
   2009, S. a22/22).

57 McGinnis 2004; weniger ausführlich auch McGinnis 2010, S. 84–88.

schaften eines Dings auswirke, sondern auf das Ding beziehungsweise die Substanz selbst.[58]

Mit anderen Worten: Wenn eine Person ihren Ort von A nach B ändere oder sich ihre Körpertemperatur im Sinne ihrer Qualität verändere oder wenn eine Pflanze wachse, sich also ihre Quantität verändere, bleibe die Person beziehungsweise Pflanze dennoch dieselbe. Die Substanz, an der die Veränderung in den Kategorien Ort, Qualität oder Quantität stattfinde, bleibe, was sie sei. Diese Art der Veränderung könne in beliebige Abschnitte entlang eines Kontinuums unterteilt werden.[59] Substantielle Veränderung passiert gemäß Ibn Sīnās Auffassung dagegen plötzlich, da in diesem Fall sich ja gerade die Substanz als Subjekt der Bewegung verändere. Bar ʿEbrāyā erklärt dies an einer Stelle, auf die ich gleich zurückkomme so, dass man nicht sagen könne, etwas sei „mehr" Mensch oder „weniger" Mensch. Ein allmähliches (Mensch-)Werden ist also schlechthin nicht möglich.

McGinnis streicht weiterhin heraus, dass dieses Problem der sofortigen („instantaneous") Veränderung weder von Aristoteles selbst noch von den spätantiken griechischen Kommentatoren aufgeworfen wurde, sondern so vermutlich erstmals von Ibn Sīnā behandelt wurde.[60]

Interessant wird Ibn Sīnās Erörterung des Problems dadurch, dass er es sehr ausführlich anhand der embryonalen Entwicklung behandelt: Er argumentiert, dass es so scheine als ob sich der Mensch allmählich entwickele. In

---

58 Siehe McGinnis 2010, S. 84.

59 Der sowohl in den Quellen als auch in der Forschungsliteratur benutzte Begriff „graduell" ist problematisch: „Yet, literally, a motion by degrees is characterized by jerks; even if their respective width is reduced further and further, there will still remain steps. Therefore, its intended meaning seems to be ‚continuous'. A continuous movement is not characterized by steps, not even by those of short widths"; Schmitt o. D., S. 52 („Introduction – I.4.8.5 Definitions and Categories of Motion "). Ich benutze im Deutschen nach Möglichkeit das Wort „allmählich".

60 Interessant ist noch ein Vergleich mit einer Stelle aus Johannes Philoponus' (gest. ca. 575) Kommentar zu Aristoteles' Physik, die McGinnis anführt: „For example, that which will come to be a human was before, while it still was not a human; rather, it is flesh or some other thing that is not human"; Johannes Philoponus, *In Physica*, ad 273b11 (v: Lettinck und Urmson 1994, S. 107/692.10–16), zitiert nach ebd. Das grundlegende Problem der Veränderung wird hier nicht anhand des Samens erörtert, sondern anhand des Fleisches, das zum Menschen wird. Mit dem Fleisch öffnet sich theoretisch ein weiterer Begriffshorizont, dem hier nicht nachgegangen werden kann. Auch wenn die Stelle bei dem christlichen Philosophen Philoponus selbst es nicht explizit macht, ist an die Christologie der Fleischwerdung nach dem Prolog des Johannesevangeliums (Joh 1,1–18) zu denken. Zu Philoponus siehe Wildberg 2018.

Wirklichkeit aber finde eine qualitative oder quantitative, also nicht wesensmäßige Veränderung statt, bis zu dem Punkt, an dem die stoffliche Mischung jeweils so sei, dass die Materie eine gänzlich neue Form aufnehme und so eine neue Substanz entstehe. In seiner Diskussion zur Bewegung innerhalb der Physik heißt es:

> Und was man wissen muss: Am Erguss (*manīy*) vollziehen sich, bis er zum Lebewesen (*hayawān*) wird, andere Vorgänge des Werdens, die zwischen den beiden [d. h. Erguss und Lebewesen] Veränderungen in Qualität und Quantität eintreten lassen. So verändert sich der Erguss fortwährend ein bisschen – dabei ist er immer noch Erguss – bis er den Punkt erreicht, an dem die Erguss-Form von ihm gelöst wird und er ein Anhaftendes (*'alaqah*) wird. Und so verhält es sich mit ihm bis es sich zu einem Fleischstück (*mudġah*) entwickelt, dann: Knochen, Nerven, Blutgefäße und andere Dinge, die wir nicht wahrnehmen, und so bis es die Form [des Lebewesens] annimmt. [...] Wer dies betrachtet, nimmt fälschlicherweise an, dass dies ein einziger Prozess sei, von einer substantiellen Form zu einer anderen. Daher meint er, es gebe Veränderung in [der Kategorie] der Substanz – so ist es aber nicht. Vielmehr gibt es viele [plötzliche] Veränderungen und [dazwischen] Stillstände.[61]

Im Hinblick auf die Begrifflichkeiten sind zunächst *manīy*, *'alaqah* und *mudġah* hervorzuheben, wobei im Vergleich zum Koran oder zum Hadith bei an-Nawawī hier *manīy* den Begriff *nuṭfah* „vertritt". Außerdem ist nicht explizit vom Menschen, sondern allgemein vom Tier beziehungsweise Lebewesen (*hayawān*) die Rede.

Ibn Sīnās Ausführungen lassen vermuten, dass er nicht nur dem Samen eine eigenständige Form zuschreibt, die von der menschlichen Form unterschieden sei, wie man es bei Bar 'Ebrāyā im *Swādā* vorfindet. Sondern auch die weiteren embryonalen Stadien *'alaqah* und *mudġah* scheinen ihm als Substanzen zu gelten, wenn es heißt, die *manīy*-Form löse sich ab (*tanḫala' 'anhu ṣūrat al-manawiyyah*) und es *werde* zu einem *'alaqah*. Im Vergleich mit der gleich zu besprechenden Parallelstelle in der Zoologie scheint nicht genau klar zu sein, welche Stadien Ibn Sīnā nun als Ruhepunkte der substantiellen Veränderung – und damit als eigene Substanzen – annimmt, und welche nicht. In jedem Fall entstehe erst am Ende, nach mehreren Veränderungen und Stillständen, die eigentliche Form, auf die der Prozess von Anfang an abziele.

Die Stillstände sind allerdings nicht so zu verstehen, dass hier überhaupt keine Veränderung passiere, sondern eben nur keine Veränderung in der Kategorie der Substanz. Umgekehrt dürfen die substantiellen Veränderungen

---

61 Ibn Sīnā, *Kitāb aš-Šifā'*, *aṭ-Ṭabī'iyyāt* 1 – *as-Samā' aṭ-ṭabī'ī*, 2.3 (t+v: McGinnis 2009, S. a141/141).

nicht so verstanden werden, dass sich das Ungeborene „schubweise" entwickelt. Vielmehr ist von außen betrachtet die Veränderung zwar allmählich. Betrachtet man hingegen nur die jeweilige werdende oder vergehende Substanz, geschieht sie plötzlich.

Im Vergleich lassen sich auch die parallelen Ausführungen Ibn Sīnās in der Zoologie betrachten. Es handelt sich nicht um bloße zoologische Beschreibungen, sondern die grundlegende naturphilosophische Annahme der substantiellen Veränderung als Zusammenspiel von Materie und Form wird schon in der Überschrift des entsprechenden Abschnitts „zur Unterteilung der Veränderungen der Materie des Embryos bis es ausgeformt ist" (*fī tafṣīl istiḥālāt māddat al-ǧanīn ilā an yatimm*) von Ibn Sīnā berücksichtigt.[62] Dort heißt es:

> Der erste der Zustände [der Embryogenese] ist das schaumartige [Stadium] des Ergusses, das von der Tätigkeit des formenden Vermögens [herrührt]. Und ein weiterer Zustand ist das Erscheinen des blutigen Punktes in einer Membran, und dessen Einfassung in einer Membran auf bestimmte Weise. Und der dritte der Zustände ist die Veränderung (ara. *istiḥālah*) des Ergusses zu einem Anhaftenden (*'alaqah*), danach seine Veränderung zu einem Fleischstück (*muḍġah*), danach seine Veränderung zur Ausbildung des Herzens und der Primärorgane und ihrer Gefäße, und danach die Ausbildung der Gliedmaßen. Und für jede [einzelne] Veränderung oder für zwei zusammen ist eine festgesetzte Frist bestimmt, wobei dies nicht zu denjenigen Dingen zählt, die nicht in sich abweichen.[63]

Die letzte Bemerkung Ibn Sīnās, nämlich dass es durchaus Unregelmäßigkeiten bei diesem Naturvorgang gebe, führt er anschließend weiter aus, wobei er sich im Wesentlichen auf die unterschiedlichen embryonalen Fristen für die einzelnen genannten Stadien bezieht. Andererseits deutet auch bereits der Satz davor an, dass er sich nicht abschließend festlegen will, wenn er für ein *oder* zwei dieser Veränderungen eine bestimmte Frist nennt.

Wie bereits bemerkt lassen sich außerdem im Abgleich mit der Passage aus der Physik die Stadien beziehungsweise Stillstände, die jeweils einer substantiellen Form entsprechen, nicht eindeutig bestimmen. Womöglich bleibt Ibn Sīnā hier auch absichtlich vage, entweder aufgrund der Beobachtung, dass die Embryogenese als Naturvorgang nicht immer genau gleich abläuft, oder wegen der Annahme, es nicht abschließend feststellen zu können.[64]

<ol start="62">
<li>Ibn Sīnā, Kitāb aš-Šifā', aṭ-Ṭabī'iyyāt 8 – al-Ḥayawān, 9.5 (172.3).</li>
<li>Ibn Sīnā, Kitāb aš-Šifā', aṭ-Ṭabī'iyyāt 8 – al-Ḥayawān, 9.5 (172.4–8).</li>
<li>McGinnis 2004, S. 56 meint überdies – unter Vorbehalt („as I understand Ibn Sīnā's intent in this passage") – Ibn Sīnā bezeichne den plötzlichen Übergang der substan-</li>
</ol>

Insgesamt verdeutlichen diese Beispiele, dass das menschliche Werden bei Ibn Sīnā eine wichtige Rolle bei der Illustration und Diskussion grundlegenderer philosophischer Fragen einnimmt. Die Motive und Terminologie, die Ibn Sīnā hierzu aufgreift, können als islamisch konnotiert gelten, insofern Begriffe wie *qarār* für die Gebärmutter oder die in Koran und Hadith vorkommenden embryonalen Stadien *nuṭfah*, *ʿalaqah* und *muḍġah* Verwendung finden. Im Hintergrund der Diskussion steht im Wesentlichen das von Aristoteles übernommene Verständnis von Werden und Vergehen, das anhand des Samens diskutiert wird. Diese substantielle Veränderung wird von Ibn Sīnā als plötzlich verstanden, im Gegensatz zu anderen Arten der Veränderung als allmählich.

5.4 *nuṭptā bei Bar ʿEbrāyā*

Wie ich nun im Anschluss an die verschiedenen Beispiele aus Ibn Sīnās philosophischen Schriften zeige, übernimmt Bar ʿEbrāyā an mehreren Stellen eben diese Auffassung von substantieller Veränderung als plötzlich. Vermutlich aus diesem Zusammenhang heraus überträgt Bar ʿEbrāyā außerdem ara. *nuṭfah* im Sinne von Samentropfen als *nuṭptā* ins Syrische. Allgemeine Assoziationen vom Tropfen, vom Samen und deren Rolle beim Werden des Menschen sind, wie weiter oben gezeigt, schon in früheren syrischen Werken greifbar. Auch Anfangs- und Endpunkt der embryonalen Entwicklung, Samen und Mensch, spielen in einflussreichen christlich-anthropologischen Werken eine Rolle.

Anders verhält es sich hingegen mit den „koranischen" Stadien *ʿalaqah* und *muḍġah*. Bereits besprochen wurde Bar ʿEbrāyās Änderung seiner avicennischen Vorlage, indem er dem Samen lediglich zuschreibt einem

---

tiellen Veränderung als ruckartig oder sprunghaft (*iḫtilāġī*). In der Tat geht es im Kontext der Aussage Ibn Sīnās um die Ausformung des ungeborenen Kindes und darum, wie McGinnis auch erläutert, welchen Beitrag jeweils Vater und Mutter zur Ausformung leisten. Allerdings beziehen sich die Abstoßungen und Anziehungen, die McGinnis als Vorgänge der Materie interpretiert, auf das Ausstoßen des Samens durch den Mann und die „Saugbewegung" der Gebärmutter. Beiden Vorgängen wird von Ibn Sīnā eine gewisse Rolle bei der Zeugung von Zwillingen zugeschrieben, da durch die Unterbrechung von Samenausstoß und Ansaugen sich zwei unabhängige Samenmischungen bilden könnten; siehe Weisser 1983, S. 163–164. Ähnlich sieht dies Albertus Magnus; vgl. die Untersuchung von Thijssen 1987, der dessen Ideen auf diejenigen Ibn Sīnās zurückführt.

Anhaftenden/Egel (syr. *ʿellaqtā*) ähnlich zu werden. Auch in den gleich folgenden Beispielen fällt die Leerstelle der bei Ibn Sīnā vorhandenen embryologischen Motive auf. Es liegt daher nahe, dass Bar ʿEbrāyā das in islamischen Texten geschlossen auftretende Motiv „Tropfen, Anhaftendes, Fleischstück" in dieser Form nicht übernehmen will. Unter der Annahme, dass es sich nicht lediglich um Kürzungen seiner Vorlage handelt, werden literarische und inhaltliche Gründe für Bar ʿEbrāyās Anpassung zu diskutieren sein. Insgesamt deutet der Befund darauf hin, dass Bar ʿEbrāyā zwar das Bild des Samens als Tropfen im Zusammenhang des werdenden Menschen, nicht aber die islamische embryologische Vorstellung als Ganze übernimmt.

Substantielle Veränderung beziehungsweise Werden und Vergehen wurden bereits an mehreren Stellen thematisiert. Ich greife zunächst noch einmal die bereits in Kapitel 2 behandelte Stelle aus dem *Swādā* auf:

> Wenn wir sagen, dass der Tropfen Mensch wird, meinen wir nicht, dass der Tropfen bleibt, was er ist, und auch nicht, dass er in seiner Ganzheit vergeht, sondern, dass die Natur des Tropfens vergeht von ihm und er sich in die menschliche Natur kleidet.[65]

Der (Samen-)Tropfen dient Bar ʿEbrāyā hier in Übereinstimmung mit dem Befund bei Ibn Sīnā als Illustration. Ob die Veränderung in der Kategorie der Substanz, also Werden und Vergehen, plötzlich oder allmählich geschieht, wird nicht explizit von Bar ʿEbrāyā diskutiert.

Dies lässt sich mit einer anderen Stelle vergleichen, an der Bar ʿEbrāyā ausdrücklich zwischen allmählicher und plötzlicher Bewegung unterscheidet. Die Bemerkung findet sich im *Ḥēwtā* und zwar, parallel zu Ibn Sīnās *Šifāʾ*, in der ersten Schrift der Naturphilosophie zu den Grundlagen der Physik (syr. *Ktābā d-Šemʿā kyānāyā*, etwa: „naturphilosophischer Bericht"). Zur Bewegung bemerkt Bar ʿEbrāyā:

> In der Schrift der Kategorien wurde gezeigt, dass nur in vier von ihnen Bewegung (*mettziʿānutā*) passiert: in [der Kategorie] der Quantität, der Qualität, des Ortes und der Position, weil sich in ihnen eine Substanz (syr. *usiya*) graduell (*mdarrgāʾit*) [d. h. allmählich[66]] ändert. In [der Kategorie] der Substanz dagegen gibt es keine [allmähliche] Bewegung. Denn verändert sich die substantielle Gestalt (*dmutā usiyāytā*), vergeht die Form (oder: Spezies, *ādšā*[67]). Daher verändert sich ein Körper nicht

---

65 Bar ʿEbrāyā, *Swād sopiya*, 2.18 (t: H. F. Janssens 1937, S. 79.5–8, v: H. F. Janssens 1937, S. 233).

66 Vgl. oben Anm. 59, S. 307.

67 Vgl. Schmitt o. D., S. 24, Anm. 32 („Translation – (3.4.1)") sowie Schmitt o. D., S. 21, Anm. 91 („Introduction – I.4.2 Matter and Form"). Siehe auch die Bemerkungen oben in Anm. 90, S. 77

von Form zu Form (oder: Spezies zu Spezies), sondern die Materie legt die eine Form ab und kleidet sich in eine andere.[68]

Einige der von Bar ʿEbrāyā angesprochen Punkte sind bereits aus dem *Swādā* bekannt, beispielsweise die Idee, dass die Materie sich in eine neue Form kleide.[69] Zu diesem bekannten Aspekt der substantiellen Veränderung tritt die Diskussion zu syr. *mettziʿānutā* (Bewegung) hinzu, die von Bar ʿEbrāyā als graduell beziehungsweise allmählich aufgefasst wird. Dazu verweist er auch auf seine Kategorienschrift, zu der ich gleich zurückkomme. Zunächst ist zu verfolgen, wie Bar ʿEbrāyā an das Gesagte anknüpft. Wenn es in einer Kategorie keine allmähliche Veränderung gebe, so könne dennoch von einer Veränderung von einem nur potentiellen zu einem verwirklichten Stadium gesprochen werden, so auch

> in [der Kategorie] der Substanz, wie beim Übergang des Menschen von Potenz zu Akt (*mappqān barnāšā men ḥaylā l-maʿbdānutā*), das heißt des Samentropfens (*nuṭptā*) zum Menschsein (ʾ*nāšūtā*).[70]

Jens Ole Schmitt macht auf eine parallele Stelle in der Schrift zum Werden und Vergehen des *Hēwtā* aufmerksam:

> „Veränderung" (syr. *šuḥlāpā*) sagt man zwar zu allem, das anstelle eines anderen entsteht, [ob] substantiell – wie der Samen (*zarʿā*), der zum Lebewesen wird – oder akzidentiell – wie das Heiße, das zu etwas Kaltem wird. „Sich-Ändern" (*šugnāyā*) sagt man jedoch über eine Änderung von etwas auf akzidentielle Weise – wie das Heiße, dass kalt wird.[71]

Wieder verwendet Bar ʿEbrāyā dieselbe Illustration für substantielle Veränderung. Allerdings werden hier Samen (syr. *zarʿā*) und Lebewesen (*ḥayyutā*) statt *nuṭptā* und Mensch verwendet. Ähnliches Changieren der

---

68 Bar ʿEbrāyā, *Hēwat ḥekmtā, Ktābā d-Šemʿā kyānāyā*, 3.4.1 (t: Schmitt o. D., S. 22, v: Schmitt o. D., S. 24). Vgl. Schmitt o. D., S. 52 („Introduction – I.4.8.5 Definitions and Categories of Motion").

69 Vgl. Kap. 2.2.1, S. 75.

70 Bar ʿEbrāyā, *Hēwat ḥekmtā, Ktābā d-Šemʿā kyānāyā*, 3.4.2 (t: Schmitt o. D., S. 22, v: Schmitt o. D., S. 24).

71 Bar ʿEbrāyā, *Hēwat ḥekmtā, Ktābā d-Hwāyā w-ḥbālā*, 1.1.1 (t+v: Schmitt o. D., S. 53 („Introduction – I.4.8.5 Definitions and Categories of Motion"), nach Hs. London, *British Museum*, Or. 4079, fol. 178b). Zu beachten ist hier die Unterscheidung vom Heißen, das zu etwas Kaltem werde, und vom Heißen, das kalt werde: Das Heiße bleibe im zweiten Fall heiß, aber gewissermaßen weniger heiß. Es bleibe, was es sei; es findet also keine substantielle Veränderung statt. Im ersten Fall wird es zu etwas anderem, nämlich etwas Kaltem.

Begriffe ist bereits bei Ibn Sīnā mit *manīy* (wofür es kein direktes syrisches Äquivalent gibt) und *ḥayawān* begegnet.

Auch in einem weiteren Werk Bar ʿEbrāyās, dem *Ktābā d-Bābātā* („Buch der Pupillen", hiernach: *Bābātā*), greift er das Problem auf. Das *Bābātā* behandelt die Logik.[72] Im *pāsoqā* zu den Kategorien schreibt Bar ʿEbrāyā:

> Und dass Werden und Vergehen der Substanz als Bewegung bezeichnet werden, ist nicht richtig. Denn Veränderung (syr. *zāwʿā*) geschieht graduell (*b-durrāgā*) und all-mählich (*b-idā b-idā*), während Werden und Vergehen plötzlich (*menšelʸ*) [gesche-hen]. Und daher bricht über einen Tropfen (*nuṭptā*), der sich in seiner Qualität und seiner Quantität in der Gebärmutter (*marbʿā*) verändert (*mettziʿā*), dann plötzlich die Form des Menschseins herein (*dānḥā*). Daher sagt man auch nicht, dass dieser mehr Mensch ist im Hinblick darauf, dass er sich mehr zum Menschsein hin verän-dert hätte, oder er sei weniger [Mensch] im Hinblick darauf, dass er sich weniger dazu hin verändert hätte.[73]

Der Gesamtzusammenhang, wie er für das Problem der substantiellen Verän-derung bei Ibn Sīnā zu finden ist, ist hier annähernd vollständig abgebildet: die qualitative und quantitative Veränderung des Samens – bezeichnet als Tropfen – in der Gebärmutter, bis plötzlich eine neue Form über ihn „her-einbreche". Außerdem erklärt Bar ʿEbrāyā sehr anschaulich, warum es in der Kategorie der Substanz kein „Mehr" oder „Weniger", also keine gradu-elle Abstufung und damit allmähliche Veränderung geben könne. Weitere Stadien zwischen dem Samen und dem Menschen werden nicht erwähnt.

Am deutlichsten tritt das Bild schließlich in Bar ʿEbrāyās Kategorien-schrift des *Ḥēwtā* hervor, auf das Bar ʿEbrāyā in dem oben aufgeführten Zitat aus der Grundlagenschrift zur Physik hinweist:

> Die Bewegung in der Kategorie der Substanz geschieht nicht durch Bewegung, die allmählich entsteht oder vergeht (syr. *b-idā b-idā hāwyā metḥabblā*), sondern plötzlich (*menšelʸ*). So ist die Bewegung des Körpers (*gušmā*) bei der Fortpflan-zung (*māwlādā*) nicht eine Bewegung in der Substanz, sondern eine Veränderung

---

72. Siehe zum Werk H. F. Janssens 1930. Es liegt bisher keine genaue Datierung des *Bābātā* vor. H. F. Janssens 1937, S. 17 will es anhand innerer Kriterien (dem Fehlen des vierten Syllogismus) früher als das *Swādā*, also vor ca. 1270 datieren. Der Aufbau in sieben *pāsoqē* (Abschnitte) spiegelt die verbreitete Einteilung der Logik in eine Einführung (gr. *eisagōgē*), die auf Porphyrius (gest. ca. 305) zurückgeht, und die sechs Schriften des aristotelischen *Organon*. Vgl. zum Aufbau des *Bābātā* Takahashi 2013a, S. 70. Zur Einteilung der Logik vgl. die Übersicht über den Logikteil des *Ḥēwtā* in Tab. 3.2, S. 103.

73 Bar ʿEbrāyā, *Ktābā d-Bābātā*, 2.2 (t: H. F. Janssens 1931, S. 119.7–15, v: H. F. Janssens 1935, S. 15).

(*šugnāyā*[74]) in den Qualitäten (*aynāyutā*) des Samens (*zarʿā*). Bis sich die Eignung zur Aufnahme [der neuen Form] vollendet (*metmalyā ʾāhnut qubbālā*). Dann wird die Form des Lebewesens (*ṣurat ḥayyutā*) durch den Formengeber (*yāheb ṣurātā*) plötzlich verliehen (*meštakknā*).[75]

Beide Textstellen, im *Bābātā* wie im *Ḥēwtā*, orientieren sich auf unterschiedliche Weise, aber deutlich an der oben angeführten Passage aus Ibn Sīnās Schrift zu den Grundlagen der Physik im *Šifāʾ*: Die Veränderungen des Samens seien bis zu einem bestimmten Punkt als allmähliche Veränderungen der Qualität aufzufassen; das *Bābātā* fügt in größerer Übereinstimmung mit Ibn Sīnā auch Quantität hinzu. Erst wenn der Punkt der „Eignung" für die substantielle Veränderung eintreffe, ändere sich die Form und der Samen werde zum Lebewesen. Ähnlich Ibn Sīnās Verwendung von sowohl *nutfah* als auch *manīy* findet sich bei Bar ʿEbrāyā neben *nuṭptā* auch *zarʿā*. Der Formengeber, den Bar ʿEbrāyā im *Ḥēwtā* explizit als Verursacher der substantiellen Veränderung angibt, ist bei Ibn Sīnā implizit im Rahmen der Ausführungen zur Kausalität als eigentliche Ursache wiederzufinden.

Gestützt auf McGinnis' Aussage, Ibn Sīnā sei der erste, der die Position von substantieller Veränderung als plötzlich vertritt, sind dessen Ausführungen daher auch unabhängig von der konkreten textlichen Nähe an dieser Stelle als inhaltlicher Referenzpunkt für Bar ʿEbrāyā zu sehen. Außerdem ist zu vermuten, dass Bar ʿEbrāyā seine Ausführungen zur substantiellen Veränderung in seiner Kategorienschrift aus mehreren unterschiedlichen Aussagen Ibn Sīnās kompiliert. Denn Ibn Sīnā selbst sieht die Logik nicht als den geeigneten Ort, Bewegung weitergehend zu erörtern, weshalb hier keine Diskussion zur „plötzlichen" substantiellen Veränderung zu finden ist.[76] Eine Möglichkeit, der hier nicht weiter nachgegangen werden kann, besteht natürlich darin, dass Bar ʿEbrāyā in seiner Kategorienschrift eine andere Vorlage nutzt, die sich bereits an Ibn Sīnā orientiert.[77]

---

74 Syr. *šugnāyā* entspricht ara. *istiḥālah*; siehe Schmitt o. D., S. 52 („Introduction – I.4.8.5 Definitions and Categories of Motion").

75 Bar ʿEbrāyā, *Ḥēwat ḥekmtā, Ktābā d-Qaṭēgāwriyos*, 3.3.6 (t: Florenz, *Biblioteca Medicea Laurenziana*, Or. 69, fol. 35v.i).

76 Ibn Sīnā verweist auf die Naturphilosophie als geeigneten Ort für diese Diskussion. In der Kategorienschrift sagt Ibn Sīnā lediglich aus, dass Werden und Vergehen anders zu konzeptionalisieren seien als die anderen Arten der Bewegung; Ibn Sīnā, *Kitāb aš-Šifāʾ, al-Manṭiq 2 – al-Maqūlāt*, 7.4 (t: al-Ab Qanawātī [= George Anawati] u. a. 1959, S. 271.3–12). Vgl. hierzu Thom 2015, S. 38.

77 Schwierig bleibt auch ein Hinweis Bar ʿEbrāyās, der direkt im Anschluss an das vorherige Zitat die Betrachtung abschließt: „Und in den alten (*ʿattiqē*) Schriften werden

Die deutlichste Abweichung zu Ibn Sīnās Ausführungen ergibt sich im Hinblick auf Bar ʿEbrāyās Auslassung weiterer embryonaler Stadien, die Ibn Sīnā unter Verwendung koranisch-islamischer Terminologie aufführt. Ich argumentiere, dass es sich nicht lediglich um eine Kürzung handelt: Die weiteren Stadien scheinen für Ibn Sīnās Argumentation essenziell, er spricht von „vielen" Veränderungen und dazwischen liegenden Stillständen. Bar ʿEbrāyā hat seine eigene Argumentation also angepasst. Ich führe zwei mögliche Gründe an, warum Bar ʿEbrāyā die embryonalen Begriffe beziehungsweise die dazugehörigen Konzepte bei der Beschreibung des Werdens eines Lebewesens (bzw. eines Menschen) nicht verwendet: (a) einen literarischen; (b) einen inhaltlichen, wobei diese sich bedingen.

Literarisch kann das von Ibn Sīnā genutzte Motiv, das *nuṭfah* oder *manīy* mit *ʿalaqah* und *muḍġah* ergänzt und verknüpft, ganz klar als islamisch gelesen werden. Nicht nur im Koran zeigen sich die drei Ausdrücke „Tropfen", „Anhaftendes/Egel" und „Fleischstück", sondern sie werden wie angeführt auch als Dreiklang oder jeweils für sich als embryonale Stadien in Hadithen oder im islamischen Recht aufgegriffen.

Inhaltlich liest sich die Passage bei Ibn Sīnā so, als gehe er von den verschiedenen embryonalen Stadien als jeweils eigenen Substanzen aus, wobei erst am Endpunkt dieser Entwicklung die Form des Lebewesens steht. Vor

---

Werden und Vergehen im übertragenen Sinn (*šilā'it*) ‚Sprünge' (*zāwʿē*) genannt." Wie oben angeführt (siehe Anm. 64, S. 309) beziehen sich die ara. *iḫtilāġāt* (Rucke) in Ibn Sīnās *Šifā'* nicht auf die Vorgänge des Werdens und Vergehens beziehungsweise der substantiellen Veränderung. Sie fallen damit als möglicher Bezugspunkt Bar ʿEbrāyās aus. Zu einem früheren Zeitpunkt war ich noch davon ausgegangen, dass Bar ʿEbrāyā mit „alten Schriften" womöglich Ibn Sīnā als seine Quelle „verschleiern" möchte. Vermutlich handelt es sich bei Bar ʿEbrāyās Bemerkung daher um einen Hinweis darauf, dass die unterschiedlichen Begriffe für die verschiedenen Arten der Veränderung (z. B. in den Kategorien Substanz, Ort, Qualität oder Quantität) in der Tradition der syrisch-sprachigen Logik beziehungsweise Naturphilosophie unterschiedlich gebraucht werden. Bar ʿEbrāyā selbst bezeichnet ja an der parallelen Stelle im *Bābātā* mit syr. *zāwʿā* (im Singular) *allmähliche* Veränderung, zu der Werden und Vergehen eben nicht von ihm gezählt wird. In Sergius' von Reš ʿAynā Kategorienschrift bezeichnet *zāwʿā* allgemein Bewegung (gr. *metabolē*); siehe das Glossar in Aydin 2016, S. 307. Ich danke Jens Ole Schmitt für diesen Hinweis. Andererseits steht *zāwʿē* in Bar ʿEbrāyās *Ḥēwtā* im Plural. Diesen offenen Fragen weiter nachzugehen, ist hier nicht möglich, könnte aber sowohl zur Begriffsgeschichte von Veränderung im Bereich der syrischen Philosophie beitragen als auch zur Problemgeschichte des Verständnisses von substantieller Veränderung als plötzlich oder allmählich.

dem Hintergrund der islamischen Tradition greifen also das literarische Motiv und die Auffassung distinkter embryonaler Stadien – eine bestimmte Zeit Tropfen, eine bestimmte Zeit Anhaftendes, eine bestimmte Zeit Fleischstück – durchaus ineinander.

Bar ʿEbrāyā greift weder das literarische Motiv beziehungsweise die Terminologie noch die inhaltliche Position auf. In allen aufgeführten Beispielen – aus einem vorwiegend philosophischen Kontext – spricht er lediglich vom Tropfen oder Samen und vom Menschen als den beiden Substanzen, die vergingen und entstünden. Dies lässt sich nochmals mit den deskriptiven, direkt die Embryologie betreffenden Abschnitten aus der Fortpflanzungsbiologie oder Medizin vergleichen. Wie in Kapitel 3 gezeigt, spricht Ibn Sīnā an diesen Stellen von der „Veränderung des Ergusses hin zum Egel" (ara. *istiḥālat al-manīy ilā l-ʿalaqah*).[78] Bar ʿEbrāyā drückt dagegen lediglich die *Ähnlichkeit* zu einem Egel aus, spricht aber nicht vom ungeborenen Kind *als* Egel. Das *muḍġah*-Stadium, das bei Ibn Sīnā ebenfalls mehrmals auftaucht,[79] fehlt bei Bar ʿEbrāyā terminologisch und inhaltlich ganz.[80]

Wie in Kapitel 4 erörtert, werden von Bar ʿEbrāyā in den theologischen Werken ebenfalls nur die beiden Stadien Samen und Mensch betrachtet. In Bar ʿEbrāyās unmittelbarer Vorlage für die Seelenlehren seiner beiden theologischen Summen, dem *Mēmrā d-ʿal napšā* von Mušē bar Kēpā, wird beim Ungeborenen ebenfalls das Samenstadium dem „fertigen" Menschen gegenübergestellt. Weitere Belege aus der christlichen Tradition habe ich zu Anfang des vorliegenden Kapitels diskutiert.

Gleichzeitig zeichnet sich, wie ebenfalls in Kapitel 4 dargestellt, deutlich ab, dass Bar ʿEbrāyā seine Auffassung des Beseelungszeitpunkts vom früheren *Mnārtā* zum späteren *Zalgē* korrigiert. Meines Erachtens lässt sich dies grundsätzlich auf das von Ibn Sīnā übernommene Verständnis von substantieller Veränderung als plötzlich zurückführen. In den weiter oben angeführten Belegstellen aus Bar ʿEbrāyās *Ḥēwtā* und *Bābātā* tritt dieses Verständnis deutlich zu Tage. Bar ʿEbrāyās Aussage im *Zalgē*, man müsse von der Besee-

---

78 Ibn Sīnā, *Kitāb aš-Šifāʾ, aṭ-Ṭabīʿiyyāt* 8 – *al-Ḥayawān*, 9.5 (172.5–6); siehe auch Ibn Sīnā, *al-Qānūn fī ṭ-ṭibb*, 3.21.1.2 (t: ed. Beirut 1999, S. ii.757.3).

79 Ibn Sīnā, *Kitāb aš-Šifāʾ, aṭ-Ṭabīʿiyyāt* 8 – *al-Ḥayawān*, 9.5 (172.6) und Ibn Sīnā, *al-Qānūn fī ṭ-ṭibb*, 3.21.1.2 (t: ed. Beirut 1999, S. ii.757.3–4): „Veränderung hin zum Fleischstück"; oder Ibn Sīnā, *Kitāb aš-Šifāʾ, aṭ-Ṭabīʿiyyāt* 8 – *al-Ḥayawān*, 9.4 (166.12): „wenn sich ein Fleischstück ausprägt" (*iḏā staḥkam muḍġah*).

80 Lediglich im Hinblick auf eine bestimmte Missbildung des Embryos ist von einer Fleisch*scheibe* die Rede, die aber auch bei Ibn Sīnā als solche, *qaṭʿat laḥm*, bezeichnet ist; siehe hierzu Kap. 3.2.4.2, S. 204.

lung nicht für den Zeitpunkt der Empfängnis des (Samen-)Tropfens, sondern für die volle Ausformung des menschlichen Körpers ausgehen, lässt sich vor dem Hintergrund der Erläuterung im *Bābātā*, etwas könne nicht mehr oder weniger Mensch sein interpretieren. Literarisch lässt sich die Übernahme der Auffassung Ibn Sīnās auch an der Verwendung von *nuṭptā* zeigen.

5.5 Zusammenfassung

Auf der Grundlage dieses Befunds argumentiere ich, dass Bar ʿEbrāyā die Erörterung des philosophischen Problems substantieller Veränderung von Ibn Sīnā übernimmt.[81] Auch überträgt Bar ʿEbrāyā ara. *nuṭfah* als Samentropfen ins Syrische und nutzt in Anlehnung an Ibn Sīnā syr. *nuṭptā* zur Illustration philosophischer Fragen. Der Übertragung des Begriffs ist durch bestehende Assozationen in der syrischen Literatur gewissermaßen vorbereitet; vorerst lassen sich aber keine konkreten Belege für die Verwendung von syr. *nuṭptā* für den Samen im vorislamischen syrischen Schrifttum finden.

Gleichzeitig fehlen bei Bar ʿEbrāyā an allen untersuchten Stellen die beiden weiteren distinkten koranisch-islamischen embryonalen Stadien, *ʿalaqah* und *muḍġah*, die Ibn Sīnā zusätzlich zu *nuṭfah* aufgreift. Dies deutet auf eine selektive Rezeption der Begriffe bei Bar ʿEbrāyā. Indem Bar ʿEbrāyā sich auf Samen und Mensch als Anfangs- und Endpunkt des menschlichen Werdens beschränkt, bewegt er sich im Rahmen der überkommenen christlichen Texte, die das Werden des Menschen behandeln. Insofern er den Begriff *nuṭptā* für ara. *nuṭfah* übernimmt, schließt er sich einerseits an den Sprachgebrauch Ibn Sīnās an, vermeidet aber durch Auslassung von *ʿalaqah* und *muḍġah* islamisch konnotierte embryologische Vorstellungen.

---

81 Für diese Übernahme sind, wie in anderen Fällen, vermittelnde Autoren bzw. Werke zu berücksichtigen. In Kap. 4.2.3.2, S. 282 wurde bspw. deutlich, dass auch al-Ġazālī die Idee von substantieller Veränderung anhand des Samentropfens diskutierte.

6. Schlussbetrachtung

Die beiden Ziele dieser Arbeit waren, (1) die Vorstellungen Bar ʿEbrāyās zum ungeborenen Leben zu untersuchen sowie (2) seine literarischen Techniken bei der Verarbeitung seiner unterschiedlichen Vorlagen aus der griechisch-philosophischen, der christlichen und der arabisch-islamischen Literatur herauszustellen. Als Ergebnis lässt sich festhalten, dass er eine eigenständige embryologische Synthese vertritt, die sich gerade aus der spezifischen Zusammenstellungen der Versatzstücke aus seinen Quellen ergibt.

Was kennzeichnet Bar ʿEbrāyās Auffassungen von Fortpflanzung, embryonaler Entwicklung und Beseelung des Ungeborenen als eigenständig? Zunächst lässt sich betrachten, was Bar ʿEbrāyā mit islamischen Autoren seiner Zeit, die er nachweislich rezipierte, gemeinsam hat. Denn im Wesentlichen teilt er deren naturphilosophische und medizinische Anschauungen. In der Einleitung habe ich skizziert, dass man bereits anhand einer Liste seiner medizinischen Werke große Übereinstimmungen mit den literarischen Trends des al-Bimāristān an-Nūrī in Damaskus erkennen kann, wo Bar ʿEbrāyā laut eigener Aussage im Umfeld des muslimischen Arztes Ǧamāl ad-Dīn Ibn ar-Raḥbī arbeitete. Weiterhin wird für die Mediziner in Damaskus von einem großen Interesse an der Philosophie Ibn Sīnās berichtet. Hierzu zählt auch die Auseinandersetzung mit einem äußerst einflussreichen Werk Ibn Sīnās, dem *Kitāb al-Išārāt wa-t-tanbihāt*, das in der späteren islamischen Philosophie und Theologie in unterschiedlicher Form rezipiert und kommentiert wurde.

In Kapitel 2 stand als Quelle für meine Untersuchung Bar ʿEbrāyās kürzere philosophische Summa im Mittelpunkt, das *Swād sopiya*, das ich anhand unterschiedlicher struktureller Merkmale und im Anschluss an die bisherige Forschung in den genannten Rezeptionstrend zu Ibn Sīnās *Išārāt* eingeordnet habe. Bar ʿEbrāyā teilt damit nicht nur *inhaltlich* die grundlegenden naturphilosophischen Vorstellungen seiner Zeit, wie durch meine Analyse und Erläuterung des *Swādā* in diesem Kapitel deutlich wurde. Vielmehr habe ich durch den Vergleich sowohl mit dem *Išārāt* als auch dem gleichfalls stark rezipierten *Hidāyat al-ḥikmah* al-Abharīs herausgearbeitet, dass Bar ʿEbrāyās *Swādā* auch *literarisch* zu den Tendenzen anderer zeitgenössischer Autoren passt.

Zu einem ähnlichen Ergebnis komme ich in Kapitel 3. Hier habe ich detailliert ein Kapitel aus Bar ʿEbrāyās längerer philosophischen Summa, dem *Ḥēwat ḥekmtā*, untersucht, worin Bar ʿEbrāyās ausführlichste Beschreibung derjenigen Aspekte zu finden sind, die man heute als Fortpflanzungsbiologie bezeichnet. Im Allgemeinen bleibt Bar ʿEbrāyā dabei seiner Vorlage, der Zoologieschrift Ibn Sīnās, treu, bezieht als Vorlage aber auch Faḫr ad-Dīn ar-Rāzīs *al-Mabāḥit al-mašriqiyyah* ein, um die teils weitschweifigen Ausführungen Ibn Sīnās kondensiert und strukturiert wiederzugeben. Dies ist besonders für jene Punkte der Fortpflanzungsbiologie festzustellen, wo die aristotelischen Lehren als überholt gelten müssen: Zwar orientiert sich Bar ʿEbrāyā an zahlreichen Stellen auch an Aristoteles – aller Wahrscheinlichkeit nach vermittelt durch das spätantike Kompendium der aristotelischen Philosophie, das Nikolaus von Damaskus zugeschrieben wird. Aber gerade dort, wo die embryologischen und anatomischen Anschauungen des Mediziners Galen von Ibn Sīnā bereits mit denjenigen von Aristoteles synthetisiert wurden, beispielsweise im Hinblick auf Ibn Sīnās sogenannte Dreibläschentheorie, kann Bar ʿEbrāyā mit der Adaption Faḫr ad-Dīn ar-Rāzīs als „Kind seiner Zeit" gelesen werden.

In Kapitel 4 habe ich verschiedene Texte Bar ʿEbrāyās zur Seele einbezogen, weshalb das Bild hier weniger einheitlich ist. Was die beiden Seelenlehren des *Ḥēwtā* sowie des *Tēgrāt tēgrātā*, zwei philosophische Summen Bar ʿEbrāyās, angeht, ist im Anschluss an die bisherige Forschung Bar ʿEbrāyās Vorgehen festzustellen, sich für die Struktur eines Werks an einem verbreiteten islamischen Text zu orientieren. Auch inhaltlich besteht eine große Übereinstimmung mit zahlreichen Werken Ibn Sīnās und von Autoren in dessen Rezeption, indem nämlich Bar ʿEbrāyā einen in diesen Texten verbreiteten Argumentationsgang zur Gleichzeitigkeit von Körper und Seele aufgreift und in all seine Seelenlehren integriert. Interessant ist, dass dies auch für die Seelenlehren seiner beiden theologischen Summen gilt, die sich in ihrem Aufbau insgesamt an der Seelenlehre des westsyrischen Autors Mušē bar Kēpā orientieren.

Schließlich bin ich in Kapitel 5 eingehender auf das Motiv des menschlichen Samens als „Tropfen" eingegangen, das Bar ʿEbrāyā ebenfalls von Ibn Sīnā übernommen hat und mit anderen Autoren, wie beispielsweise al-Ġazālī, teilt. Mit dieser begrifflichen beziehungsweise bildsprachlichen Anleihe ist auch Bar ʿEbrāyās Übernahme der philosophischen Idee Ibn Sīnās verbunden, die substantielle Veränderung vom Samentropfen zum Menschen als plötzlich anzusehen.

Mit der strukturellen Anlage mehrerer seiner Werke gemäß islamischer Vorlagen sowie mit der Übernahme zahlreicher inhaltlicher Punkte aus der Philosophie Ibn Sīnās und seiner Rezipienten kann Bar ʿEbrāyā daher insgesamt klar in den Kontext philosophischer und theologischer Autoren seines islamisch geprägten Umfelds eingeordnet werden. Dieser Befund deckt sich mit der bisherigen Forschung und hat dazu geführt, Bar ʿEbrāyā als Autor zu beurteilen, der seine Werke zwar versiert aus einer Vielzahl unterschiedlicher Quellen kompiliere, aber im Allgemeinen keine Eigenständigkeit aufweise. Um die Eigenständigkeit, zumindest im Hinblick auf Anschauungen des ungeborenen Lebens, herauszustellen, ist nun ein Blick auf die Unterschiede zu richten, die beim Vergleich Bar ʿEbrāyās mit seinen jeweiligen Vorlagen auffallen.

So ließ sich in Kapitel 3 an mehreren Stellen der Fortpflanzungsbiologie feststellen, dass Bar ʿEbrāyā bestimmte Aspekte in Ibn Sīnās Darstellung entweder bei seiner Übertragung auslässt oder an diesen Stellen die aristotelische Vorlage als Quelle vorzieht. Dies gilt zum einen für die Fristen der embryonalen Gliederung: Während Ibn Sīnā diese unabhängig vom Geschlecht des Kindes mit ungefähr vierzig Tagen festsetzt, hält Bar ʿEbrāyā sich hier an die aristotelische Auffassung von vierzig Tagen für einen Jungen und von drei Monaten für ein Mädchen. Embryonale Gliederungsfristen sind in den philosophischen und medizinischen Texten der damaligen Zeit Gegenstand anhaltender Diskussionen. Der Umstand, dass Bar ʿEbrāyā hier die Position Aristoteles' übernimmt ist also kein unbedeutendes Detail.

In den Bereich der Schwangerschaftsfristen fällt auch der seit der Antike bestehende Topos von Kindern, die nach sieben, acht, neun oder mehr Monaten geboren werden. Die entsprechenden Ausführungen Bar ʿEbrāyās orientieren sich sowohl an Aristoteles als auch an Ibn Sīnā. Die spezifisch islamische Annahme, die kürzest mögliche Schwangerschaftsdauer betrage sechs Monate, die auch Ibn Sīnā vertritt, übernimmt Bar ʿEbrāyā hingegen nicht. Auch dies ist kein einzelner, willkürlicher Aspekt in Bar ʿEbrāyās Kompilation. Vielmehr lässt sich dasselbe für Bar ʿEbrāyās Rechtswerk *Ktābā d-Huddāyē* feststellen, für das er sich abgesehen vom Kirchenrecht weitgehend an islamischen Rechtswerken orientiert. Hier gibt er die kürzeste Schwangerschaftsdauer abweichend von seiner Vorlage, einem Rechtswerk al-Ġazālīs, mit sieben Monaten an.

Weiterhin fällt auf, dass Bar ʿEbrāyā die Ausführungen in Ibn Sīnās Zoologieschrift zu den unterschiedlichen embryonalen Stadien im Kontext seiner eigenen zoologischen Betrachtung der Fortpflanzungsbiologie im Wesentlichen übergeht. Die Begriffe *ʿalaqah* und *muḍgah*, die Ibn Sīnā hier verwendet, finden sich in dieser Form im Koran und Hadith, woraus sich im islamisch-religiösen Schrifttum mit der Zeit ein distinkter embryologischer Diskurs herausbildet, in dem *ʿalaqah* und *muḍgah* als feststehende Termini für bestimmte embryonale Stadien stehen. Diese Leerstelle bei Bar ʿEbrāyā steht ebenfalls nicht für sich allein, sondern lässt sich mit dem Befund aus Kapitel 5 vergleichen: Passagen in Bar ʿEbrāyās Ausführungen zur aristotelischen Kategorienlehre beziehungsweise zu den Grundlagen der Physik weisen eindeutige Parallelen mit entsprechenden Textstellen bei Ibn Sīnā auf – gleichzeitig fehlen wie im Fall der Fortpflanzungsbiologie *ʿalaqah* und *muḍgah* als feststehende embryonale Stadien.

Unterschiede hinsichtlich Bar ʿEbrāyās Vorstellungen vom ungeborenen Leben bestehen aber nicht nur zu muslimischen Autoren. Dies wurde insbesondere in Kapitel 4 deutlich. Mušē bar Kēpā, der syrisch-christliche Autor, dessen Werk Bar ʿEbrāyā im Kontext seiner theologischen Seelenlehren rezipiert, vertritt im Einklang mit mehreren anderen Kirchenvätern die Position, die Beseelung des ungeborenen Kindes finde unmittelbar zu Beginn der Schwangerschaft statt. Während Bar ʿEbrāyā diese Ansicht in seiner früheren theologischen Summa, dem *Mnārat qudšē*, noch von Mušē übernimmt, schließt er sich im späteren *Ktābā d-Zalgē* der davon abweichenden Meinung anderer syrisch-christlicher Autoren an, die den Beseelungszeitpunkt je nach Geschlecht des Kindes auf den vierzigsten oder achtzigsten Tag der Schwangerschaft festlegen. Diese Fristen beruhen auf der Auslegung einer Bibelstelle und ähneln auf bemerkenswerte Weise denjenigen von vierzig Tagen beziehungsweise drei Monaten, die Bar ʿEbrāyā von Aristoteles für die embryonale Gliederung übernimmt.

Im Hintergrund ist Bar ʿEbrāyās Beschäftigung mit Ibn Sīnās Vorstellung von substantieller Veränderung als plötzlich zu vermuten. Wie aus meiner Untersuchung von Bar ʿEbrāyās Ausführungen zu den Kategorien und zur Physik in Kapitel 5 hervorgeht, wird das Samenstadium am Anfang der Schwangerschaft als etwas substantiell anderes verstanden als der Mensch. Nur der ausgeformte und damit entsprechend geeignete Körper aber könne eine menschliche Seele aufnehmen. Dass Bar ʿEbrāyā diese philosophische Idee in seine christliche Vorlage integriert, zeigt sich literarisch auch an der Übernahme des Motivs vom Samen als Tropfen. Zwar geht der entsprechende Begriff *nuṭfah* für den Samen so vermutlich vom Koran in den arabischen Sprachgebrauch ein und wird dann durch Bar ʿEbrāyā als syr. *nuṭptā* von Ibn Sīnā übernommen. Der Samen als Konzept beziehungsweise als embryonales Stadium findet sich aber schon bei spätantiken christlichen Autoren. Bar

ʿEbrāyā verflicht also seine christliche Tradition mit der islamischen Philosophie seiner Zeit, literarisch wie inhaltlich.

Die aufgeführten Vorstellungen vom Ungeborenen, die Bar ʿEbrāyā jeweils von seinen islamischen Vorlagen oder seiner christlichen Tradition unterscheiden, bilden insgesamt eine interessante und in sich geschlossene embryologische Synthese. Diese ergibt sich aus Material, das sich dem zeitgenössischen philosophischen Diskurs verdankt, an den Bar ʿEbrāyā im Wesentlichen anschließt, aus der Auslassung von Motiven und Anschauungen, die mit ihrer Anknüpfung an Koran und weiteres religiöses Schrifttum als islamisch gelten können, und schließlich aus Bar ʿEbrāyās Umformung christlicher Traditionen unter aristotelischen wie avicennischen Vorzeichen.

Diese Synthese und damit die Eigenständigkeit Bar ʿEbrāyās bestehen gerade in der Art und Weise, wie er seine unterschiedlichen Vorlagen kombiniert, ändert, abkürzt, punktuell auslässt, erweitert oder uminterpretiert. Im Verlauf meiner Analyse wurde dies an zahlreichen Stellen sichtbar. Dieser Befund einer Bricolage, also Bar ʿEbrāyās Zusammenstellung und Anpassung von vorhandenem Material zu einem neuen Ganzen, deckt sich mit dem Ergebnis meiner Untersuchung der normativen Setzungen, die Bar ʿEbrāyā in seinem Rechtswerk zum Ungeborenen vornimmt: Auch hier stellt er aristotelische, christliche und islamische Vorstellungen teils kleinteilig zusammen, weshalb ich vorgeschlagen habe, sein Vorgehen als intertextuell zu bezeichnen.[1] Im Ergebnis habe ich dafür argumentiert, Bar ʿEbrāyās Regelung zur Bestattung fehlgeborener Kinder und seine Sanktionierung von Schwangerschaftsabbrüchen als pastorale Antwort auf Belange einer christlichen Gemeinschaft in einer islamischen Umwelt zu verstehen.

Meines Erachtens darf auch Bar ʿEbrāyās embryologische Synthese als Antwort auf Anfragen seiner Zeit gelten. Die andauernde Wichtigkeit, die dem Ungeborenen zugemessen wurde, spricht nicht nur aus Bar ʿEbrāyās Texten, sondern auch aus den anderen Schriften verschiedener Autoren aus unterschiedlichen Zeiten, die von mir prominent untersucht oder am Rand erwähnt wurden. In der Zusammenschau ergibt sich ein Panorama, welches das Ungeborene als zentrales Thema von Theologie und Philosophie in der spätantiken und mittelalterlichen Geistesgeschichte herausstreicht. Die entsprechenden Auffassungen syrischer Autoren, allen voran Bar ʿEbrāyās, bilden dabei keine Ausnahme.

---

1 Jäckel 2020.

Anhang A: *Hēwat ḥekmtā* Buch 16.5 – Edition und Übersetzung

Einleitung

Eine Edition der Zoologie (syr. *Ktābā d-Ḥayywātā*, Buch 16) in Bar 'Ebrāyās *Hēwat ḥekmtā* („Rahm der Weiheit", hiernach: *Hēwtā*) steht noch aus.[1] Im Rahmen der vorliegenden Arbeit wurde das *qepalē'on* (Kapitel) 5 der Zoologie, das die Fortpflanzung behandelt, von mir ediert und übersetzt. Dafür wurden besonders die beiden ältesten handschriftlichen Zeugen berücksichtigt, die beide auf das Autograph zurückgehen sollen. Zukünftig müssen aber selbstverständlich auch weitere Zeugen für eine Edition Berücksichtigung finden.[2] Im Folgenden beschreibe ich die genutzten Handschriften, das Vorgehen bei Edition und Übersetzung und gehe auf die arabischen Glossen ein, die sich großteils übereinstimmend in den beiden ältesten Handschriften finden.

A.1 Zu den genutzten Handschriften

Eine knappe allgemeine Beschreibung der handschriftlichen Überlieferung des *Hēwtā* ist bereits in Kapitel 3 erfolgt.[3] Für die Edition und Untersuchung der Fortpflanzungsbiologie wurde auf die beiden ältesten Handschriften zurückgegriffen, die diesen Abschnitt vorweisen: Florenz, *Biblioteca Medicea Laurenziana*, Or. 83 (datiert 1340, hiernach: L) sowie Damaskus, *Syrisch Orthodoxes Patriarchat*, 239 (=6/2) (datiert 1286, hiernach: D¹). Zu letzterer habe ich zusätzlich deren besser lesbare Abschrift Damaskus, *Syrisch Orthodoxes Patriarchat*, 240 (=6/3) (datiert 1748, hiernach: D²) hinzugezogen.

---

1 Eine Edition der gesamten Zoologie durch Martina Galatello (Österreichische Akademie der Wissenschaften, Wien) ist in Vorbereitung.
2 Die Edition wurde von mir auch im TEI/xml-Format angelegt. Diese digitale Edition ist offen für Weiterentwicklung und Fortschreibung. Zu TEI/xml siehe Dariah-DE 2014.
3 Siehe Kap. 3.1.1.1, S. 100.

A.1.1 L (Florenz, *Biblioteca Medicea Laurenziana*, Or. 83)

Zusammen mit Florenz, *Biblioteca Medicea Laurenziana*, Or. 69, mit der sie vermutlich ursprünglich eine Einheit bildete, enthält diese Handschrift als einziger Zeuge vor dem 19. Jahrhundert das gesamte *Ḥēwtā*.[4] Laut des Kolophons ist sie auf 1340 zu datieren. Sie umfasst 227 Blätter und beginnt (abgesehen von den drei letzten Zeilen der Poetik) mit dem zweiten *pālgutā* (Teil) des Gesamtwerks.[5] Die Blätter sind zweispaltig beschrieben und haben zwischen 25 und 30 Zeilen. Die Zoologie findet sich auf den fol. 83v.ii–115r.i, *qepalē'on* 5 über die Fortpflanzungsbiologie auf den fol. 104v.i–108r.i.

Das Kolophon des Kopisten deutet darauf hin, dass es sich um eine Abschrift des Autographs handelt.[6] Mehrfach heißt es „so ist es geschrieben in der Kopie (oder: Handschrift, syr. *aṣaḥtā*) unseres Vaters", am Ende dann eindeutig „… unseres Vaters, des heiligen Maphrians des Ostens, des verstorbenen Mār Gregorios".[7] Die Handschrift wurde 1367 von Daniel von Mardin (gest. nach 1382) gekauft.[8] Wie sie nach Florenz gelangte, scheint unbekannt beziehungsweise bisher nicht untersucht zu sein.

L ist eine wichtige Grundlage einiger der bisherigen Editionen des *Ḥēwtā*.[9] Seit einigen Jahren sind farbige Scans online frei zugänglich. Diese Scans sind die Grundlage der vorliegenden Edition; eine direkte Einsicht in das Original war nicht möglich. Durch die Bindung der Blätter sind auf den Scans in der Bindefalz einige Zeilenenden des zu edierenden Textes sowie teils größere Abschnitte der Glossen (die von mir zum Zweck der vorliegenden Edition überwiegend nicht berücksichtigt wurden) nicht zu erkennen.

---

4 Vgl. für das Folgende Takahashi 2013a, S. 247, Takahashi 2004, S. 15–16, S. E. Assemani 1742, S. 328–329 und Drossaart Lulofs und Poortman 1989, S. 43.

5 Florenz, *Biblioteca Medicea Laurenziana*, Or. 69 umfasst entsprechend den ersten Teil. Für den Aufbau des *Ḥēwtā* siehe Kap. 3.1.1.3, S. 101.

6 Takahashi 2004, S. 16. Für Edition und Übersetzung der Kolophone siehe Takahashi 2004, S. 585–586. Zum Kopisten siehe Takahashi 2004, S. 15, Anm. 2.

7 Takahashi 2004, S. 586.

8 Zu Daniel von Mardin siehe Brock 2011b.

9 Takahashi 2004, S. 33 schreibt, die Handschrift „generally exhibits the best readings"; so auch Joosse 2004, S. 10–11. Watt 2005, S. 36: „[The manuscript is] the oldest and certainly the most important manuscript of the [*Ḥēwtā*]." Ähnlich Schmitt o. D., S. 4 („Introduction – I.1 Transmission of the Text"): „Generally, though with exceptions, [L] is a reliable source."

Drossaart Lulofs und Poortman beschreiben den Duktus der westsyrischen Schrift als „fluent, somewhat uneven".[10] Nach Takahashi entstand die Abschrift in Eile („some hurry"), was auch einige der Fehler beziehungsweise Auslassungen erkläre.[11] Die arabischen Glossen werden Daniel von Mardin zugeschrieben, worauf ich gleich ausführlicher eingehe. Obwohl ein Großteil der Vokalisation mittels des ostsyrischen Punktsystems erfolgt, finden sich an einigen Stellen auch westsyrische Vokalzeichen,[12] und zwar oft dort, wo es sich um uneindeutige oder schwierige Wortformen und Wörter handelt. Möglicherweise sind diese Vokalzeichen nachträglich. Neben den Vokalpunkten finden sich auch Satzzeichen-Punkte an Stellen, die gegenüber D^1 abweichen und dadurch mitunter zu Bedeutungsunterschieden führen. In L werden einige grammatische Phänomene punktiert, darunter die notwendige Vereindeutigung von Pluralformen durch *syāmē* sowie von Pronomen durch einfache Punkte (beides fast durchgängig), Aktivpartizipien des *P'al*-Stammes (oft) sowie weiterer Partizipien (manchmal).[13]

A.1.2 D^1 (Damaskus, *Syrisch Orthodoxes Patriarchat*, 239 (=6/2))

Diese Handschrift ist auf das Jahr 1286 datiert und damit insgesamt der älteste Zeuge für das *Ḥēwtā*, enthält allerdings nur das zweite *pālgutā* (Teil) des Werks.[14] Die Handschrift umfasst 243 Blätter.[15] Die Blätter sind einspaltig beschrieben und haben zwischen 35 und 40 Zeilen. Einige der Blätter sind am äußeren Rand zerfasert. Die Zoologie findet sich auf den fol. 99r–130r, *qepalē'on* 5 über die Fortpflanzungsbiologie auf den fol. 120r–123r.

Laut Katalog handelt es sich bei D^1 um eine Abschrift des Autographs, nämlich einer Niederschrift in Besitz des Autors, die dieser 1285 fertiggestellt habe.[16] Allerdings sei die Handschrift unvollständig und kein Kolo-

---

10 Drossaart Lulofs und Poortman 1989, S. 43.

11 Takahashi 2004, S. 74.

12 Zum syrischen Vokalisierungssystem siehe Kiraz 2012, S. 59–90.

13 Zu dieser Art Punkte siehe Kiraz 2012, S. 103–113 u. S. 67 (§142.2–3), respektive.

14 Vgl. für das Folgende Takahashi 2013a, S. 251, Takahashi 2004, S. 25 und Dōlabānī u. a. 1994, S. 587. Für den Aufbau des *Ḥēwtā* siehe Kap. 3.1.1.3, S. 101.

15 Auskunft per E-Mail vom *Depart}ment of Syriac Studies*, Syrisch-Orthodoxes Patriarchat, am 12. November 2020.

16 Dōlabānī u. a. 1994, S. 587 (Nr. 6/2); so auch Barṣaum 2012, S. 373.

phon vorhanden,[17] weshalb die Angabe im Katalog vorerst nicht nachvollziehbar beziehungsweise überprüfbar ist. Sollte die Vermutung Takahashis korrekt sein, dass es sich bei der Handschrift Birmingham, *Mingana*, Syr. 310B um eine Kopie von D[1] handelt, befand sich D[1] noch 1865 in Mossul, als die Kopie dort angefertigt wurde.[18] Wann sie nach Damaskus gelangte, scheint unklar.

Bisher wurde die Handschrift meines Wissens nicht für Editionen herangezogen. Durch die Möglichkeit, beim Syrisch-Orthodoxen Patriarchat Scans von Handschriften zu erwerben, ist der Zugang mittlerweile erleichtert. Entsprechende Scans sind die Grundlage der vorliegenden Edition; eine direkte Einsicht in das Original war nicht möglich.

Die Handschrift ist in westsyrischer Schrift geschrieben. Korrekturen gibt es für den hier edierten Teil kaum, lediglich an einer Stelle wurde als Korrektur durch die erste Hand ein längerer Nachtrag auf den Seitenrand geschrieben und mittels einer roten Linie auf die richtige Stelle verwiesen. Im Allgemeinen finden sich nur wenige ostsyrische Vokalisierungspunkte. Es finden sich aber wie in L Punkte als Satzzeichen sowie einige Punktierungen grammatischer Phänomene.

A.1.3 D[2] (Damaskus, *Syrisch Orthodoxes Patriarchat*, 240 (=6/3))

Datiert auf das Jahr 1748 ist diese Handschrift eine Kopie von D[1].[19] Die Handschrift umfasst 284 Blätter.[20] Die Blätter sind einspaltig beschrieben und weisen im hier edierten Abschnitt alle 30 Zeilen auf, andere Stellen der Handschrift aber auch weniger. Die Rückseiten der Blätter weisen unten links jeweils Kustoden auf, die dem Schriftbild nach der ersten Hand zuzuschreiben sind. In arabischer Sprache und Schrift findet sich außerdem an einer Stelle der Wechsel des Heftes (*karrās*) am unteren Blattrand eingetragen.[21] Auf dem oberen Blattrand befindet sich fast durchgängig als eine Art Kopfzeile der Titel des Buches, ara. *Kitāb al-Ḥayawanāt* beziehungsweise

---

17 Auskunft per E-Mail vom *Department of Syriac Studies*, Syrisch-Orthodoxes Patriarchat, am 12. November 2020.
18 Vgl. Takahashi 2004, S. 25 (Nr. 25) in Verbindung mit S. 26–27 (Nr. 27).
19 Vgl. für das Folgende Takahashi 2013a, S. 251, Takahashi 2004, S. 25 und Dōlabānī u. a. 1994, S. 587.
20 Auskunft per E-Mail vom *Department of Syriac Studies*, Syrisch-Orthodoxes Patriarchat, am 12. November 2020.
21 Siehe fol. 137v–138r. Vgl. auch McCollum 2014, S. 221.

Kitāb an-Nafs (das sich anschließende Buch der Psychologie, von dem mir ebenfalls Scans vorliegen), zumeist in arabischer Schrift und Sprache.[22] Die Zoologie findet sich auf den fol. 108r–149v, *qepalē 'on* 5 über die Fortpflanzungsbiologie auf den fol. 135v–140v.

Die Kopie wurde in Quṭrabbul in der Nähe von Diyarbakır (heutige Türkei) angefertigt. Ein vorheriger Besitzer war ʿAbd an-Nūr von Edessa, Metropolit von Amid (syrischer Name Diyarbakırs).[23] Auch hier ist nicht klar, wie sie zum Syrisch-Orthodoxen Patriarchat mit heutigem Sitz in Damaskus gelangte.

Wie D¹ wurde diese Handschrift bisher nicht für Editionen des *Hēwtā* herangezogen und von mir anhand eines Scans des Syrisch-Orthodoxen Patriarchats berücksichtigt, um die Lesung von D¹ zusätzlich zu stützen.

Die Handschrift ist in ordentlicher westsyrischer Schrift verfasst, enthält aber zum Ende des edierten Abschnitts zunehmend Korrekturen der ersten Hand, besonders am Zeilenende, um das Überschreiten des festgelegten Randes zu vermeiden. Es finden sich sowohl einige ostsyrische Vokalpunkte als auch westsyrische Vokalzeichen. Da diese allerdings jeweils dünner ausfallen als die übrigen Punkte, müssen sie gegebenenfalls einer zweiten Hand zugeschrieben werden. Die Interpunktion ist fast durchgängig mit zweifarbig rot-schwarzen vertikalen Doppelpunkten realisiert. An wenigen Stellen findet sich ein einzelner Punkt (um eine Art Halbsatz zu markieren?), ebenso auch dreifache Punkte, die vielleicht ein Versehen darstellen.[24] Grammatische Phänomene sind auch hier punktiert, so

---

22 Das System ist inkonsistent. In vielen Fällen steht auf der Rückseite eines Blattes ara. *kitāb* und auf der Vorderseite des anschließenden Blattes *al-ḥayawanāt* bzw. *an-nafs*, sodass sich in der Zusammenschau der jeweils folgenden Blätter der Titel ergibt. An vielen Stellen fehlt jedoch Ersteres oder Zweiteres. Einmal, in der Psychologie, steht der arabische Plural *nufūs* des sonst vorzufindenden *nafs*. Manchmal ist ara. *kitāb* stilisiert, so dass der Beginn des ersten Buchstabens und das Ende des letzten Buchstabens überhalb des Wortes verbunden sind. An einigen wenigen Stellen stehen die syrischen Pendants syr. *ktābā* (auch abgekürzt) und *d ḥayywātā* bzw. *d-napšā*. Schließlich sind dort, wo das Blatt mit einer Rubrik in roter Schrift beginnt, auch diese Kopfzeilen rot.

23 Zu ʿAbd al-Nūr von Edessa siehe Takahashi 2004, S. 26, Anm. 39 in Verbindung mit S. 28 (Nr. 31). Nach Ende des Textes (fol. 284r) findet sich folgende Notiz in D²: „Ich habe das Buch wegen des Besitzes (syr. *yutrānā*) gekauft, im Jahr 1888 (*ffḥ*) Christi in Amid-Stadt im Monat Juli, Tag 8; ihm sei Preis in alle Ewigkeit. Amen. Im Namen des Mönches ʿ[ʿAbd Nuhrā = ara. ʿAbd an ”Nūr] m̄ (=400?)“.

24 Beispiel für einen einfachen Punkt: fol. 18r, Zeile 16. Beispiel für einen dreifachen Punkt: fol. 136r, fünftletzte Zeile.

Pluralformen durch *syāmē*, Partizipien und Pronomen.[25] Zusätzlich finden sich an vielen Stellen rote (statt schwarzer) Punkte, welche die frikative beziehungsweise plosive Aussprache bestimmter Konsonanten markieren (sogenannte *bgadkpat*-Laute).[26] Die Schreibung von syr. *Gālēnos* (Galen) mit rotem Punkt im Innern des Gomal weist auf eine hybride Verwendung von *Garšūnī*-Schreibweise.[27]

A.2   Zu den arabischen Glossen und Addenda

In den hier betrachteten Handschriften sind einige arabische Glossen beziehungsweise Addenda jeweils übereinstimmend oder annähernd übereinstimmend zu finden. Takahashi hatte bereits darauf aufmerksam gemacht, dass neben L auch die Handschrift Birmingham, *Mingana*, Syr. 310B (vermutlich eine direkte Abschrift von D¹) diese Glossen aufweist.[28] Entsprechend äußert er die naheliegende Vermutung, dass diese kürzeren Glossen bereits im Autograph zu finden sind. Sowohl dies als auch die Vermutung, es handele sich um Glossen in arabischer Schrift,[29] kann im Folgenden auf Grundlage meiner Untersuchung von D¹ weiter bekräftigt werden.

Die angesprochenen Glossen sind meist kurz und müssen unterschieden werden von den umfangreicheren Kommentaren, die mit großer Wahrscheinlichkeit Daniel von Mardin in L hinterlassen hat.[30] Zwei längere dieser Kommentare Daniels in dem von mir edierten Abschnitt habe ich nicht in die Edition übernommen.[31] Vorläufig lässt sich aber feststellen: Die kurze Glosse zu Beginn des Kapitels ara. *wa-l-mufraṭ fī l-ǧamāʿ yašayḫu qabla ġayrihi* (fol. 104v, rechter Rand) entspricht genau Ibn Sīnās Aus-

---

25 Die Punktierung von Partizipien der erweiterten Stämme ist bemerkenswert, nämlich ein Punkt unter dem ersten Buchstaben bzw. unten zwischen dem ersten und zweiten Buchstaben. Möglicherweise handelt es sich auch um einen einfachen Punkt gemäß Kiraz 2012, S. 68–69 (§§143–144).

26 Siehe zur Markierung von Frikativen (syr. *rukkākā*) und Plosiven (*quššāyā*) Kiraz 2012, S. 100–102 u. 102–103.

27 Siehe zu *Garšūnī* Kiraz 2012, S. 291–298 und speziell für das vorliegende Zeichen S. 295 (§587.D).

28 Takahashi 2004, S. 26–27 (Nr. 27) in Verbindung mit S. 601.

29 Takahashi 2004, S. 601, Anm. 2.

30 Vgl. Takahashi 2004, S. 601.

31 Hintergrund ist die beschriebene schlechte Lesbarkeit des Textes in der Bindefalz.

sage an der parallelen Stelle.[32] Der Beginn der ersten längeren Glosse
ara. *fa-naqūlu anna l-maniyya yatamayyizu mina r-ruṭūbāt* ... (fol. 104v,
links unten) weist große Ähnlichkeit mit Faḫr ad-Dīn ar-Rāzīs *al-Mabāḥiṯ
al-mašriqiyyah* auf.[33] Gleiches gilt für die zweite, äußerst lange Glosse ara.
wa-ḫtaǧǧa ǧālīnūsu ʿalā wuǧūdi l-maniyyi li-l-marʾah ... (fol. 105r, beginnt
mittig zwischen den Spalten).[34] Dies bestätigt die Beobachtung Takahashis,
dass Daniel bereits Teile der arabischen Vorlagen Bar ʿEbrāyās identifiziert
und in arabischer Sprache und Schrift am Rand des *Ḥēwtā* exzerpiert hat.[35]
Möglicherweise führen die Abweichungen zwischen Faḫr ad-Dīn ar-Rāzīs
al-Mabāḥiṯ al-mašriqiyyah und den Glossen Daniels zur Identifikation der
genauen Vorlage Bar ʿEbrāyās. Gegebenenfalls handelt es sich dabei aber
auch um Änderungen an Faḫr ad-Dīns Text, die Daniel vorgenommen hat.

Die am Rand hinzugefügten Begriffe und Wendungen, die in *beiden* Abschriften vom Autograph vorkommen, sind:
- *tahawwuʿ* (Übelkeit, Erbrechen) – erklärt syr. *gmāʿā*; nicht in D²
- *kayfiyyat hayʾat al-ǧanīn fī raḥm* (*ummihi*) (Art der Lage des Embryos
  in der Gebärmutter (seiner Mutter)) – markiert, wo der „hockende
  Embryo" beschrieben wird;[36] in L ohne *ummihi*, nicht in D²
- *naqr ar-raḥm* (Höhlung der Gebärmutter) – erklärt syr. *qoṭulēdones*, ein
  Lehnwort aus dem Griechischen
- *qaṭʿat laḥm* (Fleischscheibe) – erläutert syr. *neqsā d-besrā*; in D²: *šaqfat
  am qaṭʿat laḥm*

In D¹ stimmt die Tintenfarbe und auch der Duktus dieser arabischen Hinzufügungen – soweit sich Zweiteres hinsichtlich des unterschiedlichen arabischen und syrischen Schriftsystems beurteilen lässt – mit dem syrischen

---

32 Vgl. Ibn Sīnā, *Kitāb aš-Šifāʾ*, aṭ-Ṭabīʿiyyāt 8 – *al-Ḥayawān*, 9.1 (t: Muntaṣir u. a.
   1970, S. 142.16). Das Schriftbild unterscheidet sich außerdem gegenüber den anderen kurzen Notizen; vgl. Takahashi 2004, S. 601, Anm. 2. Unklar ist mir noch der
   Einschluss der Notiz zwischen die beiden arabischen Zahlziffern 2, für die es keinen
   „Anker" im eigentlichen Text gibt.
33 Vgl. Faḫr ad-Dīn ar-Rāzī, *al-Mabāḥiṯ al-mašriqiyyah*, 2.2.2.2.17 (t: ed. Haydarabad
   (1343 H.), S. ii.269.20–21).
34 Vgl. Faḫr ad-Dīn ar-Rāzī, *al-Mabāḥiṯ al-mašriqiyyah*, 2.2.2.2.17 (t: ed. Haydarabad
   (1343 H.), S. ii.271.17ff).
35 Takahashi 2004, S. 603; zuvor schon ähnlich Drossaart Lulofs und Poortman 1989,
   S. 43.
36 Siehe hierzu Kap. 3.2.3.6, S. 192.

Text überein. Eine Übereinstimmung dieser Art arabischer Notizen mit dem syrischen Text hatte Takahashi auch für L festgestellt.[37]

Bei weiteren der kurzen Randnotizen, die lediglich in einer der beiden älteren Handschriften auftauchen, ist es zumindest möglich, dass sie auch im Autograph standen, aber nicht von beiden übernommen wurden. Denn der Charakter dieser Glossen, die jeweils nur in einem Zeugen vorkommen, entspricht generell demjenigen der gerade gelisteten Glossen. Das heißt, sie lösen im Allgemeinen eher schwer verständliche Stellen auf. (Eine Ausnahme bilden die arabischen Übersetzungen der Abschnittsüberschriften in L.[38])

Diese Art arabische Hinzufügungen in D¹ sind:

- *ḫilāf aṣ-ṣafṣāf ġarb* (Unterschied Weidenbäume/Westen) – weist auf das Homograph syr. *ʿarbē* hin
- *asqaṭ[at]* (sie abortiert, gebiert fehl) – erklärt syr. *yeḥṭat*[39]

In L finden sich:

- *naḥīfah* (dünn, mager) – erklärt das gleichbedeutende syr. *bṣirā*
- *aṣfar* (gelb) – erläutert syr. *rehlā ḥarruʿā* (gelbgalliger Fluss)
- *fuḍūl dammawī* (blutige Überschüsse) – erklärt syr. *rehlā dmānāyā* (blutiger Fluss)

Weitere Untersuchungen und Vergleiche sind nötig, um diese Glossen wie vorgeschlagen dem Autograph oder doch späteren Lesern beziehungsweise Kopisten der Abschriften zuzuordnen.

---

37 Takahashi 2004, S. 601–602 mit Anm. 2.

38 (1) *Mabāḥiṯ fī l-manīy wa-l-ḥayḍ wa-l-ḥaml*, (2) *Mabāḥiṯ fī takawwun al-aʿḍā[ʾ] al-aṣliyyah min al-maniyyayn*, (3) *Mabāḥiṯ fī aḥwāl al-mawlūd wa-l-wālidah*, (4) *Mabāḥiṯ fī l-asbāb al-manʿah li-l-ḥaml*. Takahashi 2004, S. 601 mit Anm. 2 ordnet diese Zwischenüberschriften einer Hand zu, die von derjenigen der längeren Glossen Daniels von Mardin verschieden sei, vermutet aber, dass es dieselbe Hand sei, die auch für die übereinstimmenden und hier meist interlinearen arabischen Hinzufügungen verantwortlich sei. Aus seinen Ausführungen wird nicht genau ersichtlich, ob er einen Unterschied zwischen den kürzeren interlinearen und kürzeren marginalen arabischen Hinzufügungen (einschließlich der arabischen Abschnittsüberschriften) sieht. In der Tat ist nur eine der gegenüber D¹ übereinstimmenden Hinzufügungen in L *nicht* interlinear, nämlich die leicht längere, die auf die Stellung des Embryos im Mutterleib hinweist. Sie weist aber wiederum das nach rechts zeigende End-*yāʾ* auf, das sich auch in den arabischen Abschnittsüberschriften findet; vgl. Takahashi 2004, S. 601, Anm. 2.

39 Das zugehörige syr. *yaḥṭā* (Fehlgeburt) wird oft falsch geschrieben, was vielleicht auf die Unbekanntheit des Verbs bzw. dessen Ableitung hinweist? Siehe J. Payne Smith 1903, S. 191 (s. v. *yaḥṭā*) und R. Payne Smith 1879, Sp. 1590 (s. v. *yaḥṭā*).

A.3 Zum Vorgehen bei Edition und Übersetzung

Für den hier zu edierenden Abschnitt bietet D¹ im Vergleich zu L insgesamt den zuverlässigeren Text. Zukünftige Vergleiche werden zeigen müssen, ob dies durchweg gilt. Lediglich an zwei Stellen ist von auffälligeren Abweichungen in D¹ (und entsprechend D²) auszugehen. Zum einen wird dort in einem Vergleich der „Gerinnung" vom menschlichen Samen zum Embryo nicht Käse (syr. *gbettā*), sondern Wein (*gpettā*) mit dem Ferment oder Lab in Verbindung gebracht.[40] Die sehr ähnliche Schreibweise der beiden syrischen Wörter wie auch die Buchstabenform des *pē* lassen aber auch nach einer nachträglichen Korrektur in D¹ (durch eine zweite Hand?) fragen. Die zweite und nur schwer zu erklärende Abweichung ist das Wort *ruḥlā*, das statt *ruḥā* (Pneuma, Geist) verwendet wird, wo es um die Nachgeburtssorge geht: Die Nabelschnur solle versorgt werden, damit das Kind nicht „Blut und Geist" verliere und dadurch sterbe (5.3.6 [a]). Vor diesem Befund habe ich im Allgemeinen D¹ als Ausgangspunkt für die Edition gewählt und an wenigen Stellen, darunter an den beiden gerade besprochenen, abweichend die Lesart von L als Lemma übernommen.

Aus heutiger Sicht sind viele der im Text dargestellten inhaltlichen Zusammenhänge schwierig zu deuten. Hinzu kommen syrische Begriffe, die Bar ʿEbrāyā aus dem Arabischen überträgt. Angesichts mancher der vermutlich sekundären Vokalzeichen und -punkte und der Glossen scheint das Verständnis des Textes auch für die späteren Rezipienten schwierig gewesen zu sein. Vor diesem Hintergrund schien es mir für die heutige Erschließung des Textes angebracht, den Text auf verschiedene Weise zu normalisieren:

1. Die Punktierung des syrischen Konsonantentextes wurde vereinheitlicht: Mittels einfachem Punkt (syr. *pārošā*) werden Verbformen und Pronomen ausgezeichnet.[41] Vokalpunkte werden teils angegeben, um mögliche Homographe zu vereindeutigen.[42]
2. Außerdem wurde die Interpunktion vereinheitlicht. In der Regel habe ich die Interpunktion von D¹ übernommen; L sowie D² weisen demgegenüber einige fehlende oder zusätzliche Punkte auf, die meist den Sinn

---

40 Möglicherweise wurde vom Schreiber an den Fermentationsvorgang bei der alkoholischen Gärung gedacht. Es wurde nämlich auch Feigensaft zur Milchgerinnung genutzt; vgl. Aristoteles, *Historia animalium*, III.20 (522b1–5).
41 Vgl. Kiraz 2012, S.103–108 (4.2.1 Verbal Markers) sowie Kiraz 2012, S.67 (§142.2.–3.) u. S.112 (§235).
42 Vgl. die Problematik der Homographie im Syrischen wie beschrieben in Kiraz 2012, S.49–53.

der Aussagen nicht verändern. Weiche ich von D¹ in der Interpunktion ab oder ergeben sich durch abweichende Interpunktion der anderen beiden Zeugen Bedeutungsunterschiede, ist dies im Apparat vermerkt. Am Ende von *pāsoqē* (Abschnitten) und *te'ōriyas* (Betrachtungen) sowie in den Überschriften (bzw. Rubriken) ist die Interpunktion der Zeugen überdies so inkonsequent, das hier zugunsten der Einheitlichkeit durchgehend ein Satzzeichen gesetzt wurde. Benutzt habe ich durchgängig einen einfachen Punkt auf der Linie. Nicht berücksichtigt wurde, dass die einzelnen Handschriften jeweils ein anderes Zeichen zur Interpunktion verwenden.[43]

3. Ein weiterer redaktioneller Eingriff besteht durch die teils feinere und teils sehr feine Untergliederung des Textes, die in eckigen Klammern durch lateinische Buchstaben und weiter mittels römischer Zahlen angezeigt wird (z. B. [a], [b.i], [b.ii], [c] …). Diese feinere Untergliederung macht nicht nur genauere Verweise innerhalb der Darstellung von Kapitel 3 möglich, sondern auch eine Veranschaulichung der Kompilationstechnik Bar ʿEbrāyās durch die dort aufgeführten Tabellen.[44]

4. Schließlich wurden gängige Abkürzungen, die im syrischen durch Überstreichung gekennzeichnet werden, wie etwa *qad* für *qadmāyā* (erste/r), aufgelöst.

Insgesamt finden sich zwei Apparate:

1. Ein Apparatus criticus negativus mit den abweichenden Lesarten – Abweichende Punktierung der Handschriften wurde nur dort im kritischen Apparat vermerkt, wo sich semantische und nicht lediglich orthographische Unterschiede ergeben, beispielsweise bei fehlenden oder zusätzlichen Pluralpunkten (*syāmē*). Auch abweichende Interpunktion wurde hier vermerkt, sofern es dadurch zu Bedeutungsunterschieden kommt. Die abweichenden Zeugen werden mit der jeweiligen Siegel gefolgt von einem Doppelpunkt (:) aufgeführt; weitere Lesungen zum selben Lemma mittels einfacher vertikaler Linie (|) getrennt.

2. Ein Apparat mit Addenda – Berücksichtigt wurden alle syrischen oder arabischen Addenda, mit Ausnahme der drei oben angeführten Glossen Daniels von Mardin.

Blattwechsel sind durch vertikale Striche angezeigt, die entsprechende Handschrift samt Blatt wird am Rand angegeben.

---

43 Siehe die Beschreibung der einzelnen Handschriften oben.
44 Siehe Tab. 3.6, S. 118–Tab. 3.9, S. 121.

Die Übersetzung bewegt sich im Allgemeinen eng am Originaltext. Nach Möglichkeit wurden dieselben syrischen Begriffe immer gleichlautend ins Deutsche übersetzt. Alternative Übersetzungen stehen in runden, Verständnishilfen in eckigen Klammern.

5 ܡܛܠܬ ܣܘܣܝܐ. ܐܝܟ ܩܘܩܝܐ ܐܘܚܕܐ

5.1   D² : fol. 136r

5.1.1

[a]

[b]

[c]

[d]

[e]

[f]

[g.i]   [g.ii]

[h]

Apparatus criticus

5 ܐܝܟܐ [L : ܐܬܟܐ

13 ܚܟܣܬܩܐ [L : ܚܚܟܣܩܐ ‖ ܢܝܟ ܗܘ ܝܟ [L : ܢܝܟ ܘܗܘ ܝܟ

14 ܡܠܘܗ ܝܝ [. D² : ܡܠܘܩ ܝܝ

Addenda

2 ܩܘܩܝܐ [L : addit in margine   مباحث فى المنّي والحَيض والحَمل

[i] .

[j.i] .
[j.ii] .

L : fol. 104v.ii   [a] |
[b.i]
. [b.ii]
[c.i]
. [c.ii]
. [c.iii]
[a]
---

1 : D²

5 : L D²

7 : L D²

8 .] L : omittit

9 : D²

12 : D²

13] D² : omittit ‖] L : omittit

15 : D²

6] L : addit interlineariter

[b.i] . |
 D² : fol. 136v
[b.ii]
5 | L : fol. 105r.i
. [b.iii]
 | D¹ : fol. 120v
. [b.iv]
. [b.v]
[c]
<h3 style="text-align:center">5.1.4 </h3>

[a.i]
. [a.ii]
20 . [a.iii]

---

2 : D²] : D² D¹]

4] D² :

6 : L]

8] D² : omittit

9] L :

10] L : addit emendationem interlinearis ‖

 ] L : omittit

13 .] L :

14] D² : (cum elisione)

18–19] D² : omittit

L : fol. 105r.ii   [b.i] | .   [b.ii]   5

D² : fol. 137r | .

[a.i] . [a.ii] . [a.iii] . [a.iv] .   15

b .

[c] .

[d.i] . [d.ii] .   20

[e]

L : fol. 105v.i   . |

---

omittit : L [: L � : D² [1

omittit : L [: D² [3

 : L [5

 : D² � : D¹ [14

 : D² [18

 (cum correctione ad : D¹ [20

 : D²

 | D¹ : fol. 121r

[a.i]
. [a.ii]
[b] .

[c]
[d.i]
[d.ii]
. [d.iii] .
 | . [d.iv]   D² : fol. 137v
[e]
[f] .

---

1   : D² [1

5   [L : [D¹ D² : (omittunt punctum)

11   : L [11

13   [. D¹ D² :

17   : D¹ [: L ‖

---

1   [L : addit in margine مباحث فى تكون الاعضآ الاصليّه من
المنيين

11   [D¹ : addit in margine التهوع ‖ L : addit interlineariter
التهوع

[a]
[b] .

[c.i]
. [c.ii] .
[c.iii]
[d]
[e.i]
. [e.ii]
[a.i] .
[a.ii] .
[b.i] .
[b.ii] .

[c] .

[d] .

<hr>

[e]
 | .   L : fol. 106r.i

[f.i] |
. [f.ii] | D² : fol. 138r
.   D¹ : fol. 121v
5

[g.i]
. [g.ii]
[h.i]
. [h.ii]
10
15
[a.i] . [a.ii]
. [a.iii]
[b.i]
20
. [b.ii] .

---

3   [D² :

5   .] L : (cum puncto in positione alia)

6   ] D¹ : (cum correctione addente ?)

12   .] D¹ : (addit (manus alia?) *syāmē*)
                           ı) D² :

17   ] D² :

20   .] D² : ı L :] D² :

---

12   .] L : addit in margine مباحث فى احوال المولود والوالده

18   ] D¹ : addit in margine خلاف الصفصاف غرب

[c.i]
[c.ii] .

L : fol. 106r.ii [d.i] . [d.ii] |
[e]
[a]
[b] .

[c.i] . [c.ii]
D² : fol. 138v [d] | .

[e] .

[f.i] . [f.ii]
---

2   L :

5   L :

7   D² :

11   D² :

14   D¹ : addit qua emendationem in
margine

18   L :

344

[g]
[h] .

[i.i]
: [i.ii] | :   L : fol. 106v.i

[j] .

[k] \
[a] .

[b.i]
. [b.ii] \
. | \ .   D¹ : fol. 122r

[c] \
\
[d.i] . [d.ii]

3] L :

5 .] D² D¹ : (omittunt punctum)

7] D² : omittit

16] D² :

---

5 .] D¹ : addit in margine <ت>اسقط

[e.i] .
[e.ii] . [e.iii]
\
[f.i] \
\
. [f.ii] .

[a.i]
[a.ii] |.

[b.i] |.
[b.ii] \
. [b.iii]
[c.i] \.
. [c.ii] . [c.iii]
\ .

[d]
[e.i] . [e.ii]
\ \.

5

10

15

20

---

1 [D² :

3–2 [D² : omittit | L : ...

5 [L : || [D¹ D² :

14 [D² : | L : || [L :

---

21 [D¹ : addit in margine كفه هيه الحنين فى رحم امه |
L : addit in margine كيفه هيثه الحنين فى الرحم

[e.iii] .

[a.i] .
. [a.ii]
. [a.iii] .
[a.iv]
[b.i] [b.ii]
[b.iii] .
[b.iv]
[c.i]
. [c.ii] .

[d.i]
. [d.ii] .

[e]
L : fol. 107r.i

D¹ : fol. 122v

5
10
15
20

---

7 [D² : L :

10 [D² : omittit ||] L D² :

12 [D¹ : . (addit punctum)

20 [L :

---

10 [D² D¹ : addunt in margine نقر الرحم ا
L : addit interlineariter نقر الرحم

17 [L : addit in margine اصفر

18 [L : addit in margine فضول دموى

D² : fol. 139v

[a] | .

[b.i] .
[b.ii] .   5

[c.i] .
[c.ii] .

L : fol. 107r.ii

[d] | .

[e]   10
[f] .

[g.i] . [g.ii]
[h.i] .
[h.ii]
[i.i]
. [i.ii]   20
. [i.iii] .
---

2 [D² : [D² D¹ :

5 [D² :

10 [D² : [D² : omittit

11 [D² D¹ :

16 [D² :

---

10 [D² : manus alia addit emendationem in margine

22 [D¹ : addit in margine

[a]
[b.i] . | L : fol. 107v.i
. [b.ii] .
[c]
 | D² : fol. 140r
[d.i] . [d.ii]
[e] .

[a] . | D¹ : fol. 123r
---

1 [L :

12 [L :

14 . [L : (cum puncto in positione alia)

17 [D² :

19 . [D² :

---

1 . [L : addit in margine مباحث فى الاسباب المنعه للحمل

[b.i]
[b.ii] .
[c] .

[d.i]
. [d.ii] |
. [d.iii]
. [d.iv] .
[e.i]
. [e.ii] .

[a.i]
. [a.ii]
. [a.iii]
. [a.iv]
. [a.v] .
[a.vi]

[a.vii] .

[b.i]

5 . [b.ii] .

L : fol. 108r.i
D² : fol. 140v

---

1   ] D² :

2   ] D² :

4   ] D² :

7   ] L :

5 Fünftes Kapitel, worin vier Abschnitte sind

5.1 Erster Abschnitt: Über den Samen, die Menstruation und die Empfängnis (oder: Schwangerschaft) – fünf Betrachtungen

5.1.1 Erste [Betrachtung]

[a] Das Wachstum des Schamhaars gleicht der Blüte des Baumes. Das Hervorbringen von Samen aber dem Tragen von Früchten.

[b] Und wenn die Statur sich zu vollenden beginnt, verändert sich die Stimme zum Dunklen (wörtl.: zum Dicken, Schweren), mehr aber bei den Männlichen.

[c] Und bei den Weiblichen fließt die Menstruation und es treten die Brüste hervor.

[d] Und der Knorpel der Nasenspitze teilt sich durch die Trockenheit.

[e] Der Samen aber entsteht nach dem zweiten Siebener [sc. 14 Jahren] und wird [zeugungs-]fähig mit dem dritten [sc. mit 21 Jahren].

[f] Und mit dem Fluss der Menstruation wird bei den jungen Frauen die Lust zur Paarung geweckt.

[g.i] Viel schneller aber altern diejenigen, die sich viel paaren, sowohl Männer als auch Frauen. [g.ii] Und diejenigen, die viel gebären, halten sich [sexuell] zurück, selbst wenn sie [generell] lustvoll sind.

[h] Die Menstruation aber fließt entgegen des Ab- und Zunehmens des Mondes, [und zwar] dadurch, dass sich mit seinen Veränderungen alle [Körper-]Säfte verändern.

[i] Und wenn die Frau empfängt, falls [dann] ihre Menstruation fließt, wird ihr Embryo geschwächt.

[j.i] Und falls der Samen sieben Tage in der Frau bleibt, empfängt sie. [j.ii] Dies geschieht aber nach der Reinigung [sc. nach der letzten Menstruation].

5.1.2   Zweite [Betrachtung]

[a] Nach vierzig Tagen spürt die Schwangere das, was in ihrem Schoß ist, und umso mehr, falls sie schwach ist.

[b.i] Und das Männliche entsteht meistens auf der rechten Seite, das Weibliche aber auf der linken. [b.ii] Es entsteht aber das Männliche auch auf der linken Seite, [und zwar] dadurch, dass, wenn der Samen stark und heiß ist, er nicht durch die Kälte des Ortes verändert (oder: bewegt) wird.

[c.i] Und eine männliche Fehlgeburt von vierzig Tagen: Falls du das Blut in kaltes Wasser gibst, zeigt sich ein Embryo, das ein wenig größer als eine Ameise ist, wobei seine Genitalien und Augen sichtbar sind (oder: erhalten bleiben). [c.ii] Und falls du sie [sc. die Fehlgeburt] in etwas anderes gibst, [also] nicht in kaltes Wasser, verteilt sie sich und löst sich auf. [c.iii] Und das Weibliche: Im Innern [sc. im Mutterleib] ist während drei Monaten sein Leib nicht ausdifferenziert.

5.1.3   Dritte [Betrachtung]

[a] Einen Saft, der dem Samen ähnelt, nicht aber einen Samen habe die Frau, sagt unser Meister [sc. Aristoteles]. Galen aber meint, sie habe einen Samen.

[b.i] Und wir sagen, dass der Samen durch fünf Eigenschaften (wörtl.: auf fünf Weisen) von den übrigen Körpersäften unterschieden ist. Sie sind: Weißheit; Klebrigkeit; das angenehme Gefühl, das bei seinem Erguss entsteht; die Vehemenz seines Ergusses; die Fähigkeit zur Formung, die in ihm ist. [b.ii] Dass die erste und zweite [Eigenschaft] dem Körpersaft der Frauen zukommen, weiß man daher, dass zu Zeiten gesehen wurde, dass bei Frauen ein Gefäß voll mit weiß-klebrigem Saft vorkommt. Und vor diesem Hintergrund ist ihnen ein Hoden geschaffen. [b.iii] Dass ihm [sc. dem Saft der Frauen] wiederum die dritte [Eigenschaft] zukommt, weiß man daher, dass sich von derjenigen, der es geschieht, dass sich die Gebärmutter zusammenzieht, viel Samen ergießt, mit einer Annehmlichkeit, die derjenigen bei der gespürten oder erträumten Paarung ähnelt. [b.iv] Und dass ihm die vierte [Eigenschaft] nicht zukommt, wird ersichtlich dadurch, dass dieser Saft von ihnen in einem Fluss, nicht in Vehemenz ausgeht. [b.v] Dass ihm wiederum die fünfte [Eigenschaft] nicht zukommt, weiß man daher, dass angenommen, es gäbe die Fähigkeit zur Formung in ihrem Saft, sie ohne Verkehr mit einem Männlichen gebären würden, wie die Pflanzen – das aber ist unmöglich.

[c] Daher: Falls [in Bezug auf] diese drei [ersten] Eigenschaften der Saft als Samen bezeichnet wird, hat die Frau einen Samen; und falls nicht, nicht.

5.1.4 Vierte [Betrachtung]

[a.i] Galen aber bringt viele Argumente dafür vor, dass die Frau einen Samen habe. Und über dieses [eine] Argument, freut er sich zwar wie über einen wertvollen Schatz, als er es (er)findet. [a.ii] Er sagt nämlich, dass das Kind Vater und Mutter ähnele. Daher müsse es eine allgemeine Ursache geben, die es ihnen ähnlich mache. Das Blut der Menstruation sei es aber nicht, da es dem Vater nicht zukomme. Abgesehen vom Samen aber gebe es hier nichts anderes [was die Ursache sein könnte]. Einen Samen habe also sowohl der Vater als auch die Mutter. [a.iii] Dass dieses Argument aber schwach ist, weiß man daher, dass angenommen, der Samen wäre einfachhin die Ursache der Ähnlichkeit, sich ein Kind konsistent seinen Eltern ähnlich fände. Und das ist nicht so.

[b.i] In Wahrheit aber ist es [so]: Wenn die Fähigkeit zur Formung wirksam wird und die Materie über die vollkommene Eignung verfügt, ihre [sc. der Formfähigkeit] Wirkungen aufzunehmen, wird das Kind den Erzeugern ähnlich gemacht. [b.ii] Falls aber die Materie nicht über eine Disposition zur Fähigkeit zur Formung verfügt, wie es passend ist, formt diese sie entsprechend ihrer Aufnahme [dieser Formfähigkeit], wie es [eben] kommt.

5.1.5 Fünfte [Betrachtung]

[a.i] Dass es im Samen des Mannes keine Fähigkeit zum Geformtwerden gebe und er auch kein Teil des Embryos sei, lehrt unser Meister [sc. Aristoteles]. [a.ii] Und [zwar] sagt er, dass man dies daher wisse, dass ein Ei entstehe, ohne Verkehr mit einem Hahn. [a.iii] Falls sich der Hahn [aber] mit der Henne, in der es sich befindet, paart, entsteht in ihm ein Küken; und falls nicht, nicht. [a.iv] Und es ist ersichtlich, dass dabei nicht etwas Samen des Hahnes in das Ei eingeht, sondern es nur seine Fähigkeit [zur Formung] erreicht.

[b] Galen aber sagt, dass der Samen des Mannes wiederum die Fähigkeit zum Geformtwerden habe und ein Teil des Embryos sei. Und falls nicht, würde die Gebärmutter ihn nicht fest greifen.

[c] Die Schwäche aber dieser beiden Argumente steht durch ihre Partikularität fest.

[d.i] Und unser alter Scheich [sc. Ibn Sīnā] sagt zwar einmal, dass durch den Samen des Mannes Pneumata entstünden, welche die Fähigkeiten [sc. zur Formung etc.] tragen. [d.ii] Einmal aber sagt er, dass der Samen des Mannes ein Teil des Embryos sei, so wie das Ferment [ein Teil] vom Käse.[45]

[e] Bestimmt aber kommt sicheres Wissen zu solchen Fragen wie diesen ganz allein dem Schöpfer zu.

5.2 Zweiter Abschnitt: Darüber, wie die prinzipiellen Organe aus den beiden Samen entstehen – drei Betrachtungen

5.2.1 Erste [Betrachtung]

[a.i] Wenn der Samen des Mannes und der Frau in der Gebärmutter zusammenkommen, bewegt er sich darin herum durch die Tätigkeit des Vermögens, das in ihm ist; [a.ii] und die Gebärmutter greift ihn von all ihren Seiten.

[b] Und dann wird die Menstruation zurückgehalten, die das Embryo nährt.

[c] Auch schließt sich die Gebärmutter wegen des Greifens und der Muttermund wird trocken.

[d.i] Und durch die Zurückhaltung der Menstruation bekommen viele Frauen
Kopfschmerz, Schwindel, Erbrechen, Übelkeit und abstoßendes Verlangen. [d.ii] Auch verändert sich die Farbe der Augen und die Farbe der Blutgefäße unter der Zunge zum Grünen. [d.iii] Und [sie hat] inneren Schmerz in der Nähe der Scham, weil sich die Gebärmutter zum Inneren hin zusammen-

---

45 Hier lese ich mit L syr. *gbettā* (Käse) statt *gpettā* (Wein). Das Wort *gpettā* in D¹ könnte überdies eine (spätere?) Korrektur von *bēt* zu *pē* enthalten.

zieht. [d.iv] Besonders groß wird die Übelkeit, wenn das Haar auf dem Kopf der Embryonen wächst.

[e] Zuvor aber wird eine Arterien- und Venenmembran, die Fruchtblase genannt wird, über dem Samen gebildet, wie eine Haut über das Flüssige (oder: den Saft) eines Eis, damit der Samen vom Auseinanderfließen geschützt wird und die gekeimte Hitze vor Dispersion.

[f] Dann beginnt die Materie mit dem Wachstum.

5.2.2   Zweite [Betrachtung]

[a] Allen Organen geht hinsichtlich ihres Seins ein Pneuma voraus, das ein Vehikel der Lebenskräfte ist und mit dem Samen von Anfang an entsteht.

[b] Es verstärkt sein [sc. des Samens] schaumiges Schwellen.

[c.i] Und da es nicht passend ist, dass das belebende Pneuma im ganzen Samen verteilt und verstreut entsteht, bereitet ihm zuvor ein Instrument, in dem es entsteht, [und zwar] bedeckt und geschützt, eine Disposition (oder: Natur). [c.ii] Dies wird, wenn dessen Einrichtung vollendet ist, Herz genannt. [c.iii] Das Herz ist daher das früheste Organ, das hinsichtlich des Seins allen anderen Organen vorausgeht.

[d] Und es ist dies in der Mitte angeordnet, [und zwar] so, dass sein Vermögen gleichmäßig nach allen Seiten übertragen wird und es seine Wirkung erreicht.

[e.i] Und das Pneuma, wenn es im Herzen zusammenkommt, macht ein Loch in die Fruchtblase – das heißt die Membran, von welcher der Samen bedeckt ist –, [und zwar] hin zu denjenigen Arterien in der Gebärmutter, die sich beim Fluss der Menstruation öffnen. [e.ii] Und durch eben dieses Loch hindurch erreicht ihn [sc. den Samen] vermittels des Atmens der Mutter der Lebensatem.

5.2.3   Dritte [Betrachtung]

[a.i] Wenn sich das Blut vermehrt und der Körper des Embryos einem Egel ähnlich wird, [a.ii] wird das Herz von der feinstofflichen Substanz, die vom Pneuma verdampft, und von der dicken [Substanz] genährt.

[b.i] Und aus dem blutigen Überschuss der Nahrung des Herzens wird die Leber geformt; [b.ii] aus dem feuchten, dickflüssigen [Überschuss] aber wird das Hirn geschaffen.

[c] Und durch die Bewegung des Pneumas wird ein jedes von ihnen so angeordnet, wie es passend ist.

[d] Dann [erst] werden die restlichen Organe gebildet.[46]

[e] Am Anfang der Formung finden die Sezierenden Herz, Leber und Hirn aneinander gebunden.

[f.i] Und es entsteht die Leber, die größer als Herz und Hirn ist, [und zwar] dadurch, dass sie ein Instrument aus (oder: für das) Blut ist. [f.ii] Deswegen gibt es auch den großen Bedarf, [nämlich] dadurch, dass dann das Fleisch entsteht.

[g.i] Und kleiner als sie [sc. Herz und Leber] ist das Hirn, [und zwar] dadurch, dass es das prinzipielle [Instrument] der Wahrnehmung und willentlichen Bewegung ist – diese [Tätigkeiten aber] dann noch nicht ersichtlich sind [sc. nicht zum Tragen kommen]. [g.ii] Später [erst] wächst der Kopf mehr, wegen des großen Maßes dessen, was gewöhnlich von ihm [sc. dem Hirn] wächst.

[h.i] Und ein Teil des Lebenspneumas, das im Herzen ist, da er die natürlichen Vermögen trägt, wird zur Leber übertragen; [h.ii] und ein anderer Teil, der die psychischen Vermögen der willentlichen Bewegung und Wahrnehmung trägt, steigt zum Hirn auf.

---

46 L liest „angeordnet" statt „gebildet".

5.3 Dritter Abschnitt: Über die Angelegenheiten des Kindes und der Mutter – sechs Betrachtungen

5.3.1 Erste [Betrachtung]

[a.i] Das Weibliche vollendet sich im Inneren zwar langsam, [a.ii] außen aber [sc. nach der Geburt] wächst es schneller als die Männlichen und erlangt eine starke Statur, gebiert und altert, [a.iii] [und zwar] durch das große Maß seiner Feuchtigkeit, wie die feuchten Weidenbäume und so weiter.

[b.i] Und diejenige, die mit einem Männlichen schwanger ist, hat eine bessere Farbe und wird einfacher von den Wehen entbunden, [b.ii] [und zwar] dadurch, dass die Männlichen sich mehr in der Gebärmutter bewegen.

[c.i] Schlecht aber ist die Farbe derjenigen, die ein Weibliches trägt; [c.ii] und sie ist schwach und ihre Füße geschwollen.

[d.i] Es passiert aber, dass eine Frau, wenn sie schwanger wird, viel dicker wird. [d.ii] Und dies passiert, da in ihrem Leib weniger Überschüsse entstehen und ihre Menstruation [sonst] mehr als angemessen fließt und durch ihre Verhinderung in der Zeit der Schwangerschaft ihre Organe genügend Nahrung empfangen.

[e] Es meint aber eine Frau oft, dass sie ihre Wehen bekäme, wenn es nicht so ist, [nämlich] wenn das Embryo seinen Kopf nach unten dreht, vor den Wehen.

5.3.2 Zweite [Betrachtung]

[a] Bei allen Tieren ist die Dauer der Schwangerschaft festgelegt, außer beim Menschen

[b] Auch nämlich Siebenmonatige gebiert eine Frau;

[c.i] und Achtmonatige – [c.ii] selten [nur] aber lebt ein achtmonatiges Kind, außer vielleicht an besonderen Orten wie Ägypten.

[d] Überwiegend aber werden Kinder im neunten Monat geboren.

[e] Es lebt aber auch ein zehnmonatiges Kind.

[f.i] Und vereinzelt kommen sie im elften [Monat]; [f.ii] vielleicht ist aber auch ein Fehler bei der Berechnung dessen aufgetreten.

[g] Unser alter Scheich [sc. Ibn Sīnā] sagt auch, dass er von jemand Glaubwürdigem gehört habe, nach dem vierten Jahr der Schwangerschaft sei ein Kind geboren worden, dessen Zähne [schon] gewachsen waren – und es lebte.

[h] Und auch die Überzahl von Kindern wiederum ist nicht festgelegt bei den Menschen.

[i.i] Es wurde nämlich eine Frau gesehen, die in vier Malen [sc. Geburten] zwanzig [Kinder] gebar. [i.ii] Und eine andere Frau hat 15 [ungeformte] Gebilde fehlgeboren.

[j] Zwillinge aber, [also] zwei, oder drei werden meist geboren.

[k] Und falls eine Frau ein Männliches und ein Weibliches zusammen gebiert, ist es selten, dass sie lebt und [die Kinder] leben.

5.3.3 Dritte [Betrachtung]

[a] Die Frau, die Stute und der Hase können einen Konzeptus über einen [anderen] Konzeptus (oder: Empfängnis auf Empfängnis) empfangen.

[b.i] Wenn allerdings zu dieser Zeit das erste Embryo der Frau [schon] gewachsen ist, vollendet sich der zweite Konzeptus nicht. [b.ii] Bei zwei Konzeptus aber, falls sie in [zeitlicher] Nähe zur ersten Empfängnis [noch einmal] empfängt, leben beide Kinder.

[c] Eine Frau aber, wie unser Meister [sc. Aristoteles] sagte, empfing Zwillinge, von denen einer ihrem Ehemann glich, der andere aber ihrem Geliebten – und beide lebten: Herakles und Iphikles.

[d.i] Und eine Frau wird zwar schwanger bis fünfzig Jahre. [d.ii] Ein Mann dagegen zeugt bis achtundsiebzig Jahre oder etwas mehr.

[e.i] Oft aber zeugen ein Mann und eine Frau, die für unfruchtbar gehalten werden, [e.ii] sobald sie die sexuelle Verbindung wechseln. [e.iii] Und es gibt welche, die in [ihrer] Jugend nicht zeugen, und wenn ihre vermehrte Hitze sich temperiert, zeugen sie; und umgekehrt.

[f.i] Auch gibt es welche, die durchgängig [nur] Männliche zeugen, wie Aegyptus, der unter zweiundsiebzig Kindern nur eine einzige Tochter hatte. [f.ii] Und es passiert, dass sie [nur] Weibliche zeugen, wie Danaos.

5.3.4   Vierte [Betrachtung]

[a.i] Es werden oft sowohl Blinde von Blinden [a.ii] als auch solche, die Behinderungen haben, von Behinderten geboren (oder: gezeugt).

[b.i] Und oft ähnelt das Kind nicht dem Vater, sondern dem Großvater – [b.ii] als ob ein Hindernis, das die Fähigkeit zur Formung unterbindet, dazwischen besteht und [dann wieder] aufgehoben wird. [b.iii] Und es passiert manchmal, dass sich nach mehreren Generationen die Natur der Väter [wieder] aufkeimt, wie zum Beispiel die [der] Kuschiten nach der vierten Generation.

[c.i] Es ähneln aber meistens die Männlichen ihrem Vater, die Weiblichen dagegen ihrer Mutter; [c.ii] aber es passiert [auch] umgekehrt. [c.iii] Und es passiert manchmal, dass zu keinem von ihnen eine Ähnlichkeit besteht.

[d] Der Nabel aber ist verbunden mit der Gebärmutter in allen Tieren und durch ihn werden die Embryonen ernährt.

[e.i] Zusammengezogen aber ist der Mensch in der Gebärmutter und sitzend. [e.ii] Und seine Schultern sind gebeugt, seine Handflächen auf den Knien, seine Nase zwischen den Knien, seine Augen darüber und seine Ohren außen. [e.iii] Und sein Gesicht [zeigt] zu den Lenden der Mutter, um sein Herz zu schützen, wie durch einen Schild.

5.3.5   Fünfte [Betrachtung]

[a.i] Die natürliche Geburt geschieht, wenn die Fruchtblase reißt und sich die Säfte darin entleeren. [a.ii] Und das Kind dreht sich auf seinen Kopf. [a.iii] Und schlüpfend und gleitend tritt es mit diesen Säften aus. [a.iv] Es unterstützt nämlich die Schwere seiner oberen Gliedmaßen und die Größe seines Kopfes seine Drehung.

[b.i] Und wenn es sich von den Kotyledonen löst, [b.ii] öffnet sich die Gebärmutter, [in] einem Öffnungsprozess, der außer durch die Geburt nicht möglich ist. [b.iii] Und eine bestimmte Biegsamkeit der großen Gelenke ist [dazu] unausweichlich – [b.iv] eine Biegsamkeit, die sofort wieder zur natürlichen Disposition umkehrt, durch ein Zeichen des Schöpfers.

[c.i] Und wenn die Wehenschmerzen vom Bauch und der Scham her beginnen, gebiert die Frau leicht; [c.ii] falls aber von der Lende her, schwer.

[d.i] Und wenn die Frau ein Männliches gebiert, kommt fließend Gelbfäule von ihr, wenn die Membran reißt; [d.ii] falls sie aber ein Weibliches gebiert, Blutfäule.

[e] Schwieriger als alle [anderen] Tiere gebiert die Frau, wegen ihrer Trägheit, und weil sie es nicht vermag, ihren Atem zu halten.

5.3.6 Sechste [Betrachtung]

[a] Es ist aber recht, dass die Nabelschnur sofort abgebunden wird, so dass das Blut und das Pneuma[47] nicht vergossen werden und das Kind umkommt.

[b.i] Und es passiert manchmal, dass das Kind mit seinen Händen an seinen Seiten herauskommt, [b.ii] oder dass sie sich zusammen mit seinem Kopf zeigen.

[c.i] Wenn es aber herauskommt, schreit es sofort und nähert seine Hände seinem Mund. [c.ii] Und auch scheidet es Exkrement aus.

[d] Und nach vierzig Tagen lacht es. Dann [nämlich] beginnt die Vernunftseele, in ihm tätig zu werden und es zu erfreuen.

[e] Und nach zwei Monaten sehen sie Träume, [und zwar] dadurch, dass es zu dieser Zeit zwischen wahrgenommenen Dingen unterscheidet und sie in seiner Vorstellung [zu neuen Bildern] gestaltet werden.

[f] Sachter aber ist das Wachstum des Kopfes der Kinder und die Extremität [sc. die Fontanelle] wird hart.

---

47 Hier lese ich mit L *ruḥā* (Pneuma) statt *ruḥlā* in D¹.

[g.i] Und jedes Tier hat Zähne, wenn es geboren wird, [g.ii] außer der Mensch, dessen erste Zähne im siebten Monat wachsen, [nämlich] die oberen [und] später die unteren.

[h.i] Die Milch aber wird bei den Frauen nach der Reinigung vom Blut der Geburt [sc. nach dem Wochenfluss] mehr. [h.ii] Und es gibt Frauen, die nicht nur von den Brüsten, sondern [auch] von Poren bei den Achselhöhlen Milch fließen lassen, wobei dort Erhebungen entstehen.

[i.i] Bis zum siebten Tag aber sind die Neugeborenen in Gefahr. [i.ii] Daher werden ihnen [erst] nach dem siebten Tag Namen gegeben. [i.iii] Die Gefahr aber betrifft sie auch bei jedem Vollmond, wegen des Übermaßes an Säften [in ihnen].

5.4 Vierter Abschnitt: Über die Ursachen der Schwangerschaftshindernisse – drei Betrachtungen

5.4.1 Erste [Betrachtung]

[a] Der Grund des Nichtzeugens besteht entweder durch ein Elternteil oder durch beide.

[b.i] Die Frau aber wird nicht schwanger: entweder durch ihre Statur, durch die schlechte Komplexion ihres Körpers, durch [diejenige] eines ihrer hauptsächlichen Organe, oder durch [diejenige] der Gebärmutter. [b.ii] Wenn es geschieht, dass sie zu heiß ist und den Samen verbrennt, sie [sc. die Frau] kalt-frierend, trocken-härtend, oder feucht-glitschig ist; oder sie [sc. die Gebärmutter] [zu] tief oder verdreht ist oder ihre Arterien verstopft sind oder sie die Menstruation nicht passend fließen lässt.

[c] Richtig ist aber, dass sie [sc. die Gebärmutter] von guter Empfindsamkeit sein soll, wenn sie berührt wird, und sich ihr Mund nach der Reinigung schließt sowie sich bei der Paarung öffnet und darin dann Saft im rechten Maß entsteht, ähnlich dem, was im Mund desjenigen passiert, den es nach einem bestimmten Essen verlangt, wenn er einen anderen essen sieht.

[d.i] Passend aber ist es, dass ihr [sc. der Gebärmutter] auch die entsprechende Position zukommt, [d.ii] [und zwar] dadurch, dass sie, falls sie zu den Hüften, zur Wirbelsäule oder zur Leiste gekrümmt ist, den Samen nicht einzieht.

[e] Ein Übel aber ist auch dies, dass ein Geschwür oder eine Schwellung in ihr [sc. der Gebärmutter] entsteht.

5.4.2 Zweite [Betrachtung]

[a] Dann aber geschieht die Schwangerschaft (oder: Empfängnis), wenn beide Ergüsse, des Mannes und der Frau, zusammen [ergehen und] sich entsprechen.

[b.i] Und vor diesem Hintergrund gibt es Männer, die bestimmte Frauen schwängern und andere nicht. [b.ii] Und es gibt Frauen, die von bestimmten Männern schwanger werden und von anderen nicht.

[c] Und ein Mann schwängert eher, wenn er verzögert einen Erguss hat.

[d.i] Und wie beim Mann auf gewisse Art so kommt auch bei der Frau nächtlicher Erguss vor. [d.ii] Und es passiert manchmal, dass sich der Mund der Gebärmutter schließt und der Erguss sich danach sammelt, da sie den Saft, der von ihr tropft, kontrahierend festhält so wie bei der [eigentlichen] Empfängnis. [d.iii] Und auf diese Weise entsteht eine Mole, die über keine Gestalt verfügt. [d.iv] Ihre Ursache aber ist das Hervorbringen von Samen [der Frau] oder Sex, der keinen männlichen Samen ins Innere ergießt, oder ein Übermaß des lustvollen Ausflusses[48] der Frau, wie er durch Phantasie oder den Anblick eines Mannes ausfließt.

[e.i] Die Mole aber wird in längerer Zeit hart und in drei Jahren und mehr geboren. [e.ii] Und es passiert manchmal, dass sie bis zum Tod fortbesteht.

5.4.3 Dritte [Betrachtung]

[a.i] Die Frau erkrankt aber, wenn sie die Mole nicht im zehnten Monat gebiert. [a.ii] Nicht aber leidet sie Wehen, weil sie [sc. die Mole] weder lebendig ist noch sich bewegt. Sondern sie ist wie eine Fleischscheibe, die weder

---

48 Für *reggtā* als Genitalsekret siehe Sokoloff 2009, S. 1437 (s. v. *reggtā*).

Form noch Gestalt hat. [a.iii] Und das Ganze ist hart, so dass es nicht einmal mit einer Axt geteilt werden kann. [a.iv] Es werden aber auch [in diesem Fall] Arterien von der Gebärmutter zu ihr [sc. der Mole] ausgebildet. [a.v] Und dadurch wird mit ihr [sc. der Mole] die Menstruation zurückgehalten. [a.vi] Es tritt aber eine Zurückhaltung der Menstruation auch wegen des Ergusses von Überschüssen zur Gebärmutter auf; und [so] meinen ungelernte Ärzte, dass es eine Mole sei, wenn es nicht so ist. [a.vii] Die beiden Krankheiten unterscheiden sich aber dadurch, dass bei einer Mole das Gewicht größer ist.

[b.i] Und die weiblichen Vögel, wenn sie nach dem Männchen verlangen aber nicht dazu imstande sind [sc. da die Männchen ihnen abgehen], legen (wörtl.: gebären) Windeier. Und weil die Zeugungsfähigkeit nicht in ihnen ist, bringen sie [sc. die Weibchen] keine Küken hervor. [b.ii] Aber nach der Zeugung dieser Eier in ihnen, falls sich Männliche mit ihnen verkehren, sagt man, dass sie [sc. die Männchen] Küken hervorbringen.

Anhang B: Bibliographie

Die Bibliographie ist in Handschriften einerseits und Editionen, Übersetzungen sowie referenzierte Sekundärliteratur andererseits unterteilt. Ist bei (meist arabischen) Werken keine Person als Herausgeber*in bekannt, findet sich die Ausgabe in der Bibliographie unter dem Titel des Werks und wird in den Anmerkungen mit „ed. Erscheinungsort Jahr" angegeben. Die zitierten Quellen finden sich separat im Index locorum.

Zur Sortierung: Bestandteile von europäischen Nachnamen wie „de" oder „van" werden berücksichtigt, also zum Beispiel in diesem Fall unter d bzw. v gelistet. Der arabische Artikel *al-* wird bei der Sortierung nicht berücksichtigt. Transkribierte arabische Buchstaben ohne direkte Entsprechung im lateinischen Alphabet werden behandelt, als fehlten die Diakritika, beispielsweise š oder ṣ als s.

1 Handschriften

Berlin, *Staatsbibliothek zu Berlin*, Or. 887 (1865/1884).

Birmingham, *Mingana*, Syr. 310B (1865).

Damaskus, *Syrisch Orthodoxes Patriarchat*, 239 (=6/2) (1286).

Damaskus, *Syrisch Orthodoxes Patriarchat*, 240 (=6/3) (1748).

Diyarbakır, *Meryem Ana Kilisesi*, 3/7 (18. Jhd.). URL: https://w3id.org/vhmml/readingRoom/view/123348 (besucht am 18.02.2022).

Florenz, *Biblioteca Medicea Laurenziana*, Or. 69 (1340). URL: http://mss.bmlonline.it/s.aspx?Id=AWOS4LMYI1A4r7GxMdcp (besucht am 18.02.2022).

Florenz, *Biblioteca Medicea Laurenziana*, Or. 83 (1340). URL: http://mss.bmlonline.it/s.aspx?Id=AWOS4Ld9I1A4r7GxMdcx (besucht am 18.02.2022).

Jerusalem, *St. Markus Kloster*, MS 232 (16. Jhd.). URL: https://www.vhmml.org/readingRoom/view/135902#description (besucht am 18.02.2022).

London, *British Library*, Add. 12155 (ca. 8. Jhd.).

London, *British Library*, Add. 7189 (vor 1268).

London, *British Library*, Add., 14523 (ca. 11. Jhd.).

London, *British Museum*, Or. 4079 (1808/9).

Mardin, *Chaldäische Kathedrale, hmml*-Projektnr. CCM 00382 (18./19. Jhd.). URL: https : // www . vhmml . org / readingRoom / view / 132501 # description (besucht am 18. 02. 2022).

Mosul, *Syrisch-Orthodoxes Erzbistum*, MS 26 (19. Jhd.). URL: https://w ww . vhmml . org / readingRoom / view / 131802 # description (besucht am 18. 02. 2022).

Vatikan, *Biblioteca Apostolica Vaticana*, Vat. sir. 106 (8. Jhd.). URL: https://digi.vatlib.it/view/MSS_Vat.sir.106 (besucht am 18. 02. 2022).

Vatikan, *Biblioteca Apostolica Vaticana*, Vat. sir. 147 (1234). URL: https://digi.vatlib.it/view/MSS_Vat.sir.147 (besucht am 20. 02. 2022).

Yale, *Beinecke Library*, Syriac MS 7 (1590). URL: https://brbl-dl.library.yale.edu/vufind/Record/3555129 (besucht am 18. 02. 2022).

2 Literatur

al-Ab Qanawātī [= George Anawati] u. a., Hrsg. (1959). *Aš-Šifāʾ, al-Manṭiq 2 – al-Maqūlāt*. Von Ibn Sīnā. Kairo: *al-Hayʾah al-ʿāmmah li-šuʾūn al-maṭābiʿ al-amīriyyah*.

Abbeloos, Joannes B. und Thomas J. Lamy, Hrsg. (1877). *Gregorii Barhebraei Chronicon Ecclesiasticum. Tomus III*. Paris und Louvain: Maisonneuve und Peeters.

Achena, Mohammad und Henri Massé, Hrsg. (1958). *Le Livre de Science. II (Physique, mathématiques)*. Von Ibn Sīnā. Paris: Société d'édition „Les Belles Lettres".

Adamek, Gerhard (1968). „Das Kleinkind in Glaube und Sitte der Araber im Mittelalter". Diss. Bonn: Rheinische Friedrich-Wilhelms-Universität zu Bonn.

Adamson, Peter (2004). „Correcting Plotinus: Soul's Relationship to Body in Avicenna's Commentary on the *Theology of Aristotle*". In: *Bulletin of the Institute of Classical Studies. Supplement* 83, S. 59–75.

– (13. Mai 2021). *The Theology of Aristotle*. In: *Stanford Encyclopedia of Philosophy*. URL: https://plato.stanford.edu/entries/theology-aristotle/ (besucht am 18. 02. 2022).

ʿAfīfī, Abū l-ʿAlā und Ibrāhīm Maḏkūr, Hrsg. (1956). *Aš-Šifāʾ, al-Manṭiq 5 – al-Burhān*. Von Ibn Sīnā. Kairo: *Maṭbaʿah al-amīriyyah*.

Afnan, Soheil M. (1958). *Avicenna. His Life and Works*. London: George Allen & Unwin Ltd.

Al-Ahwānī, Aḥmad Fuʾād, Hrsg. (1952). *Aḥwāl an-nafs – Risālah fī n-nafs wa-baqāʾihā wa-maʿādihā*. Von Ibn Sīnā. [= *Ḥāl an-nafs/al-Maʿād al-aṣġar*]. [Kairo]: *Ṭibaʿ bi-dār iḥyāʾ al-kutub al-ʿarabiyyah*.

Aigle, Denise (2008). „L'Œuvre Historiographique de Barhebraeus. Son apport à l'histoire de la période mongole". In: *Parole de l'Orient* 33, S. 25–61.

Ainsworth, Thomas (25. März 2020). *Form vs. Matter*. In: *Stanford Encyclopedia of Philosophy*. URL: https://plato.stanford.edu/entries/form-matter/ (besucht am 18.02.2022).

Althoff, Jochen (2014). „Medizinische Literatur zwischen dem *Corpus Hippocraticum* und Galen". In: *Handbuch der griechischen Literatur der Antike. Zweiter Band: Die Literatur der klassischen und hellenistischen Zeit*. Hrsg. von Bernhard Zimmermann und Antonios Rengakos. München: Verlag C. H. Beck, S. 571–583.

Amata, Biagio (2004). „Gregorio di Nissa contro l'aborto". In: *Salesianum* 66, S. 747–752.

Aptowitzer, Victor (1923). „Zur Erklärung einiger merkwürdiger Agadoth über die Schöpfung des Menschen". In: *Festskrift i anledning af Professor David Simonsens 70-aarige fødselsdag*. Hrsg. von Aron Freimann. Kopenhagen: Hertz, S. 112–128. URL: https://sammlungen.ub. uni-frankfurt.de/download/pdf/799923?name=Festskrift%20i% 20anledning%20af%20Professor%20David%20Simonsens%2070-aarige%20F%C3%B8dselsdag (besucht am 18.02.2022).

Arif, Syamsuddin (2009). „Al-Āmidī's Reception of Ibn Sīnā: Reading *Al-Nūr al-bāhir fī al-ḥikam al-zawāhir*". In: *Avicenna and His Legacy. A Golden Age of Science and Philosophy*. Hrsg. von Y. Tzvi Langermann. Cultural Encounters in Late Antiquity and the Middle Ages 8. Turnhout: Brepols, S. 205–218.

Arzhanov, Yury (2019). „Syriac Philosophy. Select Bibliography". In: *La Philosophie en syriaque*. Hrsg. von Emiliano Fiori und Henri Hugonnard-Roche. Études Syriaques 16. Paris: Geuthner, S. 417–447.

ʿĀṣī, Ḥasan, Hrsg. (1382 Š.). *Al-Aḍḥawiyyah fī l-maʿād*. Von Ibn Sīnā. Teheran: *Šams tabrīzī*. (~2003 n. Chr.)

Assemani, Giuseppe Simone (1721). *Bibliothecae Orientalis Clementino-Vaticanae. Tomus secundus: De scriptoribus Syris monophysitis*. Rom: Congregatio de Propaganda Fide.

Assemani, Stefano Evodio (1742). *Bibliothecae Mediceae Laurentianae et Palatinae codicum mms. orientalium catalogus*. Florenz: Typographium Albizinianum.

Aßfalg, Julius (1963). *Syrische Handschriften. Syrische, karšunische, christlich-palästinische, neusyrische und mandäische Handschriften.* Verzeichnis der orientalischen Handschriften in Deutschland 5. Wiesbaden: Franz Steiner Verlag.

Aydin, Sami, Hrsg. (2016). *Sergius of Reshaina – Introduction to Aristotle and His* Categories, *Addressed to Philotheos.* Leiden und Boston: Brill.

Badawi, Elsaid M. und Muhammad Abdel Haleem (2008). *Arabic-English Dictionary of Qur'anic Usage.* Handbook of Oriental Studies 85. Leiden und Boston: Brill.

Baffioni, Carmela (1994). „L'*Epistola sul concepimento* nell'Enciclopedia degli Iḫwān al-Ṣafā'". In: *Medicina nei Secoli – Arte e Scienza* 6, S. 365–376.

– (1997). „L'Influenza degli astri sul feto nell ‚Enciclopedia degli Iḫwān al-Ṣafā'". In: *Medioevo. Rivista di storia della filosofia medievale* 23, S. 409–439.

– (1998). „L'Embriologia araba fra astrologia e medicina. Abū Maʿšar al-Balḫī e Muḥammad ibn Zakarīyā' al-Rāzī". In: *La Diffusione dell'eredità classica nell'età tardaoantica e medievale.* Hrsg. von Rosa Bianca Finazzi und Alfredo Valvo. Alessandria: Edizioni dell'Orso, S. 1–20.

– (2004). „Further Notes on Averroes' Embryology and the Question of the ‚Female Sperm'". In: *Averroes and the Aristotelian Heritage.* Hrsg. von Carmela Baffioni. Naples: Guida, S. 159–172.

– (2008). „L'Embryologie Islamique entre héritage grec et Coran: Les Philosophes, les savants, les théologiens". In: *L'Embryon: Formation et animation. Antiquité grecque et latine, tradition hébraïque, chrétienne et islamique.* Hrsg. von Luc Brisson, Marie-Hélène Congourdeau und Jean-Luc Solère. Paris: Librairie Philosophique J. Vrin, S. 213–231.

Bakoš, Ján (1930). „Le *Candélabre des Sanctuaires* de Grégoire Aboulfaradj dit Barhebraeus. Édité et traduit en français". In: *Patrologia Orientalis* 22.4, S. 489–628.

– (1933). „Le *Candélabre des Sanctuaires* de Grégoire Aboulfaradj dit Barhebraeus (Suite)". In: *Patrologia Orientalis* 24.3, S. 295–439.

– Hrsg. (1948). *Psychologie de Grégoire Aboulfaradj dit Barhebraeus d'après la huitième base de l'ouvrage* Le Candélabre des Sanctuaires. Leiden: Brill.

Balme, David M. (1987). „The Place of Biology in Aristotle's Philosophy". In: *Philosophical Issues in Aristotle's Biology.* Hrsg. von Allan Gotthelf und James G. Lennox. Cambridge u. a.: Cambridge University Press, S. 9–20.

– (1990). „Ἄνθρωπος ἄνθρωπον γεννᾷ. Human is Generated by Human". In: *The Human Embryo: Aristotle and the Arabic and European Traditions*. Hrsg. von Gordon R. Dunstan. Exeter: University of Exeter Press, S. 20–31.

– Hrsg. (2002). *Aristotle: Historia animalium. Volume I, Books I-X: Text*. Cambridge Classical Texts and Commentaries 38. Cambridge u. a.: Cambridge University Press.

Bardenhewer, Otto (1914). *Geschichte der altkirchlichen Literatur. Zweiter Band – Vom Ende des zweiten Jahrhunderts bis zum Beginn des vierten Jahrunderts*. Zweite, umgearbeitete Auflage. Freiburg i. B.: Herdersche Verlagshandlung.

Barṣaum, Mor Ignatios Aphrem I., Hrsg. (1940). *Kitāb Ḥadīṯ al-ḥikmah – L'Entretien de la sagesse*. Von Bar ʿEbrāyā. Homs: *Maṭbaʿat as-salāmah*.

– (2012). *Geschichte der syrischen Wissenschaften und Literatur*. Eichstätter Beiträge zum Christlichen Orient 2. Aus dem Arabischen von G. Toro und A. Gorgis. Wiesbaden: Harrasowitz.

Baumstark, Anton (1922). *Geschichte der syrischen Literatur, mit Ausschluß der christlich-palästinensischen Texte*. Bonn: A. Marcus und E. Webers Verlag.

Bayertz, Kurt (2014). *Der aufrechte Gang. Eine Geschichte des anthropologischen Denkens*. München: C. H. Beck.

Beck, Edmund, Hrsg. und Übers. (1957a). *Des heiligen Ephraem des Syrers Hymnen* Contra Haereses. Corpus Scriptorum Christianorum Orientalium 170. Louvain: Imprimerie Orientaliste L. Durbecq.

– Hrsg. (1957b). *Des heiligen Ephraem des Syrers Hymnen* Contra haereses. Corpus Scriptorum Christianorum Orientalium 169. Louvain: Imprimerie Orientaliste L. Durbecq.

Bedjan, Paul, Hrsg. (1890). *Gregorii Barhebraei Chronicon Syriacum*. Paris: Maisonneuve.

– Hrsg. (1898). *Ktābā d-Yāwnā meṭṭol dubbārā d-iḥidāyē men syāmē d-Bar ʿEbrāyā – Liber columbae seu directorium monachorum Gregorii Barhebraei*. Paris und Leipzig: Otto Harrassowitz.

Bedke, Andreas (2012). *Anthropologie als Mosaik. Die Aufnahme antiker Philosophie durch Gregor von Nyssa in seine Schrift* De hominis opificio. Münster: Aschendorff.

BeDuhn, Jason (2001). „The Metabolism of Salvation: Manichaen Concepts of Human Physiology". In: *The Light and the Darkness. Studies in Ma-*

nichaeism and Its World. Hrsg. von Paul Mirecki und Jason BeDuhn. Leiden, Boston und Köln: Brill, S. 5–37.

Belguedj, Mohammed Salah (1979). „L'Embryologie chez le medecin Ali Rabban al-Ṭabarī et dans le commentaire coranique de Faḫir [sic] al-Dīn al-Rāzī". In: *Actas del V congreso internacional de filosofia medieval*. Madrid: Editora Nacional, S. 551–560.

Berlin-Brandenburgische Akademie der Wissenschaften, Hrsg. (2022). *Hippokrates- und Galenbibliographie (Fichtner)*. URL: http://cmg.bbaw. de/online-publikationen/hippokrates-und-galenbibliographie-fichtner (besucht am 18.02.2022).

Bernhard, Julius Adolf (1886). *Aigyptos*. In: *Ausführliches Lexikon der griechischen und römischen Mythologie. Band 1, Abteilung 1: Aba–Evan*. Hrsg. von Wilhelm H. Roscher. Leipzig: B. G. Teubner Verlag, Sp. bibrangessep 155–157.

Bertolacci, Amos (2002). „The Doctrine of Material and Formal Causality in the ‚Ilāhiyyāt' of Avicenna's ‚Kitāb al-Šifā'‘". In: *Quaestio* 2, S. 125–154.

Beth Mardutho, Hrsg. (2022). *Simtho: The Syriac Thesaurus – Corpus Info*. URL: http://bethmardutho.org/simtho/ (besucht am 18.02.2022).

Bevan, George A. (2011). *Nestorius*. In: *Gorgias Encyclopedic Dictionary of the Syriac Heritage: Electronic Edition*. URL: https://gedsh.bethmardu tho.org/Nestorius (besucht am 18.02.2022).

Billy, Dennis J. (1989). „Traducianism as a Theological Model in the Problem of Ensoulment". In: *Irish Theological Quarterly* 55.1, S. 18–38.

Black, Deborah L. (2005). „Psychology: Soul and Intellect". In: *The Cambridge Companion to Arabic Philosophy*. Hrsg. von Peter Adamson und Richard C. Taylor. Cambridge u. a.: Cambridge University Press, S. 308–326.

Blank, David (10. Nov. 2017). *Ammonius*. In: *Stanford Encyclopedia of Philosophy*. URL: https://plato.stanford.edu/entries/ammonius/ (besucht am 18.02.2022).

Bodenheimer, F. S. und A. Rabinowitz, Hrsg. (1949). *Timotheus of Gaza – On animals/Peri Zōōn – Fragments of a Byzantine Paraphrase of an Animal-Book of the 5th Century A.D.* Paris und Leiden: Academie Internationale d'histoire des sciences und E. J. Brill.

Bodson, Liliane (2014). „Zoological Knowledge in Ancient Greece and Rome". In: *The Oxford Handbook of Animals in Classical Thought and Life*. Hrsg. von Gordon L. Campbell. Oxford: Oxford University Press, S. 556–578.

Bonnard, Jean-Baptiste (2013). „Male and Female Bodies according to Ancient Greek Physicians". In: *Clio. Women, Gender, History* 37, S. 1–18.

Borbone, Pier Giorgio (2017). „*Marāgha mdittā arškitā*: Syriac Christians in Marāgha under Mongol Rule". In: *Egitto e Vicino Oriente* 40, S. 109–143.

Bouras-Vallianatos, Petros und Barbara Zipser, Hrsg. (2019). *Brill's Companion to the Reception of Galen*. Leiden und Boston: Brill.

Boylan, Michael (o. D.). *Hippocrates (c. 450—c. 380 B.C.E.)* In: *The Internet Encyclopedia of Philosophy. A Peer-Reviewed Academic Resource.* URL: https://iep.utm.edu/hippocra/ (besucht am 18. 02. 2022).

Braun, Oskar, Hrsg. (1891). *Moses Bar Kepha und sein Buch von der Seele.* Freiburg i. B.: Herdersche Verlagshandlung.

Brock, Sebastian P. (1982). „Clothing Metaphors as a Means of Theological Expression in Syriac Tradition". In: *Typus, Symbol, Allegorie bei den östlichen Vätern und ihren Parallelen im Mittelalter. Internationales Kolloquium, Eichstätt 1981.* Hrsg. von Margot Schmidt und Carl Friedrich Geyer. Eichstätter Beiträge 4. Regensburg: Friedrich Pustet, S. 11–38.

– (2011a). *Babai the Great.* In: *Gorgias Encyclopedic Dictionary of the Syriac Heritage: Electronic Edition.* URL: https://gedsh.bethmardutho.org/entry/Babai-the-Great (besucht am 18. 02. 2022).

– (2011b). *Daniel of Mardin.* In: *Gorgias Encyclopedic Dictionary of the Syriac Heritage: Electronic Edition.* URL: https://gedsh.bethmardutho.org/Daniel-of-Mardin (besucht am 18. 02. 2022).

– (2011c). *Dionysios bar Ṣalibi.* In: *Gorgias Encyclopedic Dictionary of the Syriac Heritage: Electronic Edition.* URL: https://gedsh.bethmardutho.org/entry/Dionysios-bar-Salibi (besucht am 18. 02. 2022).

– (2011d). *Ephrem.* In: *Gorgias Encyclopedic Dictionary of the Syriac Heritage: Electronic Edition.* URL: https://gedsh.bethmardutho.org/Ephrem (besucht am 18. 02. 2022).

– (2011e). *Gregory of Nazianzus.* In: *Gorgias Encyclopedic Dictionary of the Syriac Heritage: Electronic Edition.* URL: https://gedsh.bethmardutho.org/Gregory-of-Nazianzus (besucht am 18. 02. 2022).

– (2011f). *Iwannis of Dara.* In: *Gorgias Encyclopedic Dictionary of the Syriac Heritage: Electronic Edition.* URL: https://gedsh.bethmardutho.org/Iwannis-of-Dara (besucht am 18. 02. 2022).

– (2011g). *Severus of Antioch.* In: *Gorgias Encyclopedic Dictionary of the Syriac Heritage: Electronic Edition.* URL: https://gedsh.bethmardutho.org/Severus-of-Antioch (besucht am 18. 02. 2022).

Brock, Sebastian P. (2011h). *Yaʿqub of Serugh*. In: *Gorgias Encyclopedic Dictionary of the Syriac Heritage: Electronic Edition*. URL: https://gedsh. bethmardutho.org/Yaqub-of-Serugh (besucht am 18. 02. 2022).

– (2017). *An Introduction to Syriac Studies*. 3. Aufl. Piscataway, NJ: Gorgias Press.

Brock, Sebastian P. und David G. K. Taylor (2001). *The Hidden Pearl. The Syrian Orthodox Church and Its Ancient Aramaic Heritage*. 3 Bde. Rom: Trans World Film Italia.

Brooks, Ernest W. (1920). „A Collection of Letters of Severus of Antioch from Numerous Syriac Manuscripts [II – Letters 62–118]". In: *Patrologia Orientalis* 14.1, S. 1–310.

Brugman, J. und Hendrik J. Drossaart Lulofs, Hrsg. (1971). *Aristotle – Generation of Animals. The Arabic Translation Commonly Ascribed to Yaḥyâ ibn al-Biṭrîq*. Edited with Introduction and Glossary. Leiden: E.J. Brill.

Budge, Ernest A. W., Hrsg. (1932). *The Chronography of Gregory Abû'l Faraj [...] Commonly Known as Bar Hebraeus: Being the First Part of His Political History of the World. Volume I – English Translation*. London: Oxford University Press.

Bummel, Julia (1999). „Zeugung und pränatale Entwicklung des Menschen nach Schriften mittelalterlicher muslimischer Religionsgelehrter über die ‚Medizin des Propheten'". Diss. Hamburg: Universität Hamburg. URL: https://d-nb.info/960261141/34 (besucht am 18. 02. 2022).

– (2011). „Human Biological Reproduction in the Medicine of the Prophet: The Question of the Provenance and Formation of the Semen". In: *Islamic Medical and Scientific Tradition*. Hrsg. von Peter E. Pormann. London: Routledge, S. 332–341. (Ursprünglich erschienen in: *The Diffusion of Greco-Roman Medicine into the Middle East and the Caucasus*. Hrsg. von J. A. C. Greppin u. a. Delmar, NY: Caravan Books 1999, S. 169–84).

Burnett, C. S. F. (1990). „The Planets and the Development of the Embryo". In: *The Human Embryo. Aristotle and the Arabic and European Traditions*. Hrsg. von Gordon R. Dunstan. Exeter: University of Exeter Press, S. 95–112.

Canévet, Mariette (1992). „L'Humanité de l'embryon selon Grégoire de Nysse". In: *Nouvelle Revue Théologique* 114.5, S. 678–695.

Carr, Wilmot E. W., Hrsg. (1925). *Gregory Abu'l Faraj Commonly Called Bar-Hebraeus – Commentary on the Gospels from the* Horreum mysteriorum. London, New York und Toronto: Society for Promoting Christian Knowledge und Macmillan.

Cerami, Cristina (2015). *Génération et substance. Aristote et Averroès entre physique et métaphysique*. Scientia Graeco-Arabica 18. Boston und Berlin: De Gruyter.

Chabot, Jean Baptiste, Hrsg. (1949). *Incerti auctoris Chronicon Pseudo-Dionysianum vulgo dictum*. Corpus Scriptorum Christianorum Orientalium 121. Louvain: L. Durbecq.

– Hrsg. (1953a). *Chronicon Anonymum Pseudo-Dionysianum vulgo dictum*. Corpus Scriptorum Christianorum Orientalium 91. Louvain: L. Durbecq.

– Hrsg. (1953b). *Iacobi Edesseni Hexaemeron*. Corpus Scriptorum Christianorum Orientalium 92. Louvain: L. Durbecq.

Cheikho, Louis (1898). *„An-nafs al-bašariyyah – Maqālah muḫtaṣarah. Von Bar ʿEbrāyā“*. In: *Machriq* 1, S. 745–749, 828–833, 934–938, 1084–1087, 1113–1120.

Chiodi, Maurizio (2001). *Il Figlio come sé e come altro. La Questione dell'aborto nella storia della teologia morale e nel dibattio bioetico contemporaneo*. Mailand: Glossa.

Coakley, James F. (2011). *Mushe bar Kipho*. In: *Gorgias Encyclopedic Dictionary of the Syriac Heritage: Electronic Edition*. URL: https://gedsh. bethmardutho.org/Mushe-bar-Kipho (besucht am 18. 02. 2022).

Comprehensive Bibliography on Syriac Christianity (2021). Hrsg. von Center for the Study of Christianity, Hebrew University of Jerusalem. URL: http://www.csc.org.il/template/default.aspx?PageId=8 (besucht am 10. 02. 2021). (Stand 18.02.2022: nur erreichbar via https://www. zotero.org/groups/4545590/a_comprehensive_bibliography_on_syriac_ christianity).

Congourdeau, Marie-Hélène (1989). „L'Animation de l'embryon humain chez Maxime le Confesseur“. In: *Nouvelle Revue Théologique* 111.5, S. 693–709.

– (2002). „Les Abortifs dans les sources byzantines“. In: *Le Corps à l'épreuve. Poisons, remèdes et chirurgie; Aspects des pratiques médicales dans l'Antiquité et le Moyen Âge*. Hrsg. von Franck Collard und Evelyne Samama. Langres: Guéniot, S. 57–70.

– (2007). *L'Embryon et son âme dans les sources grecques (vi^e siècle av. J.-C.–ve siècle apr. J.-C.)*. Paris: Association des amis du Centre d'histoire et civilisation de Byzance.

– (2018). „Debating the Soul in Late Antiquity“. In: *Reproduction. Antiquity to the Present Day*. Hrsg. von Nick Hopwood, Rebecca Flemming und

Lauren Kassell. Cambridge u. a.: Cambridge University Press, S. 109–121.

Connell, Sophia M. (2016). *Aristotle on Female Animals. A Study of the Generation of Animals*. Cambridge: Cambridge University Press.

D'Ancona, Christina (2005). „Greek into Arabic: Neoplatonism in Translation". In: *The Cambridge Companion to Arabic Philosophy*. Hrsg. von Peter Adamson und Richard C. Taylor. Cambridge u. a.: Cambridge University Press, S. 10–31.

– (2010). „The Origins of Islamic Philosophy". In: *The Cambridge History of Philosophy in Late Antiquity*. Hrsg. von Lloyd P. Gerson. 2 Bde. Cambridge u. a.: Cambridge University Press, S. 869–893.

Dabashi, Hamid (1996). „Khwājah Naṣīr al-Dīn al-Ṭūsī: The Philosopher/Vizier and the Intellectual Climate of His Times". In: *History of Islamic Philosophy. Part I*. Hrsg. von Seyyed Hossein Nasr und Oliver Leaman. London und New York: Routledge, S. 527–584.

Dadikhuda, Davlat (2018). „Not that Simple: Avicenna, Rāzī, and Ṭūsī on the Incorruptibility of the Human Soul at *Ishārāt* VII.6". In: *Islamic Philosophy from the 12th to the 14th Century*. Hrsg. von Abdelkader Al Ghouz. Göttingen: V&R unipress und Bonn University Press, S. 279–306.

Dariah-DE, Hrsg. (2014). *Digitale Textedition mit TEI*. URL: https://de.dariah.eu/tei-tutorial (besucht am 18. 02. 2022).

Davidson, Herbert A. (1992). *Alfarabi, Avicenna, and Averroes, on Intellect. Their Cosmologies, Theories of the Active Intellect, and Theories of Human Intellect*. New York und Oxford: Oxford University Press.

de Halleux, André (1983). „La Version Syriaque des discours de Grégoire de Nazianze". In: *II. Symposium Nazianzenum*. Hrsg. von Justin Mossay. Paderborn u. a.: Ferdinand Schöningh, S. 75–111.

de Lacy, Phillip, Hrsg. (1992). *Galen. On Semen*. Corpus medicorum Graecorum 5,3,1. Berlin: Akademie Verlag.

de Smet, Daniel und Meryem Sebti (2009). „Avicenna's Philosophical Approach to the Qur'an in the Light of His ‚Tafsīr Sūrat al-Ikhlāṣ'". In: *Journal of Qur'anic Studies* 11.2, S. 134–148.

Demaitre, Luke und Anthony A. Travill (1980). „Human Embryology and Development in the Works of Albertus Magnus". In: *Albertus Magnus and the Sciences. Commemorative Essays*. Hrsg. von James A. Weisheipl. Toronto: Pontifical Institute of Mediaeval Studies, S. 405–421.

Diepgen, Paul (1937). *Die Frauenheilkunde der Alten Welt*. Berlin und Heidelberg: Springer-Verlag.

– (1963). *Frau und Frauenheilkunde in der Kultur des Mittelalters*. Stuttgart: Georg Thieme Verlag.

Dōlabānī, Yūḥannā u. a. (1994). „Catalogue des manuscrits de la bibliothèque du patriarcat syrien orthodoxe à Ḥomṣ (auj. à Damas)“. In: *Parole de l'Orient* 19, S. 555–661.

Dölger, Franz J. (1934). „Das Lebensrechts des ungeborenen Kindes und die Fruchtabtreibung in der Bewertung der heidnischen und christlichen Antike“. In: *Antike und Christentum. Kultur- und Religionsgeschichtliche Studien* Band IV.1, S. 1–61.

Donceel, Joseph F. (1970). „Immediate Animation and Delayed Hominization“. In: *Theological Studies* 31.1, S. 76–105.

Doroftei, Doru C. (2018). „When the Angel Infuses the Soul... Some Aspects of Jewish and Christian Embryology in the Cultural Context of Late Antiquity“. In: *Judaica* 74, S. 23–68.

– (o. D.). „Adam als das Erstlingsbrot der Welt (*Ādām ḥallatō šæl ʿōlām*)“. In: Eich, Thomas und Doru C. Doroftei. *Adam, Odem, Embryo*. Im Erscheinen.

Drossaart Lulofs, Hendrik J., Hrsg. (1965). *Nicolaus Damascenus – On the Philosophy of Aristotle*. Leiden: E. J. Brill.

– (1985). „Aristotle, Bar Hebraeus, and Nicolaus Damascenus on Animals“. In: *Aristotle on Nature and Living Things. Philosophical and Historical Studies*. Hrsg. von Allan Gotthelf. Pittsburgh und Bristol: MA Thesis Publications, Inc. und Bristol Classical Press, S. 345–357.

Drossaart Lulofs, Hendrik J. und E. L. J. Poortman, Hrsg. (1989). *Nicolaus Damascenus – De plantis. Five Translations*. Amsterdam, Oxford und New York: North-Holland Publishing Company.

Druart, Thérèse-Anne (2000). „The Human Soul's Individuation and Its Survival after the Body's Death: Avicenna on the Causal Relation between Body and Soul“. In: *Arabic Sciences and Philosophy* 10, S. 259–273.

– (24. Juli 2020). *Al-Farabi*. In: *Stanford Encyclopedia of Philosophy*. URL: https://plato.stanford.edu/entries/al-farabi/ (besucht am 18. 02. 2022)

Duden, Barbara (1991). *Der Frauenleib als öffentlicher Ort. Vom Mißbrauch des Begriffs Leben*. Hamburg und Zürich: Luchterhand.

– (2002). „Zwischen ‚wahrem Wissen‘ und Prophetie. Konzeptionen des Ungeborenen“. In: *Geschichte des Ungeborenen. Zur Erfahrungs- und Wissenschaftsgeschichte der Schwangerschaft, 17.-20. Jahrhundert*. Hrsg. von Barbara Duden, Jürgen Schlumbohm und Patrice Veit. Veröffentlichungen des Max-Planck-Instituts für Geschichte 170. Göttingen: Vandenhoeck & Ruprecht, S. 11–48.

Dunyā, Sulaymān, Hrsg. (1961). *Maqāṣid al-falāsifah*. Von al-Ġazālī. Kairo: *Dār al-maʿārif bi-Miṣr*.

– Hrsg. (1950). *Al-Išārāt wa-t-tanbīhāt. Maʿa šarḥ Naṣīr ad-Dīn aṭ-Ṭūsī*. Von Ibn Sīnā. 3. Aufl. 4 Bde. Kairo: *Dār al-maʿārif*.

Duval, Rubens, Hrsg. (1901). *Lexicon Syriacum auctore Hassano Bar Bahlule*. 3 Bde. Paris: Reipublicae typographaeum.

Edwards, Mark J. (18. Apr. 2018). *Origen*. In: *Stanford Encyclopedia of Philosophy*. URL: https://plato.stanford.edu/entries/origen/ (besucht am 18. 02. 2022).

Eich, Thomas (2009). „Induced Miscarriage in Early Mālikī and Ḥanafī *Fiqh*". In: *Islamic Law and Society* 16, S. 302–336.

– (2018a). „Patterns in the History of the Commentation on the So-Called *ḥadīth Ibn Masʿūd*". In: *Journal of Arabic and Islamic Studies* 18, S. 137–162.

– (2018b). „The Term *nasama* in Ḥadīth with a Focus on Material about Predestination and the Unborn". In: *Wiener Zeitschrift für die Kunde des Morgenlandes* 108, S. 21–47.

– (2020). „Zur Abtreibung in frühen islamischen Texten". In: *Zeitschrift der Deutschen Morgenländischen Gesellschaft* 170.2, S. 345–360.

Eich, Thomas und Doru C. Doroftei (o. D.). *Adam, Odem, Embryo*. Im Erscheinen.

Eichner, Heidrun (2009). *The Post-Avicennian Philosophical Tradition and Islamic Orthodoxy: Philosophical and Theological summae in Context*. Unveröffentlichte Habilitationsschrift. Halle.

Elsakkers, Marianne J. (2010). „Reading Between the Lines: Old Germanic and Early Christian Views on Abortion". Diss. Amsterdam: University of Amsterdam.

Faḫrī, Māǧid, Hrsg. (1985). *Kitāb an-Naǧāh fī l-ḥikmah al-manṭiqiyyah wa-ṭ-ṭabiʿiyyah wa-l-ilāhiyyah*. Von Ibn Sīnā. Beirut: *Dār al-āfāq al-ǧadīdah*.

Falcon, Andrea (7. März 2019). *Aristotle on Causality*. In: *Stanford Encyclopedia of Philosophy*. URL: https://plato.stanford.edu/entries/aristotle-causality/ (besucht am 18. 02. 2022).

– (24. Sep. 2021a). *Andronicus of Rhodes*. In: *Stanford Encyclopedia of Philosophy*. URL: https://plato.stanford.edu/entries/aristotle-commentators/supplement.html (besucht am 18. 02. 2022).

– (24. Sep. 2021b). *Commentators on Aristotle*. In: *Stanford Encyclopedia of Philosophy*. URL: https://plato.stanford.edu/entries/aristotle-commentators/index.html (besucht am 18. 02. 2022).

Fancy, Nahyan (2018). „Generation in Medieval Islamic Medicine“. In: *Reproduction. Antiquity to the Present Day*. Hrsg. von Nick Hopwood, Rebecca Flemming und Lauren Kassell. Cambridge u. a.: Cambridge University Press, S. 129–140.

Farina, Margherita (2015). „La Grammatica Metrica di Barhebraeus (XIII sec.) e le sue glosse. Siriaco, greco e arabo in contatto“. In: *Rappresentazioni linguistiche dell'identità*. Hrsg. von Marina Benedetti. Quaderni di ΑΙΩΝ (Annali del Dipartimento di Studi Letterari, Linguistici e Comparati – Sezione linguistica) N.S. 3. Neapel: Università degli studi di Napoli „L'Orientale“, S. 107–125.

Fathi, Jean (2020). „Apologie et mysticisme chez les chrétiens d'Orient. Recherches sur al-Kindī et Barhebraeus (vers 820 & 1280)“. Diss. Leuven: Katholieke Universiteit Leuven.

Fazzo, Silvia (2008). „Nicolas, l'auteur du *Sommaire de la philosophie d'Aristote*: Doutes sur son identité, sa datation, son origine“. In: *Revue des Études Grecques* 121.1, S. 99–126.

Fazzo, Silvia und Mauro Zonta (2008). „Aristotle's Theory of Causes and the Holy Trinity. New Evidence about the Chronology and Religion of Nicolaus ‚of Damascus‘“. In: *Laval théologique et philosophique* 64.3, S. 681–690.

Ferckel, Christoph (1914). „Ein deutscher anatomischer Vindiciantext“. In: *Archiv für Geschichte der Medizin* 7, S. 306–318. (Enthalten in: „Weitere Beiträge zur Geschichte der Anatomie im Mittelalter. Aus dem Institut für Geschichte der Medizin in Leipzig I“, S. 303–334).

Filius, Lourus S., Hrsg. (2019). *The Arabic Version of Aristotle's* Historia Animalium. *Book I–X of the* Kitāb al-Hayawān. Unter Mitarb. von Johannes den Heijer und John N. Mattock. Aristoteles Semitico-Latinus 23. Leiden und Boston: Brill.

Flemming, Rebecca (2002). „The Pathology of Pregnancy in Galen's Commentaries on the *Epidemics*“. In: *Bulletin of the Institute of Classical Studies. Supplement* 77, S. 101–112.

Forbes, Georg H., Hrsg. (1861). *Tou en hagiois patros hēmōn Grēgoriou episkópou Nyssēs [...] ta heuriskomena panta – Sancti patris nostri Gregorii Nysseni [...] quae supersunt omnia*. Burntisland, UK: Typographeum de Pitsligo.

Fuller, Russell (1994). „Exodus 21:22–23: The Miscarriage Interpretation and the Personhood of the Fetus“. In: *Journal of the Evangelical Theological Society* 37.2, S. 169–184.

Furlani, Giuseppe (1931). „La Psicologia di Barhebreo secondo il libro *La Crema della Sapienza*". In: *Rivista degli Studi Orientali* 13.1, S. 24–52.

– (1932). „Barhebreo sull' anima razionale (Dal *Libro del Candelabro del Santuario*)". In: *Orientalia – Nova Series* 1, S. 1–23, 97–115.

– (1933). „Di tre scritti in lingua siraca di Barhebreo sull' anima". In: *Rivista degli Studi Orientali* 14.3, S. 284–308.

– (1946). „La versione siriaca del *Kitāb al-Išārāt wat-tanbīhāt* di Avicenna". In: *Rivista degli Studi orientali* 21, S. 89–101.

Furth, Montgomery (1987). „Aristotle's Biological Universe: An Overview". In: *Philosophical Issues in Aristotle's Biology*. Hrsg. von Allan Gotthelf und James G. Lennox. Cambridge u. a.: Cambridge University Press, S. 21–52.

Gerson, Lloyd P., Hrsg. (2010). *The Cambridge History of Philosophy in Late Antiquity*. 2 Bde. Cambridge u. a.: Cambridge University Press.

Ghaly, Mohammed (2012). „The Beginning of Human Life: Islamic Bioethical Perspectives". In: *Zygon* 47.1, S. 175–213.

– (2014a). „Human Embryology in the Islamic Tradition. The Jurists of the Post-formative Era in Focus". In: *Islamic Law and Society* 21.3, S. 157–208.

– (2014b). „Pre-Modern Islamic Medical Ethics and Graeco-Islamic-Jewish Embryology". In: *Bioethics* 28.2, S. 49–58.

Giladi, Avner (1992). *Children of Islam. Concepts of Childhood in Medieval Muslim Society*. Basingstoke, UK und London: MacMillan.

– (2010). „Liminal Craft, Exceptional Law: Preliminary Notes on Midwives in Medieval Islamic Writings". In: *International Journal of Middle East Studies* 42, S. 185–202.

– (2014). *Muslim Midwives. The Craft of Birthing in the Premodern Middle East*. New York: Cambridge University Press.

Goichon, Amélie M., Hrsg. (1963). *Avicenne – Livre des Définitions. Édité, traduit et annoté*. Kairo: Publications de l'Institute Français d'Archéologie Orientale du Caire.

Golder, Werner (2007). *Hippokrates und das* Corpus Hippocraticum. *Eine Einführung für Philologen und Mediziner*. Würzburg: Königshausen & Neumann.

Goodman, Lenn E. (1995). *Al-Rāzī, Abū Bakr Muḥammad b. Zakariyyā'*. In: *The Encyclopaedia of Islam – New Edition. Volume VIII – Ned–Sam*, S. 474–477.

– (2006). *Avicenna*. Updated Edition. Ithaca, NY und London: Cornell University Press.

Gorman, Michael J. (1982). *Abortion & the Early Church. Christian, Jewish & Pagan Attitudes in the Greco-Roman World.* Downers Grove, IL: InterVarsity Press.

Gotthelf, Allan und James G. Lennox, Hrsg. (1987). *Philosophical Issues in Aristotle's Biology.* Cambridge u. a.: Cambridge University Press.

Graf, Georg (1947). *Geschichte der christlichen Arabischen Literatur. Zweiter Band: Die Schriftsteller bis zur Mitte des 15. Jahrhunderts.* Vatikanstadt: Biblioteca Apostolica Vaticana.

Gray, Patrick (2001). „Abortion, Infanticide, and the Social Rhetoric of the Apocalypse of Peter". In: *Journal of Early Christian Studies* 9.3, S. 313–337.

Griffel, Frank (2007). „On Fakhr al-Dīn al-Rāzī's Life and the Patronage He Received". In: *Journal of Islamic Studies* 18.3, S. 313–344.

– (8. Mai 2020). *Al-Ghazali.* In: *Stanford Encyclopedia of Philosophy.* URL: https://plato.stanford.edu/entries/al-ghazali/ (besucht am 18. 02. 2022).

Guénon, Melanie (2019). „'Abd al-Majīd al-Zindānī's *i'jāz 'ilmī* Approach: Embryonic Development in Q. 23:12–14 as a Scientific Miracle". In: *Journal of Qur'anic Studies* 21.3, S. 32–56.

Gutas, Dimitri (1993). „Aspects of Literary Form and Genre in Arabic Logical Works". In: *Glosses and Commentaries on Aristotelian Logical Texts. The Syriac, Arabic and Medieval Latin Traditions.* Hrsg. von Charles Burnett. London: The Warburg Institute, S. 29–76.

– (1998). *Greek Thought, Arabic Culture. The Graeco-Arabic Translation Movement in Baghdad and Early 'Abbāsid Society (2nd–4th/8th–10th centuries).* London und New York: Routledge.

– (2002). „The Heritage of Avicenna: The Golden Age of Arabic Philosophy, 1000 – ca. 1350". In: *Avicenna and His Heritage. Acts of the International Colloquium, Leuven – Louvain-La-Neuve, September 8 – September 11, 1999.* Hrsg. von Jules Janssens und Daniel de Smet. Leuven: Leuven University Press, S. 81–97.

– (2014). *Avicenna and the Aristotelian Tradition. Introduction to Reading Avicenna's Philosophical Works.* Islamic Philosophy, Theology and Science – Texts and Studies 89. Second, revised and enlarged edition, including an inventory of Avicenna's authentic works. Leiden und Boston: Brill.

– (15. Sep. 2016). *Ibn Sina [Avicenna].* In: *Stanford Encyclopedia of Philosophy.* URL: https://plato.stanford.edu/entries/ibn-sina/ (besucht am 18. 02. 2022).

Haerdle, Stephanie (2020). *Spritzen. Geschichte der weiblichen Ejakulation.* Hamburg: Edition Nautilus.

Hage, Wolfgang (1966). *Die syrisch-jakobitische Kirche in frühislamischer Zeit, nach orientalischen Quellen.* Wiesbaden: Harrassowitz.

Ḥamārna, Sāmī Ḥalaf, Hrsg. (1989). *Ǧāmiʿ al-ġaraḍ fī ḥifẓ aṣ-ṣiḥḥah wa-dafʿ al-maraḍ.* Von Ibn al-Quff. Amman: *al-Ǧāmiʿah al-Urdunniyyah.*

Hankinson, Robert J. (2008). *The Cambridge Companion to Galen.* Cambridge u. a.: Cambridge University Press.

Hanson, Ann Ellis (1987). „The Eight Month's Child and the Etiquette of Birth: *Obsit omen!*" In: *Bulletin of the History of Medicine* 61.4, S. 589–602.

Harrak, Amir (2011). *Chronicle of Zuqnin.* In: *Gorgias Encyclopedic Dictionary of the Syriac Heritage: Electronic Edition.* URL: https://gedsh.bethmardutho.org/Zuqnin-Chronicle-of (besucht am 18. 02. 2022).

Hassan, Syed Adeel u. a. (2018). „Sad Fetus Syndrome: Partial Molar Pregnancy with a Live Fetus". In: *Cureus* 10. DOI: 10.7759/cureus.3175.

Hasse, Dag Nikolaus (2010). „The Soul's Faculties". In: *The Cambridge History of Medieval Philosophy.* Hrsg. von Robert Pasnau. Unter Mitarb. von Christina van Dyke. 2 Bde. Cambridge u. a.: Cambridge University Press, S. 305–319.

Heaney, Stephen J. (1992). „Aquinas and the Presence of the Human Rational Soul in the Early Embryo". In: *The Thomist: A Speculative Quarterly Review* 56.1, S. 19–48.

Heffening, Wilhelm (1993). *Al-Nawawī.* In: *The Encyclopaedia of Islam – New Edition. Volume VII – Mif–Naz.* Leiden: E. J. Brill, S. 1041–1042.

Helmig, Christoph (2020). „The World Soul in Antiquity and Beyond". In: *World Soul – Anima Mundi. On the Origins and Fortunes of a Fundamental Idea.* Hrsg. von Christoph Helmig. Unter Mitarb. von Laura Marongiu. Topics in Ancient Philosophy/Themen der antiken Philosophie 8. Berlin und Bosten: de Gruyter, S. 1–20.

Hennings, Ralph (1997). „*Disputatio de origine animae* – Or the Victory of Creationism in the Fifth Century". In: *Studia Patristica* 29, S. 260–268.

Hofer, Nathan (2014). „Scriptural Substitutions and Anonymous Citations: Judaization as Rhetorical Strategy in a Jewish Sufi Text". In: *Numen* 61, S. 364–395.

Höffe, Otfried (2006). *Aristoteles.* 3., überarbeitete Auflage. München: C. H. Beck.

Holmes Katz, Marion (2003). „The Problem of Abortion in Classical Sunni *fiqh*". In: *Islamic Ethics of Life. Abortion, War, and Euthanasia*. Hrsg. von Jonathan E. Brockopp. Columbia, SC: University of South Carolina Press, S. 25–50.

Huby, Pamela M. (1977). „The Ancestor of the Arabic Translation of the *De generatione animalium* of Aristotle". In: *The Classical Quarterly* 27, S. 237.

Hugonnard-Roche, Henri (2014). „La Question de l'âme dans la tradition philosophique syriaque (VIe–IXe siècle)". In: *Studia graeco-arabica* 4, S. 17–64.

– (2017). „Les Livres sur les animaux d'Aristote dans la tradition syriaque: quelques aperçus". In: *La Zoologia di Aristotele e la sua ricezione dall'età ellenistica e romana alle culture medievali. Atti della X „Settimana die Formazione" del Centro GrAL, Pisa, 18–20 novembre 2015*. Hrsg. von Maria Michaela Sassi, Elisa Coda und Giuseppe Feola. Pisa: Pisa University Press, S. 171–203.

Huppertz, Berthold und Ekkehard Schleußner, Hrsg. (2018). *Die Plazenta. Grundlagen und klinische Bedeutung*. Berlin: Springer.

Inati, Shams C., Hrsg. (1984). *Ibn Sīnā – Remarks and Admonitions. Part One: Logic*. Toronto: Pontifical Institute of Mediaeval Studies.

– Hrsg. (2014). *Ibn Sina's* Remarks and Admonitions: Physics and Metaphysics. *An Analysis and Annotated Translation*. New York: Columbia University Press.

Jäckel, Florian (2020). „Re-Negotiating Interconfessional Boundaries through Intertextuality: The Unborn in the *Ktābā d-Huddāyē* of Barhebraeus (d. 1286)". In: *Medieval Encounters* 26, S. 95–127. DOI: 10.1163/ 15700674-12340065.

– (2021). „From the Cradle to the Grave. Demarcating Communities through Baptism and Burial in the *Huddāyē* of Barhebraeus (d. 1286)". In: *Hamsa. Journal of Judaic and Islamic Studies* 7: *Visibility of Religious Difference in Medieval Europe and the Mediterranean*. DOI: 10.4000/ hamsa.1283.

Jacob, Thomas (2012). *Das Kloster Mār Mattai und seine Bedeutung für die Geschichte der Syrisch-Orthodoxen Kirche (von der Spätantike bis ins 13. Jh.). Mit Edition und quellengeschichtlicher Untersuchung der Mār Mattai-Legende*. Hallesche Beiträge zur Orientwissenschaft 46. Halle (Saale): Orientalisches Institut der Martin-Luther-Univ. Halle-Wittenberg.

Janssens, Herman F. (1930). „Bar Hebraeus' *Book of the Pupils of the Eye*". In: *The American Journal of Semitic Languages and Literatures* 47.1, S. 26–49.

– (1931). „Bar Hebraeus' *Book of the Pupils of the Eye* (Continued)". In: *The American Journal of Semitic Languages and Literatures* 47.2, S. 94–134.

– (1935). „Bar Hebraeus' *Book of the Pupils of the Eye* (Concluded)". In: *The American Journal of Semitic Languages and Literatures* 52.1, S. 1–21.

– Hrsg. (1937). *L'Entretien de la Sagesse. Introduction aux œuvres philosophiques de Bar Hebraeus*. Liège und Paris: Faculté de Philosophie et Lettres und Librairie E. Droz.

Janssens, Jules (1997). „Creation and Emanation in Ibn Sīnā". In: *Documenti e Studi sulla Tradizione Filosofica Medievale* 8, S. 455–477.

– (1998). „Ibn Sīnā (Avicenne): Un projet ‚religieux' de philosophie?" In: *Was ist Philosophie im Mittelalter? Akten des X. Internationalen Kongresses für mittelalterliche Philosophie der Société internationale pour l'étude de la philosophie médiévale, 25. bis 30. August 1997 in Erfurt*. Hrsg. von Jan A. Aertsen und Andreas Speer. Miscellanea Mediaevalia 26. Berlin: De Gruyter, S. 863–870.

– (2004). „Avicenna and the Qur'ān: A Survey of His Qur'ānic Commentaries". In: *MIDEO* 25–26, S. 177–192.

Joannou, Péricles-Pierre, Hrsg. (1963). *Fonti – Fascicolo IX – Discipline générale antique (IVe–IXe s.) – Tome II – Les canons des Pères Grecs (Lettres Canonique). Édition critique du texte grec et traduction française*. Grottaferrata (Rom): Tipografia Italo-Orientale (S. Nilo).

Jones, David Albert (2004). *The Soul of the Embryo: An Enquiry into the Status of the Human Embryo in the Christian Tradition*. London und New York: Continuum.

– (2005). „The Appeal to the Christian Tradition in the Debate about Embryonic Stem Cell Research". In: *Islam and Christian-Muslim Relations* 16.3, S. 265–283.

Joosse, N. Peter (1999). „Bar Hebraeus' *Butyrum Sapientiae*. A Description of the Extant Manuscripts". In: *Le Muséon* 112, S. 417–458.

– Hrsg. (2004). *A Syriac Encyclopaedia of Aristotelian Philosophy. Barhebraeus (13th c.), Butyrum sapientiae, Books of Ethics, Economy, and Politics. A Critical Edition, with Introduction, Translation, Commentary and Glossaries*. Aristoteles Semitico-Latinus 16. Leiden und Boston: Brill.

– (2010). „Expounding on a Theme: Structure and Sources of Barhebraeus' ‚Practical Philosophy' in the *Cream of Wisdom*". In: *The Syriac Renaissance*. Hrsg. von Herman G. B. Teule und Carmen Fotescu Tauwinkl. Unter Mitarb. von Bas ter Haar Romeny und Jan van Ginkel. Eastern Christian Studies 9. Leuven, Paris und Walpole, MA: Peeters, S. 135–150.

Kawerau, Peter (1960). *Die Jakobitische Kirche im Zeitalter der Syrischen Renaissance. Idee und Wirklichkeit.* Zweite, ergänzte Auflage. Berlin: Akademie-Verlag.

Kessler, Gwynn (2009). *Conceiving Israel. The Fetus in Rabbinic Narratives.* Philadelphia: University of Pennsylvania Press.

King, Helen (2011). „Galen and the Widow. Towards a History of Therapeutic Masturbation in Ancient Gynaecology". In: *EuGeStA* 1, S. 205–235.

Kiraz, George A. (2011). *Maphrian.* In: *Gorgias Encyclopedic Dictionary of the Syriac Heritage: Electronic Edition.* URL: https://gedsh.bethmardutho.org/Maphrian (besucht am 18. 02. 2022).

– (2012). *Tūrrāṣ Mamllā. A Grammar of the Syriac Language.* Piscataway, NJ: Gorgias Press.

– (2021). „Syrian Orthodox and Syrian Catholics". In: *The Rowman & Littlefield Handbook of Christianity in the Middle East.* Hrsg. von Mitri Raheb und Mark A. Lamport. Lanham, MD und London: Rowman & Littlefield, S. 244–253.

Kitāb al-Mabāḥiṯ al-mašriqiyyah (1343 H.). Von Faḫr ad-Dīn ar-Rāzī. 2 Bde. Hyderabad: *Maǧlis dā'irat al-ma'ārif an-Niẓāmiyyah.* (~1924/5 n. Chr.)

Kitāb Muḥaṣṣal afkār al-mutaqaddimīn wa-l-muta'aḫḫirīn min al-'ulamā' wa-l-ḥukamā' wa-l-mutakallimīn ([1323 H.]). Von Faḫr ad-Dīn ar-Rāzī. Kairo: *Maṭba'ah ḥusayniyyah.* (~1905 n. Chr.)

Kitchen, Robert A. (2011). *Theodoret of Cyrrhus.* In: *Gorgias Encyclopedic Dictionary of the Syriac Heritage: Electronic Edition.* URL: https://gedsh.bethmardutho.org/Theodoret-of-Cyrrhus (besucht am 18. 02. 2022).

Kitzler, Petr (2014). „Tertullian and Ancient Embryology in *De carne Christi* 4,1 and 19,3–4". In: *Zeitschrift für Antikes Christentum* 18.2, S. 204–209.

Koffler, Hubert (1932). *Die Lehre des Barhebräus von der Auferstehung der Leiber.* Rom: Pontificium Institutum Orientalium Studiorum.

Kohlhaas, Radbert, Hrsg. (1959). *Jakobitische Sakramententheologie im 13. Jahrhundert. Der Liturgiekommentar des Gregorius Barhebraeus*. Münster: Aschendorffsche Verlagsbuchhandlung.

Kottek, Samuel S. (1981). „Embryology in Talmudic and Midrashic Literature". In: *Journal of the History of Biology* 14.2, S. 299–315.

Kottek, Samuel S. und Gerhard Baader (2000). „Talmudic and Greco-Roman Data on Pregnancy: A Renewed Examination". In: *From Athens to Jerusalem: Medicine in Hellenized Jewish Lore and in Early Christian Literature*. Hrsg. von Samuel S. Kottek u. a. Rotterdam: Erasmus Publishing, S. 83–98.

Kouriyhe, Yousef (2010). „Das Buch der Ersten Philosophie aus dem Kompendium Rahm der Weisheit „Butyrum Sapientiae" des Bar Hebräus. Edition und Übersetzung". Diss. Berlin: Freie Universität Berlin.

Kruk, Remke, Hrsg. (1979). *The Arabic Version of Aristotle's Parts of Animals. Book XI–XIV of the Kitāb al-Ḥayawān. A Critical Edition with Introduction and Selected Glossary*. Amsterdam und Oxford: North-Holland Publishing Company.

– (1990). „A Frothy Bubble: Spontaneous Generation in the Medieval Islamic Tradition". In: *Journal of Semitic Studies* 35.2, S. 265–282.

– (1997). „Ibn Bājja's Commentary on Aristotle's *De animalibus*". In: *The Ancient Tradition in Christian and Islamic Hellenism*. Hrsg. von Gerhard Endress und Remke Kruk. Leiden: Research School CNWS, S. 165–179.

– (2001). „Timotheus of Gaza's *On Animals* in the Arabic Tradition". In: *Le Muséon* 114, S. 355–387.

– (2002). „Ibn Sīnā *On Animals*: Between the First Teacher and the Physician". In: *Avicenna and His Heritage. Acts of the International Colloquium, Leuven – Louvain-La-Neuve, September 8 – September 11, 1999*. Hrsg. von Jules Janssens und Daniel de Smet. Leuven: Leuven University Press, S. 325–341.

– (2003). „La Zoologie Aristotélicienne. Tradition arabe". In: *Dictionnaire des philosophes antiques. Supplément*. Hrsg. von Richard Goulet. Unter Mitarb. von Jean-Marie Flamand und Maroun Aouad. Paris: CNRS Editions, S. 329–334.

– (1987–1988). „Pregnancy and Its Social Consequences in Medieval and Traditional Arab Society". In: *Quaderni di Studi Arabi* 5/6, S. 418–430.

Kueny, Kathryn (2013). *Conceiving Identities. Maternity in Medieval Muslim Discourse and Practice*. New York: Suny Press.

Kukkonen, Taneli (2015). „Faculties in Arabic Philosophy". In: *The Faculties. A History*. Hrsg. von Dominik Perler. Oxford Philosophical Concepts. Oxford: Oxford University Press, S. 66–96.

Lagarde, Paul, Hrsg. (1879). *Praetermissorum Libri Duo*. Göttingen: Dieterich.

Lammer, Andreas (2017). „Eternity and Origination in the Works of Sayf al-Dīn al-Āmidī and Athīr al-Dīn al-Abharī: Two Discussions from the Seventh/Thirteenth Century". In: *The Muslim World* 107.3, S. 432–481.

— (2018). *The Elements of Avicenna's Physics: Greek Sources and Arabic Innovations*. Berlin und Boston: De Gruyter.

Lane, Edward William (1863). *Arabic-English Lexicon*. 8 Bde. London: Willams & Norgate.

Lennox, James G. (1999). „The Place of Mankind in Aristotle's Zoology". In: *Philosophical Topics* 27.1, S. 1–16.

— (16. Juli 2021). *Aristotle's Biology*. In: *Stanford Encyclopedia of Philosophy*. URL: https://plato.stanford.edu/entries/aristotle-biology/ (besucht am 19.02.2022).

Lepicard, Étienne (2008). „L'Embryon dans la littérature rabbinique ancienne". In: *L'Embryon: Formation et animation. Antiquité grecque et latine, tradition hébraïque, chrétienne et islamique*. Hrsg. von Luc Brisson, Marie-Hélène Congourdeau und Jean-Luc Solère. Paris: Librairie Philosophique J. Vrin, S. 199–211.

Lesky, Erna (1951). *Die Zeugungs- und Vererbungslehren der Antike und ihr Nachwirken*. Akademie der Wissenschaften und der Literatur – Abhandlungen der geistes- und sozialwissenschaftlichen Klasse 1950/19. Mainz und Wiesbaden: Verlag der Akademie der Wissenschaften und der Literatur und Franz Steiner.

Lettinck, Paul und J. O. Urmson, Hrsg. (1994). *Philoponus – On Aristotle* Physics 5–8 with Simplicius – On Aristotle on the Void. London u. a.: Bloomsbury.

Lewicka, Paulina B. (2012). „Medicine for Muslims? Islamic Theologians, Non-Muslim Physicians and the Medical Culture of the Mamluk Near East". In: ASK Working Paper 03. URL: https://www.mamluk.uni-bonn.de/publications/working-paper/ask-working-paper-03-22.11.2012.pdf (besucht am 19.02.2022).

Lieu, Samuel N. C. (2008). „Manichaeism". In: *The Oxford Handbook of Early Christian Studies*. Hrsg. von Susan Ashbrook Harvey und David G. Hunter. Oxford: Oxford University Press, S. 221–236.

Lindemann, Andreas (2001). „Schwangerschaftsabbruch als ethisches Problem im antiken Judentum und im frühen Christentum". In: *Wort und Dienst* 26, S. 127–148.

Lisān al-ʿarab (o. D.). Von Ǧamāl ad-Dīn Ibn Manẓūr. 7 Bde. Kairo: *Dār al-maʿārif*.

Lizzini, Olga (2004). „The Relation between Form and Matter: Some Brief Observations on the ‚Homology Argument' (*Ilāhiyāt* II.4) and the Deduction of *Fluxus*". In: *Interpreting Avicenna: Science and Philosophy in Medieval Islam. Proceedings of the Second Conference of the Avicenna Study Group*. Hrsg. von Jon McGinnis. Unter Mitarb. von David C. Reisman. Leiden und Boston: Brill, S. 175–185.

– (26. März 2020). *Ibn Sina's Metaphysics*. In: *Stanford Encyclopedia of Philosophy*. URL: https://plato.stanford.edu/entries/ibn-sina-metaphysics / (besucht am 19. 02. 2022).

MacDonald, Paul S. (2006). *History of the Concept of Mind. Volume 2 – The Heterodox and Occult Tradition*. London und New York: Routledge.

Macuch, Rudolf (1976). *Geschichte der spät- und neusyrischen Literatur*. Berlin und New York: De Gruyter.

Maier, Christl M. (Juli 2007). *Weisheit (Personifikation) (AT)*. In: *WiBiLex – Das wissenschaftliche Bibellexikon im Internet*. URL: https://www.bibe lwissenschaft.de/stichwort/34659/ (besucht am 19. 02. 2022).

Mallau, Hans-Harald (2000). „Abtreibung in der Bibel, im rabbinischen und hellenistischen Judentum sowie im Urchristentum". In: *Zeitschrift für Theologie und Gemeinde* 5, S. 27–32.

Marmura, Michael E., Hrsg. (2005). *Avicenna – The Metaphysics of* The Healing. *A Parallel English-Arabic Text*. Provo, UT: Brigham Young University Press.

– (2008). „Some Questions Regarding Avicenna's Theory of the Temporal Origination of the Human Rational Soul". In: *Arabic Sciences and Philosophy* 18, S. 121–138.

Marogy, Amal E. (2012). „Zayd, ʿAmr and ʿAbdullāhi: Theory of Proper Names and Reference in Early Arabic Grammatical Tradition". In: *The Foundations of Arabic Linguistics. Sībawayhi and Early Arabic Grammatical Theory*. Hrsg. von Amal E. Marogy. Leiden und Boston: Brill.

Martens, Peter W. (2015). „Embodiment, Heresy, and the Hellenization of Christianity: The Descent of the Soul in Plato and Origen". In: *Harvard Theological Review* 108.4, S. 594–620.

Marzolph, Ulrich (1985). „Die Quelle der Ergötzlichen Erzählungen des Bar Hebräus". In: *Oriens Christianus* 69, S. 81–125.

Mazzola, Marianna (2020). *From High Priest to Patriarch. History and Authority in the „Ecclesiastical history" of Bar ʿEbroyo*. Corpus Scriptorum Christianorum Orientalium 688. Leuven: Peeters.

McCollum, Adam Carter (2014). „Garshuni as It is: Some Observations from Reading East and West Syriac Manuscripts". In: *Hugoye: Journal of Syriac Studies* 17 (2), S. 215–235.

McDaniel, Thomas F. (2012). *The Septuagint has the Correct Translation of Exodus 21:22–23*. URL: http://tmcdaniel.palmerseminary.edu/LXX_ EXO_%2021_22-23.pdf (besucht am 19. 02. 2022).

McDonald, M. V. (1988). „Animal-Books as a Genre in Arabic Literature". In: *Bulletin (British Society for Middle Eastern Studies)* 15 (1/2), S. 3–10.

McGinnis, Jon (2004). „On the Moment of Substantial Change: A Vexed Question in the History of Ideas". In: *Interpreting Avicenna: Science and Philosophy in Medieval Islam. Proceedings of the Second Conference of the Avicenna Study Group*. Hrsg. von Jon McGinnis. Unter Mitarb. von David C. Reisman. Leiden und Boston: Brill, S. 42–61.

– Hrsg. (2009). *Avicenna – The Physics of* The Healing. *Books I & II. A Parallel English-Arabic text*. Provo, UT: Brigham Young University Press.

– (2010). *Avicenna*. Great Medieval Thinkers. Oxford: Oxford University Press.

– (2013). „Pointers, Guides, Founts and Gifts: The Reception of Avicennan Physics in the East". In: *Oriens* 41, S. 433–456.

– (12. Okt. 2020). *Ibn Sina's Natural Philosophy*. In: *Stanford Encyclopedia of Philosophy*. URL: https://plato.stanford.edu/entries/ibn-sina-natural/ (besucht am 19. 02. 2022).

Mereschini, Claudio, Hrsg. (1985). *Grégoire de Nazianze – Discours 32-37*. Übers. von Paul Gallay. Sources chrétiennes 318. Paris: Les Éditions du Cerf.

Meškāt, Moḥammed, Hrsg. (1331 Š.). *Dānešnāmeh-ye ʿAlāʾī – ṭabīʿiyyāt*. Von Ibn Sīnā. Teheran: Anjoman-e Ātār-e Mellī. (~1952 n. Chr.)

Micheau, Françoise (2008). „Les Traités Médicaux de Barhebraeus". In: *Parole de l'Orient* 33, S. 159–175.

Middeldorpf, Henricus, Hrsg. (1835). *Codex Syriaco-Hexaplaris. Liber Quartus Regum e codice Parisiensi. Iesaias, duodecim prophetae minores, Proverbia, Iobus, Canticum, Threni, Ecclesiastes e codice Mediolanensi – Pars I: Textus Syriacus*. Berlin: Enslin.

Mingana, Alphonse, Hrsg. (1935). *Encyclopaedia of Philosophical and Natural Sciences as taught in Baghdad about A. D. 817, or Book of Treasures by Job of Edessa*. Cambridge: W. Heffer & Sons.

Minorsky, Vladimir (1991). *Marāgha*. In: *The Encyclopaedia of Islam – New Edition. Volume VI – Mahk–Mid*. Leiden: E. J. Brill, S. 498–503.

Mistry, Zubin (2015). *Abortion in the Early Middle Ages c. 500-900*. Woodbridge: York Medieval Press.

Mnārat qudšē (1997). Von Bar ʿEbrāyā. [Glane/Losser, Niederlande]: *Dērā d-Mārʸ Aprēm Suryāyā*.

Moore, William und Henry A. Wilson, Hrsg. (1893). *Gregory of Nyssa – Dogmatic Treatises, etc*. A Select Library of Nicene and Post-Nicene Fathers of the Christian Church – Second Series 5. Edinburgh und Grand Rapids, MI: T&T Clark und WM. B. Eerdmans Publishing.

Morani, Moreno, Hrsg. (1987). *Nemesii Emeseni De natura hominis*. Leipzig: BSB B. G. Teubner Verlagsgesellschaft.

Mousavian, Seyed N. und Seyed Hasan Saadat Mostafavi (2017). „Avicenna on the Origination of the Human Soul“. In: *Oxford Studies in Medieval Philosophy. Volume 5*. Hrsg. von Robert Pasnau. Oxford: Oxford University Press, S. 41–86.

Muehlethaler, Lukas (2010). „Ibn Kammuna (d. 683/1284) on the Eternity of the Human Soul: The Three Treatises on the Soul and Related Texts“. Diss. Yale: Yale University.

– (2012). „Revising Avicenna's Ontology of the Soul: Ibn Kammūna on the Soul's Eternity *a parte ante*“. In: *The Muslim World* 102, S. 597–616.

Müller, Irmgard (2020). „Die ‚Wirklichkeit‘ der Bilder vom Ungeborenen und die Evidenz für den Status des Embryo aus medizinhistorischer Sicht“. In: *Visualisierung des Ungeborenen. Interdisziplinäre Perspektiven*. Hrsg. von Daniel Hornuff und Heiner Fangerau. Paderborn: Wilhelm Fink, S. 13–50.

Muntaṣir, ʿAbd al-Ḥalīm u. a., Hrsg. (1970). *Aš-Šifāʾ, aṭ-Ṭabīʿiyyāt 8 – al-Ḥayawān*. Von Ibn Sīnā. Kairo: *al-Hayʾah al-miṣriyyah al-ʿāmmah li-t-taʾlīf wa-n-našr*.

Muraoka, Takamitsu, Hrsg. (2018). *Jacob of Serugh's Hexaemeron*. Ancient Near Eastern Studies – Supplement 52. Leuven, Paris und Bristol, CT: Peeters.

Murre-van den Berg, Heleen (2007). „Syriac Christianity“. In: *The Blackwell Companion to Eastern Christianity*. Hrsg. von Ken Parry. Malden, MA, Oxford und Carlton, Victoria: Blackwell Publishing, S. 249–268.

Musallam, Basim (1983). *Sex and Society in Islam. Birth Control before the Nineteenth Century*. Cambridge u. a.: Cambridge University Press.

– (1990). „The Human Embryo in Arabic Scientific and Religious Thought“. In: *The Human Embryo. Aristotle and the Arabic and Euro-*

pean Traditions. Hrsg. von Gordon R. Dunstan. Exeter: University of Exeter Press, S. 32–46.

– (1987). *Avicenna, x. Medicine and Biology*. In: *Encyclopaedia Iranica*. URL: http://www.iranicaonline.org/articles/avicenna-x (besucht am 19.02.2022).

al-Muṭīʿī, Muḥammad Naǧīb, Hrsg. ([1980?]). *Kitāb al-Maǧmūʿ šarḥ al-Muhaḏḏab li-š-Šīrāzī*. Von Abū Zakariyyā Muḥyi d-Dīn an-Nawawī. 23 Bde. Ǧiddah: *Maktabat al-iršād*.

al-Muṭṭalib, Rifʿat Fawzī ʿAbd, Hrsg. (2001). *al-Umm*. Von Muḥammad b. Idrīs aš-Šāfiʿī. 11 Bde. Al-Manṣūrah, Ägypten: *Dār al-wafāʾ li-ṭ-ṭabāʿah wa-n-našr wa-t-tawzīʿ*.

Al-Muʿtabar fī l-ḥikmah (1358 H.). Von Abū l-Barakāt al-Baġdādī. 3 Bde. Hyderabad: *Ǧamiʿiyyat dāʾirat al-maʿārif al-ʿuṯmāniyyah*. [~1939 n. Chr.]

Nabe von Schönberg, Ilse E. A. (1977). „Die Westsyrische Kirche im Mittelalter (800–1150)". Diss. Heidelberg: Universität Heidelberg.

Najafzādeh, ʿAlī Reżā, Hrsg. (1384 H.). *Šarḥ al-Išārāt wa-t-tanbīhāt*. Von Faḫr ad-Dīn ar-Rāzī. 2 Bde. Teheran: *Anǧoman-e āṯār va Mafāḫir-e Farhangī*. (~1964/5 n. Chr.)

Nallino, Carlo A. (1921–1923). „Il Diritto musulmano nel Nomocanone siriaco cristiano di Barhebreo". In: *Rivista degli Studi Orientali* 9, S. 512–580.

Olinder, Gunnar, Hrsg. (1937). *Iacobi Sarugensis epistulae quotquot supersunt*. Corpus Scriptorum Christianorum Orientalium 110. Paris: Typographeum Reipublicae.

Ormsby, Eric (2007). *Ghazali*. Makers of the Muslim World. Oxford: Oneworld.

Panicker, Mathunny J. (2002). *The Person of Jesus Christ in the Writings of Juhanon Gregorius Abu'l Faraj Commonly Called Bar Ebraya*. Studien zur Orientalischen Kirchengeschichte 4. Hamburg: LIT.

Payne Smith, J. (1903). *A Compendious Syriac Dictionary. Founded upon the Thesaurus Syriacus of R. Payne Smith, D. D.* Oxford: The Clarendon Press.

Payne Smith, R. (1879). *Thesaurus Syriacus*. Bd. 1. Oxford: Typographeum Clarendonianum.

– (1901). *Thesaurus Syriacus*. Bd. 2. Oxford: Typographeum Clarendonianum.

Peck, A. L., Hrsg. (1943). *Aristotle – Generation of Animals*. The Loeb Classical Library. London und Cambridge, MA: William Heinemann LTD und Harvard University Press.

Pericoli Ridolfini, Francesco (2000). „Dedica e sommario del ‚De opificio hominis' di Gregorio di Nissa nel Vat. Sir. 106". In: *Orientalia Christiana Periodica* 66, S. 295–316.

Perkams, Matthias (2013). „Die Übersetzung philosophischer Texte aus dem Griechischen ins Arabische und ihr geistesgeschichtlicher Hintergrund". In: *Islamische Philosophie im Mittelalter. Ein Handbuch*. Hrsg. von Heidrun Eichner, Matthias Perkams und Christian Schäfer. Darmstadt: Wissenschaftliche Buchgesellschaft, S. 115–142.

Peterson, Daniel C. (2009). „A Prophet Emerging: Fetal Narratives in Islamic Literature". In: *Imagining the Fetus. The Unborn in Myth, Religion, and Culture*. Hrsg. von Vanessa R. Sasson und Jane M. Law. New York: Oxford University Press, S. 203–222.

Petrà, Basilio (2010). „Basilio il Grande e l'aborto: L'insufficienza dell'interpretazione tradizionale e la necessità di andare oltre". In: *Nicolaus. Rivista di teologia ecumenico-patristica* 37, S. 247–266.

Pinggéra, Karl (2002). *All-Erlösung und All-Einheit. Studien zum „Buch des heiligen Hierotheos" und seiner Rezeption in der syrisch-orthodoxen Theologie*. Wiesbaden: Reichert.

Platti, Emilio (1988). „‚L'Entretien de la Sagesse' de Barhebraeus. La traduction arabe". In: *MIDEO* 18, S. 153–194.

Pouderon, Bernard (2007). „L'Interdiction de l'avortement dans les premiers siècles de l'église". In: *Revue d'Histoire et de Philosophie religieuses* 87.1, S. 55–73.

– (2008). „L'Influence d'Aristote dans la doctrine de la procréation des premiers Pères et ses implications théologiques". In: *L'Embryon: Formation et animation. Antiquité grecque et latine, tradition hébraïque, chrétienne et islamique*. Hrsg. von Luc Brisson, Marie-Hélène Congourdeau und Jean-Luc Solère. Paris: Librairie Philosophique J. Vrin, S. 157–183.

Preus, Anthony (1975). *Science and Philosophy in Aristotle's Biological Works*. Hildesheim und New York: Georg Olms Verlag.

PTH Sankt Georgen, Hrsg. (17. Okt. 2016). *Forschungsprojekt „Jesus der Christus"*. URL: https://www.sankt-georgen.de/forschung/jesus-der-christus-im-glauben-der-kirche/ (besucht am 19. 02. 2022).

Qanawātī, Ǧūrǧ [= George Anawati], Saʿīd Zāyid und Ibrāhīm Maḏkūr, Hrsg. (1975). *Aš-Šifāʾ, aṭ-Ṭabīʿiyyāt 7 – Kitāb an-Nafs*. Von Ibn Sīnā. Kairo: *al-Hayʾah al-miṣriyyah al-ʿāmmah li-l-kitāb*.

Al-Qānūn fī ṭ-ṭibb (1999). Von Ibn Sīnā. 4 Bde. Beirut: *Dār al-kutub al-ʿilmiyyah.*

Ragab, Ahmed (2015). *The Medieval Islamic Hospital. Medicine, Religion, and Charity.* New York: Cambridge University Press.

Rahman, Fazlur, Hrsg. (1981). *Avicenna's Psychology. An English Translation of* Kitāb al-Najāt, *Book II, Chapter VI with Historico-Philosophical Notes and Textual Improvements on the Cairo Edition.* Westport, CT: Hyperion Press.

Reisman, David C. (2005). „Al-Farābī and the Philosophical Curriculum". In: *The Cambridge Companion to Arabic Philosophy.* Hrsg. von Peter Adamson und Richard C. Taylor. Cambridge u. a.: Cambridge University Press, S. 52–71.

Reller, Jobst (1994). *Mose bar Kepha und seine Paulinenauslegung, nebst Edition und Übersetzung des Kommentars zum Römerbrief.* Wiesbaden: Harrassowitz Verlag.

– (1999). „Iwannis von Dara, Mose bar Kepha und Bar Hebräus über die Seele, traditionsgeschichtlich untersucht". In: *After Bardaisan. Studies on Continuity and Change in Syriac Christianity in Honour of Professor Han J. W. Drijvers.* Hrsg. von G. J. Reinink und A. C. Klugkist. Leuven: Uitgeverij Peeters und Departement Oosterse Studies, S. 253–268.

Reynolds, Stuart (2019). „Cooking up the Perfect Insect: Aristotle's Transformational Idea about the Complete Metamorphosis of Insects". In: *Philosophical Transactions of the Royal Society B* 374, S. 1–16.

Richter-Bernburg, Lutz (2003). *Ḥāwi, al-.* In: *Encyclopaedia Iranica.* URL: https://www.iranicaonline.org/articles/hawi-medical-book (besucht am 19. 02. 2022).

Roellig, Kathleen u. a. (2011). „The Concept of Superfetation: A Critical Review on a ‚Myth' in Mammalian Reproduction". In: *Biological Reviews* 86.1, S. 77–95.

Roggema, Barbara H. (2011). *Iyob of Edessa.* In: *Gorgias Encyclopedic Dictionary of the Syriac Heritage: Electronic Edition.* URL: https://gedsh.bethmardutho.org/Iyob-of-Edessa (besucht am 18. 02. 2022).

Rubarth, Scott (o. D.). *Stoic Philosophy of Mind.* In: *The Internet Encyclopedia of Philosophy. A Peer-Reviewed Academic Resource.* URL: https://iep.utm.edu/stoicmind/ (besucht am 19. 02. 2022).

Saʿd, Ṭāhā ʿAbd ar-Raʾūf, Hrsg. (o. D.). *Muḥaṣṣal afkār al-mutaqaddimīn wa-l-mutaʾaḫḫirīn min al-ʿulamāʾ wa-l-ḥukamāʾ wa-l-mutakallimīn.* Von Faḫr ad-Dīn ar-Rāzī. Kairo: *Maktabat al-kulliyyāt al-azhariyyah.*

Saif, Liana (2016). „The Universe and the Womb: Generation, Conception, and the Stars in Islamic Medieval Astrological and Medical Texts". In: *Journal of Arabic and Islamic Studies* 16, S. 181–198.

Saint Basil, Letters, Volume II (186-368) (2008). Übers. von Agnes Clare Way. The Fathers of the Church – A New Translation 28. Washington, D.C.: The Catholic University of America Press.

Saliba, George (2006). „Horoscopes and Planetary Theory: Ilkhanid Patronage of Astronomers". In: *Beyond the Legacy of Genghis Khan.* Hrsg. von Linda Komaroff. Leiden und Boston: Brill, S. 357–368.

– (2011). *Avicenna, viii. Mathematics and Physical Sciences.* In: *Encyclopaedia Iranica.* URL: http://www.iranicaonline.org/articles/avicenna-viii (besucht am 19. 02. 2022).

Ṣāliḥ, Muḥsin, Hrsg. (2007). *Kitāb al-Maǧmūʿ aw l-Ḥikmah al-ʿarūḍiyyah.* Von Ibn Sīnā. Beirut: *Dār al-hādī.*

Salvesen, Alison G. (2011). *Syro-Hexapla.* In: *Gorgias Encyclopedic Dictionary of the Syriac Heritage: Electronic Edition.* URL: https://gedsh. bethmardutho.org/Syro-Hexapla (besucht am 18. 02. 2022).

as-Saqqā, Aḥmad Ḥiǧāzī, Hrsg. (1987). *Al-Maṭālib al-ʿāliyah.* Von Faḫr ad-Dīn ar-Rāzī. 9 Bde. Beirut: *Dār al-kutub al-ʿarabiyyah.*

Savage-Smith, Emilie, Simon Swain und Geert J. van Gelder, Hrsg. (2020). *The Best Accounts of the Classes of Physicians.* Von Ibn Abī Uṣaybiʿah. Leiden: Brill. URL: https://dh.brill.com/scholarlyeditions/library/urn:cts:arabicLit:0668IbnAbiUsaibia.Tabaqatalatibba/ (besucht am 19. 02. 2022).

Saward, John (1993). *Redeemer in the Womb. Jesus Living in Mary.* San Francisco: Ignatius Press.

Sayılı, Aydın (1960). *The Observatory in Islam and Its Place in the General History of the Observatory.* Ankara: Türk Tarih Kurumu Basimevi.

Schiff, Daniel (2004). *Abortion in Judaism.* Cambridge: Cambridge University Press.

Schmitt, Jens Ole (2020). „Some Remarks on East Syrian Influences Found in Barhebraeus's Works". In: *Griechische Philosophie und Wissenschaft bei den Ostsyrern. Zum Gedenken an Mār Addai Scher (1867–1915).* Hrsg. von Matthias Perkams und Alexander M. Schilling. Berlin: De Gruyter, S. 157–175.

– Hrsg. (o. D.). *Barhebraeus, Butyrum Sapientiae, Physics: Introduction, Edition, Translation, and Commentary.* Aristoteles Semitico-Latinus 20. Leiden: Brill. Im Erscheinen.

Shahîd, Irfan (2009). *Byzantium and the Arabs in the Sixth Century. Volume II, Part 2: Economic, Social, and Cultural History*. Washington, D.C.: Dumbarton Oaks Research Library and Collection.

Sharples, R. W. und P. J. van der Eijk, Hrsg. (2008). *Nemesius – On the Nature of Man*. Liverpool: Liverpool University Press.

Shields, Christopher (25. Aug. 2020). *Aristotle*. In: *Stanford Encyclopedia of Philosophy*. URL: https://plato.stanford.edu/entries/aristotle/ (besucht am 19. 02. 2022).

Shihadeh, Ayman (2011). „New Light on the Reception of al-Ghazālī's *Doctrines of the Philosophers (Maqāṣid al-Falāsifa)*". In: *In the Age of Averroes: Arabic Philosophy in the Sixth/Twelfth Century*. Hrsg. von Peter Adamson. Warburg Institute Colloquia 16. London: Warburg Institute, S. 77–92.

– (2016). *Doubts on Avicenna. A Study and Edition of Sharaf al-Dīn al-Masʿūdī's Commentary on the* Ishārāt. Islamic Philosophy, Theology and Science – Texts and Studies 95. Leiden und Boston: Brill.

Sieben, Hermann J., Hrsg. (1996). *Orationes Theologicae – Theologische Reden. Griechisch-Deutsch*. Von Gregor von Nazianz. Fontes Christiani 22. Freiburg i. B. und Basel und wien und Barcelona und Rom und New York: Herder.

Simon, Max, Hrsg. (1906). *Sieben Bücher Anatomie des Galen. Zum ersten Male veröffentlicht nach den Handschriften einer arabischen Übersetzung des 9. Jahrhunderts nach Christus ins Deutsche übertragen und kommentiert*. 2 Bde. Leipzig: J. C. Hinrichs'sche Buchhandlung.

Singer, Peter N. (3. Dez. 2021). *Galen*. In: *Stanford Encyclopedia of Philosophy*. URL: https://plato.stanford.edu/entries/galen/ (besucht am 19. 02. 2022).

Sokoloff, Michael (2009). *A Syriac Lexikon. A Translation from the Latin, Correction, Expansion, and Update of C. Brockelmann's* Lexikon Syriacum. Winona Lake, IN und Piscataway, NJ: Eisenbrauns und Gorgias Press.

Sprengling, Martin und William Creighton Graham (1931). *Barhebraeus' Scholia on the Old Testament. Part I: Genesis–II Samuel*. The University of Chicago Oriental Institute Publications 13. Chicago: The University of Chicago Press.

Stauber, Manfred und Thomas Weyerstahl (2005). *Gynäkologie und Geburtshilfe*. Stuttgart: Thieme.

Street, Tony (1997). „Concerning the Life and Works of Fakhr al-Dīn al-Rāzī". In: *Islam: Essays on Scripture, Thought, and Society*. Hrsg. von

Peter G. Riddell und Tony Street. Islamic Philosophy, Theology and Science 28. Leiden, New York und Köln: Brill, S. 135–146.

Strohmaier, Gotthard (2017). *Ḥunayn b. Isḥāq*. In: *Encyclopaedia of Islam, THREE*. DOI: 10.1163/1573-3912_ei3_COM_30560.

Stroumsa, Sarah (1998). „‚True Felicity': Paradise in the Thought of Avicenna and Maimonides". In: *Medieval Encounters* 4.1, S. 51–77.

Takahashi, Hidemi (2002). „Barhebraeus und seine islamischen Quellen. Têḡraṯ têḡrāṯā (Tractatus tractatuum) und Ġazālīs Maqāṣid al-falāsifa". In: *Syriaca. Zur Geschichte, Theologie, Liturgie und Gegenwartslage der syrischen Kirchen*. Hrsg. von Martin Tamcke. 2. Deutsches Syrologen-Symposium (Juli 2000, Wittenberg). Münster, Hamburg und London: LIT, S. 147–175.

– Hrsg. (2004). *Aristotelian Meteorology in Syriac. Barhebraeus,* Butyrum Sapientiae, *Books of Mineralogy and Meteorology*. Aristoteles Semitico-Latinus 15. Leiden und Boston: Brill.

– (2011). *Nicolaus of Damascus*. In: *Gorgias Encyclopedic Dictionary of the Syriac Heritage: Electronic Edition*. URL: https://gedsh.bethmardutho.org/Nicolaus-of-Damascus (besucht am 18. 02. 2022).

– (2012). „Edition of the Syriac Philosophical Works of Barhebraeus. With a Preliminary Report on the Edition of the Book of Heaven and the World and the Book of Generation and Corruption of the *Cream of Wisdom*". In: *The Letter before the Spirit: The Importance of Text Editions for the Study of the Reception of Aristotle*. Hrsg. von Aafke M. I. van Oppenraay. Unter Mitarb. von Resianne Fontaine. Leiden und Boston: Brill, S. 109–130.

– (2013a). *Barhebraeus. A Bio-Bibliography*. Gorgias Eastern Christian Studies 9. Piscataway, NJ: Gorgias Press.

– (2013b). „The Poems of Barhebraeus: A Prelimary Concordance". In: *Khristianskii Vostok* 6.12, S. 78–139.

– (2015). „The Influence of al-Ghazālī on the Juridical, Theological and Philosophical Works of Barhebraeus". In: *Islam and Rationality. The Impact of al-Ghazālī. Papers Collected on His 900th Anniversary*. Hrsg. von Georges Tamer. Islamic Philosophy, Theology and Science 94. Leiden und Boston: Brill, S. 303–325.

– (2019). „Barhebraeus comme philosophe: ‚La philosophie de Barhebraeus' ou ‚les oeuvres philosophiques de Barhebraeus'?" In: *La Philosophie en syriaque*. Hrsg. von Emiliano Fiori und Henri Hugonnard-Roche. Études Syriaques 16. Paris: Geuthner, S. 381–388.

Takahashi, Hidemi und Naohide Yaguchi (2017). „On the Medical Works of Barhebraeus: With a Description of the Abridgement of Ḥunain's *Medical Questions*". In: *Aramaic Studies* 15, S. 252–276.

Teule, Herman G. B., Hrsg. (1993). *Gregory Barhebraeus – Ethicon. Mēmrā I.* Corpus Scriptorum Christianorum Orientalium 535. Leuven: E. Peeters.

– (1995). „Juridical Texts in the Ethicon of Barhebraeus". In: *Oriens Christianus. Hefte für die Kunde des Christlichen Orients*. Hrsg. von Hubert Kaufhold und Manfred Kropp. Bd. 79. Wiesbaden: Otto Harrassowitz, S. 23–47.

– (1996). „The Crusaders in Barhebraeus' Syriac and Arabic Secular Chronicles: A Different Approach". In: *East and West in the Crusader States: Context – Contacts – Confrontations*. Hrsg. von Krijna N. Ciggaar, Adelbert Davids und Herman G. B. Teule. Orientalia Lovaniensia analecta 75. Leuven: Peeters, S. 39–49.

– (2005). „The Transmission of Islamic Culture to the World of Syriac Christianity: Barhebraeus' Translation of Avicenna's *Kitāb al-Išārāt wa l-tanbīhāt*. First Soundings". In: *Redefining Christian Identity. Cultural Interaction in the Middle East since the Rise of Islam*. Hrsg. von J. J. van Ginkel, H. L. Murre-van den Berg und T. M. van Lint. Orientalia Lovaniensia analecta 134. Leuven, Paris und Dudley, MA: Uitgeverij Peeters und Departement Oosterse Studies, S. 167–184.

– (2008). „La Vie dans le monde: Perspectives chrétiennes et influences musulmanes. Une étude du Memrō II de l'*Ethicon* de Grégoire Abū l-Farağ Barhebræus". In: *Parole de l'Orient* 33, S. 115–128.

– (2009). „Interculturality. Translations and Transmission between Syriac and Arabic in the Period of the Syriac Renaissance (11th–14th cent.)" In: *The Volume of the 4th Syriac Language Conference*. Duhūq: *Dār al-Mašriq aṯ-Ṯaqāfiyyah*, S. 17–21.

– (2010a). „The Interaction of Syriac Christianity and the Muslim World in the Period of the Syriac Renaissance". In: *Syriac Churches Encountering Islam. Past Experiences and Future Perspectives*. Hrsg. von Dietmar W. Winkler. Piscataway, NJ: Gorgias Press, S. 110–128.

– (2010b). „The Syriac Renaissance". In: *The Syriac Renaissance*. Hrsg. von Herman G. B. Teule und Carmen Fotescu Tauwinkl. Unter Mitarb. von Bas ter Haar Romeny und Jan van Ginkel. Eastern Christian Studies 9. Leuven, Paris und Walpole, MA: Peeters, S. 1–30.

Teule, Herman G. B. (2011). *Eliya of Nisibis*. In: *Gorgias Encyclopedic Dictionary of the Syriac Heritage: Electronic Edition*. URL: https://gedsh. bethmardutho.org/Eliya-of-Nisibis (besucht am 18.02.2022).

Thiel, Christian und Peter Janich (2005). *Apophansis*. In: *Enzyklopädie Philosophie und Wissenschaftstheorie*. Hrsg. von Jürgen Mittelstraß. 2., neubearbeitete und wesentlich ergänzte Auflage. 8 Bde. Stuttgart und Weimar: J. B. Metzler, S. 179.

Thiessen, Matthew (2018). „The Legislation of Leviticus 12 in Light of Ancient Embryology". In: *Vetus Testamentum* 68, S. 297–319.

Thijssen, Johannes M. (1987). „Twins as Monsters: Albertus Magnus's Theory of the Generation of Twins and Its Philosophical Context". In: *Bulletin of the History of Medicine* 61.2, S. 237–246.

Thom, Paul (2015). „The Division of the Categories According to Avicenna". In: *Aristotle and the Arabic Tradition*. Hrsg. von Ahmed Alwishah und Josh Hayes. Cambridge: Cambridge University Press, S. 30–49.

Thomas, Brian (2015). *Athir al-Din Mufaddal Ibn ʿUmar al-Abhari*. In: *The Biographical Encyclopedia of Islamic Philosophy*. Hrsg. von Oliver Leaman. London und New York: Bloomsbury, S. 35–36.

Thompson, D'Arcy W., Hrsg. (1910). *The Works of Aristotle. Volume IV: Historia animalium*. Oxford: Clarendon Press.

Toepel, Alexander (2006). *Die Adam- und Seth-Legenden im syrischen Buch der Schatzhöhle. Eine quellenkritische Untersuchung*. Corpus Scriptorum Christianorum Orientalium 618. Leuven: Peeters.

Toepfer, Regina (2020). *Kinderlosigkeit. Ersehnte, verweigerte und bereute Elternschaft im Mittelalter*. Berlin: J. B. Metzler.

Ullmann, Manfred (1970). *Die Medizin im Islam*. Handbuch der Orientalistik – Erste Abteilung: Der Nahe und der Mittlere Osten – Ergänzungsband VI, Erster Abschnitt. Leiden und Köln: E. J. Brill.

– (1972). *Die Natur- und Geheimwissenschaften im Islam*. Handbuch der Orientalistik – Erste Abteilung: Der Nahe und der Mittlere Osten – Ergänzungsband VI, Zweiter Abschnitt. Leiden und Köln: E. J. Brill.

al-ʿUṯaymīn, Muḥammad b. Ṣāliḥ (2004). *Šarḥ al-Arbaʿīn an-nawawiyyah*. Riad: *Dār aṯ-ṯurayyā li--našr wa-tawzīʿ*.

van der Lugt, Maaike (2004). *Le Ver, le démon et la vierge. Les théories médiévales de la génération extraordinaire. Une étude sur les rapports entre théologie, philosophie naturelle et médecine*. Paris: Les Belles Lettres.

– (2008). „L'Animation de l'embryon humain dans la pensée médiévale". In: *L'Embryon: Formation et animation. Antiquité grecque et latine, tradition hébraïque, chrétienne et islamique*. Hrsg. von Luc Brisson, Marie-

Hélène Congourdeau und Jean-Luc Solère. Paris: Librairie Philosophique J. Vrin, S. 233–254.

van Ess, Josef (1997). *Theologie und Gesellschaft im 2. und 3. Jahrhundert Hidschra. Eine Geschichte des religiösen Denkens im frühen Islam.* Band IV. Berlin und New York: Walter de Gruyter.

– (2006). „Encyclopaedic Activities in the Islamic World: A Few Questions, and No Answers". In: *Organizing Knowledge. Encyclopædic Activities in the Pre-Eighteenth Century Islamic World.* Hrsg. von Gerhard Endress. Islamic Philosophy, Theology and Science – Texts and Studies 61. Leiden und Boston: Brill, S. 3–19.

van Oppenraay, Aafke M. I. (2015). „Michael Scot's Translation of Aristotle's *Books on Animals* and the Pleasures of Knowledge". In: *Quaestio* 15, S. 413–422.

van Rompay, Lucas (2011a). *Bar Bahlul, Ḥasan.* In: *Gorgias Encyclopedic Dictionary of the Syriac Heritage: Electronic Edition.* URL: https://gedsh. bethmardutho.org/Bar-Bahlul-Hasan (besucht am 18. 02. 2022).

– (2011b). *Yuḥanon of Litarba.* In: *Gorgias Encyclopedic Dictionary of the Syriac Heritage: Electronic Edition.* URL: https://gedsh.bethmardutho. org/Yuhanon-of-Litarba (besucht am 18. 02. 2022).

Vanderbilt University, Hrsg. (2022). *About the Digital Syriac Corpus.* URL: https://syriaccorpus.org/index.html (besucht am 19. 02. 2022).

Vaschalde, Arthur, Hrsg. und Übers. (1932). *Iacobi Edesseni Hexaemeron sev in opus creationis libri septem.* Corpus Scriptorum Christianorum Orientalium 97. Louvain: Typographeum Marcelli Istas.

– Hrsg. und Übers. (1933). *Dionysii Bar Salibi Commentarii in Evangelia – Pars Secunda.* Corpus Scriptorum Christianorum Orientalium 98. Louvain: Typographeum Marcelli Istas.

– Hrsg. (1953a). *Babai Magni Liber de Unione.* Corpus Scriptorum Christianorum Orientalium 79. Louvain: L. Durbecq.

– Hrsg. (1953b). *Babai Magni Liber de Unione.* Corpus Scriptorum Christianorum Orientalium 80. Louvain: L. Durbecq.

– Hrsg. (1953c). *Dionysii Bar Salibi Commentarii in Evangelia II (1).* Corpus Scriptorum Christianorum Orientalium 95. Louvain: Imprimerie Orientaliste L. Durbecq.

von Geisau, Hans (1964). *Iphikles.* In: *Der kleine Pauly.* Bd. 2. Stuttgart: Alfred Druckenmüller Verlag, S. 1448.

Vööbus, Arthur (1970). *Syrische Kanonessammlungen. Ein Beitrag zur Quellenkunde. I: Westsyrische Originalurkunden – 1, B.* Corpus Scrip-

torum Christianorum Orientalium 317. Louvain: Secrétariat du CorpusS-
CO.

Wan Suhaimi Wan Abdullah (2007). „Ibn Sīnā and Abū al-Barakāt al-Baghdādī on the Origination of the Soul (*ḥudūth al-nafs*) and the Invalidation of Its Transmigration (*ibṭāl al-tanāsukh*)“. In: *Islam and Science* 5.2, S. 151–164.

Watt, John W., Hrsg. (1978a). *Philoxenus of Mabbug. Fragments of the Commentary on Matthew and Luke*. Corpus Scriptorum Christianorum Orientalium 392. Louvain: Secrétariat du CorpusSCO.

– Hrsg. und Übers. (1978b). *Philoxenus of Mabbug. Fragments of the Commentary on Matthew and Luke*. Corpus Scriptorum Christianorum Orientalium 393. Louvain: Secrétariat du CorpusSCO.

– Hrsg. (2005). *Aristotelian Rhetoric in Syriac: Barhebraeus*, Butyrum sapientiae, *Book of Rhetoric*. Aristoteles Semitico-Latinus 15. Leiden: Brill.

– (2019). *The Aristotelian Tradition in Syriac*. Milton Park und New York: Routledge.

Wehr, Hans (1985). *Arabisches Wörterbuch für die Schriftsprache der Gegenwart. Arabisch–Deutsch*. 5. Auflage, unter Mitwirkung von Lorenz Kropfitsch neu bearbeitet und erweitert. Wiesbaden: Harrassowitz Verlag.

Weiss, Bernard (2012). *al-Āmidī, Sayf al-Dīn*. In: *Encyclopaedia of Islam, THREE*. DOI: 10.1163/1573-3912_ei3_COM_24214.

Weisser, Ursula (1979). „Die hippokratische Lehre von den Siebenmonatskindern bei Galen und Ṯābit ibn Qurra“. In: *Sudhoffs Archiv. Zeitschrift für Wissenschaftsgeschichte* 63, S. 209–238.

– (1980). „The Embryology of Yūḥannā ibn Māsawaih“. In: *Journal for the History of Arabic Science* (4), S. 9–22.

– (1981a). „Beiträge Ibn Sina's zur Kenntnis der weiblichen Genitalien und zur Embryologie. Eine kritische Betrachtung“. In: *XXVII Congreso internacional de historia de la medicina, 31 agosto–6 septiembro 1980. Actas*. Bd. 2. Barcelona: Acadèmia de Ciències Mèdiques de Catalunya i Balears, S. 761–765.

– (1981b). „Ibn Qaiyim al-Ǧauziya über die Methoden der Embryologie“. In: *Medizinhistorisches Journal* 16.2, S. 227–239.

– (1983). *Zeugung, Vererbung und pränatale Entwicklung in der Medizin des arabisch-islamischen Mittelalters*. Erlangen: Verlagsbuchhandlung Hannelore Lüling.

– (1985). „Die Harmonisierung antiker Zeugungstheorien im islamischen Kulturkreis und ihr Nachwirken im europäischen Mittelalter“. In: *Ori-*

entalische Kultur und europäisches Mittelalter. Hrsg. von Albert Zimmermann und Ingrid Craemer-Ruegenberg. Miscellanea Mediaevalia 17. Berlin und New York: Walter De Gruyter, S. 301–326.

– (1986). „Noch einmal zur Isagoge des Johannicius: Die Herkunft des lateinischen Lehrtextes". In: *Sudhoffs Archiv* 70.2, S. 229–235.

– (1993). „Yūḥannā ibn Māsawaihs Abhandlung über die Leibesfrucht und ihre Entstehung im Mutterleib". In: *Zeitschrift für Geschichte der arabisch-islamischen Wissenschaften*, S. 114–131.

Weitz, Lev (2013). „Syriac Christians in the Medieval Islamic World: Law, Familiy, and Society". Diss. Princeton: Princeton University.

– (2014). „Al-Ghazālī, Bar Hebraeus, and the ‚Good Wife'". In: *Journal of the American Oriental Society* 134.2, S. 203–223.

– (2018). *Between Christ and Caliph. Law, Marriage, and Christian Community in Early Islam*. Philadelphia: University of Pennsylvania Press.

Weltecke, Dorothea (2008). „60 Years after Peter Kawerau. Remarks on the Social and Cultural History of Syriac-Orthodox Christians from the XIth to the XIIIth Century". In: *Le Muséon* 121.3–4, S. 311–335.

– (2009). „Les Trois Grandes Chroniques Syro-Orthodoxes des XIIe et XIIIe siècles". In: *L'Historiographie Syriaque*. Hrsg. von Muriel Debié. Études syriaques 6. Paris: Librairie Orientaliste Paul Geuthner, S. 107–135.

– (2010). „A Renaissance in Historiography? Patriarch Michael, the *Anonymous Chronicle ad a. 1234*, and Bar ʿEbrōyō". In: *The Syriac Renaissance*. Hrsg. von Herman G. B. Teule und Carmen Fotescu Tauwinkl. Unter Mitarb. von Bas ter Haar Romeny und Jan van Ginkel. Eastern Christian Studies 9. Leuven, Paris und Walpole, MA: Peeters, S. 95–111.

– (2013). „Zum syrisch-orthodoxen Leben in der mittelalterlichen Stadt und zu den Huddōyē (dem Nomokanon) des Bar ʿEbrōyō". In: *Orientalia Christiana. Festschrift für Hubert Kaufhold zum 70. Geburtstag*. Hrsg. von Peter Bruns und Heinz Otto Luthe. Wiesbaden: Harrassowitz, S. 585–613.

– (2015). „Bemerkungen zum Kapitel über die Schule in Bar ʿEbroyos *Huddoye* (dem Nomokanon)". In: *Christsein in der islamischen Welt*. Hrsg. von Sidney H. Griffith und Sven Grebenstein. Wiesbaden: Harrassowitz Verlag, S. 299–311.

– (2016). „Bar ʿEbroyo on Identity: Remarks on His Historical Writing". In: *Hugoye: Journal of Syriac Studies* 19.2, S. 303–332.

Weltecke, Dorothea und Helen Younansardaroud (2019). „The Renaissance of Syriac Literature in the Twelfth–Thirteenth Centuries". In: *The Syriac*

World. Hrsg. von Daniel King. London und New York: Routledge, S. 698–717.

Wensinck, Arent J., Hrsg. (1919). *Bar Hebraeus's Book of the Dove, together with some Chapters from the Ethikon*. Leiden: E. J. Brill.

Wickens, G. M., Hrsg. (1964). *The Nasirean Ethics by Naṣīr ad-Dīn Ṭūsī*. London: George Allen & Unwin.

Wilberding, James (2017). *Forms, Souls, and Embryos. Neoplatonists on Human Reproduction*. London und New York: Routledge.

– (2020). „The World Soul in the Embryological Theories of Porphyry and Plotinus". In: *World Soul – Anima Mundi*. Hrsg. von Christoph Helmig. Topics in Ancient Philosophy 8. Berlin: De Gruyter, S. 269–288.

Wildberg, Christian (11. Jan. 2016). *Neoplatonism*. In: *Stanford Encyclopedia of Philosophy*. URL: https://plato.stanford.edu/entries/neoplatonism/ (besucht am 19. 02. 2022).

– (26. Okt. 2018). *John Philoponus*. In: *Stanford Encyclopedia of Philosophy*. URL: https://plato.stanford.edu/entries/philoponus/ (besucht am 19. 02. 2022).

Wilmshurst, David, Hrsg. (2016). *Bar Hebraeus – The Ecclesiastical Chronicle. An English Translation*. Piscataway, NJ: Gorgias Press.

Wisnovsky, Robert (2003). *Avicenna's Metaphysics in Context*. Ithaca, NY: Cornell University Press.

– (2004). „The Nature and Scope of Arabic Philosophical Commentary in Post-Classical (ca. 1100–1900 AD) Islamic Intellectual History: Some Preliminary Observations". In: *Bulletin of the Institute of Classical Studies. Supplement 83: Philosophy, Science and Exegesis in Greek, Arabic and Latin Commentaries: Volume Two*, S. 149–191.

– (2013). „Avicenna's Islamic Reception". In: *Interpreting Avicenna. Critical Essays*. Hrsg. von Peter Adamson. Cambridge: Cambridge University Press, S. 190–213.

Wright, William (1871). *Catalogue of Syriac Manuscripts in the British Museum Acquired since the Year 1838. Part 2*. London: British Museum, Longmans und Asher & co.

Yešūʿ b. Gabriel, Hrsg. (1997). *Ktābā d-Zalgē w-šurrārā d-šettēse ʿēᵈtānyātā – Book of Zelge by Bar-Hebreaus* [sic]. *Mor Gregorius Abulfaraj the Great Syrian Philosopher and Author of Several Christian Works 1226–1286*. Istanbul: Zafer Matbaası.

Yormaz, Abdullah (2008). „*Hidâyetü'l-hikme*'nin Tenkitli Nęsri". In: *M. Ü. İlâhiyat Fakültesi Dergisi* 34. Von al-Abharī, S. 145–202.

Zonta, Mauro (1991). „Nemesiana Syriaca: New Fragments from the Missing Syriac Version of the *De natura hominis*". In: *Journal of Semitic Studies* 36.2, S. 223–258.

Anhang C: Index locorum

Aristoteles, *Historia animalium* [versio arabica]